Coleção
REPERCUSSÕES DO **v. 6**
NOVO
CPC
Coordenador geral
FREDIE DIDIER JR.

MINISTÉRIO
PÚBLICO

Coordenadores
ROBSON RENAULT GODINHO
SUSANA HENRIQUES DA COSTA

Coleção
REPERCUSSÕES DO **v. 6**

NOVO
CPC

Coordenador geral
FREDIE DIDIER JR.

MINISTÉRIO PÚBLICO

Coordenadores
ROBSON RENAULT GODINHO
SUSANA HENRIQUES DA COSTA

2ª edição
Revista e ampliada

2017

www.editorajuspodivm.com.br

www.editorajuspodivm.com.br

Rua Mato Grosso, 164, Ed. Marfina, 1º Andar – Pituba, CEP: 41830-151 – Salvador – Bahia
Tel: (71) 3045.9051
• Contato: https://www.editorajuspodivm.com.br/sac

Copyright: Edições *Jus*PODIVM

Conselho Editorial: Eduardo Viana Portela Neves, Dirley da Cunha Jr., Leonardo de Medeiros Garcia, Fredie Didier Jr., José Henrique Mouta, José Marcelo Vigliar, Marcos Ehrhardt Júnior, Nestor Távora, Robério Nunes Filho, Roberval Rocha Ferreira Filho, Rodolfo Pamplona Filho, Rodrigo Reis Mazzei e Rogério Sanches Cunha.

Capa: Rene Bueno e Daniela Jardim *(www.buenojardim.com.br)*

M663	Ministério Público / coordenadores: Robson Renault Godinho, Susana Henriques da Costa. – Salvador : Juspodivm, 2017.
	480 p. (Coleção Repercussões do Novo CPC, v. 6 ; coordenador geral, Fredie Didier Jr.)
	Vários autores. Bibliografia. ISBN 978-85-442-1758-0
	1. Ministério Público. 2. Processo civil. I. GODINHO, Robson Renault. II. COSTA, Susana Henriques da. III. Título.
	CDD 341.413

Todos os direitos desta edição reservados à Edições *Jus*PODIVM.

É terminantemente proibida a reprodução total ou parcial desta obra, por qualquer meio ou processo, sem a expressa autorização do autor e da Edições *Jus*PODIVM. A violação dos direitos autorais caracteriza crime descrito na legislação em vigor, sem prejuízo das sanções civis cabíveis.

Apresentação

A produção doutrinária sobre a atuação do Ministério Público no processo civil é inversamente proporcional à sua relevante e multifacetada atuação, notavelmente robustecida nos últimos anos, não só na tutela dos direitos coletivos, mas também na defesa de direitos individuais.

A publicação de um novo Código de Processo Civil, portanto, é uma simbólica oportunidade para que se publiquem estudos que se preocupem com as várias dimensões envolvendo a participação do Ministério Público no processo civil.

Este livro pretende contribuir com essa fase de reconstrução e de descoberta das possibilidades e limites do Ministério Público – especialmente a partir da edição de um Código que traz modificações e paradigmáticas ao processo brasileiro –, na expectativa de que outros estudos sejam produzidos para que se compreendam cada vez mais suas posições processuais.

Este livro coletivo conta com dezesseis trabalhos escritos por autores com vasta produção acadêmica, experiência universitária, integrando diversos programas de pós-graduação em Direito, buscando interpretar as relevantes alterações implementadas pelo novo Código.

Os coordenadores agradecem a participação desses estudiosos e o acolhimento da Editora *Jus*Podivm, esperando que o livro tenha utilidade e auxilie na compreensão da atuação do Ministério Público no processo civil.

São Paulo

**Robson Renault Godinho e
Susana Henriques da Costa**

Sobre os autores

ALÉCIO SILVEIRA NOGUEIRA

Promotor de Justiça do MPRS. Mestre em Direito pela PUCRS.

ANTONIO DO PASSO CABRAL

Professor Adjunto de Direito Processual Civil da Universidade do Estado do Rio de Janeiro (UERJ). Doutor em Direito Processual pela UERJ em cooperação com a Universidade de Munique, Alemanha (Ludwig-Maximilians-Universität). Mestre em Direito Público pela UERJ. Pós-doutorando pela Universidade de Paris I (Panthéon-Sorbonne). Procurador da República no Rio de Janeiro.

DÉLTON ESTEVES PASTORE

Promotor de Justiça do Ministério Público de São Paulo. Mestre e Doutor em Direito Processual pela Faculdade de Direito da Universidade de São Paulo

EMERSON GARCIA

Doutor e Mestre em Ciências Jurídico-Políticas pela Universidade de Lisboa. Especialista em Education Law and Policy pela European Association for Education Law and Policy (Antuérpia – Bélgica) e em Ciências Políticas e Internacionais pela Universidade de Lisboa. Membro do Ministério Público do Estado do Rio de Janeiro, Consultor Jurídico da Procuradoria Geral de Justiça e Diretor da Revista de Direito. Consultor Jurídico da Associação Nacional dos Membros do Ministério Público (CONAMP). Membro da American Society of International Law e da International Association of Prosecutors (Haia – Holanda).

FREDIE DIDIER JR.

Pós-doutorado pela Universidade de Lisboa. Doutor em Direito pela PUC-SP. Mestre em Direito pela UFBA. Livre-docente pela USP. Membro da Associação Internacional de Direito Processual, do Instituto Iberoamericano de Direito Processual, do Instituto Brasileiro de Direito Processual e da Associação Norte e Nordeste de Professores de Processo. Professor associado da Universidade Federal da Bahia, nos cursos de Graduação, Mestrado e Doutorado. Advogado.

GREGÓRIO ASSAGRA DE ALMEIDA

Graduado em Direito pela Universidade de Ribeirão Preto. Mestre em Direito Processual Civil e doutor em Direitos Difusos e Coletivos pela Pontifícia Universidade Católica de São Paulo. Promotor de Justiça do Ministério Público do Estado de Minas. Foi diretor e Coordenador Pedagógico do Centro de Estudos e Aperfeiçoamento Funcional do Ministério Público do Estado de Minas Gerais. Membro da Comissão de Juristas do Ministério da Justiça que elaborou o Anteprojeto convertido no Projeto de Lei (PL) nº 5.139/2009 sobre a nova Lei da Ação Civil Pública. É professor e foi coordenador do Curso de Mestrado em Direitos Fundamentais da Universidade de Itaúna. Foi integrante, na vaga de jurista, da Câmara de Desenvolvimento Científico da Escola Superior do Ministério Público da União. Foi professor visitante do Curso de Doutorado da Universidad Lomas de Zamora, em Buenos Aires (Argentina). Foi professor visitante do Programa de Postgrado sobre Gestión de Políticas Públicas Ambientales en el Marco de la Globalización da Universidad de Castilla, em La Mancha (Espanha). Foi Assessor de Projetos e de Articulação Interinstitucional da Secretaria de Reforma do Judiciário do Ministério da Justiça. Foi membro da Câmara Consultiva Temática de Política Regulatória do Ensino Jurídico. Autor de vários livros, com publicações no Brasil e no exterior. Pós-doutor em estágio sênior pela Faculdade de Direito da Universidade de Syracuse, NY, Estados Unidos e bolsista CAPEs em Estágio Sênior.

HERMES ZANETI JR.

Professor Adjunto de Direito Processual Civil na Universidade Federal do Espírito Santo – UFES. Pós-Doutorado em Direito pela Università degli Studi di Torino; Doutor em Teoria e Filosofia do Direito pela Università degli Studi di Roma Tre; Doutor e Mestre em Direito Processual Civil pela Universidade Federal do Rio Grande do Sul – UFRGS. Membro da ABRAMPA (Associação Brasileira dos Membros do Ministério Público de Meio Ambiente); MPCON (Associação Nacional do Ministério Público do Consumidor); IBDP (Instituto

Brasileiro de Direito Processual); IIDP (Instituto Ibero Americano de Direito Processual); IAPL (International Association of Procedural Law). Promotor de Justiça no Estado do Espírito Santo – MPES.

HUMBERTO DALLA BERNARDINA DE PINHO

Professor Associado na UERJ. Professor Titular na Estácio. Promotor de Justiça no RJ.

JOÃO EBERHARDT FRANCISCO

Doutorando e Mestre em Direito Processual Civil pela Faculdade de Direito da USP. Professor convidado da pós-graduação em Processo Civil da FGVSP – GVLaw. Professor convidado da pós-graduação em Direito Civil e Processo Civil da EPD. Membro do CEAPRO – Centro de Estudos Avançados de Processo. Advogado.

LEONARDO CARNEIRO DA CUNHA

Pós-doutorado pela Universidade de Lisboa. Doutor em Direito pela PUC-SP. Mestre em Direito pela UFPE. Membro do Instituto Iberoamericano de Direito Processual, do Instituto Brasileiro de Direito Processual e da Associação Norte e Nordeste de Professores de Processo. Professor Adjunto da Faculdade de Direito do Recife (UFPE), nos cursos de Graduação, Mestrado e Doutorado. Advogado.

MARCELO DE OLIVEIRA MILAGRES

Promotor de Justiça em Minas Gerais. Professor Adjunto de Direito Civil na Universidade Federal de Minas Gerais (UFMG).

MARCELO ZENKNER

Mestre em Direitos e Garantias Constitucionais Fundamentais pela FDV – Faculdade de Direito de Vitória e Doutorando pela Faculdade de Direito da Universidade Nova de Lisboa (Portugal). Professor de Direito Processual Civil dos cursos de graduação e pós-graduação da FDV – Faculdade de Direito de Vitória. Membro do Ministério Público do Estado do Espírito Santo (licenciado). Secretário de Estado de Controle e Transparência do Estado do Espírito Santo.

MARCO AURÉLIO ADÃO

Mestrando em direito processual na Faculdade de Direito da USP. Procurador da República.

MARCOS STEFANI

Promotor de Justiça. Doutor e Mestre em Direitos Difusos pela PUC/SP. Mestre em Processo Civil pela PUC/Campinas. Professor do Mackenzie e da FACAMP.

PEDRO GOMES DE QUEIROZ

Doutorando e Mestre em Direito Processual pela UERJ. Especialista em Direito Processual Civil pela PUC-Rio. Bacharel em Direito pela PUC-Rio. Advogado. E-mail: pedrogqueiroz@adv.oabrj.org.br

RICARDO DE BARROS LEONEL

Professor Associado do Departamento de Direito Processual da Faculdade de Direito da Universidade de São Paulo. Promotor de Justiça em São Paulo.

ROBSON RENAULT GODINHO

Promotor de Justiça (MPRJ). Pós-doutorado (UFBA), Doutor e Mestre em Direito Processual Civil (PUC-SP). Membro dos Institutos Brasileiro e Iberoamericano de Direito Processual.

SUSANA HENRIQUES DA COSTA

Professora Doutora da Faculdade de Direito da USP. Professora do programa GVlaw da FGV Direito SP. Mestre e Doutora em Direito Processual pela Faculdade de Direito da USP e Pós-doutora na University of Wisconsin – Madison Law School. Promotora de Justiça do Estado de São Paulo.

VITOR FONSÊCA

Doutorando, Mestre e Especialista em Direito Processual Civil (PUC/SP). Secretário-Adjunto do Instituto Brasileiro de Direito Processual (AM). Membro do Centro de Estudos Avançados de Processo (CEAPRO) e da Associação Norte e Nordeste de Professores de Processo (ANNEP). Editor do portalprocessual.com. Promotor de Justiça (AM).

Sumário

Capítulo 1 ▶ Questões atuais sobre as posições do Ministério Público no novo CPC **17**

Fredie Didier Jr. e Robson Renault Godinho

1. INTRODUÇÃO 17
2. O MINISTÉRIO PÚBLICO COMO LEGITIMADO ORDINÁRIO E SUA CAPACIDADE POSTULATÓRIA 18
3. AINDA A LEGITIMIDADE E A CAPACIDADE POSTULATÓRIA DO MINISTÉRIO PÚBLICO ESTADUAL: O PROBLEMA DA SUSTENTAÇÃO ORAL NOS TRIBUNAIS SUPERIORES 21
4. LIMITES DA ATUAÇÃO RECURSAL DOS PROMOTORES DE JUSTIÇA: A RELAÇÃO COM OS PROCURADORES DE JUSTIÇA E O FIM DO DENOMINADO "PARECER RECURSAL" 24
5. O MINISTÉRIO PÚBLICO NO POLO PASSIVO DE UMA RELAÇÃO JURÍDICA PROCESSUAL 28
6. O MINISTÉRIO PÚBLICO NA DEFESA DE DIREITOS INDIVIDUAIS DE CRIANÇAS E ADOLESCENTES E A DESNECESSIDADE DE ATUAÇÃO DE CURADOR ESPECIAL 30
7. CONFLITO DE ATRIBUIÇÕES E SUSPENSÃO DO PROCESSO 38
8. MINISTÉRIO PÚBLICO COMO ASSISTENTE SIMPLES 40
9. ENCERRAMENTO 43

Capítulo 2 ▶ Código de Processo Civil 2015: Ruptura do Paradoxo entre o Ministério Público da Legalidade e o Ministério Público Constitucional **45**

Hermes Zaneti Jr.

1. INTRODUÇÃO 45
2. A CONSTITUCIONALIZAÇÃO DO DIREITO PROCESSUAL E O REGIME CONSTITUCIONAL DO MINISTÉRIO PÚBLICO.. 46
3. O MINISTÉRIO PÚBLICO EM BERLIM: O MP COMO INSTITUIÇÃO DE GARANTIA E O PRINCÍPIO DA ACIONABILIDADE EM LUIGI FERRAJOLI 50
4. AVALORATIVIDADE DA LEI E NEUTRALIDADE INTERPRETATIVA DO DIREITO: A EXPERIÊNCIA DA "MAGISTRATURA DEMOCRÁTICA" ITALIANA E OS EFEITOS NO MINISTÉRIO PÚBLICO BRASILEIRO DA RECEPÇÃO DA CONSTITUIÇÃO NO CPC/2015 51
5. INDEPENDÊNCIA E UNIDADE NO QUADRO DA CONSTITUIÇÃO: EQUIPRIMORDIALIDADE 54
6. QUEM CONTROLA A INTERVENÇÃO DO MP? RACIONALIZAÇÃO DA INTERVENÇÃO CIVIL, GRAUS DE INTERESSE PÚBLICO, GRAUS DE INDISPONIBILIDADE E O PRINCÍPIO DA "DISPONIBILIDADE MOTIVADA" 56
7. CONCLUSÃO 62

Capítulo 3 ▶ O Ministério Público no novo Código de Processo Civil: alguns tópicos ... **63**

Robson Renault Godinho

1. DELIMITAÇÃO OBJETIVA DO TEMA 63
2. A ADAPTAÇÃO PROCESSUAL DO MINISTÉRIO PÚBLICO À CONSTITUIÇÃO 65
3. O NOVO CPC E A APATIA DO MINISTÉRIO PÚBLICO NO PROCESSO LEGISLATIVO: AUSÊNCIA DE AVANÇOS FUNDAMENTAIS 66

Sumário

4.	AS NORMAS FUNDAMENTAIS	67
5.	PRAZOS PROCESSUAIS E INTIMAÇÕES	69
6.	INTERVENÇÃO COMO FISCAL DA ORDEM JURÍDICA (*CUSTOS LEGIS*)	72
7.	MINISTÉRIO PÚBLICO E A NECESSIDADE DE CURADOR ESPECIAL	83
8.	MINISTÉRIO PÚBLICO COMO LEGITIMADO ATIVO	85
9.	SUSPEIÇÃO E IMPEDIMENTO	87
10.	A RESPONSABILIDADE DO MINISTÉRIO PÚBLICO	90
11.	A ATUAÇÃO DO MINISTÉRIO PÚBLICO E O ESCALONAMENTO DA CARREIRA: O MAL-ESTAR NO PRINCÍPIO DA UNIDADE	91
12.	ENCERRAMENTO	100
13.	REFERÊNCIAS BIBLIOGRÁFICAS	101

Capítulo 4 ▶ Novo CPC, inversão do ônus da prova e ações de improbidade administrativa 103
Marco Aurélio Adão

1.	INTRODUÇÃO	103
2.	A INVERSÃO DO ÔNUS DA PROVA E O NOVO CPC	105
3.	NATUREZA DA AÇÃO DE IMPROBIDADE ADMINISTRATIVA E PRESUNÇÃO DE INOCÊNCIA	110
4.	NOVO CPC E INVERSÃO DO ÔNUS DA PROVA EM AÇÕES DE IMPROBIDADE ADMINISTRATIVA	113
	BIBLIOGRAFIA	117

Capítulo 5 ▶ O Ministério Público e o papel de fiscal da ordem jurídica no CPC/2015 .. 121
Humberto Dalla Bernardina de Pinho

1.	INTROITO	121
2.	PERFIL CONSTITUCIONAL DO MINISTÉRIO PÚBLICO	121
3.	O MINISTÉRIO PÚBLICO FISCAL DA LEI NO CPC DE 1973	123
4.	O MINISTÉRIO PÚBLICO FISCAL DA ORDEM JURÍDICA NO CPC DE 2015	125
	4.1. DISPOSITIVOS GENÉRICOS	125
	4.2. DISPOSITIVOS ESPECÍFICOS	132
5.	CONCLUSÕES	136
6.	BIBLIOGRAFIA	138

Capítulo 6 ▶ O Ministério Público como fiscal da ordem jurídica na Constituição 1988 e no Novo CPC para o Brasil 141
Gregório Assagra de Almeida

1.	INTRODUÇÃO	142
2.	O MINISTÉRIO PÚBLICO NA CONSTITUIÇÃO DA REPÚBLICA FEDERATIVA DO BRASIL DE 1988	142
3.	A NATUREZA INSTITUCIONAL DO MINISTÉRIO PÚBLICO COMO GARANTIA CONSTITUCIONAL FUNDAMENTAL DE ACESSO À JUSTIÇA	143
4.	A MULTIFUNCIONALIDADE DOS DIREITOS E DAS GARANTIAS CONSTITUCIONAIS FUNDAMENTAIS NO PLANO DA ATUAÇÃO DO MINISTÉRIO PÚBLICO	147
5.	OS DOIS MODELOS CONSTITUCIONAIS DO MINISTÉRIO PÚBLICO BRASILEIRO: O DEMANDISTA E O RESOLUTIVO	150

Sumário

6. UMA NOVA *SUMMA DIVISIO* AMPARADA NOS DIREITOS E NAS GARANTIAS CONSTITUCIONAIS FUNDAMENTAIS COMO DIRETRIZ PARA A ATUAÇÃO DO MINISTÉRIO PÚBLICO.................................. 151

7. A SUPERAÇÃO DO MODELO DE MINISTÉRIO PÚBLICO COMO *CUSTOS LEGIS* E A CONSAGRAÇÃO NA CONSTITUIÇÃO DE 1988 DO MODELO DE MINISTÉRIO PÚBLICO COMO *CUSTOS SOCIETATIS* (*CUSTOS JURIS*) E FISCAL DA ORDEM JURÍDICA... 153

    7.1. A DEFESA DE INTERESSES PRIMACIAIS DA SOCIEDADE 153

    7.2. O MINISTÉRIO PÚBLICO COMO FISCAL DA ORDEM JURÍDICA NA CONSTITUIÇÃO DE 1988: A INCIDÊNCIA DESSA CONDIÇÃO CONSTITUCIONAL NA ATUAÇÃO DA INSTITUIÇÃO COMO ÓRGÃO AGENTE E INTERVENIENTE, NO PLANO DA ATUAÇÃO JURISDICIONAL E EXTRAJURISDICIONAL 154

8. O MINISTÉRIO PÚBLICO COMO FISCAL DA ORDEM JURÍDICA NA LEGISLAÇÃO INFRACONSTITUCIONAL E A CONSAGRAÇÃO EXPRESSA DA TERMINOLOGIA NO NOVO CPC (LEI FEDERAL Nº 13.105, DE 16 DE MARÇO DE 2015) E ALGUMAS DIRETRIZES IMPORTANTES... 157

    8.1. O MINISTÉRIO PÚBLICO NA LEGISLAÇÃO INFRACONSTITUCIONAL.. 157

    8.2. O MINISTÉRIO PÚBLICO COMO FISCAL DA ORDEM JURÍDICA NO NOVO CÓDIGO DE PROCESSO CIVIL (LEI Nº 13.105, DE 16 DE MARÇO DE 2015): ALGUMAS CONSIDERAÇÕES............................ 159

9. CONCLUSÕES.. 167

10. REFERÊNCIAS 169

Capítulo 7 ▶ Ministério Público e a Cultura da Sentença.................................. **175**
Délton Esteves Pastore

1. NOÇÕES INTRODUTÓRIAS... 175

2. INAFASTABILIDADE DA JURISDIÇÃO... 177

3. EXEGESE ATUALIZADA DO PRINCÍPIO 179

4. CULTURA DA SENTENÇA... 181

5. ESCOPOS DA JURISDIÇÃO... 183

6. MEIOS ADEQUADOS PARA A SOLUÇÃO DOS CONFLITOS E MINISTÉRIO PÚBLICO 185

7. CONCILIAÇÃO 187

8. MEDIAÇÃO 188

9. AJUSTAMENTO DE CONDUTA... 190

10. CONCLUSÕES 192

11. REFERÊNCIAS BIBLIOGRÁFICAS 193

Capítulo 8 ▶ As convenções processuais e o termo de ajustamento de conduta **195**
Antonio do Passo Cabral

1. INTRODUÇÃO. CONVENCIONALIDADE NO DIREITO PÚBLICO.. 195

2. A TENDÊNCIA DE CONVENCIONALIDADE NO DIREITO PENAL E SANCIONADOR.............................. 199

3. A POSSIBILIDADE DE NEGOCIAÇÃO EM IMPROBIDADE ADMINISTRATIVA 200

4. AÇÕES COLETIVAS E TERMO DE AJUSTAMENTO DE CONDUTA 201

5. O NOVO CPC E OS MECANISMOS DE AUTOCOMPOSIÇÃO DOS LITÍGIOS.. 203

6. A DIFERENÇA ENTRE NEGÓCIOS PROCESSUAIS E NEGÓCIOS DE DIREITO MATERIAL. A INDISPONIBILIDADE DO DIREITO NÃO IMPEDE A NEGOCIAÇÃO SOBRE O PROCESSO 204

7. A RESOLUÇÃO Nº 118/2014 DO CONSELHO NACIONAL DO MINISTÉRIO PÚBLICO........................... 205

8. CONCLUSÃO 207

9. BIBLIOGRAFIA... 208

Sumário

Capítulo 9 ▶ O Ministério Público, o novo CPC e o negócio jurídico processual 213
Marcos Stefani

1.	O CPC DE 2015, A AUTONOMIA PRIVADA E A AUTONOMIA PÚBLICA	213
2.	OS LIMITES DA AUTONOMIA PRIVADA (DO PODER JURÍGENO)	215
3.	O NEGÓCIO JURÍDICO COMO FONTE DE NORMAS PROCESSUAIS E PROCEDIMENTAIS	215
4.	NEGÓCIOS TÍPICOS E A CLÁUSULA GERAL DE NEGÓCIOS ATÍPICOS	219
5.	O NEGÓCIO JURÍDICO PROCESSUAL E O MINISTÉRIO PÚBLICO INTERVENIENTE	221
6.	O MINISTÉRIO PÚBLICO AGENTE E O NEGÓCIO JURÍDICO PROCESSUAL	221
7.	CONSIDERAÇÕES FINAIS	223
8.	REFERÊNCIAS BIBLIOGRÁFICAS	223

Capítulo 10 ▶ O Ministério Público no processo civil: aspectos da preclusão 225
Emerson Garcia

1.	ASPECTOS INTRODUTÓRIOS	225
2.	A PRECLUSÃO E OS SEUS ASPECTOS ESTRUTURAIS	228
3.	A ATUAÇÃO DO MINISTÉRIO PÚBLICO COMO ÓRGÃO AGENTE OU INTERVENIENTE E A INDEPENDÊNCIA FUNCIONAL	231
4.	EPÍLOGO	236
5.	REFERÊNCIAS BIBLIOGRÁFICAS	237

Capítulo 11 ▶ Novo CPC: o Ministério Público e a jurisdição voluntária 241
Ricardo de Barros Leonel

1.	INTRODUÇÃO	241
2.	PERFIL CONSTITUCIONAL DO MINISTÉRIO PÚBLICO E DELINEAMENTO GERAL DOS FUNDAMENTOS DA SUA INTERVENÇÃO NO PROCESSO CIVIL	242
3.	SOBRE A JURISDIÇÃO VOLUNTÁRIA	245
4.	O MINISTÉRIO PÚBLICO NA JURISDIÇÃO VOLUNTÁRIA	246
5.	MP: INTERESSE EM INTERVIR E EM RECORRER	248
6.	PROCEDIMENTOS ESPECÍFICOS DE JURISDIÇÃO VOLUNTÁRIA NO NOVO CÓDIGO: MANUTENÇÃO DO SISTEMA ANTERIOR	249
7.	BIBLIOGRAFIA	250

Capítulo 12 ▶ Intervenção do Ministério Público no incidente de assunção de competência e na reclamação: interpretando um silêncio e um exagero verborrágico do novo CPC 251
Fredie Didier Jr. e Leonardo Carneiro da Cunha

1.	PANORAMA SOBRE A INTERVENÇÃO DO MINISTÉRIO PÚBLICO NO PROCESSO CIVIL APÓS O CPC-2015	251
2.	INTERVENÇÃO DO MINISTÉRIO PÚBLICO NA RECLAMAÇÃO.	255
3.	INTERVENÇÃO DO MINISTÉRIO PÚBLICO NO INCIDENTE DE ASSUNÇÃO DE COMPETÊNCIA	257

Capítulo 13 ▶ O Ministério Público e a ação de interdição no Novo CPC................. 259
Vitor Fonsêca

1.	INTRODUÇÃO	259

Sumário

2. O MINISTÉRIO PÚBLICO E A AÇÃO DE INTERDIÇÃO NO NOVO CPC 260

    2.1. A LEGITIMIDADE DO MINISTÉRIO PÚBLICO PARA A PROPOSITURA DA AÇÃO DE INTERDIÇÃO 260

    2.2. O AFASTAMENTO DA FUNÇÃO DO MINISTÉRIO PÚBLICO COMO "CURADOR ESPECIAL" OU "DEFENSOR" DO INTERDITANDO 266

    2.3. O MINISTÉRIO PÚBLICO COMO FISCAL DA ORDEM JURÍDICA NA AÇÃO DE INTERDIÇÃO 268

    2.4. A LEGITIMIDADE DO MINISTÉRIO PÚBLICO PARA O PEDIDO DE LEVANTAMENTO DA CURATELA 269

3. CONCLUSÕES 270

4. REFERÊNCIAS BIBLIOGRÁFICAS 271

Capítulo 14 ▶ Incidente de Desconsideração da Personalidade Jurídica e o Ministério Público 273
Marcelo de Oliveira Milagres

REFERÊNCIAS BIBLIOGRÁFICAS 277

Capítulo 15 ▶ Conversão de Ações Individuais em Coletivas: Contornos Pragmáticos ao Veto do Artigo 333 do Novo Código de Processo Civil . 279
Marcelo Zenkner

1. NOTAS INTRODUTÓRIAS – O VETO AO ARTIGO 333 DO NCPC 279

2. IMPORTÂNCIA E HIPÓTESE PRÁTICA DE APLICAÇÃO DO DISPOSITIVO VETADO 282

3. CONTORNO AO VETO PELA VIA DO DIREITO PROCESSUAL COLETIVO 284

4. CONTORNO AO VETO PELAS INOVAÇÕES DO CÓDIGO DE PROCESSO CIVIL DE 2015 287

5. CONCLUSÕES FINAIS 289

6. BIBLIOGRAFIA 290

Capítulo 16 ▶ Uma Hipótese de *Defendant Class Action* no CPC? O Papel do Ministério Público na Efetivação do Contraditório Nas Demandas Possessórias Propostas em Face de Pessoas Desconhecidas 291
Susana Henriques da Costa e João Eberhardt Francisco

1. INTRODUÇÃO 291

2. RECONHECIMENTO DA SITUAÇÃO PASSIVA COLETIVA E ADMISSÃO DA AÇÃO COLETIVA PASSIVA 295

3. A NOVA PREVISÃO DO CÓDIGO DE PROCESSO CIVIL 298

4. A PRÁTICA JUDICIÁRIA SOB A ÉGIDE DO CPC/1973 302

    4.1. SEGUE: IMPOSSIBILIDADE DE QUALIFICAÇÃO DOS RÉUS *VERSUS* ACESSO À JUSTIÇA 303

5. A REPRESENTAÇÃO DOS INTERESSES EM CONFLITO NO PROCESSO E A ATUAÇÃO DO MINISTÉRIO PÚBLICO. 305

6. CONCLUSÃO 310

7. BIBLIOGRAFIA 311

Capítulo 17 ▶ A atuação do Ministério Público no Processo Civil 315
Pedro Gomes de Queiroz

1. INTRODUÇÃO: ATUAÇÃO DO MINISTÉRIO PÚBLICO NO PROCESSO CIVIL SEGUNDO A CONSTITUIÇÃO FEDERAL E A LEI 7.347/1985. 315

2. A ATUAÇÃO DO MINISTÉRIO PÚBLICO NA AÇÃO POPULAR 329

13

SUMÁRIO

3. O MINISTÉRIO PÚBLICO NO CPC/2015 330
4. CONCLUSÃO 341
5. BIBLIOGRAFIA 346

Capítulo 18 ▶ Ações Possessórias e Ministério Público 347
Marcelo de Oliveira Milagres

1. INTRODUÇÃO 347
2. AÇÕES POSSESSÓRIAS NO CPC DE 1973 E NO CPC DE 2015 348
3. ATUAÇÃO DO MINISTÉRIO PÚBLICO NAS AÇÕES POSSESSÓRIAS 350
4. CONCLUSÃO 352
5. REFERÊNCIAS BIBLIOGRÁFICAS 352

Capítulo 19 ▶ O Ministério Público como órgão agente e o Novo CPC 353
Alécio Silveira Nogueira

INTRODUÇÃO 353
1. O PERFIL CONSTITUCIONAL DO MINISTÉRIO PÚBLICO E O NOVO CPC: UM DEBATE EM CONSTRUÇÃO. 354
 1.1. A INSTITUIÇÃO DO MINISTÉRIO PÚBLICO 354
 1.2. DE COMO O NOVO CPC OPTOU POR UM MINISTÉRIO PÚBLICO AGENTE: O VELHO DEBATE DA
  INTERVENÇÃO NO CÍVEL COMO CUSTOS IURIS. 358
2. PODERES E DEVERES DO MINISTÉRIO PÚBLICO NO NOVO CPC 361
 2.1. A ATUAÇÃO DO MINISTÉRIO PÚBLICO COMO AUTOR E O POSSÍVEL CONFLITO DE NORMAS
  (UMA APROXIMAÇÃO) 361
 2.2. PODERES E DEVERES DO MINISTÉRIO PÚBLICO NO NOVO CPC E INTERAÇÕES NORMATIVAS 363
3. O CPC, O CC E A LEI 13.146/15: O MINISTÉRIO PÚBLICO NAS AÇÕES DE CURATELA 388
CONSIDERAÇÕES FINAIS 398
REFERÊNCIAS BIBLIOGRÁFICAS 399

Capítulo 20 ▶ O Ministério Público e as Normas Fundamentais do Direito
     Processual Civil Brasileiro 401
Hermes Zaneti Jr.

1. WORK IN COMPOSITION: JUSTIÇA É UM SERVIÇO PÚBLICO E IMPARCIALIDADE NÃO É PASSIVIDADE 401
2. O MINISTÉRIO PÚBLICO COMO INSTITUIÇÃO DE GARANTIA DOS DIREITOS FUNDAMENTAIS 407
 2.1. CONSTITUCIONALIZAÇÃO DO DIREITO PROCESSUAL E DO MINISTÉRIO PÚBLICO 407
 2.2. AINDA HÁ UM PROMOTOR DE JUSTIÇA EM BERLIM: PRINCÍPIO DA ACIONABILIDADE 412
 2.3. OS "VALORES DA LEI" E A "NEUTRALIDADE TÉCNICA" DO MINISTÉRIO PÚBLICO NOS ESTADOS
  DEMOCRÁTICOS CONSTITUCIONAIS 415
 2.4. INDEPENDÊNCIA E ESPECIALIZAÇÃO: ATIVIDADE TENDENCIALMENTE COGNITIVA
  (INTERPRETAÇÃO REALISTA, MODERADA E RESPONSÁVEL) 419
 2.5. EFETIVIDADE E ESTÍMULO À PROATIVIDADE POSITIVA 421
3. AS NORMAS FUNDAMENTAIS DO CPC E A ATUAÇÃO DO MINISTÉRIO PÚBLICO NA GARANTIA DOS
DIREITOS FUNDAMENTAIS 423
 3.1. CONSTITUCIONALIZAÇÃO DO DIREITO PROCESSUAL 425
 3.2. JUSTIÇA MULTIPORTAS 427
 3.3. PROCESSO JUSTO 430

SUMÁRIO

3.4.	PRIMAZIA DO JULGAMENTO DE MÉRITO	431
3.5.	BOA-FÉ, LEALDADE PROCESSUAL E VEDAÇÃO DO ABUSO DE DIREITO PROCESSUAL	434
3.6.	COOPERAÇÃO	439
3.7.	CONTRADITÓRIO	446
3.8.	DURAÇÃO RAZOÁVEL DO PROCESSO	451
3.9.	AUTORREGRAMENTO DA VONTADE	455
3.10.	FUNDAMENTAÇÃO HERMENÊUTICA E ANALITICAMENTE ADEQUADA DAS DECISÕES E DOS ATOS POSTULATÓRIOS	457
3.11.	PRECEDENTES NORMATIVOS FORMALMENTE VINCULANTES	460
3.12.	DEMANDAS OU QUESTÕES REPETITIVAS: CASOS REPETITIVOS E GESTÃO DE PROCESSOS	461
3.13.	ACESSO AOS TRIBUNAIS SUPREMOS (STJ E STF)	462
4.	CONCLUSÕES PARCIAIS	464
5.	REFERÊNCIAS BIBLIOGRÁFICAS	464

CAPÍTULO 1

Questões atuais sobre as posições do Ministério Público no novo CPC[1]

Fredie Didier Jr.[2] e
Robson Renault Godinho[3]

SUMÁRIO: 1. INTRODUÇÃO; 2. O MINISTÉRIO PÚBLICO COMO LEGITIMADO ORDINÁRIO E SUA CAPACIDA-
DE POSTULATÓRIA; 3. AINDA A LEGITIMIDADE E A CAPACIDADE POSTULATÓRIA DO MINISTÉRIO; PÚBLICO
ESTADUAL: O PROBLEMA DA SUSTENTAÇÃO ORAL NOS TRIBUNAIS SUPERIORES; 4. LIMITES DA ATUAÇÃO
RECURSAL DOS PROMOTORES DE JUSTIÇA: A RELAÇÃO COM OS PROCURADORES DE JUSTIÇA E O FIM DE DE-
NOMINADO "PARECER RECURSAL"; 5. O MINISTÉRIO PÚBLICO NO POLO PASSIVO DE UMA RELAÇÃO JURÍDICA
PROCESSUAL; 6. O MINISTÉRIO PÚBLICO NA DEFESA DE DIREITOS INDIVIDUAIS DE CRIANÇAS E ADOLESCEN-
TES E A DESNECESSIDADE DE ATUAÇÃO DE CURADOR ESPECIAL; 7. CONFLITO DE ATRIBUIÇÕES E SUSPENSÃO
DO PROCESSO; 8. MINISTÉRIO PÚBLICO COMO ASSISTENTE SIMPLES; 9. ENCERRAMENTO.

1. INTRODUÇÃO

Para os fins deste trabalho, interessa-nos a compreensão da história recente
do Ministério Público brasileiro[4], já que sua formação o torna peculiar, se comparado a Ministérios Públicos de outros países[5].

---

1   Este texto é uma versão atualizada e adaptada de trabalho anterior dos autores, escrito antes da aprovação do novo CPC: Questões atuais sobre as posições do Ministério Público no processo civil. *Revista de
Processo, nº 237*. São Paulo: RT, novembro de 2014, p. 45/87. Para a publicação nesta coletânea, foram su-
primidos trechos da versão original e incluíram-se as necessárias referências ao novo CPC, além de outras
alterações, que, contudo, não alteram a essência do que foi anteriormente publicado.

2.   Livre-Docente (USP), Doutor (PUC/SP) e Mestre (UFBA) em Direito Processual Civil. Professor da UFBA. Advogado.

3.   Pós-doutorando (UFBA). Doutor e Mestre em Direito Processual Civil (PUC/SP). Promotor de Justiça (MPRJ).

4   Para a formação histórica geral do Ministério Público e/ou para notícias de direito comparado, vale conferir
os seguintes estudos, que também trazem outras referências bibliográficas sobre o tema: GARCIA, Emerson.
Ministério Público – organização, atribuições e regime jurídico. 4ª ed. São Paulo: Saraiva, 2014. SAUWEN FILHO, João
Francisco. *Ministério Público Brasileiro e o Estado Democrático de Direito*. Rio de Janeiro: Renovar, 1999. NERY, Rosa
Maria de Andrade. Notas sobre a justiça e o Ministério Público no direito da Alemanha ocidental. *Revista de
Processo, nº 47*. São Paulo: RT, julho/setembro de 1987. PROENÇA, Luis Roberto. Participação do Ministério Público
no processo civil nos Estados Unidos da América. *Ministério Público – instituição e processo*. Antonio Augusto Mello
de Camargo Ferraz (coord.). São Paulo: Atlas, 1997. FERRAZ, Antonio Augusto Mello de Camargo. Anotações sobre
os Ministérios Públicos brasileiro e americano. *Ministério Público e Afirmação da Cidadania*. São Paulo: s/ed., 1997.
COSTA, Eduardo Maia. Ministério Público em Portugal. *Ministério Público II – democracia*. José Marcelo Menezes
Vigliar e Ronaldo Porto Macedo Júnior (coord). São Paulo: Atlas, 1999. SALLES, Carlos Alberto de. Entre a razão
e a utopia: a formação histórica do Ministério Público. *Ministério Público II – democracia*. José Marcelo Menezes
Vigliar e Ronaldo Porto Macedo Júnior (coord). São Paulo: Atlas, 1999. MACEDO JÚNIOR, Ronaldo Porto. A evolução
institucional do Ministério Público brasileiro. *Uma Introdução ao Estudo da Justiça*. Maria Tereza Sadek (org.). São
Paulo: IDESP/Sumaré, 1995. ARANTES, Rogério Bastos. *Ministério Público e Política no Brasil*. São Paulo: IDESP/EDUC/
Sumaré, 2002. ZENKNER, Marcelo. *Ministério Público e Efetividade do Processo Civil*. São Paulo: RT, 2006. MACHADO,
Bruno Amaral. *Ministério Público: organização, representação e trajetórias*. Curitiba: Juruá, 2007.

5   Além das referências citadas na nota anterior, convém mencionar interessante livro que oferece um panorama comparado: DIAS e AZEVEDO (coord.). *O Papel do Ministério Público: estudo comparado dos países
latino-americanos*. Coimbra: Almedina, 2008.

É interessante observar que o Ministério Público, mesmo após a Constituição de 1988, ainda não é percebido como um personagem multifacetado no processo civil, com toda uma nova dimensão jurídica advinda de diversos textos normativos e da própria prática institucional.

Essa visão restritiva decorre também de certo silêncio da doutrina, que, em linhas gerais, persiste na análise do Ministério Público apenas na tradicional função de *custos legis* ("fiscal da ordem jurídica", segundo o novo CPC), salvo quando se abordam questões envolvendo a legitimidade para ações coletivas.

Se houve evidente modificação do Ministério Público, com necessárias repercussões processuais, a manutenção de uma interpretação "retrospectiva" é incompatível com uma realidade que, se não é exatamente nova, exige um tratamento condizente com tais transformações. Barbosa Moreira chegou a afirmar que o silêncio da Instituição no processo civil teria sido interrompido exatamente em razão do processo coletivo, que ensejou a "revitalização do Ministério Público, arrancado à relativa quietude em que usualmente o mantinham, no tocante ao processo civil, as atribuições tradicionais" [6].

Entretanto, não basta concentrar tintas na legitimidade do Ministério Público para os processos coletivos, se outras dimensões continuam negligenciadas pela doutrina e jurisprudência.

Em suma, nossa intenção é apenas a de registrar alguns pontos que, pelo conteúdo e/ou pelo simbolismo, indicam um caminho para mais bem compreender a complexidade do Ministério Público.

2. O MINISTÉRIO PÚBLICO COMO LEGITIMADO ORDINÁRIO E SUA CAPACIDADE POSTULATÓRIA

A Segunda Turma do Supremo Tribunal Federal, por unanimidade, julgou procedente pedido formulado em mandado de segurança impetrado pelo Ministério Público do Espírito Santo contra ato proferido pelo Conselho Nacional do Ministério Público[7].

Desse julgamento decorrem duas situações especialmente interessantes e que foram acertadamente compreendidas pelo STF: o reconhecimento da

---

6   Os novos rumos do processo civil brasileiro. *Temas de Direito Processual* (Sexta Série). São Paulo: Saraiva, 1997, p. 73.

7   "Mandado de segurança. Conselho Nacional do Ministério Público. Anulação de ato do Conselho Superior do Ministério Público do Estado do Espírito Santo em termo de ajustamento de conduta. Atividade-fim do Ministério Público estadual. Interferência na autonomia administrativa e na independência funcional do Conselho Superior do Ministério Público do Espírito Santo – CSMP/ES. Mandado de segurança concedido" (STF, 2ª T., MS nº 28.028, Relatora: Min. Cármen Lúcia, j. em 30.10.2012, DJe-107, public 07-06-2013).

legitimidade do Ministério Público para a defesa, em nome próprio, de sua esfera jurídica e a aceitação da capacidade postulatória do Procurador-Geral de Justiça para subscrever o mandado de segurança.

O CPC expressamente arrolou alguns entes despersonalizados no art. 75, mas isso não esgota todas as possibilidades, especialmente porque a capacidade de ser parte não se confunde com a personalidade jurídica. Os fatos de o Ministério Público ser um órgão administrativo e, tradicionalmente, a ele não ser reconhecida personalidade jurídica em nada interferem no ponto. É inegável que ele possui personalidade judiciária e, principalmente, que se trata de ente com esfera e patrimônio jurídicos próprios, o que o torna *sujeito de direitos*.

Quando vai a juízo na defesa de situações jurídicas por ele titularizadas, como é o caso, a sua legitimação é ordinária. Sim, ordinária: nem sempre a atuação do Ministério Público dá-se na condição de legitimado extraordinário, como se supõe indevidamente. *Esse é o primeiro ponto a ser destacado no julgamento em questão.*

O Ministério Público possui autonomia que lhe confere direitos e deveres, decorrendo daí a capacidade postulatória em caso de ameaça ou violação de sua esfera jurídica[8]. "A teoria dos sujeitos de direito precisa ser repensada, pois não se justifica, pelo exame do direito positivo, que não se reconheça capacidade jurídica a entes a que o ordenamento jurídico atribui aptidão para ter direitos e contrair obrigações, embora não lhes tenha sido atribuída personalidade jurídica", com a possibilidade de haver processos envolvendo órgãos estatais de uma mesma pessoa jurídica e até de um órgão contra em face dessa mesma pessoa jurídica[9].

Assim, pode o Ministério Público ajuizar ação visando, por exemplo, à salvaguarda do princípio da independência funcional, da autonomia administrativa ou do poder de requisição, como, aliás, já reconheceu o Superior Tribunal de Justiça[10].

O CPC não cuida expressamente da capacidade de ser parte, considerando-a, porém, pressuposta. Ainda que haja divergências conceituais relevantes, parte, em sentido processual, pode ser entendida como sendo o sujeito de uma relação

---

8   Em texto clássico, escrito há mais de cinquenta anos, Victor Nunes Leal tratou da personalidade judiciária das câmaras municipais e já afirmava que "sendo, entretanto, um órgão independente do prefeito no nosso regime de divisão de poderes (que projeta suas conseqüências na própria esfera municipal), sua competência privativa envolve, necessariamente, direitos, que não pertencem individualmente aos vereadores, mas a toda a corporação de que fazem parte. Se o prefeito, por exemplo, viola esses direitos, não se pode conceber que não haja no ordenamento jurídico positivo do país um processo pelo qual a câmara dos vereadores possa reivindicar suas prerrogativas". (LEAL, Victor Nunes. Personalidade judiciária das câmaras municipais. *Problemas de Direito Público*. Rio de Janeiro: Forense, 1960, p. 430.)

9   DIDIER JR. *Pressupostos Processuais e Condições da Ação: o juízo de admissibilidade do processo.* São Paulo: Saraiva, 2005, p. 117 e 120.

10   STJ, MS nº 5.370/DF, j. em 12.11.1997, RSTJ, v. 107, p. 21.

processual que formula pedido de tutela jurisdicional ou aquele contra quem é igualmente formulado esse tipo de pedido. A capacidade de ser parte, portanto, é a aptidão abstrata para ser sujeito do processo ou assumir situação jurídica processual[11]. Ao contrário da capacidade processual, que pode ser absoluta ou relativa, a capacidade de ser parte é uma noção absoluta, não comportando gradações: a personalidade judiciária está presente ou não, sem meio termo. A capacidade de ser parte relaciona-se com a viabilidade de estar em juízo a fim de tutelar uma situação jurídica, isto é, vincula-se com a simples possibilidade de estar em juízo e independe da capacidade de agir ou da capacidade processual. Relaciona-se, pois, com a pretensão à tutela jurídica. A capacidade para ser parte é uma noção absoluta, não significando, porém, que o ente terá necessariamente legitimidade para a causa e capacidade postulatória.

No que se refere ao Ministério Público, é inequívoca sua capacidade para ser parte, restando verificar se nas hipóteses concretas estará presente sua legitimidade para agir e, inexoravelmente, sua *capacidade postulatória*.

O singular perfil reservado ao Ministério Público no ordenamento jurídico brasileiro provoca algumas perplexidades que comumente ensejam uma reação restritiva da doutrina e da jurisprudência, como no caso da capacidade postulatória. Essa situação jurídica processual, que autoriza a prática de atos postulatórios, é quase sempre automaticamente vinculada ao exercício da advocacia e vislumbra-se certa dificuldade em trabalhar com essa categoria como conceito pertencente à teoria geral do processo[12] e cujos contornos são delineados pelo direito positivo.

No entanto, é indiscutível que o Ministério Público tem capacidade postulatória nos casos em que atua como legitimado extraordinário. Negá-la nos casos em que atua como legitimado ordinário é interpretação contrária à igualdade: afinal, um sujeito de direito teria capacidade postulatória para defender interesses de outrem, mas não a teria para defender os próprios interesses juridicamente tuteláveis. Não bastasse isso, se o Ministério Público não tivesse capacidade postulatória, nesses casos, haveria de, necessariamente, contratar um advogado, situação no mínimo esdrúxula[13].

---

11   DIDIER JR., Fredie. *Pressupostos Processuais e Condições da Ação: o juízo de admissibilidade do processo*. São Paulo: Saraiva, 2005, p. 111.

12   Cf. o estudo em que se parte da Teoria Geral do Direito, de autoria de GOUVEIA FILHO, Roberto P. Campos: *A capacidade postulatória como uma situação jurídica processual simples: ensaio em defesa de uma teoria das capacidades em direito*. Recife: Universidade Católica de Pernambuco (UNICAP), março de 2008, sob a orientação do Prof. Dr. Alexandre Freire Pimentel. Texto ainda inédito, gentilmente cedido pelo autor, que pode ser acessado em *www.unicap.br/tede/*.

13   Isso não quer dizer que o Ministério Público não possa contratar advogado; não há impedimento para isso, sobretudo se imaginarmos essas situações em que atua como legitimado ordinário, quando a contratação de um parecer, por exemplo, pode ser bem útil.

Uma noção importante, que às vezes é desconsiderada e, assim, provoca alguns equívocos, é a inexistência de monopólio da capacidade postulatória. Esse pressuposto processual não é um instituto pré-normativo, que antecede qualquer construção legislativa ou doutrinária, como se fosse um dado na natureza que deva ser aceito inapelavelmente. Ao revés, trata-se de uma situação jurídica, que é ou não atribuída ao sujeito por razões de política legislativa, não sendo ocioso relembrar que historicamente a capacidade postulatória era outorgada a todos os cidadãos, encontrando-se resquícios dessa época inclusive nos dias de hoje (*habeas corpus*, por exemplo)[14]. O fato de o art. 103 do CPC mencionar apenas os advogados como procuradores se deve a motivos históricos e corporativos, refletindo aquilo que ordinariamente ocorre na maioria dos casos, mas não atingindo as demais exceções normativas.

Negar capacidade postulatória ao Ministério Público é interpretar o sistema de forma primitiva e rasteira, em nada contribuindo para um sério e denso debate sobre as reais dificuldades envolvendo a atuação da instituição como órgão agente.

Essa afirmação, a nosso ver, não comporta contraposição séria quando se refere à defesa de direitos individuais indisponíveis, sociais e às prerrogativas institucionais. Entretanto, por ser o Ministério Público um ente dotado de autonomia administrativa, há uma gama de direitos e deveres atrelados à Instituição que são dissociados tanto de suas atividades finalísticas quanto de suas prerrogativas, o que certamente ensejará peculiaridades processuais outras que escapam à finalidade deste texto, cujo propósito é precisamente registrar possibilidades de sua atuação no processo civil.

3. AINDA A LEGITIMIDADE E A CAPACIDADE POSTULATÓRIA DO MINISTÉRIO PÚBLICO ESTADUAL: O PROBLEMA DA SUSTENTAÇÃO ORAL NOS TRIBUNAIS SUPERIORES

No item anterior, comentamos decisão sobre a legitimidade e a capacidade postulatória do Ministério Público estadual e boa parte do que ali foi escrito se aplica a uma importante decisão do Superior Tribunal de Justiça, que aponta para uma alvissareira modificação jurisprudencial:

> "1.É sabido que esta Corte Superior de Justiça até aqui ampara a tese de que o Ministério Público Estadual não é parte legítima para atuar perante os Tribunais Superiores, uma vez que tal atividade estaria restrita ao Ministério Público Federal.

---

14   Cf. SILVA, Fernando Antonio Souza e. *O Direito de Litigar sem Advogado*. Rio de Janeiro: Renovar, 2007, p. 25-39; MADEIRA, Hélcio Maciel França. *História da Advocacia*. São Paulo: RT, 2002.

2. O Ministério Público dos Estados não está vinculado nem subordinado, no plano processual, administrativo e/ou institucional, à Chefia do Ministério Público da União, o que lhe confere ampla possibilidade de postular, autonomamente, perante esta Corte Superior de Justiça.

3. Não permitir que o Ministério Público Estadual atue perante esta Corte Superior de Justiça significa: (a) vedar ao MP Estadual o acesso ao STF e ao STJ; (b) criar espécie de subordinação hierárquica entre o MP Estadual e o MP Federal, onde ela é absolutamente inexistente; (c) cercear a autonomia do MP Estadual; e (d) violar o princípio federativo.

4. A atuação do Ministério Público Estadual perante o Superior Tribunal de Justiça não afasta a atuação do Ministério Público Federal, um agindo como parte e o outro como custos legis.

5. Recentemente, durante o julgamento da questão de ordem no Recurso Extraordinário nº 593.727/MG, em que discutia a constitucionalidade da realização de procedimento investigatório criminal pelo Ministério Público, decidiu-se pela legitimidade do Ministério Público Estadual atuar perante a Suprema Corte.

6. Legitimidade do Ministério Público Estadual para atuar perante esta Corte Superior de Justiça, na qualidade de autor da ação, atribuindo efeitos prospectivos à decisão. [...]" **(AgRg no AgRg no AREsp 194.892-RJ, Rel. Min. Mauro Campbell Marques, julgado em 24/10/2012 – transcrição parcial da ementa).**

Registre-se que, em diversas decisões anteriores, considerou-se que apenas o Ministério Público federal poderia atuar perante o STJ (exemplos: AgRg nos EREsp 1162604/SP, Rel. Ministro Cesar Asfor Rocha, Primeira Seção, julgado em 23/05/2012, DJe 30/05/2012; AgRg na SLS 828/CE, Rel. Min. Ari Pargendler, Corte Especial, DJe 12.2.2009), o que, além de impor uma heterodoxa subordinação entre os diversos Ministérios Públicos, numa particular interpretação do conceito de unidade institucional, acarretava uma série de embaraços e perplexidades processuais.

Permitia-se ao Ministério Público estadual a interposição de recursos extraordinários, mas, a partir do ingresso dos autos naquele Tribunal Superior, todos os atos processuais se restringiam à iniciativa do Ministério Público federal, ensejando uma relação assimétrica a partir de um desvio de perspectiva na compreensão da legitimidade e das capacidades daquelas instituições[15].

---

15 Esse entendimento favorável à atuação do Ministério Público no Superior Tribunal de Justiça foi reiterado em 2013: "O Plenário do Supremo Tribunal Federal, na QO no RE 593.727/MG, Rel. Min. Cezar Peluso, 21.6.2012, em inequívoca evolução jurisprudencial, proclamou a legitimidade do Ministério Público Estadual para atuar diretamente no âmbito da Corte Constitucional nos processos em que figurar como parte e estabeleceu, entre outras, as seguintes premissas (Informativo 671/STF): a) em matéria de regras

QUESTÕES ATUAIS SOBRE AS POSIÇÕES DO MINISTÉRIO PÚBLICO NO NOVO CPC

gerais e diretrizes, o PGR poderia desempenhar no Supremo Tribunal Federal dois papéis simultâneos, o de fiscal da lei e o de parte; b) nas hipóteses que o Ministério Público da União (MPU) figurar como parte no processo, por qualquer dos seus ramos, somente o Procurador Geral da República (PGR) poderia oficiar perante o Supremo Tribunal Federal, o qual encarnaria os interesses confiados pela lei e pela constituição ao referido órgão; c) nos demais casos, o Ministério Público Federal exerceria, evidentemente, a função de fiscal da lei e, nessa última condição, a sua manifestação não poderia preexcluir a das partes, sob pena de ofensa ao contraditório; d) A Lei Complementar federal 75/93 somente teria incidência no âmbito do Ministério Público da União (MPU), sob pena de cassar-se a autonomia dos Ministérios Públicos estaduais que estariam na dependência, para promover e defender interesse em juízo, da aprovação do Ministério Público Federal; e) a Constituição Federal distinguiu "a Lei Orgânica do MPU (LC 75/93) – típica lei federal –, da Lei Orgânica Nacional (Lei 8.625/93), que se aplicaria em matéria de regras gerais e diretrizes, a todos os Ministérios Públicos estaduais"; f) a Resolução 469/2011 do Supremo Tribunal Federal determina a intimação pessoal do Ministério Público estadual nos processos em que figurar como parte; g) não existiria subordinação jurídico-institucional que submetesse o Ministério Público dos estados à chefia do Ministério Público da União (MPU), instituição que a Constituição teria definido como chefe o Procurador Geral da República (PGR); h) não são raras as hipóteses em que seriam possíveis situações processuais que estabelecessem posições antagônicas entre o Ministério Público da União e o Ministério Público estadual e, em diversos momentos, o parquet federal, por meio do Procurador Geral da República (PGR), teria se manifestado de maneira contrária ao recurso interposto pelo parquet estadual; i) a privação do titular do Parquet Estadual para figurar na causa e expor as razões de sua tese consubstanciaria exclusão de um dos sujeitos da relação processual; j) a tese firmada pelo Supremo Tribunal Federal "denotaria constructo que a própria práxis demonstrara necessário, uma vez que existiriam órgãos autônomos os quais traduziriam pretensões realmente independentes, de modo que poderia ocorrer eventual cúmulo de argumentos". [...] Portanto, diante das premissas estabelecidas, é possível estabelecer que: a) o Ministério Público dos Estados, somente nos casos em que figurar como parte nos processos que tramitam no âmbito do Superior Tribunal de Justiça, poderá exercer todos os meios inerentes à defesa da sua pretensão (v.g. Interpor recursos, realizar sustentação oral e apresentar memoriais de julgamento); b) a função de fiscal da lei no âmbito deste Tribunal Superior, será exercida exclusivamente pelo Ministério Público Federal, por meio dos Subprocuradores-Gerais da República designados pelo Procurador-Geral da República. 5. O Poder Judiciário tem como uma de suas principais funções, a pacificação de conflitos. O reconhecimento da tese de legitimidade do Ministério Público estadual para atuar no âmbito do Superior Tribunal de Justiça não objetiva gerar confronto entre o Ministério Público Federal e Estadual, mas reconhecer a importância e imprescindibilidade de ambas as instituições no sistema judicial brasileiro e estabelecer os limites de atuação do Ministério Público brasileiro no âmbito das Cortes Superiores. Ademais, a plena atuação do Ministério Público estadual na defesa de seus interesses, trará mais vantagens à coletividade e aos direitos defendidos pela referida instituição" (EDcl no AgRg no AgRg no AREsp 194892/RJ, Rel. Ministro Mauro Campbell Marques, Primeira Seção, julgado em 12/06/2013, DJe 01/07/2013). "A jurisprudência deste Superior Tribunal evoluiu e, em julgados recentes, passou a admitir a legitimidade do Ministério Público estadual ou distrital para atuar diretamente neste Tribunal, nos termos do entendimento consignado no Supremo Tribunal Federal" (EDcl no AgRg no REsp 1326532/DF, Rel. Ministro Sebastião Reis Júnior, Sexta Turma, julgado em 03/12/2013, DJe 13/12/2013). A tese, porém, ainda será apreciada pela Corte Especial no julgamento dos Embargos de Divergência em Recurso Especial nº 1.327.573/RJ, ainda pendente de decisão final até a conclusão desse texto e a persistência da indefinição produz julgados com este conteúdo: "AGRAVO REGIMENTAL NOS EMBARGOS DE DECLARAÇÃO NO AGRAVO EM RECURSO ESPECIAL. RECURSO INTERPOSTO PELO MINISTÉRIO PÚBLICO ESTADUAL. ILEGITIMIDADE". I – Enquanto a questão não for decidida pela Corte Especial, adoto, com a ressalva do meu entendimento pessoal, com vista à uniformidade das decisões, a orientação firmada pela 3ª Seção desta Corte, segundo a qual os Ministérios Públicos dos Estados e do Distrito Federal não possuem legitimidade para atuar perante este Tribunal Superior, porquanto prerrogativa do Ministério Público Federal, nos termos do art. 47, § 1º, da Lei Complementar nº 75/1993. II – Agravo Regimental não conhecido. (AgRg nos EDcl no AREsp 8.747/RS, Rel. Ministra Regina Helena Costa, Quinta Turma, julgado em 10/06/2014, DJe 18/06/2014).

A mudança de entendimento, finalmente pacificada no âmbito do Superior Tribunal de Justiça[16], é bem-vinda, notadamente porque o novo CPC confere melhor disciplina à sustentação oral (arts. 936, 937, 1042, § 5º).

4. LIMITES DA ATUAÇÃO RECURSAL DOS PROMOTORES DE JUSTIÇA: A RELAÇÃO COM OS PROCURADORES DE JUSTIÇA E O FIM DO DENOMINADO "PARECER RECURSAL"

Há outra questão que tangencia os problemas anteriores: a possibilidade de o Promotor de Justiça realizar diretamente acréscimos às razões de recurso por ele interposto e já recebido pelo Tribunal de Justiça.

---

16 Consolidou-se a festejada modificação jurisprudencial: PROCESSUAL CIVIL E ADMINISTRATIVO. AGRAVO REGIMENTAL NOS EMBARGOS DE DECLARAÇÃO EM AGRAVO EM RECURSO ESPECIAL. LEGITIMIDADE DO MINISTÉRIO PÚBLICO ESTADUAL. ATUAÇÃO COMO PARTE NO ÂMBITO DO STJ. POSSIBILIDADE. NOVO ENTENDIMENTO FIRMADO PELO PLENÁRIO DO STF E PELA CORTE ESPECIAL DO STJ. AGRAVO REGIMENTAL NÃO PROVIDO. 1. O Ministério Público Estadual, nos processos em que figurar como parte e que tramitam no Superior Tribunal de Justiça, possui legitimidade para exercer todos os meios inerentes à defesa de sua pretensão. A função de fiscal da lei no âmbito deste Tribunal Superior, será exercida exclusivamente pelo Ministério Público Federal, por meio dos Subprocuradores-Gerais da República designados pelo Procurador-Geral da República. 2. Sobre o tema, os recentes julgados desta Corte Superior: AgRg no REsp 1.323.236/RN, 2ª Turma, Rel. Min. HERMAN BENJAMIN, DJe de 28.11.2014; AgRg nos EREsp 1256973/RS, 3ª Seção, Rel. Min. LAURITA VAZ, Rel. p/ Acórdão Min.ROGERIO SCHIETTI CRUZ, DJe de 6.11.2014; AgRg nos EDcl no REsp 1.262.864/BA, 3ª Turma, Rel. Min. PAULO DE TARSO SANSEVERINO, DJe de 22.5.2014; EDcl no AgRg no REsp 1380585/DF, 6ª Turma, Rel. Min. ASSUSETE MAGALHÃES, DJe de 11.3.2014; EDcl no AgRg no REsp 1.326.532/DF, 6ª Turma, Rel. Min. SEBASTIÃO REIS JÚNIOR, DJe de 13.12.2013; AgRg no AgRg no AREsp 194.892/RJ, 1ª Seção, Rel. Min. MAURO CAMPBELL MARQUES, DJe de 1º.7.2013. 3. No mesmo sentido, o julgamento dos EREsp 1.327.573/RJ, Corte Especial, Rel. ARI PARGENDLER, Rel. p/ acórdão, Min. NANCY ANDRIGHI, ainda pendente de publicação e a QO no RE 593.727/MG, Plenário do Supremo Tribunal Federal, Rel. Min. Cezar Peluso, 21.6.2012 (Informativo 671/STF). 4. Agravo regimental não provido. (AgRg nos EDcl no AREsp 42.058/GO, Rel. Ministro MAURO CAMPBELL MARQUES, SEGUNDA TURMA, julgado em 05/02/2015, DJe 12/02/2015) EMBARGOS DE DIVERGÊNCIA NO RECURSO ESPECIAL. PENAL E PROCESSO PENAL. LEGITIMIDADE DO MINISTÉRIO PÚBLICO ESTADUAL. ATUAÇÃO, COMO PARTE, PARA ATUAR DIRETAMENTE NO STJ. POSSIBILIDADE. QUESTÃO DE ORDEM NO RECURSO EXTRAORDINÁRIO Nº 593.727/MG. LEGITIMIDADE DO MINISTÉRIO PÚBLICO ESTADUAL PARA ATUAR PERANTE O STF. POSSIBILIDADE. EMBARGOS DE DIVERGÊNCIA CONHECIDOS E PROVIDOS, PARA QUE, AFASTADA A PRELIMINAR, A SEXTA TURMA PROSSIGA NO JULGAMENTO DO AGRAVO REGIMENTAL. 1. O acórdão embargado e o acórdão indicado como paradigma discrepam a respeito da interpretação do art. 47, § 1º, da Lei Complementar nº 75, de 1993, um conhecendo de agravo regimental interposto por membro de Ministério Público, e o outro, não; 2. Cindindo em um processo o exercício das funções do Ministério Público (o Ministério Público Estadual sendo o autor da ação, e o Ministério Público Federal opinando acerca do recurso interposto nos respectivos autos), não há razão legal, nem qualquer outra ditada pelo interesse público, que autorize uma restrição ao Ministério Público enquanto autor da ação. 3. Recentemente, durante o julgamento da questão de ordem no Recurso Extraordinário nº 593.727/MG, em que discutia a constitucionalidade da realização de procedimento investigatório criminal conduzido pelo Ministério Público, decidiu-se pela legitimidade do Ministério Público Estadual atuar perante a Suprema Corte. 4. Embargos de divergência conhecidos e providos, para que, afastada a preliminar da ilegitimidade do Ministério Público Estadual, a Sexta Turma prossiga no julgamento do agravo regimental (AgRg na SLS 1.612/SP, Rel. Ministro ARI PARGENDLER, CORTE ESPECIAL, julgado em 29.08.2012, DJe 06.09.2012). (EREsp 1327573/RJ, Rel. Ministro ARI PARGENDLER, Rel. p/ Acórdão Ministra NANCY ANDRIGHI, CORTE ESPECIAL, julgado em 17/12/2014, DJe 27/02/2015).

Não se trata de mero exercício de imaginação dos autores.

Na realidade, não são raras as divergências internas entre Promotores e Procuradores de Justiça de um mesmo Ministério Público, que mantêm o que se pode denominar de uma "relação difícil". A hipótese ora tratada foi objeto de controvérsias em mais de um Estado.

Enquadremos o tema apenas na divisão interna de atribuições do Ministério Público.

Embora uno e indivisível, por razões lógicas e funcionais, e seguindo critérios abstratamente fixados pelo legislador e pela Administração Superior, o Ministério Público exerce suas funções por meio de plexos de atribuições individualizados em unidades autônomas, cada qual ocupada por membros previamente investidos à luz do regramento de regência, seja por provimento ou por substituição.

Além dos critérios estabelecidos em virtude da matéria e do território, com a finalidade de melhor dimensionamento do exercício funcional do Ministério Público, a mais eloquente cisão de atribuições se dá em nível legislativo e tem como referencial precisamente uma vinculação entre atribuição e competência e a separação da carreira em classes, na forma das referidas Leis Orgânicas, que disciplinam as atribuições genéricas dos Promotores de Justiça e dos Procuradores de Justiça.

Essa rígida separação de atribuições de acordo com os graus jurisdicionais não raro enseja desencontros técnicos, o que é explicado pela convivência entre a unidade e a independência funcional, mas, recentemente, a doutrina[17] e os tribunais[18] identificaram alguma perplexidade na manutenção da separação funcional, em um mesmo processo, na atuação do Ministério Público.

---

17 Cf., ZENKNER, Marcelo. *Ministério Público e Efetividade do Processo Civil*, cit.,, *passim*.

18 "Administrativo – Improbidade administrativa – Ministério Público como autor da ação – Desnecessidade de intervenção do *Parquet* como *custos legis* – Ausência de prejuízo – Não ocorrência de nulidade – Responsabilidade do advogado público – Possibilidade em situações excepcionais não presentes no caso concreto – Ausência de responsabilização do parecerista – atuação dentro das prerrogativas funcionais – Súmula 7/STJ. 1. Sendo o Ministério Público o autor da ação civil pública, sua atuação como fiscal da lei não é obrigatória. Isto ocorre porque, nos termos do princípio da unidade, o Ministério Público é uno como instituição, motivo pelo qual, o fato dele ser parte do processo, dispensa a sua presença como fiscal da lei, porquanto defendendo os interesses da coletividade através da ação civil pública, de igual modo atua na custódia da lei. 2. Ademais, a ausência de intimação do Ministério Público, por si só, não enseja a decretação de nulidade do julgado, a não ser que se demonstre o efetivo prejuízo para as partes ou para a apuração da verdade substancial da controvérsia jurídica, à luz do princípio *pas de nullités sans grief"* (REsp 1183504/DF, Rel. Ministro Humberto Martins, Segunda Turma, julgado em 18/05/2010, DJe 17/06/2010). Registre-se que o Conselho Nacional do Ministério Público editou, em 08/06/11, sua Recomendação nº 19, que, no que interessa a este texto, alterou a anterior Recomendação nº 16, passando a ter os seguintes termos: Art. 3º. É desnecessária a atuação de mais de um órgão do Ministério Público em ações individuais ou coletivas, propostas ou não por membro da Instituição, podendo oferecer parecer, sem prejuízo do

Essa referência não significa adesão a tais decisões, mas serve para ilustrar uma situação que se tornou ainda mais sensível com o exercício das atribuições do Ministério Público envolvendo a tutela coletiva.

Outro ponto que merece especial atenção é a relação entre a necessidade de interposição de recurso por Promotor de Justiça – ou outro legitimado no específico processo coletivo – para que a Procuradoria de Justiça de Tutela Coletiva passe a ter as atribuições regulares. Ou seja: por não possuir atribuição para ajuizar ação civil pública, as Procuradorias de Justiça de Tutela Coletiva possuem atribuição vinculada à interposição recursal, passando, então, a exercer as funções do Ministério Público junto ao Tribunal de Justiça, invariavelmente na condição de fiscal da lei[19].

Esse dado demonstra que a atuação dos Procuradores de Justiça especializados *junto* ao Tribunal convive harmonicamente com as atribuições dos Promotores de Justiça que atuam como postulantes *perante* aquele mesmo órgão jurisdicional[20].

Decorre dessa estrutura organizacional que, enquanto estiverem exercendo atos postulatórios referentes à interposição de recursos, os Promotores de Justiça estarão no estrito campo de atuação que lhe foi conferido pelos atos normativos de regência.

Não é coerente, do ponto de vista sistemático, permitir que o Promotor de Justiça interponha recurso e, ao mesmo tempo, vedar-lhe a possibilidade de acrescer às razões recursais a apresentação de prova nova ou a correção de

---

acompanhamento, sustentação oral e interposição de medidas cabíveis, em fase recursal, pelo órgão com atuação em segundo grau." Art. 5º. Perfeitamente identificado o objeto da causa e respeitado o princípio da independência funcional, é desnecessária a intervenção ministerial nas seguintes demandas e hipóteses: I – (...) XX – Em ação civil pública proposta por membro do Ministério Público, podendo, se for o caso, oferecer parecer, sem prejuízo do acompanhamento, sustentação oral e interposição de medidas cabíveis, em fase recursal, pelo órgão com atuação no segundo grau".

19   A especialização de Procuradorias de Justiça, mormente em matéria envolvendo tutela coletiva, vem ocorrendo diversos Estados e as linhas básicas dessa experiência foram relatadas em trabalho que bem ilustra o tema: CARPENA, Heloisa. Tutela coletiva em 2º grau. A experiência da criação das Procuradorias especializadas no Ministério Público do Estado do Rio de Janeiro. *Revista de Processo, nº 225.* São Paulo: RT, novembro de 2013.

20   ZENKNER, Marcelo. Reflexos processuais dos princípios institucionais da unidade e da indivisibilidade – revisitando as atribuições dos órgãos de execução do Ministério Público brasileiro. *Temas Atuais do Ministério Público.* Farias, Alves e Rosenvald (org.). 3ª ed. Salvador: Jus Podivm, 2012, p. 142). Cf, ainda, recente julgado do Superior Tribunal de Justiça: "1. O membro do Ministério Público Federal que atua na 1ª Instância tem legitimidade para impetrar mandado de segurança perante os Tribunais Regionais Federais, contra ato tido por abusivo e ilegal praticado pelo Juiz Federal. 2. Distinção entre postular ao Tribunal e postular no Tribunal. Precedentes desta Corte. 3. Recurso ordinário em mandado de segurança provido, para que prossiga o Tribunal a quo com o exame do mérito do mandamus" (RMS 42.235/GO, Rel. Ministro Nefi Cordeiro, Sexta Turma, julgado em 03/06/2014, DJe 20/06/2014).

erros materiais porventura existentes na própria petição de recurso, por exemplo. Todo e qualquer aditamento ao recurso interposto pelo Promotor de Justiça é de sua atribuição, como conteúdo do poder de recorrer que lhe foi atribuído. Caso se considere extemporâneo o ato praticado, passa-se a ser um problema de preclusão e não de atribuição. Ou seja: o serôdio aditamento é uma questão submetida à apreciação jurisdicional por integrar um ato postulatório que lhe é submetido por agente legitimado.

Somente pode integrar, complementar ou alterar um ato o sujeito que possui competência ou atribuição para praticá-lo. No caso de atos postulatórios – dos quais os recursos são espécies –, aquele legitimado, ou melhor, aquele que detém atribuição para a respectiva interposição pode prosseguir na postulação, até a sessão de julgamento no Tribunal, quando a atribuição se transfere aos Procuradores de Justiça, por conta da estrutura funcional escalonada.

Em suma, tudo aquilo que se referir ao desdobramento da atribuição para recorrer de decisão proferida em primeiro grau está inserido no plexo de atribuições dos Promotores de Justiça.

Para reforçar a existência dessa atribuição perante o Tribunal, basta lembrar a sistemática adotada nos recursos de agravo de instrumento, em que, além de a interposição ser realizada diretamente em segundo grau, as contrarrazões também são oferecidas pelos Promotores de Justiça[21].

Por fim, há ainda as hipóteses de mandado de segurança contra ato judicial, *habeas corpus* e reclamação: ações de competência originária de tribunal, que podem ser propostas por Promotor de Justiça, pois servem, à semelhança dos recursos, como meio de impugnação de decisão judicial.

Outro dado a se considerar, ainda que factual: precedido de inquérito civil, não raro com diversos volumes e com laboriosa atividade processual, com dezenas de laudas produzidas, não se pode esperar de um Promotor de Justiça um comportamento indiferente, por exemplo, com o resultado de um recurso por ele interposto e considerar que, após todo o trabalho desenvolvido, com o processo ainda sob julgamento e exatamente por ato postulatório de sua iniciativa, haja de permanecer inerte por ter a atribuição coartada.

Se se aderisse à equivocada tese de que Promotores de Justiça não podem pleitear perante Tribunal de Justiça, haveria evidente retrocesso na posição institucional que defende a possibilidade de os Ministérios Públicos estaduais atuarem perante os Tribunais Superiores, na medida em que se sufragaria, ainda

---

21 Cf., ZENKNER. Reflexos processuais dos princípios institucionais da unidade e da indivisibilidade – revisitando as atribuições dos órgãos de execução do Ministério Público brasileiro. *Temas Atuais do Ministério Público*. Farias, Alves e Rosenvald (org.). 3ª ed. Salvador: Jus Podivm, 2012, cit., itens 4.3 e 4.4.

que por via transversa, a ideia de que há exclusividade topográfica na atuação da Instituição.

O novo CPC nesse particular veicula inovação que reforça de modo irretorquível o que foi dito e ainda encerra uma antiga polêmica: o art. 1.010, § 3º, do novo CPC elimina a dupla admissibilidade do recurso de apelação; a partir da vigência do novo Código, portanto, a apelação será interposta em primeiro grau apenas por uma questão procedimental para facilitar o contraditório (art. 1.010, *caput*, e §§ 1º e 2º). Com isso, a postulação recursal propriamente dita será diretamente submetida ao Tribunal, cabendo ao juiz de primeiro grau apenas a função protocolar de preparação dos autos.

Inexistindo mais a denominada dupla admissibilidade, decorrem duas consequências para o que interessa ao presente item: primeiro, reforça a obviedade de que os atos postulatórios formulados por Promotores de Justiça ou Procuradores da República não se limitam ao primeiro grau de jurisdição; em segundo lugar, termina definitivamente com a polêmica sobre a necessidade de haver o que se denominou de "parecer recursal", que é a manifestação como fiscal da ordem jurídica, após a sentença, que era justificada precisamente porque o juiz de primeiro grau ainda exercia atividade jurisdicional típica – e não apenas administrativa – quando da interposição da apelação.

O novo CPC, portanto, elimina a atividade do Ministério Público como fiscal da ordem jurídica após a prolação da sentença, para fins do anódino "parecer recursal".

5. O MINISTÉRIO PÚBLICO NO POLO PASSIVO DE UMA RELAÇÃO JURÍDICA PROCESSUAL

Comumente relaciona-se a atuação do Ministério Público ao polo ativo da relação processual, mas há situações em que sua atuação se dará no polo passivo.

Note-se, em primeiro lugar, que estamos nos referindo a "uma relação jurídica processual", e não "a relação jurídica processual". Essa sutileza se justifica porque o processo dá ensejo a múltiplas relações jurídicas. Não há apenas uma relação jurídica processual; há diversas. O processo gera um conjunto (feixe[22]) de relações jurídicas.

---

22 CARNELUTTI, Francesco. *Diritto e processo*. Napoli: Morano, 1958, nº 20, p. 35; MONACCIANI, Luigi. *Azione e Legittimazione*. Milano: Giufffrè, 1951, p. 46; FERNANDES, Antonio Scarance. *Teoria Geral do Procedimento e o procedimento no processo penal*. São Paulo: RT, 2005, p. 28; GRECO, Leonardo. *Instituições de Processo Civil*. 2ª ed. Rio de Janeiro: Forense, 2010, v. 1, p. 251; DIDIER Jr., Fredie. *Sobre a Teoria Geral do Processo*. 2ª ed. Salvador: Editora Jus Podivm, 2013, p. 65-67.

A redação do art. 17 do CPC reforça isso. Esse artigo corresponde ao art. 3º do CPC-1973, que, porém, tinha redação um pouco diferente: "Para propor ou contestar ação é necessário ter interesse e legitimidade". A mudança é sutil, mas considerável. *Interesse* e *legitimidade* são exigidos para qualquer postulação em juízo, não apenas para a propositura da demanda ou apresentação da respectiva defesa. Também se exigem o interesse e a legitimidade para recorrer, arguir impedimento ou suspeição do juiz, chamar ao processo, suscitar os incidentes processuais (conflito de competência, incidente de resolução de demandas repetitivas etc.) etc. A redação do enunciado também ajuda a compreender a *dinamicidade das posições processuais*. O sujeito pode ter legitimidade para um ato e não a ter para o outro; pode não ter interesse para algo e tê-lo para outra coisa; pode não ter, originariamente, legitimidade e, tempos depois, essa legitimidade ser adquirida – o mesmo pode ocorrer com o interesse de agir. As posições processuais são dinâmicas. Há diversas relações processuais[23].

É possível imaginar o Ministério Público como réu de um processo – assumindo o polo passivo da principal relação jurídica processual, portanto. O exemplo mais corriqueiro, embora não seja o único, é o do Ministério Público como réu de uma ação coletiva passiva derivada[24] – uma ação coletiva passiva que nasce de um processo coletivo ativo (ação rescisória de sentença proferida em ação civil pública promovida pelo Ministério Público, v. g.). Outro exemplo: ação que visa a anular termo de ajustamento de conduta celebrado pelo Ministério Público. Nestes casos, o Ministério Público atua no processo como legitimado extraordinário.

É possível, ainda, cogitar uma situação em que o Ministério Público seja réu, agindo na qualidade de legitimado ordinário. Pense na hipótese de que o Ministério Público, durante a obra de edificação de sua sede, possa vir a destruir patrimônio arqueológico ou arquitetônico da comunidade. O Ministério Público poderá ser réu de uma ação coletiva, muito possivelmente proposta por outro Ministério Público. Neste caso, atuará no processo como legitimado ordinário.

Mas o Ministério Público pode estar no polo passivo de outras relações jurídicas processuais.

Há quem aceite, como se verá em item próprio, que o Ministério Público intervenha, como assistente simples, nos processos propostos contra membro do

---

23   CABRAL, Antonio do Passo. "Despolarização do processo e "zonas de interesse": sobre a migração entre polos da demanda". *Reconstruindo a Teoria Geral do Processo*. Fredie Didier Jr. (org.). Salvador: Editora Jus Podivm, 2012; DIDIER jr., Fredie. *Curso de Direito Processual Civil*. 17ª ed. Salvador: Editora Jus Podivm. 2015, v. 1, p. 368-371.

24   Sobre a ação coletiva passiva, cf. DIDIER Jr., Fredie; ZANETI Jr., Hermes. *Curso de Direito Processual Civil*. 9ª ed. Salvador: Editora Jus Podivm, 2014, v. 4, p. 377 e segs.

Ministério Público, em razão de ato praticado no exercício da função. Trata-se de intervenção que se justifica no interesse jurídico reflexo de defender as prerrogativas institucionais. Neste caso, o Ministério Público seria assistente simples do réu, assumindo, por isso, uma posição no polo passivo de uma relação processual (podendo ser considerado, inclusive, seu substituto processual, conforme o art. 121, parágrafo único, do novo CPC).

6. O MINISTÉRIO PÚBLICO NA DEFESA DE DIREITOS INDIVIDUAIS DE CRIANÇAS E ADOLESCENTES E A DESNECESSIDADE DE ATUAÇÃO DE CURADOR ESPECIAL

O presente item pretende oferecer resposta à seguinte indagação: agindo o Ministério Público como substituto processual em favor de criança e/ou adolescente, há necessidade de atuação de curador especial (defensor público) para a defesa dos direitos do substituído? Ou seja: em ações ajuizadas pelo Ministério Público na seara da infância e da juventude, há necessidade de intervenção de curador especial para proteger a situação jurídica da criança ou do adolescente?

Aqui o novo CPC poderia haver avançado, resolvendo a questão de modo claro e expresso. Entretanto, o texto final foi omisso, ainda que, obviamente, decorra do sistema a solução para o problema.

Embora, como já mencionado, não seja nenhuma novidade outorgar ao Ministério Público a condição de substituto processual, há certo desconforto na doutrina e na jurisprudência quando se deparam com ações ajuizadas pelo Ministério Público para a defesa de direitos individuais.

Araken de Assis, por exemplo, ao discorrer sobre a necessidade de autorização legislativa para que haja substituição processual, ilustra bem essa perplexidade ao afirmar que "o Ministério Público não se legitima a pleitear determinada prestação positiva do Estado, na área de saúde, em favor de pessoa doente. [...] A jurisprudência do STJ nega, pelo motivo exposto [ausência de autorização legislativa], legitimidade para defender direito de incapaz sob poder dos pais e propor ação de alimentos"[25].

É certo que a substituição processual necessariamente deve ser precedida de autorização normativa[26], mas no caso do Ministério Público existe uma

---

25 ASSIS, Araken de. "Substituição Processual". *Revista Dialética de Direito Processual*. São Paulo: Dialética, nº 9, dezembro de 2003, p. 18/19. O esclarecimento entre colchetes é nosso.

26 O que não significa que necessariamente seja autorização *legal*, como agora está expresso corretamente no art. 18 do novo CPC. Assim, ALVIM NETTO, José Manoel de Arruda. *Código de Processo Civil Comentado*. São Paulo: RT, 1975, v. 1, p. 426; MOREIRA, José Carlos Barbosa. "Notas sobre o problema da efetividade do

previsão constitucional genérica de substituição processual para a tutela de direitos individuais indisponíveis (art. 127 da Constituição). Em nosso atual sistema jurídico, toda a legitimidade do Ministério Público decorre diretamente da Constituição, inclusive a substituição processual, de modo que nos parece um desvio de perspectiva negar a possibilidade de o Ministério Público ajuizar uma ação para a garantia de um direito indisponível sob o argumento de inexistir lei ordinária autorizativa.

No que se refere aos direitos individuais indisponíveis de crianças e adolescentes, o Superior Tribunal de Justiça rejeitou em diversas oportunidades a possibilidade de o Ministério Público atuar como substituto processual[27].

Persistindo em sua linha interpretativa restritiva, o Superior Tribunal de Justiça também vem negando legitimidade ao Ministério Público para o ajuizamento de ação de alimentos em favor de crianças e adolescentes que estejam sob o poder familiar.[28]

---

processo". *Temas de Direito Processual Civil – terceira série*. São Paulo: Saraiva, 1984, p. 33, nota 7; ZANETI JR., Hermes. A legitimação conglobante nas ações coletivas: a substituição processual decorrente do ordenamento jurídico. *Direito Civil e Processo: Estudos em homenagem ao Professor Arruda Alvim*. Araken de Assis e outros (coord.). São Paulo: RT, 2008, p. 859-866.

27 Exemplo: *"Processual civil e administrativo. Fornecimento de dispositivo médico. Menor carente. Ação civil pública. Ministério Público. Legitimidade. 1. Na esteira do artigo 129 da Constituição Federal, a legislação infraconstitucional inclusive a própria Lei Orgânica, preconiza que o Ministério Público tem legitimidade ativa ad causam para propor ação civil pública para a proteção de interesses difusos e coletivos, como regra. Em relação aos interesses individuais, exige que também sejam indisponíveis e homogêneos. No caso em exame, pretende-se que seja reconhecida a sua legitimidade para agir como representante de pessoa individualizada, suprimindo-se o requisito da homogeneidade.2. O interesse do menor carente deve ser postulado pela Defensoria Pública, a quem foi outorgada a competência funcional para a "orientação jurídica e a defesa, em todos os graus, dos necessitados na forma do art. 5º, LXXIV". Não tem o Ministério Público legitimidade para propor ação civil pública, objetivando resguardar interesses individuais, no caso de um menor carente."* (REsp 684594/RS – Rel. Min. Castro Meira, DJ 10.10.2005, p. 318). Na fundamentação do acórdão, partiu-se de uma premissa completamente equivocada a nosso sentir: a de que o Ministério Público só pode defender direitos individuais se forem homogêneos. Trata-se de absoluta falta de compreensão dos princípios institucionais do Ministério Público insculpidos na Constituição e de toda legislação infraconstitucional, especialmente do Estatuto da Criança e do Adolescente, que sequer é citado. Se fosse verdadeiro o raciocínio assentado nesse acórdão, ao Ministério Público seria vedado, por exemplo, o ajuizamento de ações de investigação de paternidade, o que nem mesmo é mais objeto de discussão na jurisprudência. Além disso, o artigo 127 da Constituição possui clareza solar ao legitimar o Ministério Público para a tutela dos direitos individuais indisponíveis. Essa legitimidade é autorizada constitucionalmente e em nada se confunde com a vedação do exercício de advocacia pelo Ministério Público, que apenas estará exercendo sua função constitucional.

28 Cf. REsp nos 89.661/MG, 127.725/MG e 102.039/MG). 3 – Recurso não conhecido." (RESP 659498 / PR – Rel. Ministro Jorge Scartezzini – DJ – 14.02.2005, p. 214. Noticia-se, no Informativo de Jurisprudência nº 541, de 11 de junho de 2014, que a Segunda Seção do Superior Tribunal de Justiça pacificou a questão, no sentido de que **"o Ministério Público tem legitimidade ativa para ajuizar ação de alimentos em proveito de criança ou adolescente, independentemente do exercício do poder familiar dos pais, ou de o infante se encontrar nas situações de risco descritas no art. 98 do Estatuto da Criança e do Adolescente (ECA), ou de quaisquer outros questionamentos acerca da existência ou eficiência da Defensoria Pública na comarca".** No momento em que escrevemos este texto, ainda não foi divulgada a íntegra do acórdão que, ao que

FREDIE DIDIER JR. E ROBSON RENAULT GODINHO

Esse entendimento do Superior Tribunal de Justiça é lamentável e igualmente decorre de uma interpretação equivocada do Estatuto da Criança e do Adolescente e de uma percepção simplista do perfil constitucional da instituição, já que a legitimação do Ministério Público decorre da indisponibilidade do direito e independe de prévia suspensão ou perda do poder familiar, mas, sim, da existência de uma situação de risco em que se encontre a criança ou o adolescente e a omissão dos pais ou responsáveis caracteriza essa situação de risco.

A legitimidade do Ministério Público não está condicionada a nenhum fator externo que não seja a indisponibilidade do direito. O fato de o menor estar sob o poder familiar se mostra irrelevante no particular, especialmente porque, se os pais são omissos, é necessária a atuação de um terceiro – no caso, o Ministério Público – para que o direito seja adequadamente tutelado. Não é por outro motivo que o Estatuto da Criança e do Adolescente, em seu artigo 98, II, considera que a situação de risco ensejadora de medidas protetivas pode ser caracterizada pela omissão dos pais[29].

Não deixa de ser curioso observar que o Superior Tribunal de Justiça admite que o Ministério Público ajuíze ação de investigação de paternidade cumulada com ação de alimentos em favor de menor, estendendo a legitimidade à fase executiva[30], sem, contudo, mencionar a questão do poder familiar, que obviamente se

---

parece, caminhou na minha argumentativa ora exposta. De todo modo, não nos é possível proceder a um exame crítico do referido julgado antes da leitura do inteiro teor.

29 No julgamento do Recurso Especial n° 120118/PR, houve o voto vencido do Min. Ruy Rosado de Aguiar, em que a matéria foi analisada com perfeição e que merece transcrição parcial: *"penso que está sendo feita indevida limitação à atuação do Ministério Público no âmbito do Estatuto da Criança e do Adolescente. Não é apenas nos casos de abandono, perda ou suspensão do pátrio poder que a lei atribui ao Ministério Público promover em juízo a defesa dos interesses difusos, coletivos ou mesmo individuais de crianças e adolescentes. A sua competência é ampla, pois a proteção do Estatuto se estende a todos os casos de ameaça ou violação aos direitos dos menores (art. 98), e para lutar por eles a lei apôs o Ministério Público, dando-lhe as atribuições elencadas no artigo 201. A carência de alimentação de uma criança decorre de falta dos pais ou responsáveis, e a hipótese se enquadra na situação prevista no art. 98, inc. II, onde o direito é ameaçado ou violado por falta dos pais. Para esse caso, o art. 201, inc. III, do ECA, dispõe: compete ao Ministério Público promover e acompanhar as ações de alimentos. Somente descumprindo a lei é que se pode retirar essa competência do Ministério Público, diminuindo o campo de sua atuação e causando grave prejuízo aos menores necessitados, pois a experiência do Foro demonstra que, muitas vezes, especialmente nas pequenas comarcas, é o Ministério Público a única instituição capaz de zelar pelos desassistidos. Sendo assim, reconheço no Ministério Público legitimidade para promover a ação de alimentos, ainda que as crianças estejam sob pátrio poder da mãe. Pergunto-me: quem proporá a ação em favor dessas duas pobres crianças?"* (destacamos).

30 *"Ação de investigação de paternidade cumulada com alimentos. Execução. Lei n° 8.560, de 29 de dezembro de 1992.1. Ajuizada a ação de investigação de paternidade cumulada com alimentos, julgada procedente, tem o Ministério Público, autor da ação, legitimidade para intentar a execução"* (RESP 208429 / MG – Relator Min. Carlos Alberto Menezes Direito – DJ 01/10/2001, p.205).

faz presente, demonstrando uma incongruência jurisprudencial – e, portanto, uma violação aos deveres de integridade e coerência previstos no art. 927 do CPC[31].

A partir do momento em que a Constituição confere legitimidade ao Ministério Público para a defesa de direitos individuais indisponíveis, é evidente que se trata de hipótese de substituição processual decorrente de norma constitucional de eficácia plena e aplicabilidade imediata[32].

Finalmente essa posição doutrinária tornou-se jurisprudência[33], restando ainda pendente uma definição sobre o cabimento de curadoria especial em situações mencionadas neste item.

---

31 Em decisão mais recente, o Superior Tribunal de Justiça demonstrou evolução de seu entendimento: *"Direito civil e* **processual** *civil. Ação de execução de alimentos.* **Ministério Público.** *Legitimidade ativa. – É socialmente relevante e legítima a substituição* **processual** *extraordinária do* **Ministério Público,** *notadamente quando na defesa dos economicamente pobres, como também em virtude da precária ou inexistente assistência jurídica prestada pelas Defensorias Públicas. – Dado o caráter indisponível do direito a receber alimentos, em se tratando de criança ou adolescente, é legítima a atuação do* **Ministério Público** *como* **substituto processual** *em ação de execução de prestação alimentícia por descumprimento de acordo referendado pelo próprio Órgão Ministerial. – O tão-só descumprimento de acordo de alimentos evidencia violação a direito da criança, que se vê privada do atendimento de suas necessidades básicas."* (REsp 510969/PR, DJ 06.03.2006, p. 372, Rel. Min. Nancy Andrighi).

32 Nesse sentido, assim se pronunciou o Ministro Teori Albino Zavascki: *"poder-se-ia, quem sabe, duvidar da auto-aplicabilidade do art. 127 da CF, em face do seu conteúdo indeterminado, o que comprometeria sua força normativa para, desde logo, independentemente de intermediação do legislador infraconstitucional, autorizar o Ministério Público a propor demandas judiciais em defesa dos bens jurídicos ali referidos. A dúvida não tem consistência. Mesmo quando genéricas, as normas constitucionais possuem, em algum grau, eficácia e operatividade. 'Não há norma constitucional alguma destituída de eficácia. Todas elas irradiam efeitos jurídicos, importando sempre uma inovação da ordem jurídica preexistente...', ensina José Afonso da Silva. (Auto-aplicabilidade das normas constitucionais, SP, RT, 1968, p. 75). 'De fato', observa Celso Bandeira de Mello, 'não teria sentido que o constituinte enunciasse certas disposições apenas por desfastio ou por não sopitar seus sonhos, devaneios ou anelos políticos. A seriedade do ato constituinte impediria a suposição de que os investidos em tão alta missão, dela se servissem como simples válvula de escape para emoções antecipadamente condenadas, por seus próprios emissores, a permanecer no reino da fantasia. Até porque, se desfrutavam do supremo poder jurídico, seria ilógico que, desfrutando-o, houvessem renunciado a determinar, impositivamente, aquilo que consideram desejável, conveniente, adequado' (Eficácia das normas constitucionais sobre justiça social, Revista de Direito Público, v. 57, p. 238). Ora, o preceito constitucional que confere ao Ministério Público a incumbência de promover a defesa de direitos individuais indisponíveis (art. 127) é um preceito completo em si mesmo, apto a legitimar o agente ministerial, se for o caso, a exercer inclusive judicialmente a incumbência ali atribuída. Trata-se de preceito muito mais específico que o contido, por exemplo, no art. 82, III, do CPC, que atribui ao Ministério Público a competência para intervir em todas as causas em que há interesse público. Muito se questionou a respeito da extensão de tal comando processual, mas jamais se duvidou de sua auto-aplicabilidade. A mesma atitude interpretativa se há de ter frente à norma constitucional do art. 127: pode-se questionar seu conteúdo, mas não sua suficiência e aptidão para gerar, desde logo, a eficácia que lhe é própria".* Voto proferido no Recurso Especial nº 822.712/RS, de sua relatoria, publicado no DJ de 17.04.2006, p. 196. Essa posição também foi defendida em sua tese de doutoramento: *Processo Coletivo: tutela de direitos coletivos e tutela coletiva de direitos.* São Paulo: RT, 2006, p. 234/237.

33 *"Processual civil. Embargos de divergência. Fornecimento de medicamento a menor carente. Direito à saúde. Direito individual indisponível. Legitimação extraordinária do Ministério Público. Art.127 da CF/88. Precedentes. 1. O Ministério Público possui legitimidade para defesa dos direitos individuais indisponíveis, mesmo quando a ação vise à tutela de pessoa individualmente considerada. 2. O artigo 127 da Constituição, que atribui ao*

Não se discute que a Defensoria Pública é um componente fundamental para o efetivo acesso à justiça dos hipossuficientes, não havendo sequer possibilidade de um debate sério sobre a efetividade da tutela de direitos sem que haja uma

---

Ministério Público a incumbência de defender interesses individuais indisponíveis, contém norma auto-aplicável, inclusive no que se refere à legitimação para atuar em juízo. 3. Tem natureza de interesse indisponível a tutela jurisdicional do direito à vida e à saúde de que tratam os arts. 5º, caput e 196 da Constituição, em favor de menor carente que necessita de medicamento. A legitimidade ativa, portanto, se afirma, não por se tratar de tutela de direitos individuais homogêneos, mas sim por se tratar de interesses individuais indisponíveis. Precedentes: EREsp 734493/RS, 1ª Seção, DJ de 16.10.2006; REsp 826641/RS, 1ª Turma, de minha relatoria, DJ de 30.06.2006; REsp 716.512/RS, 1ª Turma, Rel.Min. Luiz Fux, DJ de 14.11.2005; EDcl no REsp 662.033/RS, 1ª Turma, Rel. Min. José Delgado, DJ de 13.06.2005; REsp 856194/RS, 2ª T., Ministro Humberto Martins, DJ de 22.09.2006, REsp 688052/RS, 2ª T., Ministro Humberto Martins, DJ de 17.08.2006. 4. Embargos de divergência não providos" (EREsp 819010/SP, Rel. p/ Acórdão Ministro Teori Albino Zavascki, julgado em 13/02/2008, DJe 29/09/2008). "Processual civil. Embargos de declaração. Pretensão de reexame de matéria de mérito (Administrativo. Ação civil pública. Fornecimento de medicamentos. Criança portadora de esquizofrenia hefrênica. Direito individual indisponível. Art. 227 da CF/88. Legitimatio ad causam do Parquet. Art. 127 da CF/88. Arts. 7º, 200, e 201 da lei nº 8.069/90). Inobservância das exigências do art. 535, e incisos, do CPC. 1. O inconformismo, que tem como real escopo a pretensão de reforma do decisum, não há como prosperar, porquanto inocorrentes as hipóteses de omissão, contradição, obscuridade ou erro material, sendo inviável a revisão em sede de embargos de declaração, em face dos estreitos limites do art. 535 do CPC. Precedentes da Corte Especial: AgRg nos EDcl nos EREsp 693.711/RS, DJ 06.03.2008; EDcl no AgRg no MS 12.792/DF, DJ 10.03.2008 e EDcl no AgRg nos EREsp 807.970/DF, DJ 25.02.2008 2. Ademais, o magistrado não está obrigado a rebater, um a um, os argumentos trazidos pela parte, desde que os fundamentos utilizados tenham sido suficientes para embasar a decisão. 3. A pretensão de revisão do julgado, em manifesta pretensão infringente, revela-se inadmissível, em sede de embargos, quando o aresto recorrido assentou que: "1. O Ministério Público está legitimado a defender os interesses transindividuais, quais sejam os difusos, os coletivos e os individuais homogêneos. 2. É que a Carta de 1988, ao evidenciar a importância da cidadania no controle dos atos da Administração, com a eleição dos valores imateriais do art. 37, da CF/1988 como tuteláveis judicialmente, coadjuvados por uma série de instrumentos processuais de defesa dos interesses transindividuais, criou um microssistema de tutela de interesses difusos referentes à probidade da administração pública, nele encartando-se a Ação Cautelar Inominada, Ação Popular, a Ação Civil Pública e o Mandado de Segurança Coletivo, como instrumentos concorrentes na defesa desses direitos eclipsados por cláusulas pétreas. 3. Deveras, é mister concluir que a nova ordem constitucional erigiu um autêntico 'concurso de ações' entre os instrumentos de tutela dos interesses transindividuais e, a fortiori, legitimou o Ministério Público para o manejo dos mesmos. 4. Legitimatio ad causam do Ministério Público à luz da dicção final do disposto no art. 127 da CF/1988, que o habilita a demandar em prol de interesses indisponíveis. 5. Sob esse enfoque a Carta Federal outorgou ao Ministério Público a incumbência de promover a defesa dos interesses individuais indisponíveis, podendo, para tanto, exercer outras atribuições previstas em lei, desde que compatível com sua finalidade institucional (CF/1988, arts. 127 e 129). 6. In casu, trata-se de ação civil pública, com pedido de antecipação de tutela, ajuizada pelo Ministério Público do Estado de Minas Gerais, objetivando a condenação do réu ao fornecimento de medicamento (olanzapina), de forma contínua, em favor de paciente hipossuficiente, portadora de esquizofrenia hefrênica. 7. O direito à saúde, insculpido na Constituição Federal é direito indisponível, em função do bem comum, maior a proteger, derivado da própria força impositiva dos preceitos de ordem pública que regulam a matéria. 8. Outrossim, o art. 6º do CPC configura a legalidade da legitimação extraordinária cognominada por Chiovenda como "substituição processual". 9. Impõe-se, ressaltar que a jurisprudência hodierna do E. STJ admite ação individual acerca de direito indisponível capitaneada pelo MP. Precedentes: REsp 688052 / RS, DJ 17.08.2006; REsp 822712 / RS, DJ 17.04.2006; REsp 819010 / SP, DJ 02.05.2006". 4. Embargos de Declaração rejeitados" (EDcl no AgRg no REsp 1098600/MG, Rel. Ministro Luiz Fux, julgado em 04/08/2009, DJe 03/09/2009). "Processual civil. Gestante. Estado crítico de saúde. Ação civil pública. Legitimidade do Ministério Público. Direito indisponível. 1. A demanda envolve interesse individual indisponível na medida em que diz respeito à internação hospitalar de gestante hipossuficiente, o que, sem sombra de dúvidas, repercute nos direitos à vida e à saúde do nascituro e autoriza a propositura da ação pelo Ministério Público. 2. "Tem natureza de interesse indisponível a tutela jurisdicional do direito à vida e à saúde de que tratam os arts. 5º, caput e 196 da Constituição, em favor de gestante hipossuficiente que necessite de internação hospitalar quando seu estado de saúde é crítico. A legitimidade ativa, portanto, se afirma, não por se tratar de tutela de direitos individuais homogêneos, mas sim por se tratar de interesses individuais indisponíveis" (REsp 933.974/RS, Rel. Min. Teori Albino Zavascki, DJU 19.12.07). 3. Agravo regimental não provido". (AgRg no REsp 1045750/RS, Rel. Ministro Castro Meira, julgado em 23/06/2009, DJe 04/08/2009).

preocupação com a devida estruturação de uma assistência judiciária eficiente. Exatamente por isso a legislação a guindou à condição de curador especial por excelência, na forma do artigo 4º, VI, da LC nº 80/1994, e do art. 72, parágrafo único, do novo CPC. Isso não significa, entretanto, que a Defensoria Pública tenha onipresença, a seu talante, em quaisquer causas que lhe aprouver, ainda que haja presença de necessitados em um dos polos da relação processual.

O curador especial é um representante processual *ad hoc* para suprimento de uma incapacidade processual, não guardando nenhuma relação com o direito material em disputa, e suas funções são protetivas[34], eminentemente defensivas, não lhe cabendo o ajuizamento de reconvenção[35]. É atividade tipicamente processual que visa a restaurar um contraditório deficiente, ao menos formalmente, já que existe a autorização para formular defesa genérica (artigo 302, parágrafo único, do Código de Processo Civil). O curador especial, no desempenho dessa função protetiva de esfera jurídica, com a finalidade de equilibrar o contraditório, deve ser obrigatoriamente nomeado pelo juiz[36]. A atividade por ele exercida é tipicamente processual, sem nenhuma repercussão de direito material e sua função cessa com o término do processo[37], razão pela qual Pontes de Miranda dizia que *"à expressão 'curador especial', preferimos a de 'curador à lide', porque em verdade ele só serve à lide. Tão ligada a ela é a sua restritas função que só o juiz da causa o pode nomear"*[38]. Essa representação processual do curador à lide visa regularizar o processo: i) integrando a capacidade processual de incapaz que não tenha representante ou cujos interesses estejam em choque[39] com os de seu representante; ii) garantindo a paridade de armas e equilibrando o contraditório,

---

34 PONTES DE MIRANDA, Francisco Cavalcanti. *Comentários ao Código de Processo Civil.* Tomo I. 5ª ed. Rio de Janeiro: Forense, 2001, p. 263.

35 DIDIER JR., Fredie. *Curso de Direito Processual Civil.* Vol. 1. 16ª ed. Salvador: Jus Podivm, 2014, p. 283; BEDAQUE, José Roberto dos Santos. *Código de Processo Civil Interpretado.* Antonio Carlos Marcato (coord.). São Paulo: Atlas, 2004, p. 67.

36 Cf., por exemplo: MARINONI, Luiz Guilherme. MITIDIERO, Daniel. *Código de Processo Civil – comentado artigo por artigo.* São Paulo: RT, 2009, p. 104/105.

37 BEDAQUE, José Roberto dos Santos. *Código de Processo Civil Interpretado.* Antonio Carlos Marcato (corrd.). São Paulo: Atlas, 2004, p. 64/67.

38 PONTES DE MIRANDA, Francisco Cavalcanti. *Comentários ao Código de Processo Civil.* Tomo I. 5ª ed. Rio de Janeiro: Forense, 2001,, p. 257.

39 *"Colisão de interesse é qualquer situação em que o ganho da causa por parte do incapaz diminuiria, direta ou indiretamente, qualquer interesse econômico ou moral do pai, tutor, ou curador. Basta o mais leve choque ou possibilidade de choque, entre interesse de um e interesses do outro, para que se tenha de nomear o curador especial"* (PONTES DE MIRANDA. *Comentários ao Código de Processo Civil.* Tomo I. 5ª ed. Rio de Janeiro: Forense, 2001, p. 256). O artigo 142, parágrafo único, do Estatuto da Criança e do Adolescente basicamente reproduz essa regra.

quando atua na defesa do demandado, nas hipóteses do inciso II do art. 72, que são incapazes processuais[40].

Essa configuração específica do curador especial coincide essencialmente com as características da Defensoria Pública, no que se refere à impossibilidade de atuação *ex officio*. Não pode a Defensoria Pública arvorar-se da condição de curador especial geral ou genérico, sem nomeação judicial e, principalmente, sem função de equilibrar um contraditório que está plenamente estabelecido, sem que incida nenhuma daquelas hipóteses antes mencionadas. A curadoria especial não é um cheque em branco[41] ou um conceito vago que sirva como uma espécie de salvo-conduto processual, autorizando o ingresso potestativo da Defensoria Pública em causa alheia.

Decorre da sistemática processual, portanto, que a Defensoria Pública não pode atuar como curador especial sem que haja designação judicial e muito menos quando não haja desequilíbrio do contraditório. Sobretudo se não há incapaz no processo: proposta a ação pelo Ministério Público, o incapaz é terceiro-substituído, não é parte.

Ao intervir espontaneamente em processo pendente, a Defensoria Pública subverte essa disciplina processual, podendo frustrar a própria finalidade de sua atuação, não só por despender energias em prejuízo de prestar a assistência devida a carentes que dela necessitam, mas também por dar causa a um tumulto procedimental, que inevitavelmente prejudicará a tutela de direitos, constituindo-se, assim, em um obstáculo processual, quando sua função é a de facilitar o acesso à justiça.

De maneira até didática, o Estatuto da Criança e do Adolescente consagra o Ministério Público na condição de substituto processual dos direitos individuais indisponíveis. A proeminência com que a Instituição é tratada naquele diploma legislativo demonstra que a tutela dos direitos da criança e do adolescente está a cargo do Ministério Público, inclusive por meio de medidas administrativas, sem prejuízo, evidentemente, da atuação da Defensoria Pública nos casos em que necessária e devida sua presença, como na assistência em procedimentos envolvendo a prática de atos infracionais por adolescentes, ou nos casos em que o incapaz estiver em juízo sem representante ou em conflito com ele (art. 72, I, CPC).

Pode-se discutir a política legislativa que levou a essa opção por parte da Constituição e desse microssistema, mas não se pode, na atual ordem vigente,

---

40   DIDIER JR., Fredie. *Curso de Direito Processual Civil*. Vol. 1. 16ª ed. Salvador: Jus Podivm, 2014, p. 283.

41   "A regra de competência não é um cheque em branco" (TÁCITO, Caio. *Direito Administrativo*. São Paulo: Saraiva, 1975, p. 5).

querer outorgar – ou ocupar a fórceps – a outro ente funções que não lhe pertencem[42]. Se a Defensoria Pública puder atuar como curador especial do Ministério Público – que é, em última análise, o que vem acontecendo, já que as crianças e adolescentes sequer figuram como partes no processo –, será o mesmo que autorizá-la, por exemplo, a aplicar medidas protetivas, fiscalizar entidades de atendimento e, quiçá, ajuizar uma espécie da vetusta ação penal popular.

O exercício digno e eficaz da assistência judiciária das crianças e adolescentes é dever da Defensoria Pública, mas sequer é seu monopólio (art. 141, § 1º, ECA), já que se trata de obrigação estatal que não pode, por sua insuficiência, impedir a defesa dos necessitados. Em suma, a Defensoria Pública corporifica o advogado que o Estado deve oferecer quando necessário (artigo 206, ECA), não havendo espaço para a criação de figuras extravagantes que não estão previstas no sistema jurídico.

Acrescente-se, ainda, que a defesa dos direitos das crianças e adolescentes pelo Ministério Público é plena, não havendo que se falar em desequilíbrio do contraditório ou do devido processo legal em relação aos substituídos[43].

---

42 Note-se que a nova redação do artigo 134 da Constituição da República representa fundamental avanço para a devida estruturação e consolidação da Defensoria Pública, mas, ainda que possa contribuir para futuras discussões acerca da possibilidade de haver previsão de casos de substituição processual, em simetria ao disposto no artigo 127 da Constituição, em nada afeta a questão envolvendo a curadoria especial da forma como exposta neste texto.

43 Segundo levantamento do Ministério Público do Estado do Rio de Janeiro, 117 (cento e dezessete) recursos especiais sobre este tema, todos provenientes do Estado do Rio de Janeiro, já subiram ao Superior Tribunal de Justiça, tendo 78 (setenta e oito) recursos sido julgados. Destes, 46 (quarenta e cinco) enfrentaram, direta ou indiretamente, o mérito, sendo que em 42 (quarenta e um) rechaçou-se a intervenção pretendida pela Defensoria Pública do Estado do Rio de Janeiro. São eles os: Resp 1177636 (Min. Nancy Andrighi, Min. Sidney Beneti designado para acórdão); AResp 1369745 (Rel: Min. Paulo de Tarso); Resp 1176512 (Rel: Min. Maria Isabel Gallotti); AResp 1415049 (Rel: Min. Maria Isabel Gallotti); AResp 38919 (Rel. Min. Nancy Andrighi); AResp 1410666 (Rel: Min. Maria Isabel Gallotti); AResp 1410673 (Rel: Min. Marco Buzzi); AResp 1328876 (Rel. Min. Marco Buzzi); AResp 27637 (Rel: Min. Maria Isabel Gallotti); REsp 1325623 (Min. Nancy Andrighi); AResp 275 (Rel: Min. Maria Isabel Gallotti); Resp1404261 (Rel.: Min. Massami Uyeda); AResp 1426 1308498 (Rel: Min. Nancy Andrighi); AResp 187582 (Rel: Min. Ricardo Villas Boas); AResp 29601 (Rel: Min. Paulo de Tarso); AResp 56767 (Rel: Min. Paulo de Tarso); AResp 243908 (Min. Ricardo Villas Bôas Cueva); Resp 1356384 (Min. Sidnei Beneti); Resp 1296155 (Min. Luis Felipe Salomão); AResp 178000 (Min. Paulo de Tarso Sanseverino); AResp 1412265 (Min. Antonio Carlos Ferreira); REsp 1177622 (Min. Ricardo Villas Boas); REsp 1406749 (Min. Sidnei Beneti); REsp 1429771 (Min. Paulo de Tarso); REsp 1409403 (Min. Paulo de Tarso); AResp 408797 (Min. Luiz Felipe Salomão); AREsp 509122 (Min. Og Fernandes); Resp 1417782 (Min. Ricardo Villas Boas), Resp 1420824 (Min. Moura Ribeiro), AResp 335583 (Min. Ricardo Villas Bôas), Resp 1478366 (Min. Luis Felipe Salomão), Resp 1309042 (Min. Marco Aurélio Bellizze), REsp 1416820 (Min. Maria Isabel Gallotti); AResp 557793 (Min. Luis Felipe Salomão); REsp 1.496.198 (Min. Marco Buzzi), AResp 515287 (Min. Raul Araújo), Resp 1496209 (Min. Moura Ribeiro), REsp 1.300.502 (Min. João Otávio de Noronha; AREsp 628.088 (Marco Aurélio Bellizze), REsp 1429767 (Min. Maria Isabel Gallotti); REsp 1389937 (Min. Maria Isabel Gallotti); REsp 1499431 (Min. Luis Felipe Salomão). Decisão da 2ª Seção, proferida no âmbito do Recurso Especial nº 1.296.155, buscou resolver definitivamente a questão, se posicionando no sentido da desnecessidade da curadoria especial. Em apenas 04 (quatro) recursos julgados pelo STJ foi autorizada a intervenção da curadoria especial: REsp 1.378.080 (Min. Nancy Andrighi), REsp 1.345.830 (Min. Ricardo Villas Bôas), Ag em

7. CONFLITO DE ATRIBUIÇÕES E SUSPENSÃO DO PROCESSO

Questão frequente no foro, mas praticamente ignorada doutrinariamente, é o problema da repercussão no processo da instauração de um conflito de atribuições entre membros do Ministério Público.

Para a solução do problema, é preciso estabelecer algumas premissas.

O eventual reconhecimento da falta de atribuição de um membro do Ministério Público implica reconhecer, necessariamente, que o ato por ele praticado foi viciado, tendo em vista que lhe faltava legitimidade para praticá-lo.

Legitimidade é, como se sabe, a capacidade para a prática de um ato específico. Não ter atribuição significa, para o processo, não ter capacidade para a prática de determinado ato processual – oferecimento de uma demanda coletiva ou de um parecer como *custos legis*, por exemplo.

Ao tempo em que se reconhece a falta de atribuição a um membro do Ministério Público, reconhece-se que essa atribuição é do outro membro do Ministério Público, também sujeito do conflito instaurado. A observação é importante: não se trata de dizer que falta atribuição ao Ministério Público, mas sim a um dos seus membros. A falta de atribuição ao Ministério Público, como instituição, é outro problema, distinto do ora examinado.

É preciso também observar qual é a atribuição objeto do conflito. A solução que se vier a dar não pode ser a mesma, certamente, se o que se discute é o poder de propor uma ação ou de dar um parecer como órgão interveniente. À diversidade do objeto do conflito se associa uma diversa solução dogmática

Estabelecidas as premissas, é possível tentar resolver o problema dogmático que se põe.

Suscitado o conflito em torno da atribuição para a propositura de ação, deve-se aplicar, por analogia, o microssistema da tutela coletiva (ambiente em que a atuação do Ministério Público como autor é comum).

De acordo com esse microssistema, o processo coletivo não deve ser extinto por problemas relacionados à legitimidade ativa: deve-se proceder à substituição

---

REsp 218.243 (Min. Joao Otávio de Noronha), e o AgRg no AgRg no Ag em REsp 298.526 (Min. Nancy Andrighi). Importa ressaltar que os dois últimos recursos são objeto, respectivamente, de agravo regimental, interposto pelo Ministério Público estadual, e de embargos de divergência, interposto pelo Ministério Público Federal. Após as referidas decisões, todas as que se seguiram afastaram a intervenção da Defensoria Pública como curadora especial, nessa hipótese tratada neste item.

do autor por outro. Trata-se de aplicação analógica do que já dispõem os arts. 5º, § 3º da Lei nº 7.347/1985 e o 9º da Lei nº 4.717/1965[44].

Ao lado dessa, há outra regra, mantida no art. 313, I, do novo CPC, que determina a suspensão do processo, em caso de perda da capacidade processual. As semelhanças entre a legitimação extraordinária e a capacidade processual[45] impõem a aplicação analógica.

Assim, instaurado o conflito em torno da atribuição para a propositura de uma ação, o processo deve ser suspenso, à espera da decisão do conflito pela autoridade competente[46], que resolverá uma questão preliminar ao conhecimento do mérito do processo já iniciado.

Se, porém, o objeto do conflito for uma atuação como fiscal da ordem jurídica, hipótese mais rara, a melhor solução parece ser admitir a dupla intervenção[47], sem a suspensão do processo pela instauração do conflito. Julgado o conflito, as manifestações do membro do Ministério Público tido como sem atribuição para o caso devem ser desentranhadas do processo. Outra solução possível consiste numa espécie de prorrogação de atribuição daquele que recebeu os autos do processo, até que a definição da atribuição se dê em procedimento administrativo próprio. Caso o membro do Ministério Público se recuse a participar do processo, inexistirá nulidade e o procedimento seguirá seu curso, desde que se assegure a intimação pessoal dos atos necessários. Não parece razoável, realmente, suspender o processo, à espera da definição sobre qual membro do Ministério Público deverá se manifestar. Seria prejuízo injustificável às partes e à duração razoável do processo.

---

44 DIDIER Jr., Fredie; ZANETI Jr., Hermes. *Curso de direito processual civil.* 9ª ed. Salvador: Editora Jus Podivm, 2014, v. 4, p. 109.

45 Note-se que, no processo individual, a falta de qualquer deles implica a extinção do processo sem exame do mérito. Sobre as semelhanças entre as figuras, DIDIER Jr., Fredie; ZANETI Jr., Hermes. *Curso de direito processual civil.* 9ª ed. Salvador: Editora Jus Podivm, 2014, v. 4, p. 197.

46 Sobre os aspectos institucionais envolvendo os conflitos de atribuição, vale conferir GARCIA, Emerson. *Ministério Público: organização, atribuições e regime jurídico.* 4ª ed. São Paulo: Saraiva, 2014, p. 308/317.

47 Essa alternativa é controvertida na doutrina institucional do Ministério Público (cf. GARCIA. *Ministério Público: organização, atribuições e regime jurídico.* 4ª ed. São Paulo: Saraiva, 2014, p. 476/478. MAZZILLI. *Regime Jurídico do Ministério Público.* 6ª ed. São Paulo: Saraiva, p. 412/423). Entretanto, o enfoque conferido no presente texto é um pouco diverso, na medida em que não tratamos do clássico problema envolvendo duas situações distintas que justificariam a intervenção do Ministério Público (exemplo: um incapaz em cada polo da relação processual), mas apenas procuramos oferecer alternativa para evitar que um incidente envolvendo a distribuição interna de atribuições paralise o processo. Um problema adicional a essa solução está na necessidade de se intimar pessoalmente ambos os órgãos do Ministério Público, já que, se admitida a intimação de apenas um deles – o que estiver "prevento", digamos assim –, o juiz resolveria o conflito de atribuição, ainda que provisoriamente, o que não é possível diante da legislação orgânica vigente.

8. MINISTÉRIO PÚBLICO COMO ASSISTENTE SIMPLES

Na assistência simples, o terceiro ingressa no feito afirmando-se titular de relação jurídica conexa àquela que está sendo discutida. O interesse jurídico do terceiro reflete-se na circunstância de manter este, com o assistido, relação jurídica que poderá ser afetada a depender do julgamento da causa. Como diz Genacéia Alberton: o assistente simples visa à vitória do assistido, tendo em vista o reflexo que a decisão possa ter em relação jurídica existente entre eles.[48] O assistente simples atua no processo como legitimado extraordinário – pois, em nome próprio, auxilia a defesa de direito alheio. Trata-se de legitimação extraordinária *subordinada*, pois a presença do titular da relação jurídica controvertida é essencial para a regularidade do contraditório, sem embargo do disposto no art. 121, parágrafo único, do novo CPC.[49]

Há quem defenda a intervenção como assistente simples tendo em vista a existência de um interesse institucional, que seria uma dimensão do interesse jurídico. O tema já foi abordado por um dos autores deste texto: "A situação em que se nos afigura mais evidente a presença de interesse institucional é exatamente a hipótese envolvendo prerrogativas institucionais, direitos e garantias de membros do Ministério Público. Em princípio, portanto, apenas em processos em que se possa vislumbrar prejuízo institucional atual ou potencial dos membros do Ministério Público é que se faria presente o interesse jurídico. Em suma, a esfera jurídica do Ministério Público confunde-se com as prerrogativas, direitos e deveres de seus membros e o interesse institucional é que habilitará a Instituição a ingressar em processo como assistente simples. Tudo aquilo que não disser respeito à esfera pessoal do membro do Ministério Público será interesse institucional, já que o Promotor estará no exercício da função e, portanto, não haverá rigorosamente um agir individual e personalizado que possa ser destacado de seu vínculo funcional. O interesse institucional, portanto, transcende a esfera subjetiva do membro da Instituição, fazendo com que haja interesse do Ministério Público em que a sentença seja favorável a seu membro e, com isso, seja favorável à própria Instituição, que teria sua situação jurídica prejudicada em caso de vitória do adversário no processo. (...) É exatamente essa noção de 'caráter institucional' que legitima a intervenção do próprio Ministério Público como assistente simples, a fim de tutelar um interesse institucional".[50]

---

48 ALBERTON, Genacéia da Silva. *Assistência litisconsorcial*. São Paulo: RT, 1994, p. 68.

49 MOREIRA, José Carlos Barbosa. *Apontamentos para um estudo sistemático da legitimação extraordinária*, p. 10-12. Também assim, DINAMARCO, Cândido Rangel. *Instituições de Direito Processual Civil*, v. II, p. 311.

50 GODINHO, Robson Renault. "Ministério Público e assistência: o interesse institucional como expressão do interesse jurídico". *Aspectos polêmicos e atuais sobre os terceiros no processo civil e assuntos afins*. Fredie Didier Jr. e Teresa Wambier (coord.). São Paulo: RT, 2004, p. 831-833. O autor cita os seguintes exemplos de aplicação da sua teoria: a) em determinada Comarca, é ajuizada uma ação em face de um Promotor

A dificuldade que surge para caracterizar o interesse institucional nestes casos é exatamente a natureza da ação de responsabilidade civil, que exige que se

---

de Justiça para que se abstenha de se pronunciar na imprensa sobre determinados fatos relacionados a processos em andamento, sob pena de multa diária. Nessa hipótese, entendemos que haveria interesse institucional a justificar a intervenção do Ministério Público, por meio do Procurador-Geral de Justiça, em razão de uma decisão que viole a livre manifestação pública (nos limites legais, evidentemente) causar prejuízo atual ou potencial a toda Instituição; b) Imagine-se, ainda, que um prefeito ajuíze uma ação em face de um membro do Ministério Público alegando que as audiências públicas por ele promovidas, relatórios e recomendações por ele emitidos causam-lhe prejuízos morais e políticos junto à população e, não sendo função do Ministério Público interferir nos rumos da política local, requer que se abstenha de emitir qualquer relatório ou recomendação e a promover audiências públicas que se refiram à administração municipal, sob pena de pagamento de multa diária. Também aqui nos parece evidente a presença de interesse institucional, por se tratar de uma legítima atribuição do Ministério Público a promoção de audiência pública e a expedição de relatórios e recomendações; c) Outra situação que revela a presença inequívoca de interesse jurídico institucional é a impetração de mandado de segurança por violação de direito líquido e certo de um membro do Ministério Público relacionado com exercício de suas funções. Em hipóteses desse jaez, a violação sempre será de um direito ou prerrogativa funcional, o que transcenderá a esfera subjetiva e pessoal do agente, habilitando a instituição a intervir no processo. São os seguintes os exemplos que podem ser formulados: desrespeito ao poder de requisição do Ministério Público; recusa de determinado juiz a intimar pessoalmente o Promotor de Justiça por meio de entrega dos autos com vista; impedir o acesso do Promotor de Justiça a determinadas dependências do fórum ou de qualquer outro órgão público. Em qualquer dessas hipóteses, a impetração de mandado de segurança pelo membro do Ministério Público habilita a intervenção da própria Instituição no processo. É certo que o membro do Ministério Público impetrará o mandado de segurança em nome da própria Instituição (como seu "presentante") e não em nome próprio, mas, em razão do interesse institucional, entendemos ser importante permitir a participação no processo do Procurador-Geral de Justiça, na condição de assistente. Também é possível haver assistência no caso de o membro do Ministério Público ser apontado como autoridade coatora em mandado de segurança, desde que esteja envolvida alguma questão institucional (p. 833-834). Sobre esse específico ponto, e examinando o texto ora citado, Nelson Nery Junior manifestou-se brevemente o entendimento de que o interesse institucional autoriza a intervenção do Ministério Público como terceiro: "O articulista [referindo-se ao texto de um dos autores], esforçando-se para assemelhar interesse institucional ao interesse jurídico da assistência simples, embora sem sucesso, com equivocadas premissas, faz um alvitre que, a contrario sensu, nos confere inteira razão nas nossas assertivas: 'Nesses casos em que a causa de pedir e o pedido veiculados em ação em face de membro do Ministério Público se refiram diretamente a questões institucionais, ou seja, prerrogativas e direitos de todos os integrantes, a causa sempre transcenderá a pessoa física da parte para atingir toda Instituição a que pertence'. Portanto, segundo o autor, quando a causa de pedir da ação de indenização ressalva um comportamento pessoal, dissociado das funções, deveres, garantias e prerrogativas do Ministério Público, por certo, afastado estará o interesse institucional. A citação do texto não significa que concordamos com as premissas. Ao contrário, há equívocos graves. Apenas, na fragilidade delas, encontramos razão às nossas idéias expostas no parecer e, agora, neste aditamento" ("Ação de reparação de danos proposta por juiz federal em face de procurador da república. Objeto da demanda. Conteúdo falso de entrevista voluntariamente concedida para jornal de grande circulação. Ofensa à honra do juiz federal. Delimitação da *quaestio iuris* a partir da natureza e da particularidade da conduta do réu. Impossibilidade de intervenção da União e do Ministério Público federal no processo como assistentes do réu. Acerto da decisão do TRF-2.ª Região no agravo de instrumento interposto pelo autor. Medida cautelar proposta pelo Ministério Público federal no Superior Tribunal de Justiça. Inadequação. Inconsistências das decisões do Superior Tribunal de Justiça no caso", parecer publicado na *Revista de Direito Privado* nº 29. São Paulo: RT, janeiro de 2007, abordando especificamente a questão do interesse institucional na nota de rodapé nº 15 (trata-se de aditamento a outro parecer publicado no número anterior da mesma Revista). Infelizmente o parecerista não apontou as graves falhas técnicas que afirma haver identificado, o que impede maiores desenvolvimentos nesta sede, até porque a dificuldade da tese e as diversas ressalvas necessárias constam do próprio texto original, como, aliás, reconheceu o próprio Nery Junior.

descreva um comportamento ilícito individualizado do membro do Ministério Público, imputando-se-lhe um agir doloso ou fraudulento (art. 181, CPC). Vê-se, pois, que nenhuma questão institucional, em princípio, será diretamente afetada em uma ação indenizatória e, além disso, a denominada "justiça da decisão" aparentemente em nada influirá na esfera jurídica do Ministério Público e não afetará nenhuma situação em processo posterior[51]. A "justiça da decisão" nada mais é do que a fundamentação da sentença e, na hipótese de ação de responsabilidade civil, a motivação cuidará apenas da análise da atuação subjetiva específica de um membro, não havendo um exame direto de questões institucionais. Além disso, por não possuir personalidade jurídica, não é simples a verificação de como a esfera jurídica do Ministério Público poderá ser afetada por um processo individual de responsabilidade civil. No mais das vezes, ainda que nos pareça que a situação mereça reflexão mais detida, a esfera jurídica do Estado é que será afetada pelos atos do Ministério Público ou de qualquer outro agente público.

Diante desse quadro, repita-se, afigura-se mais difícil a caracterização do interesse institucional, o que faz com que se recomende uma mudança de enfoque no instituto da assistência. Realmente, se nos ativermos apenas aos efeitos naturais da sentença e sua relação com o assistente, dificilmente veremos possibilidade de o Ministério Público intervir no processo nessa condição. Entretanto, a questão deve ser resolvida pela ótica do interesse institucional de evitar que processos aparentemente apenas individuais acabem por prejudicar toda uma Instituição, já que ninguém duvida que a possibilidade de condenação de um membro do Ministério Público por ato cometido no regular exercício de suas funções acabe por criar uma situação desfavorável mais ampla, que transcenda a esfera individual e atinja indistintamente, como fato, todos os membros e, consequentemente, a própria Instituição[52].

---

51   Enfoque crítico sobre a vinculação à justiça da decisão: DIAS, Handel Martins. Eficácia da assistência: a vinculação do assistente à "justiça da decisão". *Revista de Processo, nº 225*. São Paulo: RT, novembro de 2013.

52   Havendo casos em que realmente tenha havido desvio na atuação do Promotor ou Procurador, evidentemente a Instituição não terá nenhum reflexo desfavorável em sua situação jurídica, de modo que não intervirá em hipóteses dessa espécie. A rigor, o próprio Ministério Público terá interesse em apurar devidamente o caso e tomar as medidas administrativas cabíveis, já que o uso do cargo para fins anormais é uma agressão à própria Instituição, mas não estará configurado o interesse institucional nos moldes apresentados no item anterior. Exatamente pelas peculiaridades das ações de responsabilidade civil é que afirmamos que o interesse institucional não estará presente automaticamente em hipóteses de processos em que se discuta a responsabilidade civil de membro do Ministério Público. Somente na análise do caso concreto é que será possível aferir a presença do interesse que legitima a intervenção do Ministério Público como assistente. Caso se entenda que a atuação funcional de seu membro foi regular, o Ministério Público poderá intervir no processo para auxiliá-lo; caso vislumbre a existência de dolo ou fraude, não haverá intervenção. Em havendo o ingresso do Ministério Público como assistente e, no curso do processo, a instrução revelar que houve atuação irregular de seu membro, simplesmente a Instituição desistirá da assistência, o que pode ser feito em qualquer momento processual.

Certamente, a proposta veiculada neste trabalho causará perplexidade, caso o instituto da assistência seja pensado em seus moldes clássicos, limitado ao direito individual e, normalmente, patrimonial.

Além de o próprio sistema já autorizar a intervenção do Ministério Público como assistente, na medida em que é reconhecida a existência de interesse institucional, é importante lembrar que vem ocorrendo uma abertura legislativa do instituto da assistência, já que o legislador pode dispensar a existência de efetivo interesse jurídico para o ingresso de terceiro no processo.

O art. 5° da lei nº 9469/1997 dispensa a demonstração da existência de interesse jurídico por parte das pessoas que enumera e o art. 49, parágrafo único, da Lei nº 8906/1994, autoriza a OAB ser assistente de um de seus membros em caso de violação de direitos da classe.[53] Essa tendência de abertura, embora realmente sejam discutíveis os critérios adotados, deve ser levada em consideração na moderna interpretação da assistência.

Na realidade, o critério utilizado pelo legislador, ao estabelecer os requisitos para o ingresso de um terceiro em processo pendente, responde a *"motivos de política judiciária"*, como bem identificou Donaldo Armelin, que prossegue afirmando que, *"a rigor, a regra que deveria presidir a outorga aos terceiros de legitimidade para intervir em processo alheio seria a que estabelecesse um justo equilíbrio entre a lesividade do prejuízo emergente de tal processo para o terceiro e as conseqüências negativas para as partes da intervenção desse terceiro no processo"*.[54]

No caso da intervenção do Ministério Público, a nova realidade jurídica recomenda sua atuação como assistente nas hipóteses que delimitamos, sendo inegável que há um justo equilíbrio entre a extrema lesividade que pode emergir do processo e as consequências de sua intervenção, recomendando-se, pois, a admissibilidade do ingresso como terceiro[55].

9. ENCERRAMENTO

O objetivo primeiro deste breve texto consiste em apontar para uma presença multifacetada do Ministério Público no processo civil, ainda não explorada

---

53 A OAB necessita dessa autorização legislativa por ser uma entidade de classe, não havendo, pois, como demonstrar algo equivalente ao que estamos denominando de *interesse institucional*, já que sempre o advogado estará agindo individualmente e no próprio nome, no que se refere à dimensão de seus atos.

54 *Embargos de Terceiro*. Tese de doutoramento. PUC/SP, 1981, p. 26. Inédito.

55 Note-se que, mesmo com a disciplina expressa pelo novo CPC no art. 138, a figura do *amicus curiae* não é a mais adequada para a finalidade da intervenção do Ministério Público exposta neste item, mantendo-se a pertinência da admissão da assistência.

devidamente em estudos acadêmicos e em regra mal compreendida pela jurisprudência.

A maior presença do Ministério Público na seara processual é inversamente proporcional ao número de estudos dedicados a compreender suas peculiaridades, responsabilidades, progressos, possibilidades, desvios e vicissitudes. Não é exagerado afirmar que, salvo textos dedicados ao exame da legitimidade do Ministério Público para o ajuizamento de ações coletivas, grassa um inexplicável silêncio sobre sua atuação processual, que não mais pode ser resumida apenas à condição de órgão interveniente no processo civil individual.

Evidentemente, o impacto da atuação do Ministério Público pós Constituição de 1988 não se resume aos aspectos jurídico-processuais, exigindo, na realidade, uma investigação multidisciplinar[56], especialmente no âmbito de implantação das políticas públicas, da atuação extrajudicial e de seu comportamento nas relações de poder, incluindo o difícil equilíbrio entre a tutela da probidade de terceiros e a convivência com práticas administrativas endógenas que, às vezes, podem reproduzir atos que são combatidos no exercício da atividade institucional.

Trata-se, pois, de uma instituição complexa que, no âmbito processual, revela-se pródiga em novas abordagens.

Este artigo pretende apenas integrar essa tentativa de contribuição para o entendimento do "novo" Ministério Público no processo civil e a edição de um novo Código se apresenta como um momento propício para novas reflexões, como as que animam a edição desta coletânea.

---

56 Para uma visão crítica e interdisciplinar: ARANTES, Rogério Bastos. *Ministério Público e Política no Brasil*. São Paulo: IDESP/EDUC/Sumaré, 2002. SILVA, Cátia Aida Pereira da. *Justiça em Jogo: novas facetas da atuação dos Promotores de Justiça*. São Paulo: Edusp, 2001. KERCHE, Fábio. *Virtude e Limites: autonomia e atribuições do Ministério Público no Brasil*. São Paulo: Edusp, 2009.

CAPÍTULO 2

Código de Processo Civil 2015: Ruptura do Paradoxo entre o Ministério Público da Legalidade e o Ministério Público Constitucional

Hermes Zaneti Jr.[1]

SUMÁRIO:**1. INTRODUÇÃO; 2. A CONSTITUCIONALIZAÇÃO DO DIREITO PROCESSUAL E O REGIME CONSTITUCIONAL DO MINISTÉRIO PÚBLICO; 3. O MINISTÉRIO PÚBLICO EM BERLIM: O MP COMO INSTITUIÇÃO DE GARANTIA E O PRINCÍPIO DA ACIONABILIDADE EM LUIGI FERRAJOLI; 4. AVALORATIVIDADE DA LEI E NEUTRALIDADE INTERPRETATIVA DO DIREITO: A EXPERIÊNCIA DA "MAGISTRATURA DEMOCRÁTICA" ITALIANA E OS EFEITOS NO MINISTÉRIO PÚBLICO BRASILEIRO DA RECEPÇÃO DA CONSTITUIÇÃO NO CPC/2015; 5. INDEPENDÊNCIA E UNIDADE NO QUADRO DA CONSTITUIÇÃO: EQUIPRIMORDIALIDADE; 6. QUEM CONTROLA A INTERVENÇÃO DO MP? RACIONALIZAÇÃO DA INTERVENÇÃO CIVIL, GRAUS DE INTERESSE PÚBLICO, GRAUS DE INDISPONIBILIDADE E O PRINCÍPIO DA "DISPONIBILIDADE MOTIVADA"; 7. CONCLUSÃO

1. INTRODUÇÃO

O Ministério Público da Constituição Federal de 1988 é radicalmente novo como arranjo constitucional. A Constituição Cidadã, superando os laços que prendiam o Ministério Público ao Poder Executivo e ao Poder Judiciário, criou uma instituição autônoma e independente, essencial à função jurisdicional, que visa à tutela dos direitos fundamentais.

O CPC de 1973 não estava adequado a esse cenário constitucional, gestado na compreensão de que o interesse público se confundia com o interesse do Estado sua leitura exigia há muito uma interpretação conforme. Existia na lei processual um paradoxo metodológico entre o Ministério Público da lei, voltado a tutela da legalidade e do Poder Público, e o Ministério Público da Constituição, voltado à tutela dos direitos fundamentais.

---

1. Professor Adjunto de Direito Processual Civil na Universidade Federal do Espírito Santo – UFES. Pós-Doutorado em Direito pela Università degli Studi di Torino; Doutor em Teoria e Filosofia do Direito pela Università degli Studi di Roma Tre; Doutor e Mestre em Direito Processual Civil pela Universidade Federal do Rio Grande do Sul – UFRGS. Membro da ABRAMPA (Associação Brasileira dos Membros do Ministério Público de Meio Ambiente); MPCON (Associação Nacional do Ministério Público do Consumidor); IBDP (Instituto Brasileiro de Direito Processual); IIDP (Instituto Ibero Americano de Direito Processual); IAPL (International Association of Procedural Law). Promotor de Justiça no Estado do Espírito Santo – MPES.

O CPC de 2015 resolve este paradoxo unindo a Constituição à lei infraconstitucional, obrigando uma revisão de tudo que existia antes. Novos tempos, nova visão do MP, visão inaugurada pela Constituição, mas que ainda teima em não ser aplicada. É preciso uma nova deontologia do MP que parta, portanto, do seu papel como instituição de garantia dos direitos fundamentais e que reconheça que também a sua atuação está limitada e vinculada por estes direitos.

Este trabalho trata destes temas, propondo que o impulso do novo CPC represente uma superação completa da visão ministerial ligada ao interesse público secundário, ao mesmo tempo que pretende que a atuação do MP não deve ser livre, mas limitada e vinculada aos conteúdos normativos dos direitos fundamentais.

2. A CONSTITUCIONALIZAÇÃO DO DIREITO PROCESSUAL E O REGIME CONSTITUCIONAL DO MINISTÉRIO PÚBLICO

O Novo Código de Processo Civil representa a evolução constitucional do processo civil do Código Buzaid até os nossos dias, superando o modelo anterior integralmente (art. 1º, CPC/2015). Procura, por esta razão, retratar o esforço da doutrina, da jurisprudência e das sucessivas reformas processuais, em adequar o modelo processual brasileiro à nossa Constituição de 1988, a Carta Cidadã – documento marco da retomada democrática do Brasil. O CPC/2015 recepciona a Constituição, constitucionalizando o processo.[2] A doutrina já exigia a constitucionalização do processo como um corolário da constitucionalização do ordenamento jurídico.[3] O CPC vai além, o Novo Código de Processo Civil lança as bases para uma atualização geral do processo civil, a partir do compromisso de ser interpretado integralmente à luz da Constituição. Para tanto, de início, estabelece normas fundamentais que darão o norte interpretativo do direito processual, a partir de sua promulgação. Normas-regra e normas-princípio, introduzidas nos doze primeiros artigos e também completadas por outras espalhadas por todo o diploma legal, como exemplificam os negócios processuais (arts. 190 e 191) e os precedentes vinculantes (arts. 926 e 927).

As normas fundamentais se protraem e contaminam todo o modelo processual brasileiro, afetarão diretamente as leis processuais extravagantes, o processo eleitoral, o processo administrativo, o processo do trabalho (art. 15, CPC/2015) e o processo penal (art. 3º, CPP), alterando a relação de forças no processo, a distribuição de funções entre os sujeitos do processo, ou seja, os poderes, deveres, ônus e faculdades dos sujeitos processuais.

---

2   ALVARO DE OLIVEIRA, Carlos Alberto. Processo Civil Brasileiro e Codificação. *Revista de Processo*. vol. 179, p. 261, jan., 2010.

3   ZANETI JR., Hermes. *A Constitucionalização do Processo*. [2005] 2ª ed. São Paulo: Atlas, 2014.

A boa-fé processual (art. 5º), o contraditório (art. 7º e 10º) e a cooperação (art. 6º) dão conteúdo e direção a esta mudança de rumos para o processo democrático.[4] Isto vale também para a atuação do Ministério Público, seja como agente, propondo a ação, seja como interveniente, atuando como fiscal da ordem jurídica (*custos iuris*). A Constituição Federal de 1988 atua como o estatuto jurídico-político, constrangendo a política e os interesses do mercado aos direitos fundamentais, representando o Ministério Público uma instituição de garantia destes direitos e o processo o instrumento para tutela das expectativas positivas (direitos sociais) e negativas (direitos de liberdade) em face destes poderes.[5]

Alguns poderiam dizer que a constitucionalização já havia ocorrido em 1988, uma vez não existir direito fora da Constituição Federal. Contudo, o processo de constitucionalização leva tempo e a expressa menção, no novo diploma legal, do dever de interpretação conforme à Constituição (art. 1º) é um grande passo adiante, pois é sabido que a Constituição de 1988 pela primeira vez na história brasileira ampliou alguns princípios do processo penal para o processo civil. É um grande passo para apagar dois grandes problemas: a) antigas soluções individualistas e privatistas extremadas de processo, decorrentes do abuso dos direitos de liberdade das partes; b) antigas soluções publicistas igualmente extremadas, decorrentes do abuso do papel do Estado-juiz no processo. Com o CPC/2015, dissolve-se o paradoxo metodológico entre *civil law* e *common law* no Brasil e restitui-se ao processo o ambiente democrático que é composto dos direitos e deveres individuais e coletivos, de direitos e deveres decorrentes dos direitos de liberdade e dos direitos sociais.[6]

A grande preocupação do legislador de constitucionalizar o processo vem secundada pela necessidade de resolver um problema criado pela constitucionalização do acesso à justiça: o *overload* (sobrecarga) da máquina judicial. Os tribunais e juízes já eram, por essência, antes desse fenômeno, burocratizados e lentos. Trata-se, agora, de adequar a justiça à nova era dos conflitos de massa, equilibrando segurança jurídica e efetividade.

Foi justamente para atender a efetividade que surgiram, nas últimas décadas do século XX e no início do século atual, uma série de técnicas processuais, tendo, em comum, este traço característico.

---

4   CUNHA, Leonardo Carneiro da. "O Processo Civil no Estado Constitucional e os Fundamentos do Projeto do Novo Código de Processo Civil Brasileiro". *Revista de Processo*. vol. 209, p. 349-374, jul. 2012.

5   FERRAJOLI, Luigi. *A Democracia Através dos Direitos. O Constitucionalismo Garantista como Modelo Teórico e como Projeto Político*. Trad. Alexander Araujo de Souza; Alexandre Salim, Alfredo Copetti Neto, André Karam Trindade, Hermes Zaneti Júnior e Leonardo Menin. São Paulo: RT, 2015; SOUZA, Alexander Araujo de. "Ministério Público: de onde vim, quem sou, para onde vou?", *Revista dos Tribunais*, vol. 951, p. 227-259, jan. 2015.

6   ZANETI JR., *A Constitucionalização do Processo*, 2014.

O selo da efetividade carrega técnicas processuais do novo Código, tais como o mais rigoroso controle dos prazos processuais, a conciliação e a mediação, os precedentes normativos formalmente vinculantes, o julgamento dos casos repetitivos (incidente de resolução de demandas repetitivas e recursos especial e extraordinário repetitivos), a conversão da ação individual em ação coletiva, os negócios processuais, os graus de cognição e de estabilização processual, entre outros.

A participação do Ministério Público nestes processos torna-se radicalmente mais importante, não se limita a ser apenas o fiscal da lei, mas deve assegurar os direitos fundamentais processuais e materiais de forma a evitar que para atingir a efetividade se sacrifique no altar da eficiência a tutela dos direitos. Direito é mais que uma solução célere e definitiva, direito é a garantia de que serão atendidos o devido processo legal e a tutela adequada dos direitos pelos mecanismos processuais, de forma a obter em tempo adequado a melhor tutela possível.

Nos tribunais os Procuradores de Justiça e os Procuradores Regionais da República, os Subprocuradores Gerais da República e o próprio Procurador Geral da República devem visar a tutela dos direitos fundamentais e a garantia do processo justo, não mais apenas fiscalizar a aplicação da concreta vontade da lei, se é que esta algum dia existiu. Por exemplo, no julgamento do IRDR (incidente de resolução de demandas repetitivas), as teses jurídicas serão fixadas para o julgamento do caso concreto (art. 985, I), atingindo todos os processos em trâmite, individuais e coletivos, e ainda atingirão na forma de precedentes normativos formalmente vinculantes todos os casos futuros (art. 985, II; art. 927, III; e art. 489, § 1º, V e VI). O Ministério Público como instituição de garantia dos direitos fundamentais deve garantir a tutela destes direitos como limites e vínculos aos poderes públicos e privados, exigindo que na escolha dos casos repetitivos que serão julgados como casos paradigma sejam preferidas as ações coletivas ajuizadas pelo MP e pelos demais colegitimados, consolidando nos precedentes as teses de proteção dos direitos que visa tutelar por mandamento constitucional e reduzindo, consequentemente, a discricionariedade das decisões arbitrárias em sentido contrário praticadas pelos demais juízes e órgãos fracionários dos tribunais. O modelo de precedentes atua assim como um modelo de fechamento da discricionariedade positivista, completando a crítica feita pela doutrina dos princípios ao positivismo jurídico.[7]

A bem da verdade, o problema da sobrecarga não deve ser debitado exclusivamente ao Poder Judiciário, ou ao acesso à justiça, mas à problemas estruturais de uma sociedade em democratização, principalmente, ao observarmos que a

---

[7]   Cf., para compreender como os princípios, tanto em Dworkin, quanto em Alexy, representam o fechamento da discricionariedade dos juízes, e, ainda, como o modelo de precedentes é exigido para garantir a racionalidade da aplicação dos princípios, ZANETI JR., *O Valor Vinculante dos Precedentes*, p. 152.

justiça começa a ser efetivada antes do Judiciário, através da norma legal adequadamente desenhada para os casos concretos – de forma diminuir a incidência de crises e a resolver as crises de aplicação do direito independentemente de atuação jurisdicional – tarefa essa do Poder Legislativo.

No mesmo sentido, o problema da sobrecarga do Poder Judiciário e do Ministério Público decorre igualmente da não atuação eficiente, efetiva e adequada da administração pública na tutela dos direitos – tarefa do Poder Executivo.

Isso tudo se verifica no fato constatado de ser a administração pública uma das maiores litigantes no Brasil, bem como, na sua ineficiência na função de controle do mercado, de que são exemplos, o caso dos serviços de telefonia, instituições financeiras e lesões provocadas aos direitos dos consumidores por relações de mercado de massa. A falta de controle efetivo do mercado pela Administração Pública e seus órgãos torna-se um argumento ainda mais relevante quando se percebe que o Brasil adota o modelo das agências reguladoras, e que pode e deve intervir na manutenção dos limites e vínculos dos direitos fundamentais aplicáveis aos poderes selvagens do mercado e da administração pública. O CPC também prevê a comunicação à essas agências reguladoras das decisões nos casos repetitivos (art. 985, § 2º e 1.040, IV), o Ministério Público deverá exigir essa comunicação não só para os casos previstos em lei mas para todos casos em que ocorrer formação de precedentes normativos formalmente vinculantes (art. 927 e incisos) e no julgamento de processos coletivos.

Isto tudo significa dizer que a reforma do Código de Processo Civil, como de resto todo o ordenamento jurídico, deve refletir as ideologias e as determinações esculpidas nos direitos fundamentais, cláusulas pétreas constitucionais, refletindo a constitucionalização de todo o ordenamento jurídico a partir de 1988. O Código de Processo, como qualquer lei, só é válido no âmbito dos direitos fundamentais desenhados na Constituição que o orientam e o informam.

Como bem ponderou a doutrina, nem tudo se amolda ao jargão "quanto mais depressa melhor",[8] sendo que convém resguardar as garantias constitucionais do devido processo legal e do julgamento justo, valorizando, além da efetividade, outro grande vetor do direito processual: a segurança jurídica.[9]

Estas ideias iluminam nossa preocupação em analisar, de forma mais detida, as orientações propostas pelo NCPC para o Ministério Público. Releva observar

---

8 BARBOSA MOREIRA, José Carlos. "O futuro da Justiça: alguns mitos". In: *Temas de Direito Processual – Oitava Série*. São Paulo: Saraiva, 2004, p. 2-6.

9 ALVARO DE OLIVEIRA, Carlos Alberto. *Do Formalismo no Processo Civil: Proposta de um formalismo-valorativo*. 3ª ed. São Paulo: Saraiva, 2008; ALVARO DE OLIVEIRA, Carlos Alberto. *Teoria e Prática da Tutela Jurisdicional*. Rio de Janeiro: Forense, 2009.

que o MP, em sua função constitucional, demandista e resolutiva, acionando ou intervindo, é sempre órgão de garantia de segundo grau, ligado à efetivação dos direitos fundamentais.

3. O MINISTÉRIO PÚBLICO EM BERLIM: O MP COMO INSTITUIÇÃO DE GARANTIA E O PRINCÍPIO DA ACIONABILIDADE EM LUIGI FERRAJOLI

A doutrina estrangeira afirmou que *deve haver um Ministério Público em Berlim*. Para completar o modelo garantista de direitos, ao lado do direito de ação do indivíduo, é necessário um órgão público que atue como instituição de garantia para ativar a jurisdição (princípio da acionabilidade). "Este ulterior princípio foi introduzido na Constituição brasileira, cujo art. 129 alargou enormemente as atribuições do Ministério Público, chegando a incluir, além das tradicionais funções acusatórias, a possibilidade de manejar ações para a tutela dos direitos fundamentais e, em particular, dos direitos sociais, bem como dos interesses públicos e dos bens constitucionais violados pelos poderes públicos".[10]

Assim, por sua específica matriz constitucional, o Ministério Público brasileiro é uma *instituição independente, autônoma e especializada de garantia dos direitos fundamentais*, com a função de controlar os poderes do mercado (privados) e do Estado (públicos), quando estes ultrapassarem a barreira dos limites (direitos de liberdade, proibição de excesso, margem do não decidível) e vínculos (direitos sociais, proibição de proteção deficiente ou insuficiente, margem do não decidível que não) . Este é o sentido correto a ser dado ao texto do art. 127, *caput*, combinado com o art. 129, II, III, IV e IX, CF/88, ao definirem os deveres-poderes e as funções do MP, este é o sentido que deve ser dado como vetor interpretativo do capítulo do CPC/2015 que trata do Ministério Público. Por esta razão o CPC repete na norma infraconstitucional os textos expressos na norma constitucional, basta ler o art. 176.

A atuação do MP, como agente (art. 177) e como interveniente (art. 178), é balizada por estes deveres-poderes previstos na Constituição, sendo que os direitos que lhe são conferidos são exercidos em razão da função institucional nela prevista.

A colocação institucional do MP vinculado ora ao Poder Executivo, ora ao Poder Judiciário, não mais pode ser aplicada para a compreensão das suas atribuições e funções. O MP atua como uma *instituição independente, autônoma e*

---

10   FERRAJOLI, *A Democracia Através dos Direitos. O Constitucionalismo Garantista como Modelo Teórico e como Projeto Político*, p. 246/247; SOUZA, *Ministério Público: de onde vim, quem sou, para onde vou?*, op. cit.

especializada de garantia dos direitos fundamentais, da ordem jurídica e do regime democrático, quer se trate de defender direitos de liberdade ou sociais, direitos individuais ou coletivos. Justamente por isto, a doutrina defende, em sentido próximo, que o MP é um "órgão autônomo de tutela do interesse público",[11] o que não "significa que seria um quarto poder. Mas tão somente uma instituição independente e autônoma, reconhecida pelo ordenamento constitucional".[12]

O MP entendido como instituição de garantia[13] deve avançar para a tutela não-monopolística dos direitos coletivos *lato sensu*, quer no âmbito processual civil, quer no âmbito penal, quer no âmbito nacional, quer no internacional, sendo imperativa sua expansão transfronteiriça para fazer frente aos ilícitos que atingem – no âmbito civil e penal – os direitos fundamentais de caráter não-territorial, necessidades de tutela não mais apenas restritos aos limites do território nacional, mas por se tratarem de situações jurídicas complexas e permissões especiais de aproveitamento de tutela de natureza indivisíveis, extensíveis para além das fictícias linhas geopolíticas. A poluição transfronteiriça; as práticas comerciais e concorrenciais abusivas, no âmbito do direito consumidor, para além das fronteiras nacionais em razão da existência de mercados comuns e do comércio pela *internet*; a criminalidade transfronteiriça, especialmente a ligada à corrupção política, as falências transfronteiriças, entre outros problemas da nossa sociedade contemporânea merecem atenção redobrada. O legislador, que justamente por essa razão estabeleceu normas de cooperação internacional no novo CPC, dá papel de destaque ao MP (art. 33, par. único).[14]

4. AVALORATIVIDADE DA LEI E NEUTRALIDADE INTERPRETATIVA DO DIREITO: A EXPERIÊNCIA DA "MAGISTRATURA DEMOCRÁTICA" ITALIANA E OS EFEITOS NO MINISTÉRIO PÚBLICO BRASILEIRO DA RECEPÇÃO DA CONSTITUIÇÃO NO CPC/2015

A "Magistratura Democrática" italiana, nascida na década de 1970, era uma associação de juízes e membros do Ministério Público que refutava abertamente duas concepções arraigadas na ideologia de classe: a) a avaloratividade da aplicação da lei; b) a rígida neutralidade interpretativa e a conseqüente separação entre o Poder Judiciário, o Ministério Público e a sociedade. Ideias que estavam

---

11   LIMA, Fernando Antônio Negreiros. *A Intervenção do Ministério Público no Processo Civil Brasileiro como Custos Legis*. São Paulo: Método, 2007, p. 94/96.

12   LEITE, Carlos Henrique Bezerra. *Ministério Público do Trabalho*. 3ª ed. São Paulo: LTr, 2006, p. 41.

13   FERRAJOLI, *A Democracia Através dos Direitos. O Constitucionalismo Garantista como Modelo Teórico e como Projeto Político*, op. cit.

14   Próximo, indicando a expansão da internacionalização em matéria penal, cf. SOUZA, *Ministério Público: de onde vim, quem sou, para onde vou?*, op. cit.

assentes igualmente na matriz teórica e metodológica do CPC de 1973, completude e unicidade dos Códigos e aplicação da vontade concreta e uníssona da lei.

Cabe observar que as ideias discutidas neste tópico procuram demonstrar como o CPC/2015 pode contribuir para erradicar a ideologia da avaloratividade da aplicação da lei e da neutralidade da interpretação, contribuindo para reconstruir o direito, realizar uma reforma na ideologia de classe do Ministério Público Brasileiro.[15]

Como demonstrou a doutrina, a ideologia de classe da "magistratura" italiana (juízes e Ministério Público) era o reflexo do velho mito da tecnicidade e autonomia do direito. Os pressupostos contra os quais se opuseram os "Magistrados Democráticos", juízes e promotores, neste combate "ideológico" e podem ser individualizados em: a) a adoção da teoria formalista da interpretação, que ignorava o caráter inevitavelmente discricionário das escolhas interpretativas, decorrentes da distinção entre texto e norma, e, portanto ignorava igualmente, o caráter ético e político e a responsabilidade dos juízes e promotores pelas decisões adotadas; b) a teoria das fontes ligada ao *paleojuspositivismo* legalista, que igualmente ignorava a divergência originada no ordenamento com os virtuais conflitos: Constituição v. velho sistema legislativo; norma legal v. norma constitucional; regras legais v. princípios constitucionais; e, no Brasil, direitos subjetivos individuais e disponíveis do CPC de 1973 v. direitos subjetivos fundamentais indisponíveis individuais e coletivos da Constituição de 1988. Note-se que estes argumentos muito bem podem servir para criticar a atuação do Ministério Público perante o nosso Código de 1973. O movimento Magistratura Democrática surgiu para combater o descompasso entre a lei fascista e a Constituição italiana de 1948. No Brasil, especialmente em face das relações entre o MP e o Poder Executivo, características do modelo interventivo pró-Estado desenhado no art. 82 do CPC/1973, e da obrigatoriedade da intervenção em alguns processos individuais como curador do Estado ou de interesses privados nos processos individuais – à época considerados de relevância pública (por exemplo, vínculo conjugal, jurisdição voluntária etc.) – o MP atuava obrigatoriamente sempre que a lei determinava a sua intervenção. A vinculatividade à lei sem o filtro da função constitucional gerava uma desconformidade constitucional que deve ser sanada hermeneuticamente a partir do novo Código, que atualiza a tradição e impõem uma adequação forte entre a atuação do MP como instituição de garantia e os direitos fundamentais aos quais está vocacionado tutelar.

---

15 FERRAJOLI, Luigi. *A Filosofia Analítica e a Cultura Jurídica no Séc. XX*. Trad. Alexandre Salim, Alfredo Copetti Neto e Hermes Zaneti Jr. São Paulo: Saraiva, no prelo; FERRAJOLI, Luigi. *A Democracia Através dos Direitos. O Constitucionalismo Garantista como Modelo Teórico e como Projeto Político*; FERRAJOLI, Luigi. *Poderes Selvagens. A Crise da Democracia Italiana*. Trad. Alexander Araujo de Souza. São Paulo: Saraiva, 2014.

O MP brasileiro deve observar a refundação democrática do CPC. Os "Magistrados Democráticos" italianos, como informou a doutrina, denunciaram mais agudamente do que o que ocorria no campo acadêmico, os vícios ideológicos da cultura até então dominante: a) a presunção de coerência e de completude; b) o mito da certeza do direito; c) a ideia da aplicação da lei como operação técnica e mecânica; d) a desconfiança em relação à normatividade da Constituição, entendida apenas como programa "político" ou ornamento ideológico, sem força vinculativa; e) a solidariedade corporativa e a organização hierárquica da classe judiciária fundada sobre a unidade e a univocidade das orientações jurisprudenciais custodiadas e promovidas pela Corte de Cassação italiana e as máximas de jurisprudência (muito similares as nossas atuais súmulas desprendidas dos casos que lhes deram origem, enucleando um princípio de direito sem levar em consideração as circunstâncias fáticas dos precedentes que lhes deram origem);[16] f) a responsabilidade dos juízes e do Ministério Público pelas suas decisões. O CPC atua fortemente como um diploma renovador que permite superar esses vícios ideológicos.

Os resultados na Itália desta revisão da jurisdição e da atuação do Ministério Público – como momento independente e imparcial, mas não avalorativo, a começar pela valoração da constitucionalidade das leis – foram essencialmente dois.

Em primeiro lugar, o desenvolvimento de uma jurisprudência que então se denominou "alternativa" ou "uso alternativo do direito", como contestação da cultura jurídica tradicional, mas que apenas quis afirmar o primado da Constituição, por muito tempo esquecida sobre a legalidade viciada sobre a qual se baseavam as orientações jurisprudenciais dominantes em matéria de direito do trabalho, de delitos de opinião e sindicais, de liberdade das pessoas, de garantia dos interesses difusos, de tutela da segurança e da saúde nos locais de trabalho e de salvaguarda do meio ambiente. O "direito alternativo" pretendia reverter a ideologia política que negava vigência à Constituição italiana, mas foi indevidamente confundido com o "direito livre" e a liberdade absoluta para o julgador decidir conforme o que bem entendesse, caindo em descrença pelos seus críticos. Não é esse o caminho que deve ser seguido pelo MP brasileiro, no nosso entendimento esta onda reformadora já ocupou seu espaço na crítica pré-constituição e já deu frutos no texto da Constituição de 1988, garantidora de uma democracia contramajoritária fundada nos direitos fundamentais.

Em segundo lugar, o movimento da "Magistratura Democrática" pretendia implantar um costume de independência, o papel do juiz enquanto garantidor da legalidade constitucional em face dos poderes fortes, os "poderes selvagens",

---

16   Ver, para compreender a mudança no CPC/2015, o art. 926, § 2º, que determina a obrigatoriedade de mencionar nas súmulas as circunstâncias fáticas que lhes deram origem e as vincula, na interpretação, aos precedentes dos quais foram extraídas.

sejam estes poderes públicos ou privados. Essa função de freios e contrapesos, alargada pela Constituição, é herdada pelo Ministério Público brasileiro no exercício da ação, como decorrência de representar o MP a face ativa das instituições de garantia dos direitos fundamentais (princípio da acionabilidade), justamente por isto, a doutrina reconheceu a necessidade de, ao lado dos princípios da legalidade, completude deôntica e juridicidade, acrescer o princípio da acionabilidade, declinando que ainda há um Ministério Público em Berlim.

5. INDEPENDÊNCIA E UNIDADE NO QUADRO DA CONSTITUIÇÃO: EQUIPRIMORDIALIDADE

A recepção da Constituição no art. 176 c/c o art. 1º do CPC/2015 permite que o Ministério Público Brasileiro passe a atuar no processo civil com mais *independência* e *especialização*, visando às funções constitucionalmente determinadas, como instituição de garantia, para além da postura avalorativa e interpretativamente neutra ou formalista – técnicas antiquadas, conceituais e abstratas –, definindo estratégias para atuação concertada em prol dos objetivos da República Brasileira e da tutela dos direitos fundamentais, prestando contas (*accountability*) de sua atuação à sociedade.

A *independência* deverá ser equacionada com a *unidade* na atuação da instituição, solucionando-se positivamente a *tensão independência versus unidade*, constatada pela doutrina.[17] Essa *tensão* que ocorre entre a liberdade de atuar de cada membro do MP, garantida pela independência funcional, e a necessidade de adoção de políticas públicas estratégicas por parte de todos os membros, de forma coordenada, pretendida através da unidade da atuação, ambos princípios constitucionais, não é a única no direito e no processo, basta lembrar da tensão entre efetividade e segurança jurídica que permeia todo o CPC/2015. Em um processo de fortalecimento da democracia de direitos estabelecida pela Constituição há sim obrigatoriedade de manifestação dos membros do MP, contudo trata-se de efetivar uma "seletividade razoável e constitucionalmente adequada" em busca da "equiprimordialidade" e da "conjugação equilibrada" entre os princípios da unidade e da independência, sem receita prévia ou *a priori*, de forma a garantir que "as metas fixadas institucionalmente, a princípio, são obrigatórias. No entanto a forma de concretização não será, necessariamente, uniforme".[18]

Nesse sentido, a exemplo do que já ocorre hoje nos juízos de inconstitucionalidade difusos os atos normativos poderão ser afastados após decisão

---

17   COURA, Alexandre de Castro; FONSECA, Bruno Borges da. *Ministério Público Brasileiro. Entre Unidade e Independência*. São Paulo: LTr, 2015.

18   COURA; BORGES, *Ministério Público Brasileiro. Entre Unidade e Independência*, p. 144.

fundamentada do membro do Ministério Público oficiante que deverá "motivar a *inobservância* desses atos normativos com fulcro no sistema jurídico constitucional, o que alinhará o princípio institucional da unidade ao constitucionalismo [...] o membro do Ministério Público não poderá *fazer tudo* o que desejar sob o pretexto de exercitar sua independência funcional".[19]

Nesse quadro normativo é preciso ao Ministério Público uma reflexão sobre sua verdadeira vocação, servindo-se de análises críticas da ciência política e da sociologia, ao lado da análise dogmática. A doutrina já despertou para a análise sociológica e política do Ministério Público.[20] Temas como: a participação ativa do MP no desenvolvimento da legislação; o aproveitamento pelo MP do momento de redemocratização e das ondas renovatórias do movimento mundial pelo acesso à justiça; a ligação teórica entre promotores de justiça e a defesa dos direitos difusos e coletivos como principal bandeira reformadora do MP na área cível; o afastamento gradativo do Poder Executivo; a alegação pelo MP da indisponibilidade dos direitos difusos e coletivos ao lado da hipossuficiência organizativa da sociedade para defender esses direitos;[21] foram considerados elementos da formação política do MP brasileiro pós Constituição de 1988, identificando sua atividade com graus de "voluntarismo político" por parte da classe.

Em outro trabalho foi criticada a "falta de equacionamento definitivo de suas relações com o Poder Executivo e o mundo da política", quer em razão de sua característica de instituição nova, quer pelo MP assumir uma "posição secundária na composição das elites jurídicas".[22] Não é o MP um órgão "voluntarista", a vontade desenhada nas suas atribuições e funções é a "vontade de Constituição"[23] Como qualquer intérprete o MP deverá ser vinculado pela tradição jurídica, pelos direitos fundamentais e pelas leis, salvo inconstitucionalidade, não podendo emitir qualquer "opinião" processual sem fundamento no ordenamento jurídico (interpretação realista-moderada e responsável).[24] São as leis e a Constituição que são ativistas no Brasil, não o MP e os juízes (REsp. nº 650.728/SC, rel. Min. Herman Benjamin). A instituição deve aproveitar essa oportunidade para se autoconhecer

---

19   Idem, p. 137.

20   KERCHE, Fábio. *Virtude e Limites: Autonomia e Atribuições do Ministério Público no Brasil*. São Paulo: EDUSP, 2009; ARANTES, Rogério Bastos. *Ministério Público e Política no Brasil*. São Paulo: Sumaré/Educ, 2002; ALMEIDA, Frederico Normanha Ribeiro de. *A Nobreza Togada. As Elites Jurídicas e a Política da Justiça no Brasil*. 2010. 329 p. Tese de Doutorado em Ciência Política. Universidade de São Paulo. Orientador: Profa. Dra. Maria Tereza Aina Sadek. São Paulo, 17/09/2010.

21   ARANTES, *Ministério Público e Política no Brasil, op. cit.*

22   ALMEIDA, *A Nobreza Togada. As Elites Jurídicas e a Política da Justiça no Brasil*, p. 292.

23   HESSE, Konrad. *A força normativa da Constituição*. Tradução de Gilmar Ferreira Mendes. Porto Alegre: Sergio Antonio Fabris, 1991.

24   ZANETI JR., *O Valor Vinculante dos Precedentes*, p. 145.

e avançar mais no seu compromisso com o regime democrático constitucional-mente estabelecido. Traçadas as diretrizes constitucionais, o MP precisa dar uma virada hermenêutica, um giro de Copérnico, superando o dilema da esfinge.

> "A questão, na verdade, é institucional. Se o Ministério Público é combativo, talvez esse seu caráter fosse intensificado com a utilização de instrumentos para a criação de uma política institucional unificada. Se os promotores defendem os interesses da sociedade, talvez o fizessem com maior amplitude se existissem incentivos que premiassem os mais ativos". O certo é que, em uma democracia, precisamos de controles e instituições fortes, não de heróis. "A necessidade de instrumentos institucionais que tornem possível a responsabilização dos atores estatais e algum grau de interferência externa não são apenas aspectos normativos da democracia contemporânea, mas elementos definidores da própria democracia".[25]

6. QUEM CONTROLA A INTERVENÇÃO DO MP? RACIONALIZAÇÃO DA INTERVENÇÃO CIVIL, GRAUS DE INTERESSE PÚBLICO, GRAUS DE INDISPONIBILIDADE E O PRINCÍPIO DA "DISPONIBILIDADE MOTIVADA"

A intimação do Ministério Público é obrigatória nos casos previstos na lei e na Constituição (art. 178, *caput* e incisos). A tradição brasileira, por influência da doutrina italiana e do art. 70 do CPC italiano,[26] era de obrigatoriedade e indisponibilidade da intervenção do MP, nos casos previstos em lei.

Contudo, excetuando os casos em que se trata da intervenção aferida por critérios objetivos, por exemplo, a presença de incapazes, não é tão simples assim resolver a questão de quando incide ou não a obrigatoriedade de intervenção. Portanto, um dos maiores problemas sobre a intervenção é saber quem controla a decisão de intervir ou não no processo e quando é obrigatória essa intervenção. Na doutrina, o tema é identificado com o "poder de agenda" do MP e com a racionalização da intervenção cível, sendo disciplinada em recomendação do CNMP,[27] adotada e regulamentada em muitos Estados. É preciso, como foi expressamente declarado na doutrina, racionalizar, regionalizar e reestruturar o MP, para que ele possa assumir a sua identidade institucional prevista na Constituição,[28] tornando-se cada vez mais útil e efetivo.

---

25 KERCHE, *Virtude e Limites: Autonomia e Atribuições do Ministério Público no Brasil*, p. 110/111.

26 MACHADO, Antônio Cláudio da Costa. *A Intervenção do Ministério Público no Processo Civil Brasileiro*. 2ª ed. São Paulo: Saraiva, 1998, p. 5.

27 Cf., Rec. nº 16, CNMP; ZENKNER, Marcelo. *Ministério Público e Efetividade do Processo Civil*. São Paulo: RT, 2006, p. 138.

28 BERCLAZ, Márcio Soares; MOURA, Millen Castro de. "Para onde caminha o Ministério Público? Um novo paradigma: racionalizar, regionalizar e reestruturar para assumir a identidade institucional." In.: FARIA; ALVES; ROSENVALD. *Temas atuais do Ministério Público*. Salvador: Jus Podivm, 2012.

O poder de agenda implica adotar um posicionamento institucional mais crítico, com fundamentação adequada e suficiente na intervenção, em termos próximos do que já se exige do órgão jurisdicional no art. 489, § 1º (fundamentação adequada no novo CPC), demonstrando a finalidade constitucional do MP, uma vez que "há inúmeras atribuições, como sua atuação em minas e jazidas, no mandado de segurança ou na jurisdição voluntária em que não haja interesses indisponíveis, e em outras situações semelhantes, que devem hoje ser questionadas, à vista da atual destinação constitucional do Ministério Público, até porque, em casos de mera defesa de interesses patrimoniais da Fazenda, tem esta seus representantes, que não o Ministério Público, ao qual só está reservada a defesa do patrimônio público quando o legitimado não o faça a contento".[29]

Em razão disto, a doutrina propôs, com razão, a necessidade de atuar junto ao processo legislativo para a criação de leis que permitam aprimorar a finalidade institucional, inclusive modificando a noção de indisponibilidade, quer dizer, ampliando as previsões legais para controle da intervenção do MP, para além da transação penal, da suspensão condicional do processo penal e da possibilidade de termo de ajustamento de conduta no cível *de lege ferenda* [...] seria o caso de conferir maior discricionariedade ao Ministério Público em sua atuação, para que pudesse melhor escolher seus caminhos e sua forma de atuação. Afinal, investido como está hoje na defesa de *todos* os interesses públicos e transindividuais, o que acaba acontecendo é que ele não pode eleger reais prioridades".[30]

Pois bem, o novo Código é legislação nova e permite avançar neste sentido. Ademais, como já referimos nos comentários ao art. 176, o MP não é um órgão do Estado atuando no interesse público secundário, é independente e especializado na defesa dos direitos fundamentais, sendo que os valores defendidos pelo MP são decorrentes do caráter contramajoritário da democracia de direitos desenhada pela Constituição de 1988 e, neste contexto, parte da função do MP é interpretar o direito.

A racionalização da atuação do MP, na esfera cível, é um tema institucionalmente muito polêmico, sobre o qual não há uniformidade. Neste texto, defenderemos a possibilidade de determinar graus de interesse público e de indisponibilidade do direito,[31] ao mesmo tempo que, caberia ao MP, a decisão de intervir ou não nos processos, conforme fundamentação adequada, quando a norma que determina a intervenção assentar-se em um conceito jurídico indeterminado (ex.:

---

29   MAZZILLI, Hugo Nigro. "Propostas de um novo Ministério Público". *Justitia*, São Paulo: Procuradoria-Geral de Justiça, jan./dez. 2000.

30   *Idem, ibidem.*

31   Próximo, MACHADO, *A Intervenção do Ministério Público no Processo Civil Brasileiro*, p. 65.

interesse social e interesse público). Trata-se de estabelecer, como premissa técnica de controle da atuação, o *"princípio da disponibilidade motivada"*, demonstrando o membro as razões de sua atuação, toda vez que, no exercício de suas funções constitucionais, ao extrair o conteúdo normativo dos textos legais, resolver pela intervenção ou não-intervenção na esfera cível, em concreto. O dever de fundamentação adequada decorre de mandamento constitucional (Art. 93, IX) e é um dos pilares nos quais se assenta a estrutura de controle dos deveres-poderes do juiz no novo Código de Processo (Art. 489, § 1º), nada mais natural que ele se estenda igualmente ao MP.

O "princípio da disponibilidade motivada" nasceu no processo coletivo, tendo sido identificado pela melhor doutrina na matéria.[32] Alguns exemplos podem esclarecer melhor a questão.

Exemplo desta mudança radical no novo Código, atribuindo mais disponibilidade ao MP, são as normas sobre conciliação, mediação e outros meios de solução consensual dos conflitos. O MP deve estimular essas soluções (art. 3º, § 3º), inclusive no curso do processo judicial. A diferença entre a conciliação e a mediação como técnicas está na forma de intervenção e na existência ou não de vínculo anterior. Agirá o MP, na conciliação, nos casos em que as partes não tiverem vínculo anterior, podendo sugerir soluções para o litígio; agirá, por outro lado, na mediação, nos casos em que as partes apresentarem um vínculo anterior, limitando-se a auxiliar as partes a compreender as questões e os interesses em conflito, de modo que elas possam, por si próprias, através do restabelecimento da comunicação, identificar soluções consensuais que gerem benefícios mútuos (art. 165, §§ 2º e 3º). Perceba-se que o Estado nitidamente abre mão de decidir nestes casos, deixando de *impor* a lei, aceitando em troca uma justiça coexistencial, que permita a continuidade da relação entre as partes depois do processo de composição.[33] A conciliação e a mediação são orientadas pelos princípios da independência, da imparcialidade, da autonomia da vontade, da confidencialidade, da oralidade, da informalidade e da decisão informada (art. 166). A participação do MP, na mediação, diz respeito à uma postura totalmente diferenciada daquela do litígio, pois, ao contrário de impor ou indicar a solução, deverá orientar as partes a encontrar uma reposta ao problema, construindo a solução por si mesmas.

O Código indica, pelo menos, dois casos em que será obrigatória a intervenção do MP. Será obrigatória a intervenção do MP na mediação, no caso dos litígios

---

32 ALMEIDA, Gregório Assagra de. *Direito Processual Coletivo Brasileiro*. São Paulo: Saraiva, 2003, p. 573, já havíamos aderido a este entendimento em outro local, cf. DIDIER JR., Fredie; ZANETI JR., Hermes. *Curso de Direito Processual Civil. Processo Coletivo.* 9ª ed. Salvador: JusPodivm, 2014, Cap. 3

33 CAPPELLETTI, Mauro. "Notas sobre conciliadores e conciliação". In.: *Processo, Ideologias e Sociedade*. Trad. Hermes Zaneti Jr. Porto Alegre: Sergio Antonio Fabris, 2010.

coletivos pela posse de imóvel (art. 565, § 2º, CPC/2015) e, também, no caso das ações de família com a presença de interesses de incapazes (art. 698, CPC/2015). Desta maneira podemos afirmar que o Código, efetivamente, reconheceu, para além dos termos de ajustamento de conduta, um dever do MP de mediar e conciliar as partes, visando a solução consensual do conflito, superando-se os rígidos padrões da obrigatoriedade, uma vez que a decisão será tomada pelas partes no processo de mediação, auxiliadas pelo MP. Assim, o MP não defenderá, necessariamente, a solução legal, mas aquela solução que, em conformidade com ordenamento jurídico, for construída pelas partes.

A Resolução CNMP nº 118, de 1º de dezembro de 2014, dispõe sobre a Política Nacional de incentivo à autocomposição no âmbito do Ministério Público.

A instituição precisa, portanto, deixar para trás o modelo interpretativo-formalista, ligado ao princípio da mera legalidade, no qual a sua atuação era vinculada pela simples previsão legal, e passar a adotar uma postura interpretativa responsável de acordo com a legalidade constitucional, mais adequada a dissociação universalmente aceita pela filosofia jurídica atual entre texto e norma, que exige o compromisso do intérprete na atuação das normas infraconstitucionais em conformidade com a Constituição.[34] Assim, o órgão de execução do MP poderá deixar de atuar no feito, sempre que perfeitamente identificado o objeto da causa e respeitado o princípio da independência funcional, não identificar a presença de interesse público ou social, interesses de incapazes ou conflitos que versem sobre a posse de terras urbanas ou rurais, além das demais hipóteses previstas na lei e na Constituição.

Lembre-se que a lei deve ser interpretada em conformidade com a Constituição e, para tanto, as normas atuais tem previsto a intimação do Ministério Público sem exigir a sua necessária intervenção, quer dizer, o MP é intimado para intervir se entender presentes as causas de sua intervenção, constituindo-se em espécie de *disponibilidade motivada*, ou seja, é obrigatória a intervenção, desde que presentes os direitos e interesses tutelados pelo Ministério. A *disponibilidade motivada* já é reconhecida nas ações coletivas no caso de desistência ou abandono por parte de colegitimado, sendo dever-poder do MP assumir a ação se entender que fora (in)fundado o abandono ou a desistência, caso considere ser fundado o abandono ou a desistência não é o MP obrigado a continuar com a ação (na doutrina, no mesmo sentido, alguns falam em "obrigatoriedade temperada pela conveniência e oportunidade".[35]

---

34   PINO, Giorgio. *Diritti e Interpretazione. Il Ragionamento Giuridico nello Stato Costituzionale.* Bologna: Il Mulino, 2010, p.15; ZANETI JR., Hermes. *O Valor Vinculante dos Precedentes.* Salvador: JusPodivm, 2015.

35   MILARÉ, Édis. *Ação civil pública na nova ordem constitucional.* São Paulo: Saraiva. 1990. p. 11; DINAMARCO, Pedro da Silva, *Responsabilidade civil do promotor de justiça no inquérito civil,* p. 255.

A intimação para manifestar-se sobre a presença ou não de causa de intervenção passou a ser adotada em uma série de casos legalmente previstos. Este é o caso do art. 12, § único, da Lei do Mandado de Segurança, que prevê a possibilidade da devolução dos autos sem manifestação de mérito pelo MP. Também é o caso dos procedimentos de jurisdição voluntária, nos quais a intervenção do MP atualmente está vinculada a conexão entre o caso discutido nos autos e os casos de intervenção previstos no art. 178, nos termo do art. 721 do CPC/2015. Igualmente este, como se verá, é o caso do § 2º do art. 178, pois a requisição dos autos, sem manifestação do MP, assim como a remessa sem manifestação, depende de não ser o caso de sua intervenção.

A razão para a racionalização da atuação do Ministério Público é privilegiar a utilidade e efetividade de sua atuação civil, com clara opção pela atuação como agente na defesa dos direitos sociais, coletivos e individuais indisponíveis.

Cabe, ao Ministério Público, a exclusividade na identificação do interesse que justifique a intervenção da instituição na causa. O membro do Ministério Público pode ingressar em qualquer causa na qual reconheça motivo para intervir (art. 4º, Rec. nº 16, CNMP). Este *poder ativo de intervenção* também é uma decorrência do "poder de agenda" e da racionalização da atuação cível.

Vejamos alguns exemplos em que, muito embora o MP não tenha um dever de intervenção, sua atuação deve ser autorizada, por estar de acordo com o interesse público ou social (disponibilidade vinculada à fundamentação).

A Rec. nº 16 do CNMP atualmente determina a obrigatoriedade da intervenção na ação de usucapião quando houver inexistência de registro do imóvel, e na usucapião prevista no Estatuto da Cidade (art. 12, § 1º, Lei 10.259/2001). Nesse sentido, pergunta-se: caberia a intervenção do MP na usucapião para imóveis urbanos ou rurais superiores ao módulo constitucional, quando, na sua atribuição urbanística-ambiental, estiver o MP trabalhando intensamente pela regularização fundiária na localidade e, para tanto, decidir intervir nas ações individuais para evitar fraudes e melhorar a tutela coletiva já iniciada através de inquérito civil ou ação coletiva própria? Entendemos que sim, já que não se trata aqui de interesse individual, mas de direitos sociais e coletivos tutelados pelo MP a partir de ações individuais que representam uma controvérsia ampla, que atinge todo o grupo de moradores daquela localidade.

Igualmente a legislação não exige a intervenção do MP nas ações de desapropriação, salvo na desapropriação para reforma agrária (art. 18, § 2º, Lei Complementar 76/1993). Pergunta-se: suspeitando de colusão processual em prejuízo do patrimônio público, com indícios de fraude, pode o MP requerer a intervenção nos processos de desapropriação? Nos parece que sim, sem sombra de dúvida, pouco importando ser o processo individual. Claramente se justifica a intervenção do MP em benefício do interesse social para investigar se há fraude e evitar o prejuízo ao patrimônio público.

A mesma solução nos parece adequada quanto às execuções fiscais. De regra, o MP não intervém, mas sabendo da possibilidade de colusão ou existindo uma ação coletiva para controlar os desvios na cobrança dos tributos na municipalidade, nada impede; ao contrário, é devida, sua intervenção.

Poderíamos dar outros tantos exemplos, tais como ações de consumidores contra planos de saúde e instituições financeiras que revelem práticas abusivas, ações de indenização movidas por particulares em razão de acidente ambiental etc. Estas intervenções terão por objetivo tanto a colheita de elementos probatórios para as atuações na tutela coletiva, quanto a própria efetivação, nos respectivos processos individuais, da política pública desenvolvida pelo MP na sua função de *ombudsman* (art. 129, II, CF/1988). Os casos concretos poderão revelar a concomitância de técnicas, como a intervenção aqui proposta, o ajuizamento de uma ação coletiva (art. 139, X) ou o julgamento através dos casos repetitivos (art. 928), uma vez que o MP tem legitimidade para requerer qualquer destas técnicas e aplicar a mais efetiva e adequada para o caso concreto.

No sentido oposto, os casos de disponibilidade motivada poderão ensejar a não intervenção do MP. Isto ocorre porque o interesse público tem graus de tutela, assim como a indisponibilidade do direito.

Logo, não é obrigatória a intervenção do MP em toda e qualquer causa que trate de direitos fundamentais individuais, mesmo sabendo que estes em essência são direitos indisponíveis, quando as partes forem maiores, capazes e estiverem bem representadas e não incidir nenhuma das hipóteses legais e constitucionais de intervenção.

Podemos declinar alguns exemplos. Muito embora os direitos do consumidor sejam direitos fundamentais, não há, de regra, intervenção na tutela das situações jurídicas individualmente consideradas, que têm muitas vezes efeitos meramente patrimoniais. Uma coisa é a indisponibilidade dos direitos, outra a disponibilidade de seu exercício. O direito *à* propriedade é indisponível, todos tem direito a tornarem-se proprietários; portanto, é também um direito universal; o direito *de* propriedade é disponível, é um atributo da propriedade adquirida, é o direito de usar, gozar e dispor dos bens que se possui, individualmente, portanto é um direito particular. Somente se a propriedade for utilizada contra sua função social e em detrimento do interesse social e de direitos individuais indisponíveis, o MP poderá intervir. Por esta razão não intervém, de regra, nas ações de usucapião e de desapropriação, mesmo a propriedade sendo um direito fundamental. E intervém, obrigatoriamente, na usucapião especial do Estatuto da Cidade e na desapropriação para reforma agrária. Igualmente, muito embora o direito à saúde seja um direito fundamental, o MP não intervém, em regra, em ações individuais, solicitando medicamentos ou tratamento médico em face do Estado ou em face de planos de saúde. As pretensões aqui são individualizadas, e não atraem a atuação do MP, salvo pelo alcance e pela potencialidade de tutela coletiva (arts. 139, X, CPC/2015). Nos três casos, direitos do consumidor, direitos de propriedade, e direito à saúde, o grau de indisponibilidade do direito fundamental é adequadamente tutelado na esfera individual pela atuação das partes e seus procuradores, reservado ao MP a atuação coletiva *lato sensu* e a atuação na defesa de titulares de direitos individuais especialmente tutelados pela norma jurídica ou em situações de risco (ex.: crianças e adolescentes, idosos, pessoas portadoras de deficiência etc.).

A situação de risco para titulares de direito especialmente considerados pela legislação como vulneráveis *gera* a legitimação do MP para a ação e para a intervenção judicial, muito embora exista alguma polêmica quanto ao tema, nos parece ser esta a melhor solução diante da previsão expressa da Constituição e do novo CPC.[36]

O MP deve atuar de forma resolutiva, judicial e extrajudicialmente, para transformar em realidade as normas constitucionais, garantias primárias, inadimplidas. Sua função não é burocrática, mas efetiva, sendo imprescindível perguntar o quanto de resposta ao interesse público e social cada manifestação do MP tem potencial de fornecer.

7. CONCLUSÃO

A revolução do Ministério Público Brasileiro já ocorreu em 1988. O CPC de 2015 nós dá instrumentos para efetivar ainda mais as normas constitucionais, acabando com o paradoxo metodológico entre o "Ministério Público da Lei" e o "Ministério Público da Constituição".

Agora, mesmo os mais aferrados intérpretes do legalismo formalista deverão se curvar a constitucionalização do Ministério Público como instituição de garantia dos direitos fundamentais.

---

36 DIDIER JR., Fredie; GODINHO, Robson Renault. "Questões atuais sobre as posições do Ministério Público no Processo Civil." *Revista de Processo*, São Paulo: RT, vol. 237, p. 45, nov/2014.

CAPÍTULO 3

O Ministério Público no novo Código de Processo Civil: alguns tópicos

Robson Renault Godinho[1]

> SUMÁRIO: 1. DELIMITAÇÃO OBJETIVA DO TEMA; 2. A ADAPTAÇÃO PROCESSUAL DO MINISTÉRIO PÚBLICO À CONSTITUIÇÃO; 3. O NOVO CPC E A APATIA DO MINISTÉRIO PÚBLICO NO PROCESSO LEGISLATIVO: AUSÊNCIA DE AVANÇOS FUNDAMENTAIS; 4. AS NORMAS FUNDAMENTAIS; 5. PRAZOS PROCESSUAIS E INTIMAÇÕES; 6. INTERVENÇÃO COMO FISCAL DA ORDEM JURÍDICA (CUSTOS LEGIS); 7. MINISTÉRIO PÚBLICO E A NECESSI-DADE DE CURADOR ESPECIAL; 8. MINISTÉRIO PÚBLICO COMO LEGITIMADO ATIVO; 9. SUSPEIÇÃO E IMPE-DIMENTO; 10. A RESPONSABILIDADE DO MINISTÉRIO PÚBLICO; 11. A ATUAÇÃO DO MINISTÉRIO PÚBLICO E O ESCALONAMENTO DA CARREIRA: O MAL-ESTAR NO PRINCÍPIO DA UNIDADE; 12. ENCERRAMENTO; 13. REFERÊNCIAS BIBLIOGRÁFICAS

1. DELIMITAÇÃO OBJETIVA DO TEMA

Em texto escrito em coautoria[2] pouco antes da aprovação do novo CPC, apon-távamos que o Ministério Público, mesmo após a Constituição de 1988, ainda não é percebido como um personagem multifacetado no processo civil, com toda uma nova dimensão jurídica advinda de diversos textos normativos e da própria prá-tica institucional. Anotávamos também que há certo silêncio da doutrina, que, em linhas gerais, persiste na análise do Ministério Público apenas na tradicional fun-ção de *custos legis* ou, na linguagem do novo CPC, fiscal da ordem jurídica[3], salvo quando se abordam questões envolvendo a legitimidade para ações coletivas. Se houve evidente modificação do Ministério Público[4], com necessárias repercussões

---

1. Promotor de Justiça (MPRJ). Pós-doutorado (UFBA), Doutor e Mestre em Direito Processual Civil (PUC-SP). Membro dos Institutos Brasileiro e Iberoamericano de Direito Processual.

2. DIDIER JR., Fredie. GODINHO, Robson Renault. Questões atuais sobre as posições do Ministério Público no processo civil. *Revista de Processo*, nº 237. São Paulo: RT, novembro de 2014, p. 45/87.

3. ESTELLITA, Guilherme. *O Ministério Público e o Processo Civil*. Rio de Janeiro: Freitas Bastos, 1956. CAMPOS, Benedicto de. *O Ministério Público e o Novo Código de Processo Civil*. São Paulo: RT, 1976. LOPES, José Fer-nando da Silva. *O Ministério Público e o Processo Civil*. São Paulo: Saraiva, 1976. MACHADO, Antônio Cláudio da Costa. *A Intervenção do Ministério Público no Processo Civil Brasileiro*. 2ª ed. São Paulo: Saraiva, 1998. ZENKNER, Marcelo. *Ministério Público e Efetividade do Processo Civil*. São Paulo: RT, 2006. LIMA, Fernando An-tônio Negreiros. *A Intervenção do Ministério Público no Processo Civil Brasileiro como Custos Legis*. São Paulo: Método, 2007. MOREIRA, Jairo Cruz. *A Intervenção do Ministério Público no Processo Civil à Luz da Constituição*. Belo Horizonte: Del Rey, 2009.

4. Para a formação histórica geral do Ministério Público e/ou para notícias de direito comparado, vale conferir os seguintes estudos, que também trazem outras referências bibliográficas sobre o tema:

processuais, a manutenção de uma interpretação "retrospectiva" é incompatível com uma realidade que, se não é exatamente nova, exige um tratamento condizente com tais transformações. Barbosa Moreira chegou a afirmar que o silêncio da Instituição no processo civil teria sido interrompido exatamente em razão do processo coletivo, que ensejou a "revitalização do Ministério Público, arrancado

---

GARCIA, Emerson. *Ministério Público – organização, atribuições e regime jurídico*. 4ª ed. São Paulo: Saraiva, 2014. MAZZILLI, Hugo Nigro. *Regime Jurídico do Ministério Público*. 7ª ed. São Paulo: Saraiva, 2013. CARNEIRO, Paulo Cezar Pinheiro. *O Ministério Público no Processo Civil e Penal – Promotor natural, atribuição e conflito*. 6ª ed. Rio de Janeiro: Forense, 2001. LYRA, Roberto. *Teoria e Prática da Promotoria Pública*. Reimpressão. Porto Alegre: Sergio Antonio Fabris, 2001. DIAS, Mario. *Ministério Público Brasileiro* (dois volumes). 2ª ed. Rio de Janeiro: José Konfino, 1955. RITT, Eduardo. *O Ministério Público como Instrumento de Democracia e garantia constitucional*. Porto Alegre: Livraria do Advogado, 2002. SAUWEN FILHO, João Francisco. *Ministério Público Brasileiro e o Estado Democrático de Direito*. Rio de Janeiro: Renovar, 1999. PAES, José Eduardo Sabo. *O Ministério Público na Construção do Estado Democrático de Direito*. Brasília: Brasília Jurídica, 2003. RIBEIRO, Diaulas Costa. *Ministério Público – Dimensão Constitucional e Repercussão no Processo Penal*. São Paulo: Saraiva, 2003. NERY, Rosa Maria de Andrade. Notas sobre a justiça e o Ministério Público no direito da Alemanha ocidental. *Revista de Processo*, nº 47. São Paulo: RT, julho/setembro de 1987. VIGLIAR, José Marcelo Menezes. A participação do Ministério Público no processo civil. *Ministério Público – instituição e processo*. Antonio Augusto Mello de Camargo Ferraz (coord.). São Paulo: Atlas, 1997. PROENÇA, Luis Roberto. Participação do Ministério Público no processo civil nos Estados Unidos da América. *Ministério Público – instituição e processo*. Antonio Augusto Mello de Camargo Ferraz (coord.). São Paulo: Atlas, 1997. FERRAZ, Antonio Augusto Mello de Camargo. Anotações sobre os Ministérios Públicos brasileiro e americano. *Ministério Público e Afirmação da Cidadania*. São Paulo: s/ed., 1997. COSTA, Eduardo Maia. Ministério Público em Portugal. *Ministério Público II – democracia*. José Marcelo Menezes Vigliar e Ronaldo Porto Macedo Júnior (coord). São Paulo: Atlas, 1999. SALLES, Carlos Alberto de. *A Legitimação do Ministério Público para Defesa de Direitos e Garantias Constitucionais*. Dissertação de mestrado. USP. 1992. SALLES, Carlos Alberto de. Entre a razão e a utopia: a formação histórica do Ministério Público. *Ministério Público II – democracia*. José Marcelo Menezes Vigliar e Ronaldo Porto Macedo Júnior (coord). São Paulo: Atlas, 1999. MACEDO JÚNIOR, Ronaldo Porto. A evolução institucional do Ministério Público brasileiro. *Uma Introdução ao Estudo da Justiça*. Maria Tereza Sadek (org.). São Paulo: IDESP/Sumaré, 1995. PORTO, Sérgio Gilberto. *Sobre o Ministério Público no Processo Não-Criminal*. 2ª ed. Rio de Janeiro: Aide, 1998. ARANTES, Rogério Bastos. *Ministério Público e Política no Brasil*. São Paulo: IDESP/EDUC/Sumaré, 2002. ALVES, RUFINO e SILVA (org.). *Funções Institucionais do Ministério Público*. São Paulo: Saraiva, 2001. FARIA, ALVES e ROSENVALD (org.). *Temas Atuais do Ministério Público*. 3ª ed. Salvador: Jus Podivm, 2012. JATAHY, Carlos Roberto de C. *O Ministério Público e o Estado Democrático de Direito: perspectivas constitucionais de atuação institucional*. Rio de Janeiro: Lumen Juris, 2007. RODRIGUES, João Gaspar. *Ministério Público Resolutivo: um novo perfil institucional*. Porto Alegre: Sergio Antonio Fabris, 2012. SACCO, Ricardo Ferreira. *Constitucionalismo e Ministério Público*. Belo Horizonte: mandamentos, 2008. MACHADO, Bruno Amaral. *Ministério Público: organização, representação e trajetórias*. Curitiba: Juruá, 2007. RIBEIRO, Carlos Vinícius Alves (org.). *Ministério Público: reflexões sobre princípios e funções institucionais*. São Paulo: Atlas, 2009. ALMEIDA, Gregório Assagra. SOARES JÚNIOR, Jarbas. *Teoria Geral do Ministério Público*. Belo Horizonte: Del Rey, 2013; SABELLA, POZZO e BURLE FILHO (coord.). *Ministério Público: vinte e cinco anos do novo perfil constitucional*. São Paulo: Malheiros, 2013. GOULART, Marcelo Pedroso. *Elementos para uma Teoria Geral do Ministério Público*. Belo Horizonte: Arraes, 2013. Convém mencionar interessante livro que oferece um panorama comparado: DIAS e AZEVEDO (coord.). *O Papel do Ministério Público: estudo comparado dos países latino-americanos*. Coimbra: Almedina, 2008. Para uma visão crítica e interdisciplinar: ARANTES, Rogério Bastos. *Ministério Público e Política no Brasil*. São Paulo: IDESP/EDUC/Sumaré, 2002. SILVA, Cátia Aida Pereira da. *Justiça em Jogo: novas facetas da atuação dos Promotores de Justiça*. São Paulo: Edusp, 2001. KERCHE, Fábio. *Virtude e Limites: autonomia e atribuições do Ministério Público no Brasil*. São Paulo: Edusp, 2009.

à relativa quietude em que usualmente o mantinham, no tocante ao processo civil, as atribuições tradicionais" [5]. Entretanto, não basta concentrar tintas na legitimidade do Ministério Público para os processos coletivos, se outras dimensões continuam negligenciadas pela doutrina e jurisprudência.

A edição de um novo Código de Processo Civil, portanto, pode significar especial oportunidade para que se lance um olhar renovado sobre as dimensões e posições do Ministério Público, ainda que, a rigor, poucas modificações estruturais tenham ocorrido com a nova legislação[6], o que pode ser explicado tanto por essa discreta importância doutrinária antes referida, como também pela anêmica participação da instituição no decorrer do processo legislativo.

O propósito deste breve texto consiste em descrever diversos tópicos que parecem relevantes, em uma primeira leitura do novo Código, tendo como referência a atuação do Ministério Público, sem, contudo, haver qualquer objetivo de esgotar os temas, tanto em relação à amplitude quanto, à profundidade. A proposta é basicamente elaborar uma espécie de sumário para a realização de uma leitura da atuação do Ministério Público no novo CPC.

2. A ADAPTAÇÃO PROCESSUAL DO MINISTÉRIO PÚBLICO À CONSTITUIÇÃO

O novo CPC possui diversos dispositivos cuja finalidade é unicamente pedagógica: reproduzir normas constitucionais a fim de que, paradoxalmente, a consagração infraconstitucional sirva à efetividade da Constituição. Basta ter em conta a preocupação legislativa em explicar como se devem concretizar o princípio do contraditório e o devido processo legal, como nos artigos 9º, 10, 321, 373, § 1º, parte final, 489, § 1º, entre outros, para se constatar essa opção pela reprodução ou detalhamento de normas constitucionais. Por ser o primeiro Código debatido e editado em regime democrático, é natural essa opção pela expressa e didática constitucionalização das disposições processuais, sobretudo quando se revela cada vez mais necessária a afirmação insistente e reiterada, aproximando-se do truísmo, de normas constitucionais em um ambiente em que há um déficit de concretização de tais comandos.

Esse objetivo legislativo de adaptação do processo civil à Constituição evidentemente abrange também o Ministério Público em sua disciplina específica nos artigos 176 e 177 do novo Código.

---

5   Os novos rumos do processo civil brasileiro. *Temas de Direito Processual* (Sexta Série). São Paulo: Saraiva, 1997, p. 73.

6   Refiro-me à ausência de mudanças profundas diretamente relacionadas à disciplina específica do Ministério Público, já que o novo Código de Processo Civil, se analisado o conjunto de normas, apresenta indiscutíveis modificações estruturais e paradigmáticas.

E aqui está a unidade hermenêutica que didaticamente o novo CPC impõe para a análise de qualquer tema relacionado ao Ministério Público no processo civil: sua atuação somente se justifica a partir do que está estabelecido no art. 127 da Constituição da República.

Toda análise da atuação e da participação do Ministério Público no processo civil, seja como agente, seja como interveniente, necessariamente deverá partir dessa ideia básica de ser constitucionalmente autorizada.

Essa obviedade é necessária e deve ser repetida à exaustão, sob pena de o hábito atávico – que enseja a inércia da reflexão e a repetição automática de comportamentos – obnubilar qualquer avanço institucional, permanecendo o Ministério Público em sua "relativa quietude" no processo civil, afastando-se inexoravelmente dos balizamentos constitucionais.

Isso significa que mesmo algumas funções tradicionais do Ministério Público, que há décadas são exercidas irrefletidamente, devem ser revistas sob essa perspectiva, não cabendo mais a mera repetição de atuações burocráticas que são normalmente atribuídas a uma tradição inventada e se perpetuam como se fossem situações ontológicas. Um exemplo: a intervenção do Ministério Público em atos de disposição de última vontade. É difícil encontrar um exemplo mais afastado do perfil constitucional do Ministério Público do que sua atuação em razão de um ato de vontade individual, patrimonial e disponível. Nada justifica a atuação do Ministério Público nessas situações, mas o fetiche legal e a obediência cega a hábitos arraigados fazem com que existam Promotorias especializadas em se manifestar no cumprimento de testamentos, sem que haja qualquer outra justificativa para essa atuação. Como o novo Código, fica evidente o que já era patente desde a promulgação da Constituição, mas que não era sequer cogitado – e não será surpreendente se houver resistências a essa "modificação" – por não haver intermediação legislativa.

Essa adaptação processual do Ministério Público à Constituição, portanto, é ao mesmo tempo óbvia e necessária, consistindo em traçar o parâmetro fundamental de atuação: o artigo 127 da Constituição e seu espelho processual, o artigo 176 do novo Código.

3. O NOVO CPC E A APATIA DO MINISTÉRIO PÚBLICO NO PROCESSO LEGISLATIVO: AUSÊNCIA DE AVANÇOS FUNDAMENTAIS

Basicamente o que foi exposto no item anterior constitui o único avanço legislativo em relação ao Ministério Público, o que é muito pouco se considerarmos que um novo Código é sempre um momento para correções de rumos, aperfeiçoamentos e progressos. No caso do Ministério Público, o único avanço, portanto, foi a reprodução de normas constitucionais.

Ao mesmo tempo, não se pode considerar que tenha havido contundentes retrocessos, mas, em um Código em que todos obtiveram importantes conquistas, permanecer na mesma situação pode ser percebido como prejuízo.

Entre os motivos que podem ser creditados para esse fato certamente está o processo legislativo, sob dois pontos de vista: 1) o primeiro decorre das virtudes do Ministério Público, fazendo com que sua atuação efetiva, sobretudo em ações coletivas e na seara criminal, provoque uma reação contrária de grupos de poder que reflita em um ambiente legislativo que lhe é hostil ou pouco receptivo; 2) o segundo advém de seus defeitos e pode ser subdividido em dois subitens: 2.1) não se pode ignorar que algumas distorções funcionais casuísticas justifiquem, no plano político, a reação dos grupos de poder; 2.2) a desconcertante apatia do Ministério Público na participação do processo legislativo, salvo em questões envolvendo conquistas funcionais corporativas, não raro decorrente de uma postura autossuficiente de não buscar o diálogo com os atores políticos por se considerar uma entidade pura e superior, incompatível com o varejo político, quando é notório que as imensas conquistas institucionais se deram exatamente em razão de uma efetiva, articulada e contundente participação política. Felizmente, parece que começa haver um retorno a essas raízes do diálogo político, com maior participação em processos legislativos, mas o fato é que em relação ao anteprojeto e especialmente ao projeto que deu origem ao novo Código a participação do Ministério Público foi próxima de irrelevante, fragmentada, inconstante e, em muitos momentos, desinteressada. Não é que o Ministério Público não foi ouvido; ele não se fez ouvir. E isso, evidentemente, reflete-se no texto aprovado.

Após esses itens introdutórios, os seguintes cuidarão do exame de alguns tópicos relevantes para a atuação do Ministério Público no novo Código de Processo Civil.

4. AS NORMAS FUNDAMENTAIS

O novo CPC conta com uma Parte Geral que é inaugurada com a previsão de "normas fundamentais", que apresentam desde o início seu compromisso com a finalidade pedagógica da constitucionalização antes referida. Cabe ao Ministério Público a estrita observância das normas fundamentais do CPC em duas frentes, isto é, em sua própria atuação e também zelando para que sejam obedecidas pelos demais integrantes do processo.

O novo CPC estabelece a boa-fé objetiva e a cooperação[7] também para a atuação do Ministério Público, o que significa que se lhe exigem deveres de

---

7 Sobre a boa-fé objetiva e a cooperação, DIDIER JR., Fredie. *Curso de Direito Processual Civil*. Vol. 1. 17ª Ed. Salvador: JusPodivm, 2015, p. 104/113 e 120/132. THEODORO Júnior, Humberto. NUNES, Dierle. BAHIA, Alexandre Melo Franco. PEDRON, Flávio Quinaud. *Novo CPC: fundamentos e sistematização*. 2ª ed. Rio de Janeiro: Forense, 2015, p. 69/92 e 183/240.

conduta, como lealdade e esclarecimento (e a fase de saneamento é concebida definitivamente para que todos os sujeitos dela participem ativamente, incluindo o Ministério Público como fiscal da ordem jurídica). Mas antes de se preocupar com o aspecto externo da boa-fé objetiva e da cooperação, deve o Ministério Público se ocupar dessas questões e de seus desdobramentos no âmbito interno, a fim de superar o que neste texto será designado como o "mal-estar no princípio da unidade" e ao qual se dedicará item próprio.

O efetivo contraditório previsto nos artigos 9º e 10 do novo CPC afeta o Ministério Público não apenas passivamente, mas também como causa ativa para sua atuação a fim de que seja estritamente observado. Nesse particular, aliás, há um caso concreto ocorrido no Tribunal de Justiça do Rio de Janeiro recentemente e ilustra a um só tempo a aplicação patológica do contraditório e também a necessidade de pensarmos criticamente o princípio da unidade: liminarmente, com base nas alegações da parte e com erros fáticos impressionantes, um Desembargador concedeu liminar suspendendo os efeitos de uma ação ajuizada pelo Ministério Público, que havia obtido a tutela antecipada em primeiro grau; diante disso e especialmente em razão do equívoco fático, o Promotor de Justiça procurou o julgador para demonstrar documentalmente o erro; chegando ao gabinete, o desembargador estava reunido com os advogados da outra parte e disse que era para o Promotor de Justiça "despachar" ali mesmo, diante de todos, porque não pode haver "segredos" e há que se prestigiar o contraditório. Seria correta a postura do Desembargador, se não fosse o detalhe de que simplesmente o Ministério Público não foi avisado de que haveria uma reunião com os advogados da outra parte. Ou seja: o contraditório, no caso, era capenga e só valeria se fosse para atender o Ministério Público. Eis um exemplo do uso de um princípio para, contraditoriamente, negá-lo. Por essa e outras razões, é fundamental que o Ministério Público melhor se articule para uma efetiva atuação perante e junto aos Tribunais. De nada adianta o incremento da legitimidade ativa e, depois, há uma atuação desarticulada e desinteressada nas fases recursais.

Ainda nas normas fundamentais, a conciliação, a mediação e outros métodos de solução consensual de conflitos mereceram especial atenção no novo CPC e o artigo 3º dispõe que devem ser estimulados pelo Ministério Público, que, para tanto, deverá se capacitar. Nesse ponto, cabe registrar a repercussão da lei 13.140 (Lei da Mediação), que, em seu artigo 3º, § 2º, dispõe que "o consenso das partes envolvendo direitos indisponíveis, mas transigíveis, deve ser homologado em juízo, exigida a oitiva do Ministério Público". Ainda que se considere esse dispositivo integrante de lei especial e posterior ao novo CPC, não se pode extrair que o Ministério Público atuará em todas as mediações em que haja direitos indisponíveis[8], mas transigíveis, caso se entenda que essas duas características estejam presentes nos casos de consenso envolvendo matéria de família e a Fazenda Pública, por exemplo. Essa conclusão deriva do fato de que, como já afirmado, a atuação do Ministério Público decorre do artigo 127 da Constituição, cuja compreensão, nesse particular, está cristalizada nos artigos 178, parágrafo único, e 698 do novo CPC, o que significa que somente se houver incapazes[9] será obrigatória sua intervenção.

5. PRAZOS PROCESSUAIS E INTIMAÇÕES

O novo CPC traz importantes inovações quanto aos prazos processuais, a começar pelo artigo 219, que estabelece sua contagem em apenas dias úteis. No artigo 220 também há inovação, ao se prever a suspensão dos prazos entre os dias 20 de dezembro a 20 de janeiro, deixando claro seu § 1º que não se trata de recesso ou férias forenses, mas, sim, de causa suspensiva de prazos que afetem a advocacia privada. Por essa razão, cotejando-se o *caput* do artigo 220 com seus §§ 1º e 2º, é possível a designação de audiências e sessões de julgamento quando não houver advogado privado no processo, já que as atividades dos juízes, membros do Ministério Público, da Defensoria Pública e da Advocacia Pública deverão ser exercidas integral e normalmente, sem qualquer paralisação. Os destinatários dessa suspensão dos prazos são inequivocamente – e tão-somente – os advogados privados. Entender essa regra como sendo período de recesso forense será uma interpretação contrária ao texto legal que atenderá a anseios corporativos, mas prestará um desserviço para a prestação jurisdicional, sem contar a frontal violação, para dizer o mínimo, ao previsto no artigo 93, XII, da Constituição da República.

Especificamente afetando a disciplina do Ministério Público, há fixação de prazo de trinta dias para suas manifestações como fiscal da ordem jurídica (artigo 178). Quando não houver fixação de prazo específico, todas as suas manifestações terão prazo em dobro, a partir de sua intimação pessoal, contado em

---

8   A indisponibilidade do direito é um tema complexo e que não pode mais ser encarado pelos processualistas como se fosse um conceito pré-concebido e ontologicamente perene. Sobre o tema, que será abordado oportunamente com mais vagar, vale conferir: OLIVERO, Luciano. *L'Indisponibilità dei Diritti: analisi di una categoria.* Torino: G. Giappichelli, 2008. DESSÌ, Ombretta. *L'Indisponibilità dei Diritti del Lavoratore Secondo L'Art. 2113 C.C.* Torino: G. Giappichelli, 2011. GUIDARA, Antonio. *Indisponibilità del Tributo e Accordi in Fase di Riscossione.* Milano: Giuffrè, 2010. MARTEL, Letícia de Campos Velho. Indisponibilidade dos Direitos Fundamentais: conceito lacônico, consequências duvidosas. Espaço Jurídico, v. 11, p. 334-373, julho/dezembro de 2010. *Direitos Fundamentais Indisponíveis: Limites e Padrões do Consentimento para a autolimitação do direito fundamental à vida.* UERJ: Tese de doutorado, 2010. NETO, Luísa. *O Direito Fundamental à Disposição sobre o próprio Corpo (a relevância da vontade na configuração do seu regime).* Coimbra: Coimbra, 2004. ADAMY, Pedro Augustin. *Renúncia a Direito Fundamental.* São Paulo: Malheiros, 2011.

9   Registre-se que o artigo 114 da lei 13.146/15, que instituiu o Estatuto da Pessoa com Deficiência, alterou os artigos do Código Civil que tratam das incapacidades.

dias úteis (artigo 180 combinado com o citado artigo 219). Quando houver prazo específico, como os trinta dias do artigo 178 ou os dez dias do artigo 12 da Lei do Mandado de Segurança, não haverá a contagem em dobro, conforme expressa previsão do artigo 180, § 2º.

Novidade relevante está no artigo 180, § 1º do novo CPC, fixando prazo próprio[10] para a atuação do Ministério Público: findo o prazo para manifestação do Ministério Público sem o oferecimento de parecer, o juiz requisitará os autos e dará andamento ao processo, sendo que o membro do Ministério Público devem restituir os autos no prazo do ato a ser praticado, prevendo-se multa pessoal para o caso de retardamento injustificado, sem prejuízo de responsabilidade disciplinar (artigo 234, *caput* e parágrafos, do novo CPC).

Em conhecida conceituação, prazos impróprios são os que não geram preclusões e se referem ao cumprimento de um dever e, ainda, quando vinculados a interesses da própria parte que não importem em atrasos no processo. Tradicionalmente os prazos dos juízes, por significarem cumprimento de dever, são considerados impróprios, assim também com o Ministério Público, ou seja, não ensejam preclusão[11]. O disposto no artigo 180, § 1º, contraria esse entendimento, já que fixa prazo próprio para cumprimento de um dever. Trata-se de dispositivo

---

10   Mesmo diante do mencionado artigo 12, o STJ considerou se tratar de prazo impróprio, razão pela qual não será surpresa se interpretar o artigo 180, § 1º, do novo CPC da mesma forma, criando, assim, o prazo impropriamente próprio: "Em mandado de segurança, o prazo para a manifestação do Ministério Público como *custos legis* (art. 12 da Lei 12.016/098) não tem a mesma natureza dos prazos das partes, denominados próprios, cujo descumprimento acarreta a preclusão (art. 183 do CPC). Trata-se de prazo que, embora improrrogável, é impróprio, semelhante aos do juiz e seus auxiliares, a significar que a extemporaneidade da apresentação do parecer não o invalida, nem inibe o julgamento da demanda" (RMS 32.880/SP, Rel. Ministro Teori Albino Zavascki, Primeira Turma, julgado em 20/09/2011, DJe 26/09/2011). Nesse sentido, Fernando Gajardoni entende que "a regra do artigo 180, § 1º, do CPC/2015 é aplicada, exclusivamente, nos casos em que o MP atua como fiscal da ordem jurídica. Findo o prazo assinado para manifestação do MP sem o oferecimento de parecer, o juiz requisitará os autos e dará andamento ao processo, independentemente da manifestação; Trata-se daquilo que temos convencionado chamar de *prazo impróprio anômalo*, pois, embora eventual manifestação fora do prazo não deixe de ser considerada pelo julgador e nem impeça que o MP volte a atuar em outras fases do processo (não há preclusão), o não cumprimento do prazo pode implicar a tomada de decisões independentemente da manifestação do MP, com a apreensão dos autos" (*Teoria Geral do Processo: Comentários ao CPC de 2015 – Parte Geral*. Gajardoni, Dellore, Roque e Oliveira Jr. (coautores). São Paulo: Método, 2015, p. 584). Essa realidade já é percebida nos processos eletrônicos: após um período em que ocorreu a intimação tácita, os autos são retirados da vista eletrônica e recebem andamento. Parece claro se tratar de preclusão para o ato processual específico.

11   DINAMARCO, Cândido Rangel. *Instituições de Direito Processual Civil*. Vol. II. 4ª ed. São Paulo: Malheiros, 2004, p. 552/554. FERRAZ, Cristina. *Prazos no Processo de Conhecimento*. São Paulo: RT, 2001, p. 123. Por isso que se diz que inexiste preclusão temporal para o juiz: NEVES, Daniel Amorim Assumpção. *Preclusões para o Juiz: preclusão pro judicato e preclusão judicial no processo civil*. São Paulo: Método, 2004, p. 41/42. SICA, Heitor Vitor Mendonça. *Preclusão Processual Civil*. São Paulo: Atlas, 2006, p. 106. GIANNICO, Maurício. *A Preclusão no Direito Processual Civil Brasileiro*. São Paulo: Saraiva, 2005, p. 110/112. ROCHA, Raquel Heck Mariano da. *Preclusão no Processo Civil*. Porto Alegre: Livraria do Advogado, 2011, p. 88. Com abordagem diversa, mas também entendendo que inexiste preclusão direta para o juiz, TOSCAN, Anissara. *Preclusão Processual Civil: estática e dinâmica*. São Paulo: RT, 2015, p. 85/88.

que vai ao encontro, portanto, de linha doutrinária que defende a necessidade de revisão desse entendimento de que não haveria preclusão temporal para o juiz, não podendo haver prazos anódinos[12].

Diante da nova sistemática legal, é necessário buscar uma harmonização do sistema e não rechaçar uma questão de política legislativa sob o argumento de que não se adequaria a uma sistemática "antiga". Como a tarefa interpretativa não pode ser confundida com imposição de preferências pessoais, ainda que se discorde da opção legislativa é imperiosa sua recepção, não cabendo uma acomodação hermenêutica que inviabilize por completo a aplicação da norma. Ainda que se discorde no âmbito da política legislativa, o dado normativo não pode ser ignorado e, sem tergiversações, temos agora um sistema em que se optou por essa regra processual, inexistindo qualquer inconstitucionalidade nessa escolha. Estamos em uma seara de política legislativa, não havendo que se falar aqui em conceitos jurídicos fundamentais, como se estivéssemos diante de problemas ontológicos. A controvérsia, na realidade, deve ser resolvida a partir dos conceitos jurídico-positivos[13]. Se foi essa a opção legislativa, não pode haver uma rebelião prática apenas por questão de preferência pessoal.

A opção do novo CPC por fixar preclusão temporal evidentemente pode afetar a atuação do Ministério Público e, assim, a tutela dos interesses arrolados nos artigos 176 e 178. Como não se trata de mera formalidade desprovida de significado relevante, a atuação do Ministério Público constitui também um dever, de modo que o silêncio, ao mesmo tempo que não desnatura a preclusão, já que se deve exigir uma atuação responsável, não pode ser entendido como não intervenção, de modo que, nesse contexto, o juiz deve prosseguir com o andamento dos autos, mas, ao mesmo tempo, oficiar ao Procurador-Geral para que, internamente, seja resolvida a questão, compatibilizando-se as questões envolvidas.

Em relação às intimações devem ser registrados dois dispositivos do novo CPC: no artigo 272, § 6°, consta que a retirada dos autos do cartório ou da secretaria em carga pelo Ministério Público implicará intimação de qualquer decisão contida no processo retirado, ainda que pendente de publicação; já no artigo 1003, §

---

12 DIDIER JR., Fredie. *Curso de Direito Processual Civil*. Vol. 1. 17ª ed. Salvador: JusPodivm, 2015, p. 429.

13 "O conceito jurídico-positivo é construído a partir da observação de uma determinada realidade normativa e, por isso mesmo, apenas a ela é aplicável. Acrescentando que são conceitos contingentes, históricos: descrevem realidades criadas pelo homem em certo lugar, em certo momento. [...] Como se vê, trata-se de conceito que fica submetido às contingências das transformações do Direito positivo. A definição desses objetos variará conforme o tempo e o espaço. Não há, portanto, uma disciplina jurídica única e imutável para esses institutos. Não se pode pretender encontrar, nesses conceitos, elementos invariáveis, que compusessem uma espécie de essência imprescindível do objeto definido" DIDIER JR. *Sobre a Teoria Geral do Processo, essa Desconhecida*. Salvador: JusPodivm, 2012, pp. 39/40.

1º, temos que a previsão no sentido de que o prazo para interposição de recurso conta-se da data em o Ministério Público é intimado da decisão, considerando-se realizada a intimação em audiência quando nesta for proferida a decisão[14].

Prevê-se, ainda, que as intimações realizam-se, sempre que possível, por meio eletrônico, na forma da lei, aplicando-se ao Ministério Público a obrigação de manter cadastro nos sistemas de processo em autos eletrônicos, para efeito de recebimento de citações e intimações, as quais serão efetuadas preferencialmente por esse meio (artigo 270, parágrafo único, do novo CPC), sem que isso desnature a finalidade da intimação pessoal com entrega dos autos, que, por meio eletrônico, significa a disponibilização do conteúdo na íntegra para o órgão com atribuição (artigo 183, § 1º, do novo CPC).

6. INTERVENÇÃO COMO FISCAL DA ORDEM JURÍDICA (*CUSTOS LEGIS*)

O novo CPC traz importantes modificações na atividade interventiva do Ministério Público no processo civil, a começar pela denominação "fiscal da ordem jurídica". Basicamente, são as seguintes as inovações mais relevantes: 1) reprodução do artigo 127 da Constituição, tornando claramente didática a definição da regra-matriz que inspira a atuação do Ministério Público; 2) não repetição das referências às ações de estado, disposições de última vontade e à ausência; 3)

---

14   Modifica-se, assim, o entendimento jurisprudencial corrente: "Processual civil. Ministério Público. Intimação do acórdão proferido em segundo grau. Ausência. Nulidade. Presença na sessão de julgamento. Irrelevância. Prerrogativa. Intimação pessoal.1. O Ministério Público, ao ser chamado a manifestar-se, e o fazendo tanto através de parecer quanto na sessão de julgamento, passa a integrar a relação processual como custos legis. Sua intimação deve ser sempre pessoal com a vista dos autos, principalmente por se tratar de prerrogativa inerente ao cargo. Precedentes. 2. A presença do membro do Ministério Público na sessão de julgamento não afasta a necessidade de sua intimação pessoal do acórdão. Precedentes. 3. As demais teses inseridas no agravo regimental – extensão do recurso do Ministério Público abrangendo apenas a nulidade; falta de interesse e legitimidade para recorrer; manifestações incompatíveis com a pretensão recursal – não podem ser analisadas, pois não fizeram parte das contrarrazões ao recurso especial e não foram objeto de debate na instância ordinária.4. Agravo regimental não provido" (AgRg nos EDcl no AREsp 265.096/RN, Rel. Ministro Castro Meira, Segunda Turma, julgado em 13/08/2013, DJe 19/08/2013). "Habeas corpus. Processual penal. Crime de desrespeito a superior. Artigo 160 do CPM. Defensoria Pública. Presença de defensor na audiência de leitura da sentença. Intimação do órgão defensivo mediante remessa dos autos. Inocorrência. Recurso de apelação julgado intempestivo. Inobservância das prerrogativas da defensoria pública. 1. À Defensoria Pública, instituição permanente e essencial à função jurisdicional do Estado, compete promover a assistência jurídica judicial e extrajudicial aos necessitados (art. 134 da Constituição Federal), sendo-lhe asseguradas determinadas prerrogativas para o efetivo exercício de sua missão constitucional. 2. Constitui prerrogativa a intimação pessoal da Defensoria Pública para todos os atos do processo, estabelecida pelo art. 370, § 4º, do Código de Processo Penal; art. 5º, § 5º, da Lei 1.060/1950; e art. 44, I, da Lei Complementar 80/1994, sob pena de nulidade processual. 3. A intimação da Defensoria Pública, a despeito da presença do defensor na audiência de leitura da sentença condenatória, se perfaz com a intimação pessoal mediante remessa dos autos. 4. Ordem concedida"(HC 125270, Relator(a): Min. Teori Zavascki, Segunda Turma, julgado em 3/06/2015, Processo Eletrônico DJe-151 – p. 03-08-2015).

intervenção em ações de família somente quando presentes incapazes; 4) expressa referência às hipóteses de intervenção do art. 178, quando se tratar também de jurisdição voluntária; 5) fixação de prazos próprios e modificação na forma de fixação e contagem de prazos; 6) previsão de responsabilidade por ilícito processual; 7) expressas disposições sobre a possibilidade de suscitar incompetência relativa e requerer desconsideração da personalidade jurídica; 8) clara definição do papel do Ministério Público como fiscal da ordem jurídica, sem qualquer similitude com a figura de curador especial; 9) necessidade de intervenção em caso de litígio coletivo pela posse rural ou urbana; 10) intervenção obrigatória em casos de incidente de resolução de demandas repetitivas; 11) procedimento específico para a citação de pessoas com deficiência; 12) decretação de invalidade pela ausência de intervenção apenas após a intimação do Ministério Público, que se manifestará sobre a existência ou não de prejuízo.

Todos esses pontos serão mencionados neste item. Antes, porém, cabem algumas reflexões genéricas sobre essa atividade interventiva.

Em razão do perfil constitucional que indica uma atuação mais ativa, a intervenção do Ministério Público na condição de *custos legis* vem sendo fortemente questionada há anos, dando origem ao que se convencionou denominar de *racionalização da intervenção no processo civil*. Busca-se evitar que a função do membro do Ministério Público se resuma ao que foi denominado de "parecerismo", entendido como o *"fenômeno pelo qual os promotores de justiça passam a elaborar pareceres cada vez mais em tudo semelhantes a sentenças judiciais, atendendo a todos requisitos formais de uma sentença e esquecendo-se, por vezes, da própria finalidade com que intervinham no feito"*[15].

Não há dúvidas de que a intervenção como custos legis deve ser redimensionada, mas nos parece que também há uma resistência injustificada a esse tipo de atuação, já que, inclusive por meio dela, é possível a tutela de direitos. Na

---

15   MACEDO JÚNIOR, Ronaldo Porto. A evolução institucional do Ministério Público brasileiro. *Uma Introdução ao Estudo da Justiça*. Maria Tereza Sadek (org.). São Paulo: IDESP/Sumaré, 1995, p. 44. Prossegue o autor: *"Importa, todavia, apontar para um dado importante para a compreensão deste papel, de aparente 'assessor do juiz' no processo judicial (especialmente no cível). O Poder Judiciário de primeiro grau está organizado de tal modo que todo o poder da decisão repousa sobre a decisão de um juízo monocrático [...] Dentro dessa engenharia institucional, o promotor de justiça sempre representou um importante contrapeso contra a possível arbitrariedade do magistrado, situação particularmente verdadeira se lembrarmos que, em nosso sistema judicial, especialmente em cidades pequenas, os advogados contam com pouca possibilidade real de conflitarem com atitudes e decisões dos magistrados, sob pena de se indisporem e comprometerem sua própria sobrevivência profissional. Neste sentido, a atribuição de 'fiscal da lei' significa concreta e salutarmente ser o promotor de justiça um 'fiscal do juiz'"* (p. 45).

realidade, exige-se uma nova compreensão de uma antiga função, não sendo mais compatível uma postura passiva e contemplativa do evolver processual[16].

Notou bem esse aspecto Ronaldo Porto Macedo Júnior, ao considerar que *"importa frisar que o ajuste institucional do Ministério Público, visando adaptá-lo ao novo perfil constitucional não implica, necessariamente, na eliminação da atuação processual como custos legis; importa, isto sim, na mudança da forma de atuação e eleição de prioridades institucionais"*.[17]

Não só as hipóteses que ensejam a intervenção do Ministério Público e o número de órgãos que possuam atribuição exclusivamente interveniente devem ser objeto de profunda reflexão, mas também o modo como se deve dar essa participação no processo. Também a aceitação irrefletida da fixação legal de hipóteses de intervenção não é compatível com o perfil constitucional do Ministério Público, devendo haver uma filtragem constitucional das normas legais que criam causas de intervenção[18].

É necessária uma postura mais ativa também na função de interveniente[19], com efetiva participação na instrução do processo, na fase de saneamento e com formulação de pedido de antecipação dos efeitos da tutela provisória.

---

16 Sobre a relação entre a atividade interventiva e a repercussão na legitimidade ativa do Ministério Público, vale conferir o REsp 1155793/DF, Rel. Ministra Maria Isabel Gallotti, Quarta Turma, julgado em 01/10/2013, DJe 11/10/2013.

17 Idem, p. 46. Exemplo de aparente incompreensão da atividade do Ministério Público como *custos legis* é a seguinte passagem da lavra de José Maria Rosa Tesheiner: *"De um ponto de vista estatístico, é desprezível a intervenção do Ministério Público na instrução do processo, pela simples razão de que desconhece os fatos vividos pelas partes. O que realmente prepondera, em sua atuação como fiscal da lei, é o parecer que oferece ao juiz como projeto de sentença. Considerando apenas o valor celeridade do processo, apresenta-se o parecer do Ministério Público apenas como um ato a mais, eventualmente inútil, a retardar a entrega da prestação jurisdicional. Considerado o valor qualidade dos julgamentos, o parecer do Ministério Público, acolhido ou não pelo juiz, aumenta o percentual de acertos, isto é, de decisões socialmente desejáveis. Inestimável a ajuda que pode prestar ao juiz o parecer de um órgão independente, sem interesse pessoal no resultado do processo. Um mau parecer não impede uma boa sentença mas um bom parecer pode impedir uma sentença ruim"* (*Pressupostos Processuais e Nulidades no processo Civil.* São Paulo: Saraiva, 2000, p. 157). Além de passar a impressão de que o Ministério Público é apenas um detalhe – por vezes incômodo – no processo, o autor peca por não indicar a fonte de suas afirmações, já que trabalha sob um *"ponto de vista estatístico"*, mas não indica nenhuma estatística ou pesquisa como fonte, nem mesmo uma singela consulta a arquivo pessoal. Também com incisivas críticas à atuação do Ministério Público no processo civil, com peculiar acidez, CASTRO FILHO, José Olympio de. *Comentários ao Código de Processo Civil.* Vol. X. 4ª ed. Rio de Janeiro: Forense, 1995, p. 14/18.

18 Cf. ZENKNER, Marcelo. *Ministério Público e Efetividade do Processo Civil.* São Paulo: RT, 2006, *passim.*

19 Em estudo publicado há mais de sessenta anos, Enrico Allorio assim se pronunciou: *"séame consentido expresar mi esperanza de que la intervención del Ministerio Público en el proceso civil, ya que no extenderse en superficie,mejorará cualitativamente: de manera que, en los procesos en que intervenga, el Ministerio Público preste a la causa una atención diligente, participando ya en la fase instructoria, concluyendo por escrito y motivadamente, desplegando, en suma, las iniciativas que puedan impedir que su participación en el juicio quede reducida a mera formalidad"*, afirmando ao final que, em tempos

Quanto à tutela provisória, há quem defenda sua ampla legitimidade[20] e há posicionamento doutrinário no sentido de que o Ministério Público poderá requerer tutela provisória antecipada quando for "assistente diferenciado de incapazes"; já na condição de fiscal da ordem jurídica, poderá "apoiar/sugerir/repelir o pleito provisório formulado; não poderá, entretanto, formular requerimento autônomo de tutela provisória"[21]. Em que pese a indicação de que o novo CPC estabeleceu uma necessária diferenciação entre as hipóteses de intervenção, qualificando efetivamente a atuação do Ministério Público quando presentes incapazes, ainda me parece possível aceitar o requerimento de tutela provisória em todas as hipóteses de intervenção, por não se tratar de ampliação objetiva do processo – e, por isso, não há que se equiparar tal requerimento à substituição processual – e se relacionar com a causa que justificou sua atuação, sem que isso, evidentemente, signifique qualquer vinculação do conteúdo do pronunciamento final.

No que toca à alegação de incompetência relativa, é comum a afirmação de que cabe somente à parte interessada o ônus de opor a exceção específica[22], em razão de sua conveniência acerca do local em que será demandado. Certamente poderá ser da vontade do réu que o processo se estabeleça em outro local que o indicado por lei, mas não se pode excluir peremptoriamente o interesse de o Ministério Público examinar, no caso concreto, se o interesse público que autoriza

---

complexos, instituições como o Ministério Público *"mantienen encendida, en las tempestades, la antorcha de la justicia como principio moral del Estado, para transmitirla resplandeciente a um futuro más sereno"* (El Ministerio Público. *Problemas de Derecho Procesal*. Vol. I. Santiago Sentís Melendo (trad.). Buenos Aires: EJEA, 1963, p. 437).

20   ZENKNER, ob. cit., p. 161/166. Escrevendo sobre o CPC ainda vigente, Cassio Scarpinella Bueno já entendia que o Ministério Público possui legitimidade para requerer tutela antecipada mesmo quando atua como *custos legis*, *"desde que, evidentemente, seu pedido vá ao encontro dos interesses e direitos que motivam sua participação no feito naquela qualidade. Pensar diferentemente não é somente apequenar o Ministério Público e seus misteres constitucionais; é muito mais do que isso. É apequenar a função social do processo e o interesse do próprio estado – imposto pela própria Constituição Federal – em que ele, o processo, seja eficaz, em que ele produza os efeitos que devem surtir em prol daquele que procedimentalmente, apresenta-se com 'melhor direito' do que o outro. Ser 'fiscal da lei', não é despropositado sublinhar, é forma de atenuar os rigores do 'princípio dispositivo', garantindo-se a necessária imparcialidade do magistrado. Neste sentido, não há como recusar ao Ministério Público, quando atua naquela qualidade, ter legitimidade para formular o pedido de tutela antecipada"* (*Tutela Antecipada*. 2ª ed. São Paulo: Saraiva, 2007, p. 49).

21   DIDIER JR., Fredie. BRAGA, Paula Sarno. OLIVEIRA, Rafael Alexandria. *Curso de Direito Processual Civil*. 10ª ed. Salvador: JusPodivm, 2015, p. 575.Acolhem os autores a terminologia proposta por Antônio Cláudio da Costa Machado, ob. cit., p. 225/230.

22   Enunciado n° 33 da súmula de jurisprudência do Superior Tribunal de Justiça: *"a incompetência relativa não pode ser declarada de ofício"*. Cf., na doutrina: BARBOSA MOREIRA. Pode o juiz declarar de ofício a incompetência relativa? *Temas de Direito Processual (Quinta Série)*. São Paulo: Saraiva, 1994. DINAMARCO, Cândido Rangel. Declaração *ex-officio* da incompetência relativa? *Fundamentos do Processo Civil Moderno*. 3ª ed. Vol. I. São Paulo: Malheiros 2000. NERY JUNIOR, Nelson. Legitimidade para argüir incompetência relativa. *Revista de Processo n°52*. São Paulo: RT, outubro/dezembro de 1988.

sua intervenção não está sendo prejudicado por um comportamento desidioso da parte ou de seu advogado.

Afirmava-se que o Ministério Público não poderia suscitar a incompetência relativa quando atua como *custos legis* por não se tratar de matéria de ordem pública, mas, sim, de questão afeta à esfera da disponibilidade das partes de acordo com seus interesses particulares[23-24], mas se a causa que legitima a intervenção do Ministério Público puder ser prejudicada pelo deslocamento da competência, sempre nos pareceu que lhe devia ser garantida a possibilidade de atuar no sentido do interesse pelo qual foi chamado a intervir[25]. O novo CPC, felizmente, encerra essa discussão ao dispor expressamente em seu artigo 65, parágrafo único, que "a incompetência relativa pode ser alegada pelo Ministério Público nas causas em que atuar"[26].

Também quanto à desconsideração da personalidade jurídica, o artigo 133 do novo CPC é expresso ao admitir a possibilidade de o Ministério Público requerer a medida na condição de *custos legis*.

Ainda nessa exemplificação de posturas ativas na atividade interventiva, merece especial registro a aposta do novo CPC na fase de saneamento (artigo 357), ocasião em que o Ministério Público poderá intervir de modo relevante no

---

23   NERY JUNIOR. Legitimidade para argüir incompetência relativa. *Revista de Processo n° 52*. São Paulo: RT, outubro/dezembro de 1988, pp. 217/218.

24   O Superior Tribunal de Justiça possui decisões nos dois sentidos: *"Processo civil. Incompetência relativa. Legitimidade. Ministério público. O Ministério Público, mesmo quando atua no processo como custos legis, tem legitimidade para argüir a incompetência relativa do Juízo".* (RESP 223142 / MG – Rel. Min. Garcia Vieira – DJ 25.10.1999, p. 66). *"Ministério Público, na qualidade de custos legis. Impossibilidade. Nulidade do acórdão embargado. Ausência de demonstração da divergência. 1. As regras de competência relativa são instituídas para a tutela de interesses privados. Consectariamente, é vedado ao juiz declarar ex officio a sua incompetência relativa (Súmula 33 do STJ), porquanto estar-se-ia admitindo inserção na esfera de disponibilidade das partes. 2. Deveras, eleito o foro pelo autor no momento da propositura da ação, e não lhe sendo lícito requerer alteração posterior deste, somente o réu tem legitimidade para argüir a incompetência relativa. Pode ocorrer, entretanto, que haja concordância com o foro eleito para a causa, deixando o demandado de opor exceção, fato que acarreta a prorrogação da competência com a perpetuatio jurisdictionis prevista no art. 114 do Código de Processo Civil. 3. Conseqüentemente, tratando-se de competência territorial relativa, e não tendo sido oposta exceção declinatória do foro pela parte ré, falece ao Ministério Público legitimidade para, na qualidade de custos legis, argüir a incompetência. 4. Aliás, in casu, versando a ação, repetição de indébito tributário, relativo a direito individual patrimonial, não tem o Ministério Público legitimidade para intervir sequer como custos legis. 5. A finalidade dos embargos de divergência é a uniformização da jurisprudência interna da Corte, sendo requisito essencial à sua admissibilidade, a demonstração de que os órgãos colegiados deram interpretação diversa à mesma tese jurídica suscitada".* (ERESP 222006 / MG – Rel. Min. Luiz Fux – DJ 13.12.2004, p. 199).

25   GODINHO, Robson Renault. *A Proteção Processual dos Direitos dos Idosos: Ministério Público, Tutela de Direitos Individuais e Coletivos e Acesso à Justiça.* 2ª Ed. Rio de Janeiro: Lumen Juris, 2010, 95/97.

26   Simetricamente, assim dispõe o artigo 951, parágrafo único, do novo CPC: "o Ministério Público somente será ouvido nos conflitos de competência relativos aos processos previstos no art. 178, mas terá qualidade de parte nos conflitos que suscitar".

O Ministério Público no novo Código de Processo Civil: alguns tópicos

processo. Nesse particular, não é incomum verificar na prática forense que o juiz somente se lembre de intimar o Ministério Público próximo da audiência de instrução e julgamento ou mesmo antes da sentença, isto é, após o saneamento. Nessas situações, com base no artigo 279, § 2º, estará evidenciado o prejuízo, anulando-se o processo a fim de que o Ministério Público participe do saneamento, salvo manifestação fundamentada[27] em sentido contrário[28].

Quanto ao conteúdo do pronunciamento do Ministério Público nas causas que exigem sua participação, é necessário abordar as hipóteses que ensejam sua intervenção no processo.

Na hipótese da intervenção em razão da existência de interesse público ou social, na dicção do artigo 178, I[29], do novo Código de Processo Civil, estamos diante de um conceito jurídico indeterminado e, embora possam ser retiradas algumas regras abstratas sobre a atuação do Ministério Público – como, por exemplo, a de que não há interesse público nas ações patrimoniais envolvendo empresas

---

27   O disposto no artigo 489, § 1º, do novo CPC se aplica igualmente às manifestações do Ministério Público, já que se trata apenas de uma espécie de receituário de como deve ser exercido o dever de fundamentação que lhe é imposto. Essa ideia possui relevância inclusive para o desenvolvimento da ideia de "disponibilidade motivada", como bem notou Hermes Zaneti Junior em texto ainda inédito, gentilmente por ele cedido (o texto integrará uma obra coletiva destinada a comentar o novo CPC e o trecho a seguir transcrito insere-se nas considerações sobre o artigo 178): "a possibilidade de determinar graus de interesse público e de indisponibilidade do direito, ao mesmo tempo que, caberia ao MP, a decisão de intervir ou não nos processos, conforme fundamentação adequada, quando a norma que determina a intervenção assentar-se em um conceito jurídico indeterminado (ex.: *interesse social e interesse público*). Trata-se de estabelecer, como premissa técnica de controle da atuação, o *'princípio da disponibilidade motivada'*, demonstrando o membro as razões de sua atuação, toda vez que, no exercício de suas funções constitucionais, ao extrair o conteúdo normativo dos textos legais, resolver pela intervenção ou não-intervenção na esfera cível, em concreto. O dever de fundamentação adequada decorre de mandamento constitucional (art. 93, IX) e é um dos pilares nos quais se assenta a estrutura de controle dos deveres-poderes do juiz no novo Código de Processo (art. 489, § 1º), nada mais natural que ele se estenda igualmente ao MP".

28   "Neste caso, excepcionalmente, a palavra do Ministério Público é definitiva para se decretar ou não a nulidade. A última palavra sobre a necessidade de intervenção do Ministério Público no feito é do Ministério Público e não do juiz" WAMBIER, Teresa Arruda Alvim. *Breves Comentários ao Novo Código de Processo Civil.* Wambier, Didier Jr., Talamini e Dantas (coord.). São Paulo: RT, 2015, p. 738.

29   Sobre a discussão suscitada pela redação do art. 82, III, do Código de Processo Civil de 73, inclusive com abordagem histórica e de direito comparado, vale conferir o trabalho de Antônio Cláudio da Costa Machado antes citado, especialmente páginas 315/345, onde se encontram outras referências bibliográficas valiosas. Também merece ser mencionado, pela maneira peculiar com que examina a matéria, um estudo de Calmon de Passos: Intervenção do Ministério Público nas causas a que se refere o art. 82, III, do C. Pr. Civ. *Revista Forense, vol. 268.* Rio de Janeiro: Forense, 1978. E ainda: Humberto Ávila, Repensando o "princípio da supremacia do interesse público sobre o particular". *Revista Trimestral de Direito Público*, nº 24. São Paulo: Malheiros, 1998, e Marçal Justen Filho. Conceito de interesse público e a "personalização" do direito administrativo. *Revista Trimestral de Direito Público*, nº 26. São Paulo: Malheiros, 1999, além de, Antonio Augusto Mello de Ferraz, Considerações sobre interesse social e interesse difuso. *A Ação Civil Pública após 20 anos: efetividade e desafios.* Edis Milaré (coord.). São Paulo: RT, 2005.

públicas, nem em execuções fiscais[30], chegando a afirmar Cândido Rangel Dinamarco que constitui aberração a intervenção do Ministério Público em causas nas quais é parte uma entidade estatal, só pela presença desta no processo[31], apenas as circunstâncias do caso concreto indicarão se haverá necessidade de intervenção da Instituição. O novo CPC, no entanto, é expresso ao acolher orientação doutrinária[32] e jurisprudencial no sentido de que "a participação da Fazenda Pública não configura, por si só, hipótese de intervenção do Ministério Público" (artigo 178, parágrafo único).

Há quem faça distinção acerca do conteúdo da intervenção Ministério Público, vinculando-o se a participação no processo se der em razão da qualidade da parte. Para Cândido Rangel Dinamarco, o Ministério Público intervém no processo para apoiar uma das partes em seu interesse direto ou desvinculado do

---

30 Confiram-se os seguintes pronunciamentos do Superior Tribunal de Justiça: *"Processual civil. Recurso especial. Intervenção do Ministério Público em ação reparatória de danos morais. Desnecessidade. 1. Tratando-se de ação indenizatória por danos morais promovida em face do Estado por abuso de autoridade em face de denúncia promovida pelo Ministério Público, não se impõe a atuação do Parquet como custos legis, consoante jurisprudência da E. Corte. (RESP 327.288/DF, 4ª T., Rel. Min. Cesar Asfor Rocha, DJ 17/11/2003; AGRESP 449643/SC, Rel. Min. Francisco Falcão, DJ de 28.06.2004; AgRg no Resp 258.798, Rel. Min. Eliana Calmon, DJ de 11.11.2002; Resp 137.186, Rel. Min. José Delgado, DJ de 10/09/2001) 2. O artigo 82, inciso III, do CPC, dispõe que compete ao Ministério Público intervir: "III – em todas as demais causas em que há interesse público, evidenciado pela natureza da lide ou qualidade da parte." 3. A escorreita exegese da dicção legal impõe a distinção jus-filosófica entre o interesse público primário e o interesse da administração, cognominado "interesse público secundário". Lições de Carnelutti, Renato Alessi, Celso Antônio Bandeira de Mello e Min. Eros Roberto Grau. 3. O Estado, quando atestada a sua responsabilidade, revela-se tendente ao adimplemento da correspectiva indenização, coloca-se na posição de atendimento ao "interesse público". Ao revés, quando visa a evadir-se de sua responsabilidade no afã de minimizar os seus prejuízos patrimoniais, persegue nítido interesse secundário, subjetivamente pertinente ao aparelho estatal em subtrair-se de despesas, engendrando locupletamento à custa do dano alheio. 4. Deveras, é assente na doutrina e na jurisprudência que indisponível é o interesse público, e não o interesse da administração. Nessa última hipótese, não é necessária a atuação do Parquet no mister de custos legis, máxime porque a entidade pública empreende a sua defesa através de corpo próprio de profissionais da advocacia da União. Precedentes jurisprudenciais que se reforçam, na medida em que a atuação do Ministério Público não é exigível em várias ações movidas contra a administração, como, v.g., sói ocorrer, com a ação de desapropriação prevista no Decreto-lei n.3.365/41 (Lei de Desapropriação). 5. In genere, as ações que visam ao ressarcimento pecuniário contêm interesses disponíveis das partes, não necessitando, portanto, de um órgão a fiscalizar a boa aplicação das leis em prol da defesa da sociedade. 6. Hipótese em que revela-se evidente a ausência de interesse público indisponível, haja vista tratar-se de litígio travado entre o Estado de Rondônia e INSS e o Procurador de Estado Beniamine Gegle de Oliveira Chaves, onde se questiona a reparação por danos morais, tendo em vista ter sido injustamente denunciado pelo crime tipificado no art. 89, da lei 8.666/93. 7. Ademais, a suposta nulidade somente pode ser decretada se comprovado o prejuízo para os fins de justiça do processo, em razão do Princípio de que "não há nulidade sem prejuízo" ("pas des nullités sans grief"). 8. Recurso especial desprovido".* (RESP 303806 / RO – Rel. Min. Luiz Fux – DJ 25.04.2005, p. 224). Nos caos de execução fiscal, foi editado o enunciado nº 189 da súmula da jurisprudência predominante: *"é desnecessária a intervenção do Ministério Público nas execuções fiscais".*

31 *Instituições de Direito Processual Civil.* Vol. I. São Paulo: Malheiros, 2001, p. 679. No segundo volume de suas Instituições, Dinamarco afirma que o Ministério Público sempre será parte no processo, tanto quando atuar como assistente (parte auxiliar), quanto como custos legis (4ª. ed., 2004, p. 427).

32 Cf. DINAMARCO. *Instituições de Direito Processual Civil.* Vol. II. 4ª Ed. São Paulo: Malheiros, 2004, p. 428/430.

interesse dos litigantes. Na primeira hipótese, assume características de verdadeiro assistente, a fim de equilibrar o contraditório, como nas causas envolvendo incapazes. Na segunda hipótese, desvincula-se do interesse direto de uma das partes e atua como legítimo fiscal da lei, como nas ações de estado e em processos de mandado de segurança[33].

José Roberto Santos Bedaque também se manifesta sobre a vinculação do Ministério Público ao interesse da parte que o trouxe ao processo, devendo sua atuação durante todo o processo ser no sentido de contribuir para auxiliá-la a obter êxito na demanda e, caso não sejam comprovados os fatos narrados na petição inicial, não poderia aduzir argumentos favoráveis à outra parte.[34] Também Antônio Cláudio da Costa Machado, tomando como base a suposta necessidade de reequilibrar o contraditório, vincula a atuação do Ministério Público ao interesse do incapaz.[35]

Em outra perspectiva, entende-se que o Ministério Público possui liberdade na atuação como *custos legis*, no que se refere ao mérito do processo, podendo se manifestar contrariamente à pretensão da parte que ensejou sua intervenção no processo, havendo limitação apenas ao seu interesse recursal. Ou seja: em uma ação ajuizada, por exemplo, por incapaz, pode o Ministério Público manifestar-se contrariamente à pretensão veiculada na petição inicial; entretanto, se o pedido for julgado procedente, não poderá recorrer por ausência de interesse recursal.[36]

---

33   *Instituições...cit.* Vol. I, p. 678.

34   "o que não se admite é a possibilidade de o Curador de Incapazes (*sic*) tecer argumento em favor da parte capaz, procurar provas para favorecê-la, ou, até, desenvolver raciocínio jurídico no sentido de que os fatos efetivamente demonstrados se subsumem a uma norma que a favorece. Nessas hipóteses, esgotou ele os méis de que dispunha para auxiliar o incapaz. Deve, pura e simplesmente, declarar nada mais ter a deduzir em favor da parte a quem lhe compete assistir", acrescentando que "todas as vezes em que seja possível mais de uma interpretação, quer dos fatos, quer da norma, o Curador deve sempre optar por aquela mais favorável ao incapaz" (O Ministério Público no processo civil: algumas questões polêmicas. *Revista de Processo, nº 61*. São Paulo: RT, janeiro-março de 1991, pp. 40 e 41). No mesmo sentido: FORNACIARI JÚNIOR, Clito. *Processo Civil: verso e reverso*. São Paulo: Juarez de Oliveira, 2005, pp. 62/63), nos seguintes termos: "se não tivesse nada a acrescentar em favor do incapaz, deveria apenas manifestar-se ciente, opinando quanto à regularidade da representação e deixando o processo seguir a sua própria sorte" "Não se está, nesse caso, protegendo o incapaz e curando seus interesses, mas sim preservando a ordem jurídica, missão que não deveria ser restrita às causas de incapazes, mas a todas as demandas. Assim, ou o Ministério Público haveria de participar de todos os processos ou também não deveria participar daqueles em que seja parte incapaz, quando nada tivesse a dizer em seu favor. Fica clara, nessa situação, a ofensa ao princípio da igualdade processual, porque o menor tem a resistir à sua pretensão não apenas a parte contrária, representada por advogado, mas também o Ministério Público, que fica à cata de vícios do processo e da verdade real, atuando até na produção de provas e, não poucas vezes, suprindo mesmo a deficiência da defesa que contende com a parte incapaz".

35   *Ob. cit.*, p. 220/225.

36   PINHEIRO CARNEIRO, Paulo Cezar *O Ministério Público no Processo Civil e Penal: Promotor natural, atribuição e conflito*. 5ª ed. Rio de Janeiro: 1998, pp. 12/14. No mesmo sentido: MAZZILLI. *Regime...cit.*, pp. 215/216. Também no sentido da atuação desvinculada do Ministério Público temos a posição de José Fernando da

Concordamos parcialmente com essa última opinião. Parece-me que a questão deve ser resolvida com base no artigo 127 da Constituição da República, isto é, o Ministério Público só intervirá em processos individuais pela qualidade da parte se houver direitos indisponíveis em disputa, o que é reforçado pelo novo CPC nos artigos 178 e 698. Se não estiver presente o direito do incapaz, não haverá nenhuma indisponibilidade e simplesmente o Ministério Público não poderá atuar em seu favor por absoluta legitimidade. Também a questão recursal parece ser melhor situada no plano da legitimidade do que no do interesse recursal. Na hipótese de a sentença favorecer o titular de um direito indisponível, não poderá o Ministério Público recorrer contra a sentença por não ter legitimidade, já que, ao prolongar a relação processual, por via reflexa estará atuando como uma espécie de substituto processual de um titular de direito individual disponível, o que lhe é vedado constitucionalmente. O interesse recursal sempre estará presente, mas a legitimidade, não. Note-se que são duas situações distintas: 1)antes da sentença, há uma relação processual instaurada por um titular de um direito afirmado, que, por razões variadas, o ordenamento considera indisponível. O Ministério Público não está obrigado a defender de modo automático a parte que se afirma titular de um direito indisponível[37].

Silva Lopes (*O Ministério Público e o Processo Civil*. São Paulo: Saraiva, 1976), que entende que o Ministério Público sempre atua em prol do interesse público. Ainda: ZENKNER, *Ministério Público...cit*, p. 123/130.

37 Excelente síntese do problema, com original proposta de compatibilização das teses existentes em ZANETI JUNIOR, Hermes, em texto ainda inédito, gentilmente por ele cedido (o texto integrará uma obra coletiva destinada a comentar o novo CPC e o trecho a seguir transcrito insere-se nas considerações sobre o artigo 178: "o problema surge quando, ao atuar, o Ministério Público encontra uma situação de perplexidade diante de um incapaz que pleiteia um direito contrário ao ordenamento jurídico, segundo o juízo do agente do MP oficiante nos autos. A questão relaciona-se com a correta interpretação da Constituição (Art. 127, *caput*), isto é, pergunta-se: se o incapaz não tem direito, deve o *parquet* manifestar-se contra sua pretensão para garantir a tutela do ordenamento jurídico? Existem três posições na doutrina: a) intervenção com poderes amplíssimos e obrigatoriedade de manifestação no mérito, inclusive recorrendo, mesmo contra os interesses dos incapazes (Nelson Nery Jr.); b) intervenção *ad coadjuvandum*, ou seja, apenas para beneficiar os interesses do incapaz, deixando de se manifestar no mérito, quando, no entendimento do *parquet*, o incapaz não possuir razão (Cândido Rangel Dinamarco); c) liberdade de opinião durante o processo de conhecimento, com manifestação obrigatória quanto ao mérito, vedada a recorribilidade quando a decisão de mérito for favorável ao incapaz, por falta de interesse processual, mesmo após parecer contrário do MP (MAZZILLI: 2011). Nos parece que nenhuma das teses está completamente correta quando iluminadas pela incorporação explícita dos vetores constitucionais ao texto a novo CPC (Art. 1º c/c Art. 176). Entendemos que o MP, quando intervém no processo civil apenas em razão da presença de incapaz, não pode se manifestar no mérito contra o interesse deste mesmo incapaz; portanto, adotamos, no ponto, a doutrina da intervenção *ad coadjuvandum*. Isso porque a opinião jurídica do MP, por mais relevante, culta e bem construída que seja, não tem pertinência para os direitos disponíveis das partes, nos quais falte relevância social. Nestes casos, deverá o membro do MP falar apenas sobre a regularidade processual. Contudo, quando, concorrer na causa um interesse contraposto com relevância social ou individual indisponível, combinado com as funções institucionais previstas no Art. 178 CPC e Art. 129 e incisos, CF/88, caberá ao Ministério Público, obrigatoriamente, manifestar-se no mérito e, inclusive, recorrer da sentença que decida contrariamente aos direitos fundamentais ali previstos. A legitimação para intervenção está presente por se tratar de *causa de intervenção autônoma*, independente do interesse do incapaz. Logo, entendemos por somar as três teses, tendo como vetor interpretativo o

A independência funcional garantida constitucionalmente ao Ministério Público assegura a liberdade de manifestação sobre o mérito do processo[38] e o Superior Tribunal de Justiça vem sufragando essa tese[39].

De todo modo, merece ser registrado que ao Ministério Público caberá a valoração da existência do interesse público, de modo que é ilegítima a existência de uma ordem judicial cogente que obrigue sua intervenção, tendo em vista que a independência funcional garante à Instituição a verificação de quando e como exercer suas funções. Se o membro do Ministério Público entender que não é hipótese de sua intervenção e o juiz discordar, os autos deverão ser remetidos ao Procurador-Geral, que dará a interpretação definitiva sobre a situação.[40] No caso de o membro do Ministério Público resolver atuar e o juiz entender que não é hipótese de intervenção por ausência de interesse público, a palavra final sobre a questão será do Judiciário, por meio da análise dos recursos interpostos. Ainda sobre a atuação como fiscal da ordem jurídica, devem ser registrados os seguintes pontos que receberam alguma inovação no CPC: 1) a intervenção na jurisdição voluntária somente será necessária se estiver presente alguma hipótese do art. 178, não havendo mais lugar para a antiga discussão sobre a obrigatoriedade dessa intervenção independentemente do caso concreto (artigo 721 do novo CPC)[41]; 2) consequentemente, não há mais intervenção obrigatória em casos de ausência ou de disposições de última vontade, não mais cabendo ao Ministério Público a proteção de patrimônio individual disponível, seja como interveniente ou como agente, sendo inconstitucional a legitimidade conferida pelo artigo 22 do Código Civil e a previsão do artigo 745, § 4º, do novo CPC. No caso dos

---

comando constitucional, ou seja, tratando-se de direito disponível e sem relevância social, não caberá ao MP zelar pelo ordenamento jurídico (intervenção *ad coadjuvandum*). Tratando-se, por outro lado, de direito indisponível ou com relevância social, caberá ao MP, não só tutelar o ordenamento jurídico, como inclusive recorrer, caso o incapaz que não tem direito, na visão do *parquet*, saia vencedor na fase de conhecimento. Em outras palavras, o MP não recorrerá sempre, atua em nome do incapaz e somente pode atuar contrariamente a pretensão deste, inclusive recorrendo, quando visualizar interesse social ou direito individual indisponível na pretensão da parte contrária. A liberdade de opinião diz respeito à independência funcional e deve ser respeitada em qualquer dos casos, porém esta será controlada pelo dever de fundamentar adequadamente (disponibilidade mitigada)".

38   Cf. GARCIA, Emerson. *Ministério Público...*, 4ª ed., *cit.*, p. 473.

39   REsp 135744 / SP – Rel. Min. Barros Monteiro – DJ 22.09.2003 p. 327.

40   GARCIA. *Ministério Público...*, 4ª ed., *cit.*, p. 474/476;

41   MENDONÇA LIMA, Alcides de. *Comentários ao Código de Processo Civil.* Vol. XII. São Paulo: RT. 1982, p. 43. CASTRO FILHO, José Olympio de. *Comentários ao Código de Processo Civil.* Vol. X. 4ª ed. Rio de Janeiro: Forense, 1995, p. 14/18. Lembre-se, também, da conhecida opinião do autor sobre a não obrigatoriedade de intervenção do Ministério Público em todos os processos de jurisdição voluntária (Ministério Público e jurisdição voluntária. *Fundamentos do Processo Civil Moderno.* 3ª ed. Vol. I. São Paulo: Malheiros, 2000, pp. 399/406). Como contraponto a esse posicionamento acerca da jurisdição voluntária: NERY JÚNIOR, Nelson. Intervenção do Ministério Público nos procedimentos especiais de jurisdição voluntária. *Revista de Processo, nº* 46. São Paulo: RT, abril-junho de 1987. Síntese da controvérsia em LUCENA, João Paulo. *Comentários ao Código de Processo Civil.* Vol. 15. São Paulo: RT, 2000, p. 68/72.

testamentos, o artigo 735, § 2º, do novo CPC aparentemente prevê a intervenção obrigatória do Ministério Público, o que somente se justificaria com base em uma tradição irrefletida. Diante do artigo 127 da Constituição e dos artigos 176, 178 e 721 do novo CPC, é incabível sustentar a simples tutela de patrimônio individual disponível pelo Ministério Público, cabendo salientar que não há reprodução no referido artigo 178 do vetusto rol do artigo 82, II, do CPC de 1973[42]; 3) nas ações de família a intervenção somente se justifica se houver incapazes (artigo 698); 4) na ação rescisória, somente haverá intervenção se igualmente estiverem presentes as hipóteses do artigo 178, conforme expressa previsão do artigo 967, parágrafo único, encerrando-se a dúvida acerca da obrigatoriedade de sua oitiva[43]. Parece-me, porém, que também se faz necessária a intervenção no caso de a decisão rescindenda decorrer de simulação ou de colusão das partes, a fim de fraudar a lei, porque, se a lei lhe confere para legitimidade para agir nesse caso (artigo 967, III, *b*), estabelece-se uma hipótese evidente de interesse público; 5) no incidente de resolução de demandas repetitivas, como haverá fixação de tese para causas de massa e também formação de precedente obrigatório, é fundamental a ampliação do diálogo e também está subjacente o interesse social, tornando obrigatória a intervenção prevista no artigo 976, § 2º; 6) nas ações possessórias envolvendo litígio coletivo, a intervenção será obrigatória, independentemente de haver hipossuficiência econômica, conforme dispõe o artigo 554, § 1º, do novo CPC: "no caso de ação possessória em que figure no polo passivo grande número de pessoas, serão feitas a citação pessoal dos ocupantes que forem encontrados no local e a citação por edital dos demais, determinando-se, ainda, a intimação do Ministério Público e, se envolver pessoas em situação de hipossuficiência econômica, da Defensoria Pública". Esse dispositivo fornece também importante subsídio para reforçar a legitimidade ativa do Ministério Público em casos de posse envolvendo direitos individuais homogêneos, já que reconhece a lei a presença de interesse social; 7) como o recurso de apelação somente passará pelo juízo de admissibilidade no Tribunal competente (artigo 1010, § 3º), também não haverá necessidade de qualquer pronunciamento como *custos legis* após a prolação da sentença do órgão que atua em primeiro grau, acabando, enfim, como que foi

---

42 A doutrina, buscando explicar a razão pela qual o Ministério Público deveria zelar pelas declarações de última vontade, afirma que se trata de observância de "normas de ordem pública" (LIMA, Fernando Antônio Negreiros. *A Intervenção do Ministério Público no Processo Civil Brasileiro como Custos Legis*. São Paulo: Método, 2007, p. 143/144) ou ainda explica porque, "como o testador, porque falecido, não mais pode velar para que sua vontade seja obedecida, a lei coloca o Ministério Público na função de cuidar de que não se descumpra a vontade manifestada no testamento" (BARBI, Celso Agrícola. *Comentários ao Código de Processo Civil*. Vol. I. 9ª ed. Rio de Janeiro: Forense, 1994, p. 230) e, por fim, em virtude de um suposto "interesse indisponível do Estado (da sociedade) em ver realizada a vontade do falecido" (Antônio Cláudio da Costa Machado, ob. cit., p. 302). O testamento é um negócio jurídico unilateral que tem a morte como causa relacionada à sua eficácia, de modo que não há nada que o vincule a "ordem pública" ou disponibilidade.

43 BARBOSA MOREIRA. *Comentários ao Código de Processo Civil*. Vol. V. 12ª Ed. Rio de Janeiro: Forense, 1995, p. 199/200.

denominado de "parecer recursal", sem prejuízo de ser necessária a atuação nos casos em que for possível o juízo de retratação do juiz; 8) o artigo 245 do novo CPC simplifica o procedimento peculiar para a citação de pessoa mentalmente incapaz ou que esteja impossibilitado de recebê-la, prevendo-se que o oficial de justiça descreva e certifique minuciosamente a ocorrência, devendo ser nomeado médico para examinar o citando, que apresentará laudo no prazo de cinco dias, salvo se pessoa da família apresentar declaração do médico do citando que ateste a incapacidade deste, e, reconhecida a impossibilidade de receber o mandado, será nomeado curador ao citando especificamente para a causa, recebendo a citação e lhe incumbindo a defesa dos interesses do incapaz para o ato. Note-se que não se trata de procedimento de interdição, mas de verificação tópica da capacidade para a prática de atos processuais. Por haver incapacidade, será necessária a intervenção do Ministério Público na própria verificação prevista no artigo 245[44] e, caso se constate que o citando é incapaz, nos demais atos do processo; 9) o artigo 190 do novo CPC permite a formação de negócios processuais atípicos e o Ministério Público como fiscal da ordem jurídica – e, com mais razão, quando atuar como parte – poderá propor ou participar dessas convenções, sendo potencialmente atingido por essa mudança paradigmática e devendo se preparar para explorar adequadamente suas potencialidades[45].

7. MINISTÉRIO PÚBLICO E A NECESSIDADE DE CURADOR ESPECIAL

O novo CPC corretamente distingue de modo expresso a função do Ministério Público como fiscal da ordem jurídica e, dependendo da hipótese, a necessidade de nomeação de curador especial, eliminando equívocos conceituais, como no caso da interdição (confronte-se, por exemplo, o artigo 752, §§ 1º e 2º, do novo CPC com o artigo 1770 do Código Civil, que será revogado pelo artigo 1072, II, do novo CPC[46]).

A atuação do Ministério Público não elimina a necessidade de o incapaz ser assistido ou representado, na forma do artigo 71 do novo CPC, já que sua participação se dará na condição de fiscal da ordem jurídica, cabendo-lhe, inclusive, por zelar pela adequada observância da atuação dos representantes legais. A

---

44 Contra, entendendo que o Ministério Público só atua a partir da constatação da incapacidade para o ato, ROQUE, Andre Vasconcelos. *Teoria Geral do Processo: Comentários ao CPC de 2015 – Parte Geral*. Gajardoni, Dellore, Roque e Oliveira Jr. (coautores). São Paulo: Método, 2015, p. 748.

45 Cf., CABRAL, Antonio do Passo. A Resolução nº 118 do Conselho Nacional do Ministério Públicos e as convenções processuais. *Negócios Processuais*. Antonio do Passo Cabral, Fredie Didier Jr. e Pedro Henrique Nogueira (coord.). Salvador: JusPodivm, 2015. Sobre os fundamentos para a admissibilidade dos negócios jurídicos processuais: GODINHO, Robson. *Negócios Processuais sobre o Ônus da Prova no Novo Código de Processo Civil*. São Paulo: RT, 2015.

46 As revogações previstas no artigo 1072, II, do novo CPC sofreram uma espécie de constrangimento legislativo, na medida em que o artigo 114 do Estatuto da Pessoa com Deficiência, editado após a aprovação do CPC e com período menor de vacância, altera dispositivos do Código Civil sem revogar a norma revogadora ou estabelecer alguma compatibilização sistemática.

intervenção do Ministério Público se dá precisamente em benefício do incapaz, não podendo significar em nenhum momento a diminuição de sua proteção jurídica. A mesma ideia deve incidir quando presente hipótese que justifique a nomeação de curador especial, que nunca será o próprio Ministério Público.

O art. 72 do CPC reproduz em essência o texto correspondente do Código anterior, com aperfeiçoamento redacional e correção técnica do parágrafo único. Trata-se de hipótese de suprimento de capacidade processual e não material, não dispensando a intervenção do Ministério Público, quando incidir o artigo 178, aplicando-se aqui, como visto, o mesmo raciocínio utilizado na análise do art. 71, CPC. O Ministério Público não atua no processo para integrar a capacidade, mas, sim, como fiscal da ordem jurídica. Se uma das funções do curador especial está no reforço do contraditório e da proteção da esfera jurídica do incapaz, a subtração de sua atuação em virtude da atuação do Ministério Público na verdade levaria a um déficit protetivo.

O parágrafo único do art. 72, CPC, é uma adequação à evolução normativa após a edição do Código anterior, especialmente à disciplina constitucional do Ministério Público, afastando-o definitivamente da possibilidade de ser curador especial, e das Leis Complementares nº 80/94 e 132/09, que dispõem sobre a Defensoria Pública e a erigem à condição de curador especial por excelência. Nas localidades em que ainda não houver Defensoria Pública devidamente instalada, a curadoria especial recairá sobre advogado idôneo. Não há necessidade de o curador ser advogado, mas, como para praticar atos no processo é necessária a capacidade postulatória, não faz sentido prático que a nomeação recaia sobre outra pessoa que terá que contratar profissional habilitado, já que são inconfundíveis os graus de incapacidade e o curador especial somente supre a incapacidade processual.

O que deve ser bem compreendido é a impossibilidade de o Ministério Público exercer a função de curador especial após a Constituição da República de 1988. A função do Ministério Público no processo se dá apenas de três maneiras: como legitimado ordinário, nos casos em que defende situação jurídica própria, como legitimado extraordinário e como fiscal da ordem jurídica. O Ministério Público deve zelar pela nomeação de curador especial nos procedimentos em que intervier e tal providência for exigida, como corretamente dispõe o art. 74, II, do Estatuto do Idoso, mas não pode ele exercer essa função por ser ela incompatível com suas atividades institucionais e finalísticas. Nem mesmo na ausência da Defensoria Pública deverá o Ministério Público exercer a curadoria especial, devendo a nomeação recair sobre outra pessoa, preferencialmente um advogado dativo[47]. Se a curadoria especial tiver lugar em hipóteses previstas no art. 178,

---

[47] Contra, entendendo que há possibilidade de nomeação subsidiária do Ministério Público: SILVA, Ovídio Baptista. *Comentários ao Código de Processo Civil*. Vol. I. São Paulo: RT, 2000, p. 86. Em sentido semelhante, já escrevendo sobre o novo CPC: DIDIER JR., *Curso...* cit., p. 332/333.

CPC, ou em alguma outra situação prevista legalmente, haverá necessidade de intervenção do Ministério Público na condição de fiscal da ordem jurídica, o que, como já afirmado, não exclui a necessidade de nomeação de curador especial, havendo, pois, uma dupla tutela do contraditório justificada por questões de política legislativa. Em suma, o Ministério Público, sendo o caso, deve conviver com o curador especial, mas não exerce essa função. O STJ cometeu grave equívoco nesse sentido, ao entender que era desnecessária a nomeação de curador especial ao interditando, por haver intervenção obrigatória do Ministério Público (REsp 1099458/PR, Rel. Ministra Maria Isabel Gallotti, Quarta Turma, DJe 10/12/2014). Confundiu-se a atuação como fiscal da ordem jurídica com a integração de capacidade processual do curador especial. O artigo 752, §§ 1º e 2º, CPC, corrige o equívoco.

Situação completamente distinta da que foi exposta no item anterior consiste na atuação do Ministério Público como substituto processual e a desnecessidade de nomeação de curador especial. Não perceber essa diferença é o mesmo que não entender a distinção entre substituição processual e fiscalização da ordem jurídica. Não se nomeia curador especial sob o pretexto de equilibrar um contraditório que está plenamente estabelecido, sem que incida nenhuma daquelas hipóteses antes mencionadas. Nesses casos, o Ministério Público é quem figura como autor, na tutela de direitos indisponíveis, não havendo necessidade de nomeação de curador especial. Essa controvérsia se instaurou em diversos casos envolvendo a destituição de poder familiar, em que a Defensoria Pública passou a atuar na condição de curador especial sem inclusive prévia nomeação judicial, incidindo em duplo equívoco. O CPC não possui regra expressa sobre o tema e a polêmica que se instaurou deveria ter sido suficiente para animar regramento específico. Mas esse entendimento sobre a desnecessidade de nomeação de curador especial decorre do sistema e vem sendo acolhido pelo STJ[48].

8. MINISTÉRIO PÚBLICO COMO LEGITIMADO ATIVO[49]

Em passado recente, o STJ se opunha de modo franco à possibilidade de o Ministério Público atuar como substituto processual para a tutela de direitos

---

48 AgRg no Ag 1369745/RJ, Rel. Ministro Paulo De Tarso Sanseverino, Terceira Turma, DJe 16/04/2012; AgRg no Ag 1415049/RJ, Rel. Ministra Maria Isabel Gallotti, Quarta Turma, DJe 17/05/2012; AgRg no Ag 1410673/RJ, Rel. Ministro Marco Buzzi, Quarta Turma, DJe 29/10/2014; AgRg no REsp 1478366/RJ, Rel. Ministro Luis Felipe Salomão, Quarta Turma, DJe 11/12/2014.

49 Evidentemente, o Ministério Público pode figurar no polo passivo de uma relação processual, como abordamos no artigo em conjunto com Fredie Didier Jr., já citado. Entretanto, abordaremos no presente trabalho apenas a legitimação ativa, ainda que se concorde com as críticas doutrinárias acerca da redação do artigo 177 do novo CPC, que, repetindo o artigo 81 do Código anterior, dá a entender que o Ministério Público somente atua como autor: GAJARDONI, Fernando. *Teoria Geral do Processo: Comentários ao CPC de*

indisponíveis, basicamente por exigir expressa lei concedendo essa autorização para atuar[50].

Partia o STJ e parte da doutrina da interpretação literal do artigo 6º do CPC de 1973, o que já era uma postura contra a doutrina que, corretamente, vinculava a substituição processual a uma autorização normativa[51], sendo que, no caso do Ministério Público, existe uma previsão constitucional genérica de substituição processual para a tutela de direitos individuais indisponíveis (art. 127 da Constituição). Em nosso atual sistema jurídico, toda a legitimidade do Ministério Público decorre diretamente da Constituição, inclusive a substituição processual, de modo que sempre soou como um desvio de perspectiva negar a possibilidade de o Ministério Público ajuizar uma ação para a garantia de um direito indisponível sob o argumento de inexistir lei ordinária autorizativa.

Enfim, o artigo 18 do novo CPC agora é expresso em dispor que a substituição processual decorre do "ordenamento jurídico", o que faz com que se suponha que a antiga discussão está definitivamente superada.

Sobre a atuação do Ministério Público como legitimado ativo, o novo CPC possui regra que pode ser útil nos casos em que houve uma inadequada formação de título extrajudicial pelo Ministério Público, incluindo, por exemplo, a má formulação de um termo de ajustamento de conduta, dispondo o artigo 785 que "a existência de título executivo extrajudicial não impede a parte de optar pelo processo de conhecimento, a fim de obter título executivo judicial".

Ainda na seara da efetivação de título executivo extrajudicial, o novo CPC também resolve antiga controvérsia ao prever, no artigo 911, parágrafo único, a possibilidade de imposição de prisão em caso de descumprimento injustificado de acordo de alimentos, reforçando a atuação extrajudicial do Ministério Público.

A nova sistemática da recorribilidade de decisões interlocutórias prevista nos artigos 1009, §§ 1º, 2º e 3º, e 1015 do novo CPC pode causar sérios problemas práticos na atuação do Ministério Público como legitimado ativo, especialmente nos processos envolvendo a tutela de direitos de crianças ou adolescentes que

---

2015 – *Parte Geral*. Gajardoni, Dellore, Roque e Oliveira Jr. (coautores). São Paulo: Método, 2015, p. 559. STEFANI, Marcos. *Breves Comentários ao Novo Código de Processo Civil*. Wambier, Didier Jr., Talamini e Dantas (coord.). São Paulo: RT, 2015, p. 550.

50   Amplo exame da questão em GODINHO, *A Proteção Processual...cit.*, p. 112/142.

51   O que não significa que necessariamente seja autorização *legal*. Assim, ALVIM NETTO, José Manoel de Arruda. *Código de Processo Civil Comentado*. São Paulo: RT, 1975, v. 1, p. 426; MOREIRA, José Carlos Barbosa. "Notas sobre o problema da efetividade do processo". *Temas de Direito Processual Civil – terceira série*. São Paulo: Saraiva, 1984, p. 33, nota 7; ZANETI JR., Hermes. A legitimação conglobante nas ações coletivas: a substituição processual decorrente do ordenamento jurídico. *Direito Civil e Processo: Estudos em homenagem ao Professor Arruda Alvim*. Araken de Assis e outros (coord.). São Paulo: RT, 2008, p. 859-866.

se protraem no tempo e não encontram sentença final em prazo razoável, embora inúmeras decisões interlocutórias sejam proferidas. Nesses casos, a utilização de mandado de segurança talvez seja necessária, a fim de conferir efetividade à atuação.

Ainda sob o aspecto recursal, o novo CPC permitirá a sustentação oral em julgamentos de agravo de instrumento contra decisões referentes à tutela provisória (artigo 937, VIII). Em razão do escalonamento da carreira do Ministério Público e a equivocada ideia de que somente Procuradores de Justiça podem sustentar oralmente perante os Tribunais, na prática essa situação poderá gerar tensões internas, afetando o exercício funcional, como será examinado de modo mais detido no item reservado ao mal estar do princípio da unidade.

Em várias passagens o novo CPC cuida do Ministério Público como legitimado ativo, como no requerimento de desconsideração da personalidade jurídica (artigo 133), requerimento de inventário em favor de incapazes (artigo 616, VII), requerimento em jurisdição voluntária (artigo 720), ação de interdição (artigo 748, sendo que o artigo 114 do Estatuto da Pessoa com Deficiência amplia essa legitimidade, mas alterando dispositivo do Código Civil que será revogado pelo novo CPC, o que ensejará uma acomodação normativa sistemática), a extinção de fundação (artigo 765), ajuizamento de ação rescisória (artigo 967, III), o incidente de resolução de demandas repetitivas (artigo 977, III), reclamação (artigo 988), entre outros.

Entretanto, talvez as mais relevantes inovações sejam as mais sutis e signifiquem embaraços práticos em sua legitimidade ativa, notadamente em relação ao custo do processo, como pode se depreender dos artigos 82, § 1º, e 91, §§ 1º e 2º, do novo CPC, que aparentemente constituirão em obstáculo para a atuação do Ministério Público.

9. SUSPEIÇÃO E IMPEDIMENTO

A finalidade primordial da previsão de situações que geram impedimento e suspeição de sujeitos relevantes para a participação e condução de processos e procedimentos é a proteção da imparcialidade e, em consequência, a garantia dos princípios da legalidade, isonomia e impessoalidade, na medida em que o ordenamento jurídico aprioristicamente estabelece hipóteses em que se presume, de forma relativa ou absoluta, uma espécie de contaminação cognitiva e volitiva para a prática de atos em determinadas circunstâncias.

Cumpre registrar, porém, que a imparcialidade não assegura, por si só, a independência necessária para atuação do juiz ou do membro do Ministério Público. Nas precisas palavras de, "um juiz sem independência será sempre um juiz parcial. Por outro lado, um juiz independente não será, somente por isso, um juiz imparcial. A independência é um meio para que o juiz cumpra o seu dever de imparcialidade. Assegurada a independência, outros mecanismos concretos deverão atuar para garantir que o juiz, ainda que independente, seja também imparcial ou, melhor dizendo, não seja um juiz parcial. Um desses mecanismos é a garantia do juiz natural"[52]. E nesse ponto em que a pretensão de imparcialidade, no sentido de atuação desvinculada de características subjetivas ou situações objetivas que a contaminem, encontra-se com a independência funcional, é fundamental aderir expressamente às precisas considerações do Relator sobre a relação entre os princípios e à Instituição.

Com efeito, o princípio da independência funcional, verdadeira glória do Ministério Público brasileiro, não possui alcance ilimitado e nunca pode ser invocado para que o membro deixe de cumprir sua função. Trata-se de garantia constitucional para assegurar o cumprimento de atividades finalísticas e não de álibi para a omissão funcional. Como qualquer outro princípio jurídico, a independência funcional não pode ser erigida à condição de ídolo absoluto, devendo ser aplicada em conjunto com outros princípios correlatos. Não há dúvidas de que a independência funcional é a mais importante garantia para que o membro do Ministério Público exerça sua função constitucional, mas não pode ser constituída em refúgio indevassável para o não exercício discricionário de atribuições. Trata-se de garantia do livre exercício da atuação do Ministério Público e não de um escudo para a falta de intervenção. A independência funcional não se confunde com liberdade de crença e não serve como álibi para a omissão do Ministério Público, sob pena de transmudar-se de garantia para ameaça institucional.

Ou seja: a garantia da independência funcional está inexoravelmente ligada à imparcialidade do membro do Ministério Público, mas isso não significa que sua asseguração formal seja suficiente para possibilitar uma adequada atuação

---

52   Ainda: "A razão de ser da garantia do juiz natural é, exatamente, assegurar um julgador imparcial. Obviamente, não basta o juiz natural para que se tenha um juiz imparcial. Mas a garantia do juiz natural, enquanto juiz pré-constituído e definido segundo critérios legais de competência, é um mecanismo eficiente para permitir que o acusado não seja julgado por um juiz parcial, evitando a manipulação dos poderes do Estado para atribuir um caso a um tribunal específico, escolhendo seu julgador". BADARÓ, Gustavo Henrique Righi Ivahy. *A Garantia do Juiz Natural no Processo Penal: delimitação do conteúdo e análise em face das regras constitucionais e legais de determinação e modificação de competência no direito processual penal brasileiro.* Tese de Livre-Docência. São Paulo: USP, 2010, p. 33 e 35 (essa tese foi publicada comercialmente em setembro de 2014 pela editora RT, com o título *Juiz Natural no processo Penal*, mas consultamos o trabalho original, de modo que as páginas referidas serão da versão que consta na biblioteca de teses da USP). Mais adiante esse autor relacionará a figura do juiz natural com a "pessoa do julgador" e não apenas com o órgão jurisdicional, conforme anuncia na p. 44 e desenvolve na p. 213 e seguintes da referida tese).

O Ministério Público no novo Código de Processo Civil: alguns tópicos

finalística, na medida em que o pretexto de preservá-la pode escamotear uma fórmula de sacrificar o interesse público por razões privadas[53].

Isso não significa, entretanto, que inexista um núcleo intangível da independência funcional que sirva precisamente para garantir a imparcialidade do membro do Ministério Público. Se a independência não pode ser tão ampla que signifique um absolutismo privado, também não pode ser reduzida à condição de *slogan* vazio, propiciando uma interferência forçada no exercício funcional.

Para reforçar a independência, portanto, o CPC estabelece hipóteses que maculam ou impedem a atuação do Ministério Público. Como se sabe, enquanto o impedimento relaciona-se com o objeto da causa, a suspeição é a desconfiança, a dúvida, o receio de que o membro do Ministério Público, ainda quando honesto e probo, não terá condições psicológicas de atuar com isenção dada sua relação com qualquer das partes em razão de algum vínculo subjetivo com determinada causa[54].

O CPC de 73 prevê diversas hipóteses de tais situações, devendo-se ler o artigo 138, I, cuja redação pode soar um tanto truncada, da seguinte forma: aplica-se ao Ministério Público, quando for parte no processo, o disposto nos incisos II a VI do art. 134 e I a IV do art. 135[55].

Já o novo CPC, além de acabar com o problema citado acima, já que seu artigo 148, I, é muito claro ao dispor que se aplicam os motivos de impedimento e suspeição aos membros do Ministério Público, traz algumas novidades relevantes: 1) novas hipóteses de impedimento, especialmente as previstas no artigo 144, VII e VIII, isto é: em que figure no processo como parte instituição de ensino com a qual tenha relação de emprego ou decorrente de contrato de prestação de serviços e, também, em que figure como parte cliente do escritório de advocacia de seu cônjuge, companheiro ou parente, consanguíneo ou afim, em linha reta ou colateral, até o terceiro grau, inclusive, mesmo que patrocinado por advogado de outro escritório; 2) além disso, ao especificar o impedimento decorrente da postulação no processo, como defensor público, advogado ou membro do Ministério Público, de seu cônjuge ou companheiro, ou de qualquer parente, consanguíneo ou afim, em linha reta ou colateral, até o terceiro grau, inclusive, o novo

---

53   Sobre o tema: GARCIA, Emerson. *Ministério Público...cit.*, p. 141/150. GOULART, Marcelo Pedroso. *Elementos para uma Teoria Geral do Ministério Público*. Belo Horizonte: Arraes, 2013, p. 135/137.

54   TORNAGHI, Hélio. *Comentários ao Código de Processo Civil*. Vol. I. 2ª ed. São Paulo: RT, 1976, p. 416. "Quem está sob suspeição está em situação de dúvida de outrem quanto ao seu bom procedimento. Quem está impedido está fora de dúvida, pela enorme probabilidade de ter influência maléfica para a sua função" (PONTES DE MIRANDA. *Comentários ao Código de Processo Civil*. Tomo II. 3ª ed. Rio de Janeiro: Forense, 1998, p. 420).

55   TORNAGHI, ob. cit., p. 430. DALL'AGNOL, Antônio. *Comentários ao Código de Processo Civil*. Vol. 2. São Paulo: RT, 2000, p. 175/176.

CPC amplia a situação no artigo 144, §§ 1o e 3o, sendo que essa situação só incide quando a causa do impedimento já integrava o processo antes da atividade judicante do juiz (e funcional do membro do Ministério Público), verificando-se esse impedimento também no caso de mandato conferido a membro de escritório de advocacia que tenha em seus quadros advogado que individualmente ostente a condição nele prevista, mesmo que não intervenha diretamente no processo; 3) também é estabelecido que é vedada a criação de fato superveniente a fim de caracterizar impedimento (artigo 144, § 2o); 4) será ilegítima a alegação de suspeição quando houver sido provocada por quem a alega ou a parte que a alega houver praticado ato que signifique manifesta aceitação do arguido (artigo 145, I e II); 5) O artigo 146 modifica a disciplina do procedimento da verificação da suspeição ou impedimento, que será suscitado em petição específica, seguindo, após, o procedimento detalhado nos respectivos parágrafos[56].

10. A RESPONSABILIDADE DO MINISTÉRIO PÚBLICO

O novo CPC fixou um regime comum[57] de responsabilidade civil dos agentes públicos em razão da atividade funcional nos artigos 143, 145, 181, 184 e 187. Ainda que esse regime decorra diretamente da Constituição, o regramento expresso é relevante sobretudo para o Ministério Público, cujos membros vêm sendo alvos de pretensões de responsabilização pessoal[58]. Com essa expressa previsão legal,

---

56   Em relação a procedimentos extrajudiciais instaurados por membros do Ministério Público, é necessário fixar a atribuição do órgão que resolverá a questão de eventual exceção se suspeição ou impedimento. Ou seja, há que se estabelecer quem resolverá uma alegação acerca da parcialidade de membro no decorrer de um inquérito civil. O primeiro ponto que nos parece óbvio, por se relacionar com a fixação de atribuições, é a exclusão do controle jurisdicional primário sobre o tema. Isto é: a suspeição ou o impedimento de membro do Ministério Público em procedimento extrajudicial não é decidida pelo Judiciário, salvo se necessário o controle repressivo do ato interno. Entendo, pois, que se trata de matéria afeta ao Procurador-Geral. A lei 8625/93 dispõe o seguinte: "Art. 10. Compete ao Procurador-Geral de Justiça: IX – designar membros do Ministério Público para: d) oferecer denúncia ou propor ação civil pública nas hipóteses de não confirmação de arquivamento de inquérito policial ou civil, bem como de quaisquer peças de informações [...] f) assegurar a continuidade dos serviços, em caso de vacância, afastamento temporário, ausência, impedimento ou suspeição de titular de cargo, ou com consentimento deste". Poder-se-ia cogitar da aplicação da regra que confere ao Órgão Especial a competência para deliberar sobre assuntos de relevância institucional. Entretanto, em casos de designação, corriqueiramente o Procurador-Geral de Justiça é quem disciplina a matéria, especialmente em razão da dinamicidade necessária para a continuidade do serviço público, não cabendo invocar uma regra residual quando se tem toda uma sistemática voltada para a atuação do Procurador-Geral em matéria que afeta a atribuição de órgão de execução (no mesmo sentido, Mazzilli: *O Inquérito Civil*. 3ª ed. São Paulo: Saraiva, 2008, p. 95).

57   Verificando sutis diferenças sistemáticas: TALAMINI, Daniele Coutinho. TALAMINI, Eduardo. *Breves Comentários ao Novo Código de Processo Civil*. Wambier, Didier Jr., Talamini e Dantas (coord.). São Paulo: RT, 2015, p. 565.

58   Sobre o tema: PUOLI, José Carlos Baptista. *Responsabilidade Civil do Promotor de Justiça na Tutela aos Interesses Coletivos*: São Paulo: Juarez de Oliveira, 2007. GODINHO, Robson Renault. Ministério Público e assistência: o interesse institucional como expressão do interesse jurídico. *Aspectos Polêmicos e Atuais sobre os Terceiros no Processo Civil e Assuntos Afins*. Fredie Didier. Jr. e Teresa Arruda Alvim Wambier (coord.). São Paulo:

bem como uma aposta do Código no trabalho dos juízes no controle da admissibilidade da demanda, sempre em contraditório, e na fase de saneamento, espera-se que a ilegitimidade passiva do membro para responsabilidade direta passe a ser examinada expressamente e, em consequência, seja reconhecida.

Em relação aos deveres de probidade processual previstos no artigo 77 do novo CPC, os agentes públicos estão excluídos do pagamento de multa, reservando-se a responsabilização disciplinar para o órgão interno competente (artigo 77, § 6o).

Manteve-se a responsabilidade pelas despesas dos atos processuais adiados ou repetidos para o Ministério Público, se não houve justo motivo (artigo 93), prevendo-se, ainda, responsabilidade pessoal do membro que, injustiçadamente, não restituir os autos quando intimado para tanto (artigos 234, § 4o, e 235).

11. A ATUAÇÃO DO MINISTÉRIO PÚBLICO E O ESCALONAMENTO DA CARREIRA: O MAL-ESTAR NO PRINCÍPIO DA UNIDADE

Um problema interno específico da carreira do Ministério Público será intensificado pelo novo CPC. Trata-se da atuação escalonada da Instituição, com classes estanques, cujo diálogo é desejável, mas nem sempre estabelecido, levando a uma latente tensão na atuação processual que vem sendo intensificada com a maior atuação do Ministério Público como legitimado ativo. O novo CPC, ao estimular a maior concentração da atividade do Ministério Público na legitimação ativa e exigir um aumento qualitativo da função como interveniente, aprofundará esse mal-estar já detectado, especialmente quando necessária uma atuação mais efetiva na fase recursal, em que necessariamente o membro que recorre não é aquele a quem, tradicionalmente, são conferidas as atribuições necessárias para o exercício pleno do ato postulatório, como a sustentação oral, cuja relevância assumirá novas cores com a possibilidade de seu exercício em agravo de instrumento.

O Superior Tribunal de Justiça, por exemplo, já percebeu esse problema decorrente da unidade e vem entendo em alguns julgados que, quando o Ministério Público figura como parte, é desnecessária a intervenção do Procurador de Justiça na condição de *custos legis*. Note-se que se trata de situação diferente daquela que gerou antiga controvérsia acerca da necessidade de dois ou mais órgãos do Ministério atuarem em um mesmo processo. O que agora vem sendo decidido é a desnecessidade de atuação de mais de um membro do Ministério Público, ainda que em diferentes graus de jurisdição, desde que o órgão seja parte no processo.

RT, 2004. No STJ: REsp 1435582/MG, Rel. Ministra Nancy Andrighi, Terceira Turma, julgado em 10/06/2014, DJe 11/09/2014.

Trata-se de leitura peculiar tanto do disposto no artigo 5º, § 1º, da Lei da Ação Civil Pública, quanto do princípio da unidade[59]. A se vingar este entendimento, teremos um redimensionamento da atuação dos Procuradores de Justiça, com no mínimo os seguintes desdobramentos que terão que ser resolvidos institucional e jurisprudencialmente: a) em ação proposta pelo Ministério Público, não mais haverá atuação de Procurador de Justiça; b) ou, no mesmo caso, o Promotor de Justiça somente atuará até a sentença, passando o Procurador de Justiça a assumir o comando do processo; c) ou seja: o Procurador de Justiça é que responderá ao recurso de apelação; d) entretanto, em caso de recurso de agravo haverá um acréscimo de perplexidade; e) deverá ser fixado qual órgão receberá as intimações pessoais; f) por fim, também será afetada a atuação dos membros do Ministério Público que atuam perante os Tribunais Superiores.

Isso se deve, em linhas gerais, a uma peculiar estrutura administrativa simétrica à dos Tribunais, bem como à tensão entre os princípios da independência funcional e da unidade e de uma dificuldade de trabalho conjunto entre as classes, cuja explicação pode situar-se essencialmente em plano meta-jurídico.

Com efeito, embora uno e indivisível, por razões lógicas e funcionais, e seguindo critérios abstratamente fixados por atos normativos, o Ministério Público exerce suas funções por meio de plexos de atribuições individualizados em unidades autônomas, cada qual ocupada por membros previamente investidos à luz do regramento de regência, seja por provimento ou por substituição. Além dos critérios estabelecidos em virtude da matéria e do território, com a finalidade de melhor dimensionamento do exercício funcional do Ministério Público, a mais eloquente cisão de atribuições se dá em nível legislativo e tem como referencial precisamente uma vinculação entre atribuição e competência e a separação da carreira em classes, na forma das respectivas Leis Orgânicas que disciplinam as atribuições genéricas dos Promotores de Justiça e dos Procuradores de Justiça, no âmbito estadual, e do Ministério Público Federal. Essa rígida separação de atribuições de acordo com os graus jurisdicionais não raro enseja desencontros técnicos, o que é explicado pela convivência entre a unidade e a independência funcional[60], mas recentemente a doutrina[61] e a jurisprudência[62] identificaram

---

59   Para o presente item, interessa primordialmente uma das dimensões do princípio da unidade, isto é, seu aspecto funcional. Para aspectos conceituais do referido princípio: GARCIA, ob. cit., p. 122/130. GOULART, ob. cit., p. 131/134.

60   Cf., GARCIA, Emerson. *Ob. cit.*, p. 129/130.

61   Cf., ZENKNER, Marcelo. Reflexos processuais dos princípios institucionais da unidade e da indivisibilidade – revisitando as atribuições dos órgãos de execução do Ministério Público brasileiro. *Temas Atuais do Ministério Público*. Farias, Alves e Rosenvald (org.). 3ª ed. Salvador: JusPodivm, 2012, *passim*.

62   RMS 16409/MG, Rel. Ministro Luiz Fux, Primeira Turma, julgado em 17/02/2004, DJ 22/03/2004, p. 197. REsp 554.906/DF, Rel. Ministra Eliana Calmon, Segunda Turma, julgado em 15/05/2007, DJ 28/05/2007, p. 308. REsp

alguma perplexidade na manutenção da separação funcional, em um mesmo processo, na atuação do Ministério Público. Essas referências sobre a heterodoxia da simultaneidade da atuação do Ministério Público não significam absoluta adesão a tais decisões[63], mas, sim, servem para ilustrar uma situação que se tornou ainda mais sensível com o exercício das suas atribuições envolvendo atuação como parte em seara não penal, o que, até recentemente, não era um quadro com que se trabalhava institucionalmente. Com efeito, a atuação do Ministério Público como parte autora sempre esteve relacionada ao processo penal e só em período mais recente, especialmente após a promulgação da atual Constituição, sua atividade como autor no campo cível passou a merecer maior atenção sendo que, mesmo legitimado para o exercício de diversas ações que tutelam direitos individuais, o Ministério Público passou a ser conhecido como o legitimado por excelência para a tutela de direitos transindividuais.

Um ponto que merece especial atenção é a relação entre a necessidade de interposição de recurso por Promotor de Justiça para que o Procurador de Justiça passe a ter as atribuições regulares. Ou seja: por não possuir atribuição para ajuizamento de ações, os Procuradores de Justiça possuem atribuição vinculada à interposição recursal, passando, então, a exercer as funções do Ministério Público junto ao Tribunal de Justiça, invariavelmente na condição de fiscal da lei.

Esse dado demonstra que a atuação dos Procuradores de Justiça *junto* ao Tribunal convive harmonicamente com as atribuições dos Promotores de Justiça que atuam como postulantes *perante* aquele mesmo órgão jurisdicional[64].

1183504/DF, Rel. Ministro Humberto Martins, Segunda Turma, julgado em 18/05/2010, DJe 17/06/2010.HC 87926, Relator(a): Min. Cezar Peluso, Tribunal Pleno, julgado em 20/02/2008, DJe-074, public. 25-04-2008. Entretanto, na jurisprudência do Superior Tribunal de Justiça permanece pacífica a tese contrária: "A previsão de manifestação do Ministério Público em segunda instância, contida no art. 610 do Código de Processo Penal, decorre de sua função de fiscal da lei, o que não se confunde com a atribuição de titular da ação penal pública, a teor do que preconiza o art. 257 do referido diploma legal. 4. Assim, após a manifestação ministerial, não há falar em contraditório a ser exercido pela defesa, visto que, quando o Ministério Público atua como *custos legis*, não compõe nenhum dos polos da relação processual, ainda que se oponha às teses trazidas pelo réu" (HC 244.999/SP, Rel. Ministro Og Fernandes, Sexta Turma, julgado em 23/04/2013, DJe 30/04/2013).

63 Importante registro de Emerson Garcia: "Embora seja desnecessária a simultânea intervenção de dois membros do Ministério Público na mesma relação processual, um na condição de órgão agente, outro na de órgão interveniente, esse raciocínio não é extensivo às causas que, sucessivamente, tramitem em instâncias distintas, perante as quais atuem órgãos de execução diversos. Assim, ainda que a petição inicial seja subscrita por um Promotor de Justiça, em segunda instância intervirá obrigatoriamente um Procurador de Justiça: o primeiro atuando como órgão agente, o segundo como órgão interveniente. Tratando-se de Instituição essencial à função jurisdicional do Estado e funcionalmente escalonada, o que delimita a instância perante a qual os respectivos agentes estão legitimados a atuar, torna-se evidente que a lei somente poderá afastar a intervenção dúplice do Ministério Público, não a sucessiva" (ob. cit., p. 589).

64 "E se a função jurisdicional de primeira instância termina com a prolação da sentença, é lógico concluir que, no mesmo momento processual, cessarão também as atribuições do órgão de execução do Ministério

Decorre dessa estrutura organizacional que, enquanto estiver exercendo atos postulatórios referentes à interposição de recursos, os Promotores de Justiça estarão no estrito campo de atuação que lhe foi conferido pelos atos normativos de regência.

Destoaria do sistema legal permitir que o Promotor de Justiça interponha recurso e, entrementes, vedar-lhe, por exemplo, a possibilidade de acrescer às razões recursais a apresentação de prova nova ou a correção de erros materiais[65] porventura existentes na própria petição de recurso. Todo e qualquer aditamento ao recurso interposto pelo Promotor de Justiça é de sua atribuição, por decorrência lógica da atribuição recursal.

Em suma, tudo aquilo que se referir ao desdobramento da atribuição para recorrer de decisão proferida em primeiro grau está inserido no plexo de atribuições dos Promotores de Justiça.

Esse raciocínio me parece intuitivo e elementar, mas, por razões desconhecidas, pelo menos no plano técnico, não se permite que o Promotor de Justiça sustente oralmente recurso por ele interposto ou contrarrazoado. É interessante anotar que a sustentação oral decorre do ato postulatório – tanto assim que inexiste sustentação oral em reexame necessário, exatamente por não haver postulação nesse caso –, é um desdobramento do ato de recorrer e consiste precisamente em atuação perante o tribunal. É o exercício pleno do ato recursal. Logo,

---

Público que até então atuava no feito, ressalvada a interposição de recursos pelo próprio *Parquet*. Assim, interposta apelação pelo autor, pelo réu ou por um terceiro prejudicado, não cabe ao Promotor de Justiça opinar, como interveniente, quanto ao pleito recursal, já que tal atribuição será oportunamente exercida pelo Procurador de Justiça com atribuição "junto" ao órgão respectivo do Tribunal de Justiça, que atua, da mesma forma, como interveniente. E aqui há que se estabelecer a distinção existente entre o atuar "perante" os tribunais e o atuar "junto" aos tribunais. A primeira forma de intervenção se dá comumente nas hipóteses de interposição de qualquer recurso pelo membro do *Parquet* com atuação em primeiro grau. Existe, no primeiro caso, apenas uma postulação dirigida ao órgão *ad quem*, sem que o postulante atue efetivamente naquele colegiado. Situação distinta é a que ocorre quando se atua "junto" aos tribunais, ali tomando assento, elaborando pareceres e realizando sustentações orais que antecedem à própria decisão que há de ser lavrada. Não se trata aqui de um recurso ou postulação vinda de um órgão de instância diversa, mas de uma intervenção oriunda de um órgão de atuação também em segundo grau, que atua, por isso mesmo, "junto" aos tribunais" (ZENKNER, Marcelo. Reflexos processuais dos princípios institucionais da unidade e da indivisibilidade – revisitando as atribuições dos órgãos de execução do Ministério Público brasileiro. *Temas Atuais do Ministério Público*. Farias, Alves e Rosenvald (org.). 3ª ed. Salvador: JusPodivm, 2012, p. 142).

65   O erro material também pode constar no ato da parte, como nos casos de equívoco em datas, nomes etc. De todo modo, não há que se falar em preclusão e os erros podem ser corrigidos de ofício: "O erro material, passível de ser corrigido de ofício, e não sujeito à preclusão, é o reconhecido primu ictu oculi, consistente em equívocos materiais sem conteúdo decisório propriamente dito" (REsp 1151982/ES, Rel. Ministra Nancy Andrighi, Terceira Turma, julgado em 23/10/2012, DJe 31/10/2012). "A correção de erro material disciplinado pelo art. 463 do CPC não se sujeita aos institutos da preclusão e da coisa julgada, porquanto constitui matéria de ordem pública cognoscível de ofício pelo magistrado. Precedentes: REsp 824.289/TO, Rel. Ministro João Otávio de Noronha, Segunda Turma, DJ 16/10/2006; AgRg no REsp 773273/MG, Rel. Ministro Luiz Fux, Primeira Turma, DJ 27/02/2008" (AgRg no REsp 1160801/CE, Rel. Ministro Benedito Gonçalves, Primeira Turma, julgado em 03/05/2011, DJe 10/05/2011).

somente quem possui legitimidade para recorrer pode sustentar oralmente. E o entendimento de que aqui incidiria o princípio da unidade – já que o recorrente é o Ministério Público e não o membro, obviamente – é um desserviço para a plena efetividade do ato e decorre de uma interpretação simplista, indiferente aos aspectos factuais, já que tal princípio não serve para transmutação da atribuição que foi fixada com a interposição do recurso. Evidentemente, pode o Promotor de Justiça postular perante o segundo grau e lhe deve ser assegurado o pleno exercício de todos os atos que integrarem essa postulação.

Note-se que, salvo as evidentes exceções dos embargos de declaração e de recursos para a Turma Recursal, os atos recursais dos Promotores de Justiça terão como destinatário necessário o Tribunal de Justiça, não havendo nessa atuação nenhuma situação heterodoxa, já que o juiz de primeiro grau, como visto, nem mais exercerá um preliminar juízo de admissibilidade.

Para reforçar de modo eloquente essa atribuição perante o Tribunal, basta lembrar a sistemática adotada nos recursos de agravo, em que, além de a interposição ser realizada diretamente em segundo grau, as contrarrazões também são oferecidas pelos Promotores de Justiça[66].

Um outro dado a se considerar, após todos os argumentos técnicos expostos, refere-se, na realidade, em uma questão factual: não raro precedido por procedimento administrativo ou inquérito civil, não raro com diversos volumes e com laboriosa atividade processual, com dezenas de laudas produzidas, não se pode esperar de um Promotor de Justiça um comportamento indiferente, por exemplo, com o resultado de um recurso por ele interposto e considerar que, após todo o trabalho desenvolvido, com o processo ainda sob julgamento e exatamente por ato postulatório de sua iniciativa, há que permanecer inerte por ter a atribuição coartada. Note-se que, com a proliferação de decisões monocráticas, robustece ainda mais a necessidade de o Promotor de Justiça permanecer atento com o trâmite recursal, a fim de evitar uma apreciação sumária e com cognição parcial sobre os fatos e argumentos relevantes para o processo. Lembre-se, outrossim, do fato de que, pela independência funcional, pode o Procurador de Justiça discordar frontalmente da tese veiculada no recurso interposto pelo Ministério Público por meio do Promotor de Justiça, inclusive com parecer formal nesse sentido, ou simplesmente considerar que não é pertinente o acréscimo que se quer fazer ao recurso, o que é tecnicamente lícito, mas pode ser processualmente indesejável. Não se apregoa, evidentemente, uma relação pessoal entre o membro do Ministério Público e seu trabalho – a propósito, invariavelmente o voluntarismo desprovido de técnica é responsável por práticas contraproducentes –, mas, sim,

---

66   Cf., GARCIA, ob. cit., p. 595/596. Ainda, com propostas de mudanças na sistemática recursal, ZENKNER, Reflexos processuais...cit., itens 4.3 e 4.4.

pretende-se assinalar que, além das questões técnicas, também aspectos factuais devem ser associados na análise do tema.

Não é incomum encontrar na atuação de Procuradores de Justiça um ânimo processual menos intenso do que o Promotor de Justiça que vivenciou os fatos e que desenvolveu todo o trabalho anterior, havendo, assim, o que aqui é denominado de mal-estar da unidade, isto é, a constatação de um absoluto descompasso na forma e no conteúdo da atuação entre as classes. Esse quadro ainda piora se tivermos em mente que o Procurador de Justiça que atuar no processo sequer será o mesmo que participará da sessão de julgamento, já que inexiste essa vinculatividade, o que pode significar prejuízo para a efetividade da atuação do Ministério Público (note-se, a propósito, que o artigo 1003, § 1º, do novo CPC prevê que a intimação será realizada na audiência em que proferida a decisão), o que pode aprofundar o problema relacionado a essa descoincidência de atuação).

Dois exemplos baseados em casos de que tomamos conhecimento que podem ilustrar a hipótese: 1) Promotor de Justiça instaura procedimento para verificar situação de risco envolvendo criança; após diligências investigatórias, constata-se a situação de risco e ajuíza-se ação de destituição de poder familiar; o pedido é julgado improcedente; o Promotor de Justiça interpõe recurso de apelação e, recusada a retratação pelo juiz, os autos são remetidos ao Tribunal, após as contrarrazões; um Procurador de Justiça oferecerá parecer sobre o caso; no dia do julgamento, aquele Promotor de Justiça não poderá oferecer sustentação oral, porque se entende que não está em sua atribuição, e o procurador de Justiça que estará presente na sessão poderá ser outro, que nunca viu aqueles autos e desconhece os fatos. 2) Promotor de Justiça, após averiguação formal dos fatos, ajuíza ação coletiva visando à tutela do patrimônio público, obtendo a tutela provisória de bloqueio de elevada quantia que seria repassada à ré por entidade pública; contra o deferimento da tutela provisória, a ré interpõe agravo, não obtendo, contudo, a suspensão da tutela provisória; o Promotor de Justiça oferece contrarrazões ao agravo e, entrementes, a agravante, inconformada com a decisão do relator, impetra mandado de segurança perante o órgão especial do Tribunal, deslocando a competência e, consequentemente, passando a atribuição para o Procurador-Geral de Justiça; o relator do mandado de segurança concede a liminar e determina a liberação das verbas, o que pode causar grave lesão ao erário; o Promotor de Justiça, tomando ciência fática dessa decisão, comunica ao Procurador-Geral que a liminar concedida é grave e baseada em equívocos fáticos evidentes, que podem ser facilmente esclarecidos ao relator; o Procurador--Geral se nega a peticionar sob a alegação de que não foi formalmente intimado da decisão; contra essa postura interna passiva, formalista, burocrática, palaciana, desinteressada e em desacordo com tudo o que se espera do Ministério Público nos dias de hoje, o Promotor de Justiça nada pode fazer, salvo lamentar e combater o inevitável desânimo.

Esses exemplos acontecem com desconcertante frequência e revelam uma fragilidade e um descompasso interno de difícil solução, quase uma espécie de esquizofrenia funcional, e, como antes afirmado, poderá ser agravado pelo novo CPC, sem qualquer trocadilho.

Com efeito, o artigo 937, VIII, do novo CPC permite a sustentação oral em julgamento de recurso de agravo de instrumento interposto contra decisões interlocutórias que versem sobre tutelas provisórias de urgência ou da evidência. Ou seja: em situações sensíveis, em que a urgência integra o recurso, o Promotor de Justiça interporá o agravo ou oferecerá contrarrazões, mas, a se manter a atual tradição, não poderá oferecer sustentação oral e dependerá do empenho do Procurador de Justiça para que seu ato postulatório tenha a adequada complementação.

Essa interpretação de que a sustentação oral é exclusiva dos Procuradores de Justiça, como visto, não encontra respaldo técnico, já que se trata de ato postulatório perante o Tribunal e não junto a ele. Sendo assim, por se tratar de desdobramento de ato postulatório, somente aquele que pode interpor o recurso está legitimado a proferir sustentação oral.

Por uma constatação empírica, a urgência e o empenho do recorrente não são simétricos à atuação do parecerista que, por uma tradição inventada, passa a ostentar exclusividade na sustentação oral.

Acrescente-se, outrosssim, que, se se aderisse à tese de que Promotores de Justiça não podem pleitear perante Tribunal de Justiça, haveria evidente retrocesso na posição institucional que defende a possibilidade de os Ministérios Públicos estaduais atuarem perante os Tribunais Superiores, na medida em que se sufragaria, ainda que por via transversa, a ideia de que há exclusividade topográfica na atuação finalística da Instituição[67].

---

67 Como é cediço, trata-se de tema muito caro aos Ministérios Públicos estaduais – com proeminente atuação do Ministério Público do Rio de Janeiro – e ainda está viva a controvérsia na jurisprudência, com julgamento sobre o tema na Corte Especial do Superior Tribunal de Justiça (AREsp/DF 285810). Recentes julgados apontam para uma evolução jurisprudencial, ainda em andamento: "Processual civil. Agravos regimentais. Ministério Público estadual. Legitimidade recursal. Recurso especial. Tempestividade. Recesso forense. Comprovação posterior. Precedente da Corte Especial (AResp 137.141/SE). Conversão em recurso especial. 1. É sabido que esta Corte Superior de Justiça até aqui ampara a tese de que o Ministério Público Estadual não é parte legítima para atuar perante os Tribunais Superiores, uma vez que tal atividade estaria restrita ao Ministério Público Federal. 2. O Ministério Público dos Estados não está vinculado nem subordinado, no plano processual, administrativo e/ou institucional, à Chefia do Ministério Público da União, o que lhe confere ampla possibilidade de postular, autonomamente, perante esta Corte Superior de Justiça. 3. Não permitir que o Ministério Público Estadual atue perante esta Corte Superior de Justiça significa: (a) vedar ao MP Estadual o acesso ao STF e ao STJ; (b) criar espécie de subordinação hierárquica entre o MP Estadual e o MP Federal, onde ela é absolutamente inexistente; (c) cercear a autonomia do MP Estadual; e (d) violar o princípio federativo. 4. A atuação do Ministério Público Estadual perante o Superior Tribunal de Justiça não afasta a atuação do Ministério Público Federal, um agindo como parte e o outro como custos legis. 5. Recentemente, durante o julgamento da questão de ordem no Recurso Extraordinário nº 593.727/MG, em que discutia a constitucionalidade da realização de procedimento investigatório criminal pelo Ministério Público, decidiu-se pela legitimidade do Ministério Público Estadual atuar perante a Suprema Corte. 6. Legitimidade

Imagine-se, por exemplo, um Recurso Especial interposto por Procurador de Justiça de Tutela Coletiva de Ministério Público estadual. Eventual comprovação de fato relevante, como superveniência de decisão jurisdicional pertinente ou algum

---

do Ministério Público Estadual para atuar perante esta Corte Superior de Justiça, na qualidade de autor da ação, atribuindo efeitos prospectivos à decisão. [...]" (AgRg no AgRg no AREsp 194892/RJ, Rel. Ministro Mauro Campbell Marques, Primeira Seção, julgado em 24/10/2012, DJe 26/10/2012). No Superior Tribunal de Justiça o tema foi pacificado na Corte Especial: "Embargos de divergência no recurso especial. Penal e processo penal. Legitimidade do Ministério Público estadual. Atuação, como parte, para atuar diretamente no STJ. Possibilidade. Questão de ordem no recurso extraordinário nº 593.727/MG. Legitimidade do ministério público estadual para atuar perante o STF. Possibilidade. Embargos de divergência conhecidos e providos, para que, afastada a preliminar, a sexta turma prossiga no julgamento do agravo regimental. 1. O acórdão embargado e o acórdão indicado como paradigma discrepam a respeito da interpretação do art. 47, § 1º, da Lei Complementar nº 75, de 1993, um conhecendo de agravo regimental interposto por membro de Ministério Público, e o outro, não; 2. Cindindo em um processo o exercício das funções do Ministério Público (o Ministério Público Estadual sendo o autor da ação, e o Ministério Público Federal opinando acerca do recurso interposto nos respectivos autos), não há razão legal, nem qualquer outra ditada pelo interesse público, que autorize uma restrição ao Ministério Público enquanto autor da ação. 3. Recentemente, durante o julgamento da questão de ordem no Recurso Extraordinário nº 593.727/MG, em que se discutia a constitucionalidade da realização de procedimento investigatório criminal conduzido pelo Ministério Público, decidiu-se pela legitimidade do Ministério Público Estadual atuar perante a Suprema Corte (EREsp 1327573/RJ, Rel. Ministro Ari Pargendler, Rel. p/acórdão Ministra Nancy Andrighi, Corte Especial, julgado em 17/12/2014, DJe 27/02/2015). Também o Supremo Tribunal Federal conferiu novo enfoque e alterou anterior entendimento: "Reclamação. Ilegitimidade ativa do Ministério Público estadual. Inicial ratificada pelo procurador-geral da república. Afastamento da incidência do art. 127 da lep por órgão fracionário de tribunal estadual. Violação da súmula vinculante 9. Procedência. 1. Inicialmente, entendo que o Ministério Público do Estado de São Paulo não possui legitimidade para propor originariamente Reclamação perante esta Corte, já que "incumbe ao Procurador-Geral da República exercer as funções do Ministério Público junto ao Supremo Tribunal Federal, nos termos do art. 46 da Lei Complementar 75/93" (Rcl 4453 MC-AgR-AgR / SE, de minha relatoria, DJe 059, 26.03.2009). 2. Entretanto, a ilegitimidade ativa foi corrigida pelo Procurador-Geral da República, que ratificou a petição inicial e assumiu a iniciativa da demanda. 3. Entendimento original da relatora foi superado, por maioria de votos, para reconhecer a legitimidade ativa autônoma do Ministério Púbico Estadual para propor reclamação". Durante o julgamento, cuja íntegra está disponível no sítio daquele Tribunal, o Min. Celso de Mello afirmou que o "Ministério Público estadual dispõe, ele próprio, de legitimidade para ajuizar reclamação, em sede originária, perante o Supremo Tribunal Federal, quando atua no desempenho de suas prerrogativas institucionais e no âmbito de processos cuja natureza justifique sua formal participação, quer como órgão agente, quer como órgão interveniente. Não tem sentido, por implicar ofensa manifesta à autonomia institucional do Ministério Público dos Estados-membros, exigir que sua atuação processual se faça por intermédio do senhor Procurador-Geral da República, que não dispõe de poder de ingerência na esfera orgânica do Parquet estadual [...] Não vejo razão alguma para restringir a atuação processual do Ministério Público dos Estados-membros no Supremo Tribunal Federal. Entendo assistir ao Parquet local plena legitimação para impetrar, p. ex., mandado de segurança, em sede originária, perante esta Suprema Corte, naqueles casos em que o remédio constitucional objetive preservar prerrogativas inerentes a essa Instituição, quando lesadas ou ameaçadas de lesão por qualquer das autoridades cujos atos estejam sujeitos, em sede mandamental, à competência desta Corte", complementando que não se pode estabelecer uma incompreensível "hermenêutica da submissão", que se instalaria caso a atuação do Ministério Público estadual fosse condicionada a um ato volitivo do Procurador--Geral da República. Ainda:"Reclamação. Execução penal. Restabelecimento dos dias remidos. Contrariedade à súmula vinculante nº 9 do Supremo Tribunal Federal. Reconhecida, por maioria, a legitimidade do Ministério Público do Estado de São Paulo para propor reclamação, independentemente de ratificação da inicial pelo procurador-geral da república. Decisão reclamada contrária à súmula vinculante nº 9 e proferida após a sua publicação. 1. O Supremo Tribunal reconheceu a legitimidade ativa autônoma do Ministério Público estadual para ajuizar reclamação no Supremo Tribunal, sem que se exija a ratificação da inicial pelo Procurador-Geral da República. Precedente: Reclamação nº 7.358. 2. A decisão reclamada foi proferida após a publicação da súmula vinculante nº 9 do Supremo Tribunal, pelo que, nos termos do art. 103-A da Constituição da República, está a ela sujeita. 3. Reclamação julgada procedente" (Rcl 7101, Relatora: Min. Cármen Lúcia, Tribunal Pleno, julgado em 24/02/2011, DJe-152).

outro esclarecimento que se fizesse necessário para o acolhimento do recurso dependeria de ato de Subprocurador-Geral da República ou, por ser desdobramento de ato inerente à atribuição do Procurador de Justiça sua atribuição seria estendida para complementação de ato postulatório? Toda a construção técnica e argumentativa da tese institucional sobre o tema se baseia precisamente na permanência da atribuição do Ministério Público estadual perante os Tribunais Superiores por se tratar de legítimo exercício da atribuição recursal. Com efeito, se existe atribuição para a interposição do recurso, forçosamente também existirá para quaisquer medidas que lhe sejam conexas. Um enfoque restrito do princípio da unidade e uma visão radical sobre a rigidez compartimentada das atribuições afetariam a possibilidade de litisconsórcios entre os Ministérios Públicos, bem como a possibilidade de se desvincular a competência e a atribuição de modo amplo.

Além dessas situações, pense-se no ajuizamento de reclamação diretamente no Supremo Tribunal Federal por descumprimento de súmula vinculante, além das sustentações orais em Tribunais Superiores, e se constatará a vinculação entre a hipótese dos autos com a tese institucional ora mencionada. Por fim, basta cogitar a situação em que Procurador de Justiça ou Procurador-Geral de Justiça interpõe recurso especial e lhe é vedada a sustentação oral, passando a depender do compromisso e da boa vontade do Subprocurador-Geral da República, sob o argumento de que o ingresso do recurso em ambiente federal exclui a postulação do recorrente originário.

O fato de o caso dos autos se referir a atribuições dentro de um mesmo Ministério Público evidentemente apresenta peculiaridades, mas não é suficiente para se excluir a preocupação revelada neste item, já que a controvérsia não é resolvida pela singela aplicação do princípio da unidade. Evidentemente, no debate envolvendo a atuação dos Ministérios Públicos perante os Tribunais Superiores há a nota adicional de eventual subordinação à atividade do Ministério Público federal, mas, em essência, estamos igualmente diante de uma controvérsia envolvendo limitações artificiais de atribuições exercidas e, principalmente, em exercício.

Acrescente-se, nesse contexto, que o fato de a atribuição ser dos Promotores de Justiça não implica a exclusão de uma postulação conjunta com as Procuradorias de Justiça, na linha de pretéritos casos emblemáticos nesse sentido que ocorreram neste Ministério Público e que sempre reforçaram efetivamente a unidade institucional. Na realidade, a interface e o entrosamento entre as classes não só é desejável institucionalmente, como também é relevante processualmente, de modo que a atuação conjunta e o diálogo constante devem sempre ser buscados e incentivados[68]. Somente haverá efetiva atuação do Ministério Público, com reais

---

68   Cf. OLIVEIRA JUNIOR, Oto. ANJOS FILHO, Robério. Breves anotações sobre a atuação conjunta de membros do Ministério Público. *Temas Atuais do Ministério Público*. Farias, Alves e Rosenvald (org.). 3ª ed. Salvador: JusPodivm, 2012, especialmente item 7.4.

resultados decorrentes de sua atuação, se o princípio da unidade for efetivamente levado a sério[69] e o trabalho entre Promotores e Procuradores de Justiça se der de modo harmônico. O trabalho em segundo grau dos Procuradores de Justiça é fundamental para uma atuação institucional efetiva e produtiva, razão pela qual se deve prestigiar uma atuação cooperativa, sem que, com isso, haja fissuras na independência funcional – que, repita-se, não é um princípio absoluto e não deve ser usado para frustrar a atuação funcional – e na divisão de atribuições[70].

Não há dúvidas, porém, que a possibilidade de oferecimento de sustentação oral em julgamento de recurso de agravo de instrumento envolvendo tutela provisória aprofundará o já existente mal-estar no princípio da unidade.

Como já mencionado, o novo CPC trabalha com a ideia de cooperação e de boa-fé objetiva, cabendo ao Ministério Público internamente extrair as consequências dessas normas para a consecução de seus objetivos institucionais.

12. ENCERRAMENTO

A maior presença do Ministério Público na seara processual é inversamente proporcional ao número de estudos dedicados a compreender suas peculiaridades, responsabilidades, progressos, possibilidades, desvios e vicissitudes. Não é exagerado afirmar que, salvo textos dedicados ao exame da legitimidade do Ministério Público para o ajuizamento de ações coletivas, grassa um inexplicável silêncio sobre sua atuação processual, que não mais pode ser resumida apenas à condição de órgão interveniente no processo civil individual.

Evidentemente, o impacto da atuação do Ministério Público pós Constituição de 1988 não se resume aos aspectos jurídico-processuais, exigindo, na realidade, uma investigação multidisciplinar[71], especialmente no âmbito de implantação das políticas públicas, da atuação extrajudicial e de seu comportamento nas relações de poder, incluindo o difícil equilíbrio entre a tutela da probidade de terceiros e a convivência com práticas administrativas endógenas que, às vezes, podem reproduzir atos que são combatidos no exercício da atividade institucional.

---

69   Cf. GOULART, Marcelo Pedroso. *Elementos para uma Teoria Geral do Ministério Público*. Belo Horizonte: Arraes, 2013, item 20.3.

70   Reflexão sobre a necessidade de redimensionar a atuação em segundo grau do Ministério Público: BERCLAZ, Márcio Soares. O Ministério Público em Segundo Grau diante do *Enigma* da Esfinge (e a Constituição da República): Decifra-me ou Devoro-te!. *Ministério Público: reflexões sobre princípios e funções institucionais*. Carlos Vinícius Alves Ribeiro (org.). São Paulo: Atlas, 2009.

71   Para uma visão crítica e interdisciplinar: ARANTES, Rogério Bastos. *Ministério Público e Política no Brasil*. São Paulo: IDESP/EDUC/Sumaré, 2002. SILVA, Cátia Aida Pereira da. *Justiça em Jogo: novas facetas da atuação dos Promotores de Justiça*. São Paulo: Edusp, 2001. KERCHE, Fábio. *Virtude e Limites: autonomia e atribuições do Ministério Público no Brasil*. São Paulo: Edusp, 2009.

Trata-se, pois, de uma instituição complexa que, no âmbito processual, revela-se pródiga em novas abordagens.

Este artigo pretende apenas integrar essa tentativa de contribuição para o entendimento do "novo" Ministério Público no processo civil, cuja compreensão crítica, incluindo a discussão do princípio da unidade, é fundamental para o progresso da Instituição.

13. REFERÊNCIAS BIBLIOGRÁFICAS[72]

ARANTES, Rogério Bastos. *Ministério Público e Política no Brasil.* São Paulo: IDESP/ EDUC/Sumaré, 2002.

BERCLAZ, Márcio Soares. O Ministério Público em Segundo Grau diante do *Enigma da* Esfinge (e a Constituição da República): Decifra-me ou Devoro-te! *Ministério Público: reflexões sobre princípios e funções institucionais.* Carlos Vinícius Alves Ribeiro (org.). São Paulo: Atlas, 2009.

DIDIER JR., Fredie. GODINHO, Robson Renault. Questões atuais sobre as posições do Ministério Público no processo civil. *Revista de Processo, nº 237.* São Paulo: RT, novembro de 2014.

GARCIA, Emerson. *Ministério Público – organização, atribuições e regime jurídico.* 4ª ed. São Paulo: Saraiva, 2014.

GODINHO, Robson Renault. *A Proteção Processual dos Direitos dos Idosos: Ministério Público, Tutela de Direitos Individuais e Coletivos e Acesso à Justiça.* 2ª Ed. Rio de Janeiro: Lumen Juris, 2010.

_____. *Negócios Processuais sobre o Ônus da Prova no Novo Código de Processo Civil.* São Paulo: RT, 2015.

GOULART, Marcelo Pedroso. *Elementos para uma Teoria Geral do Ministério Público.* Belo Horizonte: Arraes, 2013.

KERCHE, Fábio. *Virtude e Limites: autonomia e atribuições do Ministério Público no Brasil.* São Paulo: Edusp, 2009.

LIMA, Fernando Antônio Negreiros. *A Intervenção do Ministério Público no Processo Civil Brasileiro como Custos Legis.* São Paulo: Método, 2007. MOREIRA, Jairo Cruz. *A Intervenção do Ministério Público no Processo Civil à Luz da Constituição.* Belo Horizonte: Del Rey, 2009.

---

72 Serão referidas apenas algumas obras básicas citadas no texto. A bibliografia consultada está integralmente apontada nas notas de rodapé.

MACEDO JÚNIOR, Ronaldo Porto. A evolução institucional do Ministério Público brasileiro. *Uma Introdução ao Estudo da Justiça*. Maria Tereza Sadek (org.). São Paulo: IDESP/Sumaré, 1995. MACHADO, Antônio Cláudio da Costa. *A Intervenção do Ministério Público no Processo Civil Brasileiro*. 2ª ed. São Paulo: Saraiva, 1998.

MAZZILLI, Hugo Nigro. *Regime Jurídico do Ministério Público*. 7ª ed. São Paulo: Saraiva, 2013.

SILVA, Cátia Aida Pereira da. *Justiça em Jogo: novas facetas da atuação dos Promotores de Justiça*. São Paulo: Edusp, 2001.

ZENKNER, Marcelo. *Ministério Público e Efetividade do Processo Civil*. São Paulo: RT, 2006.

_____. Reflexos processuais dos princípios institucionais da unidade e da indivisibilidade – revisitando as atribuições dos órgãos de execução do Ministério Público brasileiro. *Temas Atuais do Ministério Público*. Farias, Alves e Rosenvald (org.). 3ª ed. Salvador: JusPodivm, 2012.

CAPÍTULO 4

Novo CPC, inversão do ônus da prova e ações de improbidade administrativa

Marco Aurélio Adão[1]

SUMÁRIO: 1. INTRODUÇÃO. 2. A INVERSÃO DO ÔNUS DA PROVA E O NOVO CPC. 3. NATUREZA DA AÇÃO DE IMPROBIDADE ADMINISTRATIVA E PRESUNÇÃO DE INOCÊNCIA. 4. NOVO CPC E INVERSÃO DO ÔNUS DA PROVA EM AÇÕES DE IMPROBIDADE ADMINISTRATIVA.

1. INTRODUÇÃO

O Novo Código de Processo Civil (NCPC), Lei 13.105, de 16 de março de 2015, entrou em vigor em março de 2016. É intuitivo que problemas imprevistos surjam na tarefa de compatibilizar os novos institutos processuais civis com o restante do ordenamento jurídico. A interação dos novos institutos processuais civis com normas materiais variadas e normas processuais de outras espécies exige interpretações e soluções para questões que não foram sequer cogitadas no desenho do NCPC.

Não é diferente no que concerne às funções institucionais do Ministério Público. Em relação ao Ministério Público, pode-se até mesmo afirmar que o NCPC modifica, além da atuação do órgão como sujeito no processo civil, formas e parâmetros de exercício de funções no processo penal, bem como atribuições extrajudiciais, suscitando problemas complexos de interpretação.

Mas mesmo dentro dos quadrantes da jurisdição civil[2] os impactos do NCPC sobre as funções do Ministério Público ensejam dúvidas que excedem as preocupações com eficiência e com precisão técnica do sistema processual civil em si. Este artigo se propõe a analisar um desses problemas, que pode ser resumido da seguinte forma: *a possibilidade de inversão do ônus da prova, regra expressa*

---

1.   Mestre em direito processual pela Faculdade de Direito da USP. Procurador da República.

2.   A jurisdição é, como se sabe, una. A expressão "jurisdição civil" tem o propósito de distinguir, no texto, o exercício da jurisdição para aplicar normas de direito penal (jurisdição penal) e o exercício do mesmo poder para aplicar as demais normas materiais (jurisdição civil). Sobre isso: CINTRA, Antonio Carlos de Araújo; GRINOVER, Ada Pellegrini; DINAMARCO, Cândido Rangel. *Teoria geral do processo*. 16ª ed. São Paulo: Malheiros, 2000. p. 140.

do NCPC (art. 373), pode ser aplicada nos processos referentes a atos de improbidade administrativa propostos pelo Ministério Público?

Com efeito, o Ministério Público, por diversas razões, é o legitimado ativo responsável pelo ajuizamento da ampla maioria das ações de improbidade administrativa do País[3]. As novas regras processuais civis, assim, aplicáveis às ações de improbidade administrativa[4], impactam de forma significativa a atuação do Ministério Público nessa seara - e a possibilidade de inversão do ônus da prova (art. 373, NCPC) é um dos problemas mais relevantes que se apresentam.

Para esta análise, parte-se da premissa de que a denominada ação de improbidade administrativa tem natureza *extrapenal* (civil), na qual é aplicável o Código de Processo Civil[5] se ausente regra específica na lei de regência - e são poucas as regras da Lei 8.429/1992 sobre o respectivo procedimento jurisdicional. Mas isso sem desconsiderar que, por se destinarem à atuação de normas materiais especialíssimas no âmbito da jurisdição civil, com sanções de natureza eminentemente punitiva, em tal espécie de processo são necessárias significativas alterações na interpretação, integração e aplicação do direito processual civil.

Cuidando-se a ação de improbidade administrativa de processo jurisdicional destinado ao controle do exercício do poder punitivo estatal (poder punitivo *extrapenal*) - em que, por isso, cabe ao legitimado ativo demonstrar o ato ilícito e a *culpa* do réu -, a regra expressa do NCPC sobre inversão do ônus da prova está excluída *a priori?*

---

3. COSTA, Susana Henriques da (coord.); SILVA, Paulo Eduardo Alves da (coord.). **"A eficácia do sistema jurídico de prevenção e combate à improbidade administrativa"**. *Série Pensando o Direito n. 34/2011*. Brasília: Secretária de Assuntos Legislativos do Ministério da Justiça (SAL), 2011, p. 73-74: "O levantamento de dados apontou que as demandas de improbidade administrativa são propostas, em sua maioria, pelo Ministério Público. Os dados totais apontam para um percentual de quase 90% das demandas de improbidade ajuizadas pelos Ministérios Públicos Federal e Estaduais, que atuam como verdadeiros representantes da coletividade, dada sua legitimidade extraordinária. A entidade lesada, de legitimidade ordinária, propõe 10% das demandas. Sem embargo da efetividade da atuação do Parquet, que vem demonstrada pelos dados relativos ao alto percentual de êxito das demandas de improbidade administrativa, os dados apresentados apontam para algo próximo a um monopólio de atuação, por uma instituição de natureza pública".

4. Na ementa do acórdão do **REsp 1098669**, da Primeira Turma do c. Superior Tribunal de Justiça, Relator Ministro Arnaldo Esteves de Lima, consta: *"Aplica-se subsidiariamente o Código de Processo Civil nas ações de improbidade administrativa, apesar da ausência de norma expressa na Lei 8.429/92, nos termos dos arts. 19 da Lei 7.347/85 e 90 da Lei 8.078/90"* (DJ2 12/11/2010). A prévia remissão à Lei 7.347/1985 e ao Código de Defesa do Consumidor para subsidiar a incidência do Código de Processo Civil (CPC) nas ações de improbidade administrativa é questão que merece reflexão, tendo em vista a escassa compatibilidade das normas do denominado *microssistema de processo coletivo* com os feitos que tratam de objeto específico definido pelo art. 12 da Lei 8.429/1992. A conclusão, porém, no sentido da aplicação subsidiária do CPC nas ações de improbidade administrativa, pode ser considerada pacífica em doutrina e jurisprudência, e é esse o ponto que se pretende enfatizar.

5. Ver a nota anterior.

2. A INVERSÃO DO ÔNUS DA PROVA E O NOVO CPC

A vedação da autotutela como regra e a garantia de acesso à justiça têm como efeito quase natural a proibição do *non liquet*. Se a solução impositiva das controvérsias sociais é reservada à inevitável função jurisdicional do Estado; e se é garantia fundamental do cidadão a possibilidade de provocar essa função jurisdicional e obter uma resposta efetiva, parece evidente que, instituída a relação jurídica processual, está o juiz obrigado a decidir e determinar uma solução para a causa.

A obrigação de resolver as causas submetidas à jurisdição, assim, requer mecanismos que orientem a decisão nas situações em que a instrução probatória seja insuficiente para esclarecer as questões de fato relevantes[6]. Ainda que se invoque o poder instrutório do juiz como antecedente do problema da distribuição do ônus da prova - e consequentemente se reconheça que as regras de distribuição do ônus da prova somente têm espaço quando o magistrado não puder esclarecer os fatos com esse seu poder instrutório, independentemente da atuação das partes[7] -, haverá sempre demanda na qual a instrução probatória, por ineficiência dos sujeitos processuais, por real impossibilidade material ou por excessiva dificuldade, será incapaz de demonstrar se ocorreu ou não (e/ou como ocorreu) determinado fato relevante para a causa.

Nesse contexto, a lei processual *distribui os riscos*[8] da incerteza, traçando critérios para indicar ao juiz qual dos litigantes terá que suportar as consequências desfavoráveis da dúvida decorrente da insuficiência da instrução probatória – em geral, mas não sempre[9], o litigante ao qual aproveitaria o fato não demonstrado.

Essa distribuição de riscos pela lei enseja, portanto, uma *regra de julgamento*, por meio da qual, verificada a dúvida pelo juiz no momento de proferir a sentença, uma das partes deverá sofrer os efeitos negativos da incerteza. É o que se entende por *ônus da prova* em sentido *objetivo* ou material - em complementação ao ônus da prova em sentido *subjetivo*, que se refere à necessidade das partes de demonstrar os fatos que lhes interessam[10].

---

6. Por todos: BARBOSA MOREIRA, José Carlos. *Julgamento e ônus da prova*. In: Temas de Direito Processual: segunda série. São Paulo: Saraiva, 1980. p. 73-82.

7. BEDAQUE, José Roberto dos Santos. *Poderes Instrutórios do Juiz*. 5 ed. São Paulo: RT, 2011, p. 132: "Assim, não deve o julgador, diante de um resultado insuficiente da instrução da causa, recorrer imediatamente às regras de sobre o ônus da prova. Se verificar a possibilidade de esclarecer algum fato, mediante a realização de determinada prova, não pode se omitir".

8. BARBOSA MOREIRA. Op. cit. p. 75.

9. A ressalva aqui se refere à possibilidade de que a própria lei fixe, como diversas vezes o faz, que, em determinados casos, uma parte tenha o ônus de comprovar *fato contrário* àquele afirmado pelo adversário no processo.

10. Por exemplo: BARBOSA MOREIRA. Op. cit. p. 74-75.

Não se pode olvidar, ademais, que a definição do ônus da prova decorre também de regras materiais. A rigor, são as normas materiais discutidas no processo que definem, pelas suas características, os ônus probatórios das partes[11]. A distribuição ordinária do ônus da prova, no sentido de que a demonstração do fato é incumbência daquele que o alega como fundamento da sua pretensão ou defesa (bem resumida nos incisos do *caput* do art. 373 do NCPC, repetindo os incisos do art. 333 do CPC de 1973), pressupõe a verificação de que fatos, naquela relação jurídica material discutida, são constitutivos, impeditivos, modificativos ou extintivos do direito afirmado pelo autor e negado pelo réu[12].

Mas problema diferente deste último – o qual é ligado às características do direito material, e portanto à própria definição do ônus da prova - é a *inversão do ônus da prova* em sentido próprio, por decisão judicial. Nesta, não é uma regra legal ou a análise do direito material que indicarão de quem é o ônus de comprovar certo fato. A inversão do ônus da prova pressupõe uma alteração posterior, com o juiz atribuindo tal ônus a quem, pelas teses afirmadas no processo e pela definição legal que advém das características do direito material, não estaria, a princípio, sujeito a suportar os efeitos negativos da insuficiente demonstração do fato relevante[13].

No sistema processual civil brasileiro anterior ao NCPC, a inversão do ônus da prova a cargo do juiz tinha já previsão expressa no inciso VIII do art. 6º da Lei 8.078/1990, o Código de Defesa do Consumidor (CDC)[14]. Para facilitar a *defesa* dos interesses do consumidor, o dispositivo admite a inversão judicial do ônus da prova em favor daquele (consumidor) - desde que seja verossímil a alegação *ou*[15] quando for o consumidor hipossuficiente, segundo as regras ordinárias de

---

11. É o que bem esclarece PACÍFICO, Luiz Eduardo. *Perspectiva sistemática do momento de inversão do ônus da prova: do CDC ao CPC*. Revista Jurídica, n. 351 (janeiro 2007), p. 43-55.

12. PACÍFICO, Luiz Eduardo. Op. cit. p. 46-49.

13. SICA, Heitor Vitor Mendonça. *Questões velhas e novas sobre a inversão do ônus da prova (CDC, art. 6º, VIII)*. Revista de Processo, n. 146 (abril 2007), p. 49/68 : "A ideia de inversão do ônus da prova pressupõe que ele esteja distribuído de uma dada forma e que, diante de determinada circunstância, essa ordem seja alterada" (p. 50).

14. Art. 6º São direitos básicos do consumidor:
    (...)
    VIII - *a facilitação da defesa de seus direitos, inclusive com a inversão do ônus da prova, a seu favor, no processo civil, quando, a critério do juiz, for verossímil a alegação ou quando for ele hipossuficiente, segundo as regras ordinárias de experiências;*

15. Não interessa analisar, aqui, se os requisitos em tela são cumulativos ou não, questão sempre discutida pela doutrina pátria. Para registro, podem ser destacadas as posições de Cândido Rangel Dinamarco, no sentido de serem os requisitos cumulativos, e de Ricardo de Barros Leonel, pela possibilidade de inverter o ônus da prova quando um ou outro estiver presente – respectivamente: DINAMARCO, Cândido Rangel. *Fundamentos do Processo Civil Moderno*, vol. I. 6ª ed. São Paulo: Malheiros, 2010, p. 790-791; e LEONEL, Ricardo de Barros. *Manual do Processo Coletivo*. 2ª ed. São Paulo: RT, 2011, p. 364.

experiências. Ante as remissões recíprocas entre as normas processuais do CDC e da Lei 7.347/1985[16], há relevante corrente doutrinária sustentando a possibilidade de inversão do ônus da prova, com base no art. 6o,VIII, da Lei 8.078/1990, em toda a tutela coletiva[17].

Mais que isso. Mesmo sob a égide do CPC de 1973, a teoria das cargas dinâmicas *do ônus da prova* - segundo a qual, em linhas gerais, a prova deve ser exigida, pelo juiz, da parte que estiver em melhores condições de produzi-la[18] - tinha também, em várias matizes, boa acolhida no pensamento jurídico do País[19]. Para os seus defensores, a despeito da norma expressa do art. 333 do CPC então vigente, estaria autorizado o juiz a, no caso concreto e segundo as suas peculiares exigências, modificar a distribuição do ônus da prova (estática) com vista a equilibrar as possibilidades materiais das partes de demonstrar em juízo os fatos relevantes para a solução da causa. Dessa forma, a regra do inciso VIII do art. 6o do CDC seria *expletiva*, pois, mesmo segundo as normas processuais gerais do CPC de 1973, o juiz estaria autorizado a alterar a distribuição do ônus da prova conforme as peculiaridades do caso concreto[20].

Essa possibilidade de inversão do ônus da prova com base na teoria das cargas dinâmicas, porém, estava longe de ser entendimento pacífico[21]. De resto, ainda que, em teoria, se preconizasse, sob o CPC de 1973, a carga dinâmica do

---

16. CDC, art. 90; e Lei 7.347/1985, art. 21.

17. LEONEL, Ricardo de Barros. Op. cit. p. 369: "*Conclua-se: a inversão do ônus da prova não se aplica somente às demandas individuais fundadas em relações de consumo, mas a todas as demandas coletivas, desde que presentes no caso específico os pressupostos que determinam a incidência da regra: verossimilhança da afirmação do autor ou hipossuficiência em decorrência do monopólio da informação.*" No mesmo sentido: MATOS, Cecília. *O ônus da prova no Código de Defesa do Consumidor*. Revista do Direito do Consumidor, vol. 11 (julho/setembro 1994), p. 161/170.

18. YARSHELL, Flávio Luiz. *Antecipação da prova sem o requisito da urgência e direito autônomo à prova*. São Paulo: Malheiros, 2009 , p. 87. Também: LOPES, João Batista. LOPES, Maria Elizabeth de Castro. *O juiz, as regras sobre o ônus da prova e a teoria das cargas dinâmicas*. In.: MOREIRA, Alberto Camiña, ALVAREZ, Anselmo Prieto e BRUSCHI, Gilberto Gomes (Coord.). Panorama atual das tutelas individual e coletiva: estudos em homenagem ao professor Sérgio Shimura. São Paulo: Saraiva, 2011, p. 476-481.

19. REDONDO, Bruno Garcia. *Ônus da prova e distribuição dinâmica*: lineamentos atuais. In.: MOREIRA, Alberto Camiña (Coord.), ALVAREZ, Anselmo Prieto (Coord.) e BRUSCHI, Gilberto Gomes (Coord.). *Panorama atual das tutelas individual e coletiva*: estudos em homenagem ao professor Sérgio Shimura. São Paulo: Saraiva, 2011, p. 210/226 – com citação de vários outros autores no mesmo sentido. Da mesma forma: MARINONI, Luiz Guilherme. ARENHART, Sérgio Cruz. *Prova*. São Paulo: Revista dos Tribunais, 2009, p. 186-190.

20. MARINONI, Luiz Guilherme. ARENHART, Sérgio Cruz. Op. cit. p. 186.

21. Por todos: YARSHELL, Flávio Luiz. Op. cit. p. 88 e 89: "*A propósito, não será demasiado lembrar que no sistema brasileiro, conforme regra contida no art. 127 do CPC, só é dado ao juiz julgar por eqüidade nos casos expressamente autorizados pela lei.* **Portanto, não é o juiz quem faz a regra de atribuição do ônus da prova no caso concreto, salvo quando expressamente autorizado a fazê-lo - e, ainda assim, atento à circunstância de que não pode, a pretexto de afastar ônus excessivo de uma das partes, atribuir outro de idêntica natureza à parte adversa**" - sem destaques no original.

ônus da prova como *regra geral* do sistema processual civil pátrio[22], seria forço-so concluir que a prática judiciária admite a sua aplicação apenas em situações excepcionais. Ou seja, ainda que se entendesse cabível a distribuição dinâmica do ônus da prova no ordenamento processual civil brasileiro anterior ao NCPC, a *excepcionalidade* seria vetor interpretativo fundamental. Ante regra legal es-pecífica disciplinando a distribuição do ônus da prova (art. 333, CPC de 1973), o afastamento dessa diretriz geral pelo juiz, ainda que admitido, seria excepcional e sujeito a justificação densa e relevante[23].

Justamente por esse aspecto de excepcionalidade, a admissão da inversão do ônus da prova com base na teoria das cargas dinâmicas, mesmo que acolhida no cenário jurídico anterior ao NCPC, não teria incidência nos processos referen-tes a atos de improbidade administrativa. Isso porque nestes, pelo seu caráter punitivo, em que se sustenta inclusive a aplicação do princípio da *presunção de inocência*[24], o ônus da prova recairia exclusivamente sobre a *acusação* - indepen-dentemente da maior possibilidade do réu, ou *acusado*, demonstrar o fato rele-vante para o julgamento da causa.

Com efeito, a natureza punitiva das normas aplicadas nos processos refe-rentes a atos de improbidade administrativa exige uma conformação especial

---

22. É a posição expressa de REDONDO, Bruno Garcia. Op. cit. p. 218.

23. DIDIER JR., Fredie; BRAGA, Paula Sarno; OLIVEIRA, Rafael. *Curso de direito processual civil.* Vol. 2. 2ª ed. Sal-vador: Juspodivm, 2008, p. 93-94. YARSHELL, Flávio Luiz. Op. cit. p. 86-89 .

24. LUCON, Paulo Henrique dos Santos. COSTA, Guilherme Recena. *A prova e a responsabilidade de terceiros contratantes com o poder público na ação de improbidade administrativa.* In. LUCON, Paulo Henrique dos Santos (Coord.). COSTA, Eduardo José da Fonseca (Coord.). COSTA, Guilherme Recena (Coord.). *Improbidade administrativa:* aspectos processuais da Lei nº 8.429/92. São Paulo: Atlas, 2013, p. 361-373 (especificamente p. 369-371): "*O tratamento decorrente da presunção de inocência conduz, inclusive, à não aplicabilidade dos efeitos da revelia (i.e., da regra geral do art. 319 do CPC) quanto ao réu, de modo que nem a falta de contesta-ção nem, com maior razão, a contestação negativa geral dispensam o autor da prova dos fatos constitutivos do ato ímprobo. Não há como invocar, por isso, uma inversão do encargo de provar, algo que, além de contrariar de forma expressa a norma que rege a matéria (art. 333, CPC), implicaria, na maior parte das vezes, a transfe-rência de uma probatio diabolica reversa aos réus, que estariam obrigados a produzir uma prova negativa (a de que não concorreram para o ato ímprobo, por exemplo), o que afasta a teoria da dinamização do encargo de provar. Ou seja, não há um tipo presuntivo de alcance geral que beneficie o autor da ação de improbidade, impondo aos acusados o ônus de comprovar a ausência de sua participação no ato de improbidade. Tam-bém o dano ao erário não pode ser presumido, nem tampouco pode decorrer, sic et simpliciter, de simples ilegalidade, sendo necessária a efetiva comprovação do mesmo*". No mesmo sentido, ZAVASKI, Teori Albino. *Processo Coletivo:* tutela de direitos coletivos e tutela coletiva de direitos. São Paulo: Revista dos Tribunais, 2006, p. 116: "*Um dos princípios do processo penal que é também comum ao sistema punitivo de atos de improbidade é o da presunção de inocência. No campo do processo, a conseqüência principal decorrente da adoção desse princípio é a de impor ao autor da ação todo o ônus da prova dos fatos configuradores do ilícito imputado. No que se refere à ação de improbidade, é descabida, assim, a invocação, contra o réu, dos efeitos da sua revelia, notadamente o da confissão ficta (CPC, art. 319). A falta de contestação, ou a contestação por negativa geral, sem o detalhamento preconizado no art. 300 do CPC, não dispensa o autor do ônus imposto pelo art. 333, I, de fazer prova dos fatos constitutivos da infração*".

do processo ao direito material[25], do que se extrai a aplicação do princípio da *presunção de inocência* também em tais feitos da jurisdição civil.

A presunção de inocência, tal como entendida no âmbito do processo penal, tem como um dos seus principais influxos atribuir exclusivamente à acusação o ônus probatório dos atos ilícitos, além de garantir o *in dubio pro reo* como regra de julgamento - e como consequência estaria vedada a inversão do ônus da prova contra a defesa, sob pena de ofensa a garantia fundamental[26].

O NCPC, contudo, exige, no mínimo, uma reflexão mais aprofundada quanto à possibilidade de inversão do ônus da prova em ações de improbidade administrativa. É que o NCPC institui a possibilidade de inversão do ônus da prova como regra especial, mas expressa e com validade para todo o sistema processual civil brasileiro. Fixa, ademais, os parâmetros objetivos segundo os quais o juiz *poderá* aplicar a inversão - o que permite a interpretação de se tratar a inversão do ônus da prova de um *direito* da parte em favor da qual as condições legais se apresentam no caso concreto. Eis a redação dos dispositivos pertinentes:

> "Art. 373. O ônus da prova incumbe:
>
> I – ao autor, quanto ao fato constitutivo do seu direito;
>
> II – ao réu, quanto à existência de fato impeditivo, modificativo ou extintivo do direito do autor.
>
> § 1º **Nos casos previstos em lei ou diante de peculiaridades da causa, relacionadas à impossibilidade ou à excessiva dificuldade de cumprir o encargo nos termos do caput ou à maior facilidade de obtenção da prova do fato contrário, poderá o juiz atribuir o ônus da prova de modo diverso, desde que o faça por decisão fundamentada. Neste caso, o juiz deverá dar à parte a oportunidade de se desincumbir do ônus que lhe foi atribuído.**
>
> § 2º **A decisão prevista no § 1º deste artigo não pode gerar situação em que a desincumbência do encargo pela parte seja impossível ou excessivamente difícil.**"

Não se pode desconsiderar os relevantes efeitos, teóricos e sobretudo práticos, da instituição dessa regra expressa no NCPC - mesmo para aqueles que admitiam a teoria das cargas dinâmicas sob o CPC de 1973. Ainda que se admitisse

---

25. BEDAQUE, José Roberto dos Santos. *Direito e processo*: influência do direito material sobre o processo. 6ª ed. São Paulo: Malheiros, 2011.

26. MORAES, Maurício Zanoide de. *Presunção de inocência no processo penal brasileiro*: análise de sua estrutura normativa para a elaboração legislativa e para a decisão judicial. Rio de Janeiro: Lumen Juris, 2010, p. 462. Em relação à ação de improbidade administrativa: LUCON, Paulo Henrique dos Santos. COSTA, Guilherme Recena. Op. cit. p. 369-371.

a inversão do ônus da prova no sistema processual civil anterior ao NCPC, a sua aplicação seria sempre excepcional, como já se ressaltou, por excetuar uma norma legal que não previa ressalvas (art. 333, CPC de 1973). Com o NCPC, contudo, a distribuição dinâmica passa a integrar o sistema processual como norma expressa e, atendidas as suas premissas fáticas, logicamente *cogente*. Disso se infere que o vocábulo "poderá", constante no §1º do art. 373 do NCPC, pode dar ensejo a verdadeiro *direito da parte*, se verificadas as condições descritas na norma.

Ou seja, de uma possibilidade excepcional (e duvidosa), a inversão do ônus da prova passa a diretriz do sistema processual civil. Dessa forma, é necessário analisar a viabilidade do instituto nas ações de improbidade administrativa (ou eventualmente justificar porque não aplicá-lo), quando presentes as hipóteses legais.

Para isso, é preciso perquirir, ainda que sumariamente, se e de que forma o princípio da presunção de inocência se aplica nas ações de improbidade administrativa.

3. NATUREZA DA AÇÃO DE IMPROBIDADE ADMINISTRATIVA E PRESUNÇÃO DE INOCÊNCIA

A categoria jurídica dos atos de improbidade administrativa, constituída por normas de direito material, está estruturada de maneira significativamente estranha ao que ordinariamente se julga por meio do processo civil. As demandas da jurisdição civil em geral visam fundamentalmente a fazer com que a situação concreta coincida com a situação abstrata prevista na regra material[27]. Ainda que, já violada a norma material, seja o processo civil chamado a aplicar as sanções daí decorrentes, a resposta esperada, sob a forma de tutela jurisdicional, terá por fim *reconstituir, reparar* ou *compensar* a situação abstrata prevista no ordenamento jurídico[28].

Os atos de improbidade administrativa, por seu turno, estão estruturados sob a forma de regra sancionatória[29] *extrapenal.* Mas em vez do enfoque de

---

27. BARBOSA MOREIRA, José Carlos. *Tutela sancionatória e tutela preventiva.* In: Temas (Op. cit.) p. 21-29. Nas palavras do eminente autor (p. 21): "(...) *o processo avizinha-se do* optimum *na proporção em que tende a fazer coincidir a situação concreta com a situação abstrata prevista na regra jurídica material.*

28. Sobre a função de várias categorias de sanção jurídica de *restituir* a ordem jurídica violada: CARNELUTTI, Francesco. *Teoria Geral do Direito.* Trad.: A. Rodrigues Queiró e Artur Anselmo de Castro. São Paulo: Livraria Acadêmica, 1942, p. 99-102. Da mesma forma, ASCENÇÃO, José de Oliveira. *O Direito*: introdução e teoria geral. 2 ed. (brasileira). Rio de Janeiro: Renovar, 2001. p. 57-68.

29. Explicando o que são regras sancionatórias: ASCENÇÃO, José de Oliveira. *O Direito: introdução e teoria geral.* 2ª ed. (brasileira). Rio de Janeiro: Renovar, 2001. p. 57-58: "*Acabamos de ver que a sanção está ligada à imperatividade. Toda regra, jurídica ou outra, pode ser assistida por uma sanção, que reforça a sua imperatividade. A sanção é sempre uma conseqüência desfavorável que atinge aquele que violou uma regra. Mas as sanções jurídicas distinguem-se profundamente das outras, e daí a necessidade de as estudarmos aqui em especial.*

restabelecimento da ordem jurídica violada (reconstituir, compensar, compelir) ordinariamente adotado no direito *extrapenal,* as sanções da improbidade administrativa têm como marco distintivo o caráter *punitivo*[30]. Punitivo porque o objetivo da sanção não é reconstituir a (ou fixar uma compensação pela) situação que existiria acaso a infração/lesão não tivesse ocorrido[31], mas sim aplicar um castigo, um mal, ao violador da norma[32].

Com efeito, nos processos civis por atos de improbidade administrativa, a par da previsão também de tutelas *reparatórias* (ressarcimento ao erário, perda dos bens adquiridos ilicitamente), há a peculiar *pretensão* de imposição de sanções punitivas ao requerido: perda da função pública, proibição de contratar com o poder público ou de receber incentivos fiscais ou creditícios, suspensão dos direitos políticos e multa civil (art. 12 da Lei 8.429/1992). Com essas sanções punitivas não se pretende *reparar* (ou mesmo *compensar*) uma obrigação inadimplida ou um dever desrespeitado, mas sim, reitere-se, impor um castigo, um mal, como consequência da conduta ilícita.

Em relação às sanções reparatórias de ressarcimento ao erário e de perda dos bens adquiridos ilicitamente, é fato, os mesmos efeitos previstos no art. 12 da Lei 8.429/1992 podem ser obtidos sem a utilização do processo de improbidade administrativa[33]. Daí porque essas tutelas reparatórias, em si consideradas, não servem para distinguir e justificar a denominada ação de improbidade administrativa como um procedimento especial[34]. São os *pedidos* das sanções punitivas

---

Em si, a sanção não é um fato. Como conseqüência desfavorável, a sanção é um efeito jurídico, conteúdo de uma regra jurídica que prevê a violação de uma regra de conduta.

A sanção implica pois sempre a entrada em vigor de novas regras, denominadas regras sancionatórias. Estas são regras subordinadas e complementares das regras principais, que atuam no caso de aquelas não terem sido observadas. Assim, quando se diz que o funcionário que revelar segredos públicos a pessoa não autorizada será demitido, temos uma regra principal:

O funcionário não deve revelar segredos públicos a pessoa não autorizada;

e uma regra sancionatória, cuja previsão é a violação daquela primeira regra:

Se o fizer, será demitido.

A sanção é pois a estatuição de uma regra sancionatória."

30. Sobre a distinção entre as sanções de natureza punitiva, ou penas, e as sanções restitutivas/reparatórias/compensatórias, que visam a *restabelecer* a ordem jurídica: CARNELUTTI, Francesco. Op. cit. p. 101. ASCENÇÃO, José de Oliveira. p. 67. Aplicando essa distinção quanto às sanções previstas no art. 12 da Lei 8.429/1992: ZAVASKI, Teori Albino. Op. cit. p. 108-110. No mesmo sentido: COSTA, Guilherme Recena. *A ambivalência da ação de improbidade administrativa e a sua conformação processual.* In.: LUCON, Paulo Henrique dos Santos (Coord.). COSTA, Eduardo José da Fonseca (Coord.). COSTA, Guilherme Recena (Coord.). Op. cit. p. 235-254 (especificamente p. 243-248).

31. Reitere-se, conforme a nota 27, sendo essa função de restabelecer a ordem jurídica violada a principal preocupação do processo civil em geral.

32. ASCENÇÃO, José de Oliveira. p. 67, sobre as características das sanções punitivas.

33. ZAVASKI, Teori Albino. Op. cit. p. 108-110 e 114-115. COSTA, Guilherme Recena. Op. cit. p. 243-248.

34. ZAVASKI, Teori Albino. Op. cit. p. 108-110e 114-115. COSTA, Guilherme Recena. Op. cit. p. 243-248.

antes referidas, associados à imputação de conduta ímproba ex Lei 8.429/1992, que caracterizam a denominada ação de improbidade administrativa.

A ação de improbidade administrativa é, portanto, um *processo* jurisdicional de caráter estritamente punitivo no âmbito da jurisdição civil comum, algo que não tem paradigma no direito pátrio ou mesmo no direito comparado.

Nesse contexto, o reconhecimento de que os atos de improbidade administrativa diferem dos ilícitos penais - porque, além de várias considerações dogmáticas que são cabíveis, é a solução decorrente de expressa determinação constitucional (art. 37, §4º, CF) – não impede que as peculiares características do direito material imponham uma leitura bastante específica dos institutos processuais[35], coerente com a natureza punitiva das sanções previstas na Lei 8.429/1992.

Se não é cabível estudar as *demandas* por improbidade administrativa na seara do direito processual penal (já que há semelhança e não identidade entre os atos de improbidade e as infrações penais), também não parece aceitável ignorar, à luz da instrumentalidade, que a estrutura do direito material aplicável é muito próxima do modelo das infrações penais e sensivelmente distinta das crises que ensejam as demandas civis em geral.

Nessa esteira, como decorrência da natureza punitiva das sanções específicas e do juízo de culpa necessários para a configuração do ilícito, incidem, em relação a todo o objeto do processo referente a improbidade administrativa, a presunção de inocência, como garantia do suspeito/requerido[36].

Com efeito, em que pese a vinculação explícita ao processo penal constante a redação do inciso LVII do art. 5º da Constituição da República[37], a presunção de inocência, como princípio constitucional derivado do Estado de Direito e da garantia de dignidade da pessoa humana[38], tem conteúdo que se espraia para

---

35. DINAMARCO, Cândido Rangel. *Instituições de direito processual civil.* Volume I. 4ª ed. Malheiros: São Paulo, 2002, p. 47: *"(...) Por isso é natural que as normas substanciais e os elementos concretos de cada causa trazida a juízo (qualidade das partes, fundamento jurídico-material, natureza do bem pretendido etc.) alguma influência projetem sobre o modo como em cada caso os institutos processuais se comportam".* BEDAQUE, José Roberto dos Santos. *Direito e processo (...),* p. 19: *"(...) O reconhecimento da necessidade de os institutos processuais serem concebidos a partir do direito material resulta da inafastável coordenação entre tais ramos da ciência jurídica. Preserva-se a autonomia do processo com a aceitação de se tratar de realidades que se referem a patamares dogmáticos diferentes".*

36. LUCON, Paulo Henrique dos Santos. COSTA, Guilherme Recena. Op. cit. p. 369-371. Também ZAVASKI, Teori Albino. Op. cit. p. 116.

37. Art. 5º (...) LVII - **ninguém será considerado culpado até o trânsito em julgado de sentença penal condenatória;**

38. MORAES, Maurício Zanoide de. Op. cit. p. 200-205.

outras áreas do direito; especialmente quando há, mesmo em seara extrapenal, a pretensão de aplicação de sanção punitiva por conduta ilícita[39].

4. NOVO CPC E INVERSÃO DO ÔNUS DA PROVA EM AÇÕES DE IMPROBIDADE ADMINISTRATIVA

Mas justamente neste ponto cabe destacar uma diferença essencial. A presunção de inocência no processo penal está atrelada, também, à possível restrição à garantia da liberdade de ir e vir do cidadão[40]. É a possibilidade de prisão, como sanção punitiva criminal, que reforça e densifica o princípio da presunção de inocência no processo penal.

Nas ações de improbidade administrativa, em que pesem as graves punições passíveis de aplicação, não existe, por óbvio, o risco de prisão. Dessa forma, sem negar a relevância da aplicação do princípio da presunção de inocência nas ações de improbidade administrativa, é preciso ressaltar que em um processo de natureza cível, no qual inexiste risco de restrição à liberdade pessoal do requerido, tal princípio terá alcance diferente daquele inerente ao processo penal.

Aliás, como princípio, a presunção de inocência funciona como vetor de interpretação, não como uma regra[41]. Em contexto jurídico diverso, portanto, o princípio da presunção de inocência deverá ter concretização diferente.

Estando fora dos limites do processo penal e da possibilidade de prisão, não há vedação à aplicação de regra de inversão do ônus da prova, ainda que se analise a responsabilidade por ato ilícito com graves consequências para o imputado. Se a função do princípio da presunção de inocência não é, nas ações de improbidade, a proteção da liberdade, a opção do legislador processual de admitir a inversão do ônus da prova - com base na capacidade material de produção da prova pela parte requerida e com vista a evitar decisão judicial em estado de incerteza – não deve ser afastada de plano, ponderando os valores jurídicos que estão em jogo.

Cabe ressaltar que, uma vez ausente a possibilidade de encarceramento, tem respaldo no direito comparado a compatibilidade do princípio da

---

39. MORAES, Maurício Zanoide de. Op. cit. p. 354-355, nota de rodapé 53, com exposição de teses acerca da aplicação do princípio da presunção de inocência fora do direito processual penal.

40. FERRAJOLI, Luigi. *Direito e razão*: teoria do garantismo penal. SICA, Ana Paula Zomer (Trad.). CHOUKR, Fauzi Hassan (Trad.). TAVARES, Juarez (Trad.). GOMES, Luiz Flávio (Trad.). 3ª ed. São Paulo: RT, 2010, p. 507, ressaltando como significados garantistas associáveis à presunção de inocência: a) **sentido de "regra de tratamento do imputado", que exclui ou ao menos restringe ao máximo a limitação da liberdade pessoal**; b) *sentido de "regra de juízo", que impõe o ônus da prova à acusação além da absolvição em caso de dúvida*. Na mesma linha: MORAES, Maurício Zanoide de. Op. cit. p. 427-460.

41. MORAES, Maurício Zanoide de. Op. cit. p. 269-274.

MARCO AURÉLIO ADÃO

presunção de inocência com regras processuais que invertem o ônus da prova em desfavor de réu a quem se atribui a prática de ato ilícito - especialmente em matéria de confisco de ativos supostamente vinculados a atividades criminosas[42]. Em muitas matizes, tem-se entendido que, em processos punitivos, a inversão do ônus da prova não afronta a presunção de inocência em hipóteses em que as consequências para o imputado não têm o caráter de sanção penal[43]. Há mesmo uma orientação para a previsão de formas alternativas de confisco, com inversão do ônus da prova, em tratados internacionais dos quais o Brasil é signatário[44].

---

42. CAEIRO, Pedro. *Sentido e função do instituto da perda de vantagens relacionadas com o crime no confronto com outros meios de prevenção da criminalidade reditícia (em especial, os procedimentos de confisco in rem e a criminalização do enriquecimento "ilícito")*. Revista Brasileira de Ciências Criminais, São Paulo, vol. 100, ano 21, jan.-fev. 2013. ACQUAROLI, Roberto. *La ricchezza illecita tra tassazione e confisca* - Temi ed attualitá penalistiche. Dike: Roma, 2012. EPIDENDIO, Tomaso Emilio. *La confisca nel diritto penale e nel sistema delle responsabilitá degli enti*. La biblioteca del penalista – collana diretta da Liigi Domenico Cerqua, n. 21. Cedam: Milão, 2011. GRAY, Anthony Davidson. *Forfeiture provisions and the criminal/civil divide*. 15 New Crim. L. Rev. 32 2012. Content downloaded/printed from HeinOnline (http://heinonline.org) Sun Mar 17 22:44:05 2013. NICOSIA, Emanuele. *La confisca, le confische*: funzioni politico-criminal, natura giuridica e problemi rocostruttivo-applicativi. Turim: G. Giappichelli Editore, 2012. PANZARASA, Marco. *Confisca senza condanna?* – uno studio de lege lata e de iure condendo sui presupposti processuali dell'aplicacione della confisca. Rivista Italiana di Diritto e Procedura Penale. Fasc. 4 - Ottobre-Dicembre 2010, págs.1.672-1.714. YOUNG, Simon N. M. (*edited by*). *Civil forfeiture of criminal property*: legal measures for targeting the proceeds of crime. Cheltenham, UK; Northampton, USA: Edwar Elgar, 2009.

43. O confisco alargado com inversão do ônus da prova se harmoniza com o princípio da presunção de inocência, conforme tem sido reconhecido em outros países e em organismos e fóruns internacionais: **Reino Unido** - House of Lords: Regina v. Benjafield (2002) e Regina v. Rezvi (2002). **Alemanha** – decisões do BGH de 22 de novembro de 1994, de 1º de março de 1995 e de 10 de fevereiro de 1998 (BGHSt, 40, 1995, p. 371, NJW, 1995, p. 2235, e NstZ, 1998, p. 362, respectivamente). **Portugal** – STJ: Acórdão de 24 de outubro de 2006 (CJASTJ, III, 2006, p. 215). **Tribunal Europeu dos Direitos do Homem** - Butler contra Reino Unido, decisão de 26 de junho de 2000; Phillips contra Reino Unido, decisão de 05 de julho de 2001; e Van Offeren contra Países Baixos, decisão de 05 de julho de 2005.

44. Convenção contra o Tráfico Ilícito de Entorpecentes e Substâncias Psicotrópicas (Convenção de Viena), promulgada no Brasil pelo Decreto n. 154/1991: Artigo 5, em especial os itens 6 (confisco por equivalente) e 7 (inversão do ônus da prova), redigido o último nesses termos **"cada Parte considerará a possibilidade de inverter o ônus da prova com respeito à origem lícita do suposto produto ou outros bens sujeitos a confisco,** na medida em que isto seja compatível com os princípios de direito interno e com a natureza de seus procedimentos jurídicos e de outros procedimentos". Também a Convenção das Nações Unidas contra o Crime Organizado Transnacional, adotada em Nova York, em 15 de novembro de 2000 (Convenção de Palermo), promulgada no Brasil pelo Decreto 5.015/2004: Artigo 12, em especial os itens 3/4 (confisco por equivalente) e 7 (inversão do ônus da prova), este com disposição similar à que está acima transcrita, da Convenção de Viena contra o tráfico de entorpecentes; bem como os artigos 13 e 14, com normas sobre cooperação internacional para o confisco e sobre a destinação dos bens confiscados. Ainda, a Convenção das Nações Unidas contra a Corrupção (Convenção de Mérida), promulgada no Brasil pelo Decreto 5.687/2006, contendo, no Artigo 31, determinações a respeito do confisco, com previsão, dentre outros, e nos moldes já citados das convenções de Viena e de Palermo, de inversão do ônus da prova para viabilizar a expropriação de bens ligados ao crime (Artigo 31, item 8: "*Os Estados Partes* **poderão considerar a possibilidade de exigir de um delinqüente que demonstre a origem lícita do alegado produto de delito ou de outros bens expostos ao confisco,** na medida em que ele seja conforme com os princípios fundamentais de sua legislação interna e com a índole do processo judicial ou outros processos").

Esses parâmetros demonstram que o princípio da presunção de inocência, fora dos quadrantes de processo penal que possa resultar em prisão, não é obstáculo intransponível à instituição de regras que contemplem inversão do ônus da prova contra o réu/acusado.

Não se nega que a presunção de inocência implicará em vedação a que, nos processos por improbidade administrativa, se atribua ao réu qualquer uma das sanções punitivas do art. 12 da Lei 8.429/1992 (*excluídas as sanções de natureza patrimonial, portanto*) antes do trânsito em julgado da sentença condenatória – sendo esse, na seara da improbidade administrativa, o sentido do princípio na sua vertente de *"regra de tratamento do imputado*[45]*"*. Também não se afasta o ônus probatório atribuído (primeiramente) ao autor no que concerne à demonstração da prática de conduta ímproba com culpa *lato sensu* (o que já seria consequência natural das regras comuns de distribuição do ônus da prova); bem como a garantia de julgamento a favor do réu no caso de dúvida ao final da instrução probatória – sentido da presunção de inocência como "regra de juízo"[46] no âmbito da improbidade administrativa.

Contudo, vários dados históricos podem ser necessários para formar o suporte fático que caracterizam uma conduta ímproba. Haverá, outrossim, regra legal (art. 373, NCPC) expressa e razoável (ponderando, aqui, os valores em jogo, entre os quais **não** está a liberdade pessoal do requerido) no sistema processual pertinente admitindo inversão do ônus da prova. Nesse contexto, não parece afrontar os referidos sentidos da garantia da presunção de inocência admitir que *algum aspecto* do suporte fático, necessário para a configuração de ato de improbidade administrativa, seja *excepcionalmente* objeto de inversão do ônus da prova.

É importante ressaltar que a inversão do ônus da prova diz respeito à demonstração de um ou de alguns fatos relevantes para a causa. Não se trata, portanto, de uma *desoneração* absoluta de uma das partes. Cuida-se de indicar que fato, ou que aspecto do suporte fático do direito afirmado no processo, excepcionalmente deverá ser demonstrado pelo sujeito processual que, segundo as regras gerais, não estaria incumbido de prová-lo.

Assim, a inversão do ônus da prova em ações de improbidade administrativa não significará, jamais, atribuir ao réu, de uma forma abstrata e genérica, o encargo de provar a sua inocência. O autor, notadamente o Ministério Público, continuará com o ônus de afirmar e demonstrar as condutas ímprobas ex Lei 8429/1992 - inclusive, atente-se, para que a ação seja formalmente admitida em juízo (art.

---

45. Ver nota 39.
46. Ver nota 39.

17, §§ 6º a 9º, Lei 8.429/1992). O que se advoga é a viabilidade de que, com base no art. 373 do NCPC, um determinado aspecto fático integrante da narrativa de conduta ímproba, se atendidos os requisitos legais, seja excepcionalmente objeto de inversão do ônus da prova.

A disciplina do NCPC para inversão do ônus da prova, ademais, exige, além da análise das melhores condições de produzir a prova, que a parte que será onerada efetivamente possa se desincumbir do encargo sem esforço excessivo, seguindo entendimento corrente dos defensores da teoria das cargas dinâmicas[47]. Também estabelece o NCPC a cientificação prévia das partes pelo juízo, evitando surpresa e permitindo, afinal, que o novo onerado produza a prova. Ou seja, os próprios parâmetros do NCPC conferem segurança contra excessos e contra a possibilidade de punição mediante a imposição de um ônus abstrato (e absurdo) de provar inocência.

É certo, ademais, que tais parâmetros legais, nas situações concretas, deverão ser rigorosamente considerados pelo julgador, à luz das peculiaridades da situação.

Nessa esteira, como o Ministério Público (assim como os demais legitimados ativos) é órgão do Poder Público, as condições econômicas e jurídicas do autor jamais poderão ser erigidas a fundamento para a inversão do ônus da prova em ações de improbidade administrativa - ineficiência e/ou insuficiência administrativa não poderão ser causa para inversão do ônus da prova.

Por seu turno, além de restrita a determinado aspecto específico do suporte fático, a inversão do ônus da prova deverá ter justificativa consistente, com precisa descrição fática acerca da real impossibilidade ou da excessiva dificuldade da produção da prova, pelo autor, a respeito de determinado aspecto relevante da imputação de conduta ímproba.

Mesmo nesse contexto restritivo, porém, pode-se vislumbrar, por exemplo, que, quando se tratar de questão relativa a processos e decisões administrativas ou orçamentárias complexas e de difícil acesso, o administrador público ao qual é atribuída conduta ímproba (tendo, pelo seu ofício, pleno e fácil acesso aos meios de prova) poderá, mediante inversão judicial do ônus da prova, ser incumbido pelo juízo de demonstrar determinado fato (contrário à imputação) relevante para a decisão, especialmente a fim de desconstituir a *acusação* do Ministério Público.

Pode-se afirmar, dessa forma, que, com o NCPC, instituída formalmente a regra de inversão do ônus da prova como norma do sistema processual civil (art. 373), será possível ao juiz, embora excepcionalmente, atribuir ao réu, nas ações

---

47. REDONDO, Bruno Garcia. Op. cit. p. 220. MARINONI, Luiz Guilherme. ARENHART, Sérgio Cruz. Op. cit. p. 190.

de improbidade administrativa, o encargo de demonstrar fato relevante para a decisão da causa, contrariando o que tenha sido alegado pelo autor.

O delineamento da forma e dos limites da aplicação da inversão do ônus da prova em ações de improbidade à luz do NCPC certamente exige aprofundadas reflexões teóricas cujas necessidades apenas a aplicação prática revelará. Mas, pelos argumentos expostos, parece cabível fixar essa premissa: **mesmo reconhecido o caráter punitivo da ação de improbidade administrativa, não se afasta a possibilidade de inversão do ônus da prova com base nas regras do art. 373 do NCPC.**

BIBLIOGRAFIA:

ACQUAROLI, Roberto. *La ricchezza illecita tra tassazione e confisca* - Temi ed attualitá penalistiche. Dike: Roma, 2012.

ASCENÇÃO, José de Oliveira. *O Direito: introdução e teoria geral.* 2 ed. (brasileira). Rio de Janeiro: Renovar, 2001.

BARBOSA MOREIRA, José Carlos. *Tutela sancionatória e tutela preventiva.* In: Temas de Direito Processual: segunda série. São Paulo: Saraiva, 1980. p. 21-29.

_____. *Julgamento e ônus da prova.* In: Temas de Direito Processual: segunda série. São Paulo: Saraiva, 1980. p. 73-82.

BEDAQUE, José Roberto dos Santos. *Direito e processo*: influência do direito material sobre o processo. 6ª ed. São Paulo: Malheiros, 2011.

_____. *Poderes Instrutórios do Juiz.* 5 ed. São Paulo: RT, 2011.

CAEIRO, Pedro. *Sentido e função do instituto da perda de vantagens relacionadas com o crime no confronto com outros meios de prevenção da criminalidade reditícia (em especial, os procedimentos de confisco in rem e a criminalização do enriquecimento"ilícito").* Revista Brasileira de Ciências Criminais, São Paulo, vol. 100, ano 21 (janeiro/fevereiro 2013). p. 453-501.

CAMBI, Eduardo. *Inversão do ônus da prova e tutela dos direitos transindividuais: alcance exegético do artigo 6º, VIII, do CDC.* Revista de Processo, n. 127 (setembro 2005), p. 101-105.

CARNELUTTI, Francesco. *Teoria Geral do Direito.* Trad.: A. Rodrigues Queiró e Artur Anselmo de Castro. São Paulo: Livraria Acadêmica, 1942

CINTRA, Antonio Carlos de Araújo; GRINOVER, Ada Pellegrini; DINAMARCO, Cândido Rangel. *Teoria geral do processo.* 16ª ed. São Paulo: Malheiros, 2000.

COSTA, Guilherme Recena. *A ambivalência da ação de improbidade administrativa e a sua conformação processual*. In.: LUCON, Paulo Henrique dos Santos (Coord.). COSTA, Eduardo José da Fonseca (Coord.). COSTA, Guilherme Recena (Coord.). *Improbidade administrativa*: aspectos processuais da Lei nº 8.429/92. São Paulo: Atlas, 2013, p. 235-254.

COSTA, Susana Henriques da. *O processo coletivo na tutela do patrimônio público e da moralidade administrativa*: ação de improbidade administrativa, ação civil pública e ação popular. São Paulo: Quartier Latin, 2008.

_____. *Cumulação de pedidos em ações de improbidade administrativa*. In: LUCON, Paulo Henrique dos Santos (Coord.). COSTA, Eduardo José da Fonseca (Coord.). COSTA, Guilherme Recena (Coord.). Op. cit., p. 397-415.

_____ (coord.); SILVA, Paulo Eduardo Alves da (coord.). "A eficácia do sistema jurídico de prevenção e combate à improbidade administrativa". *Série Pensando o Direito no 34/2011*. Brasília: Secretária de Assuntos Legislativos do Ministério da Justiça (SAL), 2011 – disponível em http://portal.mj.gov.br/main.asp?View=%7B329D6EB2-8AB0-4606-B054-4CAD3C53EE73%7D

DAYMAN, Sara. *Is the patient expected to live? UK civil forfeiture in operation*. In.: YOUNG, Simon N. M. *(edited)*. Civil forfeiture of criminal property: legal measures for targeting the proceeds of crime. Northampton: Edwar Elgar, 2009, p. 228-249.

DINAMARCO, Cândido Rangel. *Instituições de Direito Processual Civil*, vol. I. 4ª ed. São Paulo: Malheiros, 2004, p. 460-461.

_____. *Inversão do ônus da prova e o Código de Defesa do Consumidor*. In.: Fundamentos do Processo Civil Moderno. Vol. I. 6. ed. São Paulo: Malheiros, 2010, p. 781/792.

EPIDENDIO, Tomaso Emilio. *La confisca nel diritto penale e nel sistema delle responsabilitá degli enti*. La biblioteca del penalista – collana diretta da Liigi Domenico Cerqua, n. 21. Cedam: Milão, 2011.

FERRAJOLI, Luigi. *Direito e razão*: teoria do garantismo penal. SICA, Ana Paula Zomer (Trad.). CHOUKR, Fauzi Hassan (Trad.). TAVARES, Juarez (Trad.). GOMES, Luiz Flávio (Trad.). 3ª ed. São Paulo: RT, 2010.

GARCIA, Emerson; ALVES, Rogério Pacheco: *Improbidade administrativa*. 2.ed. Rio de Janeiro: Lumen Juris, 2004.

GRAY, Anthony Davidson. *Forfeiture provisions and the criminal/civil divide*. 15 New Crim. L. Rev. 32 2012. Content downloaded/printed from HeinOnline (http://heinonline.org) Sun Mar 17 22:44:05 2013.

KNIJNIK, Danilo. *Ônus dinâmico da prova*. Disponível em: http://www.knijnik.adv.br/upload/artigos/arquivo_13419320784ffc422e8c4cd.pdf. Acesso em 05-06-2015.

LEONEL, Ricardo de Barros: *Manual do processo coletivo*. 2 ed. São Paulo: RT, 2011.

LOPES, João Batista. LOPES, Maria Elizabeth de Castro. *O juiz, as regras sobre o ônus da prova e a teoria das cargas dinâmicas*. In.: MOREIRA, Alberto Camiña, ALVAREZ, Anselmo Prieto e BRUSCHI, Gilberto Gomes (Coord.). Panorama atual das tutelas individual e coletiva: estudos em homenagem ao professor Sérgio Shimura. São Paulo: Saraiva, 2011, p. 476-481.

LUCON, Paulo Henrique dos Santos. COSTA, Guilherme Recena. *A prova e a responsabilidade de terceiros contratantes com o poder público na ação de improbidade administrativa*. In. LUCON, Paulo Henrique dos Santos (Coord.). COSTA, Eduardo José da Fonseca (Coord.). COSTA, Guilherme Recena (Coord.). *Improbidade administrativa*: aspectos processuais da Lei nº 8.429/92. São Paulo: Atlas, 2013, p. 361-373.

MARINONI, Luiz Guilherme; ARENHART, Sérgio Cruz: *Prova*. São Paulo, RT, 2009.

MATOS, Cecília. *O ônus da prova no Código de Defesa do Consumidor*. Revista do Direito do Consumidor, vol. 11 (julho/setembro 1994), p. 161/170.

MORAES, Maurício Zanoide de. *Presunção de inocência no processo penal brasileiro*: análise de sua estrutura normativa para a elaboração legislativa e para a decisão judicial. Rio de Janeiro: Lumen Juris, 2010.

NICOSIA, Emanuele. *La confisca, le confische*: funzioni politico-criminal, natura giuridica e problemi rocostruttivo-applicativi. Turim: G. Giappichelli Editore, 2012.

OSÓRIO, Fábio Medina. *Teoria da improbidade administrativa*: má gestão pública, corrupção, ineficiência. São Paulo: RT, 2007.

PACÍFICO, Luiz Eduardo. *Perspectiva sistemática do momento de inversão do ônus da prova: do CDC ao CPC*. Revista Jurídica, n. 351 (janeiro 2007), p. 43/55.

PANZARASA, Marco. *Confisca senza condanna?* – uno studio de lege lata e de iure condendo sui presupposti processuali dell'aplicazione della confisca. Rivista Italiana di Diritto e Procedura Penale. Fasc. 4 - Ottobre-Dicembre 2010, págs.1.672-1.714.

REDONDO, Bruno Garcia. *Ônus da prova e distribuição dinâmica*: lineamentos atuais. In.: MOREIRA, Alberto Camiña, ALVAREZ, Anselmo Prieto e BRUSCHI, Gilberto Gomes (Coord.). Panorama atual das tutelas individual e coletiva: estudos em homenagem ao professor Sérgio Shimura. São Paulo: Saraiva, 2011, p. 210-226.

SICA, Heitor Vitor Mendonça. *Questões velhas e novas sobre a inversão do ônus da prova (CDC, art. 6o, VIII)*. Revista de Processo, n. 146 (abril 2007), p. 49/68.

YARSHELL, Flávio Luiz. *Antecipação da prova sem o requisito da urgência e direito autônomo à prova*. São Paulo: Malheiros, 2009.

ZAVASKI, Teori Albino. *Processo Coletivo: tutela de direitos coletivos e tutela coletiva de direitos*. São Paulo: Revista dos Tribunais, 2006.

CAPÍTULO 5

O Ministério Público e o papel de fiscal da ordem jurídica no CPC/2015

Humberto Dalla Bernardina de Pinho[1]

SUMÁRIO: 1. INTROITO. 2. PERFIL CONSTITUCIONAL DO MINISTÉRIO PÚBLICO. 3. O MINISTÉRIO PÚBLICO FISCAL DA LEI NO CPC DE 1973. 4. O MINISTÉRIO PÚBLICO FISCAL DA ORDEM JURÍDICA NO CPC DE 2015. 4.1. DISPOSITIVOS GENÉRICOS. 4.2. DISPOSITIVOS ESPECÍFICOS. 5. CONCLUSÕES. 6. BIBLIOGRAFIA.

1. INTROITO

Neste texto vamos examinar os dispositivos do Novo CPC que tratam do Ministério Público, atualizando e aprofundando texto escrito há três anos atrás, e focando, agora, na função de fiscal da ordem jurídica[2].

A fim de estabelecer a delimitação objetiva da abordagem, optamos por estudar apenas os artigos que se encontram na Parte Geral do CPC/2015, dividindo a abordagem quanto aos artigos genéricos, ou seja, os que estão inseridos no capítulo do Ministério Público, e aos específicos, assim entendidos aqueles que fazem parte de outros capítulos e que tratam de uma função peculiar do Ministério Público.

Incidentalmente, apresentaremos algumas questões doutrinárias e indicaremos a posição dos Tribunais sobre as mesmas.

2. PERFIL CONSTITUCIONAL DO MINISTÉRIO PÚBLICO

O texto constitucional contempla a organização do Ministério Público na Seção I (Do Ministério Público) do Capítulo IV (Das Funções Essenciais à Justiça) do Título IV (Da Organização dos Poderes).

O art. 127 assim dispõe:

> *"Art. 127 – O Ministério Público é instituição permanente, essencial à função jurisdicional do Estado, incumbindo-lhe a defesa da ordem*

---

1. Professor Associado na UERJ. Promotor de Justiça no RJ.

2. PINHO, Humberto Dalla Bernardina de. *A Feição do Ministério Público no Projeto do Novo CPC*, in Revista da Associação Mineira do Ministério Público, vol. 27, 2013, pp. 75/98.

jurídica, do regime democrático e dos interesses sociais e individuais indisponíveis";

Primeiramente, devemos observar que, conforme a própria definição dada pelo legislador, o Ministério Público é uma Instituição. Não tem personalidade jurídica, embora seja dotado de legitimidade para propor medidas administrativas e judiciais.

É oportuno salientar que o art. 127, *caput*, se subdivide em duas partes: uma, correspondente ao conceito da Instituição e outra, aos seus objetivos funcionais ou institucionais.

No tocante à primeira parte, ou seja, o conceito, devem ser feitas algumas observações.

Quando o art. 127 da Constituição da República de 1988 utiliza a expressão *"instituição permanente"*, cria uma cláusula pétrea, que não pode ser suprimida pelo poder constituinte derivado (art. 60, §4º, da Carta).

Já no concernente à expressão *"essencial"*, significa dizer que o *Parquet* é um dos atores fundamentais na administração da justiça, sendo detentor de prerrogativas e permissões legais aptas a viabilizar a sua participação nos processos de sua atribuição.

A atuação do Ministério Público como *custos legis*, ou seja, fiscal da lei, encontra assento constitucional neste referido artigo que faz menção à defesa da ordem jurídica. Já a atuação do *Parquet* em todos os processos de natureza eleitoral está fundamentada na defesa do regime democrático, também contido nesse dispositivo.

A participação[3] do Ministério Público pode se dar de duas formas no processo: através de sua atuação ou por meio de sua intervenção. A participação seria, portanto, gênero que comportaria em si duas espécies.

Fala-se em atuação quando o Ministério Público age como parte no processo promovendo a ação. A intervenção refere-se às hipóteses em que o Ministério Público funciona como fiscal da lei, como *custos legis* em uma ação que foi proposta por outrem.

Modernamente vem se entendendo que, mesmo nas hipóteses em que o Ministério Público participa do processo como parte, ele também o faz como fiscal da lei. A participação do Ministério Público como parte não acarreta a impossibilidade de, simultaneamente, agir o *Parquet* como fiscal da lei.

---

3. Posição originalmente sustentada por ROCHA. Clóvis Paulo da. *O Ministério Público como Órgão Agente e como Órgão Interveniente no Processo Civil, in* Revista do Ministério Público da Guanabara, vol. 17, 1973, pp. 03/14.

Hoje, portanto, não é mais possível considerar-se qualquer participação do Ministério Público apenas como parte em um processo. Na verdade, é certo que todas as vezes em que o Ministério Público atuar como órgão agente, ele estará atrelado à sua função fiscalizadora, até mesmo por obediência ao objetivo precípuo que lhe é atribuído pelo art. 127, *caput*, da Constituição Federal[4].

No art. 127, §1º, da Carta Magna estão elencados os princípios institucionais do Ministério Público: princípios da unidade, da indivisibilidade e da independência funcional.

Prever, como princípio institucional, a unidade, também chamado de princípio da coesão vertical, significa dizer que o Ministério Público é uma instituição única, abstratamente considerada, na qual os seus membros oficiam nos processos em nome da instituição a que são ligados, conforme a teoria do órgão desenvolvida no âmbito do direito administrativo.

O princípio da indivisibilidade ou princípio da coesão horizontal é decorrência lógica do princípio da unidade, e consiste na possibilidade de os membros da instituição se substituírem sem que haja prejuízo para a mesma ou para a sociedade.

O terceiro e último princípio institucional é o da independência funcional. Segundo este, os membros do *Parquet* têm que atuar apenas de acordo com dois parâmetros: a lei e sua consciência.

É importante salientar a conclusão de que, em virtude de tal princípio, estamos diante de agentes políticos, pois só estes gozam de independência funcional.

3. O MINISTÉRIO PÚBLICO FISCAL DA LEI NO CPC DE 1973

Vista a amplitude das normas constitucionais relativas ao Ministério Público, passa-se a examinar alguns dispositivos alocados no Código de Processo Civil de 1973.

No desempenho de suas funções, pode o Ministério Público atuar como parte ou como fiscal da correta aplicação da lei, embora essa função fiscalizatória sempre tenha despertado algum desconforto na doutrina especializada[5].

---

4. PINHO, Humberto Dalla Bernardina de. *Direito Processual Civil Contemporâneo*, vol. 1, Rio de Janeiro: Saraiva, 2012, p. 329.

5. Nesse passo, Calamandrei, já em sua época, advertia: *"Mas no processo civil, em que normalmente a legitimação para acionar e para contradizer compete aos particulares, é mais difícil definir qual possa ser a posição do Ministério Público como parte pública colocada também, e não com exclusão, das partes privadas, às quais estão reservadas neste processo as posições primárias e predominantes. Não obstante, se olharmos bem, a*

Em regra, no processo civil, seus membros atuarão como fiscais da lei[6] nas hipóteses do art. 82 do CPC:

> "Art. 82 – Compete ao Ministério Público intervir:
>
> I – nas causas em que há interesses de incapazes;
>
> II – nas causas concernentes ao estado da pessoa, pátrio poder, tutela, curatela, interdição, casamento, declaração de ausência e disposições de última vontade;
>
> III – nas ações que envolvam litígios coletivos pela posse da terra rural e nas demais causas em que há interesse público evidenciado pela natureza da lide ou qualidade da parte".

Nos termos do art. 83, intervindo como fiscal da lei, o Ministério Público:

a) terá vista dos autos depois das partes, sendo intimado de todos os atos do processo;

b) poderá juntar documentos e certidões, produzir prova em audiência e requerer medidas ou diligências necessárias ao descobrimento da verdade.

---

razão primordial em virtude da qual em certos casos introduz a lei o Ministério Público como parte pública no processo civil, não é distinta daquela pela qual nos ordenamentos penais o sistema da acusação privada tem cedido inteiramente o terreno ao da acusação – função do Ministério Público no processo civil – pública exercitada pelo Ministério Público; efetivamente como a substituição da ação pública à ação privada no processo penal tem sido sugerida pelo interesse público em que a observância das normas de direito penal não se remeta à iniciativa dos particulares nem se deixe a mercê de seus interesses individuais, assim no processo civil a participação do Ministério Público tem a finalidade de suprir a não iniciativa das partes privadas ou de controlar sua eficiência, sempre que, pela especial natureza das relações controvertidas, possa temer o Estado que o estímulo do interesse individual, ao qual está normalmente encomendado o ofício de dar impulso à justiça civil, possa ou faltar totalmente ou se dirigir a fins distintos do da observância da lei. Tanto no processo penal como no civil, então, a presença do Ministério Público responde em substância a um interesse público da mesma natureza: fazer que, frente aos órgãos julgadores que para manter intata sua imparcialidade e, pelo tanto, sua indiferença inicial, não podem menos de ser institucionalmente inertes, se despregue em forma correspondente aos fins públicos da justiça a função estimuladora das partes". (CALAMANDREI, Piero [tradução de Luiz Abezia e Sandra Drina Fernandes Barbery]. *Direito Processual Civil*, São Paulo: BookSeller, 1999, p. 335/336). Entretanto, este mesmo autor afirma que o interesse público que motiva a intervenção do Ministério Público não é a tutela social, mas sim a tutela da legalidade dentro do ordenamento jurídico, razão pela qual não é ele o titular daquele interesse público, restringindo-se a velar pela sua correta tutela. Daí afirmar, à p. 42, "que o Ministério Público é o encarregado de vigiar pela observância do direito objetivo em todos aqueles casos em que a iniciativa dos interessados não é suficiente garantia de dita observância: o qual acontece, em geral, em todas as causas sobre relações não disponíveis, mas pode acontecer também, excepcionalmente, em causas a respeito de relações disponíveis, segundo se vê através do último apartado do art. 70, segundo o qual o Ministério Público pode intervir, não só nas categorias de causas determinadas pela lei, senão em toda outra causa em que ele contemple um interesse público".

6. Conforme o art. 82, CPC, o MP deve intervir obrigatoriamente nos processos em que haja interesse de incapaz, nos concernentes ao estado da pessoa, poder familiar, curatela, interdição, casamento, declaração de ausência, litígios que envolvam posse da terra rural. Todavia esse rol não é taxativo, como se observa pelo disposto no art. 1.105, CPC, que regula os processos de jurisdição voluntária. Mais a frente falaremos mais sobre esse ponto, ao abordar a Recomendação n° 16 do CNMP.

Quando a lei considerar obrigatória a intervenção do Ministério Público, a parte deve promovê-la, sob pena de nulidade do processo. Esta é a regra do art. 84 do CPC, que deve ser combinado com o art. 246 que diz ser nulo o processo, quando o Ministério Público não for intimado a acompanhar o feito em que deveria intervir.

Por outro lado, sua atuação como parte ocorrerá nas hipóteses de ajuizamento da ação, quando a lei assim o permitir (como no caso da ação civil pública, regulamentada pela Lei nº 7.347/85, da ação de investigação de paternidade, regulamentada pela Lei nº 8.560/92, e tantas outras mais).

O art. 81 determina que o Ministério Público exercerá o direito de ação nos casos previstos em lei, cabendo-lhe os mesmos poderes e ônus aplicáveis às partes. Assim como os juízes, o membro do Ministério Público deve observar as regras de impedimento e suspeição, previstas nos arts. 134 e 135 do CPC.

O art. 85 dispõe que o órgão do Ministério Público será civilmente responsável quando, no exercício de suas funções, proceder com dolo ou fraude. Ademais, pode o Ministério Público interpor recurso, mesmo nas causas em que funcione como fiscal da lei (art. 499, §2º, CPC), ainda que não haja recurso voluntário das partes (Verbete de Jurisprudência predominante nº 99 do STJ).

Tem, ainda, legitimidade para ajuizar ação rescisória quando não foi ouvido no processo em que sua intervenção era obrigatória ou quando a sentença é fruto de colusão entre as partes com o fim de fraudar a lei (art. 487, inciso III, CPC).

4. O MINISTÉRIO PÚBLICO FISCAL DA ORDEM JURÍDICA NO CPC DE 2015

O novo Código de Processo Civil alterou topograficamente as disposições gerais sobre o Ministério Público, para tratá-lo em um novo título, após os auxiliares da Justiça, e antes da Defensoria Pública, já que no código de 73 seu tratamento era em local diverso, logo após o título das partes e de seus procuradores.

Contudo, algumas regras específicas sofreram grande alteração. Neste item do trabalho, primeiro abordaremos as disposições genéricas, ou seja aquelas que se encontram entre os artigos 176 a 181 do NCPC, para, então, examinar os dispositivos específicos, que se encontram espalhados pelo texto.

4.1. Dispositivos genéricos

Os arts. 176[7] e 177[8] do novo Código reforçam a dicção do art. 127 da Constituição Federal. Tratam da atuação do Ministério Público em todos os graus, e

---

7.   Art. 176. O Ministério Público atuará na defesa da ordem jurídica, do regime democrático e dos interesses e direitos sociais e individuais indisponíveis.

8.   Art. 177. O Ministério Público exercerá o direito de ação em conformidade com suas atribuições constitucionais.

remetem, ainda, ao art. 129, §1° da Constituição, ao afirmar que o direito de ação do *Parquet* deve ser exercido de acordo com suas atribuições institucionais.

O art. 178 trata das hipóteses de intervenção do M.P. como fiscal da ordem jurídica, que estavam antes previstas no art. 82 do CPC. São elas, além das que já estão previstas na lei ou na Constituição Federal:

I.   nas causas que envolvam interesse público ou social;

II. nas causas que envolvam interesse de incapaz;

III. nas causas que envolvam litígios coletivos pela posse de terra rural ou urbana;

De se observar que a observação inserida na cabeça do dispositivo deixa claro que o rol é exemplificativo e não taxativo. Porém deve ser ele combinado com os artigos 721 (para delimitação da intervenção nos procedimentos de jurisdição voluntária) e 932, VII (para maniestação em recursos, quando não for parte da demanda).

No caso do inciso II, foi retirada a expressão "estado das pessoas", inicialmente prevista durante o processo legislativo. Nesse sentido, atente-se para a redação do art. 698 que trata da intervenção do Ministério Público nas ações de família[9].

Também está superada a discussão sobre a natureza da intervenção do Ministério Público quando estiver configurado interesse de incapaz. O Promotor que funcionar no caso será, ao mesmo tempo deverá velar pelos interesses daquele, e fiscalizar a ordem jurídica. Nesse sentido a jurisprudência do STJ[10] já tem se consolidado no caso das ações de interdição.

---

9.   *Art. 698. Nas ações de família, o Ministério Público somente intervirá quando houver interesse de incapaz e deverá ser ouvido previamente à homologação de acordo.*

10. DIREITO PROCESSUAL CIVIL. ATUAÇÃO DO MINISTÉRIO PÚBLICO COMO DEFENSOR DO INTERDITANDO. Nas ações de interdição não ajuizadas pelo Ministério Público, a função de defensor do interditando deverá ser exercida pelo próprio órgão ministerial, não sendo necessária, portanto, nomeação de curador à lide. Estão legitimados para requerer a interdição somente os pais ou tutor, o cônjuge ou parentes próximos do interditando ou, ainda, em caráter subsidiário, o Ministério Público (art. 1.177 e 1.178 do CPC), sendo esta a única hipótese em que se exige a nomeação de curador à lide, a fim de ensejar o contraditório. Nessa perspectiva, verifica-se que a designação de curador especial tem por pressuposto a presença do conflito de interesses entre o incapaz e o responsável pela defesa de seus interesses no processo judicial. Assim, na hipótese de encontrar-se o Ministério Público e o suposto incapaz em polos opostos da ação, há intrínseco conflito de interesses a exigir a nomeação ao interditando de curador à lide, nos termos do art. 1.179 do CPC, que se reporta ao art. 9º do mesmo Código. Todavia, proposta a ação pelos demais legitimados, caberá ao Ministério Público a defesa dos interesses do interditando, fiscalizando a regularidade do processo, requerendo provas e outras diligências que entender pertinentes ao esclarecimento da incapacidade e, ao final, impugnar ou não o pedido de interdição, motivo pelo qual não se faz cabível a nomeação de curador especial para defender, exatamente, os mesmos interesses pelos quais zela o

Na mesma linha de raciocínio da Recomendação do CNMP, entendeu-se que não se justifica a intervenção do Ministério Público apenas pelo estado da pessoas e que isso seria um resquício do ordenamento pré Constituição de 1988. A circunstância que justificaria a intervenção do Ministério Público seria, tão somente, a presença de um incapaz[11] num dos pólos da relação processual[12].

Ministério Público. A atuação do Ministério Público como defensor do interditando, nos casos em que não é o autor da ação, decorre da lei (art. 1.182, § 1º, do CPC e art. 1.770 do CC) e se dá em defesa de direitos individuais indisponíveis, função compatível com as suas funções institucionais (art. 127 da CF). REsp 1.099.458-PR, Rel. Min. Maria Isabel Gallotti, julgado em 2/12/2014, DJe 10/12/2014. (Informativo nº 553 do STJ).

11. Mesmo nesses casos, o STJ vem atenuando o rigor da sanção do art. 246 do CPC quando não há a intervenção no momento próprio. Veja-se, nesse sentido: *INCAPAZ. PARQUET. INTERVENÇÃO. PREJUÍZO. COMPROVAÇÃO. Na hipótese dos autos, o Ministério Público (MP) estadual interpôs recurso de apelação para impugnar sentença homologatória de acordo firmado entre as partes – uma delas, incapaz – em ação expropriatória da qual não participou como custus legis. Nesse contexto, a Turma entendeu que a ausência de intimação do Parquet, por si só, não enseja a decretação de nulidade do julgado, sendo necessária a efetiva demonstração de prejuízo para as partes ou para a apuração da verdade substancial da controvérsia jurídica, segundo o princípio pas de nullités sans grief. Ressaltou-se que, mesmo nas hipóteses em que a intervenção do Parquet é obrigatória, como no caso, visto que envolve interesse de incapaz, seria necessária a demonstração de prejuízo para reconhecer a nulidade processual. Na espécie, o Ministério Público não demonstrou ou mesmo aventou a ocorrência de algum prejuízo que legitimasse sua intervenção. Consignou-se, ademais, que, no caso, cuidou-se de desapropriação por utilidade pública, em que apenas se discutiam os critérios a serem utilizados para fixação do montante indenizatório, valores, inclusive, aceitos pelos expropriados, não se tratando de desapropriação que envolvesse interesse público para o qual o legislador tenha obrigado a intervenção do Ministério Público. Assim, não havendo interesse público que indique a necessidade de intervenção do Ministério Público, como na espécie, a intervenção do Parquet não se mostra obrigatória a ponto de gerar nulidade insanável. Precedentes citados do STF: RE 96.899-ES, DJ 5/9/1986; RE 91.643-ES, DJ 2/5/1980; do STJ: REsp 1.010.521-PE, DJe 9/11/2010, e REsp 814.479-RS, DJe 14/12/2010. REsp 818.978-ES,* **Rel. Min. Mauro Campbell Marques, julgado em 9/8/2011. (Informativo nº 480 do STJ).**

12. Contudo, é preciso registrar que a jurisprudência parece, por vezes, vacilante. Em situação envolvendo idosos, apesar do espírito da Lei nº 10.741/03, os Tribunais Superiores vem limitando a legitimidade do Ministério Público. Por outro lado, em se tratando de menor com pretensão alimentícia, reforça-se a regra do art. 201, inciso III do ECA, apesar da possível colidência com a norma inscrita no art. 129, inciso IX da Carta de 1988, como se pode ver dos precedentes adiante referidos: *BENEFÍCIO PREVIDENCIÁRIO. IDOSA. INTERVENÇÃO. MP. Discute-se no REsp a obrigatoriedade de intervenção do Ministério Público (MP) em processos em que idosos capazes sejam parte e postulem direito individual disponível. Nos autos, a autora, que figura apenas como parte interessada no REsp, contando mais de 65 anos, ajuizou ação contra o Instituto Nacional do Seguro Social (INSS) para ver reconhecido exercício de atividade rural no período de 7/11/1946 a 31/3/1986. A sentença julgou improcedente o pedido e o TJ manteve esse entendimento. Sucede que, antes do julgamento da apelação, o Ministério Público Federal (recorrente), em parecer, requereu preliminar de anulação do processo a partir da sentença por falta de intimação e intervenção do Parquet ao argumento de ela ser, na hipótese, obrigatória, o que foi negado pelo TJ. Daí o REsp do MPF, em que alega ofensa aos arts. 84 do CPC e 75 da Lei n. 10.741/2003 (Estatuto do Idoso). Destacou o Min. Relator que, no caso dos autos, não se discute a legitimidade do Ministério Público Federal para propor ação civil pública em matéria previdenciária; essa legitimidade, inclusive, já foi reconhecida pelo STF e pelo STJ. Explica, na espécie, não ser possível a intervenção do Ministério Público Federal só porque a parte autora é idosa, pois ela é dotada de capacidade civil, não se encontra em situação de risco e está representada por advogado que interpôs os recursos cabíveis. Ressalta ainda que o direito à previdência social envolve direitos disponíveis dos segurados. Dessa forma, não se trata de direito individual indisponível, de grande relevância social ou de comprovada situação de risco a justificar a intervenção do Ministério Público Federal. Diante do exposto, a*

Por fim, no inciso III foi inserida a hipótese de intervenção quando houver conflito coletivo de terra urbana.

Observe-se que o art. 554, § 1° determina a intimação do Ministério Público nas ações possessórias nas quais figure no polo passivo grande número de pessoas[13].

O parágrafo único do art. 178 reforça a ideia, já assentada em sede doutrinária e jurisprudencial, no sentido de que a participação da Fazenda Pública, por si só, não configura hipótese de intervenção do Ministério Público.

Assim, o exame da presença do interesse público deve ser feito caso a caso, de acordo com as particularidades da espécie.

O art. 179 atualiza, sem grande modificação de conteúdo, a redação do art. 83 do CPC / 73, e prevê duas regras para a intervenção do Ministério Público:

a) ter vista dos autos depois das partes, sendo intimado de todos os atos do processo;

b) poder produzir provas, requerer as medidas processuais pertinentes e recorrer.

O art. 180 trata do prazo para manifestação. Após anotar que o Ministério Público detém prazo em dobro para se manifestar, o legislador fixa com clareza,

---

Turma negou provimento ao recurso. REsp 1.235.375-PR, Rel. Min. Gilson Dipp, julgado em 12/4/2011. (Informativo STJ 469). ALIMENTOS. LEGITIMIDADE. MP. O menor que necessita dos alimentos em questão reside com sua genitora em comarca não provida de defensoria pública. Contudo, é certo que o Ministério Público tem legitimidade para propor ações de alimentos em favor de criança ou adolescente, independentemente da situação em que se encontra ou mesmo se há representação por tutores ou genitores (art. 201, III, da Lei n. 8.069/1990 – ECA). Já o art. 141 desse mesmo diploma legal é expresso ao garantir o acesso da criança ou adolescente à defensoria, ao Ministério Público e ao Judiciário, o que leva à conclusão de que o Ministério Público, se não ajuizasse a ação, descumpriria uma de suas funções institucionais (a curadoria da infância e juventude). Anote-se que a Lei de Alimentos aceita a postulação verbal pela própria parte, por termo ou advogado constituído nos autos (art. 3°, § 1°, da Lei n. 5.478/1968), o que demonstra a preocupação do legislador em garantir aos necessitados a via judiciária. A legitimação do Ministério Público, na hipótese, também decorre do direito fundamental de acesso ao Judiciário (art. 5°, LXXIV, da CF/1988) ou mesmo do disposto no art. 201 do ECA, pois, ao admitir legitimação de terceiros para as ações cíveis em defesa dos direitos dos infantes, reafirma a legitimidade do Ministério Público para a proposição dessas mesmas medidas judiciais, quanto mais se vistas as incumbências dadas ao parquet pelo art. 127 da CF/1988. A alegação sobre a indisponibilidade do direito aos alimentos não toma relevo, visto não se tratar de interesses meramente patrimoniais, mas, sim, de direito fundamental de extrema importância. Precedentes citados: REsp 510.969-PR, DJ 6/3/2006, e RHC 3.716-PR, DJ 15/8/1994. REsp 1.113.590-MG, Rel. Min. Nancy Andrighi, julgado em 24/8/2010. (Informativo STJ n° 444).

13. *Art. 554. (...) § 1° No caso de ação possessória em que figure no polo passivo grande número de pessoas, serão feitas a citação pessoal dos ocupantes que forem encontrados no local e a citação por edital dos demais, determinando-se, ainda, a intimação do Ministério Público e, se envolver pessoas em situação de hipossuficiência econômica, da Defensoria Pública.*

suprindo lacuna existente no ordenamento anterior, a partir de que momento se considera efetivada a intimação pessoal.

Aqui o Código nos remete ao art. 183, § 1°, que, ao tratar da contagem de prazo da Fazenda, cujos advogados também detém a prerrogativa da intimação pessoal, estabelece que essa será concretizada por meio de carga, remessa ou meio eletrônico.

Percebe-se, então, que se o Ministério Público participa do processo como parte, ele detém o prazo em dobro para se manifestar. E aí, cada ato do processo tem seu prazo previsto (com regra geral, o novo Código procura uniformizar os prazos, de forma que quase todos são de 15 dias).

Cao o Ministério Público esteja participando como fiscal da ordem jurídica, ou seja, não foi ele quem propôs a demanda, mas sua intervenção é obrigatória por força da presença de uma das hipóteses do art. 178, seu prazo é de trinta dias.

A fixação desse prazo está afinada com a garantia da duração razoável do processo, prevista em sede constitucional no art. 5°, inciso LXXVIII, e reproduzida no novo Código no art. 4°.

Findo o prazo, sem manifestação, seguindo-se a tendência já adotada no parágrafo único do art. 12 da Lei n° 12.016/2009 (Lei do Mandado de Segurança), o art. 180, § 1° determina que o juiz requisitará os autos e dará andamento ao processo.

Nesse caso, podemos presumir que o legislador compreende a falta de manifestação como entendimento do Ministério Público no sentido de que sua intervenção não é necessária.

Outra questão que merece uma reflexão mais aprofundada é a do inciso I do art. 178, que dispõe que o Ministério Público intervirá nos casos de interesse público ou social.

Temos aqui, em verdade, duas questões. A primeira diz respeito às eventuais discordâncias entre o Juiz e o Membro do Ministério Público quanto à necessidade ou não de intervenção. A solução que existe hoje, ou seja, interposição de agravo, não será mais viável no Novo CPC, em razão da drástica redução das hipóteses de cabimento desse recurso, que deve estar expressamente ressalvadas no art. 1.015.

Por outro lado, também não parece razoável fazer uso do mandado de segurança, eis que não estaria configurado o direito líquido e certo *in casu*.

Melhor seria, a nosso ver, trazer para o CPC a solução que já existe hoje nas Leis Orgânicas dos Ministérios Públicos Estaduais e da União (artigo 26, inciso VIII da Lei nº 8.625/93, e artigo 6º, inciso XV da Lei Complementar nº 75/93), no sentido de que a intervenção[14] deve se dar nos casos em que o Membro do Ministério Público visualizar[15] o interesse público.

Mas ainda que adotada tal solução, cairíamos num segundo problema: a discricionariedade e a independência funcional de cada Membro fariam com que não houvesse um padrão, um parâmetro de intervenção, o que geraria instabilidade e insegurança no exercício das funções do Ministério Público.

Com efeito, as expressões "interesse público" e "interesse social" se inserem na tipologia dos conceitos jurídicos indeterminados.

Para tentar, de alguma forma, trazer maior objetividade à questão, em abril de 2010, o Conselho Nacional do Ministério Público editou a Recomendação nº 16, e com isso buscou também uniformizar a intervenção do Ministério Público no processo civil[16].

Interessante observar os *consideranda*[17] adotados no introito do ato administrativo, que apesar de estabelecer uma série de critérios objetivos,

---

14. Mesmo aqueles que reconhecem ao Poder Judiciário a titularidade para aferição da presença ou não do interesse público no caso concreto, são forçados a concluir no sentido de que *"não há meios para se coagir o órgão ministerial a participar, de forma que a sua decisão pela negativa vale como palavra final quanto à inexistência de interesse público".* (MACHADO, Antônio Cláudio da Costa. *A intervenção do Ministério Público no Processo Civil Brasileiro*, 2ª edição, São Paulo: Saraiva, p. 389).

15. Moniz de Aragão, em célebre passagem, assenta que *"o Juiz ou o Tribunal não são senhores de fixar a conveniência ou a intensidade e profundidade da atuação do Ministério Público. Este é que mede e a desenvolve. A não ser assim, transformar-se-ia o Ministério Público, de fiscal do Juiz na aplicação da Lei, em fiscalizado dele no que tange à sua própria intervenção fiscalizadora".* (ARAGÃO, Moniz de. *Comentários ao Código de Processo Civil*, volume II, 9ª edição, Rio de Janeiro: Forense, 1998, p. 284).

16. CONSELHO NACIONAL DO MINISTÉRIO PÚBLICO. RECOMENDAÇÃO n° 16, de 28 de abril de 2010, publicada no DJU, seção única, 16.06.2010, p. 08). Dispõe sobre a atuação dos membros do Ministério Público como órgão interveniente no processo civil. Disponível em http://www.cnmp.gov.br, acesso em abril de 2014.

17. *"CONSIDERANDO a necessidade de racionalizar a intervenção do Ministério Público no Processo Civil, notadamente em função da utilidade e efetividade da referida intervenção em benefício dos interesses sociais, coletivos e individuais indisponíveis;*
    CONSIDERANDO a necessidade e, como decorrência, a imperiosidade de (re)orientar a atuação ministerial em respeito à evolução institucional do Ministério Público e ao perfil traçado pela Constituição da República (artigos 127 e 129), que nitidamente priorizam a defesa de tais interesses na qualidade de órgão agente;
    CONSIDERANDO a justa expectativa da sociedade de uma eficiente, espontânea e integral defesa dos mesmos interesses, notadamente os relacionados com a hipossuficiência, a probidade administrativa, a proteção do patrimônio público e social, a qualidade dos serviços públicos e de relevância pública, a infância e juventude, as pessoas portadoras de deficiência, os idosos, os consumidores e o meio ambiente;
    CONSIDERANDO a iterativa jurisprudência dos Tribunais pátrios, inclusive sumuladas, em especial dos Egrégios Supremo Tribunal Federal e Superior Tribunal de Justiça;
    CONSIDERANDO a exclusividade do Ministério Público na identificação do interesse que justifique a intervenção da Instituição na causa;" (Resolução CNMP nº 16/10)

ressalva que deve ser respeitada a independência funcional dos membros da Instituição, razão pela qual o ato é expedido sem efeito vinculativo.

Nesse sentido, a Recomendação elenca as hipóteses nas quais, em regra, é desnecessária[18] a intervenção do Ministério Público.

Por fim, o art. 181 repete a previsão do art. 85 do CPC / 73, trazendo as hipóteses de responsabilidade do membro do *Parquet*, quando agir com dolo ou fraude no exercício de suas funções.

Observe-se que o legislador acrescentou o termo "regressivamente", esclarecendo importante questão que havia ficado obscura no ordenamento anterior.

---

18.   *"Art. 5º. Perfeitamente identificado o objeto da causa e respeitado o princípio da independência funcional, é desnecessária a intervenção ministerial nas seguintes demandas e hipóteses:*

I - Intervenção do Ministério Público nos procedimentos especiais de jurisdição voluntária;

II - Habilitação de casamento, dispensa de proclamas, registro de casamento in articulo mortis – nuncupativo, justificações que devam produzir efeitos nas habilitações de casamento, dúvidas no Registro Civil;

III – Ação de divórcio ou separação, onde não houver cumulação de ações que envolvam interesse de menor ou incapaz;

IV - Ação declaratória de união estável, onde não houver cumulação de ações que envolva interesse de menor ou incapaz;

V - Ação ordinária de partilha de bens;

VI - Ação de alimentos, revisional de alimentos e execução de alimentos fundada no artigo 732 do Código de Processo Civil, entre partes capazes;

VII - Ação relativa às disposições de última vontade, sem interesse de incapazes, excetuada a aprovação, cumprimento e registro de testamento, ou que envolver reconhecimento de paternidade ou legado de alimentos;

VIII - Procedimento de jurisdição voluntária relativa a registro público em que inexistir interesse de incapazes;

IX - Ação previdenciária em que inexistir interesse de incapazes;

X - Ação de indenização decorrente de acidente do trabalho;

XI - Ação de usucapião de imóvel regularmente registrado, ou de coisa móvel, ressalvadas as hipóteses da Lei nº 10.257, de 10 de julho de 2001;

XII - Requerimento de falência ou de recuperação judicial da empresa, antes da decretação ou do deferimento do pedido;

XIII - Ação de qualquer natureza em que seja parte sociedade de economia mista;

XIV - Ação individual em que seja parte sociedade em liquidação extrajudicial;

XV - Ação em que for parte a Fazenda ou Poder Público (Estado, Município, Autarquia ou Empresa Pública), com interesse meramente patrimonial, a exemplo da execução fiscal e respectivos embargos, anulatória de débito fiscal, declaratória em matéria fiscal, repetição de indébito, consignação em pagamento, possessória, ordinária de cobrança, indenizatória, anulatória de ato administrativo, embargos de terceiro, despejo, ações cautelares, conflito de competência e impugnação ao valor da causa;

XVI - Ação de desapropriação, direta ou indireta, entre partes capazes, desde que não envolvam terras rurais objeto de litígios possessórios ou que encerrem fins de reforma agrária (art. 18, § 2º, da LC 76/93);

XVII - Ação que verse sobre direito individual não-homogêneo de consumidor, sem a presença de incapazes;

XVIII - Ação que envolva fundação que caracterize entidade fechada de previdência privada;

XIX - Ação em que, no seu curso, cessar a causa de intervenção;

XX - Intervenção em ação civil pública proposta pelo Ministério Público;

XXI - Assistência à rescisão de contrato de trabalho;

XXII - Intervenção em mandado de segurança."

Com efeito, em sede constitucional, o art. 37, § 6º estabelece que a responsabilidade civil do funcionário público é regressiva[19].

Desta forma, me parece claro que, a partir de agora, aquele que se sentir prejudicado pela atuação de um Membro do Ministério Público, e reputar que a conduta se deu por dolo ou fraude, deve acionar o Estado, que, por sua vez, deterá direito de regresso contra o agente.

4.2. Dispositivos específicos

Passaremos a examinar, a partir de agora, alguns dispositivos que regulam a atividade do Ministério Público na Parte Geral do Novo CPC, e que se encontram dispersos ao longo do texto.

a) Arguição de incompetência relativa pelo Ministério Público.

> *Art. 65. Prorrogar-se-á a competência relativa se o réu não alegar a incompetência em preliminar de contestação.*
>
> *Parágrafo único. A incompetência relativa pode ser alegada pelo Ministério Público nas causas em que atuar.*

Com a nova regra, fica claro que o Ministério Público pode suscitar ambas as formas de incompetência, e independentemente da modalidade de sua participação no processo (ou como parte e fiscal da lei, ou apenas como fiscal da ordem jurídica). Obviamente, intervindo como *fiscal*, não ofertará contestação e, nesse caso, a incompetência deverá ser suscitada em sua manifestação (cota ou parecer).

Apesar da redação do dispositivo, uma controvérsia certamente surgirá em breve. E se o Promotor não suscita em sua primeira manifestação? Haveria também, aqui, a ocorrência da prorrogação da competência, fazendo-se uma interpretação sistemática com a regra do caput? Arrisco uma resposta afirmativa, eis que o parágrafo único que cuida da participação do Ministério Público está diretamente ligado ao que está determinado na cabeça do artigo.

---

19. *"Responsabilidade objetiva do Estado por atos do Ministério Público (...). A legitimidade passiva é da pessoa jurídica de direito público para arcar com a sucumbência de ação promovida pelo Ministério Público na defesa de interesse do ente estatal. É assegurado o direito de regresso na hipótese de se verificar a incidência de dolo ou culpa do preposto, que atua em nome do Estado."* (AI 552.366-AgR, Rel. Min. Ellen Gracie, julgamento em 6-10-2009, Segunda Turma, DJE de 29-10-2009.) **Vide:** RE 551.156-AgR, Rel. Min. **Ellen Gracie**, julgamento em 10-3-2009, Segunda Turma, *DJE* de 3-4-2009.

Mas poderíamos, ainda, ir mais longe. E se a hipótese é de incompetência relativa, o réu não alega na contestação, e o Ministério Público a enfrenta em sua primeira manifestação, assim que tem vista dos autos?

Por questão de coerência, penso que deve o juiz acolher a promoção do Ministério Público e determinar a remessa dos autos ao juízo competente, eis que legislador, ao permitir que o Promotor "fiscal da ordem jurídica" suscite tal questão, acabou criando hipótese de legitimação concorrente. Assim, a inércia de um legitimado não deve impedir que a providência seja efetivada por outro, a menos que haja exceção no texto legal, o que não me parece ser o caso.

b) Curadoria Especial e Intervenção do Ministério Público

> Art. 72. O juiz nomeará curador especial ao:
>
> I – incapaz, se não tiver representante legal ou se os interesses deste colidirem com os daquele, enquanto durar a incapacidade;
>
> II – réu preso revel, bem como ao réu revel citado por edital ou com hora certa, enquanto não for constituído advogado.
>
> Parágrafo único. A curatela especial será exercida pela Defensoria Pública, nos termos da lei.

O art. 72 trata da curadoria especial e corresponde ao atual art. 9º do CPC / 73. Não há diferença quanto às hipóteses de cabimento, sendo certo que o novo CPC criou limites para as hipóteses dos dois incisos ("enquanto durar a incapacidade", no inciso I, e "enquanto não for constituído advogado", no inciso II), e há uma definição sobre quem deve exercer esse papel, no parágrafo único do art. 72.

Como cediço, o curador especial é uma figura *suis generis* que intervém no feito a pedido do juiz, para garantir os princípios da ampla defesa e do contraditório sempre que, por conta de determinados incidentes processuais, uma das partes fica em situação de inferioridade. É um corolário da igualdade no sentido material, e que se manifesta apenas nas estritas hipóteses previstas pelo Código.

Pela nova redação do parágrafo único do art. 72, a curadoria especial deve ser exercida por defensor público ou por advogado dativo, na ausência do primeiro. Este dispositivo está em consonância com o art. 4º, inciso XVI da Lei Complementar 80/94, com redação dada pela Lei Complementar 132/09.

Numa primeira leitura, parece não haver qualquer dificuldade na compreensão e interpretação deste dispositivo. Ocorre que, na prática, algumas questões têm surgido, sobretudo nos casos em que a Defensoria Pública requer sua intervenção no feito, invocando condição de curador especial, mesmo quando a hipótese não está expressamente prevista no art. 9º do CPC, e o Ministério Público já está intervindo no feito regularmente.

Isso ocorreu num passado recente, em alguns procedimentos na área da infância e juventude no Estado do Rio de Janeiro, e provocou algumas consequências processuais danosas às partes.

Nesse sentido, é preciso que fique claro que as hipóteses de curadoria especial são exaustivas, e dependem, necessariamente, de provocação judicial. Não custa lembrar que o processo envolve apenas as partes interessadas. Terceiros e outras figuras vêm ao processo apenas em hipóteses pré-definidas pelo legislador, cabendo ao juiz avaliar a sua aplicabilidade ao caso concreto.

Nem mesmo o Ministério Público, diante de seu gigante papel constitucional, pode intervir aleatoriamente em qualquer feito, sob pena de desvirtuar o modelo legal e causar um desequilíbrio naquela demanda.

Imagine o caos que se instalaria se o Ministério Público resolvesse intervir em determinados processos, sob o pretexto da ampliação do alcance da expressão interesse público contida no inciso III deste dispositivo.

De se notar, ainda, que a curadoria especial não é uma forma de intervenção de terceiros, e muito menos se assemelha à assistência. E ainda que se buscasse uma eventual interpretação analógica, seria necessário demonstrar interesse jurídico no feito e obter a concordância do assistido, demonstrando que sua intervenção é positiva, ou seja, vai contribuir para a melhoria da qualidade da prestação jurisdicional, e não gerar confusão, incidentes desnecessários, ou mesmo uma superposição de papeis constitucionais que devem ser mantidos separados.

Ao contrário do que pode parecer inicialmente, neste caso, o fato de haver duas instituições tutelando o mesmo interesse não significa uma proteção maior. Isto porque o processo é algo complexo por natureza. Quanto mais pessoas são integradas à relação processual, mais atos são necessários, e maior é a quantidade de recursos, providências e incidentes cabíveis.

O abuso do instituto leva, portanto, à interferências indevidas, quer na seara da advocacia privada, quer no âmbito de atuação do Ministério Público.

Não se pode esquecer que o art. 134 da Constituição desenha as atribuições da Defensoria Pública de forma a não colidir e muito menos invadir a esfera de atribuições das demais instituições.

A título de exemplo, citamos a discussão sobre a extensão da legitimidade da Defensoria Pública para as ações coletivas, fruto da Lei no 11448/07. A questão permaneceu controversa durante dois anos, tendo dado azo, inclusive, a propositura de uma ADIN no STF; só foi pacificada com a LC 132/09, que no art. 4º, incisos VII e VIII,

O Ministério Público e o papel de fiscal da ordem jurídica no CPC/2015

limitou o uso dos processos coletivos às hipóteses do art. 5º, inciso LXXIV da Constituição da República, observado o interesse de grupo de pessoas hipossuficientes[20].

Talvez seja a hora de se amadurecer a necessidade de um mecanismo que recoloque a curadoria especial dentro dos limites buscados originalmente pelo legislador, pois, caso tais práticas continuem, o abuso da curadoria especial, ao invés de contribuir para a efetivação de um processo justo, levará à embates institucionais e prejudicará, justamente, aquele que se pretendia, inicialmente, auxiliar.

Na linha do que está sendo ponderado aqui, o Relatório[21] da Câmara dos Deputados inseria um § 2º no art. 72 do então P.L. 8.046/10. Na versão final do novo CPC tal dispositivo foi suprimido.

Contudo, não obstante a omissão legal, a questão restou pacificada no âmbito da jurisprudência. Nesse sentido, colhemos precedente do STJ[22] de março de 2012, que examina a questão com clareza e precisão, bem como recente posicionamento doutrinário[23].

---

20. Para maiores informações sobre essa questão, remetemos o leitor a PINHO. Humberto Dalla Bernardina de. *A Legitimidade da Defensoria Pública para a propositura de ações civis públicas*, in Revista de Direito da Defensoria Pública do Estado do Rio de Janeiro, vol. 22, 2007, pp.137/154.

21. A Justificativa apresentada no relatório é a seguinte: *"A desnecessidade da nomeação do curador especial nessas hipóteses está no fato de que o Ministério Público é a parte no processo é já possui atribuição constitucional para a tutela dos direitos do incapaz. A nomeação de curador especial seria desnecessária e inútil. A lacuna legislativa sobre essa questão vem afetando inúmeros processos, com nítidos prejuízos para a tutela de crianças e adolescentes, tendo havido edição de enunciados jurisprudenciais pelos Tribunais de Justiça dos Estados do Rio Grande do Sul e do Rio de Janeiro, estando a matéria sob apreciação do Superior Tribunal de Justiça, com decisões majoritárias no sentido da proposta ora formulada".*

22. *DESTITUIÇÃO DO PODER FAMILIAR. AÇÃO AJUIZADA PELO MP. DEFENSORIA PÚBLICA. INTERVENÇÃO. A Turma firmou entendimento de que é desnecessária a intervenção da Defensoria Pública como curadora especial do menor na ação de destituição de poder familiar ajuizada pelo Ministério Público. Na espécie, considerou-se inexistir prejuízo aos menores apto a justificar a nomeação de curador especial. Segundo se observou, a proteção dos direitos da criança e do adolescente é uma das funções institucionais do MP, consoante previsto nos arts. 201 a 205 do ECA. Cabe ao referido órgão promover e acompanhar o procedimento de destituição do poder familiar, atuando o representante do Parquet como autor, na qualidade de substituto processual, sem prejuízo do seu papel como fiscal da lei. Dessa forma, promovida a ação no exclusivo interesse do menor, é despicienda a participação de outro órgão para defender exatamente o mesmo interesse pelo qual zela o autor da ação. Destacou-se, ademais, que não há sequer respaldo legal para a nomeação de curador especial no rito prescrito pelo ECA para ação de destituição. De outra parte, asseverou-se que, nos termos do disposto no art. 9º do CPC, na mesma linha do parágrafo único do art. 142 do ECA, as hipóteses taxativas de nomeação de curador especial ao incapaz só seriam possíveis se ele não tivesse representante legal ou se colidentes seus interesses com os daquele, o que não se verifica no caso dos autos. Sustentou-se, ainda, que a natureza jurídica do curador especial não é a de substituto processual, mas a de legitimado excepcionalmente para atuar na defesa daqueles a quem é chamado a representar. Observou-se, por fim, que a pretendida intervenção causaria o retardamento do feito, prejudicando os menores, justamente aqueles a quem se pretende proteger. Precedente citado:* Ag 1.369.745-RJ, DJe 13/12/2011. REsp 1.176.512-RJ, **Rel. Min. Maria Isabel Gallotti, julgado em 1º/3/2012. (Informativo STJ 492).**

23. DIDIER Jr., Fredie. GODINHO, Robson Renault. *Questões atuais sobre as posições do Ministério Público no processo civil brasileiro*, Revista de Processo, vol. 237, nov. /2014, p. 45.

c) Nulidade pela falta de intervenção do Ministério Público

Art. 279. É nulo o processo quando o membro do Ministério Público não for intimado a acompanhar o feito em que deva intervir.

§ 1° Se o processo tiver tramitado sem conhecimento do membro do Ministério Público, o juiz invalidará os atos praticados a partir do momento em que ele deveria ter sido intimado.

§ 2° A nulidade só pode ser decretada após a intimação do Ministério Público, que se manifestará sobre a existência ou a inexistência de prejuízo.

Embora o art. 246 do CPC / 73 sempre tenha sido usado para ilustrar hipótese de nulidade absoluta, a jurisprudência há muito vinha relativizando o vício, exigindo a demonstração efetiva de prejuízo para o reconhecimento do vício.

Agora parece que o texto do novo Código vai dar uma nova feição ao instituto, prestigiando o Ministério Público, deverá ser intimado a fim de que se manifeste sobre eventual prejuízo advindo de sua não intervenção no passado.

O Relatório apresentado pela Câmara dos Deputados previa, ainda, a inserção de um § 3° no texto, tratando da possibilidade de suprimento do vício pela manifestação de seu próprio órgão que atua em sede recursal, o que também é admitido em sede jurisprudencial. Contudo, essa última previsão foi excluída da versão final do Código.

De certa forma, o dispositivo é coerente. Embora caiba ao Ministério Público decidir em que hipóteses deve intervir (art. 26, inciso VIII da Lei no 8.625/93), parece realmente um exagero criar uma presunção absoluta de que a falta de intervenção gera, automaticamente e por si só, vício que contamina todo o ato e demanda a sua anulação, sem possiblidade de sanatória.

O dispositivo também vem ao encontro da ideia, já referida anteriormente, de se reduzir as hipóteses de intervenção do Ministério Público nos processos cíveis.

5. CONCLUSÕES

Nesse momento final, não obstante as inovações técnicas propostas e comentadas, gostaria de chamar a atenção para a questão da racionalização da intervenção do Ministério Público nos feitos cíveis.

Sem querer repetir tudo o que já foi dito nas linhas acima, e ao mesmo tempo, sem pretender esgotar o assunto, tenho para mim que este é o ponto central da questão.

Se, de um lado, se fala na necessidade de trabalhar com filtros ao Acesso à Justiça, de se sumarizar a tutela, sobretudo nos casos de demandas repetitivas, de se criar precedentes de observância obrigatória e de se limitar o acesso aos Tribunais Superiores, também no âmbito do Ministério Público deve haver o amadurecimento das reais prioridades da instituição, sempre tendo em vista a mais ampla proteção ao interesse público.

Em tempos de neoconstitucionalismo e pós modernidade as instituições tem que rever seus próprios alicerces, se reinventar, auscultar a opinião pública, discutir aberta, pública e amplamente sua natureza e função, e, por fim, orientar a sua atuação para o futuro.

Num passado positivista, com instituições estatais imponentes e sujeitas a pouco controle, e ainda com a sociedade civil desorganizada e fraca, realmente era necessário ter um Ministério Público com amplo espectro de intervenções em feitos cíveis. Se a regra era a observância estrita do texto legal, por certo deveríamos ter um órgão que fiscalizasse se todas as leis estavam sendo devidamente cumpridas.

Nos dias atuais, contudo, observa-se que as próprias estruturas governamentais já tem se reestruturado, por bem ou por mal. Temos conselhos de fiscalização, ouvidorias, instâncias administrativas e judiciais de controle, e a opinião pública tem cada vez mais vez e voz.

Ainda sim, é certo que ainda há muito a ser feito, e nosso ordenamento ainda precisa de um fiscal.

Contudo, parece haver um consenso, tanto dentro como fora do Ministério Público, que neste momento a sociedade precisa mais de um órgão agente do que de um interveniente. Há maior demanda de ações a serem tomadas do que simplesmente de uma postura fiscalizatória do que já está sob o crivo do Judiciário.

Se ainda há tanto a se fazer nas áreas do meio ambiente, consumidor, improbidade administrativa, crime organizado, infância e juventude, idosos, portadores de deficiências e violência doméstica, o caminho é a racionalização das funções interventivas a fim de possamos focar nos pontos em que os direitos de primeira e segunda dimensão ainda não estão suficientemente protegidos.

Desse modo, o NCPC mantém, com alguns pequenos ajustes, a regra genérica da intervenção do Ministério Público, mas não especifica, a fundo, as hipóteses.

Bem andou o legislador, pois esta matéria não é afeta ao objeto do novo Código. Ao mesmo tempo, essa opção legislativa preserva a independência funcional da Instituição, eis que cabe ao CNMP, ouvidos todos os órgãos de classe (como aliás tem sido feito), disciplinar de forma minudente tais situações.

Mesmo assim, o ato normativo expedido pelo CNMP não deve ser dotado de caráter vinculativo, vez que impende respeitar a independência funcional individual de cada promotor.

Os membros, por sua vez, num primeiro momento devem seguir a orientação do CNMP, prestigiando o Princípio da Unidade. Contudo, caso verifiquem que, naquele caso concreto, diante de uma situação peculiar, devem adotar outra postura, poderão tranquilamente fazê-lo, desde que fundamentem seu ponto de vista, mais uma vez em nome da coesão institucional.

6. BIBLIOGRAFIA

1. ARAGÃO, Moniz de. *Comentários ao Código de Processo Civil, volume II, 9ª edição, Rio de Janeiro: Forense, 1998.*

2. BARBOSA MOREIRA, José Carlos. *A Justiça no Limiar do Novo Século.* In Temas de Direito Processual, Quarta Série, São Paulo: Saraiva, 1994.

3. CALAMANDREI, Piero. *Eles, os Juízes, Vistos por nós, os Advogados, 7ª edição, Lisboa: Livraria Clássica Editora, 1992.*

4. CARNEIRO, Paulo Cezar Pinheiro. *O Ministério Público no Processo Civil e Penal - Promotor Natural - Atribuição e Conflito,* Rio de Janeiro: Forense, 1995.

5. _____. *A Atuação do Ministério Público na Área Cível,* Rio de Janeiro: Forense, 1996.

6. DIDIER Jr., Fredie. GODINHO, Robson Renault. *Questões atuais sobre as posições do Ministério Público no processo civil brasileiro,* Revista de Processo, vol. 237, nov. /2014.

7. FERRAZ, Antonio Augusto Mello de Camargo (Coordenador). *Ministério Público - Instituição e Processo,* São Paulo: Atlas, 1997.

8. FERREIRA, Sérgio de Andréa. *Princípios Institucionais do Ministério Público.* Rio de Janeiro: s/ editora,1996.

9. GRECO, Leonardo. Instituições de Direito Processual Civil, volume I, Rio de Janeiro: Forense, 2009.

10. MACHADO, Antônio Cláudio da Costa. *A intervenção do Ministério Público no processo civil brasileiro.* 2ª ed. São Paulo: Saraiva, 1998.

11. MARINONI, Luiz Guilherme. *Teoria Geral do Processo,* 2ª ed. rev. e atual. São Paulo: Revista dos Tribunais, 2007.

12. MAZZILLI, Hugo Nigro. *Funções Institucionais do Ministério Público,* São Paulo: Associação Paulista do Ministério Público, 1991.

13. _____. *O Acesso à Justiça e o Ministério Público*, São Paulo: Saraiva, 1998.

14. PACHECO, José da Silva. *Evolução do Processo Civil Brasileiro*, 2ª ed. Rio de Janeiro: Renovar, 1998.

15. PINHO. Humberto Dalla Bernardina de. *Direito Processual Civil Contemporâneo*, vol. 1, Rio de Janeiro: Saraiva, 2012.

16. _____. *Princípios Institucionais do Ministério Público – Legislação Compilada*, 4ª ed. Rio de Janeiro: Lumen Juris, 2007.

17. ____. *A Legitimidade da Defensoria Pública para a propositura de ações civis públicas, in* Revista de Direito da Defensoria Pública do Estado do Rio de Janeiro, vol. 22, 2007, pp.137/154.

18. _____. *A Importância da Atuação Extrajudicial do Ministério Público na Tutela do Interesse Coletivo*. In Boletim Informativo *MP em ação*, ano 1, nº 3, p. 04, novembro de 2000, editado pelo Centro de Estudos Jurídicos do Ministério Público do Estado do Rio de Janeiro.

19. _____. Comentários ao novo CPC postados no blog http://humbertodalla. blogspot.com, acesso em abril de 2012.

20. _____. *A Feição do Ministério Público no Projeto do Novo CPC, in* Revista da Associação Mineira do Ministério Público, vol. 27, 2013, pp. 75/98.

21. ROCHA. Clóvis Paulo da. *O Ministério Público como Órgão Agente e como Órgão Interveniente no Processo Civil, in* Revista do Ministério Público da Guanabara, vol. 17, 1973.

22. SAUWEN FILHO, João Francisco. *Ministério Público Brasileiro e o Estado Democrático de Direito*, Rio de Janeiro: Renovar, 1998.

23. SILVA, Ovídio Batista da. GOMES, Fabio Luiz. *Teoria Geral do Processo Civil*. São Paulo: Revista dos Tribunais, 1997.

24. VIGILAR, José Marcelo Menezes. MACEDO JUNIOR, Ronaldo Porto (organizadores). *Ministério Público II – Democracia*, São Paulo: Atlas, 1999.

25. ZANON, Nicolò. *Pubblico Ministero e Costituzione*, Milano: Cedam, 1996.

CAPÍTULO 6

O Ministério Público como fiscal da ordem jurídica na Constituição 1988 e no Novo CPC para o Brasil

Gregório Assagra de Almeida[1]

SUMÁRIO: 1. INTRODUÇÃO; 2. O MINISTÉRIO PÚBLICO NA CONSTITUIÇÃO DA REPÚBLICA FEDERATIVA DO BRASIL DE 1988; 3. A NATUREZA INSTITUCIONAL DO MINISTÉRIO PÚBLICO COMO GARANTIA CONSTITUCIONAL FUNDAMENTAL DE ACESSO À JUSTIÇA; 4. A MULTIFUNCIONALIDADE DOS DIREITOS E DAS GARANTIAS CONSTITUCIONAIS FUNDAMENTAIS NO PLANO DA ATUAÇÃO DO MINISTÉRIO PÚBLICO; 5. OS DOIS MODELOS CONSTITUCIONAIS DO MINISTÉRIO PÚBLICO BRASILEIRO: O DEMANDISTA E O RESOLUTIVO; 6. UMA NOVA SUMMA DIVISIO AMPARADA NOS DIREITOS E NAS GARANTIAS CONSTITUCIONAIS FUNDAMENTAIS COMO DIRETRIZ PARA A ATUAÇÃO DO MINISTÉRIO PÚBLICO; 7. A SUPERAÇÃO DO MODELO DE MINISTÉRIO PÚBLICO COMO CUSTOS LEGIS E A CONSAGRAÇÃO NA CONSTITUIÇÃO DE 1988 DO MODELO DE MINISTÉRIO PÚBLICO COMO CUSTOS SOCIETATIS (CUSTOS JURIS) E FISCAL DA ORDEM JURÍDICA: 7.1. A DEFESA DE INTERESSES PRIMACIAIS DA SOCIEDADE; 7.2. O MINISTÉRIO PÚBLICO COMO FISCAL DA ORDEM JURÍDICA NA CONSTITUIÇÃO DE 1988: A INCIDÊNCIA DESSA CONDIÇÃO CONSTITUCIONAL NA ATUAÇÃO DA INSTITUIÇÃO COMO ÓRGÃO AGENTE E INTERVENIENTE, NO PLANO DA ATUAÇÃO JURISDICIONAL E EXTRAJURISDICIONAL; 8. O MINISTÉRIO PÚBLICO COMO FISCAL DA ORDEM JURÍDICA NA LEGISLAÇÃO INFRACONSTITUCIONAL E A CONSAGRAÇÃO EXPRESSA DA TERMINOLOGIA NO NOVO CPC (LEI FEDERAL Nº 13.105, DE 16 DE MARÇO DE 2015) E ALGUMAS DIRETRIZES IMPORTANTES: 8.1. O MINISTÉRIO PÚBLICO NA LEGISLAÇÃO INFRACONSTITUCIONAL; 8.2. O MINISTÉRIO PÚBLICO COMO FISCAL DA ORDEM JURÍDICA NO NOVO CÓDIGO DE PROCESSO CIVIL (LEI Nº 13.105, DE 16 DE MARÇO DE 2015): ALGUMAS CONSIDERAÇÕES; 9. CONCLUSÕES; 10. REFERÊNCIAS

---

1. Graduado em Direito pela Universidade de Ribeirão Preto. Mestre em Direito Processual Civil e doutor em Direitos Difusos e Coletivos pela Pontifícia Universidade Católica de São Paulo. Promotor de Justiça do Ministério Público do Estado de Minas. Foi diretor e Coordenador Pedagógico do Centro de Estudos e Aperfeiçoamento Funcional do Ministério Público do Estado de Minas Gerais. Membro da Comissão de Juristas do Ministério da Justiça que elaborou o Anteprojeto convertido no Projeto de Lei (PL) nº 5.139/2009 sobre a nova Lei da Ação Civil Pública. É professor e foi coordenador do Curso de Mestrado em Direitos Fundamentais da Universidade de Itaúna. Foi integrante, na vaga de jurista, da Câmara de Desenvolvimento Científico da Escola Superior do Ministério Público da União. Foi professor visitante do Curso de Doutorado da Universidade Lomas de Zamora, em Buenos Aires (Argentina). Foi professor visitante do Programa de Postgrado sobre Gestión de Políticas Públicas Ambientales en el Marco de la Globalización da Universidad de Castilla, em La Mancha (Espanha). Foi Assessor de Projetos e de Articulação Interinstitucional da Secretaria de Reforma do Judiciário do Ministério da Justiça. Foi membro da Câmara Consultiva Temática de Política Regulatória do Ensino Jurídico. Autor de vários livros, com publicações no Brasil e no exterior. Pós-doutor em estágio sênior pela Faculdade de Direito da Universidade de Syracuse, NY, Estados Unidos e bolsista CAPEs em Estágio Sênior.

1. INTRODUÇÃO

O presente artigo visa analisar o Ministério Público como fiscal da ordem jurídica na Constituição de 1988 e no Novo Código de Processo Civil para o Brasil. O objetivo principal é apresentar algumas reflexões sobre a atuação do Ministério Público no processo civil diante do Novo CPC aprovado, sancionado e em período de *vacatio legis*.

Primeiramente é estudado o Ministério Público na Constituição de 1988, conferindo-se especial atenção a sua natureza como garantia constitucional fundamental de acesso à justiça. Estuda-se especificamente o Ministério Público como fiscal da ordem jurídica de acordo com a Constituição de 1988, quando é ressaltado que a condição de fiscal da ordem jurídica abrange precipuamente a defesa da Constituição, dos seus princípios e, especialmente, dos dirietos e garantias constitucionais fundamentais.

Em seguida, o artigo discorre sobre o Ministério Público como fiscal da ordem jurídica no plano da legislação infraconstitucional, conferindo especial atenção ao CPC/1973 e ao Novo CPC (Lei Federal nº 13.105, de 16 de março de 2015), quando é ressaltado que o Novo Diploma processual avança muito, no que se refere ao Ministério Público, em relação ao CPC de 1973, ainda em vigor, ao reproduzir o teor do artigo 127, *caput*, da CR/1988 e, ainda, ao consagrar que o Ministério Público exercerá o direito de ação nos termos das suas atribuições constitucionais, bem como que atuará como fiscal da ordem jurídica (Novo CPC, artigos 176, 177, 178 e 179 entre outros).

O artigo deixa claro que o Ministério Público conserva a qualidade de fiscal da ordem jurídica em todos os planos da sua atuação, pois esse atributo Institucional está consagrado constitucionalmente na própria definição constitucional do Ministério Público (art. 127, *caput*).

Ao final são apresentadas as principais conclusões e as referências que ampararam a pesquisa.

2. O MINISTÉRIO PÚBLICO NA CONSTITUIÇÃO DA REPÚBLICA FEDERATIVA DO BRASIL DE 1988

O Ministério Público está inserido na Constituição da República Federativa do Brasil de 1988 no Título IV – *Da Organização dos Poderes* –; mas, em seção própria (artigos 127/130 da CR/1988), no capítulo *Das Funções Essenciais à Justiça*. Está, portanto, separado das três funções típicas do Estado.

O perfil constitucional do Ministério Público está estabelecido pelo art. 127, *caput*, da Constituição, que o define como *"instituição permanente, essencial à função jurisdicional do Estado, incumbindo-lhe a defesa da ordem jurídica, do regime democrático e dos interesses sociais e individuais indisponíveis"*. É, portanto, Instituição permanente e, em assim sendo, é cláusula pétrea.

No Direito Comparado, diferentemente do que acontece no Brasil atualmente, a melhor doutrina não vê no Ministério Público de outros países um legítimo e seguro defensor dos interesses e direitos massificados e aponta como óbices a *falta de independência* e de *especialização desta Instituição* e, como conseqüência, as *ingerências políticas espúrias*. Todavia, o próprio Mauro Cappelletti, como crítico da outorga dessa espécie de atribuição ao Ministério Público, já ressaltou que esses obstáculos não se apresentam ao Ministério Público brasileiro, sobretudo depois que a sua independência foi assegurada pela Constituição de 1988[2].

Após o advento da Constituição de 1988, que representa a maior conquista do Ministério Público brasileiro, outras leis vieram no sentido de possibilitar a efetividade das tarefas constitucionais da Instituição, explicitando suas atribuições e legitimando-a expressamente para a atuação na tutela, especialmente, das pessoas portadoras de necessidades especiais (Lei 7.853/89), dos investidores no mercado de valores mobiliários (Lei 7.913/89), da criança e do adolescente (Lei 8.069/90), do consumidor (Lei 8.078/90), do patrimônio público (Lei 8.429/92 e Lei 8.625/93), da ordem econômica e da livre concorrência (Lei 8.884/94), do Idoso (Lei 10.741/03) etc.

Como escreve Antônio Alberto Machado, a evolução histórica permite observar a *vocação democrática* do Ministério Público [3], o qual hoje, com as novas atribuições que lhe foram reservadas pela Constituição, é instituição de fundamental importância para a transformação da realidade social e efetivação do Estado Democrático de Direito.

3. A NATUREZA INSTITUCIONAL DO MINISTÉRIO PÚBLICO COMO GARANTIA CONSTITUCIONAL FUNDAMENTAL DE ACESSO À JUSTIÇA

Um dos temas mais polêmicos sobre o Ministério Público, refere-se à sua natureza institucional. Observa-se que há quem sustente que o Ministério Público estaria atado ao Poder Legislativo, a este incumbindo a elaboração da lei e àquele a fiscalização do seu fiel cumprimento. Há quem defenda que a atividade

---

2   CAPPELLETTI, Mauro. *O acesso dos consumidores à justiça*. In *As garantias do cidadão na justiça* (obra conjunta, coord. Sálvio de Figueiredo Teixeira). São Paulo: Saraiva, 1989, p. 313.

3   Escreve ainda MACHADO, Antônio Alberto: *"[...] a instituição do Ministério Público parece ter uma espécie de vocação democrática, talvez inerente à sua ratio; ou até mesmo concluir-se que a existência dela só faz sentido numa democracia, sendo certo que a sua ausência ou tibieza, de outra parte, é sempre indício de regime autoritário"*. Ministério público: democracia e ensino jurídico. Belo Horizonte: Del Rey, 2000, p. 140.

do Ministério Público é eminentemente jurisdicional, razão pela qual estaria ele atrelado ao Poder Judiciário. E há quem afirme que a função do Ministério Público é administrativa, pois ele atuaria para promover a execução das leis e estaria atrelado ao Poder Executivo[4].

Nenhuma dessas concepções encontra respaldo perante o Texto Constitucional de 1988 que, além de ampliar muito o campo de atribuição do Ministério Público, conferiu-lhe *autonomia administrativa, orçamentária e funcional* (art. 127, § 2º, da CR/1988), colocou-o em capítulo separado dos outros Poderes do Estado, traçou os seus princípios institucionais (art. 127, § 1º, da CR/1988) e, ainda, conferiu garantias funcionais aos seus órgãos de execução para o exercício independente do mister constitucional (art. 128, § 5º, inciso I, alíneas "a", "b" e "c").

Entre as concepções sobre a natureza institucional do Ministério Público, é muito interessante o entendimento que sustenta que houve um deslocamento da Instituição da *sociedade política*, como órgão repressivo do Estado, para a *sociedade civil*, como legítimo e autêntico defensor da sociedade[5]. Esse deslocamento se justificaria por três razões fundamentais. A primeira seria a *social*, que originou com a vocação do Ministério Público para a defesa da sociedade: ele assumiu paulatinamente um compromisso com a *sociedade* no transcorrer de sua evolução histórica. A segunda seria a *política*, que foi surgindo com a vocação da instituição para a defesa da *democracia* e das *instituições democráticas*. A terceira seria a *jurídica*, que se efetivou com a Constituição de 1988, que lhe concedeu autogestão administrativa, orçamentária e funcional e lhe conferiu várias atribuições para a defesa dos interesses primaciais da sociedade. Em verdade, o deslocamento do Ministério Público da *sociedade política* para a *sociedade civil* é muito mais *funcional* que *administrativo*, pois administrativamente o Ministério Público ainda permanece com estrutura de instituição estatal, com quadro de carreira, lei orgânica própria e vencimentos advindos do Estado, o que é fundamental para que ele tenha condições de exercer o seu papel constitucional em situação de igualdade com os Poderes estatais por ele fiscalizados.

Escreve Marcelo Pedroso Goulart: "*Integrando a sociedade civil, o Ministério Público, nos limites de suas atribuições, deve participar efetivamente do 'processo democrático', alinhando-se com os demais órgãos do movimento social comprometidos com a concretização dos direitos já previstos e a positivação de situações novas*

---

4   Sobre a polêmica, consultar MAZZILLI, Hugo Nigro. *Introdução ao ministério público*. São Paulo: Saraiva, 1997, p. 19-20.

5   É o entendimento de GOULART, Marcelo Pedroso. *Ministério público e democracia – teoria e práxis*, p. 96; esse também é o pensamento de MACHADO, Antônio Alberto. *Ministério público: democracia e ensino jurídico*, p. 141-2.

O Ministério Público como fiscal da ordem jurídica na Constituição 1988 e no Novo CPC para o Brasil

que permitam o resgate da cidadania para a maioria excluída desse processo, numa prática transformadora orientada no sentido da construção da nova ordem, da nova hegemonia, do 'projeto democrático'" [6].

Contudo, repensando um pouco nosso posicionamento, acreditamos que atualmente o Ministério Público é Instituição do Acesso à Justiça. O enfoque sobre o acesso à justiça *como movimento de pensamento* constitui nos dias atuais um dos pontos centrais de transformação do próprio pensamento jurídico, que ficou por muito tempo atrelado a um positivismo neutralizante que só serviu para distanciar o Estado de seu mister, a democracia do seu verdadeiro sentido e a justiça da realidade social. Não há como pensar no Direito, hoje, sem pensar no acesso a uma ordem jurídica adequada e justa. Direito sem efetividade não tem sentido. Da mesma forma, não há democracia sem acesso à justiça, que é o mais fundamental dos direitos, pois dele, como manifestaram Mauro Cappelletti e Bryant Garth[7], é que depende a viabilização dos demais direitos. Com efeito, a problemática do acesso à justiça é, atualmente, a pedra de toque de reestruturação da própria ciência do Direito.

O estudo do acesso à justiça pressupõe a compreensão dos problemas sociais. Não é mais aceitável o enfoque meramente dogmático-formalista. Cappelletti, um dos estudiosos mais autorizados a falar sobre a matéria, esclarece que o dogmatismo jurídico é uma forma degenerativa do positivismo jurídico, que conduziu a uma simplificação irrealística do próprio Direito ao seu aspecto normativo, deixando de lado outros valores não menos importantes, relacionados aos sujeitos, às instituições, aos procedimentos, aos deveres e responsabilidades das partes, dos juízes e dos próprios juristas[8].

A atenção dos juristas, antes voltada para a ordem normativa, hoje somente tem sentido se também direcionada para a realidade social em que esta ordem normativa está inserida[9]; está voltada para a efetividade dos direitos, principalmente para os direitos constitucionais fundamentais.

---

6   *Ministério público e democracia - - teoria e práxis*, p. 96. No mesmo sentido, MACHADO, Antônio Alberto, *Ministério público: democracia e ensino jurídico*, p. 141-142.

7   *Acesso à justiça*, p. 11-2.

8   Concluiu CAPPELLETTI, Mauro: *"Nesta impostação formalista e degenerativa do positivismo jurídico, a interpretação da norma não é outra senão aquela do 'resultado de um cálculo conceitual de estrutura dedutiva, fundado sobre uma ideia do ordenamento como sistema de normas fechado, completo e hierarquizado', com a 'doutrina do silogismo judicial segundo a qual também a decisão é o resultado objetivo de um cálculo dedutivo [...]. Não menos importante é o fato de que nesta impostação formalística, acaba por haver uma identificação do direito positivo com a justiça, ou seja, que é o mesmo, uma recusa de avaliar o direito positivo tendo como base os critérios de justiça, sociais, éticos, políticos, econômicos".* (O acesso à justiça e a função do jurista em nossa época. *Revista de processo*, nᵒ 61, p. 144).

9   Nesse sentido, BERIZONCE, Roberto Omar. *Efectivo acceso a la justicia: prólogo de Mauro Cappelletti*, p. 11.

Assinala Roberto Omar Berizonce que a transformação do pensamento jurídico passa, fundamentalmente, por duas vertentes: a) *uma renovação metodológica*, caracterizada pela utilização da investigação sociológica e análise histórico--comparativa dos estudos dos problemas e, sobremaneira, pelas propostas de soluções de política legislativa; b) a concepção do ordenamento jurídico como um verdadeiro *instrumento de transformação social*, visão esta superadora das tradicionais missões de proteção e sanção[10].

Novamente Cappelletti ressalta que o aspecto normativo do Direito não é renegado, mas visto como um dos elementos em relação aos quais devem ser observadas em primeiro plano as pessoas, as instituições e os processos, pois é por intermédio deles que o Direito vive, forma-se, desenvolve-se e impõe-se[11].

Cappelletti chega a propor, para substituir a *concessão unidimensional*, limitada à análise da norma, uma *concessão tridimensional do Direito e da sua análise*, que se constitui: a) na análise do *problema da necessidade social* que um determinado setor do direito deverá resolver; b) na análise da *resposta* ou *solução* prevista para a hipótese nos planos normativo, institucional e processual; c) na análise crítica dos *resultados*, dentro do plano social *lato sensu* (econômico, político etc.), que deverão ser produzidos, concretamente, no âmbito da sociedade[12].

Nesse contexto, em que o acesso à justiça passa a ser método de pensamento com conceito ampliado, no sentido de se constituir o mais importante direito-garantia fundamental de acesso a todo meio legítimo de proteção e de efetivação adequada dos direitos individuais e coletivos, amplamente considerados, tem-se que o Ministério Público, em razão da sua função constitucional (arts. 127 e 129 da CR/1988), passa a possuir a natureza jurídica de Instituição

---

10 *Efectivo acceso a la justicia: prólogo de Mauro Cappelletti*, p. 11-2.

11 Acrescenta CAPPELLETTI, Mauro: *"Em outras palavras, o direito é visto não como um sistema separado, autônomo, auto-suficiente, 'autopoético', mas como parte integrante de um mais complexo ordenamento social, onde isto não se pode fazer artificialmente isolado da economia, da moral, da política: se afirma, assim, aquilo que foi chamada a Concessão 'Contextual' do direito. Para dar um exemplo, não há mais sentido estudar, ou conceber ou ensinar o direito processual exclusivamente em seus aspectos normativos: estes vão integrar, afirmo, na visão de alguns destes atores (partes, juiz, testemunhas etc), das instituições e dos procedimentos examinados sob os aspectos sociais, éticos, culturais, econômicos, a 'acessibilidade', em suma, do fenômeno processual ao indivíduo, aos grupos, e à sociedade".* (Acesso à justiça e a função do jurista em nossa época. *Revista de processo*, nº 61, p. 146).

12 CAPPELLETTI, Mauro: *"A análise do jurista torna-se, desta forma, extremamente mais complexa, mas também mais fascinante e infinitamente mais realística; essa não se limita mais a acertar, por exemplo, que para promover o início de um processo ou para levantar uma impugnação, se devam observar certos procedimentos formais, mais implica, em outras palavras, em uma análise do 'tempo', necessário para obter o resultado desejado, dos 'custos' a afrontar, das 'dificuldades' também psicológicas a superar, dos 'benefícios' obtidos, etc."* (Acesso à justiça e a função do jurista em nossa época. *Revista de processo*, nº 61, p. 146).

do Acesso à Justiça, ao lado do Poder Judiciário e de outras Instituições que formam a garantia constitucional de acesso à justiça. A Constituição da República Federativa do Brasil de 1988, ao inserir o Ministério Público no Título IV, Capítulo IV – "Das Funções Essenciais à Justiça", confirma essas assertivas. Ademais, como sustentamos em nosso doutoramento [13], o próprio Estado Democrático de Direito, rompendo com a concepção dualista (Sociedade x Estado) está dentro da Sociedade, como sua força organizativa em grau máximo e sua função básica é proteger e efetivar os direitos fundamentais individuais e coletivos, visando a transformação social, até porque a CR/1988, além de estabelecer, expressamente (art. 1º, parágrafo único), que todo poder emana do povo, que o exerce por seus representantes eleitos ou diretamente, nos termos da Constituição, consagra o princípio da transformação social ao fixar, entre os objetivos fundamentais da República Federativa do Brasil, a necessidade de criação de uma sociedade livre, justa, solidária, a erradicação da pobreza, a diminuição das desigualdades sociais (art. 3º).

Convém destacar as precisas considerações de Leonardo Barreto Moreira Alves e Márcio Soares Berclaz: *"Desde a Constituição da República de 1988, ganhou o Ministério Público destaque não apenas como o titular da ação penal, mas também como defensor da sociedade, notadamente no âmbito dos direitos transindividuais (difusos, coletivos e individuais homogêneos), área também conhecida como atuação em tutela coletiva. Estas atividades finalísticas, sem dúvida, são as mais coerentes e harmônicas à compreensão da instituição do Ministério Público como órgão de extração constitucional representativo da sociedade civil no Estado Democrático de Direito encarregado de promover positivas alterações e transformações na realidade social"* [14].

4. A MULTIFUNCIONALIDADE DOS DIREITOS E DAS GARANTIAS CONSTITU-CIONAIS FUNDAMENTAIS NO PLANO DA ATUAÇÃO DO MINISTÉRIO PÚBLI-CO

A visão a respeito do Ministério Público, aqui sustentada, com natureza de garantia constitucional fundamental de acesso à justiça da sociedade (o que abrange o indivíduo e a coletividade, no contexto das atribuições constitucionais do Ministério Público, arts. 127 e 129 da CR/1988), possui importantes horizontes a serem explorados no plano da multifuncionalidade dos direitos e das garantias constitucionais e do papel constitucional do Ministério Público.

---

13   ALMEIDA, Gregório Assagra de, *Direito material coletivo – superação da summa divisio direito público e direito privado por uma nova summa divisio constitucionalizada*, p. 183-93.

14   *Ministério Público em Ação: atuação prática jurisdicional e extrajurisdicional*, p. 33.

A *multifuncionalidade* dos direitos e das garantias constitucionais fundamentais permite a releitura da atuação do Ministério Público. Aqui podem ser destacados no âmbito dessa multifuncionalidade: a aplicabilidade imediata; a interpretação ampliativa, a proibição de retrocesso. Além disso, essa multifuncionalidade impõe a adoção de mecanismos que garantam a tempestividade e a duração razoável da tutela jurídica.[15] Em relação ao Ministério Público, ressalta-se que essa multifuncionalidade impõe a adoção de novas técnicas de atuação, principalmente na tutela coletiva, como, por exemplo, a utilização de projetos sociais como mecanismos de atuação da Instituição com o objetivo de contribuir, ao lado da sociedade, para a promoção da transformação positiva da realidade social.[16]

A título de exemplo, como efeito dessa multifuncionalidade dos direitos e das garantias constitucionais fundamentais, verifica-se que ação civil pública, que está no rol das atribuições constitucionais do Ministério Público, possui aplicabilidade imediata (art. 5º, § 1º, da CR/88), não lhe sendo compatível interpretação restritiva. A ação civil público também está inserida entre as cláusulas superconstitucionais e, assim, não poderá ser restringida ou eliminada da Constituição (Título II, Capítulo IV, arts. 127, *caput*, e 129, III, da CR/88). Ela possui prioridade na tramitação processual em razão da relevância social dos bens e valores jurídicos por ela tuteláveis e o seu objeto material, por se tratar de direito fundamental (Título II, Capítulo I, da CR/1988), no caso os direitos coletivos em geral, deverá receber interpretação aberta e flexível, o que tem plena incidência sobre a causa de pedir e o pedido nela formulado, afastando-se a aplicabilidade do art. 293 do CPC. E mais: a máxima amplitude da tutela jurisdicional coletiva deve ser

---

15 Não obstante as divergências existentes e outros países, a doutrina e a jurisprudência no Brasil caminham no sentido seguro da eficácia vertical e horizontal dos direitos fundamentais, conforme orientação consagrada na Constituição Federal de 1988. SARMENTO, Daniel: "No direito brasileiro, não há maiores dificuldades processuais para a aplicação dos direitos fundamentais às relações privadas, diante do exercício, por todos os juízes, da jurisdição constitucional. Não obstante, é importante destacar que, corroborando a tese da vinculação direta dos particulares aos direitos fundamentais, a doutrina e a jurisprudência admitem que entidades privadas figurem no pólo passivo de remédios constitucionais voltados para a tutela desses direitos, como o 'habeas corpus', o 'habeas data', a ação popular e a ação civil pública". *Direitos fundamentais e relações privadas*, p. 376.

16 Nesse sentido, com vista à utilização de projetos sociais como mecanismos de atuação do Ministério Público, foi pautado o belíssimo trabalho teórico, amparado em experiências concretas, desenvolvido pelo Promotor de Justiça, em seu mestrado, Paulo César Vicente Lima. O referido promotor de justiça coordenou vários projetos sociais junto à Bacia do Rio São Francisco, com excelentes resultados concretos, utilizando-os como mecanismo de atuação do Ministério Público, acabando por desenvolver sua pesquisa científica a partir dessas experiências concretas. LIMA, Paulo César Vicente. *O Ministério Público como instituição do desenvolvimento sustentável: reflexões a partir de experiências na bacia do Rio São Francisco*. 2008. Dissertação (Mestrado em Desenvolvimento Social). Universidade Estadual de Montes Claros.

Essas experiências foram fundamentais para a elaboração, no âmbito do Ministério Público do Estado de Minas Gerais, da Resolução Conjunta PGJ CGMP nº 3, 31 de Março de 2011, que Regulamenta, no âmbito do Ministério Público do Estado de Minas Gerais, os procedimentos para a instauração, promoção e implementação de projetos sociais – PROPS, e dá outras providências.

conferida à ação civil pública e às ações coletivas em geral, com a admissibilidade de formulação de todos os pedidos e causas de pedir, desde que compatíveis com o direito material coletivo a ser discutido, assegurado ou efetivado pela via jurisdicional. A máxima utilidade da tutela jurisdicional coletiva, com a possibilidade da sua transferência *in utilibus* para o plano individual, também tem incidência na coisa julgada coletiva, favorável à sociedade, formada em decorrência do ajuizamento de uma ação civil pública. Além disso, a imprescritibilidade formal e substancial da ação civil pública é outra consequência da multifuncionalidade dos direitos e das garantias constitucionais fundamentais.

Todas essas diretrizes interpretativas, decorrentes da multifuncionalidade dos direitos e das garantias constitucionais fundamentais, deverão ser respeitadas no plano do estudo, da concretização e das reformas legislativas relacionados com a atuação constitucional do Ministério Público na defesa dos direitos fundamentais.

Essa incidência deverá ocorrer tanto no Modelo do Ministério Público Resolutivo, que atua no plano extrajurisdicional, quanto no plano do Modelo do Ministério Público Demandista, que atua perante o judiciário e que necessita ser revisitado à luz da teoria dos direitos e das garantias constitucionais fundamentais [17].

Levando-se em consideração a nova *summa divisio* constitucionalizada no Brasil (direito coletivo e direito individual, Título II, Capítulo I, da CR/1988) e, mais precisamente no que tange à atuação do Ministério Público, essa multifuncionalidade deverá ter incidência em relação a todos os direitos e garantias constitucionais de natureza coletiva, amplamente considerados, e em relação aos direitos e garantias constitucionais de natureza individual indisponível (Título II, Capítulo I e arts. 127, *caput* e 129, III, da CR/1988). [18]

A multifuncionalidade dos direitos e das garantias constitucionais fundamentais é hoje o caminho necessário para a compreensão e a concretização dos objetivos fundamentais da República Federativa do Brasil, elencados expressamente no art. 3º da CR/1988, os quais, em síntese, formam o princípio constitucional da transformação positiva da social, eixo que deverá conduzir a atuação de todas as Instituições de defesa dos direitos fundamentais, especialmente do Ministério Público, que é constitucionalmente fiscal da própria ordem jurídica (art. 127, *caput*, da CR/1988).

---

17   Sobre esses dois modelos de Ministério Publico, GOULART, Marcelo Pedroso, *Ministério público e democracia – – teoria e práxis*, p. 96. No mesmo sentido, MACHADO, Antônio Alberto, *Ministério público: democracia e ensino jurídico*, p. 119-123.

18   ALMEIDA, Gregório Assagra de. *Direito material coletivo – superação da summa divisio direito público e direito privado por uma nova summa divisio constitucionalizada*, p. 361-3.

5. OS DOIS MODELOS CONSTITUCIONAIS DO MINISTÉRIO PÚBLICO BRASILEIRO: O DEMANDISTA E O RESOLUTIVO

Dentro do novo perfil constitucional do Ministério Público, Marcelo Pedroso Goulart. sustenta que existem dois modelos de Ministério Público: o *demandista* e o *resolutivo*. O Ministério Público *demandista*, que ainda prevalece, é o que atua perante o Poder Judiciário como agente processual, transferindo a esse órgão a resolução de problemas sociais, o que de certa forma, afirma o autor, é desastroso, já que o Judiciário ainda responde muito mal às demandas que envolvam os direitos massificados [19]. O Ministério Público *resolutivo* é o que atua no plano extrajurisdicional, como um grande intermediador e pacificador da conflituosidade social.

Marcelo Goulart. ainda ressalta que é imprescindível que se efetive o Ministério Público *resolutivo*, levando-se às últimas consequências o *princípio da autonomia funcional* com a atuação efetiva na tutela dos interesses ou direitos massificados[20]. Para tanto, é imprescindível que o órgão de execução do Ministério Público tenha consciência dos instrumentos de atuação que estão à sua disposição, tais como o inquérito civil, o termo de ajustamento de conduta, as recomendações, audiências públicas, de sorte a fazer o seu uso efetivo e legítimo.

Portanto, nesse contexto, a atuação extrajurisdicional da Instituição é fundamental para a proteção e efetivação dos direitos ou interesses sociais. A transferência para o Poder Judiciário, por intermédio das ações coletivas previstas, da solução dos conflitos coletivos não tem sido tão eficaz, pois, em muitos casos, o Poder Judiciário não tem atuado na forma e rigor esperados pela sociedade. Muitas vezes os juízes extinguem os processos coletivos sem o necessário e imprescindível enfrentamento do mérito. Essa situação tem mudado, mas de forma muito lenta e não retilínea. Não se nega aqui a importância do Poder Judiciário no Estado Democrático de Direito, ao contrário, o que se constata e deve ser ressaltado é o seu despreparo para a apreciação das questões sociais fundamentais. Um Judiciário preparado e consciente de seu papel é das instâncias mais legítimas e democráticas para conferir proteção e efetividade aos direitos e interesses primaciais da sociedade.

Novamente, Marcelo Goulart. propõe que o Ministério Público deve: *"[...] transformar-se em efetivo agente político, superando a perspectiva meramente processual da sua atuação; atuar integradamente e em rede, nos mais diversos níveis – local, regional, estatal, comunitário e global –, ocupando novos espaços e habilitando-se como negociador e formulador de políticas públicas; transnacionalizar sua*

---

19   *Ministério público e democracia - - teoria e práxis*, p. 96. No mesmo sentido, MACHADO, Antônio Alberto, *Ministério público: democracia e ensino jurídico*, p., p. 119-123.

20   Op. cit. notas anteriores, p. 120-121.

atuação, buscando parceiros no mundo globalizado, pois a luta pela hegemonia (a guerra de posição) está sendo travada no âmbito da 'sociedade civil planetária'; buscar a solução judicial depois de esgotadas todas as possibilidades políticas e administrativas de resolução das questões que lhe são postas (ter o judiciário como espaço excepcional de atuação)"[21].

O Ministério Público *resolutivo*, portanto, é um canal fundamental para o acesso da sociedade, especialmente das suas partes mais carentes e dispersas, a uma *ordem jurídica realmente mais legítima e justa*. Os membros da Instituição devem encarar suas atribuições como verdadeiros *trabalhadores sociais*, cuja missão principal é o resgate da cidadania e a efetivação dos valores democráticos fundamentais [22].

6. UMA NOVA *SUMMA DIVISIO* AMPARADA NOS DIREITOS E NAS GARANTIAS CONSTITUCIONAIS FUNDAMENTAIS COMO DIRETRIZ PARA A ATUAÇÃO DO MINISTÉRIO PÚBLICO

Para o novo constitucionalismo democrático, os direitos e as garantias constitucionais fundamentais contêm valores que devem irradiar todo o sistema jurídico, de forma a constituírem a sua essência e a base que vincula e orienta a atuação do legislador constitucional, do legislador infraconstitucional, do administrador, da função jurisdicional e até mesmo do particular. A partir dessas premissas, no contexto do sistema jurídico brasileiro e, mais precisamente, do sistema de acesso à justiça, amplamente considerado, a dicotomia Direito Público e Direito Privado não mais se sustenta.

No plano do acesso à justiça, jurisdicional e extrajurisdicional e, principalmente no âmbito da proteção dos direito fundamentais, tem-se que a *summa divisio Direito Público* e *Direito Privado* não foi recepcionada, como modelo adequado para orientar a tutela jurídica, pela Constituição da República Federativa do Brasil, de 1988. A *summa divisio* constitucionalizada no País é *Direito Coletivo* e *Direito Individual*. O texto constitucional de 1988 rompeu com a *summa divisio* clássica ao dispor, no Capítulo I do Título II – Dos Direitos e Garantias Fundamentais, sobre *os Direitos e Deveres Individuais e Coletivos* [23].

---

21   Op. cit. notas anteriores, p. 121-122.

22   Mais uma vez colhem-se as lições de GOULART, Marcelo Pedroso: *"Do ângulo político, só poderemos entender o promotor de justiça como trabalhador social, vinculado à defesa da qualidade de vida das parcelas marginalizadas da sociedade, a partir do momento em que rompa as barreiras que historicamente o isolaram dos movimentos sociais, passando a articular sua ação com esses movimentos. Deve assumir o seu compromisso político, não apenas nos aspectos da retórica e das elaborações doutrinárias, mas, sobretudo, na atuação prática, como intelectual orgânico".* Op. cit. notas anteriores, p. 98.

23   ALMEIDA, Gregório Assagra de. *Direito material coletivo – superação da summa divisio direito público e direito privado por uma nova summa divisio constitucionalizada.* Belo Horizonte: Del Rey, 2008.

Apesar da autonomia metodológica e principiológica do Direito Coletivo brasileiro, não sustentamos a sua interpretação na condição de novo ramo do Direito; como não entendemos que o Direito Individual, que compõe a outra dimensão da summa divisio constitucionalizada no País, seja outro ramo do Direito. Na verdade, o Direito Coletivo e o Direito Individual formam a summa divisio consagrada na Constituição da República Federativa do Brasil de 1988. No Direito Coletivo existem ramos do Direito, tais como o Direito do Ambiente, o Direito Coletivo do Trabalho, o Direito Processual Coletivo e o próprio conjunto, em regra, do que é denominado de "Direito Público", que estaria dentro do Direito Coletivo, existindo, contudo, exceções. Da mesma forma, no Direito Individual há vários ramos do Direito como o Direito Civil, o Direito Processual Civil, o Direito Individual do Trabalho, o Direito Comercial etc.

O Estado Democrático de Direito, na hipótese, especialmente o brasileiro (art. 1º da CR/1988), está inserido na sociedade [24], regido pela Constituição, com a função de proteção e de efetivação tanto do Direito Coletivo quanto do Direito Individual. É um Estado, portanto, da coletividade e do indivíduo ao mesmo tempo [25]. Com isso, conclui-se que existem dimensões do que é denominado, pela concepção clássica, de "Direito Público" também no Direito Individual, como é o caso do Direito Processual Civil, de concepção individualista[26].

O Direito Coletivo e o Direito Individual formam dois grandes blocos do sistema jurídico brasileiro, integrados por vários ramos do Direito. Entretanto, o Direito Constitucional está acima, no topo da nova summa divisio constitucionalizada. O Direito Constitucional representa o ponto de união e de disciplina da relação de interação entre esses dois grandes blocos. A Constituição, que estrutura o objeto formal do Direito Constitucional, é composta tanto de normas, garantias e princípios de Direito Coletivo quanto de normas, garantias e princípios de Direito Individual.

Ademais, a visão atual em torno do acesso à justiça e da efetividade dos direitos, atrelada ao plano da titularidade, confirma a nova summa divisio adotada

---

24 No mesmo sentido, sustentando que o dualismo clássico (Estado e sociedade) não subsiste no Estado Democrático de Direito, ZIPPELIUS, Reinhold: *"A distinção entre Estado e sociedade provém de uma época histórica durante a qual a centralização do poder político na mão de um soberano absoluto e respectiva burocracia dava origem à novação de que o Estado constituía uma realidade autônoma em face à sociedade"*. *Teoria geral do Estado*, p. 158.

25 ZIPPELEUS, Reinhold: *"(...) no processo de formação da vontade estadual cada indivíduo surge, perante os outros, na posição de igual e livre. Mas a orientação do Estado não tem de ser marcada pelo egoísmo dos interesses particulares que domina a vida social, mas em vez disso – deve-se concluir – pelo justo equilíbrio daqueles interesses"*. *Teoria geral do Estado*, p. 159.

26 É inquestionável que a Constituição contém tanto normas de "Direito Público" quanto de "Direito Privado" e, assim, não é tecnicamente, nem metodologicamente adequado, o enquadramento do Direito Constitucional como um dos capítulos do Direito Público, conforme assim o faz a *summa divisio* clássica.

na CR/1988. A titularidade e a proteção estarão sempre relacionadas a direito individual ou a direito coletivo amplamente considerado[27].

O Ministério Público atua na defesa da Constituição e dos dois planos da nova *summa divisio*. Além de guardião da Constituição, na sua condição de Lei Fundamental da ordem jurídica, a Instituição ministerial atua na defesa de todos os direitos coletivos em geral, bem como na defesa dos direitos individuais indisponíveis (art. 127, *caput*, e art. 129, III, da CR/1988).

A partir da nova *summa divisio* constitucionalizada no Brasil, especialmente em razão da inserção dos direitos coletivos no plano dos direitos fundamentais (Título II, Capítulo I, da CR/1988), é que poderemos desenvolver e sedimentar um constitucionalismo brasileiro que sirva de modelo para outros países[28].

7. A SUPERAÇÃO DO MODELO DE MINISTÉRIO PÚBLICO COMO *CUSTOS LEGIS* E A CONSAGRAÇÃO NA CONSTITUIÇÃO DE 1988 DO MODELO DE MINISTÉRIO PÚBLICO COMO *CUSTOS SOCIETATIS* (*CUSTOS JURIS*) E FISCAL DA ORDEM JURÍDICA

7.1. A defesa de interesses primaciais da sociedade

Na defesa dos interesses primaciais da sociedade, o Ministério Público deixou de ser o simples guardião da lei (*custos legis*). A instituição assumiu a de fiscal dos direitos fundamentais da sociedade (*custos societatis*) e, precipuamente, o papel de guardião do próprio Direito (*custos juris*), conforme escreveu Cláudio Souto[29].

A respeito assinalou Antônio Alberto Machado: *"[...] Esse desafio de ruptura com o modelo tradicional da ciência e da práxis do direito, reproduzido pelo ensino jurídico brasileiro, essencialmente normativista e com evidentes traços ainda do modelo coimbrão, assume uma clara importância histórica que vali além da mera ampliação dos limites e possibilidades de atuação de um dos operadores jurídicos tradicionais. A existência de um 'custos juris' com possibilidade de empreender a defesa jurídico-prática da democracia e de um 'custos societatis' destinado a defender os direitos fundamentais da sociedade, representam não apenas uma conquista efetivamente democrática da sociedade brasileira, mas também uma autêntica*

---

27   ALMEIDA, Gregório Assagra de. *Direito material coletivo – superação da summa divisio direito público e direito privado por uma nova summa divisio constitucionalizada.* Belo Horizonte: Del Rey, 2008.

28   ALMEIDA, Gregório Assagra de. *Direito material coletivo – superação da summa divisio direito público e direito privado por uma nova summa divisio constitucionalizada.* Belo Horizonte: Del Rey, 2008.

29   *O tempo do direito alternativo – uma fundamentação substantiva.* Porto Alegre: Livraria dos Advogados, 1997, p. 84-7.

possibilidade de ruptura com o positivismo do direito liberal que desde o século passado sustentou, 'nos termos da lei', as bases oligárquicas do poder social, econômico e político no País" [30].

É nessa concepção de *custos societatis* e *custos juris* que o Ministério Público, no seu papel demandista, tornou-se o mais atuante legitimado para a defesa dos direitos e interesses difusos e coletivos no Brasil. Essa hegemonia da Instituição, na defesa dos interesses massificados, decorre certamente de dois fatores básicos. O primeiro está fundamentado no novo perfil constitucional do Ministério Público como Instituição permanente, essencial à função jurisdicional do Estado e defensora da ordem jurídica, do regime democrático e dos *interesses sociais e individuais indisponíveis* (art. 127, *caput*, da CR/1988). O outro fator decorre do próprio exercício prático de suas atribuições constitucionais, o qual tem amparo nas garantias constitucionais e nos mecanismos de atuação funcional que são inerentes ao Ministério Público.

7.2. O Ministério Público como fiscal da ordem jurídica na Constituição de 1988: a incidência dessa condição constitucional na atuação da Instituição como órgão agente e interveniente, no plano da atuação jurisdicional e extra-jurisdicional

A mudança de paradigma para a consagração do Ministério Público como fiscal da ordem jurídica ocorreu com a Constituição de 1988. Primeiro por força do art. 127, *caput*, que estabelece, expressamente, no contexto da própria definição do Ministério Público como instituição constitucional: *O Ministério Público é instituição permanente, essencial à função jurisdicional do Estado, incumbindo-lhe a defesa da ordem jurídica, do regime democrático e dos interesses sociais e individuais indisponíveis."*

Assim, como a função de fiscal da ordem jurídica está na própria definição constitucional do Ministério Público como instituição constitucional, observa-se que essa condição é inerente à essência conceitual e à própria natureza jurídica do Ministério Público, de modo que, em todos os planos da atuação jurisdicional ou extrajurisdicional, como órgão agente ou interveniente, o Ministério Público conservará a função de fiscal da ordem jurídica. É certo que nas hipóteses em que a Instituição estiver somente como órgão interveniente, a qualidade de fiscal da ordem jurídica se explicita como condição da própria intervenção. Contudo, se o Ministério Público está no processo, por exemplo, como órgão agente, em uma ação civil pública ou em uma ação com pedido declaratório de paternidade, ele mantém a sua qualidade de fiscal da ordem jurídica. Com isso, pode-se afirmar

---

30   *Ministério Público: democracia e ensino jurídico*, p. 197-8.

que o Ministério Público brasileiro é uma instituição com uma função constitucional singular: mesmo como parte agente, a defesa da ordem jurídica, o que abrange a proteção constituição e especialmente dos princípios constitucionais e dos direitos e garantias fundamentais, deverá ser a diretriz principal que irá direcionar a atuação do Ministério Público. Nesses casos, denominar o Ministério Público como parte imparcial não é algo contraditório e descabido, mas uma forma de compreender o papel constitucional de uma Instituição importante para a democracia e para o acesso à justiça no Brasil.

O art. 129 da Constituição de 1988 também configura o Ministério Público como fiscal da ordem jurídica ao arrolar, em rol exemplificativo, várias atribuições da Instituição para a defesa dos interesses primaciais da sociedade, com destaque para as funções de: zelar pelo efetivo respeito dos Poderes Públicos e dos serviços de relevância pública aos direitos assegurados na Constituição, promovendo as medidas necessárias a sua garantia (129, II); promover o inquérito civil e a ação civil pública, para a proteção do patrimônio público e social, do meio ambiente e de outros interesses difusos e coletivos (art. 129, III); promover a ação de inconstitucionalidade ou representação para fins de intervenção da União e dos Estados, nos casos previstos nesta Constituição (art. 129, IV).

Assim, quando a Constituição estabelece que incumbe ao Ministério Público a defesa da ordem jurídica, essa diretriz abrange a defesa da Constituição, dos princípios constitucionais, dos direitos coletivos amplamente considerados e dos direitos individuais indisponíveis e das garantias e regras a eles inerentes, assim como a defesa da ordem jurídica infraconstitucional, o que abrange a defesa da legalidade em sentido mais restrito.

Gustavo Tepedino ressalta esse novo papel outorgado pelo Constituinte de 1988 ao Ministério Público, alçado como o principal agente de promoção dos valores e direitos indisponíveis, o que lhe conferiu, nas palavras do autor mencionado, a *função promocional*, especificada no art. 129 da CR/1988 [31].

Na condição de fiscal da ordem jurídica, assume papel de destaque a atuação do Ministério Público no controle da constitucionalidade tanto no controle concentrado e abstrato quanto no controle difuso e incidental. Convém destacar, também, a importância da atuação do Ministério Público para o controle extrajurisdicional da constitucionalidade, que poderá se dar quando a Instituição expede recomendação para provocar perante o Poder Legiferante o autocontrole da constitucionalidade[32]. A tomada de Termo de Ajustamento de Conduta também é

---

31   *Temas de direito civil.* Rio de Janeiro: Renovar, 1999, p. 300.

32   ALMEIDA, Gregório Assagra de. *Manual das ações constitucionais,* p. 770-3.

um excelente mecanismo que poderá viabilizar o controle extrajurisdicional da constitucionalidade das leis ou dos atos normativos pelo Ministério Público.

No plano da proteção em abstrato da constitucionalidade, a Constituição Federal prevê expressamente um sistema de controle concentrado que é exercido pelo STF (art. 102, I, "a", § 1º e § 2º, e art. 103, ambos da Constituição Federal/88), na sua condição de Corte Constitucional Nacional, ou pelos Tribunais de Justiça dos Estados ou do Distrito Federal, os quais funcionam como Cortes Constitucionais Regionais (art. 125, § 2º, da Constituição de 1988). Esse mecanismo processual de proteção em abstrato e concentrado contra a inconstitucionalidade das leis e atos normativos, exercido perante as Cortes Constitucionais, não exclui a existência de outras formas de controle, tais como os exercidos pelos próprios Poderes Legiferantes, por intermédio do autocontrole da constitucionalidade, ou pelo Chefe do Poder Executivo, neste caso por meio do exercício do poder do veto. O referido mecanismo não exclui, ainda, o controle difuso e incidental da constitucionalidade, que possui natureza de garantia constitucional fundamental (art. 5º, XXXV, da Constituição Federal/88)[33].

Assim, em sendo possível, é até mais recomendável o autocontrole da constitucionalidade pelo próprio Poder Legiferante – seja por intermédio da revogação, seja por intermédio da alteração para adequação ao sistema constitucional da lei ou ato normativo apontado como inconstitucional.

Com efeito, é mais razoável provocar, primeiramente, nas hipóteses em que as circunstâncias venham a comportar, a atuação do Poder elaborador da norma apontada como inconstitucional, deixando para depois, em caso de recusa do autocontrole da constitucionalidade pelo poder competente, a via do controle abstrato e concentrado da constitucionalidade perante a Corte Constitucional competente.

O Ministério Público é um dos principais legitimados ativos para controle abstrato e concentrado da constitucionalidade das leis e atos normativos perante as Cortes Constitucionais pátrias, consoante se extrai dos arts. 103, VI, e 129, IV, ambos da Constituição Federal/88 e dos arts. 6º, I, II e III, da Lei Complementar Federal/93, 25, I, da Lei Federal nº 8.625/93. Contudo, essa atribuição do Ministério Público não exclui a utilização de outros mecanismos pela Instituição, especialmente quando voltados para assegurar o respeito aos direitos assegurados constitucionalmente. Portanto, quando desrespeitados os direitos constitucionais, especialmente os de dimensão social, não há dúvida que é dever do Ministério Público promover as medidas necessárias à garantia desses direitos (art. 129, III e IX, da Constituição Federal/88).

---

33 ALMEIDA, Gregório Assagra de. *Manual das ações constitucionais*, p. 690-1.

Um dos fortes mecanismos de atuação do Ministério Público, que decorre da Constituição e está previsto expressamente no plano infraconstitucional, é a *recomendação*, que poderá ser dirigida aos Poderes Públicos em geral e até mesmo aos particulares, a fim de que sejam respeitados os direitos assegurados constitucionalmente [34].

O vício da inconstitucionalidade é o mais grave no âmbito de uma ordem jurídica democrática que valoriza a Constituição como a base do sistema. É por intermédio do controle da constitucionalidade que se faz observar a supremacia e a rigidez constitucionais, impedindo que leis e atos normativos infraconstitucionais possam colocar em risco os valores primaciais da sociedade, já consagrados constitucionalmente. Daí a importância da priorização, do planejamento e da sistematização dessa atribuição constitucional pelo Ministério Público na sua função de guardião da ordem jurídica (art. 127, *caput*, da CR/1988). [35]

8. O MINISTÉRIO PÚBLICO COMO FISCAL DA ORDEM JURÍDICA NA LEGISLAÇÃO INFRACONSTITUCIONAL E A CONSAGRAÇÃO EXPRESSA DA TERMINOLOGIA NO NOVO CPC (LEI FEDERAL Nº 13.105, DE 16 DE MARÇO DE 2015) E ALGUMAS DIRETRIZES IMPORTANTES

8.1. O Ministério Público na legislação infraconstitucional

No Código de Processo Civil em vigor atualmente (Lei nº 5.869, de 11 de janeiro de 1973), o Ministério Público ainda é concebido no contexto de um modelo de atuação superado com o advento CR/1988. E, por isso, o art. 81 do referido Código dispõe que Ministério Público exercerá o direito de ação nos casos previstos em lei, cabendo-lhe, no processo, os mesmos poderes e ônus que às partes. [36] O referido dispositivo, ao vincular a atuação do Ministério Público às hipóteses previstas em lei, não foi recepcionado pela Constituição de 1988, que consagra um rol enorme e aberto de atribuições para a Instituição que decorrem diretamente da própria Constituição (arts. 127 e 129). [37] O art. 83 também possui teor literal

---

34 Sobre o assunto: PARISE, Elaine Martins; ALMEIDA, Gregório Assagra de; LUCIANO, Júlio César; ALMEIDA, Renato Franco. *O poder de recomendação do Ministério Público como instrumento útil para a provocação do autocontrole da constitucionalidade*. In Boletim informativo *MPMG Jurídico*. Belo Horizonte: edição 001, setembro 2005, p. 16-7. Também acessível no endereço eletrônico do Ministério Público do Estado de Minas Gerais: www.mp.mg.gov.br (Boletins MPMG). Também, ALMEIDA, Gregório Assagra de, *Manual das ações constitucionais*, p. 770-3.

35 Nesse sentido, cabe destacar que foi criada, no âmbito do Ministério Público do Estado de Minas Gerais, a Coordenadoria de Controle da Constitucionalidade (Resolução PGJ-MG nº 75/2005), com as finalidades apresentadas acima.

36 Estabelece o artigo 81 do CPC/1973: *O Ministério Público exercerá o direito de ação nos casos previstos em lei, cabendo-lhe, no processo, os mesmos poderes e ônus que às partes.*

37 Para uma releitura da atuação do Ministério Público no processo civil com base na Constituição de 1988, destaca-se MOREIRA, Jairo Cruz. *A intervenção do Ministério Público no processo civil a luz da Constituição*. Belo Horizonte: Del Rey, 2009.

que está divorciado do texto constitucional ao disciplinar a operacionalização da atuação Ministério Público dentro de uma visão de mero como fiscal da lei. [38]

Por outro lado, o art. 82 do CPC/1973, ainda em vigor, necessita de uma interpretação conforme a Constituição, por não dispor sobre hipóteses de intervenção correspondentes aos princípios e atribuições previstos nos artigos 127 e 129 da CR/1988. Por exemplo, a Constituição fala expressamente em defesa dos interesses sociais e individuais indisponíveis. O referido dispositivo arrola expressamente causas que justificam a intervenção do Ministério Público e traz uma cláusula aberta, baseada no interesse público pela natureza da lide ou qualidade da parte (Art. 82, inciso III), que está superada com o advento da CR/1988, que consagra a expressão interesse social (art. 127, *caput*). [39]

Em se considerando, porém, a análise substancial do sistema jurídico infraconstitucional brasileiro, criado após da CR/1988, verifica-se que o Ministério Público, na defesa de direitos e interesses primaciais da sociedade, já era concebido como fiscal da ordem jurídica. É o que se nota, por exemplo, da atuação do Ministério Público na defesa dos direitos fundamentais da criança e do adolescente (Lei nº 8.069/1990), na defesa do consumidor (Lei nº 8.078/1990), no combate aos atos de improbidade administrativa (Lei nº 8.429/1992) etc. As funções institucionais do Ministério Público, mesmo quando atuando somente como órgão interveniente, já iam muito além (isso até por imposição constitucional) da função de fiscal da lei. A instituição, em leitura constitucionalizada, desde 1988 passou a exercer a fiscalização da ordem jurídica em todos os campos da sua atuação.

Contudo, foi no Anteprojeto da nova Lei da Ação Civil Pública, convertido no Projeto de Lei nº 5.139/2009, inserido do II Pacto Republicano de Estado, que o Ministério Público recebeu, no plano infraconstitucional, o tratamento expresso de fiscal da ordem jurídica, sendo que consta do seu art. 6º, § 2º: *O Ministério Público, se não intervier no processo como parte, atuará obrigatoriamente como fiscal da ordem jurídica* [40]. Essa proposta legislativa mantinha relação de adequação com a terminologia constitucional (art. 127, *caput*, da CR/1988).

---

38 Consta do artigo 83 do CPC/1973: *Intervindo como fiscal da lei, o Ministério Público: I – terá vista dos autos depois das partes, sendo intimado de todos os atos do processo; II – poderá juntar documentos e certidões, produzir prova em audiência e requerer medidas ou diligências necessárias ao descobrimento da verdade.*

39 Consta do Art. 82 do CPC/1973: *Compete ao Ministério Público intervir: I – nas causas em que há interesses de incapazes; II – nas causas concernentes ao estado da pessoa, pátrio poder, tutela, curatela, interdição, casamento, declaração de ausência e disposições de última vontade; III – nas ações que envolvam litígios coletivos pela posse da terra rural e nas demais causas em que há interesse público evidenciado pela natureza da lide ou qualidade da parte.*

40 Para uma visão geral do Projeto de Lei nº 5.139/2009, vale a pena conferir o texto publicado por Rogério Favreto, presidente da Comissão designada pelo Ministério da Justiça, e Luiz Manoel Gomes Júnior, relator da mencionada Comissão, que tivemos a honra de integrar na condição de jurista consultor do Ministério

8.2. O Ministério Público como Fiscal da Ordem Jurídica no Novo Código de Processo Civil (Lei nº 13.105, de 16 de março de 2015): algumas considerações

O novo Código de Processo Civil (Lei nº 13.105, de 16 de março de 2015), aprovado e sancionado e em período de *vacatio legis* [41], traz inovações importantes e significativas para o acesso à justiça no Brasil, destacando-se aqui a priorização para a resolução consensual dos litígios, principalmente o seu artigo 3º, o qual estabelece, em seu § 2º que o *Estado promoverá, sempre que possível, a solução consensual dos conflitos*. E no § 3º, do mesmo artigo, consta que: *A conciliação, a mediação e outros métodos de solução consensual de conflitos deverão ser estimulados por juízes, advogados, defensores públicos e membros*. Pela falta de espaço em relação aos objetivos deste artigo, não é possível, nem razoável destacar aqui os outros inúmeros dispositivos do Novo CPC que assumem compromisso expresso com uma justiça mais consensual, absolutamente necessária para o Brasil, que prioriza o diálogo e o consenso na resolução dos conflitos ou controvérsias. Há aqui um grande avanço no sistema processual brasileiro, que já seria motivo suficiente para justificar a natureza inovadora do novo Código de Processo Civil e caracterizar a identidade própria do novo Diploma em relação ao CPC/1973.

Entretanto, o Novo CPC brasileiro não é um Código perfeito e está longe disso. Há muitos problemas, um deles pelo fato de a proposta não ter se amparado previamente em pesquisas estatísticas para se aferir onde estão os principais pontos de estrangulamento do sistema processual civil, principalmente aqueles que dificultam o acesso à justiça, acarretam a morosidade da justiça e impõe o sufocamento do judiciário com aproximadamente 100.000.000 (cem milhões) de processos em curso. Os líderes políticos e a comissão que trabalhou na proposta, inclusive aqueles que atuaram no aperfeiçoamento do Código no Congresso Nacional, optaram por deixar essas pesquisas para o futuro, como se extrai do art. 1069 do Novo CPC: *O Conselho Nacional de Justiça promoverá, periodicamente, pesquisas estatísticas para avaliação da efetividade das normas previstas neste Código.* Também não realizaram estudos de prognoses legislativas, para se aferir quais seriam os efeitos do Novo Código de imediato, a médio e a longo prazo para o judiciário em especial e para o acesso à justiça em geral.

Logo em 2010, quando o Anteprojeto do CPC foi apresentado ao Senado Federal, este autor e o jurista Luiz Manoel Gomes Júnior fizeram, entre outras, essas críticas propondo a realização de pesquisas estatísticas e estudos legislativos como etapas necessárias para o bom planejamento e a elaboração de um novo

---

da Justiça. FAVRETO, Rogério, GOMES JÚNIOR, Luiz MANOEL. *Anotações sobre o projeto da nova lei da ação civil pública: principais alterações.* In *Revista de Processo*: Revista dos Tribunais, v. 176:174-94, ano 34, outubro, 2009.

41 Consta do Novo CPC: *Art. 1.045. Este Código entra em vigor após decorrido 1 (um) ano da data de sua publicação oficial.*

GREGÓRIO ASSAGRA DE ALMEIDA

Código de Processo Civil para o Brasil. [42] Muitas críticas e propostas feitas naquela época por esses autores foram acolhidas e outras não. Sobre o Ministério Público, em especial, observa-se que quase todas as críticas apresentadas foram acolhidas durante a tramitação da proposta no Congresso Nacional, principalmente no sentido de que deveria valorizar a soberania da Constituição para consagrar o Ministério Público como fiscal da ordem jurídica e estabelecer que suas atribuições deveriam ser extraídas da Constituição. [43]

---

42 Conferir: ALMEIDA, Gregório Assagra de; GOMES JUNIOR, Luiz Manoel: *Um novo Código de Processo Civil para o Brasil: análise teórica e prática da proposta apresentada ao Senado Federal:* 2ª tiragem revista e atualizada. Rio de Janeiro: GZ Editora, 2010, p. 2011-4.

43 Ressalta-se aqui o que foi escrito no primeiro livro crítico sobre o Projeto de Lei, que resultou no novo CPC, que estava em tramitação no Congresso Nacional (PLS 166/2010), propondo alterações no projeto para adaptação ao paradigma constitucional, principalmente sobre o Ministério Público, com a adoção do paradigma constitucional sobre atuação de acordo com as suas atribuições constitucionais e, também, sobre a atuação como fiscal da ordem jurídica: *A proposta de regulamentação da atuação do Ministério Público, prevista no Anteprojeto analisado (Livro I, Título VII, arts. 145/150), é tímida e traz retrocesso em relação ao novo paradigma constitucional. A CF/1988 e o novo Ministério Público brasileiro. A Constituição de 1988 criou, no Brasil, um novo Ministério Público, bem diferenciado dos Ministérios Públicos de outros países, e, ainda, totalmente reestruturado em relação ao Ministério Público anterior, que tinha uma atuação predominantemente demandista.*

Agora, além de atuar nas demandas judiciais como órgão agente ou interveniente, o Ministério Público assumiu também grande atribuição extrajudicial, o que constitui outro modelo, denominado por determinado setor da doutrina de Ministério Público resolutivo.

Ao lado do Ministério Público demandista, reestruturado pelo seu novo perfil constitucional (arts. 127 e 129 da CF/88), ficou também consagrado o Ministério Público resolutivo, que funciona como um grande intermediador da conflituosidade social e atua no plano extrajurisdicional para buscar, ao lado da sociedade e demais instituições de defesa social, a resolução dos problemas sociais sem a intervenção do Poder Judiciário.

No plano demandista, que é o da atuação jurisdicional, o Ministério Público também foi reestruturado no seu novo perfil constitucional, conforme se extrai das suas novas atribuições arroladas expressamente nos artigos 127 e 129 da CF/88.

Por tudo isso e tendo em vista a força irradiadora e normativa central da Constituição no cenário do sistema jurídico brasileiro, torna-se imprescindível a revisão legislativa do sistema infraconstitucional, com destaque para a atuação do Ministério Público no "Processo Civil", onde as polêmicas e conflitos estão criando dificuldades na jurisprudência e nas orientações internas da Instituição. Nesse campo, torna-se imprescindível que a nova legislação guarde obediência aos novos comandos constitucionais, especialmente no que tange à função do Ministério Público não mais como mero fiscal da lei, mas como fiscal da ordem jurídica (art. 127, caput, da CF/88), bem como a sua atuação obrigatória nas ações constitucionais e em todos os incidentes de controle difuso da constitucionalidade, o que é inerente à referida função de fiscal da ordem jurídica e defesa do regime democrático. Por outro lado, a expressão interesse público foi substituída, constitucionalmente, pela expressão interesse social e a atuação na defesa dos direitos individuais indisponíveis é outra imposição constitucional inquestionável.

A nova proposta de regulamentação da atuação do Ministério Público no Direito Processual Civil é muito tímida e, em parte, desrespeita o novo paradigma constitucional. O art. 145 do Anteprojeto, quando diz que o Ministério Público atuará na defesa da ordem jurídica, do regime democrático e dos interesses sociais e individuais indisponíveis", é o que mais guarda sintonia e relação de adequação com a Constituição, especialmente com o seu art. 127, caput. O referido dispositivo, portanto, merece elogios.

Todavia, o dispositivo seguinte (art. 146 do Anteprojeto), que disciplina a atuação do Ministério Público como órgão agente no Direito Processual Civil, traz redação atrelada ao positivismo legalista, desprezando a soberania do legislador constituinte em prol do legislador ordinário. Assim, ele está na contramão do novo constitucionalismo, em que a Constituição é a fonte maior do direito interno e suas diretrizes possuem força normativa irradiante sobre toda ordem jurídica, impondo-se o controle da constitucionalidade das normas infraconstitucionais que a contrariem. No caso em tela, observa-se que o art. 146 do Anteprojeto diz que o Ministério Público exercerá o direito de ação nos casos e formas previstos em lei. A proposta segue, em linhas

O Novo CPC brasileiro traz no que tange ao Ministério Público consistente evolução em relação ao CPC de 1973, ainda em vigor. Primeiro pela sintonia com

---

gerais, o disposto no art. 81 do CPC/1973, sem qualquer caráter inovador, o que contraria a ideia em torno de um novo Código, em que a inovação é uma das suas principais características. O mais adequado seria dizer que o Ministério Público exercerá o direito de ação nos termos das suas atribuições constitucionais.

Da mesma forma, o art. 147 do Anteprojeto, que disciplina a atuação do Ministério Público no Direito Processual Civil, pouco ou quase nada inovou, mantendo-se o mesmo espírito fechado, positivista-normativista, do art. 82 do CPC. A Constituição de 1988 fala em defesa da ordem jurídica (art. 127, caput), que é muito mais do que lei, pois abrange também os princípios e o sistema de valores constitucionais e infraconstitucionais. Portanto, o mais adequado seria estabelecer que o Ministério Público intervirá como fiscal da ordem jurídica.

E mais: a redação do caput do art. 147 traz uma orientação um pouco questionável ao afirmar que o Ministério Público intervirá no processo civil, sob pena de nulidade, declarável de ofício. Essa redação dá a entender que não basta a intimação do órgão da Instituição, pois deverá existir efetiva intervenção, o que é confirmado pelo parágrafo único do art. 149 do Anteprojeto, quando diz: "Findo o prazo para manifestação do Ministério Público sem o oferecimento de parecer, o juiz comunicará o fato ao Procurador-Geral, que deverá fazê-lo ou designar um membro que o faça no prazo de dez dias". Portanto, pela redação dos dois dispositivos não basta a intimação do órgão do Ministério Público. Torna-se imprescindível a efetiva intervenção.

Entretanto, outra orientação é a que está presente no art. 242 do mesmo Anteprojeto de Código de Processo Civil para o Brasil, no qual consta: "Art. 242. É nulo o processo quando o membro do Ministério Público não for intimado a acompanhar o feito em que deva intervir, salvo se ele entender que não houve prejuízo. Parágrafo único. Se o processo tiver corrido sem conhecimento do membro do Ministério Público, o juiz o anulará a partir do momento em que ele deveria ter sido intimado".

Há entre os arts. 147 e 242 do Anteprojeto um grave conflito, que certamente trará problemas para a jurisprudência, para a doutrina e, em especial, para o jurisdicionado. Faltaram aqui unidade e coerência na proposta. Existe retrocesso até mesmo em relação ao CPC/1973, pois não se verifica esse mesmo conflito real entre os arts. 84 e 246 do mencionado Código.

Os incisos II e III do art. 147 nada inovam. Ao contrário. O inciso III do art. 147, ao exigir que a intervenção do Ministério Público somente é cabível, salvo as hipóteses previstas nos incisos I e II do mesmo artigo, quando prevista em lei, contraria o texto constitucional, supervalorizando a soberania do legislador ordinário em desprestígio da Constituição e das suas diretrizes.

Portanto, o art. 146 e o art. 147 do Anteprojeto adotaram o sistema da taxatividade da atuação do Ministério Público como agente ou como órgão interveniente no Direito Processual Civil, contrariando toda principiologia constitucional que adota o princípio da não taxatividade das hipóteses de atuação da Instituição (art. 127, caput, e art. 129, especialmente o inciso III, da CF/1988).

Convém registrar que não é mais adequado e constitucional afirmar que o Ministério Público atuará como fiscal da lei nos casos de interesse público e social, como prevê o art. 147, I, do Anteprojeto. Bastaria a expressão "interesse social". A nova redação do mencionado dispositivo exige a presença tanto de interesse público quanto de interesse social, o que irá gerar polêmicas na doutrina e na jurisprudência. Na verdade, é um retrocesso em relação, repita-se, às novas diretrizes constitucionais (arts. 127 e 129 da CF/1988).

O parágrafo único do art. 147 do Anteprojeto, ao dispor que "a participação da Fazenda Pública não configura por si só hipótese de intervenção do Ministério Público", acolhe orientação que já estava presente na doutrina e na jurisprudência atuais, especialmente na Súmula no 189 do STJ, que assim dispõe: "É desnecessária a atuação do Ministério Público nas execuções fiscais".

O art. 148 do Anteprojeto reproduz, em linhas gerais, o disposto no art. 83 do CPC atual.

Por fim, destaca-se que o art. 149, caput, do Anteprojeto, quando estabelece que "o Ministério Público, seja como parte, seja como fiscal da lei, gozará de prazo em dobro para se manifestar nos autos, que terá início a partir da sua intimação pessoal mediante carga ou remessa", acolhe orientação que estava presente em determinado setor da doutrina e da jurisprudência, no sentido de que a prerrogativa do prazo maior se aplica tanto ao Ministério Público como órgão agente quanto ao Ministério Público como interveniente. A inovação está na unificação do prazo maior, diferentemente do disposto no art. 188 do CPC atual, o qual prevê: "Computar-se-á em quádruplo o prazo para contestar e em dobro para recorrer quando a parte for a Fazenda Pública ou o Ministério Público". ALMEIDA, Gregório Assagra de; GOMES JUNIOR, Luiz Manoel: Um novo Código de Processo Civil para o Brasil: análise teórica e prática da proposta apresentada ao Senado Federal: 2ª tiragem revista e atualizada. Rio de Janeiro: GZ Editora, 2010.

a Constituição de 1988, o que se justifica tendo em vista o fator cronológico. Depois pela atualização em relação a orientações jurisprudenciais importantes já consagradas no Brasil. E, ainda, há o aperfeiçoamento da própria linguagem jurídica. Além disso, convém ressaltar, a título de ilustração, que apesar de possuir um número menor de artigos (1072 no Novo CPC contra 1220 do CPC/1973), o Novo CPC faz o uso 107 vezes da expressão Ministério Público contra 78 vezes do CPC/1973. Esses aspectos, entre outros que serão analisados abaixo, revelam que o Novo Diploma Legislativo traz avanços importantes quando se trata de Ministério Público.

Assim, a versão do novo Código de Processo Civil (Lei nº 13.105, de 16 de março de 2015) seguiu a linha constitucional e, na medida do possível, mantém perfeita sintonia com a Constituição de 1988 ao estabelecer, no seu art. 176, que o Ministério Público atuará na defesa da ordem jurídica, do regime democrático e dos interesses e direitos sociais e individuais indisponíveis. Observa-se, assim, que em todos os seus planos de atuação no processo civil, como órgão agente (autor) ou interveniente (indisponibilidade objetiva, ligada ao bem jurídico tutelado, indisponibilidade subjetiva, ligada à incapacidade da pessoa ou a presença de interesse social), o Ministério Público conservará a qualidade de fiscal da ordem jurídica, incumbindo-lhe, sempre que tiver que atuar, a defesa do regime democrático e dos interesses sociais e individuais indisponíveis. Essa interpretação decorre da própria definição constitucional do Ministério Público (art. 127, *caput*, da CR/1988). Há aqui uma relação de perfeita e correta adequação entre o art. 176 do Novo CPC e o artigo 127, *caput*, da CR/1988.

Outro dispositivo do Novo CPC que inova muito é o art. 177, o qual dispõe que o Ministério Público exercerá o direito de ação em conformidade com as suas atribuições constitucionais. Há aqui grande diferença em relação ao artigo 81 do CPC/1973, o qual prevê que o Ministério Público exercerá o direito de ação nos casos previstos em lei, cabendo-lhe, no processo, os mesmos poderes e ônus que às partes. Observa que enquanto o CPC/1973 valoriza somente a soberania do legislador ordinário, o novo CPC (Lei nº 13.105/2015), opta por valorizar precipuamente a soberania da Constituição e, portanto, neste aspecto, é um Código muito mais alinhavado ao novo constitucionalismo.

Por outro lado, o artigo 178 da Lei Federal nº 13.105, de 16 de março de 2015 (Novo CPC) também avança muito em relação ao art. 82 do CPC/1973. Primeiro por fixar que o Ministério Público será intimado para intervir como fiscal da ordem jurídica e, portanto, para defender a Constituição, os princípios constitucionais, os direitos e garantias constitucionais fundamentais e a legislação infraconstitucional essencial para a proteção do direito à vida e à sua existência com dignidade. Segundo por estabelecer que essa intervenção poderá se dar com base em hipóteses previstas em lei ou na Constituição. Sem desprezar a importância da atuação do legislador ordinário, o dispositivo valoriza a soberania da Constituição. Terceiro por utilizar as expressões interesse público e social, de modo que o interesse público aqui é o interesse social, nos termos da orientação prevista no art. 127, *caput*, da CR/1988. Assim, a atuação do Ministério Público com base no interesse público não se justifica com base na mera qualidade da parte. Essa interpretação é confirmada pelo parágrafo único do mesmo artigo, o qual dispõe que *a participação da Fazenda Pública não configura, por si só, hipótese de intervenção do Ministério Público.* Era essa a orientação que já estava sumulada pelo STJ em relação às execuções fiscais (Súmula 189: *É desnecessária a intervenção do Ministério Público nas execuções fiscais*). Quarto por estabelecer que o Ministério Público atuará tanto nos conflitos coletivos pela posse de terra rural, conforme já previa o artigo 82, III, do CPC/1973, quanto nos conflitos coletivos pela posse de terra urbana. [44]

E mais, consta também do artigo 179 da Lei Federal nº 13.105, de 16 de março de 2015 (Novo CPC), em relação à operacionalização da atuação do Ministério Público como interveniente, que, nos casos de intervenção como fiscal da ordem jurídica, o Ministério Público terá vista dos autos depois das partes, sendo intimado de todos os atos do processo e poderá produzir provas, requerer as medidas processuais pertinentes e recorrer. Há aqui a utilização da expressão fiscal da ordem jurídica. [45]

Em vários outros dispositivos o Novo CPC (Lei Federal nº 13.105, de 16 de março de 2015) faz utiliza-se da expressão da expressão *fiscal da ordem jurídica* para se referir à atuação do Ministério Público como instituição interveniente no processo civil. Somente para exemplificar, convém destacar mais alguns dispositivos do Novo CPC. O artigo 82, § 1º, do Novo CPC prevê que *Incumbe ao autor adiantar as despesas relativas a ato cuja realização o juiz determinar de ofício ou a requerimento do Ministério Público, quando sua intervenção ocorrer como fiscal da ordem jurídica.* O art. 752, que trata da interdição, estabelece que *Dentro do prazo de 15 (quinze) dias contado da entrevista, o interditando poderá impugnar o pedido. § 1º O Ministério Público intervirá como fiscal da ordem jurisdicional.* O artigo 967 do novo CPC, que disciplina a legitimidade para a propositura de ação rescisória,

---

44   Consta no artigo. 178 do Novo CPC: *O Ministério Público será intimado para, no prazo de 30 (trinta) dias, intervir como fiscal da ordem jurídica nas hipóteses previstas em lei ou na Constituição Federal e nos processos que envolvam: I – interesse público ou social; II – interesse de incapaz; III – litígios coletivos pela posse de terra rural ou urbana. Parágrafo único. A participação da Fazenda Pública não configura, por si só, hipótese de intervenção do Ministério Público.*

45   Disciplina o artigo 179 da Lei Federal nº 13.105, de 16 de março de 2015 (Novo CPC): *Nos casos de intervenção como fiscal da ordem jurídica, o Ministério Público: I – terá vista dos autos depois das partes, sendo intimado de todos os atos do processo; II – poderá produzir provas, requerer as medidas processuais pertinentes e recorrer.*

dispõe, em seu parágrafo, que *Nas hipóteses do art. 178, o Ministério Público será intimado para intervir como fiscal da ordem jurídica quando não for parte.* O artigo 996 dispõe que *O recurso pode ser interposto pela parte vencida, pelo terceiro prejudicado e pelo Ministério Público, como parte ou como fiscal da ordem jurídica.* Contudo, repita-se, a condição de fiscal da ordem jurídica é inerente a toda atuação do Ministério Público, pois essa função está assentada na própria definição constitucional do Ministério Público (art. 127, *caput*, da Constituição de 1988).

Para finalizar, convém destacar aqui dois pontos importantes sobre a atuação do Ministério Público no processo civil com base no Novo Código de Processo Civil.

O primeiro deles é no sentido de que o Ministério Público, como fiscal da ordem jurídica, o que abrange a atuação da Instituição como agente ou interveniente, deverá ter uma atuação vigorosa no controle da constitucionalidade. O que mais deve ser destacado neste ponto é o controle difuso ou incidental, já que o controle abstrato e concentrado possui disciplina própria em outro ambiente legislativo. O Ministério Público, caso não seja o requerente, deverá ser ouvido em todo o incidente de controle difuso e incidental da constitucionalidade, inclusive em primeiro grau, pois a posição de fiscal da ordem jurídica, como incumbência constitucional, impõe essa atuação (art. 127, *caput*, 129, IV, da CR/1988). Ademais, o artigo 948 do Novo CPC prevê que: *Arguida, em controle difuso, a inconstitucionalidade de lei ou de ato normativo do poder público, o relator, após ouvir o Ministério Público e as partes, submeterá a questão à turma ou à câmara à qual competir o conhecimento do processo.* E o artigo 950 do mesmo Código também prevê que: *Remetida cópia do acórdão a todos os juízes, o presidente do tribunal designará a sessão de julgamento. § 2º A parte legitimada à propositura das ações previstas no art. 103 da Constituição Federal poderá manifestar – se, por escrito, sobre a questão constitucional objeto de apreciação, no prazo previsto pelo regimento interno, sendo-lhe assegurado o direito de apresentar memoriais ou de requerer a juntada de documentos.* Quando se tratar de incidente no âmbito da justiça estadual, por exemplo, deverá atuar o Ministério Público estadual. Essa é uma interpretação lógica e por compreensão. Ademais, considerando que o vício da inconstitucionalidade é o vício mais grade da ordem jurídica, quando for arguida a inconstitucionalidade de lei ou ato normativo em primeiro grau, o juiz deverá ouvir o Ministério Público, que atuará como fiscal da ordem jurídica.

O Segundo ponto diz respeito à atuação do Ministério Público no incidente de resolução de demandas repetitivas. Prevê o artigo 976 do Novo CPC que *É cabível a instauração do incidente de resolução de demandas repetitivas quando houver, simultaneamente: I – efetiva repetição de processos que contenham controvérsia sobre a mesma questão unicamente de direito; II – risco de ofensa à isonomia e à segurança jurídica.* Trata-se de espécie do gênero tutela coletiva, mas por uma via singular, que é o incidente com características diferenciadas. Observa-se que o § 1º do mesmo artigo prevê que *A desistência ou o abandono do processo não impede o exame de mérito do incidente.* E no seu § 2º consta que *Se não for o requerente, o Ministério Público intervirá obrigatoriamente no incidente e deverá assumir sua titularidade em caso de desistência ou de abandono.* A intervenção do Ministério Público é obrigatória e, portanto, aqui não basta a mera intimação. A falta de intervenção efetiva acarreta a nulidade do processo a partir do momento em que deveria ter ocorrido a intervenção e não ocorreu. Esta correta essa exigência constitucional, pois se trata de espécie de tutela coletiva de interesse social (art. 127, *caput*, da CR/988). Em caso de abandono ou de desistência, o dispositivo acima transcrito consagra o princípio da obrigatoriedade da atuação do Ministério Público. Não cabe aqui a apresentação de justificativa para a desistência ou o abandono como forma para dispensar a obrigatoriedade de atuação do Ministério Público. O Ministério Público deverá ter uma atuação articulada e firme no incidente de resolução de demandas repetitivas, principalmente tendo em vista os efeitos vinculantes da decisão para dezenas, centenas, milhares e até milhões de processos, conforme o caso. E mais: prevê o artigo 982 do Novo CPC que *Admitido o incidente, o relator: I – suspenderá os processos pendentes, individuais ou coletivos, que tramitam no Estado ou na região, conforme o caso.* Há aqui previsão de duvidosa constitucionalidade, em relação ao Ministério Público deverá agir com firmeza e cautela, pois não é razoável que um incidente instaurado no âmbito do tribunal suspenda o andamento de ações coletivas que visa, entre outras finalidades, diminuir a sobrecarga do judiciário, evitar decisões conflitantes e combater a dispersão das vítimas ou sucessores. Não se sabe quais serão os efeitos práticos desse incidente, mas são preocupantes as barreiras que ele poderá gerar à tutela coletiva em primeiro grau, ainda mais que o Código prevê que o pedido de instauração do incidente poderá ser dirigido ao presidente do tribunal pelo juiz ou relator. Consta no art. 977 do Novo CPC: *O pedido de instauração do incidente será dirigido ao presidente de tribunal: I – pelo juiz ou relator, por ofício;II – pelas partes, por petição; III – pelo Ministério Público ou pela Defensoria Pública, por petição. Parágrafo único. O ofício ou a petição será instruído com os documentos necessários à demonstração do preenchimento dos pressupostos para a instauração do incidente.*

Ademais, o Ministério Público, como fiscal da ordem jurídica, conforme interpretação amparada no novo constitucionalismo, é muito mais que fiscal da lei, pois suas funções constitucionais abrangem a defesa da ordem jurídica como um todo, em especial a defesa dos princípios constitucionais, o controle da constitucionalidade e da legalidade e, principalmente, a defesa dos direitos e garantias constitucionais fundamentais como núcleos essenciais da ordem jurídica. Abrange, nesse contexto, a defesa dos interesses sociais e individuais indisponíveis.

É fundamental que a atuação do Ministério Público no processo civil como órgão interveniente no CPC atual e no Novo CPC tenha como base os direitos fundamentais, especialmente naquilo que se relaciona com o direito à vida e sua existência com dignidade, núcleo básico e irradiante do sistema constitucional (Título II da CR/1988).

Com isso, o Ministério Público atuará no processo civil quando: a) houver indisponibilidade objetiva, que é a decorrente do bem jurídico tutelado; b) houver indisponibilidade subjetiva ou processual, que está relacionada com a incapacidade da pessoa; c) interesse social, o que abrange a tutela dos direitos ou interesses coletivos, amplamente considerados, mas vai além para justificar, por exemplo, a atuação da Instituição na discussão da função social do contrato, da empresa e da propriedade. Nessas demandas, mesmo que sejam partes pessoas capazes (por exemplo, pessoas físicas ou empresas), também é necessária a participação do Ministério Público como órgão interveniente no processo civil, o que se daria por força de disposição constitucional que determina que a Instituição atue na defesa dos interesses sociais (art. 127, *caput*, da CR/1988).

O que se nota é que o Novo CPC para o Brasil (Lei Federal nº 13.105, de 16 de março de 2015) já sinaliza neste sentido, ao reproduzir o artigo 127, *caput*, da CR/1988 e, ainda, dispor que o Ministério Público exercerá o direito de ação nos termos das suas atribuições constitucionais e, ainda, que atuará como fiscal da ordem jurídica (arts. 176, 177, 178 e 19). [46] A essência da ordem jurídica, na visão constitucionalizada, é composta justamente pelos direitos e garantias constitucionais fundamentais.

Contudo, são muito precisas as reflexões de Fredie Didier Jr e Robson Renault Godinho, em excelente artigo sobre Questões atuais sobre as posições do Ministério Público no Processo Civil, por intermédio do qual os autores exploram muito bem as diversas formas de atuação do Ministério Público no processo civil e mostram o negligenciamento de estudos sobre as diversas questões abordados na doutrina. Entre muitas advertências dos autores, merecem transcrição: *É interessante observar que o Ministério Público, mesmo após a Constituição de 1988, ainda não é percebido como um personagem multifacetado no processo civil, com toda uma nova dimensão jurídica advinda de diversos textos normativos e da*

---

46   Novo CPC para o Brasil – Lei nº 13.105/2016: Art. 176. *O Ministério Público atuará na defesa da ordem jurídica, do regime democrático e dos interesses e direitos sociais e individuais indisponíveis. Art. 177. O Ministério Público exercerá o direito de ação em conformidade com suas atribuições constitucionais. Art. 178. O Ministério Público será intimado para, no prazo de 30 (trinta) dias, intervir como fiscal da ordem jurídica nas hipóteses previstas em lei ou na Constituição Federal e nos processos que envolvam: I – interesse público ou social; II – interesse de incapaz; III – litígios coletivos pela posse de terra rural ou urbana. Parágrafo único. A participação da Fazenda Pública não configura, por si só, hipótese de intervenção do Ministério Público. Art. 179. Nos casos de intervenção como fiscal da ordem jurídica, o Ministério Público: I – terá vista dos autos depois das partes, sendo intimado de todos os atos do processo; II – poderá produzir provas, requerer as medidas processuais pertinentes e recorrer.*

própria prática institucional. Essa visão restritiva decorre também de certo silêncio da doutrina, que, em linhas gerais, persiste na análise do Ministério Público apenas na tradicional função de custos legis, salvo quando se abordam questões envolvendo a legitimidade para ações coletivas. [47]

9. CONCLUSÕES

1. A mudança de paradigma para a consagração do Ministério Público como fiscal da ordem jurídica ocorreu com a Constituição de 1988, principalmente por força do art. 127, *caput*, o qual estabelece, expressamente, no contexto da própria definição do Ministério Público como instituição constitucional que: *O Ministério Público é instituição permanente, essencial à função jurisdicional do Estado, incumbindo-lhe a defesa da ordem jurídica, do regime democrático e dos interesses sociais e individuais indisponíveis.*

2. Nesse contexto, o Ministério Público possui a natureza institucional de garantia constitucional fundamental de acesso à justiça.

3. Tendo em vista que a função de fiscal da ordem jurídica está na própria definição constitucional do Ministério Público como instituição constitucional, observa-se que essa condição é inerente à essência conceitual e à própria natureza jurídica do Ministério Público, de modo que, em todos os planos da atuação jurisdicional ou extrajurisdicional, como órgão agente ou interveniente, o Ministério Público conservará a função de fiscal da ordem jurídica.

4. Nas hipóteses em que a Instituição estiver somente como órgão interveniente, a qualidade de fiscal da ordem jurídica se explicita como condição da própria intervenção. 5. Caso o Ministério Público esteja no processo civil como órgão agente, em uma ação civil pública ou em uma ação com pedido declaratório de paternidade, por exemplo, ele mantém a sua qualidade de fiscal da ordem jurídica.

6. O Ministério Público brasileiro é uma instituição com uma função constitucional singular: mesmo como parte agente, a defesa da ordem jurídica (o que abrange a proteção Constituição e especialmente dos princípios constitucionais e dos direitos e garantias fundamentais) deverá ser a diretriz principal que irá direcionar a atuação do Ministério Público.

7. Denominar o Ministério Público como parte imparcial não é algo contraditório e descabido, mas uma forma de compreender o papel constitucional de uma Instituição importante para a democracia e para o acesso à justiça no Brasil.

---

[47] DIDIER JR., Fredie; GODINHO, Robson Renault. *Questões atuais sobre as posições do Ministério Público no processo civil.* São Paulo: Revista de Processo, 2014, nº 237, p. 45-87.

8. O art. 129 da Constituição de 1988 também configura o Ministério Público como fiscal da ordem jurídica ao arrolar, em rol exemplificativo, várias atribuições da Instituição para a defesa dos interesses primaciais da sociedade, com destaque para as funções de: zelar pelo efetivo respeito dos Poderes Públicos e dos serviços de relevância pública aos direitos assegurados na Constituição, promovendo as medidas necessárias a sua garantia (129, II); promover o inquérito civil e a ação civil pública, para a proteção do patrimônio público e social, do meio ambiente e de outros interesses difusos e coletivos (art. 129, III); promover a ação de inconstitucionalidade ou representação para fins de intervenção da União e dos Estados, nos casos previstos nesta Constituição (art. 129, IV).

9. Quando a Constituição estabelece que incumbe ao Ministério Público a defesa da ordem jurídica, essa diretriz abrange a defesa da Constituição, dos princípios constitucionais, dos direitos coletivos amplamente considerados e dos direitos individuais indisponíveis e das garantias e regras a eles inerentes, assim como a defesa da ordem jurídica infraconstitucional, o que abrange a defesa da legalidade em sentido mais restrito.

10. O Novo CPC brasileiro traz no que tange ao Ministério Público consistente evolução em relação ao CPC de 1973, ainda em vigor. Tem muito mais sintonia com a Constituição de 1988, o que seria natural tendo em vista o aspecto temporal. É bem atualizado em relação a orientações jurisprudenciais importantes já consagradas. Teve um bom aperfeiçoamento da própria linguagem jurídica. Faz o uso 107 vezes da expressão Ministério Público contra 78 vezes do CPC/1973, não obstante tenha um número menor de artigos.

11. Assim, o novo Código de Processo Civil (Lei nº 13.105, de 16 de março de 2015), aprovado e sancionado e em período de *vacatio legis,* traz inovações importantes e significativas para o acesso à justiça no Brasil, apesar de não ser um Código perfeito – está longe disso.

12. O Novo CPC, em muitos dispositivos, consagra o compromisso expresso com uma justiça mais consensual, absolutamente necessária para o Brasil, que prioriza o diálogo e o consenso na resolução dos conflitos ou controvérsias, com destaque para o seu artigo 3º. Há, portanto, aqui um grande avanço no sistema processual brasileiro, que já seria motivo suficiente para justificar a natureza inovadora do novo Código de Processo Civil e caracterizar a identidade própria do novo Diploma em relação ao CPC/1973.

13. O Novo CPC para o Brasil (Lei Federal nº 13.105, de 16 de março de 2015) avança muito em relação ao CPC de 1973, ainda em vigor, em relação ao Ministério Público, reproduzindo o teor do artigo 127, *caput,* da CR/1988 e, ainda, consagrando que o Ministério Público exercerá o direito de ação nos termos das

suas atribuições constitucionais, bem como que atuará como fiscal da ordem jurídica (arts. 176, 177, 178 e 179).

14. Com base na interpretação constitucional, o Ministério Público atuará no processo civil quando: a) houver indisponibilidade objetiva, que é a decorrente do bem jurídico tutelado; b) houver indisponibilidade subjetiva ou processual, que está relacionada com a incapacidade da pessoa; c) interesse social, o que abrange a tutela dos direitos ou interesses coletivos, amplamente considerados, mas vai além para justificar, por exemplo, a atuação da Instituição na discussão da função social do contrato, da empresa e da propriedade. Nessas demandas, mesmo que sejam partes pessoas capazes (por exemplo, pessoas físicas ou empresas), também é necessária a participação do Ministério Público como órgão interveniente no processo civil, o que se daria por força de disposição constitucional que determina que a Instituição atue na defesa dos interesses sociais (art. 127, *caput*, da CR/1988).

10. REFERÊNCIAS

ALEXY, Robert. *El concepto y la validez del derecho*. Traducción de Jorge M. Seña. 2ª ed. Barcelona: Editorial Gedisa, S.A., 1997.

ALMEIDA, Gregório Assagra de. Direito processual coletivo brasileiro – um novo ramo do direito processual. São Paulo: Saraiva, 2003.

_____. *Codificação do direito processual coletivo brasileiro*. Belo Horizonte: Del Rey, 2007. _____. *Direito material coletivo – superação da summa divisio direito público e direito privado por uma nova summa divisio constitucionalizada*. Belo Horizonte: Del Rey, 2008.

_____. *Manual das ações constitucionais*. Belo Horizonte: Del Rey, 2007.

_____. PARISE, Elaine Martins. *Ministério Público e a priorização da atuação preventiva: uma necessidade de mudança de paradigma como exigência do Estado Democrático de Direito*. In MPMGJurídico, ano I, Publicação da Procuradoria-Geral de Justiça do Ministério Público do Estado de Minas Gerais, edição 001, setembro 2005, p. 13-6.

_____. SOARES JÚNIOR, Jarbas; GONÇALVES, Samuel Alvarenga. *Audiência pública: um mecanismo constitucional de fortalecimento da legitimação social do Ministério Público*. In MPMGJurídico, Publicação da Procuradoria-Geral de Justiça do Ministério Público do Estado de Minas Gerais, ano 1, abril/maio/junho 2006, nº 5, p. 9-15.

ALMEIDA, Gregório Assagra de; BELTRAME, Martha Silva; ROMANO, Michel Betenjane. *Novo perfil constitucional do Ministério Público – Negociação e Mediação e a* postura resolutiva e protagonista do Ministério Público na resolução consensual das controvérsias, conflitos e problemas. In Manual de negociação e de mediação para membros do Ministério Público. Brasília: Ministério da Justiça, Secretaria de Reforma do Judiciário, Escola Nacional de Mediação e Conciliação em pareceria com o Conselho Superior do Ministério Público, 2014, p. 95-144.

ALMEIDA, Gregório Assagra de; GOMES JUNIOR, Luiz Manoel. *Um novo Código de Processo Civil para o Brasil: análise teórica e prática da proposta apresentada ao Senado Federal.* 2ª tiragem revista e atualizada. Rio de Janeiro: GZ Editora, 2010.

ALVES, Leonardo Barreto Moreira; BERCLAZ, Márcio Soares Berclaz. *Ministério Público em ação: atuação prática jurisdicional e extrajurisdicional.* Salvador: Editora Podivm, 2010.

BARRETTO, Vicente de Paulo (coord.). *Dicionário de filosofia do direito.* Rio de Janeiro: Renovar, 2006.

BARROSO, Luís Roberto (org.). *A nova interpretação constitucional: ponderação, direitos fundamentais e relações privadas.* Renovar: Rio de Janeiro/São Paulo, 2003.

_____. *Neoconstitucionalismo e constitucionalização do direito* (O triunfo tardio do direito constitucional no Brasil), Revista de Processo. São Paulo: Revista dos Tribunais, 58:129-73, 2007.

BULOS, Uadi Lammêgo. *Constituição Federal anotada.* 4ª ed., rev. e ampl. São Paulo: 2002.

BLI: *Corporate Counsel's Guide to Alternative Dispute Resolution Techniques.* United States of America: West, 2011.

BONAVIDES, Paulo. *Direito constitucional.* 18º ed. São Paulo: Malheiros Editores: 2006.

_____. *Os dois Ministérios Públicos do Brasil: o da Constituição e o do Governo.* In MOURA JÚNIOR, Flávio Paixão *et al* (coords.), Ministério Público e a ordem social justa. Belo Horizonte: Del Rey, 2003.

CAETANO, Flávio Crocce. *Apresentação.* In Manual de negociação e de mediação para membros do Ministério Público. Brasília: Secretaria de Reforma do Judiciário, Escola Nacional de Mediação e Conciliação em pareceria com o Conselho Superior do Ministério Público, 2014, p. 15.

CAPPELLETTI, Mauro. *O acesso dos consumidores à justiça.* In As garantias do cidadão na justiça, obra coletiva, TEIXEIRA, Sálvio de Figueiredo (coordenador). São Paulo: Saraiva, 1989.

_____; GARTH, Bryant. *Acesso à justiça.* Tradução e revisão: Ellen Gracie Northfleet. Porto Alegre: Sergio Antonio Fabris Editor, 1988.

CARBONEL, Miguel (org.). *Neoconstitucionalismo(s)*. Segunda edición. Madrid: Editorial Trotta, S.A., 2005.

COMOGLIO, Luigi Paolo, FERRI, Corrado; TARUFFO, Michele. *Lezioni sul processo civile*. Bolonha: Il Molino, 1995.

COURA, Alexandre de Castro; FONSECA, Bruno Gomes Borges. *Ministério Público Brasileiro: entre unidade e independência*. São Paulo: LTR, 2015.

DEMARCHI, Juliana; ROMANO, Michel Betenjane. *O acesso à ordem jurídica justa*: em busca do processo adequado. In Obra em homenagem a Kazuo Watanabe.

DEMARCHI, Juliana; ROMANO, Michel Detenjane. *O acesso à ordem jurídica justa*: em busca do processo adequado. In Obra em homenagem a Kazuo Watanabe.

DIDIER JR., Fredie; GODINHO, Robson Renault. *Questões atuais sobre as posições do Ministério Público no processo civil*. São Paulo: Revista de Processo, 2014, nº 237, p. 45-87.

FAVRETO, Rogério, GOMES JÚNIOR, Luiz MANOEL. *Anotações sobre o projeto da nova lei da ação civil pública: principais alterações*. In Revista de Processo: Revista dos Tribunais, v. 176:174-94, ano 34, outubro, 2009.

FEDERAL JUDICIAL CENTER. NIEMIC, ROBERT J.; STIENSTRA, Donna; STIENSTRA, Donna. *Guide to judicial management of cases in ADR*. Disponível in: http://www.fjc. gov/library/fjc_catalog.nsf/autoframepage!openform&url=/library/fjc_catalog. nsf/DPublication!openform&parentunid=C3BBE28658E8B0BE85256CA30068D2D6.

FISS, Owen. *Contra o acordo*. In: _____. *Um novo processo civil*: estudos norte-americanos sobre jurisdição, constituição e sociedade. Coordenação da tradução SALLES, Carlos Alberto; tradução SILVA, Daniel Porto Godinho da; RÓS, Melina de Medeiros. São Paulo: Ed. Revista dos Tribunais, 2004. P. 121-145.

FUX, Luiz, NERY JUNIOR, Nelson, WAMBIER, Teresa Arruda (coords.). *Processo e Constituição: estudos em homenagem ao Professor José Carlos Barbosa Moreira*. São Paulo: Revista dos Tribunais, 2006.

GARCIA, Emerson. *Ministério Público: organização, atribuições e regime jurídico*. 2ª ed., revi. Ampl. E atual. Rio de Janeiro: Editora Lumen Juris, 2005.

GAVRONSKI, Alexandre Amaral. *Tutela coletiva: visão geral e atuação extrajudicial*. Brasília: ESMPU Manual de atuação, 2006.

GOULART, Marcelo Pedroso. *Ministério Público e democracia: teoria e práxis*. São Paulo: Editora de direito, 1998.

_____. *Princípios institucionais do Ministério Público: a necessária revisão conceitual da unidade institucional e da independência funcional*. In Livro de Teses do

XVII Congresso Nacional do Ministério Público: os novos desafios do Ministério Público. Salvador: CONAMP, 2007, p. 713-16.

HÄBERLE, Peter. *Hermenêutica constitucional – a sociedade aberta dos intérpretes da Constituição: contribuição para a interpretação pluralista e 'procedimental' da Constituição.* Tradução de Gilmar Ferreira Mendes. Porto Alegre: Sergio Antonio Fabris Editor, 1997, reimpressão 2002.

JANNUZZI, Paulo Martino. *Indicadores sociais e as políticas públicas no Brasil.* In http://comciência.br/comciencia/?section=8&edição=33&id=386, p. 1, acesso aos 03.06.2008, 12h. e 30min.

LEITE, George Salomão e SARLET, Ingo Wolfgang. *Direitos fundamentais e Estado Constitucional: estudos em homenagem a J. J. Gomes Canotilho.* São Paulo: Revista dos Tribunais, 2009.

LIMA, Paulo César Vicente. *O Ministério Público como instituição do desenvolvimento sustentável: reflexões a partir de experiências na bacia do Rio São Francisco.* 2008. Dissertação (Mestrado em Desenvolvimento Social). Universidade Estadual de Montes Claros.

MACHADO, Antonio Alberto. *Ministério público: democracia e ensino jurídico.* Belo Horizonte: Del Rey, 2000.

MARUM, Jorge Alberto de Oliveira. *Ministério Público e direitos humanos: um estudo sobre o papel do Ministério Público na defesa e na promoção dos direitos humanos.* Campinas: Bookseller Editora e Distribuidora, 2006.

MAZZILLI, Hugo Nigro. *Introdução ao Ministério Público.* 4ª ed., ver. e ampl. São Paulo: Saraiva, 2002.

_____. *Inquérito civil.* São Paulo: Saraiva, 1999.

MENKEL-MEADOW, Carrie; LOVE, Lela Porter; SCHNEIDER, Andrea Kupfer. *Mediation:* practice, Policy, and Ethcs. United States of America: Aspen Publishers, 2006.

MENKEL-MEADOW, Carrie; LOVE, Lela Porter; SCHNEIDER, Andrea Kupfer. *Negotiation processes for problem solving.* United States of America: Aspen Publishers, 2006.

MILARÉ, Édis (coordenador). *Ação civil pública: Lei 7.347/85 – 15 anos.* São Paulo: RT, 2001.

MORAES, Paulo Valério Dal Pai; CORRÊA DE MORAES, Márcia Amaral. A negociação ética para agentes públicos e advogados. Belo Horizonte: Fórum, 2012.

MORAES, Maurício Zanoide; YARSHELL, Flávio Luiz (Coords.). *Estudos em homenagem à professora Ada Pellegrini Grinover.* São Paulo: Editora DPJ, 2005.

MOREIRA, Jairo Cruz. *A intervenção do Ministério Público no processo civil à luz da Constituição*. Belo Horizonte: Del Rey, 2009.

MORIN, Edgar. *O pensamento complexo, um pensamento que pensa*. In *A inteligência da complexidade*, MORIN, Edgar; MOIGNE, Jean-Louis Lê. Tradução de Nirimar Maria Falci. São Paulo: Editora Peirópolis, 3ª edição, 2000, p. 207-8.

MOURA JÚNIOR, Flávio Paixão, ROCHA, João Carlos de Carvalho et al (coords.). *Ministério Público e a ordem social justa*. Belo Horizonte: Del Rey, 2003.

NERY JUNIOR, Nelson; ANDRADE NERY, Rosa Maria de. *Constituição Federal comentada e legislação constitucional*. São Paulo: Revista dos Tribunais, 2006.

NOLAN-HALY, Jacqueline M. *Alternative Dispute Resolution* 4th Edition. United States of America: West, 2013.

PARISE, Elaine Martins; ALMEIDA, Gregório Assagra; LUCIANO, Júlio César; ALMEIDA, Renato Franco. *O poder de recomendação do Ministério Público como instrumento útil para a provocação do autocontrole da constitucionalidade*. In Boletim informativo *MPMG Jurídico*. Belo Horizonte: edição 001, setembro 2005, p. 16-7. Também acessível no endereço eletrônico do Ministério Público do Estado de Minas Gerais: www.mp.mg.gov.br (Boletins MPMG).

PAOLO, Luiso Francesco. *Presente e futuelalla conciliazione in Italia*. In: MORAES, Maurício Zanoide; YARSHELL, Flávio Luiz (Coords.). Estudos em homenagem à professora Ada Pellegrini Grinover. São Paulo: Editora DPJ, 2005, p. 576.

RITT, Eduardo. *O Ministério Público como instrumento de democracia e garantia constitucional*. Porto Alegre: Livraria Editora do Advogado, 2002.

ROCHA, Fernando Luiz Ximenes; MORAES, Filomeno (coords.). *Direito constitucional contemporâneo: estudos em homenagem ao professor Paulo Bonavides*. Belo Horizonte: Del Rey, 2005.

RODRIGUES, Geisa de Assis. *Ação civil pública e termo de ajustamento de conduta: teoria e prática*. Rio de Janeiro: Forense, 2002.

SANTOS, Ricardo Goretti. *Manual de mediação de conflitos*. Rio de Janeiro: Lumen Juris.

SARLET, Ingo Wolfgang. *A eficácia dos direitos fundamentais*. 5ª ed., rev., atual. e ampl. Porto Alegre: Livraria do Advogado, 2005.

_____; TIMM, Luciano Benetti (organizadores). *Direitos fundamentais: orçamento e 'reserva do possível'*. Porto Alegre: Livraria do Advogado Editora, 2008.

SILVA, José Afonso da. *Comentário contextual à Constituição*. São Paulo: Malheiros Editores, 2005.

SOARES JÚNIOR, Jarbas. *Introdução*. In Manual de negociação e de mediação para membros do Ministério Público. Brasília: Secretaria de Reforma do Judiciário, Escola Nacional de Mediação e Conciliação em pareceria com o Conselho Superior do Ministério Público, 2014, p. 16.

SOUZA, Luciane Moessa. *Mediação de conflitos coletivos*. Belo Horizonte: Fórum, 2012.

SOUTO, Cláudio. *O tempo do direito alternativo – uma fundamentação substantiva*. Porto Alegre: Livraria dos Advogados, 1997.

STRECK, Lenio Luiz; ROCHA, Leonel Severo (orgs.). *Constituição, sistemas sociais e hermenêutica*. Porto Alegre: Livraria do Advogado Editora, 2005.

TEPEDINO, Gustavo. *Temas de direito civil*. Rio de Janeiro: Renovar, 1999.

VASCONCELOS, Carlos Eduardo de. *Mediação de conflitos e práticas restaurativas*. Editora Método: São Paulo, 2012.

VIEIRA, Oscar Vilhena. *A Constituição e sua reserva de justiça*. São Paulo: Malheiros Editores, 1999.

WRIGHT, Martin. *Justice for victims and offenders: a restorative response to crime*. Second Edition. United States of American: Waterside Press Whinchester, 1996.

ZENKNER, Marcelo. *Ministério Público e efetividade do processo civil*. São Paulo: Revista dos Tribunais, 2006.

ZIPPELIUS, Reinhold. *Teoria geral do Estado*. Tradução de António Cabral de Moncada. 2ª ed. Lisboa: Fundação Calouste Gulbenkian, 1984.

CAPÍTULO 7

Ministério Público e a Cultura da Sentença

Délton Esteves Pastore[1]

SUMÁRIO: 1. NOÇÕES INTRODUTÓRIAS; 2. INAFASTABILIDADE DA JURISDIÇÃO; 3. EXEGESE ATUALIZADA DO PRINCÍPIO; 4. CULTURA DA SENTENÇA; 5. ESCOPOS DA JURISDIÇÃO; 6. MEIOS ADEQUADOS PARA A SOLUÇÃO DOS CONFLITOS E MINISTÉRIO PÚBLICO; 7. CONCILIAÇÃO; 8. MEDIAÇÃO; 9. AJUSTAMENTO DE CONDUTA; 10. CONCLUSÕES; 11. REFERÊNCIAS BIBLIOGRÁFICAS

1. NOÇÕES INTRODUTÓRIAS

Ganhou corpo a teoria de que o processo deve ser utilizado como instrumento destinado à realização do direito material. Sem recusar a importância da ciência processual, é possível afirmar que ela deve estar a serviço de outra, de natureza estritamente substancial e conformadora de relações sociais, sem que sua autonomia seja vulnerada.

Busca-se o estabelecimento de um sincronismo entre ambas, para a aplicação do ordenamento jurídico, tal como idealizado pelo legislador, enquanto representante do cidadão, seu mandante, a quem deve respeito na realização das suas atividades fins.

Nas mais rudimentares sociedades que existiram no decorrer do tempo, é possível afirmar a existência do direito, que até hoje exerce a necessária função ordenadora onde as pessoas precisam respeitar prerrogativas, deveres e obrigações, umas em relação às outras. Situação inversa é a da ausência de sociedade, como se observou na aventura do náufrago Robinson Crusoé até o surgimento de Sexta-Feira, como lembrado pela doutrina.[2]

O modelo universal de que onde há sociedade há direito (*ubi societas ibi jus*) não deve conduzir à falsa ideia de que a quebra das regras hipotetizadas na lei, ensejadoras das crises de direito material e dos conflitos intersubjetivos de interesses só se resolvem através do processo.

---

1. Promotor de Justiça do Ministério Público de São Paulo. Mestre e Doutor em Direito Processual pela Faculdade de Direito da Universidade de São Paulo.

2. CINTRA, Antonio Carlos de Araújo; GRINOVER, Ada Pellegrini e DINAMARCO, Cândido Rangel. Teoria Geral do Processo, São Paulo: Malheiros, 21ª ed., 2005, p. 21.

Parte-se do pressuposto de que há uma diretriz, um ordenamento jurídico a seguir, sem o qual determinada comunidade não conseguiria funcionar adequadamente. Não é certo entender que sua inobservância sempre levará a soluções adjudicadas, porque a isso a lei não obriga, nem aqui, nem em outros modelos jurídicos.

É que o método do processo jurisdicional[3] confronta-se com outros mecanismos de solução de conflitos, como o são a autotutela e a autocomposição. Também se aduz que a proibição da autodefesa (ou autotutela) está inscrita no próprio ordenamento processual, já que a ninguém é dado fazer justiça com as próprias mãos, exceto se o ordenamento a autorizou.[4]

Na autocomposição o indivíduo se submete integralmente ao interesse do outro, ou adere em parte a ele, mediante transação. Na primeira hipótese há renúncia ao direito que pertencia ao renunciante; na segunda apenas parte desse direito é renunciado, conservando-se nas mãos de quem era o seu titular parcela dele. Nesse caso, se diz estar diante de um verdadeiro contrato, com projeções processuais para sua concretização, se necessário.[5]

É equívoco entender que a integridade da ordem jurídica depende única e exclusivamente do processo jurisdicional, porque há outros mecanismos para sua salvaguarda. É ultrapassado o entendimento de que apenas a força do Estado pode fulminar o conflito que, porventura e necessariamente envolvem os integrantes de dada sociedade.

A assertiva conta com o apoio dos que reconhecem existir direitos e obrigações fixados pela própria lei de direito material – ao que se chamou por teoria dualista. Essa posição contraria os aderentes à teoria unitária que veem no processo a função de criar direitos.[6]

---

3   "(...) direito processual é ciência que tem por escopo a construção de um método adequado à verificação sobre a existência de um direito afirmado, para conferir tutela jurisdicional àquelas situações da vida efetivamente amparadas pelo ordenamento material". BEDAQUE, José Roberto dos Santos. Direito e Processo, São Paulo: Malheiros, 2ª ed., 1995, p. 12.

4   Eduardo J. Couture. Fundamentos del Derecho Procesal Civil, Buenos Aires: IBdef, 4ª ed., 2010, p. 08. Nesse sentido, o Código Civil Espanhol, no art. 592 prevê: "...se forem as raízes das árvores vizinhas as que se estendem ao solo alheio, o dono do solo no qual se introduzam poderá cortá-las dentro da sua propriedade" ("... si fueren las raíces de los árboles vecinos las que se extendiesen en suelo de otro, el dueño del suelo en que se introduzcan podrá cortarlas por sí mismo dentro de su heredad"). E, o art. 612 dispõe: "O proprietário de um enxame de abelhas terá direito a persegui-lo no estabelecimento alheio, indenizando o possuidor deste pelo prejuízo causado" ("El propriétario de un enjambre de abejas tendrá derecho a perseguirlo sobre el fundo ajeno, indemnizando al poseedor de éste el perjuicio causado"). DOMÍNGUEZ, Manuel Serra. Juriscción, Acción Y Proceso, Barcelona: Atelier, 2008, p. 17.

5   Eduardo J. Couture. Fundamentos cit., p. 08.

6   "É nesses casos que o exercício efetivo da função jurisdicional tem caráter secundário, no sentido de que somente havendo insatisfação canalizada em demanda é que o Estado dispensará as medidas aptas a corrigir os rumos e impor imperativamente os desígnios do direito material". DINAMARCO, Cândido Rangel.

Fixadas as premissas de que a lei substancial pode e deve atuar sem qualquer ingerência da função jurisdicional do Estado, não é possível refutar a importância de que esta se reveste, especialmente nas situações em que a manifestação judicial é imprescindível para o restabelecimento da ordem jurídico-material, compulsoriamente ou não. É o que se tratará no ponto seguinte.

2. INAFASTABILIDADE DA JURISDIÇÃO

Por vezes, é a força do Estado que precisará ser utilizada para a eliminação das crises de direito material, dos conflitos de interesse. Nesse passo, segundo magistério de Carnelutti o confronto entre a pretensão de quem se diz titular de um direito e a resistência oferecida pelo outro indivíduo, que também se diz ser seu titular dá lugar ao litígio. Assim, define-o como "conflito de interesses qualificado pela pretensão de um dos interessados e pela resistência do outro".[7]

Essa função é exercida por seu braço judiciário. Proibida a autotutela (naquelas situações em que se não permite o agir pelo próprio prejudicado), cabe ao legitimado provocar o órgão jurisdicional, a quem cumprirá emitir decisão, acolhendo ou não as razões do autor.

A fundamentalidade desse mecanismo continua em se assegurar a integridade da ordem jurídica, com a característica de que a decisão emanada pela autoridade judiciária virá acompanhada da coisa julgada material, de maneira que o mesmo conflito (mesmas partes, mesma causa de pedir e mesmo pedido) não poderá mais ser discutido.

O pedido imediato, acolhido ou rejeitado pelo juiz – com o consequente acolhimento das razões do autor ou do réu, tem o escopo da pacificação, mediante a eliminação das incertezas que pairam sobre a vida dos litigantes. O deferimento do pedido mediato é decorrência da procedência ou não da demanda.

Mas, também não é certo entender que, mesmo diante do aforamento da demanda e com a formação da relação processual triangular – entre autor, réu e juiz, a justa composição da lide somente será alcançada com a sentença.

Nas situações em que se admite a disponibilidade dos direitos[8], o desfecho para a eliminação das crises poderá ser alcançado pelas próprias partes,

---

A Instrumentalidade do Processo, São Paulo: Malheiros, 11ª ed., 2003, p. 234. Posicionamento contrário é encontrado em DIDIER JR., Fredie. Curso de Direito Processual Civil, vol. I, Salvador: Jus Podium, 6ª ed., 2ª impressão, 2006, pp. 76/77.

7   "Llamo litigio al conflito de interesses calificado por la pretensión de uno de los interessados y por la resistência del outro". CARNELUTTI, Francesco. Sistema de Derecho Procesal Civil, tradução de Niceto Alcalá-Zamoha Y Castillo e Santiago Sentís Melendo, Buenos Aires: Uteha Argentina, vol. I, 1944, p. 44.

8   "(...) isso se dá, de modo geral, no campo das pretensões ou direitos ditos disponíveis, especialmente em matéria obrigacional ou mesmo real, entre privados. Outras vezes trata-se de pretensões que a própria

aconselhadas por seus patronos, ou mesmo pelo membro do Ministério Público, nas hipóteses em que lhe couber atuar, conforme dispõe o art. 82, I, II e III do CPC e pelo juiz. O art. 178, I, II e III do CPC/2015 previu essa intervenção, adequando-a explicitamente à ordem jurídico-constitucional. É o que se verifica na redação do *caput* e do inciso I do mesmo dispositivo.

Lembro o princípio da cooperação, segundo o qual cabe ao magistrado adotar postura mais ativa e dialogar com as partes, "esclarecendo suas dúvidas, pedindo esclarecimentos quando estiver com dúvidas e, ainda, dando as orientações necessárias, quando for o caso".[9] Todo esse trabalho desenvolvido ao longo do arco procedimental, em especial na fase da instrução, tem por objetivo preparar o julgamento, mas também o convencimento dos sujeitos do processo para a superação da crise e o restabelecimento do direito material.

Imperioso lembrar que a fase de julgamento não prescinde da do cumprimento do julgado, talvez a mais importante para a realização do direito lesado ou ameaçado de lesão.

De nada adianta o título, se a parte a quem compete satisfazer a pretensão do autor, agora exequente, não puder ou não realizar o comando contido na sentença ou no acórdão.

Nesse ponto, também avulta a importância dos meios alternativos de solução dos conflitos, porque através deles se buscará adequar a maneira do cumprimento do ajuste a que chegaram as partes e o tempo de duração, como estímulo e viabilidade para o seu cumprimento.

Aliás, desde o Digesto já se entendia que a execução é que dava efeito à jurisdição, por meio dos atos de império do Estado – *imperium merum* e *imperium mixtum*. Pelo primeiro, cabia ao Estado Romano "reprimir e punir os criminosos, abrangendo o poder de condenar à morte e penas graves"; na segunda modalidade cabia "a coação, pela penhora, pela multa, pela imissão na posse, e mesmo pela detenção ou captura".[10]

Isso significa que o lesado ou o próprio operador do direito não pode deixar de avaliar os prós e os contras da judicialização.

Não apenas a adjudicação interessa nas hipóteses em que a submissão dos interesses do réu aos do autor é que satisfará a pretensão do último e os

---

ordem jurídica exclui que sejam satisfeitas por ato do sujeito envolvido, o que se vê especialmente em relações de família (p. ex., a anulação de casamento) e, de modo geral, sempre que se trate de pretensões ou direitos indisponíveis". DINAMARCO, Cândido Rangel. Instituições de Direito Processual Civil, vol. I, São Paulo: Malheiros, 2001, p. 35.

9   DIDIER JR., Fredie. Curso de Direito Processual Civil, vol. I cit., p. 77.

10   ALMEIDA JR., João Mendes de. Direito Judiciário Brasileiro, São Paulo: Freitas Bastos,1954, p. 35.

escopos da jurisdição, mas a concretização do julgado com o seu cumprimento. Caso contrário, o ato estatal não atingirá seus fins, mantendo-se abalada a ordem jurídica que se buscou reparar.

Não é só isso. A falsa promessa de uma justiça rápida e eficiente alimenta a expectativa de que todos os problemas da terra poderão ser resolvidos pelo Estado-juiz, o que gerou a cultura da demanda, e, pois, da sentença.

O acesso à jurisdição, uma das ondas renovatórias do processo civil, passou a ser visto como o mais importante caminho para a solução das pretensões resistidas ou insatisfeitas. No Brasil, está inscrito no art. 5º, XXXV da CF, no título dos direitos fundamentais.

Essa crença parte do princípio de que os conflitos gerados no meio social, entre indivíduos ou um grupo deles chegará ao Judiciário e receberá a melhor solução em tempo adequado. Subestima-se outras possibilidades mais céleres e politicamente mais adequadas, que permitirão aos contendores se convencerem de que o resgate do direito material por ato da sua própria vontade é o caminho menos penoso em um sistema em que prepondera soluções adjudicadas.[11]

3. EXEGESE ATUALIZADA DO PRINCÍPIO

Já se sinalizava para o exagero da judicialização (expressão que ganhou destaque nos últimos tempos), quando se passou a doutrinar e a buscar justificativas para o erro em se entender que o princípio da inafastabilidade, da indeclinabilidade ou da ubiquidade da jurisdição[12] estampado na lei fundamental do país, não quer dizer exatamente que toda e qualquer crise de direito material deve ser solucionada pelo Judiciário, através da sentença.

Buscou-se demonstrar que o primado é mais precipuamente dirigido ao Executivo e ao Legislativo, que à população. Leciona Mancuso que o "inciso adverte esses dois Poderes para que se abstenham de apresentar proposição tendente a suprimir lides ao contraste jurisdicional, e não mais do que isso".[13]

De fato, os interesses públicos de primeira geração foram reconhecidos em 1789 na Revolução Francesa, para assegurar os direitos individuais (também, os

---

11   "O açodamento na propositura de ações judiciais, além de dar azo à utilização dessa via para alcançar objetivos escusos e subalternos, ainda permite que, não raro, o ajuizamento se dê antes que a controvérsia tenha alcançado ponto razoável de maturação e de definição, o que só se consegue após um interstício de decantação do conflito nas tentativas de resolução consensual". MANCUSO, Rodolfo de Camargo. A Resolução dos Conflitos e a Função Judicial, São Paulo: RT, 2009, p. 172.

12   MANCUSO, Rodolfo de Camargo. A resolução dos Conflitos e a Função Judicial cit., p. 59.

13   MANCUSO, Rodolfo de Camargo. A Resolução cit., p. 59.

coletivos) ou políticos[14], sendo dotados de mecanismos destinados a afastar a intervenção indevida do poder público na vida de qualquer um.[15]

Nesse sentido, não satisfaz compreender que todas as lides devem chegar ao órgão jurisdicional para que decida sem se oferecer outras alternativas para, da mesma maneira, se obter o restabelecimento da lei material.

O raciocínio, agora institucionalizado pelo novo Código de Processo Civil[16] conecta-se à crise do Judiciário no Brasil, decorrente do invencível volume de processos que aguardam julgamento nos tribunais dispersos por todo o país.

Apesar da notória dificuldade por que passa essa função estatal, sobretudo pelo exagerado fluxo de processos gerado pelos outros braços do próprio Estado, em especial o Executivo, não me parece acertado compreender que essa razão dispensa qualquer outra para se chegar à conclusão de que deve haver meios alternativos, ou para se utilizar expressão de melhor técnica, meios adequados para a solução de conflitos.

As crises devem contar com mecanismos que propiciem ao administrado acesso à ordem jurídica justa, ou seja, a serviço acessível, que permita melhores soluções, em menor tempo, com menos custo.

Significa que meios e fins devem andar juntos, ou seja, a evolução e a adequada compreensão do processo, a cultura do processualista e o resultado na vida das pessoas são fatores de coexistência. Sem isso, não se obterá os fins para os quais o processo está voltado.

Nesse sentido:

> "O desenvolvimento da ciência processual exige a concepção de um instrumento perfeitamente adequado aos fins a que se propõe. Daí a necessidade de – diante da realidade material, das novas conquistas verificadas no plano dos direitos – criar modelos processuais compatíveis, aptos a solucionar essa gama enorme de novos

---

14 "São direitos de primeira dimensão aqueles surgidos com o Estado Liberal do século XVIII. Foi a primeira categoria de direitos humanos surgida, e que engloba, os chamados direitos individuais e direitos políticos". TAVARES, André Ramos. Curso de Direito Constitucional, São Paulo: Saraiva, 4ª ed., 2006, p. 420.

15 O direito às garantias "presume vida social, e, mais do que isso, organização política, ou seja, Estado. Para os grandes filósofos políticos do século XVII, Hobbes e Locke, a obtenção dessa proteção é a própria razão de ser da sociedade e principalmente do Estado. Este propicia a força organizada e os juízes imparciais, que são condição *sine qua non* da preservação dos direitos fundamentais. Sim, porque esses magistrados farão prevalecer o direito e a força organizada o restaurará, se preciso, quando não prevenir a violação". FERREIRA FILHO, Manoel Gonçalves. Direitos Humanos Fundamentais, São Paulo: Saraiva, 13ª ed., 2011, p. 51.

16 Dentre as normas fundamentais do Código de Processo Civil de 2015, o art. 3º, § 3º assegurou que os métodos de solução consensual de conflitos deverão ser estimulados pelos operadores do direito (juízes, advogados, defensores públicos e membros do Ministério Público), antes ou durante o processo judicial).

conflitos, até então inconcebíveis. Para ser justo, não pode o processo prescindir das diferentes realidades litigiosas".[17]

4. CULTURA DA SENTENÇA

A doutrina vem apontando o fenômeno da excessiva judicialização, pelo fato de que a conciliação e a mediação sempre foram vistas como instrumentos que não se coadunavam com a moderna visão do Judiciário, invariavelmente acionado para eliminar as crises através do pronunciamento judicial, com a sentença.[18]

Diz-se que essa verdadeira disfunção está calcada na formação acadêmica dos operadores do direito, sempre orientados no sentido de que a única maneira de superação dos conflitos de interesses está no acionamento do princípio dispositivo e, consequente na obtenção da sentença adjudicante, pois:

> "O que se privilegia é a solução pelo critério do 'certo ou errado', do 'preto ou branco', sem qualquer espaço para a adequação da solução, pelo concurso da vontade das partes, à especificidade de cada caso".[19]

O pragmatismo da atuação dos magistrados e a realidade forense são fatores que também impediram e impedem a destinação de adequado espaço de tempo nas audiências, para a conciliação das partes. No sistema vigente julgar pode ser mais fácil do que conciliar, o que explica o fracasso do art. 331 do CPC atual, decorrente da modificação determinada pela Lei 10.444/02. Nesse sentido, o Superior Tribunal de Justiça já decidiu que a designação de audiência preliminar é faculdade e não obrigação do juiz, porque cabe a ele organizar o feito da maneira como melhor lhe aprouver.

Com efeito, em se tratando de direitos indisponíveis ou se se aperceber que o conflito não recomenda a inserção dessa oportunidade na pauta de audiências, poderá deixar de aplicar o art. 331 do CPC, sem que sua supressão implique na invalidade do processo.[20]

---

17   BEDAQUE, José Roberto dos. Direito e Processo cit., p. 44.

18   WATANABE, Kazuo. Cultura da sentença e cultura da pacificação, *in*: MORAES, Mauricio Zanoide de; YARSHELL, Flavio Luiz (Coord.). Estudos em Homenagem à Professora Ada Pellegrini Grinover, São Paulo: DPJ Editora, 1ª ed., 2005, p. 684.

19   WATANABE, Kazuo. Cultura da sentença e cultura da pacificação cit., p. 685.

20   MARINONI, Luiz Guilherme; MITIDIERO, Daniel. Código de Processo Civil, São Paulo: RT, 2008, p. 333. "Poucos se aperceberam do real objetivo do legislador, que é a indução de papel mais ativo do juiz na condução dos processos e para o efetivo cumprimento do princípio da imediatidade, que é uma das bases do processo oral adotado pelo nosso legislador processual. Alguns juízes chegam mesmo a descumprir abertamente o modelo instituído pelo legislador, deixando de designar a audiência sob a alegação de que, no caso

Mas, se se tratarem de direitos disponíveis e a conciliação puder trazer solução consensuada para o conflito, mediante o reconhecimento do pedido, renúncia ao direito ou transação, caberá ao magistrado designar audiência para tais fins.

Evidentemente, essa oportunidade será mais ou menos profícua de acordo com a incursão que o magistrado fizer na causa e nos fatos debatidos pelas partes, não se podendo esquecer que um processo figura dentre outros que o juízo deverá gerir em um mesmo dia da semana. Isso levou ao enfraquecimento da medida. Mas, esse autor já testemunhou e participou de audiências que se arrastaram por horas na área do Direito de Família, para que o magistrado, flagrantemente favorável ao sistema da conciliação, pudesse alcançar solução negociada pelas próprias partes, com a assistência do Estado-juiz, nele encarnado e do membro do Ministério Público, por mim presentado, extremamente desejável nessa e em outras especialidades.

Conspira contra os meios alternativos a sensação de que o ato de julgar é mais nobre do que o de homologar acordos, além do que um juízo ou promotoria que produzem menor número de sentenças ou iniciais de demandas penais e civis (denúncias e ações civis), são meritoriamente menos importantes do que as que proferem número exatamente inverso dessas espécies de peças processuais. Nesse sentido, o Desembargador aposentado Kazuo Watanabe observou com percuciente sensibilidade que os juízes terão o seu merecimento "aferido pelos seus superiores, os magistrados de segundo grau que cuidam de suas promoções, fundamentalmente pelas boas sentenças por eles proferidas, não sendo consideradas nessas avaliações, senão excepcionalmente, as atividades conciliatórias, a condução diligente e correta dos processos, a sua dedicação à organização da comarca e sua participação em trabalhos comunitários".[21]

Uma moderna e necessária visão de processo permite afirmar ser fundamental para o sistema quantos problemas o agente público resolveu, e não quantas demandas aforou ou quantas sentenças proferiu, em se tratando do membro do Ministério Público e do magistrado, respectivamente.

Em um modelo constitucional de Estado Social é chegada a hora de se buscarem meios de pacificação, todos contidos e além daqueles que aparentemente parecem estar e podem ser extraídos do art. 5º, XXXV da CF.

---

concreto, será inútil a tentativa de conciliação porque as partes certamente não entrarão em acordo, inutilidade essa apenas intuída, que somente poderia ser comprovada com a efetiva realização da tentativa de conciliação. Aliás, a conciliação é apenas um dos objetivos do art. 331, conforme salientado". WATANABE, Kazuo. Cultura da sentença e cultura da pacificação cit., p. 688.

21 Cultura da sentença e cultura da pacificação cit., pp. 686/687.

Para a doutrina, não basta o acesso à ordem jurídica, e sim à ordem jurídica justa, na qual devem ser incluídos os meios não-judiciais de pacificação, chamados alternativos ou adequados, como que para se chegar à sentença pelos meios ortodoxos de eliminação dos conflitos fosse necessário procurar outros métodos, igualmente legítimos e identicamente nobres, porque se alcançará a justiça com maior rapidez, e, quiçá, eficiência.

5. ESCOPOS DA JURISDIÇÃO

O poder jurisdicional do Estado sempre foi visto como o braço a quem se confiou a imposição de soluções imperativas, fundadas na atuação do direito em casos concretos.[22]

Examina-se-o consoante a própria definição de jurisdição e a segurança jurídica de que suas decisões devem estar revestidas, por conta da imunização da coisa julgada.

A doutrina sempre conceituou jurisdição da maneira mais restrita possível, sem se ocupar das demais funções do Estado, cujos fins não devem diferir dos que lhes são afetos.

Nesse sentido, leciona a doutrina:

> "(...) proibida a autotutela dos interesses individuais em conflito, por comprometedora da paz jurídica, se reconheceu que nenhum outro poder se encontra em melhores condições de dirimir litígios do que o Estado, não só pela força de que dispõe, como por nele presumir-se interesse em assegurar a ordem jurídica estabelecida".[23]

Evidentemente, sua razão de ser encontra suporte nos fins que lhe são entregues, porque para se desincumbir desse mister deve alcançar escopos jurídico, social e político.

Pelo primeiro, cabe à atividade jurisdicional adequar o fato à norma, com o que o direito continuará a atuar. Lembre-se, contudo, que cada um deve se conduzir segundo o direito e a lei, de maneira que o acionamento do Estado-juiz tem por escopo assegurar a ordem jurídica, violada ou ameaçada de violação.

O escopo social da jurisdição confunde-se com os próprios fins do Estado, a quem cabe promover o bem comum. Em virtude disso, diz-se que a atuação

---

22   DINAMARCO, Cândido José. Instituições de Direito Processual Civil cit., vol. I, p. 305.

23   SANTOS, Moacyr Amaral. Primeiras Linhas de Direito Processual Civil, 1º vol., São Paulo: Saraiva, 10ª ed., 1983, p. 67.

jurisdicional visa a pacificação, com justiça, a eliminação dos conflitos e a aposição do efeito pedagógico, no sentido de que o órgão jurisdicional decide determinado tema de uma maneira ou de outra, o que poderá levar o seu destinatário a se conduzir segundo determinada interpretação em casos concretos.

Segundo o escopo político o Estado assegura a participação democrática nas suas decisões – Ações Populares, Ações Coletivas, presença de conciliadores e mediadores nas suas atividades, assim como a possibilidade de se assegurarem os direitos fundamentais inscritos na lei fundamental, escrita ou não escrita de cada país.

O emprego de métodos adequados à solução das controvérsias não encontra óbice nos fins a que a Jurisdição se propõe.

Ao contrário, alargam-se meios e técnicas para a busca dos mesmos fins.

Nesse sentido, sustenta a doutrina ser diminuto o número de profissionais que vão em busca desses novos paradigmas, preferindo ainda as soluções obtidas pela sentença do Estado-juiz àquelas propostas pelos próprios sujeitos do conflito.

Mas, segundo a ordem processual que passará a viger, à cultura da sentença se apresenta a cultura dos métodos alternativos da solução das controvérsias, como tentativa de se adequar demandas e resoluções, sem que isso implique em rejeitar as funções para os quais o Estado existe.

O Ministério Público se insere nesse mesmo contexto, já que ostenta a missão constitucional de assegurar o cumprimento da ordem jurídica, do regime democrático e dos interesses sociais e individuais indisponíveis (art. 127, da CF).

Significa dizer que tanto lhe cabe zelar pelo cumprimento do direito material, como instrumental, para que os conflitos sejam eliminados, antes ou durante a relação processual, e o bem material seja entregue ao seu legítimo possuidor, pena de não se desincumbir, a contento, das suas funções.

Mais do que se comportar como ferramenta destinada à eliminação de conflitos visíveis no direito material, deve estar comprometido com a pacificação. É o mesmo que dizer que o processo deve ser aplicado às pessoas e não ao direito.

Cumpre lembrar lição de Couture, segundo quem "em regra os órgãos da jurisdição são os do Poder Judiciário; porém essa circunstância não exclui que funções jurisdicionais possam ser destinadas a outros órgãos".[24]

---

24 "Normalmente los órganos de la jurisdición son los del Poder Judicial; pero esta circunstancia no excluye que funciones jurisdiccionales puedan ser assignadas a otros órganos". Fundamentos del Derecho Procesal Civil cit., p. 35.

6. MEIOS ADEQUADOS PARA A SOLUÇÃO DOS CONFLITOS E MINISTÉRIO PÚBLICO

A doutrina vem destacando a multiplicidade e a complexidade dos conflitos, como concausa para a adoção de outros mecanismos, igualmente legítimos, visando sua eliminação.

Significa que a entrega da prestação jurisdicional não pode estar calcada apenas no seu aspecto jurídico – subsunção do fato à norma. Devem ser levados em conta aspectos sociológicos, psicológicos e filosóficos, ratificando-se a ideia de que Direito se relaciona com outras áreas de conhecimento, pois "a normatização jurídica da vida em sociedade constitui uma questão interdisciplinar...".[25]

Na esfera civil, onde são verificados múltiplos conflitos passíveis de judicialização – o exemplo mais latente é o dos conflitos na área de família – já se apercebeu que a sentença nem sempre trará espírito de paz aos litigantes, caso não adiram ao seu comando e não ultrapassem as mágoas e as marcas que a união mal sucedida lhes causou.

Outro ponto que merece destaque e que também já foi utilizado para justificar a premente necessidade de se alargar os mecanismos de eliminação das controvérsias é o aspecto econômico das relações sociojurídicas.

Os ajustes que vinculam os administrados, assim como o Estado e o particular tem levado ao entendimento de que a arbitragem também é plenamente possível nessa última relação, desde que o império dos preceitos de ordem pública sejam respeitados, permitindo-se que se distinga o disponível do indisponível, única maneira em se permitir a aplicação e o progresso de novos meios para a eliminação de conflitos.[26]

Ao lado disso, diz-se que a morosidade do Judiciário, a complexidade e a especialização das controvérsias para as quais se exige nível de conhecimento mais apurado estão a impedir que todas as crises sejam dirimidas de maneira ordinária, como em regra sempre ocorreu.

A doutrina chega a propor que as chances de solução por uma via (adjudicação) ou outra (meios alternativos) operem de maneira célere e eficiente, para que não se permita que uma ou outra seja a escolhida por ser a mais rápida.[27]

---

25 TARTUCE, Fernanda. Mediação nos Conflitos Civis, São Paulo: Método, 2008, p. 26.

26 PINTO, José Emílio Nunes. Reflexões Indispensáveis sobre a utilização da Arbitragem e de Meios Extrajudiciais de Solução de Controvérsias, in Arbitragem (Selma Ferreira Lemes, Carlos Alberto Carmona e Pedro Batista Martins: coords.), São Paulo: Atlas, 2007, p. 308. TARTUCE, Fernanda. Mediação nos Conflitos Civis cit., pp. 50/52.

27 MANCUSO, Rodolfo de Camargo. A Resolução dos Conflitos e a Função Judicial, São Paulo: RT, 2010, p. 223.

Busca-se a inversão da lógica de eliminação das crises, para que não se veja exclusivamente no Estado-juiz a única possibilidade, mas que se considerem outros atores e se inclua na máquina judiciária, mas também na fase extrajudicial, efetivas possibilidades de superação pelos próprios conflitantes.

Para Mancuso:

> "A auto e heterocomposição, fora e além da estrutura judiciária estatal, produz diversas externalidades positivas: alivia a pressão causada pelo excesso de processos judiciais; estimula as partes e interessados a comporem suas divergências, de per si ou com intercessão de um facilitador; agrega estabilidade e permanência às soluções consensuais ou negociadas, pela natural tendência dos envolvidos a prestigiarem a fórmula por eles mesmos industriada; propicia ganho de tempo para os juízes, o qual pode assim ser realocado para a análise mais aprofundada das lides singulares e complexas, bem como daquelas tornadas incompossíveis ou que por sua natureza ou qualidade da parte imponham uma passagem judiciária; enfim, essa distribuição, pluralista e democrática, da justiça, pode atenuar o peso, no orçamento estatal, dos crescentes investimentos na estrutura judiciária, que culminam por erigir um mega-Poder, o qual, nem por isso, conseguirá corresponder à expectativa dos jurisdicionados".[28]

A recepção a essa nova cultura que vinha sendo preconizada por vários processualistas deu lugar ao art. 3º, § 3º do novo CPC (Lei nº 13.105/15), deixando expresso que o legislador também aderiu à teoria tendente à busca por soluções autocompositivas extraprocessuais, pelas razões já aduzidas anteriormente.

Como já disse alhures, como ao Ministério Público compete zelar pelo cumprimento da ordem jurídica, constitucional e infraconstitucional, não poderá se furtar de promover a conciliação/mediação dos litigantes na fase administrativa, onde lhe couber atuar.

O mesmo competirá aos demais profissionais, sejam advogados públicos ou privados, de maneira que se possa estimular a busca por resultados e não simplesmente por demandas.

A previsão normativa aponta para outra direção – a dos meios alternativos, cabendo às instituições, inclusive o Judiciário, sua institucionalização, de maneira a permitir uma mudança de paradigma, e, pois, de cultura, como já aduziu a doutrina. Para Kazuo Watanabe, "... o grande obstáculo à utilização mais intensa da conciliação e mediação é a formação acadêmica dos nossos operadores do

---

28   MANCUSO, Rodolfo de Camargo. A Resolução dos Conflitos cit., pp. 223/224.

direito, que é voltada, fundamentalmente, para a solução contenciosa e adjudicada dos conflitos de interesses".[29]

O incremento dessa nova cultura exigirá a readequação do órgão do Ministério Público, que não poderá prescindir de estrutura compatível com essa novel postura, sob pena de se incorrer na deficiência verificada com a aplicação do art. 331, do vigente CPC, como acima constou.

O acolhimento e a escuta do público para se concluir em um ou em outro sentido (conciliação/mediação/ajustamento x judicialização), deverão integrar cada vez mais o dia-a-dia do integrante da organização (Ministério Público da União/ Ministérios Públicos dos Estados).

A instituição já conta com experiência nos Termos de Ajustamento de Conduta celebrados em inquéritos civis, nas transações que homologa e nas mediações, o que será examinado em seguida, cujas vantagens são manifestas, pois produzem efeitos rápidos ou imediatos, sem se vocacionarem a recursos, que impedem seus participantes de usufruir dos seus benefícios.

7. CONCILIAÇÃO

A técnica autocompositiva já é conhecida dos membros do Ministério Público, pois invariavelmente presidem audiências e homologam ajustes, que terão força de título executivo extrajudicial (art. 585, II do CPC de 1973 e 784, IV do CPC de 2015).

Em regra, esse trabalho atinge parte dos conflitos, porquanto à Instituição não compete intervir em matérias de direito disponível, onde somente aos indivíduos cabe discutir e decidir (arts. 81 e 82 do CPC).

Para a doutrina conciliação é:

> "técnica de autocomposição em que um sujeito imparcial intervém para, mediante atividades de escuta e investigação, auxiliar os contendores a celebrar um acordo, se necessário expondo vantagens e desvantagens em suas posições e propondo saídas alternativas para a controvérsia (sem, todavia, forçar a realização do pacto). Sua realização pode se verificar no contexto negocial ou no âmbito judicial. Pode ser ou não exitosa; no primeiro caso, conduz à transação".[30]

Distingue-se conciliação de transação ou acordo, aduzindo-se que aquela é continente de que essa é o seu conteúdo.

---

29   Cultura da Sentença e Cultura da Pacificação cit., p. 685.

30   TARTUCE, Fernanda. Mediação cit., p. 296.

Isso porque, através da primeira o conciliador, assumindo postura claramente ativista, tratará de demonstrar aos conflitantes/litigantes as vantagens e desvantagens do processo judicial e da solução adjudicada, postando-se mais próximo à posição das partes, estabelecendo ambiente em que os próprios sujeitos da controvérsia se vejam diante da possibilidade e capazes de eliminar a crise que lhes atinge.

O instrumento da conciliação, se exitoso, dá lugar à transação ou acordo, como se infere do art. 448 do CPC. Ou seja, "a conciliação é o modo, a técnica, o método por que se tenta a justa composição do conflito, podendo ocorrer no plano judicial ou fora dele, ao passo que o acordo ou transação configuram o almejado resultado, ao final obtido por meio de concessões recíprocas".[31]

Como afirma Mancuso, os meios alternativos, com forte tendência de crescimento, caminham na mão de direção do processo contemporâneo. Basta lembrar que não cabe ao magistrado apenas se desincumbir do seu mister através da sentença, quando segundo o então art. 463 do CPC[32] acabava e cumpria o seu ofício jurisdicional. O encerramento da fase de conhecimento, com a coisa julgada que à sentença se agrega, dá lugar à fase do cumprimento, jurissatisfativa, com os recursos e incidentes que lhe são inerentes. Nesse sentido o art. 494 do novo CPC.[33]

8. MEDIAÇÃO

Ainda como método alternativo e autocompositivo propõe-se a mediação, também destinada à eliminação dos conflitos (art. 334 e §§ do novo CPC), sem prejuízo de que o instituto seja empregado na fase extraprocessual, inclusive pelo Ministério Público, como já mencionado alhures (art. 3º, § 3º do CPC de 2015).

Não há confundi-la com a conciliação.

Na mediação o mediador busca demonstrar aos contendores as causas do conflito, para que sejam removidas, conduzindo-os à possibilidade de,

---

31   MANCUSO, Rodolfo de Camargo. A Resolução dos Conflitos e a Função Judicial cit., p. 233.

32   Antes da superveniência da Lei nº 11.232, de 22 de dezembro de 2005.

33   A Resolução cit., pp. 234/235. Nesse sentido, aduz: "Essa intervenção suasória do julgador não implica qualquer *capitis diminutio* para sua função, mas em verdade configura uma releitura, atualizada e contextualizada, do vetusto *monopólio estatal* da distribuição da Justiça, substituído pela diretriz da *composição justa do conflito*, a ser buscada não necessariamente no ato sentencial, mas também mediante os chamados *equivalentes jurisdicionais*, e, em muitos casos, preferencialmente através destes. Aliás, entre os cinco meios indicados no art. 269 do CPC para a resolução do *meritum causae*, só um deles alude à sentença de mérito: 'Quando o juiz acolher ou rejeitar o pedido do autor' (inciso I)". MANCUSO, Rodolfo de Camargo. Idem ibidem, p. 235.

por si sós, alcançarem um momento de prevenção e solução da controvérsia. Para Fernanda Tartuce é o "método que consiste na atividade de facilitar a comunicação entre as partes para propiciar que estas próprias possam, ao entender melhor os meandros da situação controvertida, protagonizar uma solução consensual. É espécie do gênero autocomposição, sendo ainda considerada um 'meio alternativo de solução de conflitos' ou equivalente jurisdicional. Para alguns estudiosos, identifica-se com a conciliação, que também busca o estabelecimento de um consenso. Todavia, as técnicas divergem pela atitude do terceiro facilitador do diálogo, que na mediação não deve sugerir termos para o acordo e pode, na conciliação, adotar tal conduta mais ativa e influenciadora do ajuste final".[34]

Sustenta a doutrina que, assim como a conciliação, a mediação apresenta a vantagem de que o conflito será solucionado pelos próprios sujeitos parciais, sem que o Estado-juiz lhes imponha a solução através da sentença. Nesse sentido, aduz-se que o magistrado é vocacionado para proferir sentença, enquanto o mediador é um elemento facilitador do consenso a ser compreendido e acolhido pelas próprias partes.

Esse caminho inovador e cada vez mais recorrente é fruto de trabalho realizado pela Promotoria de Justiça Cível de Santo Amaro, na Capital de São Paulo, onde desde 2011 se implantou a "Mediação Para Idosos Em Situação De Risco".

Nesse contexto, trago à colação o seguinte tópico:

> "Após várias reuniões e com a preciosa e fundamental ajuda das mediadoras, colocamos em prática o sonho, e a realidade mostrou ser a mediação perfeitamente possível e instrumento útil e eficaz na solução dos conflitos familiares que acarretavam o abandono do ser humano, já em idade avançada, frágil e, muitas vezes, dependente de outrem para a realização das necessidades mais básicas de higiene e alimentação".[35]

Ainda que esse elogioso trabalho vá de encontro às novas práticas na eliminação de conflitos, a institucionalização desse mecanismo ainda não se tornou realidade em outras Promotorias do mesmo Ministério Público, o que me parece premente e fundamental.

---

34 Mediação cit., p. 297.

35 MARTINS, Alessandra Negrão Elias; LEIFERT, Maria Gabriela Mantaut; PEREIRA, Mônica Lodder de Oliveira. Mediação para idosos em situação de risco. Trabalho realizado no Ministério Público. Nova Perspectiva Sistêmica, ano 21, nº 44, dez de 2012, p. 78.

9. AJUSTAMENTO DE CONDUTA

Os termos de ajustamento de conduta também são importantes meios alternativos de solução das controvérsias, consoante já tive oportunidade de escrever. [36]

Esgotadas as diligências, é possível que o presidente do inquérito se convença da necessidade de ajuizamento da demanda coletiva, o que poderá não ocorrer se sobrevier o ajustamento de conduta. Todavia, o permissivo não está condicionado à finalização da investigação, nem a lei assim obriga.

O instrumento foi criado pelo art. 211 da Lei 8.069/90 (Estatuto da Criança e do Adolescente), segundo o qual "os órgãos públicos legitimados poderão tomar dos interessados compromisso de ajustamento de sua conduta às exigências legais, o qual terá eficácia de título executivo extrajudicial". Posteriormente, o Código do Consumidor determinou a inserção do § 6° ao art. 5°, da Lei 7.347/85, com redação semelhante, acrescida da expressão *cominações*.

Apenas os órgãos públicos estão legitimados a celebrar o ajuste, mas como anota Proença nada impede que órgãos sem personalidade jurídica, como o Procon o aplique na esfera dos interesses para os quais foi criado.[37]

Discute-se se se trata ou não de transação, tal como prevista pelo Código Civil. Todavia, há interessante corrente que defende tratar-se de instituto diverso, consistente de um comprometimento ao ajuste de condutas às exigências legais.[38] É que a transação admite concessões recíprocas de parte dos celebrantes, enquanto no ajustamento de conduta não há concessão do legitimado, mas apenas adesão do infrator ao dever legal.[39] Ao firmar o competente instrumento a pessoa física ou jurídica, responsável pela violação de bens jurídicos tutelados pela lei, compromete-se a "restabelecer o *status quo ante*, afetado por ato comissivo ou omissivo considerado ilícito, com eficácia de título executivo extrajudicial".[40]

O objeto do compromisso de ajustamento é o mesmo da ação coletiva; destina-se a prevenir ameaça de lesão ou reparar violação aos interesses difusos, coletivos e individuais homogêneos.

---

36 PASTORE, Délton Esteves. O Ministério Público na Ordem Constitucional Brasileira e sua Atuação no Processo Civil. Tese de Doutorado aprovada pelo Departamento de Processo da Faculdade de Direito da Universidade de São Paulo, 2015, pp. 235/238.

37 PROENÇA, Luiz Roberto. Inquérito Civil, São Paulo: RT, 2001, p. 123.

38 Id. Ibid., p. 125.

39 Por isso diz-se que tal modalidade de conciliação deve ser chamada de *submissão*, "pela impossibilidade de renúncia total ou parcial dos legitimados quando ao direito material". LEONEL, Ricardo de Barros. *Manual do processo coletivo*, São Paulo: RT, 2002, p. 323.

40 MORAES, Voltaire de Lima. Questões tópicas na ação civil pública: desistência ou abandono da ação: anotações sobre o inquérito civil e despesas processuais. In: MILARÉ, Édis (Coord.). *A ação civil pública após 20 anos*. São Paulo: Ed. Revista dos Tribunais, 2005. p. 607.

Pode atingir todo o objeto da investigação ou apenas parcela dela, de maneira que o restante continuará a ser investigado ou incluirá pedido em demanda coletiva. Poderá abarcar todo tipo de tutela, dar coisa ou dinheiro, fazer, não fazer. Não se o admite, porém, quando o resultado depender de comando judicial, como ocorre com as sanções da lei de improbidade. Nada impede, porém, se avence sobre a restituição do valor desviado ou apropriado.[41]

Entende-se que o ajustamento de conduta implica em verdadeira proposta de arquivamento do inquérito, o que o leva a ser submetido a controle interno pelos órgãos superiores, com o que será considerado válido e eficaz (art. 9°, § 1° da Lei 7.347/85).

Enfim, trata-se de importante meio de solução do conflito coletivo, o que ocorrerá de maneira célere e independente da intervenção do Judiciário para sua realização.

A afirmativa prende-se a outra contemporânea e fundamental, o da adequada leitura do art. 5º, XXXV da CF.

Sua exegese não pode se resumir à solução dos conflitos pela única porta da sentença de mérito. Ao contrário, devem ser incentivados outros meios de pacificação, ainda que administrativos, fora da jurisdição.

O compromisso de ajustamento de conduta está nesse contexto. Ao elaborá-lo seus firmatários permitem a recomposição do interesse coletivo. Através dele se caminha na direção dos objetivos da República, o que se extrai do art. 4º, VII da CF. Solucionar conflitos não se consegue apenas com sua judicialização, mas também através dos obtidos por "meios suasórios – espontâneos ou induzidos – assim aqueles tendentes a prevenir a formação de lides judiciais, como também aqueles voltados a propiciar a célere e antecipada resolução dos processos já formados".[42]

O movimento do pêndulo explica o fenômeno.

---

41   "Aponta a doutrina uma exceção a esta abrangência, vislumbrando-se a impossibilidade de compromisso de ajustamento quando ocorrer ato de improbidade administrativa. Neste sentido, pondera Hugo Nigro Mazzilli ser vedada qualquer transação pelo art. 17, § 1°, da Lei 8.429/92, e alerta José Marcelo Menezes Vigliar, que 'os atos de improbidade são de natureza tal que, uma vez realizados, advém o dever de ajuizamento de ação civil pública para reconhecimento do mesmo e consequente imposição da pena'. Entretanto, entendo que, se algumas das consequências previstas em lei para os atos de improbidade só podem ser impostas por decisão judicial (como a perda dos direitos políticos), nada impede que outras sejam implementadas através da avença entre o Ministério Público e o agente ímprobo, como ocorreria no caso de acordo para a devolução ao Erário de verbas apropriadas indevidamente por aquele. Nesta hipótese, seria pactuado compromisso de ajustamento parcial, tendo por objeto apenas a parcela do litígio sobre o qual tenha o investigado disponibilidade, relegando-se à disputa judicial as demais". PROENÇA, Luiz Roberto. op. cit., p. 126.

42   MANCUSO, Rodolfo de Camargo. *A resolução dos conflitos e a função judicial*, cit., p. 97.

O acesso à função jurisdicional não pode ser levado ao aumento da litigiosidade, pois dela se espera tempestividade e eficiência. Em meados do século passado João Mendes afirmou que a atividade judiciária tinha que ser operativa em todo o território, os juízes precisavam estar ao alcance das partes para não as sacrificar com longas e dispendiosas viagens, com perda de tempo e sonegação de justiça.[43]

A oferta do serviço compreendido na existência de múltiplas portas para a solução das controvérsias parece operar no sentido do que se diz faltar ao sistema, hoje e ontem, tempestividade, pacificação e eficiência.

A unidade e a indivisibilidade da Instituição podem concorrer fortemente para o reequilíbrio do sistema, para cujos fins cada um terá que fazer a sua parte.

10. CONCLUSÕES

A ameaça de lesão ou a lesão ao direito material pode ser corrigida não apenas pelo processo jurisdicional, mas também pelos meios alternativos/adequados à solução de conflitos, que poderá operar judicial ou extrajudicialmente.

Quando o consenso puder levar à eliminação dos conflitos, o apoio das partes, aconselhadas pelo magistrado, por seus patronos e também pelo membro do Ministério Público conduzirá à justa composição da lide.

O emprego dessa técnica converge com o moderno entendimento da entrega do direito material ao seu legítimo possuidor, porque a busca por soluções adjudicadas não prescinde do oferecimento aos contendores de outros meios para a eliminação das controvérsias. Essa é a leitura a ser feita no art. 5º, XXXV da CF, que previu o acesso à ordem jurídica justa.

A cultura da sentença dá lugar à cultura da pacificação, onde não merece destaque o "certo ou errado", o "preto ou branco", e sim a adequada solução do conflito pelo concurso de vontades das partes.

Para o sistema da justiça como um todo interessa mais saber quantos problemas o agente público resolveu, do que quantas demandas promoveu ou quantas sentenças proferiu, em se tratando do membro do Ministério Público e do magistrado, respectivamente.

Os escopos da jurisdição, social, político e jurídico também serão atingidos com a aplicação dos meios alternativos, porque a adoção de outras técnicas de superação levam a esses mesmos fins.

---

43   ALMEIDA JÚNIOR, João Mendes de. *Direito judiciário brasileiro* cit. p. 62.

Incumbido de zelar pelo cumprimento da ordem jurídica, compete ao Ministério Público a aplicação desses novos paradigmas nos conflitos onde lhe couber atuar.

A prestação jurisdicional não está fundada apenas no seu aspecto jurídico, mas relacionada a aspectos sociológicos, psicológicos e filosóficos, de maneira que se leve em consideração essa interdisciplinaridade para dar a cada um o que é seu.

O aprimoramento da estrutura da Organização é de fundamental importância, para que seus membros busquem, cada vez mais, eliminar controvérsias sem a intervenção do Estado-juiz, quando o direito material assim a autorizar.

Ao lado disso, cabe ao órgão ministerial voltar-se às novas fronteiras do Direito Processual, em que a busca por resultados deve estar à frente da busca pela sentença.

11. REFERÊNCIAS BIBLIOGRÁFICAS

ALMEIDA JÚNIOR, João Mendes de. Direito Judiciário Brasileiro. 4ª ed., São Paulo: Livr. Ed. Freitas Bastos, 1954.

BEDAQUE, José Roberto dos Santos. Direito e Processo. 2ª ed., São Paulo: Malheiros Ed., 1995.

CARNELUTTI, Francesco. Sistema de Derecho Procesal Civil. Tradução de Niceto Alcalá-Zamora y Castillo e Santiago Sentis Melendo. Buenos Aires: Uteha, 1944, vol. I.

CINTRA, Antonio Carlos de Araújo; GRINOVER, Ada Pellegrini; DINAMARCO, Cândido Rangel. Teoria Geral do Processo. 21ª ed., São Paulo: Malheiros Ed., 2005.

COUTURE, Eduardo J. Fundamentos del Derecho Procesal Civil. 4ª ed., Buenos Aires: IBdef, 2010.

DIDIER JÚNIOR., Fredie. Curso de Direito Processual Civil. 6ª ed., 2ª impressão, Salvador: Jus Podium, 2006.

DINAMARCO, Cândido Rangel. Instituições de Direito Processual Civil. São Paulo: Malheiros Ed., 2001, vol. I.

FERREIRA FILHO, Manoel Gonçalves. Direitos Humanos Fundamentais. 13ª ed., São Paulo: Saraiva, 2011.

LEONEL, Ricardo de Barros. Manual do Processo Coletivo, São Paulo: Ed. Revista dos Tribunais, 2002.

MANCUSO, Rodolfo de Camargo. A Resolução dos Conflitos e a Função Judicial. São Paulo: Ed. Revistra dos Tribunais, 2009.

MARINONI, Luiz Guilherme; MITIDIERO, Daniel. Código de Processo Civil comentado. São Paulo: Ed. Revista dos Tribunais, 2008.

MARTINS, Alessandra Negrão Elias; LEIFERT, Maria Gabriela Mantaut; PEREIRA, Mônica Lodder de Oliveira. Mediação para idosos em situação de risco. Trabalho realizado no Ministério Público. Nova Perspectiva Sistêmica, ano 21, no 44, dez 2012.

MORAES, Voltaire de Lima. Questões Tópicas na Ação Civil Pública: desistência ou abandono da ação: anotações sobre o inquérito civil e despesas processuais. In: MILARÉ, Édis (Coord.). A Ação Civil Pública após 20 anos. São Paulo: Ed. Revista dos Tribunais, 2005.

PASTORE, Délton Esteves. O Ministério Público na Ordem Constitucional Brasileira e sua Atuação no Processo Civil. 2015. Tese (Doutorado) – Faculdade de Direito da Universidade de São Paulo, São Paulo, 2015.

PINTO, José Emílio Nunes. Reflexões indispensáveis sobre a utilização da arbitragem e de meios extrajudiciais de solução de controvérsias. In: LEMES, Selma Ferreira; CARMONA, Carlos Alberto; MARTINS, Pedro Batista (Coord.). São Paulo Atlas, 2007.

PROENÇA, Luiz Roberto. Inquérito Civil. São Paulo: Ed. Revista dos Tribunais, 2001.

SANTOS, Moacyr Amaral. Primeiras Linhas de Direito Processual, 10ª ed., São Paulo: Saraiva, 1983, vol. I.

TARTUCE, Fernanda. Mediação nos Conflitos Civis. São Paulo: Ed. Método, 2008.

TAVARES, André Ramos. Curso de Direito Constitucional.. 4ª ed., São Paulo: Saraiva, 2006.

WATANABE, Kazuo. Cultura da sentença e cultura da pacificação. In: MORAES, Maurício Zanoide de; YARSHELL, Flávio Luiz (Coord.). Estudos em homenagem à Professora Ada Pellegrini Grinover. 1ª ed., São Paulo: DPJ, 2005.

CAPÍTULO 8

As convenções processuais e o termo de ajustamento de conduta[1]

Antonio do Passo Cabral[2]

SUMÁRIO: 1. INTRODUÇÃO. CONVENCIONALIDADE NO DIREITO PÚBLICO; 2. A TENDÊNCIA DE CONVENCIO-
NALIDADE NO DIREITO PENAL E SANCIONADOR; 3. A POSSIBILIDADE DE NEGOCIAÇÃO EM IMPROBIDADE
ADMINISTRATIVA; 4. AÇÕES COLETIVAS E TERMO DE AJUSTAMENTO DE CONDUTA; 5. O NOVO CPC E OS MECA-
NISMOS DE AUTOCOMPOSIÇÃO DOS LITÍGIOS; 6. A DIFERENÇA ENTRE NEGÓCIOS PROCESSUAIS E NEGÓCIOS
DE DIREITO MATERIAL. A INDISPONIBILIDADE DO DIREITO NÃO IMPEDE A NEGOCIAÇÃO SOBRE O PROCESSO;
7. A RESOLUÇÃO Nº 118/2014 DO CONSELHO NACIONAL DO MINISTÉRIO PÚBLICO; 8. CONCLUSÃO; 9. BIBLIO-
GRAFIA

1. INTRODUÇÃO. CONVENCIONALIDADE NO DIREITO PÚBLICO

O estreito objetivo deste texto é explorar as possibilidades de utilização dos negócios processuais (sobretudo das convenções processuais) pelo Ministério Público, aproveitando para apresentar e divulgar a recém-editada resolução nº 118 do Conselho Nacional do Ministério Público, que inseriu as convenções processuais como um dos instrumentos de autocomposição cuja aplicação passa a ser recomendada aos membros do MP de todo o país.

Pois bem, tradicionalmente, a literatura processual sempre foi muito arredia em admitir os negócios jurídicos processuais, utilizando-se vários argumentos: por ser ramo do direito público, no processo só haveria normas cogentes; a fonte da norma processual seria apenas a regra legislada; qualquer negócio envolveria necessariamente prerrogativas do juiz; e, para o que nos interessa no presente trabalho, que não haveria espaços de consensualidade ou convencionalidade no direito público, e portanto no processo.

---

1   O presente texto corresponde, com pequenas alterações, ao texto: "A resolução nº 118 do Conselho Nacional do Ministério Público e as convenções processuais", *in* CABRAL, Antonio do Passo; NOGUEIRA, Pedro
Henrique Pedrosa. *Negócios processuais*. Salvador: Jus Podivm, 2015.

2.   Professor Adjunto de Direito Processual Civil da Universidade do Estado do Rio de Janeiro (UERJ). Doutor
em Direito Processual pela UERJ em cooperação com a Universidade de Munique, Alemanha (Ludwig-Maximilians-Universität). Mestre em Direito Público pela UERJ. Pós-doutorando pela Universidade de Paris I
(Panthéon-Sorbonne). Procurador da República no Rio de Janeiro.

Normalmente, associam-se os "negócios" aos contratos privados; e por incluir-se no campo do direito público, o processo não admitiria opções negociais. A noção de contrato seria normalmente voltada ao direito privado e tradicionalmente alheia ao direito público, e, portanto, ao processo.[3]

Em nosso sentir, trata-se de uma premissa antiquada e inadequada ao Direito contemporâneo. Apesar de sua natureza pública, o processo não é infenso aos acordos e convenções. Josef Kohler, em obra clássica sobre os acordos processuais, já afirmava que o contrato não é apenas uma figura do direito civil, mas que pode nascer e se desenvolver em qualquer ramo do Direito, podendo verificar-se também no direito público, e assim no direito processual.[4]

Atualmente, ao mesmo tempo em que, no direito privado, afirma-se a constante inserção de valores publicistas,[5] admite-se que o contrato e o acordo também passaram a ser figuras do direito público. Friedrich Carl von Savigny, há mais de 150 anos, já afirmava que o contrato era um instrumento presente no direito público e no direito internacional.[6] De fato, há mais de um século que a contratualização é um fenômeno que escapou da seara do direito privado e ingressou também em campos publicistas, trazendo para estes foros mecanismos de cooperação entre Estado e indivíduo na produção normativa.[7] Hoje é patente que a conduta pública (em geral, e não apenas no processo) está hoje contratualizada,[8] mesmo no direito do Estado (p.ex., no campo das relações administrativas)[9] e no

---

3   CARNELUTTI, Francesco. *Contratto e diritto pubblico*, in *Studi in onore di Alfredo Ascoli*. Messina: Giuseppe Principato, 1931, p.9; SATTA, Salvatore. *Contributo alla dottrina dell'arbitrato*. Milano: Vita e Pensiero, 1931, p.47.

4   KOHLER, Josef. Ueber processrechtliche Verträge und Creationen. *in Gesammelte Beiträge zum Civilprozess*. Berlin: Carl Heymanns, 1894, p.127: "Der Vertrag ist nicht nur eine Rechtsgestalt des Civilrechts, er ist eine Rechtsfigur, welche jedes Rechtsgebiet aus sich erzeugen wird, wo immer der Initiative des Individuums ein hervorragender Einfluss im Rechtsleben gestattet wird: es giebt Verträge des publicistischen Rechts, wie es solche des Privatrechts giebt; es giebt auch Verträge des Processrechts – Verträge, welche, obgleich Privatgeschäfte, ihren Einfluss auf den Process ausüben – ich sage Privatgeschäfte, Privatacte d.h. autoritätslose Acte, bei welchen lediglich die Vertragsunterwerfung massgebend ist, aber Privatacte, welche kraft dieser Vertragsunterwerfung den Process beeinflussen". No direito público alemão, é antiga a mesma lição em autores do quilate de Jellinek. JELLINEK, Georg. *System der subjektiven öffentlichen Rechte*. Freiburg im Breisgau: J.C.B. Mohr, 1912, p.198 ss, 208.

5   RAISER, Ludwig. Vertragsfreiheit heute, *Juristen Zeitung*, ano 13, n.1, jan, 1958, p.1.

6   SAVIGNY, Friedrich Carl. *Das Obligationenrecht als Theil des heutigen Römischen Rechts*. Berlin: Veit & Comp., vol.II, 1853, p.7.

7   CHASSAGNARD-PINET, Sandrine; HIEZ, David. Le système juridique français à l'ère de la contractualisation, *in* CHASSAGNARD-PINET, Sandrine; HIEZ, David. *La contractualisation de la production normative*. Paris: Dalloz, 2008, p.8.

8   CAILLOSSE, Jacques. Interrogations méthodologiques sur le 'tournant' contractuel de l'action publique: les contrats publiques entre théorie juridique et sciences de l'administration. *in* CLAMOUR, Guylain; UBAUD-BERGERON, Marion (Org.). *Contrats Publics. Mélanges en l'honneur du Professeur Michel Guibal*. Montpellier: Presse de la Faculté de Droit, vol. II, 2006, p.471.

9   GAUDIN, Jean-Pierre (Org). *La negociation des politiques contractuelles*. Paris: L'Harmattan, 1996, *passim*.

direito do trabalho, espaços onde sempre se concebeu haver forte intervenção pública e restrições à autonomia da vontade.[10]

Por outro lado, o processo civil de interesses públicos,[11] tradicionalmente arisco às soluções negociadas, há muito vem se rendendo à mediação, conciliação etc. Trata-se da vitória da concepção atualmente disseminada que reconhece uma disponibilidade parcial dos interesses públicos, desfazendo a equivocada compreensão de que o interesse, por ser público, seria indisponível. Ao contrário, há graus de (in)disponibilidade e, em alguma medida, permite-se que mesmo as regras estabelecidas no interesse público sejam flexibilizadas.

E no processo civil não deveria ser diferente.[12] Lembremos os procedimentos de falência, insolvência e recuperação judicial, nos quais há múltiplos interesses, públicos e privados, e existem muitos acordos processuais. Outros exemplos comuns de flexibilização e disposição de interesses públicos são a arbitrabilidade de conflitos da Fazenda Pública,[13] a conciliação em causas do Estado (art.10, parágrafo único, da Lei nº 10.259/2001), a possibilidade de que não haja reexame necessário em condenações da Fazenda Pública abaixo de mil salários-mínimos para a União (art. 494 § 2º do novo CPC), a ausência de ajuizamento de execução fiscal em alguns casos de pequeno valor (art. 20 da Lei nº 10.522/2002; arts. 7º e 8º da Lei nº 12.514/2011), dentre outros, só para citar o ordenamento brasileiro.

Também na Justiça do Trabalho, é comum encontrar a afirmação, por vezes genérica e irrefletida, de que os direitos dos empregados, individualmente considerados, são sempre indisponíveis. E o processo do trabalho, por tabela, seria normalmente mais orientado ao viés publicista e infenso às convenções processuais por considerar haver uma desigualdade intrínseca entre trabalhador e empregador. Contudo, grande parte da literatura tem admitido uma relativa

---

10 WOLFF, Hans J.; BACHOF, Otto; STOBER, Rolf. *Verwaltungsrecht*. München: C.H.Beck, vol.II, 6a Ed., 2000, p.200 ss, 210 ss; GROMITSARIS, Athanasios. Kontratualisierung im öffentlichen Recht. *Jahrbuch des öffentlichen Rechts*, vol.57, 2009, p.255-299; TRIMARCHI, Vicenzo Michele. Accordo (teoria generale). *Enciclopedia del Diritto*. Milano: Giuffré, vol.I, 1958, p.297-299; CAILLOSSE, Jacques. Interrogations méthodologiques sur le ´tournant´contractuel de l´action publique: les contrats publiques entre théorie juridique et sciences de l´administration, *Op.cit.*, p.474, 476; MAURER, Hartmut. *Allgemeines Verwaltungsrecht*. München: C.H. Beck, 16a ed., p.55.

11 DUCAROUGE, Françoise. Le juge administratif et les modes alternatifs de règlement des conflits: transaction, médiation, conciliation et arbitrage en droit public français. *Revue Française de Droit Administratif*, n.1, jan--fev, 1996, p.86 ss.

12 E mesmo nos campos do direito civil mais "publicizados", podemos ver evidentes exemplos. Um deles é o direito de família, que sempre foi o estatuto da ordem pública e da indisponibilidade no direito privado. Hoje, existem flexibilizações consensuais para a guarda de filhos menores, para o regime matrimonial e para o divórcio.

13 Essa é a concepção doutrinária mais difundida, desde que não se trate dos chamados "atos de império", em que o Estado atua soberanamente, ou que digam respeito ao "interesse público primário". Sobre o tema, ROQUE, Andre Vasconcelos. A evolução da arbitrabilidade objetiva no Brasil: tendências e perspectivas. *Revista de Arbitragem e Mediação*, n.33, abr-jun, 2012, p.307-319.

disponibilidade das relações de trabalho,[14] e também o direito processual laboral tem se voltado para soluções negociais de índole convencional.[15] Assim, p.ex., o art. 114 § 2° da Constituição da República de 1988, alterado pela Emenda Constitucional n° 45/2004, exige o acordo para a instauração de dissídio coletivo de natureza econômica.

Todas estas referências revelam uma clara tendência de reforçar as estruturas consensuais mesmo nas relações publicistas,[16] e demonstram que as soluções cooperativas podem conviver com ambientes de grande inserção de interesses públicos e sociais, como é, decerto, o direito processual.[17] No processo, evitando a lógica hierárquica e linear para o exercício de poder, que no publicismo é

---

14 Cf. ROQUE, Andre Vasconcelos. A arbitragem de dissídios individuais no Direito do Trabalho: uma proposta de sistematização. Revista Fórum Trabalhista, vol. 1, n.2, set-out, 2012, p.13 ss.

15 Carolina Tupinambá afirma: "Sendo o processo do trabalho um instrumento dedicado à entrega de direitos decorrentes de relações de trabalho, possível extrair, destarte, como princípios próprios deste ramo processual os seguintes: (i) equilíbrio de armas processuais, eficaz tanto para a valorização do trabalho humano como para o estímulo à livre iniciativa; (ii) valorização do diálogo, com decorrente adaptabilidade de procedimentos, ampliação de acesso, preferências conciliatórias, simplificação e julgamento por equidade, máxime nas extensas omissões legais; e (iii) estabilidade da ordem social-econômica, a ser galgada pela segurança jurídica a partir da aceleração dos procedimentos e valorização de precedentes como fatores essenciais à previsibilidade, planejamento e pacificação social. (...) O processo do trabalho não deve proteger o trabalhador pela singela razão de que inexiste autorização legal ou principiológica para tanto, muito pelo contrário. O texto constitucional preza pelo equilíbrio de forças, pelo desenvolvimento social e econômico do país sobre uma ordem jurídica justa. Neste contexto, algumas regras que prestigiem gratuitamente um litigante em favor de outro se reputarão contrárias ao texto constitucional e, portanto, inválidas ou inconstitucionais, como se verá mais adiante. Deve informar o processo do trabalho uma sensível isonomia, a tratar desigualmente os desiguais, possibilitando uma luta civilizada, *fair*, leal, com igualdade de armas. A predileção pelo trabalhador deverá ceder lugar a uma gestão inteligente do processo em que a parte que realmente sinta dificuldades de fazer valer seus direitos possa ter voz ativa e oportunidade de influência no julgamento em condições de igualdade. (...) O procedimento mais maleável e aderente à realidade das partes, do direito material e da própria unidade judiciária em que tem curso a demanda é extremamente salutar. Em suma, nos embates que desafiam o processo trabalhista, a valorização do diálogo importa, muitas das vezes, na superação do fim pelo meio, ou seja, o curso processual tem latente capacidade de evidenciar os fatores sociais e econômicos relevantes para a solução da lide em si, bem como seus eventuais efeitos multiplicadores. (...) Em suma, as tendências recentes se orientam no sentido de se preferir a adequação à "pré-formatação" do procedimento. (...) Defendemos que o processo trabalhista estará melhor servido diante da possibilidade de escolha pelo juiz, em diálogo com partes, do procedimento que melhor lhes convier para a efetivação do direito discutido. (...) o princípio da valorização do diálogo direciona o processo trabalhista para um clima informal, com espaço para a condução procedimental moldada para o conflito subjacente sem que implique afastamento de garantias processuais". TUPINAMBÁ, Carolina. *Garantias do Processo do Trabalho*. São Paulo: LTr, 2014, p.61-62.

16 DIAS, Jorge de Figueiredo. *Acordos sobre a sentença em processo penal: o "fim" do Estado de Direito ou um novo "princípio"?* O Porto: Conselho Distrital do Porto, 2011, p.13 ss; WOLFF, Hans J.; BACHOF, Otto; STOBER, Rolf. *Verwaltungsrecht. Op.cit.*, p.201.

17 Em termos de teoria geral do processo, vale lembrar que, em várias espécies de processo, subsiste um equilíbrio entre público e privado de maneira a tutelar direitos das partes e efetivar interesses da sociedade. Cf. CADIET, Loïc. Ordre concurrentiel et justice. *in L´ordre concurrentiel: Mélanges en l´honneur d´Antoine Pirovano*. Paris: Frison-Roche, 2003, p.127.

fulcrada em relações de sujeição, a consensualidade hoje pode ser atuada de maneira circular e pluralista por instrumentos de base convencional. Com efeito, o contrato hoje vai se modificando e estendendo seus domínios sobre terrenos que não eram explorados.[18] Surgem *nova negotia* e dentre eles estão as convenções processuais.

2. A TENDÊNCIA DE CONVENCIONALIDADE NO DIREITO PENAL E SANCIONADOR

Este movimento pela contratualização ou convencionalidade chegou até o processo penal, campo do direito processual onde talvez sejam mais evidentes os interesses públicos. De fato, a justiça criminal clássica sempre foi imposta e não negociada, simbolizada na indisponibilidade da ação penal e no princípio inquisitivo, com a consequente prevalência do juiz.[19] Todavia, contemporaneamente, a partir do modelo acusatório, tem aumentado a contratualização também do processo penal. Vê-se o crescimento de uma "justiça penal consensual",[20] com reforço da autonomia da vontade que favorece a busca de resultados concertados entre os diversos sujeitos processuais (o agente criminoso, o Ministério Público, a vítima).[21] Surgem cada vez mais possibilidades de mediação penal,[22] composição amigável dos danos entre agente e vítima, inclusive com aplicação participativa e negociada da pena.[23]

---

18 Neste sentido, já era o entendimento de BUNSEN, Friedrich. *Lehrbuch des deutschen Civilprozeßrechts.* Berlin: Guttenlag, 1900, p.1-2.

19 VAN DER KERCHOVE, Michel. *Contractualisation de la justice pénale ou justice pénale contractuelle, in* CHASSAGNARD-PINET, Sandrine; HIEZ, David. *La contractualisation de la production normative.* Paris: Dalloz, 2008, p.189-191.

20 PRADO, Geraldo. Justiça penal consensual, *in Diálogos sobre a justiça dialogal. Teses e antíteses sobre os processos de informalização e privatização da justiça penal.* Rio de Janeiro: Lumen Juris, 2002.

21 PIN, Xavier. *Le consentement en matière pénale.* Paris: LGDJ, 2002, *passim;* McTHENIA, Andrew W.; SHAFFER, Terry L. For reconciliation, *in Yale Law Journal,* n.94, 1985, p.1660 ss; SALVAGE, Philippe. Le consentement en droit pénal, *in Revue de Science Criminelle,* 1991, p.699; TULKENS, Françoise; VAN DER KERCHOVE, Michel. La justice pénale: justice impose, justice participative, justice consensuelle ou justice négociée?, *in Revue de Droit Pénal et de Criminologie,* 1996, p.445; PIERANGELLI, José Henrique. *Consentimento do ofendido na teoria do delito.* São Paulo: RT, 1989, p.67 ss; ANDRADE, Manuel Costa. *Consentimento e acordo no direito penal: contributo para a fundamentação de um paradigma dualista.* Coimbra: Coimbra ed., 1991, p.382 ss.

22 CARTIER, Marie-Elisabeth. Les modes alternatifs de règlement des conflits en matière pénale. *Revue Générale des Procédures,* 1998, p.1 ss; DE LAMY, Bertrand. Procédure et procédés (propos critiques sur la contractualisation de la procedure penale), *in* CHASSAGNARD-PINET, Sandrine; HIEZ, David. *Approche critique de la contractualisation.* Paris: LGDJ, 2007, p.149 ss; CHEMIN, Anne. Le rapport sur la "justice de proximité": des propositions "faciles à mettre en oeuvre". *Le Monde,* 26.02.1994.

23 Falamos aqui da participação na formação do juízo sobre a pena aplicável, e não apenas na responsabilização, ou seja, não se trata somente de buscar o arrependimento do próprio apenado. Neste sentido, VAN DER KERCHOVE, Michel. Contractualisation de la justice pénale ou justice pénale contractuelle, *Op.cit.,* p.198.

Nos ordenamentos do *common law*, o instituto convencional mais conhecido é a *plea bargain* norte-americana.[24] Todavia, mais uma vez se deve frisar que este movimento é convergente também nos ordenamentos do *civil law*. Os institutos do *patteggiamento sulla pena* na Itália,[25] da *conformidad* na Espanha,[26] e os acordos sobre a sentença penal na Alemanha (§ 257c da *Strafprozessordnung*),[27] são exemplos da mesma tendência em países de tradição romano-germânica. E, no Brasil, não podemos esquecer diversos institutos negociais e cooperativos como a colaboração premiada (art. 16, parágrafo único, da Lei nº 8.137/1990; art. 8º, parágrafo único, da Lei nº 8.072/1990, art. 8º, parágrafo único, da Lei nº 9.807/1999; arts. 3º, I e 4º § 4º da Lei nº 12.850/2012), a transação penal, suspensão condicional do processo, composição civil dos danos etc. (arts. 74, 76, 89 da Lei nº 9.099/95; arts. 27 e 28 Lei nº 9.605/1998).

A mesma tendência se percebe no processo sancionador brasileiro. O termo de compromisso para as infrações nos mercados de capitais (art. 11, § 5º da Lei nº 6.385/76), o compromisso de cessação e o acordo de leniência nas infrações à ordem econômica (arts. 85 e 86 da Lei nº 12.529/2011), este último também previsto na recente legislação anticorrupção (arts. 16 e 17 da Lei nº 12.846/2013), são todos expressão desta mesma constelação de ideias, e apontam no sentido da convencionalidade deste tipo de pretensão.

3. A POSSIBILIDADE DE NEGOCIAÇÃO EM IMPROBIDADE ADMINISTRATIVA

O art. 17 § 1º da Lei nº 8.429/92 restringe as possibilidades de transação ou acordos em matéria de improbidade administrativa. A respeito, a doutrina sempre se dividiu. Alguns autores, seguindo uma interpretação mais conservadora da lei, identificavam uma total impossibilidade de celebração de acordos.[28] Esse entendimento, *data venia*, nunca foi o mais adequado, muito menos à luz das inúmeras modificações que o ordenamento jurídico brasileiro sofreu desde então.

---

24   DIAS, Jorge de Figueiredo. *Acordos sobre a sentença em processo penal. Op.cit.*, p.17 ss.

25   A aplicação de pena por requerimento conjunto das partes (art.444-1 do *Codice di Procedura Penale* italiano). CHIAVARIO, Mario. Les modes alternatifs de règlement des conflits en droit pénal. *Revue Internationale de Droit Comparé*, ano 49, n.2, abr-jun, 1997, p.427 ss; *Idem*, La justice négociée: une problématique à construire. *Archives de Politique Criminelle*, n.15, 1993, p.27 ss. Muito tempo atrás, Leone já admitia os negócios processuais no Processo Penal: LEONE, Giovanni. *Lineamenti di diritto processuale penale*. Napoli: Pipola, 1954, p.142 ss.

26   A *conformidad* traduz-se numa declaração de vontade emitida pelo arguido em processos abreviados, pela qual se declara conformado com a qualificação mais grave formulada pelo acusador e com a pena solicitada pelo MP, sempre que esta não seja maior que seis anos de prisão (*Ley de Enjuiciamiento Criminal*, arts.695 ss, 787, 801, dentre outros). Na doutrina, Cf.RODRÍGUEZ GARCÍA, Nicolás. *El consenso en el proceso penal español*. Barcelona: Bosch, 1997, *passim*.

27   PETERS, Julia. *Urteilsabsprachen im Strafprozess: Die deutsche Regelung im Vergleich mit Entwicklungen in England & Wales, Frankreich und Polen*. Göttingen: Universitätsverlag, 2011.

28   NEIVA, José Antonio Lisbôa. *Improbidade administrativa*. Niterói: Impetus, 2009, p.173-174.

De fato, a lei de improbidade administrativa, embora seja muito atual ainda hoje, foi elaborada no início da década de 1990, publicada em 1992. De lá pra cá, houve uma intensa guinada do ordenamento jurídico na direção da consensualidade e convencionalidade, como vimos. Até mesmo a pretensão penal passou a ser em grande medida objeto de acordo. É verdade que um ato ilícito que leve à sanção de improbidade nem sempre repercutirá na esfera penal. Mas é muito comum que isso aconteça: normalmente, pelo fenômeno chamado aqui e ali de "incidência múltipla", uma mesma conduta atrairá a incidência de normas penais, civis e administrativas, com uma intercomunicação dos respectivos regramentos processuais.[29] Nestes casos, repita-se, frequentes no campo da improbidade administrativa, seria de fato curioso que a pretensão punitiva criminal pudesse ser transacionada, convencionada, mas a pretensão civil da improbidade não.

Por este motivo, muitos autores, enxergando esta incongruência e interpretando o sistema à luz das alterações legislativas que, posteriormente à edição da Lei nᵒ 8.429/92, sinalizaram para uma convencionalidade cada vez mais crescente, passaram a admitir, em algum grau, a disponibilidade no campo da improbidade administrativa.[30]

E esta possibilidade parece-nos ainda mais evidente depois da edição da Lei Anticorrupção (Lei nᵒ 12.846/2013), que, em seus arts. 16 e 17, prevê a celebração de acordos de leniência com os infratores que praticaram o ato ilícito.[31] A toda evidência, o âmbito de aplicação da Lei nᵒ 12.846/2013 tem interseção com o da Lei nᵒ 8.429/92.[32] A corregulação dos atos de improbidade decorrentes de corrupção denota, ainda uma vez, a clara opção do legislador brasileiro por permitir acordos em matéria de improbidade administrativa.

4. AÇÕES COLETIVAS E TERMO DE AJUSTAMENTO DE CONDUTA

Não podemos esquecer também do regramento genérico para as ações coletivas, as quais, em razão dos interesses de uma comunidade substituída

---

29   Sobre o tema, CABRAL, Antonio do Passo. O valor mínimo da indenização cível fixado na sentença condenatória penal: notas sobre o novo art.387, IV do CPP. *in Revista Forense*, vol.105, 2009, p.33 ss.

30   Corretos GOMES JR., Luiz Manoel; FAVRETO, Rogério. *in* GAJARDONI, Fernando da Fonseca *et alii* (Org.). *Comentários à Lei de Improbidade Administrativa*. São Paulo: RT, 3ª Ed., 2012, p.317 ss.

31   FIDALGO, Carolina Barros; CANETTI, Rafaela Coutinho. Os acordos de leniência na Lei de Combate à Corrupção. *in* SOUZA, Jorge Munhos; QUEIROZ, Ronaldo Pinheiro de. *Lei anticorrupção*. Salvador: Jus Podivm, 2015, p.263 ss.

32   Ambas as leis possuem esferas de aplicação autônomas, como afirma o art.30 da Lei nᵒ 12.846/13, mas suas sanções podem ser cumuladas. Neste sentido, com razão, QUEIROZ, Ronaldo Pinheiro de. Responsabilização judicial da pessoa jurídica na Lei Anticorrupção. *in* SOUZA, Jorge Munhos; QUEIROZ, Ronaldo Pinheiro de. *Lei anticorrupção*. Salvador: Jus Podivm, 2015, p.291 ss, 310 ss. Além do mais, pelo arts.3ᵒ e 6ᵒ da Lei nᵒ 8.429/92, os beneficiários dos atos de improbidade podem ser atingidos; e estes podem ser pessoas jurídicas. NEIVA, José Antonio Lisbôa. *Improbidade administrativa. Op.cit.*, p.36 ss.

processualmente, possuem forte caráter publicístico (podendo ser ajuizadas por órgãos estatais, com restrições à disponibilidade etc.).[33]

A possibilidade de disposição sobre direitos coletivos existe, mas é restrita, pois o próprio direito coletivo não é de todo transacionável. Não obstante, alguns instrumentos legais permitem uma margem de negociação no que tange ao tempo e modo de cumprimento das obrigações legais.[34] Dentre eles, o mais conhecido e utilizado é o termo de ajustamento de conduta (previsto no art. 5º § 6º da Lei nº 7.347/1985).

Existem inúmeras controvérsias doutrinárias a respeito do TAC, sobretudo sobre sua natureza jurídica (se seria transação de direito material ou processual)

---

[33] Alguns entendem que correspondem ao meio termo entre interesses públicos e privados. Neste sentido, Cf.CAPPELLETTI, Mauro. Formazioni sociali e interessi di grupo davanti alla giustizia civile. *Rivista di Diritto Processuale*, vol.30, 1975, p.372; GRINOVER, Ada Pellegrini. A tutela jurisdicional dos interesses difusos. *Revista de Processo*, vol.14, abr., 1979, p.31. A exceção que se faz, dentre os interesses coletivos em sentido amplo, é aos direitos e interesses individuais homogêneos, que possuem titulares identificáveis, objeto divisível e são disponíveis. Cf. MATTOS NETO, Antônio José. Direitos patrimoniais disponíveis e indisponíveis à luz da Lei de Arbitragem. *Revista de Processo*, n.122, abr., 2005, p.151-166.

[34] Parte da doutrina tem relevado a indisponibilidade dos interesses e direitos coletivos. DIDIER JR., Fredie; ZANETI JR., Hermes. *Curso de Direito Processual Civil*. Salvador: Jus Podivm, vol.IV, 9a ed., 2014, p.109-110: "(...) o processo coletivo vem contaminado pela ideia de indisponibilidade do interesse público. Esta indisponibilidade não é, contudo, integral, há uma 'obrigatoriedade temperada com a conveniência e oportunidade'". Para alguns, haveria inclusive possibilidade de uso da arbitragem nestes casos. Cf.GONÇALVES, Eduardo Damião. O papel da arbitragem na tutela dos interesses difusos e coletivos. *in* LEMES, Selma Maria Ferreira; CARMONA, Carlos Alberto; Martins, Pedro Batista (Coord.). *Arbitragem: estudos em homenagem ao Prof. Guido Fernando Silva Soares* in memoriam. São Paulo: Atlas, 2007, p. 155; ROCHA, José de Albuquerque. Lei de Arbitragem. São Paulo: Atlas, 2008, p. 35-36, sem enfrentar o caso dos direitos individuais homogêneos: "A lei de arbitragem, como sabemos, não se refere às matérias indisponíveis, de modo que é preciso uma pesquisa no ordenamento jurídico para saber quais os direitos que classifica como indisponíveis. Diríamos não poderem ser objeto de arbitragem, entre outros, os conflitos envolvendo: (...) (f) interesses difusos, por terem objeto indivisível e sujeitos indetermináveis; entretanto, em princípio, nada obsta a arbitrabilidade dos interesses coletivos, inclusive porque pertencem a grupo social determinado ou determinável etc". No mesmo sentido, inclusive para matéria ambiental, que corresponderia a um direito difuso, Cf.LIMA, Bernardo. *A arbitralidade do dano ambiental*. São Paulo: Atlas, 2010, p.52; ALVES, Rafael Francisco. A arbitragem no Direito Ambiental: a questão da disponibilidade de direitos. *in* SALLES, Carlos Alberto de; SILVA, Solange Teles da; NUSDEO, Ana Maria de Oliveira (Org.). *Processos coletivos e tutela ambiental*. Santos: Leopoldianum, 2006, p. 210-211: "Tomando-se o direito ambiental como uma disciplina jurídica que abrange tanto os direitos difusos e coletivos, quanto os individuais homogêneos e, enfim, os individuais propriamente ditos, como foi feito neste trabalho, é possível dizer que, em tese, a arbitragem pode ser utilizada em conflitos que envolvem os últimos, não pode ser utilizada tendo os dois primeiros como objeto, dada a sua indivisibilidade e indisponibilidade, e quanto ao terceiro, poderá ser utilizada desde que a repercussão social do conflito não chegue ao ponto de justificar a intervenção do Ministério Público". BRAGA, Rodrigo Bernardes. Teoria e prática da arbitragem. Belo Horizonte: Del Rey, 2009, p. 277-278: "(...) Dessa forma, o objeto da arbitragem consistirá em definir certos aspectos da reparação ou compensação, como tempo, modo, lugar e condições de cumprimento da obrigação pelo poluidor, estabelecendo a melhor maneira de restabelecer o equilíbrio ecológico do ambiente agredido ou, não sendo isso possível, a medida de responsabilidade de cada um na produção do resultado danoso ao meio ambiente, o que evidentemente não configura questão coletiva; para resolver conflitos que emergem de acidente ambiental e que atingem a esfera patrimonial de particulares e para solucionar questões relativas ao direito de vizinhança".

e a margem permitida de negociação sobre os direitos ou interesses coletivos.[35] A doutrina majoritária não considera o TAC uma forma de transação, mas um ato administrativo negocial, ao argumento de que, nas ações coletivas, o legitimado extraordinário não é o titular do direito alegado (que tem natureza transindividual) e, portanto, não poderia negociar porque não teria disponibilidade sobre o direito material subjacente.[36]

Não podemos concordar com este entendimento. Parece-nos evidente que há negociação nas ações coletivas no que tange ao modo e ao tempo da reparação do dano coletivo, sempre com vistas à máxima efetividade da tutela destes interesses. Nesse sentido, ainda que indisponíveis em algum grau, este dado não impede a negociação.[37]

5. O NOVO CPC E OS MECANISMOS DE AUTOCOMPOSIÇÃO DOS LITÍGIOS

A ideologia de colaboração já era, há muito tempo, pregada pela literatura processual brasileira, extraída do ordenamento a partir dos princípios processuais da boa-fé, cooperação, contraditório, devido processo legal, dentre outros.[38]

---

35 Sobre o tema, é lapidar a obra de RODRIGUES, Geisa de Assis. *Ação civil pública e termo de ajustamento de conduta*. Rio de Janeiro: Forense, 3ª Ed., 2011.

36 VIGLIAR, José Marcelo Menezes. *Tutela jurisdicional coletiva*. São Paulo: Atlas, 3ª Ed., 2001, p.137. MAZZILLI, Hugo Nigro. *A Defesa dos Interesses Difusos em Juízo*. São Paulo: Saraiva, 22ª Ed., 2009, p. 408: "É, pois, o compromisso de ajustamento de conduta um ato administrativo negocial por meio do qual só o causador do dano se compromete; o órgão público que o toma, a nada se compromete, exceto implicitamente, a não propor ação de conhecimento para pedir aquilo que já está reconhecido no título. Mas mesmo isto não é verdadeira concessão, porque, ainda que o órgão público a nada quisesse obrigar-se, e assim propusesse a ação de conhecimento, vê-la-ia trancada por carência, pois lhe faltaria interesse processual em formular um pedido de conhecimento, se já tem o título executivo". Cf.CARVALHO FILHO, José dos Santos. *Ação Civil Pública*: comentários por artigo. Rio de Janeiro: Lumen Juris, 7a Ed., 2009, p.222: "Podemos, pois, conceituar o dito compromisso como sendo o ato jurídico pelo qual a pessoa, reconhecendo implicitamente que sua conduta ofende interesse público difuso ou coletivo, assume o compromisso de eliminar a ofensa através da adequação de seu comportamento às exigências legais". CARNEIRO. Paulo Cezar Pinheiro. A proteção dos direitos difusos através do compromisso de ajustamento de conduta previsto na lei que disciplina a ação civil pública. In: *Revista da Faculdade de Direito da UERJ*. V. 1, nº 1, 1993, p. 265, conceituando-o como um "reconhecimento de um dever jurídico".

37 DIDIER JR., Fredie; ZANETI JR., Hermes. *Curso de Direito Processual Civil*, vol.IV, *Op.cit.*, p.293 ss.

38 MITIDIERO, Daniel. *Colaboração no processo civil: pressupostos sociais, lógicos e éticos*. São Paulo: RT, 2009, p.101-103; DIDIER JR., Fredie. *Fundamentos do princípio da cooperação no direito processual civil português*. Coimbra: Ed. Coimbra, 2010; CUNHA, Leonardo Carneiro da. "O processo civil no Estado Constitucional e os fundamentos do projeto do novo Código de Processo Civil brasileiro". *Revista de Processo*, v. 209, jul, 2012, p.349-374; CABRAL, Antonio do Passo. "Il principio del contraddittorio come diritto d'influenza e dovere di dibattito", *in Rivista di Diritto Processuale*, Anno LX, nº 2, 2005; *Idem, Nulidades no processo moderno: contraditório, proteção da confiança e validade prima facie dos atos processuais*. Rio de Janeiro: Forense, 2ª Ed., 2010, p.103 ss, 207 ss; NUNES, Dierle José Coelho. "O princípio do contraditório: uma garantia de influência e não surpresa", *in* DIDIER JR., Fredie e JORDÃO, Eduardo Ferreira (Coord.). *Teoria do processo: panorama doutrinário mundial*. Salvador: JusPodivm, 2007; OLIVEIRA, Carlos Alberto Alvaro. "A garantia do contraditório", *in Revista Forense*, vol. 346, abr.-jun. 1999; *Idem, Do formalismo no processo civil*. 2ª ed., São Paulo: Saraiva, 2001.

Mas toda essa elaboração teórica desenvolveu bases científicas que impactaram a tramitação legislativa do novo CPC. Com efeito, o novo Código reforçou os mecanismos de autocomposição, incentivando as soluções cooperativas (art. 6º) e negociadas (art.3º, §§ 2º e 3º); positivou diversas disposições sobre conciliação e mediação nos tribunais (arts. 165 a 175); impôs ao juiz deveres de estímulo à autocomposição (139, V); criou uma audiência de conciliação ou mediação (art. 334), posicionando os atos de defesa para um momento posterior (art. 335).

O novel Código de Processo Civil não só manteve a disposição equivalente ao art. 158 do CPC de 1973, reproduzida no art. 200 (referente a uma cláusula geral de negociação processual), como também reproduziu acordos já previstos há décadas na legislação processual brasileira: eleição de foro (art. 63); suspensão convencional do processo (art. 313, II), convenção sobre distribuição do ônus da prova (art. 373 §§ 3º e 4º), dentre outras. Além disso, ampliou os negócios processuais típicos. P.ex., instituiu o calendário processual (art. 191), permitiu a redução convencionada de prazos peremptórios) e ainda introduziu uma *cláusula geral* de convenções processuais (art. 190).

Essa ideologia claramente incentivadora das soluções negociais, parece-nos sinalizar para uma ampliação cada vez maior dos espaços de convencionalidade nas ações civis públicas, não só em relação ao direito coletivo, mas também no que tange ao processo coletivo.

6. A DIFERENÇA ENTRE NEGÓCIOS PROCESSUAIS E NEGÓCIOS DE DIREITO MATERIAL. A INDISPONIBILIDADE DO DIREITO NÃO IMPEDE A NEGOCIAÇÃO SOBRE O PROCESSO

Pois bem, ainda que haja restrições no que tange à disponibilidade sobre os direitos materiais, vimos que existe alguma margem para autocomposição. De fato, tanto no processo civil das causas do Estado, quanto no processo sancionador, e até mesmo no processo penal, há possibilidade de celebração de negócios que representam algum grau de disposição sobre os direitos materiais envolvidos, mesmo em campos de forte presença de interesse público. O mesmo acontece nos termos (ou compromissos) de ajustamento de conduta nas ações coletivas e, em nosso sentir, também nas ações de improbidade administrativa. Essa permeabilidade para os acordos existe hoje e deverá ser certamente alargada pela influência da normativa do novo CPC.

Todavia, essa constatação não seria sequer necessária para que investiguemos a admissibilidade de acordos processuais em causas desta natureza. Se a convencionalidade é reconhecida no processo penal e sancionador, no processo civil de interesse público e nas ações coletivas, até mesmo para dispor dos interesses substanciais, entendemos que não deva haver óbice apriorístico para a negociação *em matéria processual*.

Em se tratando de convenções atinentes a direitos processuais ou ao procedimento, não há propriamente a disposição de direitos materiais da coletividade. A disposição de direito processual não tem como reflexo necessário a mitigação do direito material cuja tutela é pretendida na relação jurídica processual. As convenções, por exemplo, que alteram a forma da citação, ou os negócios que renunciam previamente a certos tipos de recurso ou meios de prova, não versam sobre o direito material, embora possam, é verdade, impactar a solução final do processo em relação a eles.

Por este motivo, a indisponibilidade sobre o direito material não leva necessariamente à indisponibilidade sobre as situações jurídicas processuais, até porque a convenção processual pode reforçar a proteção que o ordenamento jurídico atribui aos bens com algum grau de indisponibilidade. Imaginemos numa demanda em que figure um incapaz, ou numa ação coletiva: caso o MP ou outro legitimado extraordinário firme convenção processual para fixar um foro competente que seja mais eficiente para a colheita da prova ou que importe em maior proximidade geográfica com a comunidade lesada; ou um acordo para ampliar os prazos que possui para praticar atos do processo; ou uma convenção que amplie os meios de prova, ou que facilitem o acesso à justiça do incapaz. Enfim, os exemplos são inúmeros e mostram que, mesmo em processos com alguma indisponibilidade, são possíveis.

Neste sentido, foi editado o enunciado nº 135 do Fórum Permanente de Processualistas Civis: "A indisponibilidade do direito material não impede, por si só, a celebração de negócio jurídico processual".

7. A RESOLUÇÃO Nº 118/2014 DO CONSELHO NACIONAL DO MINISTÉRIO PÚBLICO

Nesse cenário de evidente tendência de fortalecimento da cooperação, da consensualidade e dos negócios, tanto de direito material quanto de direito processual, o Conselho Nacional do Ministério Público, em demonstração de estar na vanguarda desta temática no Brasil, editou, em dezembro de 2014, a resolução nº 118, referente aos mecanismos de autocomposição no âmbito do Ministério Público brasileiro.

A crise de sobrecarga nos serviços judiciários, que já tinha levado o Conselho Nacional de Justiça a editar resolução similar (Res. 125/2010), inspirou o Ministério Público a buscar também programas e ações efetivas no que tange à prevenção, resolução e pacificação de litígios de maneira extrajudicial, com mais celeridade e economia de recursos.

Desde os seus consideranda, passando pelas suas disposições específicas, a resolução reconhece que a adoção e o desenvolvimento de mecanismos de autocomposição pacífica dos conflitos é uma tendência mundial, decorrente do fomento a uma cultura de participação, diálogo, consenso e paz; destaca que o acesso à Justiça incorpora também a possibilidade de manejar outros mecanismos e meios autocompositivos de resolução dos conflitos e controvérsias, que podem ser utilizados pelo Ministério Público como garantia de proteção e de efetivação de direitos e interesses de repercussão social, mesmo que sejam indisponíveis; afirma que a autocomposição pode reduzir a litigiosidade mesmo nas causas do processo civil de interesse público (controvérsias envolvendo o Estado e também nas ações coletivas); ressalta que os meios autocompositivos levam ao empoderamento das partes na solução dos conflitos, diminuindo as relações de dependência do indivíduo em relação ao Estado (art. 2º); invoca como base normativa para a negociação tanto regras legais do direito penal como do direito processual civil; e determina que deve ser uma política pública estimular, apoiar e difundir a sistematização e o aprimoramento das práticas já existentes, consolidando-as, bem assim ampliar e aperfeiçoar o uso dos mecanismos de autocomposição no âmbito do MP (arts. 1º e 4º).[39]

No seu art. 1º, parágrafo único, a resolução atribui ao MP o dever de implementar e adotar mecanismos de autocomposição, bem assim prestar atendimento e orientação ao cidadão sobre tais mecanismos. Em diversos dispositivos, a norma possibilita ao CNMP e a todos os órgãos e unidades do Ministério Público a realização de pesquisas e controle de metas, mapeamento de difusão de boas práticas, disponibilização de cursos de capacitação e treinamento, a promoção de publicações científicas e voltadas à *praxis* institucional. Determina, por outro lado, a inclusão de conteúdo sobre os meios de autocomposição nos concursos de ingresso na carreira, e a criação e manutenção de núcleos permanentes de incentivo à autocomposição (arts. 6º e 7º).[40]

Dentre as diversas espécies de atividades e métodos de autocomposição, a resolução destaca a negociação (art. 8º), a mediação (arts. 9º e 10), a conciliação (arts. 11 e 12), as práticas restaurativas (art. 13 e 14) e, no que mais nos interessa, as convenções processuais, citadas juntamente com os outros tipos de mecanismos autocompositivos nos arts. 6º, IV e V, e 7º, e disciplinadas com maior detalhamento na Seção V, nos arts. 15 a 17.

---

39   A resolução estimula ainda que essas iniciativas sejam feitas por meio de convênios e consórcios com outras instituições. Assim, foi elaborado, pelo CNMP, em parceria com a ENAM/SJR/MJ, o "Manual de Negociação e Mediação" para membros do Ministério Público, que tem como objetivo orientar a atuação acercas das práticas autocompositivas.

40   Estes núcleos deverão ser compostos por membros. Insta salientar que o Ministério Público do Estado do Acre foi pioneiro na implementação da resolução. Com vistas de incentivar os mecanismos autocompositivos e reduzir a judicialização de processos, instituiu o Núcleo Permanente de Incentivo à Autocomposição (Ato do PGJ nº 7/2015, publicado no D.O do Estado do Acre em 12 de fevereiro de 2015). No seu art.3º, parágrafo único, incisos IX e X, o ato administrativo também remete às convenções processuais.

Sem embargo, a resolução, em seu o art. 16, autoriza o membro do Ministério Público, nos limites do ordenamento jurídico, a celebrar acordos de natureza processual. Para além do direito material, o MP poderá convencionar com vistas a constituir, modificar ou extinguir situações jurídicas processuais. E poderá fazê-lo em qualquer fase da investigação ou durante o processo, isto é, poderá celebrar convenções processuais prévias ou incidentais.

No art. 15, a resolução recomenda o uso das convenções processuais quando o procedimento tiver que ser adaptado ou flexibilizado para permitir adequada e efetiva tutela jurisdicional aos interesses materiais subjacentes, bem assim quando permitir resguardar o âmbito de proteção dos direitos fundamentais processuais relacionados com o acordo.

Em seguida, no art. 17, a resolução nº 118 dispõe que as convenções processuais devem ser celebradas de maneira dialogal e colaborativa, com o objetivo de restaurar a convivência harmônica entre os envolvidos, promovendo a pacificação do conflito.

O mesmo art. 17 afirma que as convenções processuais podem ser inseridas e documentadas em cláusulas de termo de ajustamento de conduta. Segue-se, portanto, não só a tendência de ampliação da convencionalidade na tutela coletiva, mas também se pode visualizar um evidente avanço nos instrumentos de atuação do MP, com uma previsão expressa de inclusão no TAC de acordos em matéria processual.

Por todo o exposto, inúmeras convenções processuais podem e devem ser utilizadas pelos membros do MP em termos de ajustamento de conduta, de maneira a flexibilizar o procedimento e imprimir eficiência à implementação dos direitos coletivos. Acordos em matéria de competência, convenções probatórias (sobre os meios de prova, sobre o ônus da prova), sobre a duração do processo (calendário, p.ex.), acerca dos recursos (renúncia convencionada a meios de impugnação), acordos em execução (sobre os meios executivos, p.ex.), enfim, cada um deles exigiria um esforço próprio e um artigo específico. Aqui queremos apenas sugerir as inúmeras alternativas de aplicação do instituto.

8. CONCLUSÃO

A resolução nº 118/2014 do CNMP é hoje a única norma vigente no ordenamento brasileiro que expressamente remete às convenções processuais.[41] Ficam aqui nossos efusivos parabéns ao CNMP e todos os seus conselheiros. Como se

---

41 De fato, trata-se de norma, embora de origem administrativa. Além disso, se é verdade que as convenções processuais sempre puderam ser praticadas com base no art.158 do CPC de 1973, aquele dispositivo

pôde ver, ainda que brevemente, a resolução é inovadora e vem na esteira das mais atuais tendências de favorecimento dos meios autocompositivos de solução de conflitos em todo o mundo, seguindo a orientação de décadas do ordenamento brasileiro de permitir convencionalidade mesmo em espaços de direito público. Além disso, não se limitou a mencionar acordos sobre o direito material, já previstos na legislação; mesmo antes do novo Código de Processo Civil entrar em vigor, o CNMP se antecipou e avançou no tema das convenções processuais.

A possibilidades de utilização dos acordos em matéria processual pelo MP são muitas, e caberá agora à doutrina e aos Procuradores e Promotores de todo o país o desenvolvimento de boas práticas que permitam explorar esta "nova fronteira" do direito processual e extrair desses mecanismos o melhor resultado prático para a defesa dos interesses coletivos e sociais relevantes.

9. BIBLIOGRAFIA

ALVES, Rafael Francisco. A arbitragem no Direito Ambiental: a questão da disponibilidade de direitos. *in* SALLES, Carlos Alberto de; SILVA, Solange Teles da; NUSDEO, Ana Maria de Oliveira (Org.). *Processos coletivos e tutela ambiental.* Santos: Leopoldianum, 2006.

ANDRADE, Manuel Costa. *Consentimento e acordo no direito penal: contributo para a fundamentação de um paradigma dualista.* Coimbra: Coimbra ed., 1991, p.382 ss.

BRAGA, Rodrigo Bernardes. *Teoria e prática da arbitragem.* Belo Horizonte: Del Rey, 2009.

BUNSEN, Friedrich. *Lehrbuch des deutschen Civilprozeßrechts.* Berlin: Guttenlag, 1900.

CABRAL, Antonio do Passo. "Il principio del contraddittorio come diritto d'influenza e dovere di dibattito", *in Rivista di Diritto Processuale*, Anno LX, nº 2, 2005.

_____. *Nulidades no processo moderno: contraditório, proteção da confiança e validade* prima facie *dos atos processuais.* Rio de Janeiro: Forense, 2ª Ed., 2010.

_____. O valor mínimo da indenização cível fixado na sentença condenatória penal: notas sobre o novo art.387, IV do CPP. *in Revista Forense*, vol.105, 2009.

CADIET, Loïc. Ordre concurrentiel et justice. *in L´ordre concurrentiel: Mélanges en l´honneur d´Antoine Pirovano.* Paris: Frison-Roche, 2003.

---

não mencionava *expressamente* os acordos ou convenções processuais. É antes uma disposição mais genérica, que abarca também os negócios jurídicos unilaterais.

CAILLOSSE, Jacques. Interrogations méthodologiques sur le ´tournant´contractuel de l´action publique: les contrats publiques entre théorie juridique et sciences de l´administration. *in* CLAMOUR, Guylain; UBAUD-BERGERON, Marion (Org.). *Contrats Publics. Mélanges en l´honneur du Professeur Michel Guibal.* Montpele lier: Presse de la Faculté de Droit, vol. II, 2006.

CAPPELLETTI, Mauro. Formazioni sociali e interessi di grupo davanti alla giustizia civile. *Rivista di Diritto Processuale*, vol.30, 1975.

CARNEIRO. Paulo Cezar Pinheiro. A proteção dos direitos difusos através do compromisso de ajustamento de conduta previsto na lei que disciplina a ação civil pública. In: *Revista da Faculdade de Direito da UERJ.* V. 1, no 1, 1993.

CARNELUTTI, Francesco. *Contratto e diritto pubblico, in Studi in onore di Alfredo Ascoli.* Messina: Giuseppe Principato, 1931.

CARTIER, Marie-Elisabeth. Les modes alternatifs de règlement des conflits en matière pénale. *Revue Générale des Procédures*, 1998.

CARVALHO FILHO, José dos Santos. *Ação Civil Pública:* comentários por artigo. Rio de Janeiro: Lumen Juris, 7ª Ed., 2009.

CHASSAGNARD-PINET, Sandrine; HIEZ, David. Le système juridique français à l´ère de la contractualisation, *in* CHASSAGNARD-PINET, Sandrine; HIEZ, David. *La contractualisation de la production normative.* Paris: Dalloz, 2008.

CHEMIN, Anne. Le rapport sur la "justice de proximité": des propositions "fáciles à mettre en oeuvre". *Le Monde*, 26.02.1994.

CHIAVARIO, Mario. La justice négociée: une problématique à construire. *Archives de Politique Criminelle*, n.15, 1993.

_____. Les modes alternatifs de règlement des conflits en droit pénal. *Revue Internationale de Droit Comparé*, ano 49, n.2, abr-jun, 1997.

CUNHA, Leonardo Carneiro da. "O processo civil no Estado Constitucional e os fundamentos do projeto do novo Código de Processo Civil brasileiro". *Revista de Processo*, v. 209, jul, 2012.

DE LAMY, Bertrand. Procédure et procédés (propos critiques sur la contractualisation de la procedure penale), *in* CHASSAGNARD-PINET, Sandrine; HIEZ, David. *Approche critique de la contractualisation.* Paris: LGDJ, 2007.

DIAS, Jorge de Figueiredo. *Acordos sobre a sentença em processo penal:* o "fim" do Estado de Direito ou um novo *"princípio"?* O Porto: Conselho Distrital do Porto, 2011.

DIDIER JR., Fredie. *Fundamentos do princípio da cooperação no direito processual civil português.* Coimbra: Ed. Coimbra, 2010.

DIDIER JR., Fredie; ZANETI JR., Hermes. *Curso de Direito Processual Civil*. Salvador: Jus Podivm, vol.IV, 9ª ed., 2014.

DUCAROUGE, Françoise. Le juge administratif et les modes alternatifs de règlement des conflits: transaction, médiation, conciliation et arbitrage en droit public français. *Revue Française de Droit Administratif*, n.1, jan-fev, 1996.

FIDALGO, Carolina Barros; CANETTI, Rafaela Coutinho. Os acordos de leniência na Lei de Combate à Corrupção. *in* SOUZA, Jorge Munhos; QUEIROZ, Ronaldo Pinheiro de. *Lei anticorrupção*. Salvador: Jus Podivm, 2015.

GAUDIN, Jean-Pierre (Org). *La negociation des politiques contractuelles*. Paris: L´Harmattan, 1996.

GOMES JR., Luiz Manoel; FAVRETO, Rogério. *in* GAJARDONI, Fernando da Fonseca *et alii* (Org.). *Comentários à Lei de Improbidade Administrativa*. São Paulo: RT, 3ª Ed., 2012, p.317 ss.

GONÇALVES, Eduardo Damião. O papel da arbitragem na tutela dos interesses difusos e coletivos. *in* LEMES, Selma Maria Ferreira; CARMONA, Carlos Alberto; Martins, Pedro Batista (Coord.). *Arbitragem: estudos em homenagem ao Prof. Guido Fernando Silva Soares* in memoriam. São Paulo: Atlas, 2007.

GRINOVER, Ada Pellegrini. A tutela jurisdicional dos interesses difusos. *Revista de Processo*, vol.14, abr., 1979.

GROMITSARIS, Athanasios. Kontratualisierung im öffentlichen Recht. *Jahrbuch des öffentlichen Rechts*, vol.57, 2009.

JELLINEK, Georg. *System der subjektiven öffentlichen Rechte*. Freiburg im Breisgau: J.C.B. Mohr, 1912.

KOHLER, Josef. Ueber processrechtliche Verträge und Creationen. *in Gesammelte Beiträge zum Civilprozess*. Berlin: Carl Heymanns, 1894.

LEONE, Giovanni. *Lineamenti di diritto processuale penale*. Napoli: Pipola, 1954.

LIMA, Bernardo. *A arbitralidade do dano ambiental*. São Paulo: Atlas, 2010.

MATTOS NETO, Antônio José. Direitos patrimoniais disponíveis e indisponíveis à luz da Lei de Arbitragem. *Revista de Processo*, n.122, abr., 2005.

MAURER, Hartmut. *Allgemeines Verwaltungsrecht*. München: C.H. Beck, 16ª ed., 2006.

MAZZILLI, Hugo Nigro. *A Defesa dos Interesses Difusos em Juízo*. São Paulo: Saraiva, 22ª Ed., 2009.

McTHENIA, Andrew W.; SHAFFER, Terry L. For reconciliation, *in Yale Law Journal*, n.94, 1985.

MITIDIERO, Daniel. *Colaboração no processo civil: pressupostos sociais, lógicos e éticos*. São Paulo: RT, 2009.

NEIVA, José Antonio Lisbôa. *Improbidade administrativa*. Niterói: Impetus, 2009.

NUNES, Dierle José Coelho. "O princípio do contraditório: uma garantia de influência e não surpresa", *in* DIDIER JR., Fredie; JORDÃO, Eduardo Ferreira (Coord.). *Teoria do processo: panorama doutrinário mundial*. Salvador: JusPodivm, 2007.

OLIVEIRA, Carlos Alberto Alvaro. "A garantia do contraditório", *in Revista Forense*, vol. 346, abr.-jun. 1999.

_____. *Do formalismo no processo civil*. 2ª ed., São Paulo: Saraiva, 2001.

PETERS, Julia. *Urteilsabsprachen im Strafprozess: Die deutsche Regelung im Vergleich mit Entwicklungen in England & Wales, Frankreich und Polen*. Göttingen: Universitätsverlag, 2011.

PIERANGELLI, José Henrique. *Consentimento do ofendido na teoria do delito*. São Paulo: RT, 1989.

PIN, Xavier. *Le consentement en matière pénale*. Paris: LGDJ, 2002.

PRADO, Geraldo. Justiça penal consensual, *in Diálogos sobre a justiça dialogal. Teses e antíteses sobre os processos de informalização e privatização da justiça penal*. Rio de Janeiro: Lumen Juris, 2002.

QUEIROZ, Ronaldo Pinheiro de. Responsabilização judicial da pessoa jurídica na Lei Anticorrupção. *in* SOUZA, Jorge Munhos; QUEIROZ, Ronaldo Pinheiro de. *Lei anticorrupção*. Salvador: JusPodivm, 2015.

RAISER, Ludwig. Vertragsfreiheit heute, *Juristen Zeitung*, ano 13, nº 1, jan., 1958, p. 1.

ROCHA, José de Albuquerque. *Lei de Arbitragem*. São Paulo: Atlas, 2008.

RODRIGUES, Geisa de Assis. *Ação civil pública e termo de ajustamento de conduta*. Rio de Janeiro: Forense, 3ª Ed., 2011.

RODRÍGUEZ GARCÍA, Nicolás. *El consenso en el proceso penal español*. Barcelona: Bosch, 1997.

ROQUE, Andre Vasconcelos. A arbitragem de dissídios individuais no Direito do Trabalho: uma proposta de sistematização. Revista Fórum Trabalhista, vol. 1, nº 2, set-out., 2012.

_____. A evolução da arbitrabilidade objetiva no Brasil: tendências e perspectivas. *Revista de Arbitragem e Mediação*, n.33, abr-jun, 2012.

SALVAGE, Philippe. Le consentement en droit pénal, *in Revue de Science Criminelle*, 1991.

SATTA, Salvatore. *Contributo alla dottrina dell'arbitrato*. Milano: Vita e Pensiero, 1931.

SAVIGNY, Friedrich Carl. *Das Obligationenrecht als Theil des heutigen Römischen Rechts*. Berlin: Veit & Comp., vol.II, 1853.

TRIMARCHI, Vicenzo Michele. Accordo (teoria generale). *Enciclopedia del Diritto*. Milano: Giuffré, vol.I, 1958.

TULKENS, Françoise; VAN DER KERCHOVE, Michel. La justice pénale: justice impose, justice participative, justice consensuelle ou justice négociée?, *in Revue de Droit Pénal et de Criminologie*, 1996.

TUPINAMBÁ, Carolina. *Garantias do Processo do Trabalho*. São Paulo: LTr, 2014.

VAN DER KERCHOVE, Michel. *Contractualisation de la justice pénale ou justice pénale contractuelle, in* CHASSAGNARD-PINET, Sandrine; HIEZ, David. *La contractualisation de la production normative*. Paris: Dalloz, 2008.

VIGLIAR, José Marcelo Menezes. *Tutela jurisdicional coletiva*. São Paulo: Atlas, 3ª Ed., 2001.

WOLFF, Hans J.; BACHOF, Otto; STOBER, Rolf. *Verwaltungsrecht*. München: C.H.Beck, vol. II, 6ª Ed., 2000.

CAPÍTULO 9

O Ministério Público, o novo CPC e o negócio jurídico processual

Marcos Stefani[1]

SUMÁRIO: 1. O CPC DE 2015, A AUTONOMIA PRIVADA E A AUTONOMIA PÚBLICA; 2. OS LIMITES DA AUTONOMIA PRIVADA (DO PODER JURÍGENO); 3. O NEGÓCIO JURÍDICO COMO FONTE DE NORMAS PROCESSUAIS E PROCEDIMENTAIS; 4. NEGÓCIOS TÍPICOS E A CLÁUSULA GERAL DE NEGÓCIOS ATÍPICOS; 5. O NEGÓCIO JURÍDICO PROCESSUAL E O MINISTÉRIO PÚBLICO INTERVENIENTE; 6. O MINISTÉRIO PÚBLICO AGENTE E O NEGÓCIO JURÍDICO PROCESSUAL; 7. CONSIDERAÇÕES FINAIS; 8. REFERÊNCIAS BIBLIOGRÁFICAS

1. O CPC DE 2015, A AUTONOMIA PRIVADA E A AUTONOMIA PÚBLICA

"A autonomia privada significa o espaço livre que o ordenamento estatal deixa ao poder jurídico dos particulares, uma verdadeira esfera de atuação com eficácia jurídica, reconhecendo que, tratando-se de relações de direito privado, são os particulares os melhores a saber de seus interesses e da melhor forma de regulá-los juridicamente" (*Direito Civil: introdução*, 4ª ed., Rio de Janeiro: Renovar, 2002, p. 340).

O CPC de 2015 tem como uma de suas características mais marcantes o fato de ampliar, significativamente, o espaço da autonomia privada, que sempre foi muito restrito no âmbito processual.

A *publicização* sofrida pelo processo civil está relacionada ao fato de ter se tornado amplamente dominante o entendimento segundo o qual ele pertence ao ramo do direito público, considerando que o Estado-Jurisdição é parte da relação jurídica processual.

Por isso, as partes interessadas (ou parciais) da relação processual sempre tiveram um reduzidíssimo poder de regular, por suas próprias vontades, o procedimento, o rito processual.

De fato, sempre prevaleceu o entendimento segundo o qual o procedimento deve ser disciplinado por normas cogentes, obrigatórias, de tal forma que era indiferente a manifestação de vontade das partes, considerando a prevalência do rito estabelecido em lei.

---

1. Promotor de Justiça. Doutor e Mestre em Direitos Difusos pela PUC/SP. Mestre em Processo Civil pela PUC/Campinas. Professor do Mackenzie e da FACAMP.

Assim, pouco espaço existia para a autorregularão do procedimento, ou seja, para que as partes dispusessem sobre a ordem e a sequência dos atos processuais, dentre outros aspectos.

Por isso, no campo processual, a autonomia privada, conceituada por Francisco Amaral (2002, p. 335) como "o poder que os particulares têm de regular, pelo exercício de sua própria vontade, as relações de que participam, estabelecendo-lhe o conteúdo e a respectiva disciplina jurídica", era muito restrita em relação às normas processuais e procedimentais.

Como bem destaca Francisco Amaral (2002, p. 336), "a autonomia privada constitui-se em um dos princípios fundamentais do sistema de direito privado num reconhecimento da existência de um âmbito particular de atuação com eficácia normativa".

No nosso entender, era necessário, de fato, ampliar o campo da autonomia privada no processo para que as partes possam celebrar acordos também quanto ao processo. Até o CPC de 2015, a liberdade era ampla perante o juízo arbitral e extremamente restrita em relação ao processo judicial.

A Lei da Arbitragem (Lei nº 9.307/96), em seu art. 21, como se sabe, consigna que a arbitragem obedecerá ao procedimento estabelecido pelas partes, que também podem delegar ao próprio árbitro, ou ao tribunal arbitral, regular o procedimento. É só na falta de estipulação das partes que o julgador regula o procedimento.

O importante é que o juiz tenha, sempre, o poder de verificar o respeito aos princípios do devido processo legal e que as partes tenham meios para garantir a sua observância.

É absolutamente desejável que se dê às partes o poder de estipular mudanças no procedimento, bem como convencionar sobre os seus ônus, poderes e faculdades processuais, antes ou durante o processo, conforme estabelece o art. 190 do CPC de 2015.

A regra é salutar, especialmente pelo fato de se dar ao juiz o poder de agir de ofício ou a requerimento para controlar a validade das convenções, em relação aos planos da existência, validade e eficácia. Cabe, de fato, estar atento à possível nulidade, inserção abusiva em contrato de adesão e, especialmente, situações de vulnerabilidade.

Estamos convencidos de que nada justifica que as partes não tenham liberdade para dispor sobre o procedimento judicial. Já era o momento de maior autonomia privada, assim definida por Francisco Amaral (2002, p. 336): "Sob o ponto de vista técnico, que revela a importância prática do princípio, a autonomia privada funciona como verdadeiro poder jurídico particular de criar, modificar ou extinguir situações jurídicas próprias ou de outrem".

A autonomia pública, que, segundo Francisco Amaral (2002, p. 337), é "um poder atribuído ao Estado, ou a seus órgãos, de criar direito nos limites de sua competência, para proteção dos interesses fundamentais da sociedade", deve conviver com os espaços de autonomia privada.

2. OS LIMITES DA AUTONOMIA PRIVADA (DO PODER JURÍGENO)

Qual é o poder jurígeno das partes quando se pensa na relação jurídica processual? É evidente que não pode ser absoluto.

Por isso, cabe ao juiz controlar a validade das convenções sobre o procedimento e sobre os ônus, poderes e faculdades processuais, bem como as partes têm que dispor de mecanismos para questionar a validade dos mencionados acordos.

Como bem destaca Francisco Amaral (2002, p. 337), "os limites da autonomia privada são a ordem pública e os bons costumes. Ordem pública como conjunto de normas jurídicas que regulam e protegem os interesses fundamentais da sociedade e do Estado e as que, no direito privado, estabelecem as bases jurídicas fundamentais da ordem econômica. E bons costumes como o conjunto de regras morais que formam a mentalidade de um provo e que se expressam em princípios como o da lealdade contratual, da proibição de lenocínio, dos contratos matrimoniais, do jogo etc."

Observados os limites, porém, a flexibilização procedimental pode ser uma importante técnica a serviço de uma melhor prestação jurisdicional.

3. O NEGÓCIO JURÍDICO COMO FONTE DE NORMAS PROCESSUAIS E PROCEDIMENTAIS

Várias teorias já foram desenvolvidas para explicar a natureza jurídica do processo, dividindo-se em dois grandes grupos: as concepções privatistas, que dão ao processo um caráter de direito privado, e as concepções que situam o processo no ramo do direito público.

Podemos dizer que cinco teorias principais já foram expostas para explicar a natureza jurídica do processo:

a) O processo como contrato (teoria contratual): é a teoria mais antiga, que afirmava a existência de uma relação contratual entre autor e réu, pela qual ambos assumiam o compromisso de participar e de acatar o julgamento. Portanto, o processo tinha por pressuposto a *litis contestatio*, que, no dizer de José Rogério

Cruz e Tucci e Luiz Carlos de Azevedo (1996, p. 100), tinha como "escopo primordial o de fixar o ponto ou os pontos litigiosos da questão, definindo os lindes da sentença a ser proferida pelo *iudex* e obrigando os litigantes a respeitá-la". A visão contratualista acabou superada, por haver um componente publicístico envolvido na prestação jurisdicional;

b) O processo como um *quase-contrato*. Já ciente das dificuldades da teoria contratual, desenvolve-se uma nova explicação para o processo, atribuindo-se um novo significado à *litis contestatio*. Explica Eduardo Couture (1946, p. 93) que, "como esta não apresenta nem o caráter de um contrato, posto que o consentimento das partes não é inteiramente livre, posto que o litigando nada mais faz do que usar de um direito seu, longe de violar os de outros, os autores alemães atribuem-lhe o caráter de um quase-contrato". Trata-se de explicação que também peca pelo "excesso privatístico".

c) O processo como *relação jurídica* (relação jurídica processual). Atribui-se a Muther a afirmação do caráter público do processo. Oskar von Büllow vai demonstrar, mais tarde, a autonomia da relação processual. A partir do momento que a doutrina passa a afirmar a existência de uma relação jurídica processual autônoma e distinta da relação jurídica de direito material, e defende que essa relação jurídica é integrada pelo Estado, há superação das teses privatistas.

Referida explicação se popularizou e, talvez, tenha sido levada ao extremo. Mas é inegável que o processo não pode ser situado exclusivamente no direito privado.

d) O processo como *situação jurídica*. Atribui-se essa teoria a James Goldschmidt, que nega a existência de uma relação jurídica entre as partes e o juiz. Explica Eduardo Couture (1946, p. 97) que "o processo, segundo esta teoria, não é relação, mas situações, ou seja, é o estado de uma pessoa sob o ponto de vista da sentença judicial, a qual é esperada de acordo com as normas jurídicas". Galeno Lacerda (2006, p. 29) complementa: "O que existe, na verdade, são situações jurídicas dentro do processo, de pendência, de expectativa, de ônus. Expectativa de sentença favorável; ônus, no sentido de prejuízo se o ato não for praticado no interesse da própria parte, por ela mesma; pendência, porque a situação jurídica é fluida. A única relação jurídica que Goldschmidt reconhece nesta realidade nova que é o processo é uma relação jurídica de direito público, de direito administrativo, de função. É a que vincula o juiz ao Estado. O juiz é um funcionário do Estado, que cumpre suas obrigações, com seus deveres funcionais, em virtude de uma relação de direito público, de direito administrativo, decorrente do exercício da função pública. Não haveria, portanto, uma relação jurídica entre as partes e o juiz, mas apenas entre o juiz e o Estado, resultante da função pública".

O grande mérito da teoria da situação jurídica é pôr em relevo as situações de ônus que existem na relação jurídica processual. Além disso, ela evidenciou que é inadmissível a ideia de que no processo existe uma única relação jurídica.

e) O processo como *instituição* (tese institucionalista do processo). Desenvolvida por Jaime Guasp. Galeno Lacerda (2006, p. 31-32) anota que "a teoria institucionalista do processo não derroga a teoria da relação jurídica processual. Ela constitui um simples complemento, uma simples visão nova de perspectiva, e, em certo sentido, ela é integradora da concepção do processo como relação jurídica. Segundo esta concepção, cria-se uma instituição no mundo jurídico sempre que determinado número de pessoas se congregar em torno de um objetivo, de uma ideia-fim. Portanto, é uma concepção teleológica do direito, finalística, é uma concepção que destaca a meta de determinada realidade social no campo do direito".

Predomina o entendimento no sentido de que o processo tem a natureza de uma relação jurídica processual que se constitui e que se desenvolve no tempo.

Foi exatamente o estudo dos pressupostos processuais e a demonstração de que o processo tem a natureza de uma relação jurídica diversa da relação jurídica material que propiciou o desenvolvimento da ciência processual, uma das mais novas ciências dentre as ciências jurídicas.

Porém, a teoria predominante invariavelmente acaba sendo levada ao extremo. Parece que foi o que aconteceu, pois o publicismo é muito acentuado no direito processual civil brasileiro atual. Sufoca a autonomia das partes e impede seja o procedimento adaptado às peculiaridades da causa.

Como bem observa José Roberto dos Santos Bedaque (2006, p. 457), "a teoria da relação jurídica processual constitui marco importantíssimo na evolução desse ramo do Direito, na medida em que contribuiu para revelar sua autonomia. Antes de tudo, porém, *processo* é método de solução de controvérsias. Se a ideia de *relação jurídica* ajuda a compreender o relacionamento existente entre autor, juiz e réu, excessivo apego a ela acaba comprometendo o escopo desse procedimento estatal. Por isso, as exigências pertinentes à regularidade do processo não podem ser vistas como essenciais à própria concepção do fenômeno. Passemos a pensar o processo como um método imaginado pelo legislador a fim de que a jurisdição possa eliminar as crises de direito material".

De fato, nunca se deve esquecer de que o processo é método para a solução do litígio. E que não há uma única relação jurídica, de direito público, no processo. São várias as relações jurídicas que se formam, impondo ônus, poderes, deveres e faculdades aos sujeitos que participam do contraditório.

Concordamos com Jaime Guasp (1968, t. 1, p. 21), quando o festejado autor afirma que no processo existem verdadeiramente deveres e direitos jurídicos.

Se, apesar deles, se rechaça a doutrina da relação jurídica processual, não é por sua inexatidão, mas por sua insuficiência; pois havendo no processo mais de uma correlação de direitos e deveres jurídicos há mais de uma relação jurídica e, portanto, não se pode falar sinteticamente de relação jurídica processual. A multiplicidade de relações jurídicas deve reconduzir-se a uma unidade superior, que não se obtém com a mera fórmula da relação jurídica complexa, se se quer falar com precisão da natureza jurídica do processo. Tal unidade é proporcionada, satisfatoriamente, pela figura da instituição.

Ainda segundo o catedrático da Faculdade de Direito da Universidade de Madrid (1968, t. 1, p. 22), a instituição é um conjunto de atividades relacionadas entre si pelo vínculo de uma ideia comum e objetiva. Essa ideia comum e objetiva que se observa no processo é a de satisfação de uma pretensão. Assim, a instituição jurídica processual se acha, pois, integrada por uma pluralidade de relações jurídicas e não somente por uma relação.

Referidas conclusões ajudam a entender a necessidade de se reduzir o publicismo que tem orientado o processo civil brasileiro. Não se pode reduzir de forma drástica a autonomia das partes e a possibilidade de autoregulação do procedimento.

É o momento de aceitarmos, portanto, que a lei não é a única fonte das normas processuais. Também o negócio jurídico processual é fonte das normas processuais, especialmente para que as partes possam, por meio do negócio jurídico, obter efeitos jurídicos que desejam.

Ocorre que, conforme ensina Francisco Amaral (2002, p. 359), "por negócio jurídico deve-se entender a declaração de vontade privada destinada a produzir efeitos que o agente pretende e o direito reconhece. Tais efeitos são a constituição, modificação ou extinção de relações jurídicas, de modo vinculante, obrigatório para as partes intervenientes".

O negócio jurídico, portanto, tem eficácia normativa. E agora também sobre o procedimento.

Conforme Antônio Junqueira Azevedo (2002, p. 16), "negócio jurídico é todo fato jurídico consistente em declaração de vontade, a que o ordenamento jurídico atribui os efeitos designados como queridos, respeitados os pressupostos de existência, validade e eficácia impostos pela norma jurídica que sobre ele incide".

Cresce a importância de se distinguir o litígio processual do litígio material, com a valorização do princípio dispositivo e a consequente aceitação da possibilidade de renúncia às posições processuais.

Certa flexibilização do sistema processual pode garantir uma decisão judicial mais justa e um processo mais adequado à realidade fática.

4. NEGÓCIOS TÍPICOS E A CLÁUSULA GERAL DE NEGÓCIOS ATÍPICOS

O CPC de 2015, em seu art. 190, rompeu com a tradição publicística e passa a permitir o negócio jurídico processual a respeito do procedimento, que poderá ser ajustado em vista das peculiaridades do caso concreto. Ou seja, as partes poderão alterar a ordem dos atos processuais. Também poderão convencionar sobre os ônus, poderes, faculdades e deveres processuais, antes ou durante o processo.

Importante reproduzir o citado dispositivo legal:

> "Art. 190. Versando o processo sobre direitos que admitam auto-composição, é lícito às partes plenamente capazes estipular mu-danças no procedimento para ajustá-lo às especificidades da causa e convencionar sobre os seus ônus, poderes, faculdades e deveres processuais, antes ou durante o processo.

> Parágrafo único. De ofício ou a requerimento, o juiz controlará a validade das convenções previstas neste artigo, recusando-lhes aplicação somente nos casos de nulidade ou de inserção abusiva em contrato de adesão ou em que alguma parte se encontre em manifesta situação de vulnerabilidade".

Portanto, passa a ser possível a autoregulação do procedimento. Não é de se estranhar a novidade, pois, se as partes podem o mais, que é estabelecer acordo de mérito, não há razão para impedir o menos, ou seja, o acordo sobre o procedimento.

Os acordos sobre o procedimento podem ser: i) típicos: quando previstos no próprio CPC: eleição de foro; convenção sobre ônus da prova; aumento de prazos dilatórios; acordo de suspensão do processo; ii) atípicos: negócios com fundamento na cláusula geral do art. 190 do CPC de 2015. Citem-se os acordos voltados à alteração dos prazos processuais ou da forma de sua contagem e os acordos no campo probatório.

Sobre o tema do negócio jurídico processual, oportunos os seguintes enun-ciados do Fórum Permanente de Processualistas Civis:

> O negócio jurídico processual não pode afastar os deveres inerentes à boa-fé e à cooperação.

> O controle dos requisitos objetivos e subjetivos de validade da conven-ção de procedimento deve ser conjugado com a regra segundo a qual não há invalidade do ato sem prejuízo.

> As partes podem, no negócio processual, estabelecer outros deveres e sanções para o caso do descumprimento da convenção.

Há indício de vulnerabilidade quando a parte celebra acordo de procedimento sem assistência técnico-jurídica.

São admissíveis os seguintes negócios processuais, dentre outros: pacto de impenhorabilidade, acordo de ampliação de prazos das partes de qualquer natureza, acordo de rateio de despesas processuais, dispensa consensual de assistente técnico, acordo para retirar o efeito suspensivo da apelação, acordo para não promover execução provisória.

Não são admissíveis os seguintes negócios bilaterais, dentre outros: acordo para modificação da competência absoluta, acordo para supressão da 1ª instância.

São admissíveis os seguintes negócios, dentre outros: acordo para realização de sustentação oral, acordo para ampliação do tempo de sustentação oral, julgamento antecipado do mérito convencional, convenção sobre prova, redução de prazos processuais.

O negócio jurídico obriga herdeiros e sucessores.

Salvo nos casos expressamente previstos em lei, os negócios processuais não dependem de homologação judicial.

Negócio jurídico processual pode ser invalidado parcialmente.

A indisponibilidade do direito material não impede, por si só, a celebração de negócio jurídico processual.

O descumprimento de uma convenção processual válida é matéria cujo conhecimento depende de requerimento.

O Ministério Público pode celebrar negócio processual quando atua como parte.

É inválida a convenção para excluir a intervenção do Ministério Público como fiscal da ordem jurídica.

É admissível a celebração de convenção processual coletiva.

A Fazenda Pública pode celebrar negócio jurídico processual.

O art. 190 autoriza que as partes tanto estipulem mudanças do procedimento quanto convencionem sobre os seus ônus, poderes, faculdades e deveres processuais.

As partes podem convencionar sobre seus ônus, poderes, faculdades e deveres processuais, ainda que essa convenção não importe ajustes às especificidades da causa.

A homologação, pelo juiz, da convenção processual, quando prevista em lei, corresponde a uma condição de eficácia do negócio.

É admissível negócio processual para dispensar caução no cumprimento provisório de sentença.

Diante da novidade trazida pelo CPC/2015, muito se discutirá sobre os limites do negócio jurídico processual. Por exemplo, é inegável que ele não pode afastar os deveres inerentes à boa-fé e à cooperação, bem como não pode alterar a competência absoluta ou afastar o Ministério Público de sua atuação como órgão interveniente, por ser obrigatória referida intervenção.

5. O NEGÓCIO JURÍDICO PROCESSUAL E O MINISTÉRIO PÚBLICO INTERVE-NIENTE

Quando atua como órgão interveniente, entendemos que o Ministério Público não deve ser parte no negócio jurídico processual. Cabe às partes a celebração do negócio.

Ao Ministério Público caberá a função de verificar e apontar possível nulidade, zelar para combater cláusula que tenha sido inserida de forma abusiva em contrato de adesão e, principalmente, impedir o abuso daquele que litiga contra o vulnerável.

6. O MINISTÉRIO PÚBLICO AGENTE E O NEGÓCIO JURÍDICO PROCESSUAL

Quando é parte, é inegável que o Ministério Público, diante da sua personalidade judiciária, pode celebrar negócios jurídicos sobre o procedimento.

E considerando que os negócios jurídicos podem ser celebrados antes ou durante o processo, nos termos do art. 190 do CPC de 2015, o compromisso de ajustamento de conduta será um dos grandes instrumentos para que o *Parquet* celebre acordos.

O fato da indisponibilidade do direito material não é considerado impedimento à celebração do acordo procedimental, pois o que o CPC exige é que haja possibilidade de autocomposição. E a possibilidade de solução consensual dos litígios coletivos foi reconhecida, de forma inequívoca, a partir da década de 90, com o Estatuto da Criança e do Adolescente e, posteriormente, com o Código de Defesa do Consumidor.

Com efeito, foi o art. 113 do CDC que determinou o acréscimo do § 6º ao art. 5º da Lei nº 7.347/85, prevendo a legitimidade dos órgãos públicos para tomar dos interessados compromisso de ajustamento de sua conduta às exigências legais.

Antes disso, o art. 211 do ECA dispôs: *Os órgãos públicos legitimados poderão tomar dos interessados compromisso de ajustamento de sua conduta às exigências legais, o qual terá eficácia de título executivo extrajudicial.*

Por isso, cabe ao Ministério Público, com o CPC de 2015, pensar no Compromisso de Ajustamento de Conduta procedimental, isto é, dar a este instrumento uma outra importante função, além daquela destinada à solução do litígio.

De fato, sendo impossível a solução consensual e negociada do litígio coletivo, o Compromisso de Ajustamento de Conduta se torna um importante instrumento para acordos e convenções sobre o procedimento.

Por exemplo, uma das mais importantes utilizações do negócio jurídico, pelo Ministério Público, poderá ser em relação ao custeio das provas técnicas indispensáveis à elucidação de fatos importantes para a tutela dos direitos transindividuais.

Portanto, é promissora a possibilidade de o Ministério Público poder celebrar negócio processual no bojo de inquérito civil ou de ação civil pública, especialmente para convencionar com a parte contrária ou investigada a questão dos custos das provas periciais; acordar sobre prazos; sobre o papel do assistente técnico; sobre o procedimento; para suprimir da ação de improbidade a fase de defesa preliminar e anterior ao recebimento da inicial.

A efetividade do instrumento é ainda mais evidente quando se sabe que o negócio jurídico processual não depende de homologação judicial.

Nesse contexto, um dos mais importantes negócios jurídicos processuais que pode ser celebrado pelo Ministério Público é um *negócio jurídico executivo*, apontado por Eduardo José da Fonseca Costa (2012, p. 45), quando discorre sobre o *acordo sobre o cronograma de cumprimento voluntário*: "Na execução judicial de políticas públicas, o melhor a ser feito não é a fixação monolítica e unilateral de um prazo fixo e rígido para o cumprimento forçado da obrigação (ao estilo de uma *hard judicial execution*), mas sim a fixação fracionada e negociada de prazos flexíveis e revisáveis para cada etapa de um cronograma de cumprimento voluntário (ao estilo de uma *soft judicial execution*).

Nesse sentido, o *cronograma negociado de cumprimento voluntário* pode ser inserido no rol do art. 461, § 5º, do CPC (art. 536, § 1º, do CPC de 2015), como mais uma das possíveis 'medidas de apoio' para a efetivação da tutela específica das obrigações de fazer (embora se trate de uma medida não coercitiva). Lembre-se que, conquanto esse rol seja exemplificativo, a jurisprudência tem sido pouco criativa na aplicação do aludido dispositivo, limitando-se praticamente às medias de apoio já sugeridas".

Acreditamos, em consonância com o citado autor, que se trata de um negócio jurídico processual. E dos mais importantes. Que precisam ser melhor utilizados na prática. A execução de políticas públicas é uma das questões mais complexas enfrentadas pelos operadores do direito. E a possibilidade de negócio jurídico processual na fase executiva traz novas perspectivas no enfrentamento desta questão.

É o momento, portanto, de o Ministério Público debater esta nova faceta do Compromisso de Ajustamento de Conduta, ou seja, de ser utilizado para mudanças procedimentais e para regular a conduta processual das partes.

7. CONSIDERAÇÕES FINAIS

O Novo Código de Processo Civil traz novos desafios ao Ministério Público, que deverá se preparar para a utilização dos novos institutos. Sobretudo deve estar atento à figura do negócio jurídico processual, que poderá formular antes ou durante o processo. O instrumento poderá ser extremamente útil no campo da tutela dos direitos e interesses transindividuais, especialmente no enfrentamento de questões complexas na prática forense, como a questão da implantação de políticas públicas discutidas no bojo de ações civis públicas ou de procedimentos investigatórios.

8. REFERÊNCIAS BIBLIOGRÁFICAS

AMARAL, Francisco. *Direito Civil: introdução*. 4ª ed. Rio de Janeiro: Renovar, 2002.

AZEVEDO, Antônio Junqueira de. *Negócio jurídico: existência, validade e eficácia*. 4ª ed. São Paulo: Saraiva, 2002.

AZEVEDO, Luiz Carlos de et TUCCI, José Rogério Cruz e. *Lições de história do processo civil romano*. São Paulo: Revista dos Tribunais, 1996.

BEDAQUE, José Roberto dos Santos Bedaque. *Efetividade do processo e técnica processual*, São Paulo: Malheiros, 2006.

COSTA, Eduardo José da Fonseca. A "execução negociada" de políticas públicas em juízo. RePro, São Paulo: Revista dos Tribunais, nº 212, p. 25-56, out. 2012.

COUTURE, Eduardo. *Fundamentos do direito processual civil*, trad. Rubens Gomes de Sousa, São Paulo: Saraiva, 1946.

GOLDSCHMIDT, James. *Princípios gerais do processo civil*, trad. de Hiltomar Oliveira, Belo Horizonte: Líder, 2002.

GUASP, Jaime. *Derecho procesal civil*. 3ª ed. Madrid: Instituto de Estudios Politicos, 1968.

LACERDA, Galeno. *Teoria geral do processo*, Rio de Janeiro: Forense, 2006.

NEVES, Celso. *Estrutura fundamental do processo civil*, Rio de Janeiro: Forense, 1995.

TUCCI, José Rogério Cruz e et AZEVEDO, Luiz Carlos de. *Lições de história do processo civil romano*. São Paulo: Revista dos Tribunais, 1996.

CAPÍTULO 10

O Ministério Público no processo civil: aspectos da preclusão

Emerson Garcia[1]

SUMÁRIO: 1. ASPECTOS INTRODUTÓRIOS; 2. A PRECLUSÃO E OS SEUS ASPECTOS ESTRUTURAIS; 3. A ATUA-ÇÃO DO MINISTÉRIO PÚBLICO COMO ÓRGÃO AGENTE OU INTERVENIENTE E A INDEPENDÊNCIA FUNCIONAL; 4. EPÍLOGO; 5. REFERÊNCIAS BIBLIOGRÁFICAS

1. ASPECTOS INTRODUTÓRIOS

Referenciais argumentativos pautados na instrumentalidade do processo, na sua razoável duração ou, mesmo, na concepção mais ampla de eficiência da atividade jurisdicional, são simplesmente indissociáveis de qualquer abordagem realizada no âmbito do direito processual. O objetivo, tanto no plano científico como no pragmático, é o de permitir que a relação processual evolua de modo racional, sem percalços ou retrocessos, sempre, como ressaltado por Guasp (1961: 26), com *"economia de dinheiro, de tempo e de trabalho"*. Com isso, além do melhor aproveitamento dos recursos humanos e materiais disponíveis, é atribuída a necessária celeridade à relação processual, de modo a assegurar a tutela dos direitos envolvidos com a maior presteza possível. Afinal, na síntese de Rui Barbosa (1988), *"justiça atrasada não é justiça, senão injustiça qualificada e manifesta"*.

Existem inúmeros institutos processuais destinados à materialização desses objetivos. Um deles é a *preclusão*. Esse significante foi empregado por Chiovenda (vol. III, 1969: 156), sob inspiração das fontes latinas que tratavam da *poena praeclusi*, com a ressalva de que o direito contemporâneo prescinde da concepção de pena. Trata-se, na síntese do jurista italiano (vol. I, 1969: 372; vol. III, 1969: 156; e 1993: 230 e ss.), da *"perda de uma faculdade processual"*, que decorre da

---

1. Doutor e Mestre em Ciências Jurídico-Políticas pela Universidade de Lisboa. Especialista em Education Law and Policy pela European Association for Education Law and Policy (Antuérpia – Bélgica) e em Ciências Políticas e Internacionais pela Universidade de Lisboa. Membro do Ministério Público do Estado do Rio de Janeiro, Consultor Jurídico da Procuradoria Geral de Justiça e Diretor da Revista de Direito. Consultor Jurídico da Associação Nacional dos Membros do Ministério Público (CONAMP). Membro da American Society of International Law e da International Association of Prosecutors (Haia – Holanda).

operatividade dos limitadores fixados em lei.[2] O principal desses limitadores, cuja funcionalidade básica é a de assegurar a ordenação e a marcha do processo, consiste na previsão de prazos processuais, que hão de ser observados sob pena de perda da faculdade de praticar o ato no âmbito da relação processual. O célebre autor italiano ainda acrescia que a preclusão pode ocorrer em dois momentos distintos, sendo a sentença o marco divisório da sua ocorrência. Antes da sentença, indica a impossibilidade de serem introduzidos novos elementos de cognição, de serem formulados pedidos, apresentadas exceções ou impugnadas decisões. Após a sentença, a preclusão impede a rediscussão da causa, pondo termo às irresignações recursais. A partir daí, tem-se o surgimento da coisa julgada (material), qualidade que, na construção de Liebman (1984: 50 e ss.), orna os efeitos da sentença (*rectius*: declaratórios, constitutivos etc.) e cuja violabilidade, mesmo pela lei, não deve ser admitida, consubstanciando um direito fundamental. Essa construção teórica, como ressaltado por Simonetta Vincre (2010: 202), faz que o exaurimento, por uso ou desuso, dos meios de impugnação ordinária, resulte em estabilidade e irretratabilidade do procedimento, constituindo a essência da *cosa giudicata materiale* que se formará.[3]

---

2   Há quem prefira considerar a preclusão como a perda de um *potere processuale* (Cf. Antonio Gerardo Diana, 2011: 415). Apesar da distinção semântica entre *poder* e *faculdade*, é factível a existência de uma conexão existencial entre ambos. O poder denota a aptidão, a faculdade o *animus* que direciona o seu exercício. Somente tem a faculdade, vale dizer, a capacidade decisória a respeito da prática, ou não, de um ato, quem tem o poder, vale dizer, a aptidão para praticá-lo.

3   No direito alemão, a coisa julgada (*Rechtskraft* – ZPO, § 322) é limitada ao "objeto em controvérsia" (*Streitgegenstand*), delineado pelos limites estabelecidos pelo autor na petição inicial. Não inclui questões preliminares, como a validade de um contrato em uma ação de cobrança, ressalvada a possibilidade de uso da ação declaratória (ZPO, § 256, 2), nem quaisquer questões factuais que tenham servido de base à argumentação do juízo. Esse sistema, como ressaltado por Arthur Taylor Von Mehren (2003: 211-212), adota uma concepção restrita de coisa julgada, com a vantagem de produzir poucas controvérsias sobre os efeitos preclusivos do julgamento. A desvantagem, por sua vez, reside na possibilidade de renovação de demandas com bases fáticas e jurídicas bem similares às anteriores. Sobre a coisa julgada na sentença arbitral (*Schiedsspruch*), vide Wolfgang Bosch, 1991: 35 e ss.; e, no plano das decisões administrativas, vide o clássico Edmund Bernatzik, 1885: 83 e ss.. No direito norte-americano, quando o assunto é decidido em um julgamento final de mérito, torna-se precluso de duas maneiras distintas: impede um segundo processo sobre a mesma solicitação (*claim*), denominada preclusão da solicitação (*claim preclusion*), e também preclui a rediscussão das questões de direito ou de fato já decididas e adjudicadas, sendo conhecida, nesse caso, como preclusão da questão (*issue preclusion*). Ambas formam a *res judicata*. A *claim preclusion*, que somente alcança as partes no processo anterior, impede a formulação de requerimentos ou de defesas que foram apresentados ou poderiam ter sido apresentados, tendo por objetivo assegurar a eficiência do sistema. A *issue preclusion*, que pode ser suscitada, em situações específicas, por quem não foi parte no julgamento anterior, alcança as questões tidas como necessárias no referido julgamento, quer sejam centrais, quer não. Enquanto a *claim preclusion* obsta o prosseguimento da segunda causa em sua integralidade, a *issue preclusion* pode produzir esse efeito apenas em relação a algumas de suas partes. Em tempos antigos, com pequenas reminiscências nos dias de hoje, a *res judicata* designava, apenas, a *claim preclusion*. A *issue preclusion*, por sua vez, era designada pelo termo (*collateral*) *estoppel*. Cf. The Oxford Companion to American Law, 2002: 440; Gregory C. Sisk e Michael F. Noone, 2006: 410-411;

O Ministério Público no processo civil: aspectos da preclusão

A preclusão, de modo simples e objetivo, assegura a finitude da relação processual, sendo *"detectável de ofício pelo juiz"*.[4] Não é por outra razão que se projeta sobre todos os atores dessa relação, dentre os quais está o Ministério Público. Apesar dessa constatação, mais que singela, diga-se de passagem, há uma ordem de considerações, associada às garantias constitucionais asseguradas à Instituição e aos seus membros, que deve ser compreendida com os olhos voltados à segurança e à ordem processual que a preclusão busca assegurar. Essas considerações decorrem do princípio da independência funcional, consagrado no art. 127, § 1º, da Constituição de 1988.

A independência funcional, em seus contornos mais basilares, permite que os membros do Ministério Público atuem livremente, somente rendendo obediência à sua consciência e à ordem jurídica, não estando vinculados ao entendimento externado por outros membros da Instituição ou às recomendações expedidas pelos seus órgãos superiores, em matérias relacionadas ao exercício de suas atribuições institucionais. Essa garantia, em rigor lógico, permite que um membro do Ministério Público divirja, na mesma relação processual, do entendimento exteriorizado pelo seu antecessor. Portanto, é perfeitamente possível que um membro ofereça denúncia pela prática de uma infração penal e membro diverso venha a postular a absolvição ou, mesmo, que um deles postule a absolvição em sede de alegações finais e o outro interponha recurso contra a sentença absolutória.

A questão que se põe é saber se, em algum momento, a independência funcional pode apresentar zonas de tensão com o instituto da preclusão, bem como qual deve ser a melhor maneira de superar situações dessa natureza. É justamente esse o objetivo de nossas breves considerações, que utilizarão como norte o novel Código de Processo Civil, aprovado pela Lei nº 13.105, de 16 de março de 2015, que cognominaremos de NCPC.

John B. Oakley e Vikran D. Amar, 2009: 252; e Stephen nº Subrin e Margaret Y. K. Woo, 2006: 259-273. No direito brasileiro, o NCPC, em seu art. 503, *caput*, dispõe que *"a decisão que julgar total ou parcialmente o mérito tem força de lei nos limites da questão principal expressamente decidida"*, mas admite, em situações específicas, que a coisa julgada também alcance as questões prejudiciais. O art. 504 acresce que os motivos da sentença e a verdade dos fatos não fazem coisa julgada. Barbosa Moreira (1972: 14 e ss.) há muito observara que as questões de fato e de direito, suscitadas ou suscitáveis à época da relação processual, são alcançadas pela eficácia preclusiva do julgado, sendo consideradas *"implicitamente decididas pela sentença que transita em julgado"*. Nesse sentido, aliás, dispõe o art. 508, verbis: *"[t]ransitada em julgado a decisão de mérito, considerar-se-ão deduzidas e repelidas todas as alegações e as defesas que a parte poderia opor tanto ao acolhimento quanto à rejeição do pedido"*. Por fim, a título de mera curiosidade, não pode passar despercebida a interessante técnica conceitual adotada pelo NCPC em seu art. 337, § 4º: *"há coisa julgada quando se repete ação que já foi decidida por decisão transitada em julgado"*. Em outras palavras, há coisa julgada quando a decisão anterior fez coisa julgada...

4   Nicola Picardi, 2010: 298.

2. A PRECLUSÃO E OS SEUS ASPECTOS ESTRUTURAIS

A preclusão é instituto de contornos essencialmente processuais, vale dizer, manifesta-se no âmbito de uma relação processual[5] e pode eventualmente assumir relevância no plano substancial, ao contribuir para o surgimento da coisa julgada material.[6] A perda ou a extinção da faculdade de praticar um ato processual, como ressaltado por Chiovenda (vol. III, 1969: 156), decorre da inobservância da ordem estabelecida em lei para o seu exercício, da incompatibilidade com um ato já praticado ou do fato de o ato já ter sido praticado de determinada maneira, [7] que indicam, respectivamente, as *preclusões temporal, lógica e consumativa.*

---

5   Sobre a distinção existente entre a preclusão e institutos como prescrição, decadência, perempção, contumácia e nulidade, vide Antônio Alberto Alves Barbosa (1992: 115-137).

6   No direito francês, Jeuland e Charbonneau (2010: 173 e ss.) consideram prazo de *forclusion,* do latim *exclusio a foro,* como aquele assim qualificado pela lei e que produz o efeito de excluir uma relação jurídica, o que decorre da própria etimologia do vocábulo, que significa *"trancar do lado de fora". "Prazo pré-fixado"* (*delais préfix*), por sua vez, é aquele assim considerado pela doutrina ou pela jurisprudência. Os autores ainda ressaltam as perplexidades que decorrem das tentativas de distinguir esses prazos da *prescription.* Observam, em primeiro lugar, que a pertença de um prazo à categoria da *forclusion* depende, inicialmente, de previsão legal, daí decorrendo um regime específico. É o que faz o Código Comercial (art. L. 622-24 e R. 622-24), quando impõe ao credor o prazo de dez dias, a contar da publicação da decisão de abertura do processo coletivo, para habilitar o seu crédito. No silêncio do legislador, cabe ao juiz identificar a natureza do prazo; o mais comum é que o considere um prazo pré-fixado. Ainda sob a ótica da sistemática de habilitação de crédito, os autores observam que a jurisprudência considera que o prazo de 6 (seis) meses, de que dispõe o credor para pleitear sejam afastados os efeitos da *forclusion* e reconhecida a existência do seu crédito, é um prazo pré-fixado. Em relação à interpretação do Código do Consumidor (art. L. 311-17, antigo art. 27 da Lei nº 78-22, de 10 de janeiro de 1978), a Corte de Cassação considerou que o prazo de 2 (dois) anos para pleitear o pagamento de uma obrigação era um prazo de prescrição e não um prazo pré-fixado, antes que o legislador interviesse para qualificar esse prazo como de *forclusion,* o que foi feito pelas Leis nº 89-421 e 89-1010, que acresceram ao referido preceito a expressão *"à peine de forclusion".* Apesar disso, a jurisprudência frequentemente o qualifica como um prazo pré-fixado. Em razão dessa visível confusão conceitual, a doutrina tem proposto a supressão da noção de prazo pré-fixado. Vide, por exemplo, A. Bénabent (2007: 1800 e ss.). O instituto, no entanto, não é noviço. O Código de Processo Civil de 1806 já o previa. Em seu art. 756 declarava *forclos,* para os credores, a faculdade de impugnar a ordem judicial de colocação provisória de bens caso não o fizessem no prazo de um mês. Em julgado de 4 de janeiro de 1826, a *Cour de Douai* considerou a *forclusion "uma simples pena procedimental",* acrescendo, forte na doutrina de Ferrière e Boutaric, que o seu efeito *"é de que o juiz tem a faculdade de julgar o processo tal qual se encontra, sem diminuir em nada o direito das partes"* (1826: 238-239). O Novo Código Civil francês não colaborou para a superação desse quadro, dispondo, em seu art. 2.220, que *"les délais de forclusion ne sont pas, sauf dispositions contraíres prévues par la lois, régis par le présent titre".* Em outras palavras, apesar de, a rigor, não pertencerem ao direito substancial, podem vir a ser nele incluídos. Na medida em que os prazos de *forclusion* não permanecem adstritos a uma relação processual, não se identificam com os prazos de preclusão. Em verdade, ora se assemelham, ora se distinguem. Na tentativa de estabelecer uma distinção, observam Jeuland e Charbonneau (2010: 173 e ss.) que os prazos de *forclusion,* diversamente ao que se verifica com a prescrição, regida pelo direito civil, são mais curtos e inalteráveis, ainda que a jurisprudência, vez ou outra, estabeleça exceções a essa regra. Além disso, não se submetem aos caprichos da vontade, como a prescrição. A *forclusion,* portanto, não pode ser afastada por vontade dos interessados. O instituto também é singelamente conceituado como a *"perda da faculdade de fazer valer um direito, pela expiração do prazo"* (Larousse, 1997: 639).

7   A doutrina italiana, de modo geral, não destoa dessa sistematização. Vide: Antonio Gerardo Diana, 2011: 415-416.

O MINISTÉRIO PÚBLICO NO PROCESSO CIVIL: ASPECTOS DA PRECLUSÃO

A preclusão temporal tanto pode decorrer da inobservância de um prazo peremptório como da sucessão legal de atos e fatos. Sob essa última ótica, Liebman (1985: 236) ressaltava a *"falta do exercício do direito no momento oportuno, quando a ordem legalmente estabelecida para a sucessão das atividades processuais importar em uma consequência grave"*. Essa última figura, embora se aproxime da preclusão decorrente da fluência de prazos peremptórios, apresenta contornos um pouco distintos, surgindo quando o processo avança para uma fase distinta. Em outras palavras, não decorre propriamente do decurso do tempo, mas, sim, de ato ou fato do processo que marca a superação de fase anterior.[8]

É intuitivo que a preclusão, enquanto exigência sistêmica do próprio direito processual, não demanda previsão expressa, com essa configuração semântica, nas leis que disponham sobre a temática. Trata-se, em verdade, de efeito correlato às ações ou omissões dos atores processuais. O que se mostra imprescindível é a existência de comandos que estabeleçam prazos peremptórios e delimitem fases processuais, daí se obtendo, por mera inferência lógica, a preclusão temporal. No que diz respeito às preclusões lógica e consumativa, sua existência decorre da própria racionalidade do sistema.

A racionalidade, enquanto atributo inerente e indissociável do ser humano, aponta, em seus contornos mais amplos, para a aptidão de conhecer e entender, a partir de relações lógicas, aspectos abstratos ou concretos das ideias universais objeto de apreciação. Em seus contornos mais estritos, está atrelada a um especial modo de conhecer e entender, que se afeiçoa aos padrões comportamentais adotados em certas esferas da vida humana. Sempre que o comportamento adotado se ajusta a esses padrões, diz-se que ele é racional. No primeiro caso, a racionalidade assume contornos nitidamente instrumentais, viabilizando a obtenção do resultado. No segundo, é vista como atributo do resultado, qualificando-o

---

8   Exemplo dessa última figura é o disposto no art. 329 do NCPC, segundo o qual *"o autor poderá: I – até a citação, aditar ou alterar o pedido ou a causa de pedir, independentemente de consentimento do réu; II – até o saneamento do processo, aditar ou alterar o pedido e a causa de pedir, com consentimento do réu, assegurado o contraditório mediante a possibilidade de manifestação deste no prazo mínimo de 15 (quinze) dias, facultado o requerimento de prova suplementar"*. Não há exatamente um prazo para a citação e o saneamento do processo, mas, presentes esses atos processuais, não é dado ao autor praticar atos próprios de uma fase anterior. Galeno Lacerda (1990: 157 e ss.), ainda sob a égide do CPC de 1939, ressaltava, sob a ótica do "despacho saneador", de contornos *ordinatórios*, em que somente interessa ao processo, ou *decisórios*, em que se projeta sobre os planos processual e substancial, que a incidência da preclusão é resultado da confluência dos sistemas romano e germânico. O primeiro, humanitário e prosélito da justiça, permitia que todas os pronunciamentos do juiz no curso da lide, as *interlocutiones*, fossem reapreciados na sentença; o segundo, autômato e formalista, entendia que toda questão processual e substancial era decidida por sentença, daí decorrendo uma pluralidade de sentenças na mesma relação processual. Da confluência de ambos, surge o entendimento de que as interlocutórias seriam recorríveis e tornar-se-iam imutáveis, ao menos as *interlocutoriae vim definitivae habentes*. Sobre a eficácia preclusiva da decisão declaratória de saneamento, vide, ainda, José Rogério Cruz e Tucci, 1989: 19 e ss..

positivamente. Se o processo possui uma funcionalidade instrumental e a relação processual deve ser, por imperativo constitucional,[9] célere e finita, a existência da preclusão torna-se racionalmente justificável, estando ínsita na própria estruturação do sistema processual. O sistema processual, como ressaltado por Antonio Alberto Alves Barbosa (1966: 22 e ss.), pode ser estruturado em torno de distintas causas de preclusão, "*mas nunca prescindir do instituto processual em apreço*".

Em qualquer caso, como ressaltado por Nicola Picardi (2010: 299), a aplicação do instituto da preclusão deve privilegiar os cânones constitucionais da ampla defesa, do contraditório e da razoável duração do processo, instaurado para fazer valer em juízo algum direito. Conclui, acertadamente, que uma interpretação constitucionalmente correta, inspirada na razoabilidade e na economia processual, aconselha que esse instituto, sempre que possível, não seja interpretado de maneira excessivamente rígida.

O NCPC faz menção expressa à preclusão em oito preceitos: (1) art. 63, § 4º – o réu deve alegar a abusividade da cláusula de eleição de foro na contestação; (2) art. 104, *caput* – advogado sem procuração pode ser admitido a postular em juízo para evitar a preclusão; (3) art. 209, § 2º – atos processuais praticados na presença do juiz poderão ser armazenados em meio exclusivamente eletrônico e eventuais contradições na transcrição deverão ser suscitadas, oralmente, no momento da realização do ato; (4) art. 278, *caput* – a nulidade deve ser alegada na primeira oportunidade em que couber à parte falar nos autos; (5) art. 278, parágrafo único – não se aplica a preclusão nas nulidades que o juiz deva decretar de ofício nem quando a parte provar legítimo impedimento; (6) art. 293 – o réu poderá impugnar o valor da causa em preliminar de contestação; (7) art. 507 – é vedado à parte discutir no curso do processo questões já decididas a cujo respeito se operou a preclusão; (8) art. 1009, § 1º – questões apreciadas em decisões não impugnáveis via agravo de instrumento não são cobertas pela preclusão e devem ser suscitadas em preliminar de apelação. Como se percebe, as situações jurídicas que mereceram contemplação expressa no NCPC estão afetas à preclusão temporal.

A preclusão, como se disse, alcança todos os atores do processo, o que, por óbvio, inclui o órgão jurisdicional.[10] Como estamos perante uma exigência sistêmica, não faria sentido admitirmos a ruptura da racionalidade que deve nortear a relação processual justamente por quem deve conduzi-la a bom termo. Apesar disso, é factível que o órgão jurisdicional não é alcançado pela preclusão da mesma maneira que os demais atores do processo. Afinal, prazos peremptórios,

---

9   CR/1988, art. 5º, LXXVIII.

10   Nesse sentido: Humberto Theodoro Júnior, 2001: 11 e ss.. Sobre a preclusão dos poderes do juiz no processo penal, seara em que prepondera a verdade real e a indisponibilidade dos interesses envolvidos, vide Leonardo da Silva Vilhena, 2007: 73 e ss.; e Luiz Flávio Gomes e Alice Bianchini, 2003: 458 e ss..

ainda que venham a existir, jamais lhe serão aplicados de maneira idêntica àquela inerente às partes e ao Ministério Público. É igualmente factível que o órgão jurisdicional possa apresentar alterações de entendimento no curso da relação processual ou, mesmo, retratar-se de decisões anteriores, quando o sistema o permita, o que torna sobremaneira difícil que a preclusão lógica se projete sobre ele com todo o seu potencial expansivo.[11] Por fim, a preclusão consumativa necessariamente se torna operativa sempre que o sistema não admita a retratação de uma decisão, o que é típico das situações em que o processo é extinto com a prolação de sentença.[12]

Na medida em que a preclusão é vista como um instituto inerente à própria sistemática processual, o que exige a sua aplicação a todos os atores do processo, resta verificar se há alguma peculiaridade em relação ao Ministério Público, quer quando atue como órgão agente, quer como órgão interveniente.

3. A ATUAÇÃO DO MINISTÉRIO PÚBLICO COMO ÓRGÃO AGENTE OU INTERVENIENTE E A INDEPENDÊNCIA FUNCIONAL

A Constituição de 1988, no § 1º do seu art. 127, enunciou, como *"princípios institucionais do Ministério Público"*, *"a unidade, a indivisibilidade e a independência funcional"*.[13] A independência orna tanto a Instituição como os seus membros, permeando toda e qualquer atividade de cunho funcional que venha a ser desenvolvida. Trata-se de importante garantia institucional,[14] que busca assegurar o exercício independente de suas relevantes funções. Representa uma proteção adequada contra as retaliações passíveis de serem sofridas sempre que contrariados os detentores do poder, político ou econômico, os adeptos do tráfico de influência e a criminalidade organizada.

---

11   De acordo com o art. 505 do NCPC: *"Nenhum juiz decidirá novamente as questões já decididas relativas à mesma lide, salvo: I – se, tratando-se de relação jurídica de trato continuado, sobreveio modificação no estado de fato ou de direito, caso em que poderá a parte pedir a revisão do que foi estatuído na sentença; II – nos demais casos prescritos em lei"*. Humberto Theodoro Júnior (2011: 11 e ss.), ao discorrer sobre os limites da preclusão *pro judicato*, ressalta que a decisão, a respeito de questão relacionada a matéria disponível e que não foi objeto de recurso, não pode ser reformada pelo juiz (v.g.: denegação de requerimento de produção de provas). Em se tratando de matéria indisponível, como as condições para o legítimo exercício do direito de ação e os pressupostos processuais, a decisão poderá ser reexaminada.

12   O NCPC admite que o juiz, em sendo interposto o recurso de apelação, venha a retratar-se da sentença que indeferiu a petição inicial (art. 331, *caput*) ou julgou liminarmente improcedente o pedido (art. 332, § 3º). Também caberá a retratação da sentença que tenha extinto o processo sem resolução do mérito (art. 485, § 7º). Na medida em que umas das causas de extinção do processo sem resolução do mérito é justamente o indeferimento da petição inicial (485, I), é evidente que o art. 331, *caput* não precisaria existir, pois se encontra abrangido pelo comando mais amplo do art. 485, § 7º.

13   No mesmo sentido: Lei nº 8.625/1993, art. 1º, parágrafo único; e Lei Complementar nº 75/1993, art. 4º.

14   Sobre a *ratio essendi* das garantias institucionais, inseridas no plano dos direitos-garantia, insuscetíveis de supressão via reforma constitucional, vide Paulo Bonavides, 2006: 537.

Como já tivemos oportunidade de afirmar, o princípio da independência funcional permite que os membros do Ministério Público atuem livremente. Além disso, impede a sua responsabilização pelos atos praticados no estrito exercício de suas funções. Sua relevância é tamanha que a Constituição de 1988, em seu art. 85, II, considerou crime de responsabilidade do Presidente da República a prática de atos que atentem contra o *livre exercício* do Ministério Público.

Como ressaltado por Alberto Manuel López López (2001: 155), é graças à independência funcional que os membros do Ministério Público *"podem, ao mesmo tempo, estar integrados em uma organização rigidamente hierarquizada e conservar uma ampla margem de liberdade nas decisões jurídicas cotidianas, que não podem ser revistas por seus superiores"*.

De modo correlato à independência funcional, tem-se o princípio da unidade, típico dos modelos, como o francês, em que o Procurador-Geral pode estabelecer comandos que direcionarão a atuação funcional dos integrantes da carreira (Vide Michèle-Laure Rassat, 1967: 83-84). Trata-se, aliás, de princípio inerente aos sistemas hierarquizados. A sua adoção, pela Constituição brasileira, denota o emprego de um modelo híbrido: o Ministério Público é visto como uma instituição única, o que gera reflexos na atuação dos seus membros, que não devem ser concebidos em sua individualidade, mas, sim, como presentantes e integrantes de um só organismo. Ainda que os membros do Ministério Público assumam posições divergentes em relação ao mesmo fato, tal, à luz do princípio da independência funcional, em nada afeta a unidade da Instituição (vide Emerson Garcia: 2015: 125-133).

A hibridez do modelo constitucional há de gerar reflexos na seara processual. Assim, ainda que o Ministério Público seja concebido como uma instituição una, fazendo que os pronunciamentos exarados por cada um dos seus presentantes sejam reconduzidos a uma origem comum, a independência funcional permite que esses pronunciamentos sejam divergentes entre si.[15] E os limites dessa divergência são estabelecidos, em primeiro lugar, pelo referencial mais amplo de indisponibilidade do interesse, o que impede a desistência de pretensões, inaugurais ou recursais, postas em momento anterior por outro membro

---

15   Alexandre de Castro Coura e Bruno Gomes Borges da Fonseca (2015: 141), em interessante construção teórica, associam os princípios da unidade e da independência funciona, respectivamente, à segurança do Estado de Direito e ao pluralismo típico da democracia. Defendem que a aceitação de posições conflitantes, na mesma relação processual, pressupõe a demonstração de justificativas interna e externa relacionadas às peculiaridades do caso. A existência de justificativas, em verdade, parece figurar como postulado de racionalidade do sistema, direcionando a realização dos juízos de valor por ele autorizados justamente com base na independência funcional. A justificativa, portanto, é móvel, não limitador. Sua ausência, em verdade, denota o arbítrio do pronunciamento ministerial e afasta a própria *ratio essendi* do princípio da independência funcional.

do Ministério Público. Em segundo lugar, atua o instituto da preclusão, isso com algumas peculiaridades dignas de nota. Afinal, o Ministério Público há de ser visto, na relação processual, de maneira bem distinta daquela afeta aos litigantes privados. Ainda que a ordem jurídica assegure a igualdade entre os litigantes, a Instituição é constitucionalmente vocacionada à *"defesa da ordem jurídica, do regime democrático e dos interesses sociais e individuais indisponíveis"*[16] e, como se disse, não pode dispor dos interesses envolvidos.

A posição processual do Ministério Público tem sido tradicionalmente descrita com o emprego das expressões latinas *dominus litis* e *custos legis,* que indicam, respectivamente, a atuação como órgão agente ou como órgão interveniente. A respeito da primeira expressão, escrevemos[17] que *"[a] expressão dominus litis significa "senhor da lide", sendo utilizada nas hipóteses em que o Ministério Público ocupa o polo ativo da relação processual, em especial nas lides de natureza penal. Não obstante a literalidade da expressão, a atuação do Ministério Público é, em regra, regida pelos princípios da obrigatoriedade e da indisponibilidade, não podendo a Instituição dispor livremente das ações que tenha proposto"*. Em relação à segunda, ressaltamos que, *"[q]uanto ao designativo custos legis, indica ele a função de "guardião da lei", que seria exercida pelo Ministério Público sempre que, em razão da qualidade da parte ou da natureza da matéria, atuasse como órgão interveniente em uma relação processual. Uma vez mais, não deve o operador do direito ficar adstrito à literalidade da expressão latina, pois a função de "guardião da lei" deve ceder espaço a uma atribuição mais ampla: a de guardião da ordem jurídica e do regime democrático. A atuação do Ministério Público deve ser direcionada à consecução das regras e dos princípios inerentes ao sistema, sendo legítimo que, em dado momento, insurja-se contra preceito legal incompatível com as normas de estamento superior em que deveria auferir seu fundamento de validade (v.g.: incompatibilidade entre a lei e a Constituição)"*. O NCPC, ao dispor sobre a atuação do Ministério Público como órgão interveniente, fez menção, em seu art. 176, à sua condição de *"fiscal da ordem jurídica"*.

É plenamente possível, na atuação como órgão agente ou interveniente, que haja posicionamentos sucessivos e conflitantes, exarados por membros diversos ou pelo mesmo membro do Ministério Público, o que aumento a importância das reflexões em torno da preclusão.

Principiando a análise pela preclusão temporal, observa-se não existirem maiores dúvidas, em linha de princípio, a respeito da sua incidência sobre os membros do Ministério Público. Afinal, são justamente os prazos processuais que asseguram o caráter finito do processo. O NCPC, em seu art. 178, dispôs que o

---

16   CR/1988, art. 127, *caput;* Lei nº 8.625/1993, art. 1º; e NCPC, art. 176.

17   Emerson Garcia, 2015: 268-269.

Ministério Público seria *"intimado para, no prazo de 30 (trinta) dias, intervir como fiscal da ordem jurídica nas hipóteses previstas em lei ou na Constituição Federal e nos processos que envolvam: I – interesse público ou social; II – interesse de incapaz; III – litígios coletivos pela posse de terra rural ou urbana".* O seu parágrafo único ainda acresceu que *"[a] participação da Fazenda Pública não configura, por si só, hipótese de intervenção do Ministério Público".* Ao atuar como órgão interveniente, *"terá vista dos autos depois das partes, sendo intimado de todos os atos do processo"* e *"poderá produzir provas, requerer as medidas processuais pertinentes e recorrer",* tal qual dispõe o art. 179 do NCPC.

Ainda sob a ótica dos prazos, o art. 180 do NCPC dispõe que a Instituição *"gozará de prazo em dobro para manifestar-se nos autos, que terá início a partir de sua intimação pessoal".* De acordo com o § 1º, ao fim desse prazo, *"sem o oferecimento de parecer, o juiz requisitará os autos e dará andamento ao processo".* Acresça-se que, quando a lei estabelecer prazo específico para o Ministério Público, não haverá, a teor do § 2º, contagem em dobro.

Quando o Ministério Público atua como órgão agente, é intuitivo que tratamentos específicos, distintos daqueles afetos às partes em geral, demandam previsão expressa na ordem jurídica, sem olvidar a necessidade de estarem embasados em argumentos racionalmente demonstráveis, isso sob pena de romperem com qualquer referencial de isonomia. Assim, uma vez transcorrido um prazo processual, a preclusão há de operar-se em toda a sua plenitude.

Já em relação à atuação como órgão interveniente, deve ser devidamente considerada a natureza da atividade desenvolvida pelo Ministério Público. Não que isso autorize a paralisação ou o retroceder da relação processual. Pelo contrário, a relação processual deve continuar comprometida com o objetivo de celeridade, mas o zelo pela juridicidade, sopro anímico da intervenção do Ministério Público, deve permanecer. Por essa razão, entendemos que o órgão jurisdicional deve extrair, do art. 180, § 2º, do NCPC, que trata da requisição dos autos ao fim do prazo de 30 (trinta) dias, um conteúdo normativo compatível com as finalidades que justificam a sua própria existência. E, nesse particular, entendemos que o parecer, encaminhado pelo membro do Ministério Público após o decurso do referido prazo, mas em momento anterior à prática de qualquer ato que inaugure uma fase processual subsequente, deve ser considerado pelo órgão jurisdicional, o que não afasta, obviamente, a possibilidade de serem provocadas as instâncias correcionais da Instituição. E isso por duas razões básicas: (1ª) o trâmite da relação processual não sofrerá qualquer percalço; (2ª) a preeminência da ordem jurídica será fortalecida com a atuação do Ministério Público.

Além dos prazos processuais, o Ministério Público será igualmente alcançado pelo avanço da relação processual, de modo que manifestações extemporâneas não podem fazer que o processo retroaja a fases anteriores.

No que diz respeito à preclusão consumativa, também parece relevante distinguirmos as situações em que o Ministério Público atua como órgão agente ou como órgão interveniente. Tratando-se de órgão agente, não há espaço para maiores divagações. Ajuizada uma ação ou interposto um recurso não há espaço para a sua alteração fora das hipóteses autorizadas pela lei processual (*v.g.*: alteração da causa de pedir, independentemente do consentimento do réu, antes da estabilização subjetiva da demanda, o que ocorre com a citação – NCPC, art. 329, I). Em se tratando de atuação como órgão interveniente, devem ser separadas as situações em que é identificado o fim de uma fase processual (*v.g.*: parecer final, com ulterior encaminhamento dos autos ao órgão jurisdicional para a prolação de sentença), daquelas que surgem no curso de uma fase processual (*v.g.*: promoção do Ministério Público em que requer *"as medidas processuais pertinentes"*, na forma do art. 179 do NCPC). Nesse último caso, cremos que uma promoção pode destoar de outra, ofertada em momento anterior, pelo mesmo membro do Ministério Público ou por membro diverso. As promoções, aliás, são normalmente exaradas durante a fase de instrução, sendo comum que, longe de se excluir, complementem-se.

Por fim, a preclusão lógica, concebida de maneira individualizada e sem qualquer liame com a preclusão consumativa, raramente será aplicada ao Ministério Público. Essa constatação decorre do princípio da independência funcional, que assegura, a cada membro da Instituição, a possibilidade de formular juízos valorativos e de conduzir-se de acordo com eles. Situações dessa natureza têm sido rotineiramente analisadas pelos Tribunais Superiores, que admitem, por exemplo, a possibilidade de um membro do Ministério Público (a) recorrer de sentença de impronúncia, quando o juiz embasou-se no pronunciamento de outro membro do Ministério Público, que se posicionara nesse sentido;[18] (b) recorrer de sentença homologatória de transação, formulada por outro membro do Ministério Público com base na Lei nº 9.099/1995;[19] (c) recorrer de sentença absolutória quando o seu antecessor, em alegações finais, opinou pela absolvição;[20] e (d) identificar a presença de crime de ação penal pública e oferecer a respectiva denúncia, apesar de o seu antecessor ter entendido que a persecução penal estava condicionada ao oferecimento de representação.[21] A nosso ver, situações dessa natureza estão cobertas pela independência funcional, não havendo que se falar em ausência de interesse processual, na hipótese de recurso interposto

---

18   STF, Pleno, RE nº 590.908 RG/AL, rel. p/acórdão Min. Marco Aurélio, j. em 03/11/2011, DJe de 11/06/2012.

19   STJ, 1ª Turma, HC nº 77.041/MG, rel. Min. Ilmar Galvão, j. em 26/05/1998, DJ de 07/08/1998.

20   STJ, 5ª Turma, HC nº 171.306/RJ, rel. Min. Gilson Dipp, j. em 20/10/2011, DJe de 04/11/2011.

21   STF, 2ª Turma, RHC nº 66.944/ES, rel. Min. Djaci Falcão, j. em 18/11/1988, DJ de 02/12/1988.

contra decisão que acolhera pronunciamento de outro membro do Ministério Público.

O Superior Tribunal de Justiça reconheceu, com base no art. 577, parágrafo único, do Código de Processo Penal, a ausência de interesse recursal, por parte do Ministério Público, para impugnar acórdão que concedera *habeas corpus*, impetrado pela própria Instituição, com o objetivo de trancar procedimento investigativo.[22] Com a vênia devida, cremos que o interesse processual, de estatura infraconstitucional, não pode sobrepor-se ao princípio constitucional da independência funcional. Além disso, a unidade do Ministério Público não se presta a suprimir os juízos de valor realizados por cada membro concebido em sua individualidade. O Tribunal também decidiu que a apresentação de petição, por membro do Ministério Público, na qual declinava a sua renúncia ao direito de recorrer, atraia a preclusão lógica, de modo que o seu sucessor não poderia interpor o recurso cabível por falta de interesse.[23] Pelas razões já expostas, o entendimento parece inadequado, isso com a agravante de ter sido reconhecida a possibilidade de o membro do Ministério Público renunciar a uma faculdade processual, de modo a dar por encerrada a respectiva fase processual. Renúncia dessa natureza não é instrumento apto a subtrair da Instituição a integralidade do prazo recursal que lhe pertence, o que pode prestar-se a fins escusos e moralmente reprováveis. Basta pensarmos no membro do Ministério Público que está prestes a iniciar o seu período de férias e renúncia ao prazo recursal para impedir que o seu sucessor venha a recorrer em causa de seu "interesse".

4. EPÍLOGO

Tanto a preclusão, enquanto instituto destinado a assegurar a ordem e a celeridade da relação processual, como o Ministério Público, estrutura de poder que deve permanecer ao lado da sociedade e, não raro, insurgir-se contra o próprio poder, hão de ser compreendidos de modo a não serem desvirtuados de suas finalidades existenciais. Para que esse objetivo seja alcançado, devemos lembrar das reflexões de Sartre (1948), quando dizia que *"todos os meios são bons quando são eficazes"*. A preclusão e o Ministério Público não são fins em si mesmos. São meios destinados à realização de fins de indiscutível relevância no ambiente sociopolítico. Compreendê-los, de modo a justificar a sua existência e potencializar os benefícios que trazem consigo, pressupõe o reconhecimento dessa premissa. Posições extremadas, marcadas por preconceitos e pela

---

22   5ª Turma, REsp. nº 1.182.985/PR, rel. Min. Marco Aurélio Bellizze, j. em 18/06/2013, DJe de 25/06/2013.

23   STJ, 6ª Turma, ED no HC nº 227.658/SP, rel. Min. Maria Thereza de Assis Moura, j. em 03/05/2012, DJe de 14/05/2012.

incapacidade de adaptação aos circunstancialismos do caso concreto, tendem a ser injustas e pouco eficazes.

5. REFERÊNCIAS BIBLIOGRÁFICAS

BARBOSA, Antonio Alberto Alves. Preclusão e Coisa Julgada, in Revista dos Tribunais nº 365, p. 22. Março de 1966.

_____. Da Preclusão Processual Civil. 2ª ed. São Paulo: Revista dos Tribunais, 1992.

BARBOSA, Rui. Oração aos Moços. 2ª ed. Rio de Janeiro: Fundação Casa de Rui Barbosa, 1985.

BARBOSA MOREIRA, José Carlos. A eficácia preclusiva da coisa julgada material, *in* Revista dos Tribunais nº 441, p. 14, julho de 1972.

BÉNABENT, Alain. *Sept clefs pour une reforme de la prescription extintictive, in* Dalloz, nº 26, p. 1800, 5 de julho de 2007.

BERNATZIK, Edmund. *Rechtsprechung und Materielle Rechtskraft.* Wien: Prinon, 1885.

BOSCH, Wolfgang. *Rechtskraft und Rechtshängigkeit im Schiedsverfahren.* Tübingen: Mohr Siebeck, 1991.

BONAVIDES, Paulo. Curso de Direito Constitucional. 18ª ed. São Paulo: Malheiros Editores, 2006.

CHIOVENDA, Giuseppe. Instituições de Direito Processual Civil (Istituzioni di Diritto Processuale Civile), vols. I e III. Trad. de MENEGALE, J. Guimarães. 3ª ed. São Paulo: Editora Saraiva, 1969.

_____. *Cosa giudicata e preclusione, in Saggi di diritto processuale civile,* vol. III. Milano: Giuffrè Editore, 1993, p. 230.

CONTI, Carlotta. *La preclusione nel processo penale.* Milano: Giuffrè Editore, 2014.

COURA, Alexandre de Castro e FONSECA, Bruno Gomes Borges da. Ministério Público Brasileiro entre unidade e independência. São Paulo: LTR, 2015.

DIANA, Antonio Gerardo. *Il procedimento di cognizione ordinária.* Itália: Wolters Klutver, 2011.

FELIX, Robert L. e WHITTEN, Ralph U.. *American Conflicts Law: Cases and Materials.* 5ª ed. USA: LexisNexis, 2010.

GAMBINERI, Beatrice. *Giudizio di Rinvio e Preclusione di Questioni*. Milano: Giuffrè Editore, 2008.

GARCIA, Emerson. A unidade do Ministério Público: essência, limites e relevância pragmática, *in* Boletim de Direito Administrativo Ano XXVIII, nº 9, p. 1033, set. de 2012.

_____. Ministério Público. Organização, Atribuições e Regime Jurídico. 5ª ed. São Paulo: Editora Saraiva, 2015.

GOMES, Luiz Flávio e BIANCHINI, Alice. Efeitos da Preclusão *Pro Judicato* no Processo Penal, *in* Revista dos Tribunais, vol. 810, p. 458, abril de 2003.

GUASP, Jaime. *Derecho Procesal Civil*. 2ª ed. Madrid: Instituto de Estudios Políticos, 1961.

JEULAND, Emmanuel e CHARBONNEAU, Cyrille. *Realité des Délais de Forclusion (ou Préfix), in Centre de Droit des Obligations et Science en Droit et Economie des Assurances. La Prescription Extinctive. Etudes de Droit Comparé*. Bruxelles: Établissements Émile Bruylant S.A., 2010, p. 173.

JURISPRUDENCE GÉNÉRALE DU ROYAUME, en matière civile, commerciale et criminelle. Paris: *Bureau de la Jurisprudence Générale ou Jornal des Audiences*, 1826.

LACERDA, Galeno. Despacho Saneador. Porto Alegre: Sérgio Antonio Fabris Editor, 1990.

LAROUSSE. *Dictionnaire Encyclopédique Ilustré pous la maîtrise de la langue française, la culture classique et contemporaine*. Paris: Larousse, 1997.

LIEBMAN, Enrico Tullio. Eficácia e autoridade das sentenças e outros escritos sobre a coisa julgada. Tradução de BUZAID, Alfredo e AIRES, Benvindo. 3ª ed. Rio de Janeiro: Forense, 1984.

_____. Manual de Direito Processual Civil (*Manuale di Diritto Processuale Civile*), vol. I. Trad. de DINAMARCO, Cândido Rangel. 2ª ed. Rio de Janeiro: Forense, 1985.

LÓPEZ LÓPEZ. Alberto Manuel. *El Ministerio Fiscal Español. Principios Orgánicos y Funcionales*, Madrid: Editorial Colex, 2001.

MARINONI, Luiz Guilherme e ARENHART, Sérgio Cruz. Manual do Processo de Conhecimento. 5ª ed. São Paulo: Revista dos Tribunais, 2006.

MEHREN, Arthur Taylor Von. *Theory and Practice of Adjucatory Authority in Private International Law: A Comparative Study of the Doctrine, Policies and Practices of Common and Civil Law Systems. General Course of Private International Law* (1966). The Hague: Kluver Law International, 2003.

OAKLEY, John B. e AMAR, Vikram D.. *American Civil Procedure: A Guide to Civil Adjudication in US Courts.* The Hague: Kluver Law International, 2009.

SISK, Gregory C. e NOONE, Michael F. *Litigation with the Federal Government.* USA: The American Law Institute, 2006.

PICARDI, Nicola. *Manuale del Processo Civile.* Milano: Giuffrè Editore, 2010.

RASSAT, Michèle-Laure. *Le Ministère Public entre son Passé et son Avenir.* Paris: L.G.D.J, 1967.

SARTRE, Jean Paul. *Les Mains Sales. Piece en Sept Tableaux.* Paris: Galliard Press, 1948.

SUBRIN, Stephen nº e WOO, Margaret Y. K. *Litigation in America. Civil Procedure in Context.* New York: Aspen Publishers, 2006.

THE OXFORD COMPANION TO AMERICAN LAW. Organizado por HALL, Kermit L.. New York: Oxford University Press, 2002.

THEODORO JÚNIOR, Humberto. A Preclusão no Processo Civil, *in* Revista dos Tribunais, vol. 784, p. 11, fevereiro de 2001.

TUCCI, José Rogério Cruz e. Sobre a Eficácia Preclusiva da Decisão Declaratória de Saneamento, *in* Revista dos Tribunais, vol. 640, p. 19, fevereiro de 1989.

VILHENA, Leonardo da Silva. Preclusão para o Juiz no Processo Penal. Curitiba: Juruá Editora, 2007.

VINCRE, Simonetta. *Profili dele controversie sulla distribuizone del ricavato (art. 512 C.P.C.).* Italia: Wolters Kluwer, 2010.

VOLPINO, Diego. *L'oggetto del giudicato nell'esperienza americana.* Itália: Wolters Kluwer, 2007.

CAPÍTULO 11

Novo CPC: o Ministério Público e a jurisdição voluntária

Ricardo de Barros Leonel[1]

SUMÁRIO: 1. INTRODUÇÃO; 2. PERFIL CONSTITUCIONAL DO MINISTÉRIO PÚBLICO E DELINEAMENTO GERAL DOS FUNDAMENTOS DA SUA INTERVENÇÃO NO PROCESSO CIVIL; 3. SOBRE A JURISDIÇÃO VOLUNTÁRIA; 4. O MINISTÉRIO PÚBLICO NA JURISDIÇÃO VOLUNTÁRIA; 5. MP: INTERESSE EM INTERVIR E EM RECORRER; 6. PROCEDIMENTOS ESPECÍFICOS DE JURISDIÇÃO VOLUNTÁRIA NO NOVO CÓDIGO: MANUTENÇÃO DO SISTEMA ANTERIOR; 7. BIBLIOGRAFIA

1. INTRODUÇÃO

O Novo Código de Processo Civil (Lei nº 13.105, de 16 de março de 2015) foi recentemente sancionado num contexto de transformações sociais, trazendo a perspectiva, nos termos do noticiado desde a instalação dos trabalhos da Comissão de Juristas encarregada de elaborar o Anteprojeto (posteriormente apresentado como Projeto de Lei nº 166/2010 do Senado Federal), de permitir um efetivo acesso à Justiça, com a prestação da tutela jurisdicional sem dilações indevidas, maior eficiência na atuação do Poder Judiciário e, com igual importância, fomentar um tratamento isonômico às pessoas que se encontrem em situação equivalente, através de inovações que guardam relação, em maior ou menor medida, com o prestígio aos precedentes judiciais.

Dentro desse panorama, é imprescindível analisar o regime de atuação reservado ao Ministério Público no âmbito no processo civil, tendo presente que esta Instituição exerce, contemporaneamente, papel fundamental, seja no que diz respeito às suas funções tradicionais, na intervenção em processos e procedimentos nos quais está em jogo algum interesse individual, seja nas ações coletivas.

Nossa intenção, nas linhas que se seguem, é analisar o quadro resultante da edição do Novo CPC relativamente à atuação do Ministério Público nos procedimentos de jurisdição voluntária, formulando em alguma medida em que isso se mostre necessário, considerações voltadas a temas conexos cujo exame se revele indispensável ao escopo antes indicado.

---

1. Professor Associado do Departamento de Direito Processual da Faculdade de Direito da Universidade de São Paulo. Promotor de Justiça em São Paulo.

2. PERFIL CONSTITUCIONAL DO MINISTÉRIO PÚBLICO E DELINEAMENTO GERAL DOS FUNDAMENTOS DA SUA INTERVENÇÃO NO PROCESSO CIVIL

É oportuno inicialmente lembrar que a partir de 1988 o Ministério Público foi contemplado pela Constituição Federal com um perfil sensivelmente distinto daquele até então vigente no ordenamento jurídico brasileiro.

Passou a figurar em capítulo próprio da CF, como uma das instituições essenciais à Justiça, recebendo maiores poderes, mais amplas e abrangentes funções, mais autonomia e maiores garantias para sua atuação e para a atividade funcional de seus membros.

Tudo indica que o constituinte, nesse panorama, entendeu que era pertinente dar ao MP o papel de agente transformador da realidade social, apto a contribuir para concretizar as inúmeras promessas que, no campo dos contornos do Estado Social e Democrático de Direito, foram feitas pela Constituição de 1988.

Sintomático, portanto, que ao definir o Ministério Público o art. 127 da CF tenha assentado que se trata de "instituição permanente, essencial à função jurisdicional do Estado, incumbindo-lhe a defesa da ordem jurídica, do regime democrático e dos interesses sociais e individuais indisponíveis".

Note-se: ao lado da permanência e essencialidade do MP, o constituinte averbou claramente que cabe à Instituição defender a ordem jurídica, o regime democrático e os interesses sociais e individuais indisponíveis.

Paralelamente a isso o art. 129 da CF arrolou as funções institucionais do Ministério Público, dando grande ênfase à atuação não apenas como titular exclusivo da ação penal, mas, também, no zelo pelos interesses coletivos em sentido amplo, ao prever, como suas as atribuições de "zelar pelo efetivo respeito dos Poderes Públicos e dos serviços de relevância pública aos direitos assegurados nesta Constituição, promovendo as medidas necessárias a sua garantia", e "promover o inquérito civil e a ação civil pública, para a proteção do patrimônio público e social, do meio ambiente e de outros interesses difusos e coletivos" (art. 129, II e III da CF).

Por outro lado, preservou a CF/88 a atuação tradicional do MP, em consonância com a cláusula geral da defesa da ordem jurídica, do regime democrático e dos interesses sociais e individuais indisponíveis, ao estabelecer, ainda no art. 129, IX, que lhe cabe "exercer outras funções que lhe forem conferidas, desde que compatíveis com a sua finalidade".

Dessa forma, pode-se sintetizar o quadro que se extrai, em perspectiva constitucional, do perfil destinado em nosso ordenamento ao MP, nas seguintes diretrizes: (a) exerce o papel de titular, em caráter privativo, da ação penal pública;

(b) exerce, embora de forma não exclusiva, o papel de legitimado para ações voltadas à defesa de interesses coletivos em sentido amplo; (c) segue o legislador infraconstitucional autorizado a estabelecer outras hipóteses de atuação para o MP, desde que "compatíveis com a sua finalidade" (art. 129, IX da CF).

Essa compatibilidade com a sua finalidade deve ser compreendida, reitere-se, à luz da matriz fundamental que se extrai do perfil constitucional da Instituição, inscrita no art. 127, "caput" da CF.

Para maior clareza: é legítimo, do ponto de vista constitucional, que ao Ministério Público sejam outorgadas, pelo legislador, funções outras, que não aquelas previstas expressamente na própria Constituição, desde que elas se revelem compatíveis com a ideia de que a Instituição é permanente, essencial à função jurisdicional do Estado, e incumbida da defesa da ordem jurídica, do regime democrático, e dos interesses sociais e individuais indisponíveis.

Não por outra razão que no Novo CPC, a dicção adotada nos dispositivos que trazem as regras gerais relativas à intervenção do MP (artigos 176 a 181) é precisamente idêntica àquela prevista na própria CF/88, ficando estabelecido que:

(a) O MP atua na defesa da ordem jurídica, do regime democrático e dos interesses de direitos sociais e individuais indisponíveis (art. 176);

(b) O direito de ação, quando por ele exercido, deve sê-lo em conformidade com suas atribuições constitucionais (art. 177);

(c) A intervenção como fiscal da ordem jurídica terá como fundamento a atuação em causas em (i) envolvam interesse público ou social, (ii) envolvam interesse de incapaz, (iii) envolvam litígios coletivos pela posse de terra rural ou urbana, (iv) em outras hipóteses previstas na Constituição ou em lei (art. 178).

Claro que, anteriormente, quando se afirmava que o Ministério Público seria chamado para atuar como "fiscal da lei" (v.g. art. 83 do CPC/73), isso não era, nem poderia ser compreendido, como uma defesa cega de qualquer lei. Bastaria lembrar, para demonstrar o acerto desse raciocínio, que muitas vezes o próprio MP toma a iniciativa de apontar a inconstitucionalidade da lei, fazendo-o de forma incidental nos processos em que atua, ou mesmo quando, através do órgão com atribuições para tanto (Procurador-Geral da República, perante o STF; Procuradores-Gerais de Justiça, perante os Tribunais de Justiça dos Estados e do Distrito Federal), propõe ações diretas de inconstitucionalidade ou arguições de descumprimento de preceito fundamental da Constituição.

De todo modo, já que o legislador entendeu ser chegado o momento de editar um Novo CPC, a oportunidade surgiu para adequar o texto da norma codificada à visão contemporânea do ordenamento. Defende-se a ordem jurídica, inclusive a ordem constitucional, não apenas o texto da lei em sentido estrito.

Essas observações vêm a pelo para afirmar que permanece válida a concepção que a doutrina, já há algum tempo, vinha desenvolvendo a respeito da atuação do MP no processo civil: as específicas regras de atuação da Instituição, inseridas no Novo CPC ou na legislação processual extravagante, devem ser compreendidas à luz do perfil que a Constituição de 1988 lhe reserva, reproduzidas agora nos artigos 176 a 181 do Novo CPC.

Ainda uma observação inicial.

É claro que em qualquer processo judicial, como se busca a aplicação da lei, ou, de forma mais ampla, de diretrizes em vigor no ordenamento jurídico, pode-se dizer que, ao menos em certa medida, em todos os processos as partes estão, cada uma a partir de seu próprio entendimento e interesse, a promover a defesa da ordem jurídica.

Isso não significa, entretanto, que em todos os processos judiciais deva o "Parquet" intervir. Não significa, portanto, que, tomando como exemplo uma ação de cobrança movida por pessoa maior e capaz contra outra pessoa física capaz deverá o MP intervir.

Quando a CF diz que à Instituição cabe a defesa da ordem jurídica, deve-se compreender esta expressão tanto em sentido amplo, ou seja, como diretriz última no exercício de todas as funções outorgadas ao MP (nas ações diretas de inconstitucionalidade, nas ações coletivas, nas ações penais, etc.: em todos os casos, o MP deve, antes de tudo, defender a ordem jurídica), como ainda tomá-la em cotejo com os outros parâmetros indicados no próprio dispositivo (art. 127 da CF), ou seja, defesa do regime democrático, e dos interesses sociais e individuais indisponíveis, para que, em perspectiva mais restrita, seja possível discernir casos em que o "Parquet" deve, daqueles em que não deve intervir.

Em outros termos, cabe ao MP a defesa da ordem jurídica, intervindo em determinado feito judicial, sempre que nele estiver em debate situação que apresente repercussões para o regime democrático, para os interesses sociais e para interesses individuais indisponíveis.

Daí ser correto extrair desse quadro a diretriz de que o termômetro da intervenção do MP no processo civil, considerados os casos que lhe são apresentados singularmente, é a existência (ou não) de interesse social e de interesse individual indisponível. É só nesses casos, e não em todos os processos, que deve ele atuar em defesa da ordem jurídica.

Observe-se, ainda a esse propósito, que seguindo o entendimento assentado de modo praticamente pacífico na jurisprudência e na doutrina há tempos, o art. 178, parágrafo único do Novo CPC diz claramente que "A participação da Fazenda Pública não configura, por si só, hipótese de intervenção do Ministério Público".

Assim, é correto concluir que o MP não intervém, por exemplo, em ações de desapropriação, à míngua de previsão legal determinando que ele o faça. Se em certo caso concreto, entretanto, chega ao conhecimento da Instituição notícia de superavaliação do imóvel expropriado pelo Poder Público, ou mesmo de outro tipo de ilegalidade apta a provocar lesão ao patrimônio público, mostra-se perfeitamente plausível não apenas que o Ministério Público instaure inquérito civil e ajuíze ação civil pública em defesa do patrimônio público e social (o art. 129, III da CF o autoriza, de modo inequívoco, a assim proceder), mas também que ele requeira seu ingresso naquele feito originário (desapropriação), oficiando a partir de então como fiscal da ordem jurídica, em defesa do interesse social potencialmente lesado ou colocado em risco.

Tendo como pano de fundo as ideias decorrentes dessa matriz constitucional, expressamente reproduzida em regras gerais do Novo CPC (artigos 176 a 181), é que devem ser compreendidas todas as normas que, de modo específico, tratem de algum procedimento ou conjunto de procedimentos nos quais haja previsão de intervenção do MP, ou mesmo iniciativa conferida a ele para seu início.

3. SOBRE A JURISDIÇÃO VOLUNTÁRIA

Embora ainda hoje seja controverso o conceito de jurisdição voluntária, parece haver tendência a se aceitar o entendimento de que nos casos que assim são definidos pelo legislador, ao menos em princípio, não há propriamente lide, no sentido carnelutiano de conflito de interesses qualificado pela existência de uma pretensão resistida, mas sim divergência, por parte de pessoas interessadas numa determinada situação jurídica, quanto ao modo pelo qual essa situação, direito ou interesse jurídico será disciplinado, administrado ou protegido.[2]

---

2   Nesse sentido José Frederico Marques, ao assinalar a distinção entre a jurisdição contenciosa e voluntária, afirmava que, nesta, "a atuação do magistrado traduz a prática de ato estatal de administração de direitos individuais (...) que, além de sua natureza constitutiva, também apresenta caráter preventivo: o Estado intervém em certas relações jurídicas, para que o ato ou negócio jurídico se forme de maneira a evitar litígios posteriores e irregularidades ou deficiências que possam prejudicar, de futuro, algum dos interessados" (Ensaio sôbre a jurisdição voluntária, São Paulo, Saraiva, 1959, p. 72/73). Em abordagem crítica quanto aos critérios e distinções tradicionais, Leonardo Greco acaba por admitir que, ao menos "numa primeira aproximação (...) a jurisdição voluntária é uma modalidade de atividade estatal ou judicial em que o órgão judicial que a exerce tutela assistencialmente interesses particulares", pois "há atos da vida privada das pessoas, situações fáticas ou relações jurídicas, que, independentemente da existência de uma lide, somente podem formar-se com a intervenção da autoridade estatal" (Jurisdição voluntária moderna, São Paulo, Dialética, 2003, p. 11). No direito alemão, autorizada doutrina assinala a dificuldade de alcançar um conceito material unívoco da jurisdição voluntária, dada a diversidade de situações da vida que pode abranger, optando por apontar um conceito meramente formal, e, com a devida vênia tautológico, ("Freiwillige Gerichtsbarkeit im formellen Sinne"), segundo o qual "A questão é de jurisdição voluntária, caso ao respectivo processo seja ela submetida" pelo legislador (No original: "Eine Angelegenheit der freiwilligen Gerichtsbarkeit liegt dann vor, wenn sie dem Verfahren der freiwilligen

Porque para o Estado algumas dessas situações apresentam importância, do ponto de vista social, econômico ou jurídico, que vai além do campo de percepção e preocupação das próprias pessoas envolvidas, estabelece o legislador a possibilidade de intervenção do Poder Judiciário, em regra mediante provocação de algum legitimado, para assegurar que o tratamento desses temas conte com a solução mais adequada possível.

Ao eleger tais situações, temas ou interesses como alvo de preocupação primordial do Estado, através do Poder Judiciário, independentemente da existência de verdadeiro litígio, o legislador prevê que desse zelo pelo melhor tratamento desses interesses que, antes de tudo, são interesses privados, também participará o Ministério Público.

Observe-se atentamente: trata-se de interesses particularizados, em sua maioria privados, não há dúvida. Mas apresentam algum componente que, para o legislador, justifica que as partes, ao cuidar deles, nos casos em que o dissenso quanto às providências concretas a adotar se apresente, contem com a colaboração do Poder Judiciário e do MP para que, ao menos potencialmente, as melhores soluções sejam encontradas.

A escolha das situações ou casos em que essa presença tanto do Poder Judiciário como do MP na administração de interesses privados se mostra possível está no campo de decisão do legislador, ou seja, no campo da opção legislativa.

Tornando ao ponto central deste ensaio, é oportuno verificar, portanto, quando deve o Ministério Público estar presente nos processos de jurisdição voluntária, bem ainda quais as diretrizes que devem pautar sua atuação.

4. O MINISTÉRIO PÚBLICO NA JURISDIÇÃO VOLUNTÁRIA

O CPC/73 previa não apenas que o procedimento de jurisdição voluntária podia ser iniciado por provocação do MP (art. 1104), mas também que deveria ocorrer sua convocação ao processo, mediante citação, sob pena de nulidade (art. 1105).

A doutrina, inicialmente, pontuou, em caráter peremptório, a necessidade de intimação do MP para participar de todos os procedimentos de jurisdição

---

Gerichtsbarkeit unterstellt ist"). (Theodor Keidel und Bearbeiter, Kommentar zum Gesetz über das Verfahren in Familiensachen und die Angelegenheiten der freiwilligen Gerichtsbarkeit, München, Verlag C. H. Beck, 2009, p. 34). As mesmas dificuldades são apontadas por Hans Musielak e Borht, anotando que é "o direito positivo que define as tarefas da denominada jurisdição voluntária" (No original"; "Deshalb lässt sich der gesamte Gegenstandsbereich der freiwilligen Gerichtsbarkeit nur positivrechtlich bestimmen"). (Freiwillige Gerichtsbarkeit, Wolfgang Brehm, 4. Auflage, Stuttgart, Richard Boorberg Verlag, 2009, p. 35). A mesma dificuldade é assinalada por Leo Rosenberg, Karl Heinz Schwab e Peter Gottwald (Zivilprozessrecht, 17 Auflage, München, Verlag C. H. Beck,. 2010, p. 61/63).

voluntária, sob pena de nulidade.[3] Evoluiu-se, posteriormente, na interpretação da regra específica de intervenção, para se concluir que ela só se faz realmente indispensável, na jurisdição voluntária, se presente um dos fundamentos gerais da atuação do MP, previstos no art. 82 do CPC/73.[4]

O art. 719 do Novo CPC, por sua vez, promove adequação dessa diretriz, prevendo que ao MP deverá ser assegurada a intervenção nos casos do art. 178 do referido código, anteriormente mencionado (acima), regra geral que delimita os fundamentos para a intervenção do MP em qualquer processo e procedimento.

Em outras palavras, a redação do art. 719 do CPC encerra o debate a esse propósito, para aqueles que ainda entendiam que o MP deveria intervir em todos os procedimentos de jurisdição voluntária, ao determinar, de forma expressa, que essa atuação só ocorrerá se presente algum fundamento geral a exigir a presença do "Parquet" no feito.

Assim, em todo e qualquer procedimento de jurisdição voluntária, seja ele previsto no CPC, seja ele regulado pela legislação extravagante, só será exigível a intervenção do MP se estiver presente algum dos fundamentos contidos no art. 178 do novo Código.

Por outro lado, uma vez que venha a ocorrer o ingresso do Promotor de Justiça na condição de fiscal da ordem jurídica, terá vista dos autos depois das partes, devendo ser intimado de todos os atos do processo, podendo produzir provas e requerer a adoção de medidas processuais pertinentes, bem como interpor recursos (art. 179 do Novo CPC).

Uma observação importante: cabe sempre ao MP avaliar se deverá ou não intervir como fiscal da lei em determinado feito. É assim em todos os processos em que o "Parquet", ao menos em tese, deve intervir, e assim também deve ser nos procedimentos de jurisdição voluntária.

Para os casos em que o órgão ministerial declinar de intervir, por entender que não é caso de atuação da Instituição, e houver discordância por parte do Magistrado, permanece válida a remessa dos autos pelo Juiz ao Chefe do Ministério Público, por analogia do art. 28 do Código de Processo Penal, para que o Procurador-Geral, então, decida a respeito.

---

3   Nesse sentido, exemplificativamente, José Olympio de Castro Filho (Comentários ao CPC, vol. X, 2 ed., Rio de Janeiro, Forense, 1980, p. 25), bem como Pontes de Miranda, (Comentários ao CPC, tomo XVI, Rio de Janeiro, Forense, 1977, p. 19).

4   Assim: Cândido Rangel Dinamarco ("Ministério Público e jurisdição voluntária", Fundamentos do processo civil moderno, 3. Ed., São Paulo, Malheiros, 2000, p. 399 e ss.); Antonio Carlos Marcato (Procedimentos especiais, 10 ed., São Paulo, Atlas, 2004, p. 340); Humberto Theodoro Júnior (Curso de direito processual civil, v. III, 38. Ed., Rio de Janeiro, Forense, 2007, p. 379); João Paulo Lucena (Comentários ao CPC, v. 15, São Paulo, RT, 2000, p. 69/72); entre outros.

A decisão final sobre atuar ou não em determinado feito, com amparo nos parâmetros antes traçados, é do próprio Ministério Público, dada a autonomia constitucionalmente assegurada à Instituição e a independência funcional de seus membros. A revisão possível, quanto a este posicionamento do órgão de execução, é interna, com fundamento legal (art. 28 do CPP), sendo incompatível com a autonomia institucional que se aceite como palavra final a determinação judicial de intervenção, ou mesmo deliberação do órgão de controle externo (Conselho Nacional do MP), que, além de não ter atribuição para tanto, estaria invadindo a esfera da independência funcional, assegurada pelo art. 127, § 1º da CF ao Promotor de Justiça.

5. MP: INTERESSE EM INTERVIR E EM RECORRER

Foi esclarecido que nem sempre o MP intervirá nos processos de jurisdição voluntária, mas sim quando, em situação concreta, estiver presente qualquer dos fundamentos gerais indicados no art. 178 do Novo CPC, que revelam, em última análise, hipóteses de nítido interesse social ou interesses individuais indisponíveis.

Outra questão é saber, contudo, se sempre estará presente, sem qualquer condicionamento, o interesse do "Parquet" em objetar, mediante recurso ou outro meio autônomo de impugnação (mandado de segurança, reclamação constitucional, etc.), a decisão proferida pelo juiz.

Note-se: embora o MP seja legitimado a intervir nos moldes antes sintetizados, só haverá interesse recursal, de sua parte, se a interposição de recurso ou ajuizamento de meio autônomo de impugnação guardar relação com a defesa do interesse que legitima sua intervenção.

Tomemos como exemplo a clássica hipótese em que a intervenção se dá em razão da presença de incapaz. A participação do "Parquet" nesses processos se dá a fim de assegurar que o incapaz, e seus interesses, sejam tratados de modo adequado, com a correta aplicação das normas pertinentes à espécie, evitando-se equívocos ou mesmo erros que venham a prejudicá-lo.

Em outras palavras, como fiscal da ordem jurídica, em tais circunstâncias, deve o órgão ministerial velar para que não seja o incapaz indevidamente prejudicado. Isso não significa, entretanto, que o MP deverá sustentar, a todo custo, o acolhimento do pedido deduzido pelo incapaz, por meio de seu representante, mesmo quando sua pretensão for manifestamente ilegal. O "Parquet" deve velar para que não sejam praticadas ilegalidades em detrimento do incapaz, não para que esse vença, mesmo quando sustenta posição jurídica contrária à lei.

Por outro lado, pode ocorrer que o juiz decida beneficiando o incapaz, embora aplicando erroneamente a lei.

Nesse caso, não há interesse recursal do MP em recorrer para beneficiar outra parte que não o incapaz, em que pese haja ilegalidade na decisão. Não foi a defesa do interesse desse outro sujeito processual que justificou a intervenção ministerial, não havendo interesse recursal, por parte do "Parquet" para recorrer em benefício daquele. Isso não obstará, entretanto, que em grau de recurso, o parecer do Ministério Público seja favorável ao recorrente, e contrário ao incapaz. Mais uma vez: nesse exemplo, é a presença do incapaz que justifica a atuação do órgão ministerial no processo, mas isso não impõe ao interveniente sustentar, a todo custo, a posição da pessoa que motiva seu ingresso nos autos, mesmo que nitidamente ilegal.[5]

Em suma: ingressando no feito, por estar presente uma causa de intervenção, o MP pode opinar livremente, inclusive contrariamente ao sujeito ou motivo que legitimou sua intervenção (exemplificando, não é obrigado a opinar em favor do incapaz que não tem razão, nem sustentar inventário feito ilegalmente ou de modo viciado apenas para dar cumprimento às disposições de última vontade do testador, nem favoravelmente à ação coletiva em que se pretende a defesa do meio ambiente, se não há fundamento que justifique tal pedido).

Só pode recorrer, entretanto, para defender, no recurso, interesse que justificou sua intervenção, e não para pugnar pelo acolhimento de posição contrária àquele (não pode recorrer contra o incapaz, mesmo que a sentença, que o tenha favorecido, seja injusta; não pode recorrer contra a sentença que reconheceu a validade da disposição de última vontade, prestigiando o testador, se neste caso é a vontade deste que foi prestigiada, ainda que de forma irregular; poderá, entretanto, recorrer contra o incapaz, se outro motivo de intervenção ministerial, como a defesa do meio ambiente, tiver sido maltratado pela sentença injusta).

Essa linha de raciocínio deve ser observada nos procedimentos de jurisdição voluntária em que o "Parquet" intervém. Uma vez justificada a intervenção, ele deverá recorrer contra decisões que maltratem o interesse que justificou sua intervenção quando estas forem injustas, inadequadas, ou mesmo quando houver invalidade a macular o respectivo processo.

6. PROCEDIMENTOS ESPECÍFICOS DE JURISDIÇÃO VOLUNTÁRIA NO NOVO CÓDIGO: MANUTENÇÃO DO SISTEMA ANTERIOR

A constatação que se faz de todo modo, quanto aos procedimentos específicos regulados no âmbito da jurisdição voluntária no Novo CPC, é de que não

---

5   Essa é a posição sustentada, com acerto, por Hugo Nigro Mazzilli ("A atuação do Ministério Público no processo civil", em www.mazzilli.com.br, acesso em 23.12.2014; também publicado em Revista Síntese Direito Civil e Processual Civil, v. 73/3011, para quem "Antes de mais nada, é preciso fazer uma distinção: uma coisa é a liberdade de opinião, outra, é a liberdade de iniciativa. Liberdade de opinião, o membro do Ministério Público detém, por força da liberdade e da independência funcionais; mas seu poder de iniciativa está subordinado ao princípio do interesse processual".

houve qualquer alteração substancial em relação ao regime anterior, mas modificações exclusivamente de redação.

O importante, em nosso sentir, é que doravante sejam compreendidas com maior clareza, nos termos acima expostos, as principais perspectivas relativas aos critérios para definir os casos de intervenção, e os limites em que, ocorrendo a intervenção, as iniciativas do órgão ministerial poderão ser encetadas.

Ou seja: que fique claramente definido (como de fato ficou) se deve ocorrer ou não a intervenção, e como ela pode se dar.

7. BIBLIOGRAFIA

BREHM, Wolfgang. *Freiwillige Gerichtsbarkeit*. 4. Auflage, Stuttgart: Richard Boorberg Verlag, 2009.

CASTRO FILHO, José Olympio. *Comentários ao CPC*. vol. X, 2 ed., Rio de Janeiro: Forense, 1980.

DINAMARCO, Cândido Rangel. "Ministério Público e jurisdição voluntária". *Fundamentos do processo civil moderno*. 3. Ed., São Paulo: Malheiros, 2000.

GRECO, Leonardo. *Jurisdição voluntária moderna*. São Paulo: Dialética, 2003.

KEIDEL, Theodor und Bearbeiter. *Kommentar zum Gesetz über das Verfahren in Familiensachen und die Angelegenheiten der freiwilligen Gerichtsbarkeit*. München: Verlag C. H. Beck, 2009.

LUCENA, João Paulo. *Comentários ao CPC*. v. 15, São Paulo: RT, 2000.

MARCATO, Antonio Carlos. *Procedimentos especiais*. 10 ed., São Paulo: Atlas, 2004.

MARQUES, José Frederico. *Ensaio sôbre a jurisdição voluntária*. São Paulo: Saraiva, 1959.

MAZZILLI, Hugo Nigro. "A atuação do Ministério Público no processo civil", em www.mazzilli.com.br, acesso em 23.12.2014 (também publicado em Revista Síntese Direito Civil e Processual Civil, v. 73/3011).

MIRANDA, Francisco Cavalcanti Pontes de. *Comentários ao CPC*, tomo XVI, Rio de Janeiro: Forense, 1977.

ROSENBERG, Leo, Schwab, Karl Heinz e Gottwald, Petter. *Zivilprozessrecht*. 17 Auflage, München: Verlag C. H. Beck, 2010.

THEODORO JÚNIOR, Humberto. *Curso de direito processual civil*. v. III, 38. Ed., Rio de Janeiro: Forense, 2007.

CAPÍTULO 12

Intervenção do Ministério Público no incidente de assunção de competência e na reclamação: interpretando um silêncio e um exagero verborrágico do novo CPC

Fredie Didier Jr.[1] e
Leonardo Carneiro da Cunha[2]

SUMÁRIO: 1. PANORAMA SOBRE A INTERVENÇÃO DO MINISTÉRIO PÚBLICO NO PROCESSO CIVIL APÓS O CPC-2015; 2. INTERVENÇÃO DO MINISTÉRIO PÚBLICO NA RECLAMAÇÃO; 3. INTERVENÇÃO DO MINISTÉRIO PÚBLICO NO INCIDENTE DE ASSUNÇÃO DE COMPETÊNCIA.

1. PANORAMA SOBRE A INTERVENÇÃO DO MINISTÉRIO PÚBLICO NO PROCESSO CIVIL APÓS O CPC-2015

Uma das principais razões para a criação do novo Código de Processo Civil foi a necessidade de adequar a legislação processual à Constituição Federal de 1988.

Esse ajuste constitucional era necessário em diversos pontos. Um deles, pouco resenhado nos textos sobre o novo Código, diz respeito aos casos em que é obrigatória a intimação do Ministério Público, para atuar como fiscal da ordem jurídica. O perfil constitucional do Ministério Público, reconstruído em 1988,

---

1. Pós-doutorado pela Universidade de Lisboa. Doutor em Direito pela PUC-SP. Mestre em Direito pela UFBA. Livre-docente pela USP. Membro da Associação Internacional de Direito Processual, do Instituto Iberoamericano de Direito Processual, do Instituto Brasileiro de Direito Processual e da Associação Norte e Nordeste de Professores de Processo. Professor associado da Universidade Federal da Bahia, nos cursos de Graduação, Mestrado e Doutorado. Advogado.

2. Pós-doutorado pela Universidade de Lisboa. Doutor em Direito pela PUC-SP. Mestre em Direito pela UFPE. Membro do Instituto Iberoamericano de Direito Processual, do Instituto Brasileiro de Direito Processual e da Associação Norte e Nordeste de Professores de Processo. Professor Adjunto da Faculdade de Direito do Recife (UFPE), nos cursos de Graduação, Mestrado e Doutorado. Advogado.

FREDIE DIDIER JR. E LEONARDO CARNEIRO DA CUNHA

impunha a revisão de sua participação no processo civil – como, aliás, já se defendia doutrinariamente há muitos anos[3].

---

3   Toda essa discussão doutrinária resultou na Recomendação nº 16/2010, do Conselho Nacional do Ministério Público, que consolida a opinião em torno do tema. O art. 732 do CPC-1973, referido no texto da recomendação, corresponde aos arts. 528 e segs., CPC-2015. Eis o texto da Recomendação:

RECOMENDAÇÃO nº 16, de 28 de abril de 2010. Dispõe sobre a atuação dos membros do Ministério Público como órgão interveniente no processo civil. O CONSELHO NACIONAL DO MINISTÉRIO PÚBLICO, no exercício das atribuições conferidas pelo artigo 130-A, § 2º, inciso I, da Constituição Federal, e pelo artigo 31, inciso VIII, do seu Regimento Interno; CONSIDERANDO a decisão unânime do Colegiado proferida na Sessão do dia 28 de abril de 2010 no procedimento nº 0.00.000.000935/2007-71; CONSIDERANDO a necessidade de racionalizar a intervenção do Ministério Público no Processo Civil, notadamente em função da utilidade e efetividade da referida intervenção em benefício dos interesses sociais, coletivos e individuais indisponíveis; CONSIDERANDO a necessidade e, como decorrência, a imperiosidade de (re)orientar a atuação ministerial em respeito à evolução institucional do Ministério Público e ao perfil traçado pela Constituição da República (artigos 127 e 129), que nitidamente priorizam a defesa de tais interesses na qualidade de órgão agente; CONSIDERANDO a justa expectativa da sociedade de uma eficiente, espontânea e integral defesa dos mesmos interesses, notadamente os relacionados com a hipossuficiência, a probidade administrativa, a proteção do patrimônio público e social, a qualidade dos serviços públicos e de relevância pública, a infância e juventude, as pessoas portadoras de deficiência, os idosos, os consumidores e o meio ambiente; CONSIDERANDO a iterativa jurisprudência dos Tribunais pátrios, inclusive sumuladas, em especial dos Egrégios Supremo Tribunal Federal e Superior Tribunal de Justiça; CONSIDERANDO a exclusividade do Ministério Público na identificação do interesse que justifique a intervenção da Instituição na causa; CONSELHO NACIONAL DO MINISTÉRIO PÚBLICO RESOLVE, respeitada a independência funcional dos membros da Instituição, expedir a seguinte RECOMENDAÇÃO, sem caráter vinculativo: Art. 1º. Em matéria cível, intimado como órgão interveniente, poderá o membro do Ministério Público, ao verificar não se tratar de causa que justifique a intervenção, limitar-se a consignar concisamente a sua conclusão, apresentando, neste caso, os respectivos fundamentos. Art. 2º. Em se tratando de recurso interposto pelas partes nas situações em que a intervenção do Ministério Público é obrigatória, resguarda-se ao agente ministerial de primeiro grau a manifestação sobre a admissibilidade recursal. Parágrafo único. Será imperativa, contudo, a manifestação do membro do Ministério Público a respeito de preliminares ao julgamento pela superior instância eventualmente suscitadas nas razões ou contrarrazões de recurso, bem assim acerca de questões novas porventura ali deduzidas. Art. 3º. É desnecessária a atuação de mais de um órgão do Ministério Público em ações individuais ou coletivas, propostas ou não por membro da Instituição, podendo oferecer parecer, sem prejuízo do acompanhamento, sustentação oral e interposição de medidas cabíveis, em fase recursal, pelo órgão com atuação em segundo grau. (Alterado pela Recomendação nº 19, de 18 de maio de 2011). Art. 4º. O membro do Ministério Público pode ingressar em qualquer causa na qual reconheça motivo para sua intervenção. Art. 5º. Perfeitamente identificado o objeto da causa e respeitado o princípio da independência funcional, é desnecessária a intervenção ministerial nas seguintes demandas e hipóteses: I – Intervenção do Ministério Público nos procedimentos especiais de jurisdição voluntária; II – Habilitação de casamento, dispensa de proclamas, registro de casamento *in articulo mortis* – nuncupativo, justificações que devam produzir efeitos nas habilitações de casamento, dúvidas no Registro Civil; III – Ação de divórcio ou separação, onde não houver cumulação de ações que envolvam interesse de menor ou incapaz; IV – Ação declaratória de união estável, onde não houver cumulação de ações que envolva interesse de menor ou incapaz; V – Ação ordinária de partilha de bens; VI – Ação de alimentos, revisional de alimentos e execução de alimentos fundada no artigo 732 do Código de Processo Civil, entre partes capazes; VII – Ação relativa às disposições de última vontade, sem interesse de incapazes, exceptuada a aprovação, cumprimento e registro de testamento, ou que envolver reconhecimento de paternidade ou legado de alimentos; VIII – Procedimento de jurisdição voluntária relativa a registro público em que inexistir interesse de incapazes; IX – Ação previdenciária em que inexistir interesse de incapazes; X – Ação de indenização decorrente de acidente do trabalho; XI – Ação de usucapião de imóvel regularmente registrado, ou de coisa móvel, ressalvadas as hipóteses da Lei nº 10.257, de 10 de julho de 2001; XII – Requerimento de falência ou de recuperação judicial da empresa, antes da decretação ou do deferimento do pedido; XIII – Ação de qualquer natureza em que seja parte sociedade de economia mista; XIV – Ação individual em que seja

O CPC-2015 fez uma claríssima opção pela equalização constitucional da intervenção do Ministério Público no processo civil, racionalizando-a. Há um conjunto de regras nesse sentido; todas podem ser reconduzidas a uma mesma norma superior: a participação do Ministério Público no processo civil, como fiscal da ordem jurídica, somente se justifica nos casos em que há interesse público, social ou individual indisponível em discussão (art. 127 da CF/1988).

O novo sistema é bem coerente. A coerência entre duas normas revela-se, também, quando ambas podem ser justificadas com base em um mesmo princípio ou em um mesmo conjunto de princípios que estejam hierarquicamente em nível superior. Ou seja: é preciso que essas duas normas "façam sentido", "em virtude de serem racionalmente relacionadas como um conjunto instrumental ou intrinsecamente voltado para a realização de alguns valores comuns"[4]. Define-se a coerência, aqui, como uma relação de justificação (de argumentação) entre duas normas[5].

---

parte sociedade em liquidação extrajudicial; XV – Ação em que for parte a Fazenda ou Poder Público (Estado, Município, Autarquia ou Empresa Pública), com interesse meramente patrimonial, a exemplo da execução fiscal e respectivos embargos, anulatória de débito fiscal, declaratória em matéria fiscal, repetição de indébito, consignação em pagamento, possessória, ordinária de cobrança, indenizatória, anulatória de ato administrativo, embargos de terceiro, despejo, ações cautelares, conflito de competência e impugnação ao valor da causa; XVI – Ação de desapropriação, direta ou indireta, entre partes capazes, desde que não envolvam terras rurais objeto de litígios possessórios ou que encerrem fins de reforma agrária (art. 18, § 2º, da LC 76/93); XVII – Ação que verse sobre direito individual não-homogêneo de consumidor, sem a presença de incapazes; XVIII – Ação que envolva fundação que caracterize entidade fechada de previdência privada; XIX – Ação em que, no seu curso, cessar a causa de intervenção; XX – Em ação civil pública proposta por membro do Ministério Público, podendo, se for o caso, oferecer parecer, sem prejuízo do acompanhamento, sustentação oral e interposição de medidas cabíveis, em fase recursal, pelo órgão com atuação no segundo grau; (Alterado pela Recomendação nº 19, de 18 de maio de 2011). XXI – Assistência à rescisão de contrato de trabalho; (Revogado pela Recomendação nº 22, de 17 de setembro de 2013) XXII – Intervenção em mandado de segurança. Art. 6º. Recomenda-se, ainda, que as unidades do Ministério Público, respeitada a autonomia, disciplinem a matéria da intervenção cível, também por ato interno, preservada a independência funcional dos membros da Instituição, sem caráter normativo ou vinculativo, nos termos acima referidos. Art. 7º. Recomenda-se que as unidades do Ministério Público, no âmbito de sua autonomia, priorizem o planejamento das questões institucionais, destacando as que, realmente, tenham repercussão social, devendo, para alcançar a efetividade de suas ações, redefinir as atribuições através de ato administrativo, ouvidos os Órgãos Competentes, e, também, que repensem as funções exercidas pelos membros da Instituição, permitindo, com isto, que estes, eventualmente, deixem de atuar em procedimentos sem relevância social, para, em razão da qualificação que possuem, direcionar, na plenitude de suas atribuições, a sua atuação na defesa dos interesses da sociedade.

4   MacCORMICK, Neil. *Retórica e o Estado de Direito*. Conrado Hübner Mendes e Marcos Paulo Veríssimo (trad.) Rio de Janeiro: Elsevier, 2008, p. 252. Nesse sentido, MICHELON, Claudio. "Princípios e coerência na argumentação jurídica". *Direito e interpretação – racionalidades e instituições*. Ronaldo Porto Macedo Jr. e Catarina Helena Cortada Barbieri (org.). São Paulo: Saraiva, 2011, p. 267; ÁVILA, Humberto. *Teoria dos princípios*. 12ª ed. São Paulo: Malheiros Ed., 2011, p. 136; MITIDIERO, Daniel. *Cortes superiores e cortes supremas – do controle à interpretação, da jurisprudência ao precedente*. São Paulo: RT, 2013, p. 86.

5   MICHELON, Claudio. "Princípios e coerência na argumentação jurídica". *Direito e interpretação – racionalidades e instituições*. Ronaldo Porto Macedo Jr. e Catarina Helena Cortada Barbieri (org.). São Paulo: Saraiva, 2011, p. 267.

Vejamos alguns exemplos:

a) Não se impõe mais a intervenção do Ministério Público em ações de estado, tal como fazia o CPC-1973 (art. 82, II, CPC-1973). Em ações de família, a intervenção do Ministério Público apenas se impõe se houver interesse de incapaz (art. 698, CPC).

b) Esclarece-se que a participação da Fazenda Pública em juízo não torna, por isso, imperiosa a intimação do Ministério Público para atuar como fiscal da ordem jurídica (art. 178, par. ún., CPC).

c) Na ação rescisória, a intimação obrigatória do Ministério Público apenas se justifica se a causa subsumir-se a uma das hipóteses gerais de intervenção (art. 967, parágrafo único, CPC). Ao tempo do CPC-1973, prevalecia o entendimento de que a intervenção ministerial era obrigatória *em qualquer ação rescisória*, a despeito do silêncio normativo[6].

d) No conflito de competência, a intimação obrigatória do Ministério Público também apenas se justifica se a causa subsumir-se a uma das hipóteses gerais de intervenção (art. 951, parágrafo único, CPC). No CPC-1973, havia dispositivo que expressamente impunha a participação do Ministério Público em *todos* os conflitos de competência (art. 116, parágrafo único, CPC-1973).

e) Discussão antiga também foi resolvida pelo CPC-2015: a intervenção do Ministério Público em jurisdição voluntária. A redação do art. 1.105 do CPC-1973 levava ao entendimento de que a sua participação era obrigatória em *qualquer* procedimento de jurisdição voluntária. Havia quem pensasse de outra maneira: a intimação do Ministério Público era indispensável apenas nos casos de jurisdição voluntária que se encaixassem em uma das hipóteses gerais do art. 82 do CPC-1973. O problema agora foi resolvido expressamente nesse último sentido (art. 721, CPC).

Mas o CPC-2015 também trouxe *novas hipóteses de intimação obrigatória do Ministério Público*, afinal o ajuste constitucional não se restringe a eliminar hipóteses desnecessárias de intervenção, mas, também, acrescentar casos em que se intervenção se impõe.

a) Inclui-se a hipótese de intervenção obrigatória do Ministério Público nos casos de conflito coletivo sobre propriedade urbana (art. 178, III, CPC). No

---

6 MOREIRA, José Carlos Barbosa. *Comentários ao Código de Processo Civil.* 12 ed. Rio de Janeiro: Forense, 2005, v. 5, p. 199-200; MACHADO, Antônio Cláudio da Costa. *A intervenção do Ministério Público no processo civil brasileiro.* 2ª ed. São Paulo: Saraiva, 1998, p. 373-374; DIDIER Jr., Fredie; CUNHA, Leonardo Carneiro da. *Curso de Direito Processual Civil.* 12ª ed. Salvador: Editora Jus Podivm, 2014, v. 3, p. 429. Em sentido diverso, com entendimento agora encampado pelo CPC-2015, ZENKNER, Marcelo. *Ministério Público e efetividade no processo civil.* São Paulo: RT, 2006.

CPC-1973, a intervenção era obrigatória apenas nos conflitos coletivos sobre propriedade *rural*. A regra. A inclusão é bem-vinda, não apenas porque não há razão para distinguir o conflito coletivo de propriedade pela localização do bem, mas, sobretudo, pelo recrudescimento dos conflitos coletivos urbanos no país – os casos "Pinheirinho", em São Paulo, e "Cais Estelita", em Recife são notórios e emblemáticos.

b) Criou-se o incidente de resolução de demandas repetitivas (arts. 976 e segs., CPC), que serve, a um só tempo, como técnica de gestão e julgamento de casos repetitivos e como procedimento de formação concentrada de precedentes obrigatórios. A participação do Ministério Público nesse incidente é *corretamente* obrigatória (art. 982, III, CPC): de um lado, amplia-se a cognição, qualificando o debate para a formação do precedente, de outro, garante a fiscalização na criação de uma norma jurídica de origem jurisdicional, que será de observância obrigatória pelo próprio tribunal e por todos os juízes a ele vinculados.

Convém destacar que, em qualquer caso de intervenção obrigatória do Ministério Público, é suficiente sua intimação, não sendo necessária sua manifestação. Com efeito, o STF, ao julgar a ADIn 1.936-0, reafirmou seu entendimento segundo o qual a falta de manifestação do Ministério Público, nos casos em que deve intervir, não acarreta a nulidade do processo, desde que tenha havido sua regular intimação. De acordo com o STF, para se atender à exigência normativa de sua intervenção, basta a intimação do Ministério Público, sendo prescindível seu pronunciamento expresso.

O panorama do novo perfil da intervenção do Ministério Público no processo civil brasileiro permite que se chegue a uma conclusão: para manter a coerência do sistema, é preciso interpretar dispositivos que imponham a participação do Ministério Público nesse mesmo sentido e, ainda, se for o caso, preencher eventuais lacunas legislativas.

Essa conclusão é o ponto de partida para a solução de dois problemas que o novo CPC trouxe: a) é obrigatória a intimação do Ministério Público em qualquer reclamação, como dá a entender o art. 991, CPC?; b) é obrigatória a intimação do Ministério Público no incidente de assunção de competência, tendo em vista o silêncio do CPC no particular?

Para cada pergunta, um item a seguir.

2. INTERVENÇÃO DO MINISTÉRIO PÚBLICO NA RECLAMAÇÃO.

O procedimento da reclamação constitucional está integralmente regulado no CPC; essa é, inclusive, uma das novidades. Até então, a reclamação estava regulada na Lei nº 8.038/1990, arts. 13-18; esses artigos foram revogados (art. 1.072, IV, CPC-2015) e todo o regramento foi incorporado ao texto do CPC (arts. 988-993).

O CPC manteve, sem maiores alterações, o procedimento da reclamação, tal como previsto na Lei nº 8.038/1990. Esse procedimento foi claramente inspirado no procedimento do mandado de segurança: exigência de prova pré-constituída, possibilidade de tutela provisória, informações da autoridade coatora e intervenção do Ministério Público.

No que diz respeito à intervenção do Ministério Público, a mera repetição do enunciado do art. 16 da Lei nº 8.038/1990 no art. 991 do CPC-2015 foi irrefletida e não está em consonância com o padrão encampado pelo código, tal como visto no item anterior.

Não há razão para o Ministério Público intervir em *qualquer* reclamação, assim como não há razão para intervir em qualquer *ação rescisória, conflito de competência ou procedimento de jurisdição voluntária.*

O art. 991 do CPC deve ser interpretado em *harmonia* com o sistema do código: caso a reclamação se subsuma a uma das hipóteses *gerais* de intervenção previstas no art. 178, a intervenção ministerial impõe-se; apenas nesses casos; se a reclamação não se subsome, o Ministério Público não será intimado a intervir.

O dispositivo, lido isoladamente, é um fóssil legislativo. A interpretação literal do art. 991 retira-o do *contexto* do novo sistema processual civil e ecoa uma norma jurídica construída em outro tempo. É preciso atribuir-lhe um sentido coerente com a nova ordem processual e em conformidade com o perfil constitucional do Ministério Público.

A circunstância de a reclamação poder ser utilizada para garantir a autoridade de precedente obrigatório não transforma o seu objeto litigioso em um caso de interesse público, social ou individual indisponível. Precedente obrigatório é norma jurídica; reclamação para garantir a sua autoridade é ação para fazer valer uma determinada norma jurídica. Mas, rigorosamente, esse é o objeto de *qualquer ação*: concretizar o Direito. Se o Ministério Público fosse obrigado a intervir na reclamação, em razão desse fundamento, seria obrigado a intervir em qualquer ação, com muito mais razão se a ação tivesse por objetivo efetivar norma constitucional ou legal.

A reclamação constitui, nesse sentido, um meio de controle da *aplicação* do precedente. A intervenção do Ministério Público é obrigatória na *formação* do precedente. É muito importante fazer essa distinção. A dogmática dos precedentes exige que se os analise sob duas perspectivas: na sua *formação* e na sua *aplicação*. Para formar um precedente, é imperiosa a amplitude do debate, fazendo com que se imponha a intervenção do Ministério Público. A construção da norma exige amplitude de debate e de participação de todos os agentes públicos envolvidos, aí incluído o Ministério Público. Já a aplicação do precedente equivale à aplicação de uma norma, não atraindo a exigência de intervenção obrigatória do Ministério Público.

3. INTERVENÇÃO DO MINISTÉRIO PÚBLICO NO INCIDENTE DE ASSUNÇÃO DE COMPETÊNCIA.

De acordo com o art. 927, III, CPC, os juízes e tribunais deverão observar "os acórdãos em incidente de assunção de competência ou de resolução de demandas repetitivas e em julgamento de recursos extraordinário e especial repetitivos".

Nesses casos, há previsão de incidente processual para elaboração do precedente obrigatório (arts. 489, § 1º, 984, § 2º, e 1.038, § 3º, CPC), com natureza de processo objetivo. *É uma espécie de formação concentrada de precedentes obrigatórios* – precedentes também podem formar-se *difusamente*, é claro.

Esses procedimentos formam um *microssistema de formação concentrada de precedentes obrigatórios*, cujas regras se complementam reciprocamente[7].

Esse microssistema estrutura-se a partir de uma técnica-eixo: a construção do precedente deve pautar-se na ampliação do debate e motivação qualificada.

O incremento da participação – e, por isso, do contraditório – dá-se a partir de diversas técnicas-satélites: seleção de causas representativas que contenham abrangente argumentação e discussão a respeito da questão a ser decidida (art. 1.036, § 6º); intervenção do *amicus curiae* (arts. 983, e 1.038, I); realização de audiências públicas (arts. 983, § 1º, 1.038, II); qualificação da publicidade do processo (art. 979, §§) ; todos os argumentos contrários e favoráveis à tese discutida devem ser enfrentados e listados na decisão (arts. 984, § 2º, 1.038, § 3º) [8].

---

7   DIDIER Jr., Fredie; BRAGA, Paula Sarno; OLIVEIRA, Rafael Alexandria de. *Curso de Direito Processual Civil.* 10ª ed. Salvador: Editora Jus Podivm, 2015, v. 2, p. 466.

8   O art. 896-B, CLT, incorporou ao recurso de revista do processo do trabalho o regramento do incidente de julgamento de recursos especiais extraordinários e especiais repetitivos, instituindo também, nesse mesmo dispositivo, normas próprias. A decisão daí decorrente também deve ser considerada precedente obrigatório no âmbito da Justiça do Trabalho, tendo em vista que todas essas regras inseridas na CLT por força da Lei n 13.015, de 2014 compõem um microssistema de julgamento de casos repetitivos (cf. Enunciado nº 346 do Fórum Permanente de Processualistas Civis: "A Lei nº 13.015, de 21 de julho de 2014, compõe o microssistema de solução de casos repetitivos"). Embora a remissão seja ao CPC-1973, deve ser considerada como referente aos dispositivos correspondentes no CPC-2015: "Art. 896-B. Aplicam-se ao recurso de revista, no que couber, as normas da Lei n. 5.869, de 11 de janeiro de 1973 (Código de Processo Civil), relativas ao julgamento dos recursos extraordinário e especial repetitivos." Inclusive, no § 8º desse

A outra técnica-satélite para qualificar o debate na formação do precedente é a intervenção obrigatória do Ministério Público (arts. 976, § 2º, 1.038, III).

Sucede que, embora o incidente de assunção de competência também seja um procedimento de formação concentrada de precedente obrigatório, o legislador silenciou sobre a necessidade de participação do Ministério Público.

Esse silêncio deve ser suprido por uma interpretação *microssistemática*: a participação do Ministério Público é obrigatória no incidente de assunção de competência, pois essa é a (correta) opção do microssistema de formação concentrada de precedentes obrigatórios brasileiro.

O Ministério Público tradicionalmente é o terceiro *ouvido*, obrigatoriamente, quando se pretende ampliar e qualificar a discussão. A função de *fiscal da ordem jurídica* é, basicamente, para isso. Não faria sentido excluir essa participação no incidente de assunção de competência, quando ela é exigida em outros procedimentos aptos à produção de precedentes igualmente obrigatórios.

Além disso, no incidente de assunção de competência, há, sempre, como pressuposto, a discussão de relevante questão de direito, *com grande repercussão social* (art. 947, *caput*, CPC). A existência de interesse social é causa de intervenção do Ministério Público (art. 178, I, CPC). Ou seja: é ínsita ao incidente de assunção de competência a relevância social que justifica a participação obrigatória do Ministério Público.

Por uma ou por outra razão, é obrigatória a intimação do Ministério Público no incidente de assunção de competência. É preciso suprir essa lacuna legislativa.

---

dispositivo também se assegura o contraditório no incidente, nos seguintes termos: " § 8º O relator poderá admitir manifestação de pessoa, órgão ou entidade com interesse na controvérsia, inclusive como assistente simples, na forma da Lei nº 5.869, de 11 de janeiro de 1973 (Código de Processo Civil)". Note que a lei trabalhista fala em *assistente simples*, e não em *amicus curiae*.

CAPÍTULO 13

O Ministério Público e a ação de interdição no Novo CPC

Vitor Fonsêca[1]

SUMÁRIO: 1. INTRODUÇÃO; 2. O MINISTÉRIO PÚBLICO E A AÇÃO DE INTERDIÇÃO NO NOVO CPC: 2.1. A LEGITI-MIDADE DO MINISTÉRIO PÚBLICO PARA A PROPOSITURA DA AÇÃO DE INTERDIÇÃO: 2.1.1. DOENÇA MENTAL GRAVE; 2.1.2. INÉRCIA, INEXISTÊNCIA OU INCAPACIDADE DOS DEMAIS LEGITIMADOS; 2.1.3. OUTRAS HIPÓTE-SES LEGAIS DE LEGITIMIDADE DO MINISTÉRIO PÚBLICO PARA A AÇÃO DE INTERDIÇÃO; 2.2. O AFASTAMENTO DA FUNÇÃO DO MINISTÉRIO PÚBLICO COMO "CURADOR ESPECIAL" OU "DEFENSOR" DO INTERDITANDO; 2.3. O MINISTÉRIO PÚBLICO COMO FISCAL DA ORDEM JURÍDICA NA AÇÃO DE INTERDIÇÃO; 2.4. A LEGITIMIDADE DO MINISTÉRIO PÚBLICO PARA O PEDIDO DE LEVANTAMENTO DA CURATELA; 3. CONCLUSÕES; 4. REFERÊNCIAS BIBLIOGRÁFICAS

1. INTRODUÇÃO

O presente estudo trata do papel do Ministério Público (MP) na ação de interdição do novo Código de Processo Civil (Novo CPC). O foco não é o procedimento da ação de interdição em si, mas como deve ser a atuação processual do MP na interdição.

O estudo fundamenta-se na necessidade de se adaptar o entendimento da doutrina e da jurisprudência sobre a atuação do Ministério Público na ação de interdição. Com o Novo CPC, muito do que hoje se defende sobre o papel do MP deve ser alterado ou revisto. O objetivo é demonstrar qual será essa nova função a ser exercida pelo Ministério Público de acordo com o Novo CPC.

Para tanto, optou-se por uma comparação entre as regras do Novo CPC e as regras legais, a doutrina e a jurisprudência sob a vigência do CPC/1973. Essa análise comparativa ajuda a entender quais as efetivas mudanças havidas com a entrada em vigor do novo Código.

O artigo inicia demonstrando características gerais da atuação do Ministério Público na ação de interdição no Novo CPC. Após, o estudo delineia as mudanças ocorridas em quatro regras: nos arts. 748, 752, *caput*, § 1° e § 2°, e 756, § 1°, todos do Novo CPC.

---

1. Doutorando, Mestre e Especialista em Direito Processual Civil (PUC/SP). Secretário-Adjunto do Instituto Brasileiro de Direito Processual (AM). Membro do Centro de Estudos Avançados de Processo (CEAPRO) e da Associação Norte e Nordeste de Professores de Processo (ANNEP). Editor do portalprocessual.com. Promotor de Justiça (AM).

2. O MINISTÉRIO PÚBLICO E A AÇÃO DE INTERDIÇÃO NO NOVO CPC

O Novo CPC trouxe importante alterações na ação de interdição, entre elas algumas regras que interessam de perto a atuação do Ministério Público.

Uma das primeiras alterações encontra-se no final do texto do Novo CPC em seu livro complementar de disposições finais e transitórias. O código recém-aprovado, no art. 1.072, II, revogou expressamente os arts. 1.768 a 1.773 do Código Civil de 2002.

Essa revogação não é pouca coisa. Trata-se de parte substancial da regulamentação da curatela no Código Civil, pois foram revogados expressamente os artigos que tratavam da legitimidade da ação de interdição, da legitimidade do Ministério Público, do defensor do interditando, do exame pessoal do interditando, dos limites da curatela e dos efeitos imediatos da sentença que decreta a interdição (respectivamente, arts. 1.768, 1.769, 1.770, 1.771, 1.772 e 1.773).

Apesar dessa revogação expressa, o Novo CPC trouxe outras regras que substituíram as regras revogadas do Código Civil. Essas disposições, se bem analisadas, teriam o condão de revogar tacitamente aqueles mesmos artigos do Código Civil acima mencionados. São as novas regras dos arts. 747 (legitimidade da ação de interdição), 748 (legitimidade do Ministério Público), 752, § 2° (defensor do interditando), 751 (exame pessoal do interditando que passa a ser uma "entrevista pessoal"), 755, I (limites da curatela) e 1.012, § 1°, VI (efeitos imediatos da sentença que decreta a interdição).

Desse modo, com a entrada em vigor da Lei n° 13.105/2015, a ação de interdição passa a ser regida pelos arts. 747-763 do Novo CPC e pelos arts. 1.767 e 1.774-1.783 do Código Civil, além de leis especiais que regem a matéria.

A segunda alteração geral promovida pelo Novo CPC é a nomenclatura da ação de interdição. No CPC/1973, a ação de interdição era chamada de "curatela dos interditos", título mais próximo do Código Civil (que rege a curatela) do que do Código de Processo Civil (que rege a ação de nomeação do curador). No Novo CPC, este nome foi substituído pela expressão "interdição". A interdição, porém, continua localizada entre os procedimentos de jurisdição voluntária.

Ao Ministério Público interessa pelo menos a previsão de quatro regras novas previstas nos arts. 748, 752, *caput*, § 1° e § 2°, e 756, § 1°, todos do Novo CPC, a seguir destacadas.

2.1. A legitimidade do Ministério Público para a propositura da ação de interdição

No Novo CPC, o Ministério Público aparece como um dos legitimados para a propositura da ação de interdição (art. 747, IV, Novo CPC), assim como era previsto no CPC/1973 (art. 1.177, III) e no revogado art. 1.768, III do Código Civil.

O MINISTÉRIO PÚBLICO E A AÇÃO DE INTERDIÇÃO NO NOVO CPC

A legitimidade do MP para promover a interdição é ressaltada por duas características: a sua constitucionalidade e a sua subsidiariedade.

Essa legitimidade do Ministério Público para requerer interdição é respaldada por sua função constitucional de defesa de interesses individuais indisponíveis (art. 127, *caput*, Constituição de 1988). Mesmo sendo individual, o interesse indisponível que envolve o exercício pleno ou não da capacidade civil justifica a atuação do Ministério Público.

Por outro lado, a legitimidade do Ministério Público para a promoção da ação de interdição é apenas subsidiária[2]. Não é qualquer hipótese do art. 1.767 do Código Civil que servirá de fundamento para a propositura de interdição pelo MP.

Essa subsidiariedade pode ser percebida no art. 748 do Novo CPC. Diz o novo código que o Ministério Público só promoverá interdição em caso de doença mental grave: I – se não existir ou não promover a interdição alguma das pessoas designadas nos incisos I, II e III do art. 762; II – se, existindo, forem incapazes as pessoas mencionadas nos incisos I e II do art. 762.

O Novo CPC, assim, corrige a disposição do antigo art. 1.178 do CPC/1973 e do revogado art. 1.769 do Código Civil, deixando claro que o que legitima o Ministério Público como autor da interdição são duas condições: 1) a existência de "doença mental grave"; e 2) a "inércia, inexistência ou incapacidade dos demais legitimados" para promover a interdição.

Essas duas condições são alternativas ou cumulativas?

A jurisprudência entendia que essa legitimidade do Ministério Público – para interdição de casos de doença mental grave – não era supletiva, e sim principal. O Ministério Público não dependeria da inércia ou da manifestação dos demais legitimados. Desse modo, havendo prova de "anomalia psíquica" (nos moldes do CPC/1973), a legitimidade do Ministério Público para a ação de interdição seria imediata[3].

Esse entendimento da jurisprudência ficou prejudicado com o Novo CPC.

De acordo com o art. 748 do Novo CPC, não basta a "doença mental grave" para justificar a legitimidade do MP. As duas condições devem estar sempre presentes e em cumulação. Não há condições alternativas, mas sim condições cumulativas. O Ministério Público não é legítimo se o interditando tiver "doença mental grave" ou se houver "inércia, inexistência ou incapacidade dos demais

---

2   Teresa Arruda Alvim Wambier *et al*, *Primeiros comentários ao novo código de processo civil*, p. 1094.

3   STJ, 3a. Turma, RMS 22.679/RS, Rel. Min. Sidnei Beneti, julgado em 25/03/2008, DJe 11/04/2008; STJ, 4a. Turma, REsp 39.497/SP, Rel. Min. Sálvio de Figueiredo Teixeira, julgado em 24/03/1997, DJ 05/05/1997, p. 17053.

legitimados" (mesmo em casos sem comprovação de doença mental grave, por exemplo). Essas duas condições devem ser sempre cumuladas.

Essa conjugação das duas condições decorre de um rearranjo de redação legal promovido pelo Novo CPC. Diferentemente do CC que previa a "doença mental grave" e a "inércia, inexistência ou incapacidade dos demais legitimados" em incisos diferentes do art. 1.769, o art. 748 do Novo CPC deixa bastante claro que a "doença mental grave" sempre deve ser comprovada para fins de legitimidade do Ministério Público, já que a expressão encontra-se no próprio *caput*: "O Ministério Público só promoverá interdição em caso de doença mental grave".

Em seguida, após exigir os casos de "doença mental grave", o art. 748 do Novo CPC descreve, em seus incisos, a outra condição cumulativa – a inércia, a inexistência ou a incapacidade dos demais legitimados – para justificar a intervenção do Ministério Público. Por isso, a condição de "inércia, inexistência ou incapacidade dos demais legitimados" – de que tratam os incisos do art. 748 do Novo CPC – deve ser sempre cumulada à situação de "doença mental grave".

Em resumo: a doença mental grave é uma das condições de legitimidade do MP, mas não única.

Vejamos cada uma das duas condições para se aferir a legitimidade do Ministério Público para promover a ação de interdição.

2.1.1. Doença mental grave

Quanto à primeira condição de "doença mental grave", é expressão nova no Código de Processo Civil. O CPC/1973 falava apenas em "anomalia psíquica" (art. 1.178, I). Essa expressão sempre foi criticada pela doutrina e agora vem corrigida de acordo com o que já previa o Código Civil de 2002 no revogado art. 1.769, I.

O que se deve entender por "doença mental grave"?

A definição de "doença mental grave" é casuística. A lei processual foi genérica e acaba por abranger uma variedade de patologias. Dizer que alguém tem "doença mental grave" vai depender dos dados clínicos do interditando e da repercussão e/ou gravidade da doença na vida social do paciente.

O Código Internacional de Doenças (CID) não menciona diretamente o que seria uma "doença mental grave". Não há código para isso. O CID trata de "retardo mental grave" no F72, descrevendo ausência ou não de comprometimento de comportamento, com necessidade ou não de vigilância ou tratamento. Ocorre que há casos de doenças mentais que não devem ser consideradas retardo mental, mas que, pela literatura médica, são consideradas doenças mentais graves, como a esquizofrenia. Assim, não há correspondência científica necessária entre "doença mental grave" e "retardo mental grave".

Desse modo, o que vai condicionar a legitimidade do Ministério Público é o resultado de uma perícia técnica, definindo se a enfermidade pode ou não ser considerada "doença mental grave". Não há critérios aprioristicos para se entender que determinado caso é ou não "doença mental grave".

O que não se deve entender por "doença mental grave"?

A "doença mental grave" não é sinônimo de paciente com "enfermidade ou deficiência mental" sem "o necessário discernimento" para a prática dos atos da vida civil. A primeira expressão – doença mental grave – é pressuposto para a legitimidade do Ministério Público para a propositura da ação de interdição (art. 748, *caput*, Novo CPC). A segunda expressão – "enfermidade ou deficiência mental" sem "o necessário discernimento" para a prática dos atos da vida civil – é pressuposto para se aferir a incapacidade civil absoluta (art. 3º, II, e art. 1.767, I, CC). Portanto, as expressões devem ser interpretadas de maneira diferente. Essa constatação é importante, por exemplo, para se exigir um quesito específico para a perícia nessas hipóteses.

Também não se confunde a "doença mental grave" com "incapacidade para trabalhar". A incapacidade laboral não pressupõe a "doença mental grave", embora problemas psiquiátricos, de moderados a graves, possam atrapalhar a capacidade parcial ou total de alguém para trabalhar.

Por fim, a condição de "doença mental grave" afasta, obviamente, a legitimidade do Ministério Público, por exemplo, para a interdição do surdo-mudo (art. 1.767, II, Código Civil).

2.1.2. Inércia, inexistência ou incapacidade dos demais legitimados

Para se justificar a legitimidade do MP para o pedido de interdição, além da doença mental grave, deve existir a "inércia, inexistência ou incapacidade dos demais legitimados".

Os legitimados para propor a ação de interdição agora são: a) o cônjuge ou o companheiro; b) os parentes ou os tutores; c) o representante da entidade em que se encontra abrigado o interditando; e d) o Ministério Público. Essa é a previsão dos incisos do art. 747 do Novo CPC. Deve-se lembrar que o art. 1.768 do Código Civil foi revogado pelo Novo CPC, razão pela qual a legitimidade para a ação de interdição é agora prevista exclusivamente no Código de Processo Civil.

Esse rol de legitimados para a ação de interdição condiciona a legitimidade do Ministério Público. A legitimidade do Ministério Público só se sustenta diante da "inércia, inexistência ou incapacidade dos demais legitimados". Em outras palavras, a legitimidade do Ministério Público é subsidiária e somente se confirma nas situações descritas nos incisos do art. 748 do Novo CPC:

1) se os demais legitimados dos incisos I, II e III do art. 747 (cônjuge/companheiro, parentes/tutores, representante da entidade em que se encontra abrigado o interditando) não existirem ou não promoverem a interdição;

2) se, existindo, forem incapazes o cônjuge/companheiro, os parentes ou tutores.

Assim, a legitimidade do Ministério Público para promover a ação de interdição só vai persistir quando nenhum dos demais legitimados agir ou tiver interesse em agir em benefício do interditando.

É preciso lembrar, por fim, que essa característica de subsidiariedade da legitimidade do Ministério Público dependerá ainda de outros fatores sociais e burocráticos. Quanto maior a vulnerabilidade da família ou até mesmo a inexistência de parentes do interditando, maior será a presença do Ministério Público como legitimado para a ação de interdição. Também não se pode esquecer das hipóteses de interdição por motivos meramente burocráticos, como a regularização de benefícios previdenciários e assistenciais e para questões de sucessão[4].

2.1.3. Outras hipóteses legais de legitimidade do Ministério Público para a ação de interdição

Fora do Novo CPC, ainda existem outros casos legais de legitimidade do Ministério Público para a propositura da ação de interdição. No entanto, a partir da vigência do art. 748 do Novo CPC, parece ser necessário verificar se as duas condições de legitimidade (doença mental grave + inércia, inexistência ou incapacidade dos demais legitimados) se aplicam às demais hipóteses legais de legitimidade do Ministério Público para a ação de interdição.

O primeiro caso está no Código Civil. Diz o art. 1.780 do CC, que, a requerimento do enfermo ou portador de deficiência física, ou, "na impossibilidade de fazê-lo, de qualquer das pessoas a que se refere o art. 1.768", dar-se-lhe-á curador para cuidar de todos ou alguns de seus negócios ou bens.

Como o art. 1.768 do CC foi revogado pelo art. 1.072, II, do Novo CPC, então é possível concluir que os legitimados do art. 747 do Novo CPC, incluindo o Ministério Público (inciso IV), podem propor essa ação de interdição da chamada "curatela-mandato"[5].

Parece que o art. 1.780 do CC pouco tem a ver com a legitimidade prevista pelo art. 748 do Novo CPC. A curatela-mandato dedica-se especialmente a pessoas

---

4   Maria Bernadette de Moraes Medeiros, *Interdição civil*: proteção ou exclusão?, p. 163-171; Câmara dos Deputados, *A banalização da interdição judicial no Brasil*: relatórios.

5   Flávio Tartuce, *O novo CPC e o direito civil*: impactos, diálogos e interações, p. 475.

que não tenham doença mental, mas que, por enfermidade ou deficiência física, sejam incapazes de "cuidar de todos ou alguns de seus negócios ou bens".

Como a curatela-mandato do art. 1.780 do CC não pressupõe e sequer cogita deficiência mental ou "doença mental grave", a legitimidade do Ministério Público permanece inalterada nesse ponto. Exemplo: alguém que sofre um acidente de trânsito e fica temporariamente internado e inconsciente no hospital, mas sem familiares conhecidos e sem providência pelo diretor do estabelecimento. Esse paciente pode ser submetido à curatela-mandato e o Ministério Público terá legitimidade para a ação de interdição, a despeito da inexistência de "doença mental grave".

Cabe lembrar ainda de uma segunda hipótese legal, prevista no art. 74, II, do Estatuto do Idoso. A Lei nº 10.741/2003 prevê a legitimidade do Ministério Público para promover a ação de interdição total ou parcial de idoso.

Essa previsão de legitimidade do Ministério Público no Estatuto do Idoso deve ser interpretada em conjunto com o art. 43 e com a parte final do art. 74, II, ambos do mesmo Estatuto. Ambos levam o intérprete a entender o Ministério Público como legitimado a promover a interdição do idoso em "situação de risco".

A partir da interpretação conjunta do art. 748 do Novo CPC e do art. 43 do Estatuto do Idoso, conclui-se que algumas das hipóteses de risco a justificarem a legitimidade do Ministério Público para promover a interdição de idoso com doença mental grave são aquelas previstas no próprio Estatuto do Idoso: a) quando o cônjuge, o companheiro ou os parentes do idoso não existirem, não promoverem a interdição ou forem incapazes; e b) quando o representante da entidade em que se encontra o idoso não promover a interdição. As duas hipóteses do art. 748 do Novo CPC parecem coincidir com as dos incisos I, II e III do art. 43 do Estatuto do Idoso, razão pela qual não há conflito entre as normas. Exemplo: o art. 17, IV, do Estatuto do Idoso, determina que o médico comunique o Ministério Público quando o idoso não estiver no domínio de suas faculdades mentais e não tiver curador ou familiar conhecido.

Uma terceira e última hipótese legal de interdição a ser promovida pelo Ministério Público, fora das hipóteses do Novo CPC, é a do art. 8º, § 1º, da Lei nº 10.216/2001. O Ministério Público deve ser comunicado, no prazo de 72h, de qualquer internação psiquiátrica involuntária. Essa comunicação deve ser realizada pelo responsável técnico do estabelecimento no qual tenha ocorrido.

Nessas situações de internação psiquiátrica involuntária (e mesmo nos casos de internação compulsória), não poderão o Estado ou o Município, por exemplo, requererem a interdição do suposto incapaz. Caberá ao Ministério Público, presentes as condições do art. 748 do Novo CPC, propor a respectiva ação de interdição. No contexto da internação psiquiátrica (involuntária ou compulsória), fica mais fácil visualizar a legitimidade do Ministério Público para propor a ação de interdição em razão de "doença mental grave" e da "inércia, inexistência ou incapacidade dos demais legitimados".

Diante do exposto, pode-se concluir que as situações legitimadoras dos art. 1.780 do Código Civil, art. 74, II, do Estatuto do Idoso e art. 8°, § 1°, da Lei n° 10.216/2001, não foram revogadas tacitamente e estão em total harmonia com o art. 748 do Novo CPC.

2.2. O afastamento da função do Ministério Público como "curador especial" ou "defensor" do interditando

Em razão dos revogados art. 1.179 do CPC/1973 e 1.770 do Código Civil, a doutrina e a jurisprudência majoritárias entendiam que, quando não fosse autor da ação de interdição, o Ministério Público seria "defensor" ou "curador especial" do interditando, devendo impugnar ou não o pedido e zelar pelos interesses do interditando.

Esse entendimento majoritário nunca teve respaldo na Constituição de 1988 (arts. 127 e 129, IX) e já vinha sendo alvo de críticas da doutrina e da jurisprudência[6].

Na doutrina, os autores já diziam minoritariamente que o art. 1.179 do CPC/1973 e o art. 1.770 do Código Civil **mereciam ser interpretados de acordo com o perfil constitucional do Ministério Público. O Ministério Público, em decorrência do modelo constitucional, não poderia ser representante judicial da parte (art. 129, IX, Constituição de 1988). Se não promovesse a ação de interdição, o Ministério Público deveria funcionar como "fiscal da lei", mas sem prejuízo da atuação do Defensor Público a quem caberia não só a função de curador especial, mas também, e se for o caso, a de defender o interditando na hipótese de ser pessoa desprovida de recursos**[7].

Segundo a doutrina majoritária, porém, quando não promovesse a interdição, o Ministério Público deveria ser o "defensor" e o "curador especial" do interditando. Essa doutrina majoritária baseia-se ainda no fato de que, ao mesmo tempo em que a lei reconhece a legitimidade do MP para requerer a interdição,

---

6   TJSP, 1a. Câmara de Direito Privado, Agravo de Instrumento n° 2061919-68.2014.8.26.0000, Rel. Des. Cláudio Godoy, julgado em 09/09/2014.

7   **Cassio Scarpinella Bueno**, *Curso sistematizado de direito processual civil*, p. 206-210; **Nelson Nery Junior e Rosa Maria de Andrade Nery**, *Código civil comentado*, p. 1526; **Rolf Madaleno**, *Curso de direito de família*, p. 1212; **Euclides de Oliveira**, Decisão comentada: Ministério Público na interdição, *Revista Brasileira de Direito das Famílias e das Sucessões*, p. 83.

em razão da indisponibilidade dos interesses em jogo, também deve reconhecer sua atuação processual em defesa dos interesses do interditando como réu[8].

A jurisprudência majoritária defende também que a função de "curador especial" do interditando é compatível com o perfil constitucional do Ministério Público[9].

Em recente julgamento do final de 2014, o Superior Tribunal de Justiça reafirmou essa posição majoritária. No REsp no 1.099.458[10], o recorrente insurgia-se contra a nomeação do Ministério Público como "curador especial" do interditando. Segundo o recurso, o direito à ampla defesa do interditando não seria atendido suficientemente com a nomeação do Ministério Público para exercer a defesa, mesmo que ele acompanhasse a ação de interdição como *custos legis*.

O recurso especial não foi provido. O STJ entendeu que ao Ministério Público incumbe a defesa da ordem jurídica, do regime democrático e dos interesses sociais e individuais indisponíveis, como determina o art. 127 da Constituição de 1988. Por isso, eventual "defesa" dos interesses indisponíveis do interditando (supostamente incapaz) não seria incompatível com sua missão constitucional.

O STJ concluiu, ao final que, no procedimento de interdição, nos casos em que o Ministério Público não é autor, "é ele quem age em defesa do suposto incapaz, não havendo, pois, possibilidade de conflito de interesses entre eles, não se caracterizando, portanto, a hipótese legal de nomeação de curador especial a que se referem os arts. 9o do CPC e 1.179 do CPC".

Com o Novo CPC, esse entendimento majoritário está superado[11].

O art. 752, em seu *caput* e no § 2o, dispõe que o interditando poderá impugnar o pedido de interdição no prazo de quinze dias, contados da audiência de interrogatório, e, para tanto, poderá constituir advogado para defender-se. Caso não tenha constituído advogado pelo interditando, o juiz deverá nomear um curador especial.

Quem deve ser esse curador especial? Não nos parece que houve falha ou omissão do legislador[12], pois, numa interpretação sistemática, cabe à Defensoria Pública exercer essa curadoria especial.

---

8 Antonio Carlos Marcato, *Procedimentos especiais*, p. 383-384; Maria Helena Diniz, *Curso de direito civil brasileiro*, p. 731-732; Maria Berenice Dias, *Manual de direito das famílias*, p. 658-659.

9 TJSP, 4a. Câmara de Direito Privado, AI 2066433-30.2015.8.26.0000, Rel. Fábio Quadros, julgado em 14/05/2015.

10 STJ, 4a. Turma, REsp 1.099.458/PR, Rel. Min. Maria Isabel Gallotti, julgado em 02/12/2014, DJe 10/12/2014.

11 Flávio Tartuce, *O novo CPC e o direito civil*: impactos, diálogos e interações, p. 463-464.

12 Maurício Requião, Considerações sobre a interdição no Projeto do novo Código de Processo Civil, *Revista de Processo*, p. 460.

O art. 4°, inciso XVI, da Lei Orgânica da Defensoria Pública (Lei Complementar Federal nº 80/1994), com a redação dada pela Lei Complementar Federal nº 132/2009, prevê, entre as funções institucionais da Defensoria Pública, o exercício da curadoria especial.

No Novo CPC, a figura do curador especial foi expressamente prevista pelo art. 72. O parágrafo único do art. 72 ressalva que a curatela especial será exercida pela Defensoria Pública nos termos da lei. Segundo o inciso I desse art. 72, o juiz deverá nomear curador especial ao incapaz, se não tiver representante legal ou se os interesses deste colidirem com os daquele, enquanto durar a incapacidade.

Desse modo, pode-se concluir que a função de "curador especial" de que trata o art. 752, § 2°, do Novo CPC é papel da Defensoria Pública, nos termos do 4°, XVI, da Lei Complementar Federal nº 80/1994, e do art. 72, I e parágrafo único, do Novo CPC.

Caso não exista Defensoria Pública na sede do juízo, então o magistrado deve nomear defensor dativo.

Assim sendo, no Novo CPC, o Ministério Público deixa de exercer a função de "defensor" ou "curador especial" do interditando. Caso o interditando não constitua advogado para se defender, cabe à Defensoria Pública o exercício da curadoria especial.

A proposta do Novo CPC vem ao encontro da ideia de que também na ação de interdição devem ser garantidos todos os direitos fundamentais do interditando, inclusive o contraditório e a ampla defesa. A afirmação de que a ação de interdição se realiza "no interesse do interditando" deve ser afastada nesse aspecto. A ação de interdição visa a suspender a plenitude da capacidade do interditando e, por isso mesmo, deve respeitar todos os direitos fundamentais de quem for atingido[13].

2.3. O Ministério Público como fiscal da ordem jurídica na ação de interdição

O Novo CPC determina que o Ministério Público intervirá como fiscal da ordem jurídica na ação de interdição (art. 752, § 1°, Novo CPC). Não havia essa previsão legal no CPC/1973.

Duas consequências surgem da interpretação desse enunciado normativo.

Em primeiro lugar, caso a ação de interdição não seja promovida pelo Ministério Público (art. 748, Novo CPC), e sim, por um dos legitimados dos incisos I, II, e III do art. 747, o Ministério Público deverá intervir como fiscal da ordem jurídica.

---

13   Luiz Rodrigues Wambier e Eduardo Talamini, *Curso avançado de processo civil*, p. 442-443.

Em segundo lugar, a atuação do Ministério Público como fiscal da ordem jurídica na ação de interdição impede que ele funcione como representante da parte[14]. A previsão legal de que o Ministério Público irá funcionar como "fiscal da ordem jurídica" é outra demonstração de que está excluída a possibilidade de que o *Parquet* seja "defensor" ou "curador especial" do interditando. Como visto acima, a defesa do interditando deve ser exercida por seu advogado nomeado, se houver, ou pela Defensoria Pública.

Verifica-se que, mesmo que não existisse o texto legal do art. 752, § 1°, do Novo CPC, o Ministério Público ainda assim deveria ser intimado para intervir como fiscal da ordem jurídica em razão do art. 178, II, do Novo CPC, que determina que o Ministério Público será intimado para intervir como fiscal da ordem jurídica nas hipóteses previstas em lei ou na Constituição Federal e nos processos que envolvam "interesse de incapaz".

Cabe lembrar que, quando intervier como fiscal da ordem jurídica na ação de interdição, o Ministério Público: a) terá vista dos autos depois das partes, sendo intimado de todos os atos do processo; b) poderá produzir provas, requerer as medidas processuais pertinentes e recorrer (art. 179, Novo CPC). O prazo para sua manifestação será de 30 (trinta) dias, contados da carga, da remessa ou do meio eletrônico utilizado (art. 178 c/c art. 183, § 1°, Novo CPC).

Diante do exposto, de acordo com art. 752, § 1° do Novo CPC, quando não promover a ação de interdição, caberá ao Ministério Público exercer sua função de fiscal da ordem jurídica, e nunca como "defensor" ou "curador especial".

2.4. A legitimidade do Ministério Público para o pedido de levantamento da curatela

O Novo CPC também inovou ao prever a legitimidade do Ministério Público para o pedido de levantamento da curatela no art. 756, § 1°, pois no CPC/1973, apenas o interdito tinha essa legitimidade (art. 1.186, § 1°).

A doutrina anterior ao Novo CPC já aceitava que o Ministério Público formulasse o pedido de levantamento, especialmente diante da legitimidade ampla conferida ao Ministério Público, no art. 1.104 do CPC/1973, para os procedimentos especiais de jurisdição voluntária[15].

A diferença é que no Novo CPC a legitimidade é expressa e a lei autoriza diretamente o Ministério Público a formular o pedido de levantamento da curatela.

---

14   Luiz Guilherme Marinoni et *al, Novo Código de processo civil comentado*, p. 725.

15   Carlos Roberto Gonçalves, *Direito civil brasileiro*, p. 723-724; Maria Berenice Dias, *Manual de direito das famílias*, p. 664.

Esse pedido deve ser interpretado à luz da legitimidade do Ministério Público prevista no art. 748 do Novo CPC? Parece-nos que não.

Nos casos do art. 748 do Novo CPC, o legislador prevê a legitimidade do Ministério Público apenas em hipóteses residuais e "em caso de doença mental grave". Por exemplo: quando interdito não possui cônjuge ou companheiro, parentes ou tutores.

Quando se cogita a hipótese de levantamento de curatela, é porque já existe um curador ao interdito nos termos do art. 755 do Novo CPC. Mesmo que ele não tenha cônjuge ou parentes, o interdito já terá, a essa altura e nesse contexto de levantamento de curatela, ao menos um curador nomeado pelo juiz.

Por isso, parece que a legitimidade do Ministério Público para o levantamento de curatela deve ser aferida em situações de: 1) impossibilidade de o próprio interdito fazer o pedido de levantamento; ou 2) eventual conflito entre o interdito e o curador. Essa interpretação é adequada ao papel do Ministério Público quando atua, por exemplo, na remoção do curador (art. 761, Novo CPC).

3. CONCLUSÕES

Diante do exposto, pode-se concluir que:

a) a legitimidade do Ministério Público para a ação de interdição é subsidiária e verificada com a conjugação cumulativa de duas condições: doença mental grave e inércia/inexistência/incapacidade dos demais legitimados;

b) não há critério científico apriorístico para se definir o que é "doença mental grave";

c) subsiste com o art. 748 do Novo CPC a legitimidade do Ministério Público para a interdição nas situações previstas nos art. 1.780 do Código Civil, art. 74, II, do Estatuto do Idoso e art. 8°, § 1°, da Lei nº 10.216/2001;

d) o Ministério Público deixa de ser "curador especial" ou "defensor" do interditando no Novo CPC;

e) o papel do "curador especial" ou de "defensor" do interditando deve ser exercido pela Defensoria Pública, caso não tenha sido nomeado advogado;

f) quando não for autor da ação, o Ministério Público deve intervir na interdição como fiscal da ordem jurídica;

g) a legitimidade do Ministério Público para o levantamento da curatela não se vincula às hipóteses do art. 748 do Novo CPC, mas, sim, ao seu papel de fiscal do curador.

4. REFERÊNCIAS BIBLIOGRÁFICAS

CÂMARA DOS DEPUTADOS. A banalização da interdição judicial no Brasil: relatórios. Brasília: Câmara dos Deputados, 2007.

DINIZ, Maria Helena. *Curso de direito civil brasileiro.* v.5. 29.ed. São Paulo: Saraiva, 2014.

DIAS, Maria Berenice. *Manual de direito das famílias.* 9.ed. São Paulo: Revista dos Tribunais, 2013.

GONÇALVES, Carlos Roberto. *Direito civil brasileiro.* v.6. 11.ed. São Paulo: Saraiva, 2014.

MADALENO, Rolf. *Curso de direito de família.* 5.ed. Rio de Janeiro: Forense, 2013.

MARCATO, Antonio Carlos. *Procedimentos especiais.* 15.ed. São Paulo: Atlas, 2013.

MARINONI, Luiz Guilherme *et al. Novo código de processo civil comentado.* São Paulo: Revista dos Tribunais, 2015.

MEDEIROS, Maria Bernadette de Moraes. *Interdição civil:* proteção ou exclusão?. São Paulo: Cortez, 2007.

NERY JUNIOR, Nelson Nery; NERY, Rosa Maria de Andrade. *Código civil comentado.* 10.ed. São Paulo: Revista dos Tribunais, 2013.

OLIVEIRA, Euclides de. Decisão comentada: Ministério Público na interdição. *Revista Brasileira de Direito das Famílias e das Sucessões.* Porto Alegre: IBDFAM-Magister, out.-nov. 2007.

REQUIÃO, Maurício. Considerações sobre a interdição no Projeto do novo Código de Processo Civil. *Revista de Processo,* nº 239. São Paulo: Revista dos Tribunais, janeiro/2015.

SCARPINELLA BUENO, Cassio. *Curso sistematizado de direito processual civil.* v.2. t.2. 2.ed. São Paulo: Saraiva, 2013.

TARTUCE, Flávio. *O novo CPC e o direito civil:* impactos, diálogos e interações. Rio de Janeiro: Forense, 2015.

WAMBIER, Luiz Rodrigues; TALAMINI, Eduardo. *Curso avançado de processo civil.* v.3. 13.ed. São Paulo: Revista dos Tribunais, 2014.

WAMBIER, Teresa Arruda Alvim *et al. Primeiros comentários ao novo código de processo civil.* São Paulo: Revista dos Tribunais, 2015.

CAPÍTULO 14
Incidente de Desconsideração da Personalidade Jurídica e o Ministério Público

Marcelo de Oliveira Milagres[1]

Segundo Leonardo Netto Parentoni, no Brasil, esse instituto começou a ser delineado com base no art. 20 do revogado Código Civil de 1916:[2]

> [...] obrigações assumidas pela pessoa jurídica somente desta poderiam ser exigidas, nunca de seus integrantes. Este dispositivo, na realidade, era a positivação do *princípio* maior segundo o qual a pessoa jurídica constitui centro autônomo de decisões, único responsável pelos direitos e deveres que contrair (no brocardo latino: *societas distat a singulis*). Como todo princípio, ele *não é absoluto*, devendo ceder, no caso concreto, quando em confronto com outros valores.[3]

Trata-se de mecanismo empregado em situações concretas de utilização de um centro de imputação de direitos e deveres, ainda que despersonificado, para objetivos diversos da sua finalidade instituidora, superando especificadamente a regra da limitação de responsabilidade para alcançar massas patrimoniais pessoais necessárias à satisfação de prejuízos resultantes de atos abusivos e/ou fraudulentos.[4] O fundamento central da desconsideração é a não observância da

---

1. Promotor de Justiça em Minas Gerais. Professor Adjunto de Direito Civil na Universidade Federal de Minas Gerais (UFMG). O instituto da desconsideração da personalidade jurídica (disregard doctrine), entre nós, tem previsão expressa, por exemplo, no art. 50 do Código Civil, no art. 28 do Código de Defesa do Consumidor, no art. 4º da Lei nº 9.605/1998, no art. 34 da Lei nº 12.529/2011 e no art. 135 do Código Tributário Nacional.

2. "As pessoas jurídicas têm existência distinta da dos seus membros."

3. Netto PARENTONI, Leonardo. *Desconsideração contemporânea da personalidade jurídica* – dogmática e análise científica da jurisprudência brasileira. São Paulo: Quartier Latin, 2014. p. 50/51.

4. Não se pode fazer associação entre personalidade jurídica e limitação da responsabilidade. A desconsideração pressupõe a existência de um centro de imputação de direitos e deveres com limitação de responsabilidade patrimonial dos seus membros. Segundo Parentoni, a desconsideração "alcança inclusive fundos de investimento e outras espécies de patrimônio destacado, contanto que neles exista alguma forma de limitação de responsabilidade" (Netto PARENTONI, Leonardo. *Desconsideração contemporânea da personalidade jurídica* – dogmática e análise científica da jurisprudência brasileira. São Paulo: Quartier Latin, 2014. p. 62).

separação entre a atividade exercida pelo centro autônomo de imputação e os membros que o integram.

Ainda no entendimento de Leonardo Parentoni Netto:

> [a desconsideração] é a declaração de ineficácia parcial e temporária da limitação de responsabilidade dos membros de um centro autônomo de imputação de direitos e deveres, no caso concreto, atribuindo-lhes obrigação formalmente contraída por este centro, em razão de não ter ocorrido a perda do poder direto de disposição sobre o patrimônio que o compõe, ou em decorrência da imputação legal de riscos.[5]

Em situações de confusão patrimonial ou de fraude, não raras vezes envolvendo sócios casados, defende-se a possibilidade da "desconsideração inversa" ou "às avessas" da personalidade jurídica, permitindo-se ao cônjuge prejudicado pelo desvio do patrimônio comum alcançar bens que integram o patrimônio societário.

Nesse contexto, Rolf Madaleno destaca:

> [...] tem trânsito no Direito de Família brasileiro a aplicação episódica do superamento da personalidade jurídica sempre que o sócio cônjuge ou convivente procurar através do abuso da sociedade desviar bens particulares, pertencentes à sociedade afetiva e que são deslocados para a sociedade comercial, ou em outra modelagem, quando os bens que já compõem o capital social da empresa são desviados ou reduzidos a um valor irrisório, nada representando no acerto final de composição da partilha. Detectada a manobra arquitetada para gerar uma fraude no direito à partilha do parceiro ou aos alimentos judicialmente arbitrados, a desconsideração da personalidade jurídica procura recompor o patrimônio abusiva ou fraudulentamente dilapidado.[6]

Anote-se também a muito bem-pontuada advertência de Netto Parentoni:

> [...] a desconsideração inversa *restringe-se à participação do sócio/ desconsiderado no capital social*. Isto para evitar a brusca descapitalização da pessoa jurídica, em prejuízo desta, dos credores sociais e dos sócios que não utilizaram indevidamente a limitação de responsabilidade. Não fosse por este limite, em situações extremas

---

5 Netto PARENTONI, Leonardo. *Desconsideração contemporânea da personalidade jurídica* – dogmática e análise científica da jurisprudência brasileira. São Paulo: Quartier Latin, 2014. p. 58.

6 MADALENO, Rolf. *Repensando o direito de família*. Porto Alegre: Livraria do Advogado, 2007. p. 17-18.

a incidência deste instituto poderia acarretar até a insolvência da pessoa jurídica atingida.[7]

No âmbito tributário, entende o Superior Tribunal de Justiça (STJ) que se presume "dissolvida irregularmente a empresa que deixar de funcionar no seu domicílio fiscal, sem comunicação aos órgãos competentes, legitimando o redirecionamento da execução fiscal para o sócio-gerente" (Súmula 435).

Todavia, entende o mesmo STJ que a mera insolvência da pessoa jurídica ou a sua dissolução irregular, por si sós, não ensejam a desconsideração da personalidade (Resp 1.386.576/SC, j. 19.05.2015).

O Código de Processo Civil de 2015, no art. 134, prevê o mecanismo incidental de aplicação da desconsideração em qualquer processo ou procedimento. Nos termos do § 2º do referido artigo, dispensa-se a instauração do incidente se a desconsideração for requerida na própria petição inicial. Trata-se do reconhecimento da reserva de jurisdição absoluta, não se permitindo, ademais, a desconsideração de ofício.

De outro lado, no § 2º do art. 133, reconhece-se a possibilidade da **desconsideração inversa**: "aplica-se o disposto neste Capítulo à hipótese de desconsideração inversa da personalidade jurídica".

Qualquer credor poderá requerer a desconsideração, destacando-se a legitimidade do Ministério Público nas hipóteses de relevância social do interesse tutelado, seja atuando como parte ou como *custos societatis*.

Realce-se que a atuação do Ministério Público não se restringe ao papel de *custos legis*. Com fundamento no art. 127 da Constituição da República, o Código de Processo Civil de 2015 bem destacou a promoção da **ordem jurídica** e de seus valores, conforme se observa em seu art. 176: "o Ministério Público atuará na defesa da ordem jurídica, do regime democrático e dos interesses e direitos sociais e individuais indisponíveis". Atuando como promovente da ordem jurídica, o Ministério Público, a teor do art. 179, terá vista dos autos depois das partes, será intimado de todos os atos do processo, poderá produzir provas e requerer as medidas processuais pertinentes e recorrer.

É manifesta a atribuição ministerial em questões societárias, ambientais, econômicas – enfim, de relevância social – justificadoras da incidência da desconsideração da personalidade. Nesses casos, o bem jurídico tutelado não é essencialmente econômico, mas sim a adequada atuação dos centros de imputação em consonância com normas, valores e princípios da ordem jurídica.

---

7   Netto PARENTONI, Leonardo. *Desconsideração contemporânea da personalidade jurídica* – dogmática e análise científica da jurisprudência brasileira. São Paulo: Quartier Latin, 2014. p. 90.

Ainda que possível a pluralidade de massas patrimoniais, deve-se coibir a sua confusão em detrimento de credores. Igualmente, são vedados comportamentos fraudulentos.

Nesse sentido, é salutar o teor do art. 133 do Código de Processo Civil de 2015, segundo o qual "o incidente de desconsideração da personalidade jurídica será instaurado a pedido da parte ou do Ministério Público, quando lhe couber intervir no processo", o que não afasta a possibilidade de o Ministério Público pedir a desconsideração em sede de inicial de pretensão por ele formulada.

A decisão que determina a desconsideração, ensejando a ineficácia da alienação[8] ou a oneração patrimonial em relação ao requerente, a teor dos artigos 137 e 1.015, IV, desafia o recurso de agravo de instrumento. Se deferida, no âmbito do Tribunal, cabe agravo interno (parágrafo único do art. 136).

Na esteira do entendimento consolidado na Súmula 375[9] do STJ, não há que se aduzir ineficácia de qualquer negócio jurídico em relação a eventual terceiro adquirente de boa-fé. Igualmente – ainda que a configuração da fraude contra credores não tenha como elemento imprescindível o *consilium fraudis* –, protege-se o terceiro adquirente de boa-fé (art. 161 do Código Civil).

O próprio Código de Processo Civil de 2015 reconhece a oposição de embargos de terceiro por quem tiver sido eventualmente prejudicado pela desconsideração, particularmente por aquele que não tiver sido parte no incidente. Segundo o art. 674, III, "considera-se terceiro, para ajuizamento dos embargos: [...] III – quem sofre constrição judicial de seus bens por força de desconsideração da personalidade jurídica, de cujo incidente não fez parte".

O incidente de desconsideração apresenta-se como relevante e episódica medida de superação da limitação de responsabilidade de integrantes de um centro autônomo de imputação, resguardando-se a boa-fé, a lisura e a correção dos negócios jurídicos e de seus partícipes.

O incidente de desconsideração da personalidade jurídica aplica-se também ao processo de competência dos Juizados Especiais (art. 1.062).

A previsão desse incidente, no Código de Processo Civil de 2015, proporciona maior segurança, superando a preocupação de Rubens Requião exposta nos termos seguintes:

---

8   Como bem destaca Rubens Requião, a desconsideração não considera ou declara nula a personificação, mas a torna ineficaz para determinados atos. Cf. REQUIÃO, Rubens. *Curso de direito comercial*. 22. ed. 1º volume. São Paulo: Saraiva, 1995. p. 277.

9   "O reconhecimento da fraude à execução depende do registro da penhora do bem alienado ou da prova de má-fé do terceiro adquirente."

[...] não devemos imaginar que a penetração do véu da personalidade jurídica e a desconsideração da pessoa jurídica se torne instrumento dócil nas mãos inábeis dos que, levados ao exagero, acabassem por destruir o instituto da pessoa jurídica, construído através dos séculos pelo talento dos juristas dos povos civilizados, em cuja galeria sempre há de ser iluminada a imagem genial de Teixeira de Freitas, que, no século passado, precedendo a muitos, fixou em nosso direito a doutrina da personalidade jurídica.[10]

O Ministério Público brasileiro, seja em sua atuação demandista, seja sob uma perspectiva resolutiva, dispõe – como expressamente estabelece o Código de Processo Civil de 2015 – de mais um valioso mecanismo de promoção de uma ordem jurídica pautada pelos mais elevados valores, prevenindo e reprimindo comportamentos fraudulentos e abusivos.

Nesse sentido, espera-se que o incidente de desconsideração da personalidade jurídica possa ser utilizado com adequação, preservando e também fomentando a regular atuação dos centros autônomos de imputação de direitos e deveres, particularmente as sociedades empresariais.

REFERÊNCIAS BIBLIOGRÁFICAS

MADALENO, Rolf. *Repensando o direito de família*. Porto Alegre: Livraria do Advogado, 2007.

NETTO PARENTONI, Leonardo. *Desconsideração contemporânea da personalidade jurídica* – dogmática e análise científica da jurisprudência brasileira. São Paulo: Quartier Latin, 2014.

REQUIÃO, Rubens. Abuso de direito e fraude através da personalidade jurídica. *Revista dos Tribunais,* São Paulo, v. 410, dez. 1969, p. 12/24.

REQUIÃO, Rubens. *Curso de direito comercial.* 22. ed. 1º volume. São Paulo: Saraiva, 1995.

---

10 REQUIÃO, Rubens. Abuso de direito e fraude através da personalidade jurídica. *Revista dos Tribunais,* São Paulo, v. 410, dez. 1969, p. 24.

CAPÍTULO 15

Conversão de Ações Individuais em Coletivas: Contornos Pragmáticos ao Veto do Artigo 333 do Novo Código de Processo Civil

Marcelo Zenkner[1]

SUMÁRIO: 1. NOTAS INTRODUTÓRIAS – O VETO AO ARTIGO 333 DO NCPC; 2. IMPORTÂNCIA E HIPÓTESE PRÁTICA DE APLICAÇÃO DO DISPOSITIVO VETADO; 3. CONTORNO AO VETO PELA VIA DO DIREITO PROCESSUAL COLETIVO; 4. CONTORNO AO VETO PELAS INOVAÇÕES DO CÓDIGO DE PROCESSO CIVIL DE 2015; 5. CONCLUSÕES FINAIS; 6. BIBLIOGRAFIA

1. NOTAS INTRODUTÓRIAS – O VETO AO ARTIGO 333 DO NCPC

Apesar de o novo Código de Processo Civil ter seguido a linha do Código Buzaid no sentido de regulamentar, de modo geral, apenas a tutela do direito individual, uma das grandes novidades do Projeto de Lei nº 166/2010 aprovado no Senado Federal (nº 8046/2010 na Câmara dos Deputados) era, exatamente, a possibilidade de conversão das ações individuais em ações coletivas.

A inovação vinha prevista no artigo 333 do citado projeto, que tinha a seguinte redação:

> Art. 333. Atendidos os pressupostos da relevância social e da dificuldade de formação do litisconsórcio, o juiz, a requerimento do Ministério Público ou da Defensoria Pública, ouvido o autor, poderá converter em coletiva a ação individual que veicule pedido que:

---

1. Mestre em Direitos e Garantias Constitucionais Fundamentais pela FDV – Faculdade de Direito de Vitória e Doutorando pela Faculdade de Direito da Universidade Nova de Lisboa (Portugal). Professor de Direito Processual Civil dos cursos de graduação e pós-graduação da FDV – Faculdade de Direito de Vitória. Membro do Ministério Público do Estado do Espírito Santo (licenciado). Secretário de Estado de Controle e Transparência do Estado do Espírito Santo.

I – tenha alcance coletivo, em razão da tutela de bem jurídico difuso ou coletivo, assim entendidos aqueles definidos pelo art. 81, parágrafo único, incisos I e II, da Lei no 8.078, de 11 de setembro de 1990 (Código de Defesa do Consumidor), e cuja ofensa afete, a um só tempo, as esferas jurídicas do indivíduo e da coletividade;

II – tenha por objetivo a solução de conflito de interesse relativo a uma mesma relação jurídica plurilateral, cuja solução, por sua natureza ou por disposição de lei, deva ser necessariamente uniforme, assegurando-se tratamento isonômico para todos os membros do grupo.

§ 1º Além do Ministério Público e da Defensoria Pública, podem requerer a conversão os legitimados referidos no art. 5º da Lei no 7.347, de 24 de julho de 1985, e no art. 82 da Lei nº 8.078, de 11 de setembro de 1990 (Código de Defesa do Consumidor).

§ 2º A conversão não pode implicar a formação de processo coletivo para a tutela de direitos individuais homogêneos.

§ 3º Não se admite a conversão, ainda, se:

I – já iniciada, no processo individual, a audiência de instrução e julgamento; ou

II – houver processo coletivo pendente com o mesmo objeto; ou

III – o juízo não tiver competência para o processo coletivo que seria formado.

§ 4º Determinada a conversão, o juiz intimará o autor do requerimento para que, no prazo fixado, adite ou emende a petição inicial, para adaptá-la à tutela coletiva.

§ 5º Havendo aditamento ou emenda da petição inicial, o juiz determinará a intimação do réu para, querendo, manifestar-se no prazo de 15 (quinze) dias.

§ 6º O autor originário da ação individual atuará na condição de litisconsorte unitário do legitimado para condução do processo coletivo.

§ 7º O autor originário não é responsável por nenhuma despesa processual decorrente da conversão do processo individual em coletivo.

§ 8º Após a conversão, observar-se-ão as regras do processo coletivo.

§ 9º A conversão poderá ocorrer mesmo que o autor tenha cumulado pedido de natureza estritamente individual, hipótese em que o processamento desse pedido dar-se-á em autos apartados.

§ 10 O Ministério Público deverá ser ouvido sobre o requerimento previsto no caput, salvo quando ele próprio o houver formulado.

O objetivo traçado era claro, já que o tratamento dos conflitos em dimensão molecular, *"[...] além de permitir o acesso mais fácil à justiça, pelo seu barateamento e quebra de barreiras socioculturais, evita a sua banalização que decorre de sua fragmentação e confere peso político mais adequado às ações destinadas à solução desses conflitos coletivos"*[2].

A Presidente da República, entretanto, vetou o dispositivo[3], acolhendo sugestão da Advocacia-Geral da União, com o seguinte argumento: *"Da forma como foi redigido, o dispositivo poderia levar à conversão de ação individual em ação coletiva de maneira pouco criteriosa, inclusive em detrimento do interesse das partes. O tema exige disciplina própria para garantir a plena eficácia do instituto. Além disso, o novo Código já contempla mecanismos para tratar demandas repetitivas. No sentido do veto manifestou-se também a Ordem dos Advogados do Brasil – OAB".*

Certamente os nobres objetivos do dispositivo foram mal compreendidos ou, então, para efeito de veto, prevaleceram os argumentos da OAB, muito mais voltados para a reserva de mercado dos advogados pela via das ações meramente individuais do que para a evolução da legislação processual.

O Conselho Federal da OAB, aliás, já havia se posicionado de maneira semelhante ao ajuizar ação de direta de inconstitucionalidade (nº 3695-5/600) contra a Lei Federal nº 11.277/2006, que acresceu o artigo 285-A ao Código de Processo Civil. Tal dispositivo, como se sabe, dá ao Magistrado a possibilidade de dispensar a citação do demandado e proferir, *initio litis*, sentença de total improcedência do pedido formulado na inicial quando a matéria controvertida for unicamente de direito e no juízo já houver sido proferida sentença de total improcedência em outros casos "idênticos".

Se a sentença, nesses casos, só pode ser proferida em caso de rejeição integral do pedido formulado pelo autor, por óbvio que jamais trará qualquer prejuízo ao requerido, de modo que não se pode falar em uma suposta violação do contraditório ou da ampla defesa, como argumentava a OAB ao acusar, por razões evidentes, a necessidade de citação e de defesa em todos os processos.

A possibilidade de retrocesso na legislação processual gerada pela propositura dessa ADIn levou o Instituto Brasileiro de Direito Processual, presidido pela professora Ada Pellegrini Grinover, inclusive, a se habilitar no processo como *amicus curiae* para defender a constitucionalidade da lei questionada.

---

2   WATANABE, Kazuo. In: GRINOVER, Ada Pellegrini; *et all. Código Brasileiro de Defesa do Consumidor Comentado pelos Autores do Anteprojeto.* 6ª ed.rev.atual.ampl. Rio de Janeiro: Forense Universitária, 2000, p. 709.

3   Como consequência do veto ao artigo 333, foi vetado, também, o inciso XII do artigo 1015 do projeto aprovado no Senado Federal.

Essa postura da OAB agora se repetiu por ocasião do veto ao artigo 333 do NCPC, que não levou em consideração as consagradas lições dos renomados processualistas brasileiros, como, por exemplo, a de que uma única ação coletiva *"[..] elimina o custo das inúmeras ações individuais, torna mais racional o trabalho do Poder Judiciário, supera os problemas de ordem cultural e psicológica que impedem o acesso à justiça e neutraliza as vantagens dos litigantes habituais e dos litigantes mais fortes[4]"*.

A importância prática do vetado artigo 333 do Código de Processo Civil de 2015 era considerável, pois o Direito Processual Coletivo, como instrumento efetivo do amplo e irrestrito acesso à Justiça, busca única e exclusivamente alargar a tutela de direitos lesados ou ameaçados de lesão, jamais restringi-la.

Assim, o fato de uma determinada casa de shows estar abusando do volume do som no período de descanso noturno, em típica hipótese de violação de direito difuso, não impede que um dos vizinhos ingresse com uma ação individual para pedir tutela inibitória que impeça a continuação do ato ilícito que lhe atinge diretamente.

Em sede de lesão a direitos coletivos *lato senso* o mesmo acontece, sendo perfeitamente admissível o ajuizamento de ação individual por parte de correntista de determinada instituição bancária com pedido de anulação de cláusula abusiva de contrato de adesão que, de forma idêntica, é oferecido a todos os clientes.

Não há como negar que o autor, em casos tais, é titular de um direito individual, mas, ao mesmo tempo, também estão sendo lesados direitos de natureza transindividual pelo mesmo ato ilícito. Por isso, nessas circunstâncias, não pode haver nenhum obstáculo à admissibilidade de uma ação individual, sob pena de violação ao princípio da inafastabilidade da tutela jurisdicional, positivado no inciso XXXV do artigo 5º da Constituição Federal e agora também no artigo 3º da Lei nº 13.105, de 16 de março de 2015 (NCPC).

Em casos tais, além de ser rotineiro um grande desequilíbrio de forças entre as partes da relação jurídica processual, muitas vezes, por força do efeito *inter partes* da coisa julgada individual, é comum a solução jurisdicional dada àquele que bate às portas do Poder Judiciário gerar desigualdade entre pessoas que se encontram em situações jurídicas análogas.

2. IMPORTÂNCIA E HIPÓTESE PRÁTICA DE APLICAÇÃO DO DISPOSITIVO VETADO

Merece destaque, apenas para efeito de estudo de caso diante do dispositivo vetado, o concurso público para provimentos de cargos de Delegado da Polícia

---

4 MARINONI, Luiz Guilherme; ARENHART, Sérgio Cruz. *Manual do Processo de Conhecimento*. 3ª. ed. rev. atual. ampl. São Paulo: Revista dos Tribunais, 2004.

Civil do Estado do Espírito Santo, o qual teve quase 5.000 candidatos inscritos e cujo respectivo regulamento (Edital nº 001, de 24/01/2013) estabelecia que seriam corrigidas apenas as provas discursivas dos 300 (trezentos) primeiros classificados na prova objetiva.

Acontece que, após a divulgação do gabarito oficial, incontáveis demandas individuais passaram a ser ajuizadas por candidatos que se julgavam lesados pelos flagrantes equívocos na elaboração ou no conteúdo de questões da prova objetiva, a maioria delas com erros grosseiros.

Apesar do cunho evidentemente coletivo, a matéria foi judicializada em ações meramente individuais e, em sequência, diversas liminares passaram a ser concedidas diariamente, conferindo-se pontuação apenas aos respectivos e específicos demandantes. Isso fazia com que a ordem de classificação do concurso público fosse alterada todos os dias, já que a instituição responsável pela promoção e organização do concurso resistia em estender os efeitos das decisões judiciais, proferidas por diferentes juízos, a todos os candidatos.

O fato passou a gerar enorme insegurança jurídica e uma verdadeira erupção de ações individuais, pois os candidatos que se viam expurgados da lista de classificados também procuravam o Poder Judiciário reclamando a pontuação de outras questões.

Como, no total, doze eram as questões objetivas questionadas, muitos candidatos chegaram a ajuizar mais de uma ação individual para reclamar, em cada uma, a pontuação de questões diferentes. A busca frenética pelo Poder Judiciário, obviamente, colocava em risco a isonomia entre os candidatos[5], pois apenas aos demandantes eram atribuídos pontos, gerando a eliminação daqueles que não buscavam as vias jurisdicionais.

Estivesse em vigor, à época, o vetado artigo 333 do Código de Processo Civil, seria inegável na situação descrita a presença dos requisitos da relevância social e da dificuldade de formação do litisconsórcio, descritos no *caput* do dispositivo. Presente o primeiro pressuposto, aliás, o último seria até prescindível, nos termos do Enunciado nº 37 do Fórum Permanente de Processualistas Civis (FPPC): *"É presumida a relevância social na hipótese do inciso I do art. 333, sendo dispensável a verificação da "dificuldade de formação do litisconsórcio".*

Além disso, estaria o caso concreto perfeitamente enquadrado em ambas as hipóteses de cabimento, quais sejam, as previstas nos incisos I e II, em típico caso de

---

5   Pelo princípio da isonomia, intrinsecamente ligado ao princípio da legalidade, é indispensável que a Administração conduza o processo de seleção de pessoal de modo igualitário e impessoal, sem privilegiar um concorrente em detrimento de outros que se encontrem em idêntica situação.

lesão a direitos coletivos *lato senso*[6]. *Surgiria daí para o Magistrado o dever de intimar os legitimados do artigo 333 vetado para efeito de promoção da conversão da ação, nos termos do Enunciado nº 39 do Fórum Permanente de Processualistas Civis (FPPC)*[7].

Com isso poderia o Ministério Público, por exemplo, requerer a conversão de qualquer daquelas demandas individuais em coletiva (§ 1º) e, após o aditamento ou emenda da petição inicial para adaptação aos respectivos regramentos (§ 4º), passariam a ser observados os ditames do processo coletivo (§ 8º).

O benefício gerado pelo procedimento seria expressivo, pois, após sua observância, todas as decisões judiciais passariam a produzir efeitos ultra partes em relação ao grupo de candidatos inscritos naquele concurso (inciso II do artigo 103 da Lei nº 8.078/90), garantindo-se a isonomia de tratamento e o pleno acesso à justiça.

Perceba-se que a conversão das demandas individuais em coletiva, no caso em estudo, traria enorme proveito de ordem processual, inclusive com descongestionamento das vias judiciárias e afastamento da possibilidade (real) de decisões conflitantes entre as várias ações ajuizadas. Não pode prevalecer, assim, o argumento utilizado para o veto de que a conversão se daria em *"detrimento do interesse das partes"*, a não ser que se parta da absurda premissa de que o direito material de quem demanda está acima do daquele que não busca as vias jurisdicionais.

3. CONTORNO AO VETO PELA VIA DO DIREITO PROCESSUAL COLETIVO

O art. 110 da Lei nº 8.078/90, ao acrescentar mais um inciso ao art. 1º da Lei nº 7.347/85, alargou consideravelmente o objeto da ação civil pública, tornando-a instrumento idôneo à apuração de responsabilidades e reparação de danos causados não apenas ao meio ambiente, ao consumidor, a bens e direitos de valor artístico, estético, histórico, turístico e paisagístico, mas também, a teor do seu inciso IV, a *"qualquer outro interesse difuso ou coletivo"*.

A Constituição Federal, por sua vez, conferiu ao Ministério Público a defesa da ordem jurídica, do regime democrático e dos interesses sociais e individuais indisponíveis, conforme se verifica no artigo 127 da Constituição Federal, atribuindo-lhe diversas funções institucionais, inclusive a promoção do inquérito civil e da ação civil pública para a proteção do patrimônio público e social, do meio

---

6   São os transindividuais, de natureza indivisível de que seja titular grupo, categoria ou classe de pessoas ligadas entre si ou com a parte contrária por uma relação jurídica base (inciso II do artigo 81 da Lei nº 8.078/90).

7   Enunciado nº 39 do FPPC. (Art. 333) É dever do juiz intimar os legitimados do art. 333 do CPC para, se for o caso, requerer a conversão, aplicando-se, por analogia, o art. 139, X, do CPC.

ambiente e de outros interesses difusos e coletivos, inclusive os de candidatos inscritos em concursos públicos[8].

Assim, pode-se afirmar que é dever constitucional do Ministério Público investigar as irregularidades identificadas em quaisquer concursos públicos e, se for o caso, pleitear a tutela jurisdicional coletiva cabível à espécie.

É claro que o Poder Judiciário não só pode como deve corrigir as graves distorções identificadas em todo e qualquer concurso público com o objetivo de garantir a máxima correção do certame[9]. Por outro lado, não se pode admitir que a facilitação do acesso à justiça venha a gerar prejuízos a alguns dos interessados, com alteração do resultado apenas em favor daqueles que procuram as vias judiciais. Nas palavras do Ministro do Superior Tribunal de Justiça Herman Benjamin[10],

> **O que se quer, no campo da facilitação do acesso à justiça, é mais do que acesso cosmético aos tribunais, já que se bate às portas da jurisdição como último recurso de acesso ao Direito, vale dizer, a uma ordem jurídica justa (= inimiga dos desequilíbrios e destituída**

---

8   PROCESSUAL CIVIL E ADMINISTRATIVO. EMBARGOS DE DECLARAÇÃO. RECURSO ESPECIAL. TEMPESTIVIDADE. CONCURSO PÚBLICO. AÇÃO CIVIL PÚBLICA. INOBSERVÂNCIA DOS PRINCÍPIOS CONSTITUCIONAIS. LEGITIMIDADE DO MINISTÉRIO PÚBLICO. ALÍNEA "C". NECESSIDADE DE COTEJO ANALÍTICO ENTRE PARADIGMAS E DECISÃO IMPUGNADA. INEXISTÊNCIA DE SIMILITUDE FÁTICA. EMBARGOS DE DECLARAÇÃO ACOLHIDOS COM EFEITOS MODIFICATIVOS. [...] 3. *Não há falar em ilegitimidade ativa do Ministério Público para a ação civil pública, tendo em vista que esta Corte Superior de Justiça firmou entendimento no sentido de que o Parquet tem legitimidade para propor ação civil pública para anular concurso realizado sem a observância dos princípios estabelecidos na Constituição Federal.* Precedentes: AgRg no Ag 998.628/GO, Rel. Ministro ARNALDO ESTEVES LIMA, QUINTA TURMA, julgado em 02/03/2010, DJe 29/03/2010; AgRg no REsp 681.624/MG, Rel. Min. HAMILTON CARVALHIDO, Sexta Turma, DJ 28/11/05; AgRg no REsp 996.258/DF, Rel. Des. Convocado do TJSP CELSO LIMONGI, Sexta Turma, DJe 3/8/09. (STJ, EDcl no REsp 1121977/SP, Rel. Ministro MAURO CAMPBELL MARQUES, SEGUNDA TURMA, julgado em 04/10/2012, DJe 11/10/2012).

9   Em decisão prolatada em 23 de abril de 2015, com repercussão geral (RE nº 632.853/STF), o Supremo Tribunal Federal decidiu que "*os critérios adotados por banca examinadora de concurso não podem ser revistos pelo Poder Judiciário*", o qual pode anular questões apenas se houver erro grosseiro. Por maioria de votos, os ministros reafirmaram jurisprudência do Tribunal e assentaram eu, apenas em casos de flagrante ilegalidade ou inconstitucionalidade, a Justiça poderá ingressar no mérito administrativo para rever critérios de correção e de avaliação impostos pela banca examinadora. No caso julgado pelo STF, o Estado do Ceará questionava decisão do TJCE que anulou dez questões do concurso público para provimento do cargo de enfermeiro por considerar que havia mais de uma resposta correta entre as opções de múltipla escolha. Além disso, a candidata que levou o caso ao Poder Judiciário alegava que várias perguntas eram baseadas em autores diferentes daqueles indicados para estudo no próprio edital do concurso. O relator do recurso, Ministro Gilmar Mendes, decidiu favoravelmente ao Estado do Ceará com o entendimento de que "*os critérios adotados por banca examinadora de concurso público não podem ser revistos pelo Judiciário*". Nos termos do voto que conduziu o julgamento, os juízes podem apenas verificar se as questões da prova estão dentro do conteúdo previsto no edital do concurso, mas não podem fazer uma nova correção das questões, substituindo, assim, a avaliação feita pela banca examinadora. Saiu vencido no julgamento o Ministro Marco Aurélio Mello, que entendeu que o edital contrariava a prova aplicada aos candidatos: "*Pelo edital, somente haveria uma resposta correta. Mas a banca que confeccionou a prova objetiva lançou questões com mais de uma opção correta. O edital disse qual seria a linha doutrinária que seria admitida na solução das questões, mas depois se abandonou essa linha para agasalhar-se outra doutrina diversa do edital*", pontuou. Outras decisões do STF estabelecem que um juiz só pode anular uma questão se houver erro "teratológico" ou quando o edital fizer exigências ilegais para a seleção.

10   Superior Tribunal de Justiça, REsp 347.752/SP, 2ª Turma, julgado em 08/05/2007, DJe 04/11/2009.

MARCELO ZENKNER

de presunção de igualdade), conhecida (= social e individualmente
reconhecida) e implementável (= efetiva) – grifos nossos.

É pelo "princípio da máxima efetividade do processo coletivo" que deve ser
compreendido o manuseio das ações coletivas, ao lado das eventuais demandas
individuais, para a proteção mais adequada possível dos direitos transindividuais, mediante o emprego das técnicas e procedimentos idôneos e capazes de
propiciar a tão almejada efetividade da prestação jurisdicional, com redução de
custos, uniformização dos julgados e geração de segurança jurídica.

Não é por outro motivo que a Lei nº 7.347 (Lei da Ação Civil Pública) já prevê, desde 1985, que "Se, no exercício de suas funções, os juízes e tribunais tiverem
conhecimento de fatos que possam ensejar a propositura da ação civil, remeterão
peças ao Ministério Público para as providências cabíveis". Essa disposição é agora
reforçada pelo inciso X do artigo 139 do novo Código de Processo Civil que estabelece, dentre os deveres do juiz, o de oficiar, sempre que se deparar com diversas demandas individuais repetitivas, o Ministério Público, a Defensoria Pública e,
na medida do possível, outros legitimados coletivos para que estes, se for o caso,
promovam a ação coletiva respectiva.

Nesse sentido, com o veto ao artigo 333 do NCPC, restará aos juízes, nas
mesmas hipóteses estabelecidas em seus incisos, formalizar comunicação aos
legitimados do Microssistema de Tutela Coletiva e, sendo proposta a devida ação
coletiva, restará aos autores das ações individuais a faculdade estabelecida no
artigo 104 do Código de Defesa do Consumidor[11] caso queiram se beneficiar dos
efeitos da coisa julgada coletiva.

Formalizada essa comunicação e proposta a respectiva ação coletiva, já
avançam a doutrina e a jurisprudência no sentido de que o Magistrado, pautado
na efetividade da tutela jurisdicional, na garantia da razoável duração do processo e na segurança jurídica, poderá reconhecer interesse público em suspender
as ações individuais, adotando tal providência independentemente de requerimento da parte nesse sentido.

Fredie Didier Jr. e Hermes Zaneti Jr., por exemplo, defendem abertamente a
suspensão ex officio das ações individuais diante de ação coletiva proposta com
o mesmo objeto:

> [...] Trata-se de uma exigência de ordem pública, não só decorrente
> da necessária racionalização do exercício da função jurisdicional,

---

11   **Art. 104 da Lei nº 8078/90.** As ações coletivas, previstas nos incisos I e II e do parágrafo único do art. 81, não
induzem litispendência para as ações individuais, mas os efeitos da coisa julgada *erga omnes* ou *ultra partes* a
que aludem os incisos II e III do artigo anterior não beneficiarão os autores das ações individuais, se não for
requerida sua suspensão no prazo de trinta dias, a contar da ciência nos autos do ajuizamento da ação coletiva.

> como forma de evitar decisões diversas para situações semelhantes, o que violaria o princípio da igualdade. [...] Trata-se de evidente aplicação do princípio da adequação e da flexibilização dos procedimentos aos processos coletivos. Trata-se de solução já existente no âmbito do controle concentrado de constitucionalidade (art. 21 da Lei Federal nº 9868/1999) e no âmbito do controle de constitucionalidade difuso exercido por meio de recurso extraordinário (art. 543-B, § 1º, CPC). Mesmo para quem não considera ADC ou ADIn (ações de controle concentrado de constitucionalidade) espécies de ação coletiva, não haveria qualquer óbice à interpretação analógica.[12]

Também o Instituto Brasileiro de Direito Processual – IBDP, em sua proposta de "Código Brasileiro de Processos Coletivos"[13], adotou a mesma linha de entendimento com base em idênticos propósitos.

A Primeira Turma do Superior Tribunal de Justiça, ao enfrentar controvérsia em torno da implantação do piso salarial nacional para os profissionais do magistério público da educação básica (Lei Federal nº 11.738/2008), com milhares de ações individuais a partir daí ajuizadas, da mesma forma decidiu: *"Diante dos fatos narrados no acórdão recorrido, acerca da multiplicidade de ações individuais existentes e da possibilidade real destas gerarem decisões judiciais contraditórias, mormente pela existência de uma ação civil pública cuidando da mesma questão jurídica, mostra-se acertada a decisão do Tribunal de origem de suspender os processos singulares"*[14].

Diante dessa tendência estabelecida na doutrina e jurisprudência é possível extrair conclusão no sentido de que o veto ao artigo 333 do NCPC pouco ou quase nenhum efeito prático produzirá, pois praticamente tudo o que ali se preconizava já podia ser realizado pela via do Direito Processual Coletivo.

4. CONTORNO AO VETO PELAS INOVAÇÕES DO CÓDIGO DE PROCESSO CIVIL DE 2015

O grande problema derivado da proliferação de demandas judiciais individuais que, em verdade, buscam a tutela jurisdicional coletiva sempre envolveu,

---

12   *Curso de Direito Processual Coletivo – Processo Coletivo*, V. 4, 4ª ed. Salvador: Editora JusPodivm, 2009, p. 184.

13   Art. 7º. [...]

    § 3º. O Tribunal, de ofício, por iniciativa do juiz competente ou a requerimento da parte, após instaurar, em qualquer hipótese, o contraditório, poderá determinar a suspensão de processos individuais em que se postule a tutela de interesses ou direitos referidos a relação jurídica substancial de caráter incindível, pela sua própria natureza ou por força de lei, a cujo respeito as questões devam ser decididas de modo uniforme e globalmente, quando houver sido ajuizada demanda coletiva versando sobre o mesmo objeto.

    § 4º. Na hipótese do parágrafo anterior, a suspensão do processo perdurará até o trânsito em julgado da sentença coletiva, vedada ao autor a retomada do curso do processo individual antes desse momento.

14   AgRg nos EDcl no AREsp nº 210.833/RS, Rel. Min. Napoleão Nunes Maia Filho, 1ª Turma, julgado em 24/09/2013, DJe 02/10/2013.

como já apontado, a possibilidade de decisões judiciais contraditórias e a evidente desigualdade que se estabelece de modo reflexo entre aqueles que judicializaram a questão e aqueles que permaneceram inertes.

No caso do concurso público para provimentos de cargos de Delegado da Polícia Civil do Estado do Espírito Santo, a proliferação multitudinária de demandas individuais decorria exatamente do fato de que a pontuação das questões era conferida pelo Poder Judiciário apenas àqueles que buscavam a tutela jurisdicional, já que, de acordo com a primeira parte do artigo 472 do CPC de 1973, "A *sentença faz coisa julgada às partes entre as quais é dada, não beneficiando, nem prejudicando terceiros*" (sem grifo no original).

Entretanto, essa redação restou alterada no CPC de 2015, que agora prevê, em seu artigo 506, apenas o seguinte: "*A sentença faz coisa julgada entre as partes as quais é dada, não prejudicando terceiros*". Resta claro, portanto, que a legislação processual foi alterada para eliminar a vedação de provimentos jurisdicionais, oriundos de ações individuais, beneficiar terceiros que não participaram do processo.

A supressão da vedação do benefício por terceiros evidencia uma tentativa de incorporação da coisa julgada *secundum eventum litis in utilibus*, já consagrada expressamente na parte final do § 3º do artigo 103 do Código de Defesa do Consumidor[15], ao sistema da Lei nº 13.105/2015.

O Enunciado nº 234 do Fórum Permanente de Processualistas Civis (FPPC) já traz uma repercussão prática do novo dispositivo: "*A decisão de improcedência na ação proposta pelo credor beneficia todos os devedores solidários, mesmo os que não foram partes no processo, exceto se fundada em defesa pessoal*". A conclusão é totalmente acertada, pois seria absolutamente ilógico e contraproducente o credor ter a possibilidade de demandar repetida e sucessivamente todos os seus devedores, reproduzindo em sequência a mesma tese jurídica já rejeitada por sentença transitada em julgado.

E a *sentença de procedência* proferida em ação individual que veicule pedido que tenha alcance coletivo ou que tenha por objetivo a solução de conflito de interesse relativo a uma relação jurídica plurilateral? Poderia ela também ser aproveitada por terceiros que se encontram na mesma situação jurídica e que não participaram do processo?

---

15   **Artigo 103, § 3º, CDC.** Os efeitos da coisa julgada de que cuida o art. 16, combinado com o art. 13 da Lei nº 7.347, de 24 de julho de 1985, não prejudicarão as ações de indenização por danos pessoalmente sofridos, propostas individualmente ou na forma prevista neste código, mas, se procedente o pedido, beneficiarão as vítimas e seus sucessores, que poderão proceder à liquidação e à execução, nos termos dos arts. 96 a 99 (sem grifos o original).

Ora, devem ser evitadas, no trato do Direito Processual Civil, interpretações puramente dogmáticas que inviabilizem as soluções efetivamente úteis à prestação da tutela jurisdicional e, via de consequência, a entrega à sociedade de um sistema que reconheça e garanta em tempo oportuno a reparação ou fruição dos direitos materiais lesados ou ameaçados de lesão.

Na exposição de motivos do anteprojeto do Novo Código de Processo Civil, a Comissão de Juristas que reformou o sistema processual reconheceu que buscou *"[...] dar todo o rendimento possível a cada processo em si mesmo considerado"*. Partindo-se dessa premissa, no caso do concurso público para provimentos de cargos de Delegado da Polícia Civil do Estado do Espírito Santo, nada mais justo e efetivo que o juiz, ao conceder uma liminar em uma ação individual para atribuir a pontuação de determinada questão ao requerente, estenda automaticamente os efeitos daquela decisão a todo e qualquer candidato inscrito no mesmo concurso.

É claro que, antes de tomar tal providência, deverá o Magistrado intimar o Ministério Público para, no prazo de trinta dias, intervir no processo como fiscal da ordem jurídica e se manifestar acerca da eventual extensão dos efeitos da decisão aos demais integrantes do grupo, categoria ou classe de pessoas, já que a hipótese é típica daquelas que reclamam a intervenção ministerial em razão da natureza da lide (artigo 178, inciso I, do novo Código de Processo Civil).

Situações dessa natureza repetem-se com muita intensidade principalmente no trato dos direitos coletivos *lato senso*, exatamente porque são eles de titularidade de grupo, categoria ou classe de pessoas ligadas entre si ou com a parte contrária por uma relação jurídica base. Assim, se essa mesma "relação jurídica base" é alterada por força de uma decisão judicial, é claro que os efeitos desta devem se estender a todos os componentes daquele mesmo grupo, categoria ou classe de pessoas, independentemente de quem tenha sido o responsável pela iniciativa de acionar o Poder Judiciário.

5. CONCLUSÕES FINAIS

Procurou o presente estudo antecipar as repercussões práticas que certamente se estabelecerão a partir do veto lançado contra o artigo 333 do Novo Código de Processo Civil, bem como de modificações nele encartadas, buscando-se soluções que atendam as premissas estabelecidas pela comissão que elaborou o respectivo anteprojeto.

Certamente a almejada efetividade do processo estaria mais bem resguardada se o instituto da conversão de ações individuais em coletivas tivesse sido mantido na Lei nº 13.105/2015, até para que a nova legislação processual geral pudesse guardar coerência interna.

Entretanto, a partir de uma análise dos regramentos contidos no Microssistema de Tutela Coletiva, há plena possibilidade de se chegar aos mesmos objetivos do dispositivo vetado, bastando, para tanto, a sensibilidade dos juízes e dos legitimados coletivos diante de situação geradora de multiplicidade de ações individuais com o mesmo objeto.

Inovações tecnológicas que possam, automaticamente, acusar essa ocorrência seriam muito bem-vindas, principalmente quando a propositura das ações individuais se dá perante juízos diferentes, o que dificulta o conhecimento e o registro, pois, normalmente, o demandado é omisso em realizar a devida comunicação ao Poder Judiciário.

Por outro lado, há no próprio Código de Processo Civil sancionado em 2015 outros dispositivos que, se forem interpretados à luz de uma dinâmica atrelada à máxima efetividade do processo e à busca dos melhores resultados que dele podem ser extraídos, poderão também fazer com que o veto ao seu art. 333 tenha pouca significação prática.

É nessa linha que se propõe e se impõe uma interpretação ao artigo 506 do NCPC que atenda as bases da efetividade da tutela jurisdicional, da duração razoável do processo e da segurança jurídica, garantindo-se uma decisão de mérito justa, que atenda os fins sociais e às exigências do bem comum (art. 8º NCPC) e que evite o desperdício de tempo e a prática de atos processuais desnecessários.

6. BIBLIOGRAFIA

DIDIER JR., Fredie; ZANETI JR., Hermes. *Curso de Direito Processual Civil: processo coletivo*, 4ª ed. Salvador: JusPodivm, 2009.

MARINONI, Luiz Guilherme; MITIDIERO, Daniel. *O projeto do CPC – críticas e propostas.* São Paulo: RT, 2010.

MARINONI, Luiz Guilherme; ARENHART, Sérgio Cruz. *Manual do Processo de Conhecimento*. 3. ed.rev. atual. ampl. São Paulo: Revista dos Tribunais, 2004.

NEVES, Daniel Amorim Assumpção. *Novo Código de Processo Civil – Lei 13.105/2015.* São Paulo: Editora Método, 2015.

PORTANOVA, Rui. *Princípios do Processo Civil*. Porto Alegre: Livraria do Advogado, 1995.

WATANABE, Kazuo. In: GRINOVER, Ada Pellegrini; *et al. Código Brasileiro de Defesa do Consumidor Comentado pelos Autores do Anteprojeto*. 6ª ed.rev.atual.ampl. Rio de Janeiro: Forense Universitária, 2000.

CAPÍTULO 16

Uma Hipótese de *Defendant Class Action* no CPC? O Papel do Ministério Público na Efetivação do Contraditório Nas Demandas Possessórias Propostas em Face de Pessoas Desconhecidas

Susana Henriques da Costa[1] *e*
João Eberhardt Francisco[2]

SUMÁRIO: 1. INTRODUÇÃO; 2. RECONHECIMENTO DA SITUAÇÃO PASSIVA COLETIVA E ADMISSÃO DA AÇÃO COLETIVA PASSIVA; 3. A NOVA PREVISÃO DO CÓDIGO DE PROCESSO CIVIL; 4. A PRÁTICA JUDICIÁRIA SOB A ÉGIDE DO CPC/1973: 4.1. SEGUE: IMPOSSIBILIDADE DE QUALIFICAÇÃO DOS RÉUS VERSUS ACESSO À JUSTIÇA; 5. A REPRESENTAÇÃO DOS INTERESSES EM CONFLITO NO PROCESSO E A ATUAÇÃO DO MINISTÉRIO PÚBLICO; 6. CONCLUSÃO; 7. BIBLIOGRAFIA

1. INTRODUÇÃO

A entrada em vigor do Código de Processo Civil introduzirá no direito processual diversos mecanismos e técnicas processuais, e, espera-se, ensejará alguma mudança da chamada cultura processual. As modificações previstas no CPC vão desde a *releitura* dos institutos fundamentais do processo sob a égide dos princípios constitucionais, muitos deles expressamente referidos nos artigos iniciais do Código[3], passando pela positivação de práticas adotadas pelos Tribunais, até

---

1. Professora Doutora da Faculdade de Direito da USP. Professora do programa GVlaw da FGV Direito SP. Mestre e Doutora em Direito Processual pela Faculdade de Direito da USP e Pós-doutora na University of Wisconsin – Madison Law School. Promotora de Justiça do Estado de São Paulo.

2. Doutorando e Mestre em Direito Processual Civil pela Faculdade de Direito da USP. Professor convidado da pós-graduação em Processo Civil da FGVSP – GVLaw. Professor convidado da pós-graduação em Direito Civil e Processo Civil da EPD. Membro do CEAPRO – Centro de Estudos Avançados de Processo. Advogado

3 Notadamente os arts. 1º – que afirma a aplicabilidade imediata das normas constitucionais sobre o processo; 6º – que institui o dever de cooperação; 7º – que positiva a garantia de paridade de armas; e 9º e 100 – que dispõem sobre o dever de consulta e a vedação à decisão surpresa.

a introdução de mecanismos não conhecidos em nosso sistema, muitas vezes inspirados no direito estrangeiro.

Portanto, além do que é possível verificar com a mera análise do texto do CPC, deve-se interpretar seus dispositivos com o olhar voltado para a experiência internacional na aplicação dos mecanismos que foram por ela inspirados e, igualmente, para o entendimento das Cortes na interpretação do direito processual anteriormente vigente, que, por vezes, resulta em aplicação bastante distinta daquela que se poderia inferir da letra da norma.

O tema de que trata o presente artigo bem se presta a essa análise, sem que se recaia em meras conjecturas.

O CPC traz previsões que parecem visar o acesso à justiça de quem tem sua posse ameaçada ou tomada por pessoas que não sejam identificáveis e, em contrapartida, buscar garantir a representação dos interesses dessas pessoas ou grupo e, consequentemente, o exercício do direito de defesa e da incidência da garantia do contraditório.

A primeira disposição está contida no art. 319, parágrafo 3°, que dispensa a apresentação dos dados que identifiquem os demandados quando sua obtenção se demonstrar excessivamente difícil ou impossível, de modo a vedar o acesso à justiça.

A segunda disposição encontra-se no parágrafo 1° do Art. 554, do CPC, que determina, em ações possessórias, a citação pessoal dos ocupantes, – que se reputam invasores, – que forem encontrados no local, autorizando a citação por edital dos demais. Será, ainda, determinada a "intimação do Ministério Público e, se envolver pessoas em situação de hipossuficiência econômica, da Defensoria Pública"[4], repetindo-se a previsão contida no art. 178, III, do mesmo diploma, que determina a intervenção do MP como *fiscal da ordem jurídica*, "nas causas que envolvam litígios coletivos pela posse de terra rural ou urbana".

---

4   Art. 554. A propositura de uma ação possessória em vez de outra não obstará a que o juiz conheça do pedido e outorgue a proteção legal correspondente àquela cujos pressupostos estejam provados.

§ 1º No caso de ação possessória em que figure no polo passivo grande número de pessoas, serão feitas a citação pessoal dos ocupantes que forem encontrados no local e a citação por edital dos demais, determinandose, ainda, a intimação do Ministério Público e, se envolver pessoas em situação de hipossuficiência econômica, da Defensoria Pública.

§ 2º Para fim da citação pessoal prevista no § 1º, o oficial de justiça procurará os ocupantes no local por uma vez, citandose por edital os que não forem encontrados.

§ 3º O juiz deverá determinar que se dê ampla publicidade da existência da ação prevista no § 1º e dos respectivos prazos processuais, podendo, para tanto, valerse de anúncios em jornal ou rádio locais, da publicação de cartazes na região do conflito e de outros meios.

Portanto, em caso de suposta invasão de um bem imóvel, uma vez ajuizada demanda possessória, o autor poderá se socorrer de ambos dispositivos para deixar de indicar os demandados, sustentando a impossibilidade de fazê-lo, e pedir a citação pessoal daqueles que estiverem no local, com a citação por edital dos demais.

Trata-se de solução que, agora positivada pelo CPC, havia sido criada pela prática judiciária[5] e foi admitida pela doutrina[6], ainda que sem expressa previsão legal no CPC/73 que lhe desse suporte.

Introduziu-se com a positivação do entendimento jurisprudencial, todavia, a exigência da intimação do Ministério Público e, eventualmente, da Defensoria Pública. Não se pode admitir, diante do modelo constitucional de processo adotado pelo Código, que essa previsão signifique tão-somente a cientificação do *Parquet* para que exerça formal e desinteressadamente sua função. Tem-se que sua atuação deve ser dirigida à efetivação do contraditório, para assim garantir o *devido processo* e produzir resultados por ele legitimados[7], pois incumbe ao

---

5   Nesse sentido, dentre muitos semelhantes: "REINTEGRAÇÃO DE POSSE INDEFERIMENTO DA PETIÇÃO INICIAL POR AUSÊNCIA DE QUALIFICAÇÃO DOS RÉUS – EXTINÇÃO DA AÇÃO SEM RESOLUÇÃO DO MÉRITO DESCABIMENTO HIPÓTESE EM QUE SE TRATA DE IMÓVEL INVADIDO POR DIVERSAS PESSOAS DESCONHECIDAS, O QUE IMPOSSIBILITA A IDENTIFICAÇÃO DOS COUPANTES INAPLICABILIDADE DA REGRA PREVISTA NO ARTIGO 282, II, DO CPC SENTENÇA ANULADA – RECURSO PROVIDO." (Apelação Cível no 1000745-43.2015.8.26.0161, TJSP, Relator Des. Paulo Roberto de Santana, j. 27.05.2015)

6   Cf. Egas Moniz de Aragão: "Sem dúvida, a regra geral impõe a citação pessoal de todos os chamados a integrar a relação processual e somente por exceção é possível agir de outro modo. Todavia, não se pode fazer dessa regra obstáculo intransponível ao exercício do direito de ação, que constitui garantia constitucional (art. 5º, inc. XXXV). No que concerne à inacessibilidade do lugar onde se encontre o citando, a lei autoriza expressamente o emprego da citação-edital, que se justifica pela necessidade de permitir ao autor o ajuizamento da ação, a fim de que seu direito não pereça (v. o nº 296). Poder-se-á, analogicamente invocar o mesmo princípio quando se tratar da citação de muitíssimas pessoas? Como diz THORNAGUI, 'a incerteza pode decorrer do número indeterminado (*propter multitudinem citandorum*) ', ou, segundo PONTES, 'serem muitos, sem individuação possível, ou extremamente difícil'. Em tais casos, escrevem, poderá o autor promover a citação por editais" (Comentários ao Código de Processo Civil, vol. II, págs. 304/305, 7ª ed.).

7   Cf. Cândido Rangel Dinamarco: "Onde há o exercício do poder, mediante a realização de um procedimento, há sempre também a sujeição de alguma pessoa: sujeição ao processo mesmo, que ela não pode evitar (litispendência, inevitabilidade do poder), sujeição às diversas manifestações do poder em atos específicos inerentes ao processo (inclusive, constrições), sujeição à eficácia do ato final preparado mediante o procedimento. A sujeição é o contraposto negativo do poder e sem ela sequer haveria espaço lógico para conceber-se o exercício deste. Ora, constitui máxima democrática a limitação do poder e da sujeição, como culto ao valor liberdade, inerente ao Estado-de-direito. E assim, não sendo legítimo o exercício indiscriminado do poder (porque não é absoluto), têm-se garantias da participação daquele que está em estado de sujeição e da observância dos modelos das atividades a serem desenvolvidas pelos agentes estatais. O contraditório e o procedimento, portanto, que até se poderiam conceber fora dos limites das atividades inerentes ao exercício do poder, no contexto desse exercício é que assumem significado relevante: é para assegurar a participação e conter a tendência ao abuso do poder, que os procedimentos são definidos em lei e exigidos nos casos concretos." (A Instrumentalidade do Processo, pp. 88/89).

Parquet a defesa da própria *ordem jurídica*, além, evidentemente, a defesa dos *interesses sociais e individuais indisponíveis* (art. 127 da CF e art. 177 do CPC).

Da inovação supramencionada, extrai-se ter sido reconhecido que as consequências da admissão da demanda em face de *pessoas desconhecidas* podem atingir o direito de defesa e a garantia do contraditório, na medida em que não se pode assegurar que efetivamente houve ciência da demanda àqueles a quem se imputa o esbulho. Consequentemente, não há garantias de que aquela coletividade ou grupo de indivíduos terá seus interesses devidamente representados no processo[8].

Além disso, a citação por edital de *pessoas desconhecidas* afeta diversos outros aspectos processuais da controvérsia, como a possibilidade de intervenção de terceiro ou apresentação de embargos de terceiro e a configuração da litispendência e a extensão subjetiva da coisa julgada.

Essas questões assemelham-se (e por vezes identificam-se) com aquelas tratadas pelo Direito Processual Coletivo. As preocupações de efetiva representação dos interesses em juízo, inclusive com o controle judicial da sua adequação, e o sofisticado sistema de regulação da litispendência e da coisa julgada não eram aplicáveis às demandas possessórias analisadas, porque, até a edição do CPC de 2015, essas demandas eram tratadas sob a mesma lógica das demandas individuais (com a utilização, em alguns casos, da técnica do litisconsórcio multitudinário), ainda que houvesse grupos de pessoas desconhecidas no polo passivo.

Todavia, o disposto no parágrafo 1° do art. 554 do CPC parece reconhecer impacto coletivo às demandas possessórias com coletividades não passíveis de identificação no polo passivo. Se a norma vier, ainda, a ser interpretada ampliativamente, estendendo-se a solução legal para casos análogos, ou seja, casos em que se constate ser impossível a identificação e qualificação de todos os réus, o novo CPC parece abrir a possibilidade de ajuizamento de demandas coletivas passivas.

---

8   Assim adverte Antonio do Passo Cabral: "A ratio do contraditório é permitir oportunidades de reagir ou evitar posições jurídicas processuais desfavoráveis. Identifica-se, portanto, um binômio essencial em torno do qual gravita o princípio: informação-reação – o contraditório significa audiência bilateral. O primeiro braço deste binômio é o direito de informação (Recht auf Benachrichtigung). Com efeito, o contra-ataque de um dos sujeitos do processo depende da ciência necessária do gravame sofrido ou potencial, sendo absolutamente imperativo o conhecimento acerca da realização e consequência dos atos processuais, materializado pelos mecanismos de comunicação previstos no processo, notadamente a citação, as intimações e as cartas (rogatória, precatória e de ordem)." (O contraditório como dever e a boa-fé processual objetiva, p. 60).

Diante do texto legal, o presente trabalho pretende responder às seguintes indagações: teria o novo CPC, pela positivação de entendimento jurisprudencial, criado um mecanismo processual que permite que coletividades sejam rés em demandas judiciais (demandas coletivas passivas), ou seja, criado uma espécie de ação coletiva passiva? E em caso afirmativo, as técnicas processuais trazidas pela novo CPC asseguram as mínimas condições de defesa e representatividade adequada, em especial pelo Ministério Público, necessárias à garantia do devido processo legal (*day in court*)?

Para responder a essas questões, este estudo se voltará, no primeiro momento, à uma breve revisão teórica em torno do cabimento das ações coletivas passivas no direito brasileiro. Na sequência, será realizada uma à análise dos dispositivos legais que positivam a técnica de citação dos demandados quando não se tenha, nem se possa obter, os dados para sua identificação.

Em seguida, passará ao exame de precedentes judiciais que acolheram (ou não) demandas em face de pessoas desconhecidas sob a vigência do CPC de 1973, verificando-se qual o tratamento dado às garantias relacionadas à defesa e à tutela do próprio processo como mecanismo estatal de solução justa de conflitos, a fim de constatar se a regulação introduzida será suficiente para abarcar as situações enfrentadas nos Tribunais. Ao final, será abordado papel do Ministério Público como porta-voz dos interesses transindividuais em jogo.

2. RECONHECIMENTO DA SITUAÇÃO PASSIVA COLETIVA E ADMISSÃO DA AÇÃO COLETIVA PASSIVA

A possibilidade de ajuizamento de demandas em face de uma coletividade ou de grupo de pessoas tem sido objeto de estudos, que se intensificaram quando da elaboração do anteprojeto do Código Brasileiro de Processos Coletivos, pela processualística nacional.

Ricardo de Barros Leonel, após informar que mudou seu posicionamento para admitir a possibilidade da propositura de demanda dessa natureza, arrola os principais óbices apontados pela doutrina para o acolhimento da chamada "ação coletiva passiva" no sistema processual brasileiro.

O primeiro dos argumentos, e talvez o de repercussão mais relevante, é o de que o direito processual só admite excepcionalmente a representação legal e a substituição processual. A regra é que as partes que serão afetadas pela decisão deverão poder exercer o contraditório diretamente, pois como detentoras do interesse que será afetado pela decisão, são elas que envidarão mais esforços e terão melhores condições de trazer aos autos elementos para que o julgador forme sua convicção e decida a causa com a maior aderência à realidade possível[9].

Em segundo lugar, é aduzido que os dispositivos legais que tratam de legitimação nos processos coletivos dizem respeito à legitimação para agir, ou seja, para que os representantes ou substitutos processuais figurem no polo ativo[10].

Esse segundo argumento remete a uma concepção que parece decorrer da noção de que o autor da demanda ainda possui uma posição privilegiada no processo e que a tutela jurídica lhe é conferida somente quando demonstra ter razão, desconsiderando-se que também o réu recebe tutela ao ser afastada a pretensão que é movida contra si[11]. Essa constatação é ainda mais evidente quando se trata de demandas possessórias, que por suas características possuem natureza dúplice. A improcedência de uma ação de reintegração de posse produzirá para o réu o efeito da sua manutenção.

Aceitar-se que o réu também recebe tutela jurisdicional no processo, com a resolução justa da controvérsia e, principalmente, quando a demanda é julgada improcedente, é central para admitir-se de *lege lata* o cabimento da ação coletiva passiva em nosso sistema processual. O reconhecimento de que os interesses difusos, coletivos propriamente ditos e individuais homogêneos podem ser objeto de pretensão exercida em ações coletivas, considerado o acima, deve ser compreendido como a outorga de tutela a esses interesses, independente do meio pelo qual são veiculados em juízo.

---

9   Importante frisar, com Cândido Rangel Dinamarco, que as reais oportunidades de participação constituem fator de legitimação das decisões estatais no Estado Democrático de Direito. *In verbis*: "Sabe-se que no Estado-de-direito tem-se por indispensável fator legitimante das decisões *in fieri* a participação dos seus futuros destinatários, a quem se assegura a observância do procedimento adequado e capaz de oferecer-lhes reais oportunidades de influir efetivamente e de modo equilibrado no teor do ato imperativo que virá (*A Instrumentalidade cit*, p. 107).

10   Os dois primeiros argumentos contrários ao cabimento da ação coletiva passiva enquadram-se na observação de José Marcelo Menezes Vigliar: "Aqueles que negam a possibilidade da existência da demanda coletiva ajuizada em face do representante da coletividade se baseiam, de forma geral, nos próprios termos empregados pela legislação vigente, sempre indicativa de uma postura ativa" (*Defendant Class Action Brasileira*: Limites Propostos para o "Código de Processos Coletivos", p. 315)

11   Cf. Flávio L. Yarshell: "... a locução tutela jurisdicional se presta a designar o resultado da atividade jurisdicional – assim considerados os efeitos substanciais (jurídicos e práticos) que o provimento final projeta ou produz sobre dada relação material – em favor do vencedor. Nessa medida, é inegável que a locução *tutela jurisdicional* designa o resultado final da jurisdição estabelecido em favor de quem tem razão (e assim exclusivamente), isto é, em favor de quem está respaldado no plano material do ordenamento". (*Tutela Jurisdicional*, São Paulo: DPJ Editora, 2006, p. 24).

Entendimento contrário imporia que todo o arcabouço jurídico de proteção a esses direitos, que reconhecem a primazia do tratamento coletivo sobre o tratamento individual das controvérsias que o atinjam, só estaria acessível quando a iniciativa da propositura da demanda fosse do ente coletivo por seus legitimados.

Pedro Lenza[12] segue outro raciocínio para concluir pela admissibilidade das *class actions* passivas. Diz ele que as ações coletivas podem ser propostas contra qualquer pessoa ou ente, desde que dotado de personalidade jurídica, portanto, inclusive em face de coletividade ou classe, quando houver um representante adequado que tenha personalidade jurídica. Seu posicionamento, indiretamente, enfatiza e condiciona a viabilidade da ação coletiva passiva à necessidade de haver um representante personificado que seja porta-voz dos interesses transindividuais em jogo. No caso das demandas possessórias propostas contra invasores e/ou pessoas desconhecidas em regra, não há, no caso concreto, esse representante, cuja função parece o CPC ter delegado ao Ministério Público e à Defensoria Pública, conforme se verá abaixo.

Sobre a representatividade, o autor faz referência à possibilidade de demandas dessa natureza no sistema processual federal norte-americano (*rule 23*, alínea (a) (3) das *Federal Rules of Civil Procedure*), salientando que cabe ao juiz, nessas hipóteses, ter a função de identificação da classe (*defining function*) e de controle sobre a efetiva capacidade de sua representação (*adequacy of representation*).

A referência é oportuna, já que a disciplina legal da *class action* norte-americana foi pensada visando assegurar razoavelmente a proteção dos interesses das partes ausentes que estarão vinculadas (ou obrigadas) à decisão que resultar do processo. Esta preocupação deve ser compartilhada no manejo desse instrumento em nosso sistema, uma vez que a legitimidade política e jurídica de uma decisão prolatada em face de uma coletividade depende da efetiva participação daquele que atua como representante. Isso porque, sem condições reais de contraditório e representatividade, a decisão judicial prolatada seria violadora do devido processo legal.

A chave para o reconhecimento legítimo da possibilidade de ações coletivas passivas no direito brasileiro depende, portanto, não só da criação de técnicas processuais pelo novo CPC, mas também do reconhecimento de que essas técnicas, à semelhança do que já existe no microssistema de processo coletivo (Lei

---

12 "Teoria Geral da Ação Civil Pública", 3a ed., RT, São Paulo, 2008.

3. A NOVA PREVISÃO DO CÓDIGO DE PROCESSO CIVIL

O art. 319 do CPC dispõe sobre os requisitos da petição inicial, como fazia o art. 282 do CPC anterior, determinando em seu inciso II que sejam indicados, dentre outros, *os nomes, os prenomes, o estado civil, a existência de união estável, a profissão, o número de inscrição no Cadastro de Pessoas Físicas ou no Cadastro Nacional de Pessoa Jurídica, o endereço eletrônico, o domicílio e a residência do autor e do réu"*.

No entanto, o parágrafo 1° do mesmo artigo 319 prevê exceção à regra que determina o preenchimento do requisito acima citado, possibilitando que o autor possa *requerer ao juiz diligências necessárias à sua obtenção*, quando não disponha de tais informações.

De plano, duas indagações se impõem: ao autor bastará alegar não dispor das informações? Do contrário, ser-lhe-á exigida prova *negativa* (de que não detém os dados necessários)? Parece-nos que a resposta é positiva em relação à primeira indagação e, por conseguinte, negativa em relação à segunda.

Como, no mais das vezes, é do interesse do autor a citação do real réu para compor a relação processual e, consequentemente, responder à demanda, deve prevalecer a presunção de que laborará nesse sentido, trazendo todos os dados que assim possibilitem. Verificando-se que a presunção não se confirma no caso concreto, o próprio CPC traz mecanismos que visam coibir o abuso de direito processual (v.g. arts. 79 e 80), além do que, logicamente, cabe ao Juiz da causa *prevenir ou reprimir ato contrário à dignidade da justiça e indeferir postulações meramente protelatórias* (art. 139, II, do CPC).

Além da exceção já tratada nesse artigo, os dois parágrafos subsequentes do art. 319 preveem que, sendo possível a citação do réu sem todos os dados mencionados no seu inciso II, não será indeferida a petição inicial (parágrafo 2°), o que também ocorrerá caso se verifique que *a obtenção de tais informações tornar impossível ou excessivamente oneroso o acesso à justiça*.

Enquanto a previsão contida no parágrafo 2° parece decorrer da conhecida regra da instrumentalidade das formas[13] e produzir pouco impacto na garantia

---

[13] O art. 188 do CPC prevê: "Os atos e os termos processuais independem de forma determinada, salvo quando a lei expressamente a exigir, considerando-se válidos os que, realizados de outro modo, lhe preencham a

materializada no ato citatório (ciência da demanda e oportunidade para exercício de defesa[14]), o parágrafo 3° contém previsão que pode, sim, impactar a referida garantia para além do que possa ter imaginado o legislador.

Deixando claro que o objetivo buscado com a regra do inciso III é resguardar a inafastabilidade da tutela jurisdicional, como garantia constitucional (art. 5°, inciso XXXV, CRFB), o parágrafo § 3°, do art. 319, em comento permite a propositura de demanda sem o atendimento do inciso II do mesmo artigo, caso se verifique que *obter* os dados referentes ao réu torne impossível ou excessivamente oneroso o acesso à justiça.

A redação do artigo não contém qualquer indicação de qual seria o limite para o *não atendimento ao disposto no inciso II*. Pensa-se não se tratar apenas de dispensar a perfeita identificação do réu, pois essa consequência é alcançada com a aplicação do parágrafo 2°.

Se a dispensa parcial das informações do réu está prevista no parágrafo anterior, resta interpretar o parágrafo 3° como hipótese de dispensa completa do requisito de identificação do réu quando a obtenção desses dados tornar *impossível ou excessivamente oneroso o acesso à justiça*[15]. Aliás, tem-se que seria mais adequado dizer que a própria obtenção das informações deve ser impossível ou excessivamente onerosa ao autor, para que sua apresentação seja dispensada.

Afinal, a regra é de que a ausência da identificação do réu na petição inicial é um óbice legítimo ao exercício do direito processual de ação (art. 321, parágrafo único, do CPC) e sua aplicação aos casos em que não incida a exceção do parágrafo 3° do art. 319 não tornará *impossível* o acesso à justiça, apenas o condicionará ao preenchimento do requisito legal.

Novamente, diante de situação que se enquadre na previsão do parágrafo 3°, deve-se indagar: bastará a alegação de impossibilidade ou de excessiva

---

finalidade essencial" e o art. 277 também do CPC está assim redigido: "Quando a lei prescrever determinada forma, o juiz considerará válido o ato se, realizado de outro modo, lhe alcançar a finalidade".

14   Conforme o conceito clássico de Sergio La China, para quem a ideia de contraditório pode ser resumida à necessidade de informação às partes dos atos processuais e à possibilidade de reação a estes atos (*L'esecuzione forzata e le disposizioni generali del cod. proc. civile*, p. 394).

15   Talvez fosse mais adequado dizer que se deve dispensar a apresentação dos dados do réu quando a própria obtenção dessas informações for impossível ou excessivamente onerosa, vez que não será a obtenção das informações que inviabilizará o acesso, como dispõe o artigo, mas, sim, a exigência da indicação dos dados que, ademais, são necessários para a identificação do réu. E o preenchimento de requisitos como condições da ação e pressupostos processuais não é considerado como óbice ao acesso à justiça, mas como regulação do seu exercício.

onerosidade? É exigível que, antes da dispensa, seja requerida diligência ao Juízo, como previsto no parágrafo 1° do mesmo artigo?

Tem-se que a resposta à primeira indagação é negativa. Cabe ao autor demonstrar o fato positivo que é a impossibilidade ou excessiva onerosidade na obtenção dos dados do réu. Esse fato deve ser provado.

As demandas possessórias podem configurar uma dessas hipóteses, seja pelo grande número de pessoas no polo passivo, seja por eventual instabilidade e transitoriedade dessa coletividade. É possível que, no caso concreto, a citação individualizada dos réus torne praticamente impossível a propositura da demanda. Como se verá adiante, mesmo antes da promulgação do Código, a jurisprudência vinha dispensando a apresentação de quaisquer dados dos demandados na petição inicial de demandas possessórios, em nome do acesso à justiça. Muitas vezes, inclusive, bastava a menção a *pessoas desconhecidas* ou *invasores desconhecidos* para que fosse determinada a citação por edital.

Esse não é, porém, o melhor entendimento. A circunstância da extrema dificuldade ou impossibilidade de citação dos réus deve ser comprovada no caso concreto (por fotografias, laudos etc.) e não meramente afirmada e presumida pela simples natureza possessória da demanda. Sendo possível a identificação de todos os réus, a petição inicial deve contê-la, ainda que se trate de demanda possessória. A hipótese prevista pelo § 3º, por flexibilizar as garantias de contraditório inerentes ao ato citatório, em prol do exercício do direito de acesso à justiça, deve ser aplicada excepcionalmente e com parcimônia, em casos em que seus requisitos estejam inequivocamente comprovados nos autos.

O previsto pelo § 3º, do art. 319, por outro lado, traz elementos direcionadores da resposta à primeira pergunta proposta nesse artigo: teria o novo CPC, pela positivação de entendimento jurisprudencial, criado um mecanismo processual que permite que coletividades sejam rés em demandas judiciais (demandas coletivas passivas), criado uma espécie de ação coletiva passiva?

O tratamento processual trazido pelo novo CPC à citação permite ao intérprete aferir características próprias de demandas coletivas às demandas em que identificação do réu torna *impossível ou excessivamente oneroso o acesso à justiça*. A impossibilidade ou excessiva onerosidade, nos casos acima tratados, decorre justamente da presença de interesse difuso, quiçá coletivo, no litígio. A diferença da norma do CPC, em relação ao previsto no art. 1º, da Lei nº 7347/85 é posição do interesse.

Enquanto na sistemática da ação civil pública, até então, era possível a propositura de demandas voltadas a proteger interesses difusos e coletivos (polo ativo), a sistemática positivada pelo novo CPC permite que tais interesses sejam localizados no polo passivo da demanda. Em ambos os casos, há indeterminabilidade da coletividade, composta por inúmeros titulares ligados entre si por circunstâncias de fato (Art. 81, § único, I, do CDC) ou relações jurídicas (Art. 81, § único, II, do CDC). É justamente a indeterminabilidade dos membros da coletividade que justifica a dispensa de identificação dos réus viabilizada pelo § 3º, do art. 319.

Ainda a respeito dessa situação jurídica passiva, encontra-se expressamente nos arts. 178, III, já citado, e art. 565[16] a locução "litígio coletivo pela posse", que, embora não afirme se tratar de *class action* passiva, permite ao leitor essa conclusão, pois, ao tratar da concessão de liminar quando o esbulho ou turbação houver ocorrido há mais de ano e dia, designa audiência de *mediação*, com a presença de membro do Ministério Público e, se a parte for beneficiária de gratuidade da justiça, de membro da Defensoria Pública, tal como se prevê no § 1º do art. 554, já citado.

Portanto, vê-se que o CPC, ao determinar a participação do Ministério Público em casos de "litígio coletivo pela posse", reconhece a existência de interesse transindividual subjacente a legitimar a intervenção do *Parquet*[17]. Observe-se,

---

16   Art. 565. No litígio coletivo pela posse de imóvel, quando o esbulho ou a turbação afirmado na petição inicial houver ocorrido há mais de ano e dia, o juiz, antes de apreciar o pedido de concessão da medida liminar, deverá designar audiência de mediação, a realizar-se em até 30 (trinta) dias, que observará o disposto nos §§ 2º e 4º.
     § 1º. Concedida a liminar, se essa não for executada no prazo de 1 (um) ano, a contar da data de distribuição, caberá ao juiz designar audiência de mediação, nos termos dos §§ 2º a 4º deste artigo.
     § 2º. O Ministério Público será intimado para comparecer à audiência, e a Defensoria Pública será intimada sempre que houver parte beneficiária de gratuidade da justiça.
     § 3º. O juiz poderá comparecer à área objeto do litígio quando sua presença se fizer necessária à efetivação da tutela jurisdicional.
     § 4º. Os órgãos responsáveis pela política agrária e pela política urbana da União, de Estado ou do Distrito Federal e de Município onde se situe a área objeto do litígio poderão ser intimados para a audiência, a fim de se manifestarem sobre seu interesse no processo e sobre a existência de possibilidade de solução para o conflito possessório.
     § 5º. Aplica-se o disposto neste artigo ao litígio sobre propriedade de imóvel.

17   Sempre oportuna a lição de Antonio Carlos de Araújo Cintra, Ada Pellegrini Grinover e Cândido Rangel Dinamarco: "É que o Estado social de direito se caracteriza fundamentalmente pela proteção ao fraco (fraqueza que vem de diversas circunstâncias, como idade, estado intelectual, inexperiência, pobreza, impossibilidade de agir ou compreender) e aos direitos e situações de abrangência comunitária e portanto transindividual, de difícil preservação por iniciativa dos particulares. O Estado contemporâneo assume por missão garantir ao homem, corno categoria universal e eterna, a preservação de sua condição humana, mediante o acesso aos bens necessários a uma existência digna – e um dos organismos de que dispõe para realizar essa função é o Ministério Público, tradicionalmente apontado como instituição de proteção aos fracos e que hoje desponta como agente estatal predisposto à tutela de bens e interesses coletivos ou difusos"(*Teoria Geral do Processo*, São Paulo: Malheiros, 30ª ed. rev. atual. e aument., 2014, p. 229)

nesse sentido, que a jurisprudência se inclina favoravelmente à necessidade de intervenção do Ministério Público nas demandas possessórias com litisconsórcio passivo multitudinário sob a vigência do CPC de 1973.

À guisa de exemplo, veja-se que o Superior Tribunal de Justiça, ao julgar monocraticamente a Medida Cautelar 018751, relatada pelo Min. Luis Felipe Salomão, em ação de reintegração de posse onde residiam cerca de 4.600 pessoas e que apenas 30 delas haviam sido citadas pessoalmente, sem que houvesse sido publicado edital para a citação das demais, reconheceu-se que havia interesse público a exigir a intervenção do MP como fiscal da lei (vale dizer, fiscal da ordem jurídica, como corretamente alterado no CPC promulgado).

Tudo o que foi dito leva à conclusão de que, seja pela natureza transindividual do interesse em jogo, seja pela previsão da intimação dos legitimados processuais coletivos, – o Ministério Público e, no caso da presença de hipossuficientes econômicos, a Defensoria Pública, – como defensores da coletividade do polo passivo, o novo CPC caminhou no sentido de permitir que coletividades sejam rés no processo. A compatibilidade dessa nova solução com o modelo processual civil brasileiro depende das reais condições de defesa garantidas a essa coletividade, o que será analisado adiante nesse estudo. Antes, porém, vejamos como a jurisprudência, a luz do CPC/1973, tratava do tema.

4. A PRÁTICA JUDICIÁRIA SOB A ÉGIDE DO CPC/1973

Como visto nos itens anteriores, o CPC parece ter positivado solução desenvolvida pela prática judiciária para o tratamento das demandas possessórias que eram movidas em face de grupo de pessoas não identificadas e, no mais das vezes, não-identificáveis.

No intuito de constatar se, de fato, a solução adotada pelo legislador é aquela que vem sendo aplicada pelos julgadores e, em assim sendo, observar qual sua efetividade, aí considerados aspectos de *produção* e de *qualidade*[18], foram pesquisados precedentes do Tribunal de Justiça de São Paulo, selecionado

---

18   Cf. Marc Galanter, *Introduction: Compared to what? Assessing the quality of dispute processing*, p. 12. Sob o ângulo dos *argumentos de produção*, o método será efetivo na medida de sua capacidade de alcançar o melhor resultado com o menor gasto de recursos (economia interna), como custos e tempo de duração do procedimento. Sob os *argumentos de qualidade* comparam-se os resultados obtidos pelo método, considerando-o mais efetivo na medida em que produzir resultados mais adequados e satisfatórios na proteção dos valores abarcados pelo ordenamento jurídico. Em sentido semelhante, Cândido Rangel Dinamarco adverte que a efetividade do processo constitui expressão resumida da idéia de que *"o processo deve ser apto a cumprir integralmente toda sua função sócio-político-jurídica, atingindo em toda a plenitude os seus escopos institucionais"* (*A instrumentalidade do processo*, p. 270-271).

por se tratar da Corte com maior número de processos sob sua responsabilidade no País (o que permite identificar e analisar número proporcionalmente maior de casos com base fática semelhante).

A busca foi realizada no site *www.tjsp.jus.br*, em julho de 2015, com os termos *reintegração* e *invasores* e *desconhecidos*, inseridos no campo pesquisa livre, voltada apenas à acórdãos. A pesquisa gerou 233 resultados. A decisão mais antiga retorna à data de 1998. Obteve-se resultados de decisões proferidas daquela data até julho de 2015. Foram desconsiderados aqueles acórdãos em que os réus eram identificados, sendo selecionados 63 acórdãos que, de fato, decidiam sobre a possibilidade de propositura da demanda em face de pessoas desconhecidas.

Na quase totalidade das decisões examinadas, admitiu-se como apta a inicial que deixava de declinar as informações acerca dos réus, quando se argumentava que eles se recusavam a fornecer seus próprios dados. Outra argumentação frequente nessas iniciais era a de que os réus se revezavam na ocupação do imóvel, de modo a tornar ineficaz um comando judicial que fosse voltado a sujeitos determinados.

É possível identificar a evolução da causa de decidir dos precedentes examinados, todavia, há ao menos uma razão sempre referida (ainda que de forma mais ou menos clara, a depender do acórdão): a impossibilidade ou excessiva onerosidade na obtenção dos dados de identificação dos réus.

Observa-se, igualmente, que a totalidade dos precedentes não analisa se há situação jurídica passiva coletiva, vale dizer, se há interesse transindividual em jogo justificasse seu tratamento sob as normas do Direito Processual Coletivo.

O objetivo do presente estudo não é fazer uma análise quantitativa da jurisprudência do TJ/SP, sequer o exame qualitativo de cada um desses precedentes. O que se pretende é por meio de análise qualitativa de alguns julgados selecionados, explorar os fundamentos suscitados para a adoção dessa solução e constatar se, nos casos analisados, houve ou não atendimento às garantias fundamentais do processo, como já mencionado, de defesa e participação em contraditório. Não há pretensões, portanto, de generalização das conclusões.

4.1. Segue: Impossibilidade de qualificação dos réus *versus* acesso à justiça

O argumento mais comumente verificado nos precedentes analisados pode ser assim resumido: *"conforme alegado, trata-se de imóvel invadido por diversas pessoas, que se mostram agressivas e se revezam na posse do bem, tornando impossível ao autor a identificação de seus efetivos ocupantes"*, concluindo-se que *"Não se pode admitir que a impossibilidade de qualificação do réu, em casos como este, sobreponha-se ao direito constitucional do autor de acesso"* (Apelação Cível nº 1000745-43.2015.8.26.0161, TJSP, Relator Des. Paulo Roberto de Santana, j. 27.05.2015). Além desse fundamento, foi acrescentado tão-somente que se tratava de solução já acolhida pelo Superior Tribunal de Justiça e pelo próprio TJSP em outras hipóteses.

A colidência das garantias fundamentais do acesso à justiça e da participação em contraditório foi resolvida com o reconhecimento da prevalência da primeira em relação à segunda; para viabilizar-se o acesso à justiça, aceitou-se no caso concreto que a demanda fosse processada sem os dados de identificação dos réus e sem qualquer ressalva a respeito da forma de citação ou da intimação do MP ou da Defensoria Pública.

Ocorre que, em se tratando de garantias fundamentais que decorrem de princípios constitucionais, o modo de sua aplicação deve atender à proporcionalidade, como mandado de otimização que determina que cada um dos princípios deva ser atendido na sua maior amplitude possível, e, por conseguinte, verificando-se a prevalência de um sobre o outro em determinada situação concreta, deve-se afetar o princípio prevalecido no mínimo possível que a situação fática exige[19].

Procedendo de modo mais próximo à ponderação sustentada acima, o acórdão da Apelação Cível nº 1020784-11.2014.8.26.0577, relatada pelo Des. Itamar Gaino, julgada em 15.12.2014, admite *"certa flexibilização"* dos requisitos da petição inicial, em razão da *"natureza das ações possessórias"*, apontando, todavia, que os invasores podem ser encontrados no imóvel invadido e que, portanto, *"em situações como a presente, admite-se que a qualificação da parte seja feita pelo próprio oficial de justiça quando do cumprimento do mandado de citação"*.

Em caso semelhante, emitiu-se um *mandado de constatação* para que o oficial de justiça procedesse a identificação dos moradores/invasores do imóvel, o que deixou de fazer por ter sido informado por esses que eram locatários

---

19 Robert Alexy sustenta que: "Princípios exigem que algo seja realizado na maior medida possível dentro das possibilidades jurídicas e fáticas existentes. Nesse sentido, eles não contêm um mandamento definitivo, mas apenas *prima facie*. Da relevância de um princípio em um determinado caso não decorre que o resultado seja aquilo que o princípio exige para esse caso. Princípios representam razões que podem ser afastadas por razões antagônicas. A forma pela qual deve ser determinada a relação entre razão e contra-razão não é algo determinado pelo próprio princípio. Os princípios, portanto, não dispõem da extensão de seu conteúdo em face dos princípios colidentes e das possibilidades fáticas" (*Teoria dos Direitos Fundamentais*, trad. Virgílio Afonso da Silva, 2ª ed., São Paulo: Malheiros, 2011, p. 104).

legítimos do imóvel. Determinou-se, então, o cumprimento do mandado, observando ademais que essa constatação faria o papel de inspeção judicial que, por sua vez, poderia substituir a audiência de justificação (Agravo de Instrumento no 2152501-17.2014.8.26.0000, rel. Melo Colombi, j. 10.11.2014).

Outra forma encontrada pela prática judiciária para compatibilizar as garantias fundamentais do processo é a citação por edital. Esse instituto foi utilizado no Agravo Regimental no 9238585-09.2008.8.26.0000/50000 (rel. Des. Nelson Jorge Júnior, j. 06.10.2014), em que se decidiu que a citação por edital é válida em situações em que *"não havia a possibilidade de todas as pessoas que invadiram o loteamento pudessem ser qualificadas, identificadas e receberem a citação pessoal"*, ressalvando-se que aqueles que foram identificados a receberam. Além disso, noticiou-se que aos citados por edital foi nomeado de Curador Especial, visando atender o contraditório e a ampla defesa.

Interessante observar, todavia, que o precedente em questão não fundamenta o decidido na possibilidade de citação por edital de réus desconhecidos, já prevista no CPC/1973, mas, sim, na situação fática e com viés consequencialista, sendo dito que: *"se assim não se fizer, jamais será concluída a citação e, por conseguinte, não terá fim em tempo oportuno a ação proposta, ferindo o princípio da celeridade e o princípio da duração razoável do processo previsto na Constituição Federal"*.

Além dessas hipóteses, verificou-se que por vezes é deferida medida liminar para a reintegração de posse em face de quem esteja no imóvel no momento do cumprimento da ordem, o que produz dois efeitos (às vezes concomitantes): (i) a desocupação do imóvel, ante a força policial que faz cumprir a ordem judicial e; (ii) o comparecimento *voluntário* daqueles que têm condições informacionais, econômicas e jurídicas de comparecer em juízo, alegando que os autores não detém o melhor direito, ou que os réus são detentores de direito à moradia.

5. A REPRESENTAÇÃO DOS INTERESSES EM CONFLITO NO PROCESSO E A ATUAÇÃO DO MINISTÉRIO PÚBLICO

Conforme analisado acima, o novo CPC, em positivação de entendimento jurisprudencial anterior, reconhece a situação passiva coletiva e permite que a tutela jurisdicional seja conferida também quando a demanda for movida em face da coletividade. Todavia, assim entender não resolve questões importantes, comuns aos processos coletivos *ativos*, especificamente relacionados à extensão subjetiva da eficácia da sentença e à extensão da coisa julgada.

A coisa julgada nos processos coletivos *ativos* é restrita às hipóteses decisões favoráveis à coletividade, permitindo-se a propositura de demandas individuais (art. 103, CDC). Aplicada à ação coletiva passiva a mesma sistemática de coisa julgada, a *class action* passiva julgada procedente permitiria a propositura de demandas individuais, o que, em tese, retiraria sua efetividade e, por conseguinte, o interesse em sua utilização.

Ainda que se possa concordar com essa proposição, pensa-se que entre (i) ampliar a eficácia da sentença àqueles que não puderam participar do contraditório, – vedando-se a possibilidade de rediscussão da causa em demandas autônomas, – e (ii) inserir as ações coletivas passivas no sistema processual coletivo, conferindo aos jurisdicionados um instrumento que poderá não ter a mesma efetividade pensada para os processos individuais, mas atenderá aos princípios constitucionais do processo, é de se escolher a segunda alternativa.

Explica-se.

Pensar-se que aqueles afetados por uma decisão dirigida ao grupo de pessoas que detém interesses comuns irão propor novas demandas autônomas em face do autor é projetar uma possibilidade que não depende apenas da abertura sistêmica para se concretizar. Ao ser decidida a causa, para além da própria eficácia da sentença e dos efeitos da coisa julgada, produz-se uma solução jurídica que, a princípio, seguiu um raciocínio lógico-dedutivo, de acordo com parâmetros normativos, que será rediscutido em nova demanda. A alteração do provimento inicial depende, portanto, da desconsideração desse raciocínio ou da sua desconstrução.

Além disso, os incentivos para a propositura da demanda autônoma são mitigados pela própria alteração da situação fática. Em caso de reintegração ou manutenção de posse, o bem imóvel estará sendo ocupado pelo autor da ação coletiva passiva após o trânsito em julgado daquela, por exemplo. A experiência demonstra, como se pôde extrair dos precedentes analisados, que mesmo a decisão liminar de reintegração de posse já produz o efeito de desestimular os réus a prosseguir na defesa dos seus interesses. São comuns as situações em que, após o deferimento da liminar, os invasores/ocupantes do imóvel saiam voluntariamente ou sejam retirados e deixem de proceder sua defesa no processo.

Em se tratando de grupos não organizados, com dificuldade econômicas e informacionais, a defesa dos direitos que suponham possuir não é sua prioridade, mas, sim, a manutenção da situação fática. Uma vez retirados da posse do imóvel, voltam seus esforços para a nova realidade, vale dizer, para encontrarem um lugar para morar. Por isso, quando se trata da possibilidade de o sistema processual admitir a ação coletiva passiva, a maior preocupação não deve a efetividade/utilidade do mecanismo (o que será avaliado pelo autor no caso concreto), mas sim a garantia de reais condições de participação dos interesses passivos em jogo.

Nesse tocante, ademais, é importante se considerar que o tratamento das demandas possessórias em face de pessoas não-identificáveis sob a forma de ação coletiva, traz para o centro da análise a importante questão da representatividade adequada. Nesses casos, é possível identificar ocupações/invasões realizadas por grupos mais ou menos organizados, que detêm diferentes condições de se fazer representar em juízo e exercer plenamente sua defesa. Por exemplo, na situação hipotética em que moradores de uma favela atingida por um incêndio invadem um imóvel próximo desocupado, há pessoas na mesma situação fática, mas que não possuem razoável nível de organização. Sua representação por um de seus membros é, quando muito, eficaz (recebe-se a citação e intimações, comparece-se em juízo etc.), mas não se pode dizer ser adequada.

Justamente nessas hipóteses ganha relevo a participação do Ministério Público e, quando o caso, da Defensoria Pública[20]. Deve-se lembrar, nesse ponto, que o exercício da posse e do direito de propriedade estão condicionados ao cumprimento da sua função social, argumento muitas vezes declinado nas causas dessa natureza, mas poucas vezes efetivamente demonstrado pelas partes ou considerado e ponderado na sentença.

Além disso, nos casos em que se reconhecer efetivo conflito entre direitos fundamentais à propriedade, à moradia, à dignidade humana e assim por diante, a atuação capacitada do Ministério Público tem potencial para produzir soluções que atendam ao mandado de otimização da proporcionalidade, afetando no mínimo possível os direitos que se considerem prevalecidos no caso concreto.

---

20 Parece-nos que pela missão institucional do MP e pelo reconhecimento que a tutela dos interesses difusos, coletivos e individuais homogêneos também se dá com a sua defesa em processo que seja movido em face de ente coletivo, não haveria óbice para o reconhecimento de que o agente do MP pode atuar como representante adequado da coletividade. Todavia, sua atuação como fiscal da ordem jurídica cumpre a mesma função, com a vantagem de evitar o embate sobre a possibilidade ou não de atuar como demandado em ações coletivas, reconhecendo-se respeitável entendimento no sentido da impossibilidade de José Marcelo Menezes Vigliar: "O problema é que, naturalmente (e o anteprojeto de São Paulo bem o detectou, excluindo-o da possibilidade de figurar no pólo passivo), não pode o Ministério Público, dada sua missão institucional, atuar na condição de demandado nas ações coeltivas. Estas foram a ele destinadas, exclusivamente, para fazer valer, em juízo, os direitos e interesses transindividuais compatíveis com seu perfil, que, como regra, o remete à condição de defensor em juízo dos interesses lesados ou ameaçados de lesão pertencentes à sociedade" (*Defendant Class Action Brasileira*: Limites Propostos para o "Código de Processos Coletivos", pp. 314/315).

Embora o CPC indique que o Ministério Públicos participe em demandas possessórias na qualidade de fiscal da ordem jurídica e não na de substituto processual, na medida em que os réus serão citados, ainda que por edital, sua atuação realiza, sem dúvida, a função de defesa dos interesses daquele grupo de pessoas e, consequentemente, do interesse público que lhe é subjacente.

Embora atuando como fiscal do ordenamento jurídico, caberá ao Ministério Público o papel de representante adequado da coletividade passiva, máxime nos casos em que essa coletividade não apresente condições fáticas de articulação e defesa judicial suficiente. Cabe lembrar que o conceito de representatividade adequada surgiu no direito norte-americano. Trata-se de um dos requisitos para que uma demanda possa seguir como *class action* e que corresponde à capacidade de a parte que litiga em nome da classe ou coletividade defendê-la de forma eficaz. No caso das demandas possessórias, se não houver quem, dentro da coletividade ré, exerça essa função (o que é a regra), caberá ao Ministério Público desempenhar esse papel.

A ideia de representatividade adequada é central no tema da tutela coletiva de direitos. Como os interesses que são analisados nessas espécies de processos são de grande abrangência, muitas vezes indivisíveis e, principalmente, pertencentes a toda uma coletividade de pessoas, é impossível o seu tratamento pela simples aplicação das regras gerais do processo civil individualista. Isso porque, nesses casos, é inviável a participação de todos os inúmeros interessados na relação jurídica processual. Tanto isso é verdade nas demandas possessórias, que o novo CPC expressamente permite a não identificação dos réus pela petição inicial, com base na sua impossibilidade ou excessiva onerosidade para o autor. Não se mostra factível o litisconsórcio passivo em casos envolvendo grande número de pessoas, muitas vezes não identificadas e nem mesmo passíveis de identificação.

O problema da jurisdicionalização de demandas coletivas passivas, portanto, não pode ser resolvido pela mera aceitação de que é possível a citação dos réus não identificados por edital. É preciso buscar soluções alternativas e reformular conceitos processuais tradicionais, o que passa, necessariamente, pela identificação de um representante adequado que faça valer os interesses da coletividade em juízo. Em outros termos: como não é possível trazer à relação jurídica processual todos os membros da coletividade passiva interessada, é necessário escolher um representante. Esse representante, que litigará em nome do grupo, tem que ser adequado. Eis, portanto, a necessidade de se garantir, nas demandas coletivas passivas criadas pelo novo CPC, um porta-voz para a coletividade ré.[21] Esse representante, como o próprio CPC indica, será o Ministério Público e, em casos envolvendo hipossuficientes econômicos, a Defensoria Pública.

A representatividade adequada, percebe-se, possui um grande conteúdo legitimador da sentença coletiva. Afinal, se a decisão prolatada surtirá efeito sobre uma coletividade a qual não participou de fato do processo, exige-se que o seu interesse tenha sido devidamente representado pelo sujeito que litigou em seu nome. Toda a técnica processual do processo coletivo, ativo ou passivo, portanto, transita em torno da noção de representatividade. É este conceito que torna factível a introdução dos interesses transindividuais em juízo. Garantir que a coletividade tenha sido adequadamente representada é, em última instância, garantir a observância do devido processo legal, em seu sentido substancial (*due process of law*). Em outros termos, é a garantia de que a coletividade que se sujeitará ao quanto decidido no processo tenha sido satisfatoriamente ouvida e defendida.

É preciso ter em mente que a representatividade adequada, em matéria de interesses coletivos, é um conceito teleologicamente ligado à garantia do devido processo legal. Na solução do problema do acesso à justiça de pretensões em face de coletividades passivas no processo, o sistema jurídico terá de equacionar a questão de como garantir que os membros da coletividade sejam devidamente ouvidos e defendidos, sob pena de se estatuir um instrumento processual ilegítimo e inconstitucional.

É claro que o representante nem sempre conseguirá uma decisão favorável à coletividade. Deve, porém, ter atuado, no caso concreto, como um "bom soldado", lutando em favor daqueles que não tiveram voz na relação jurídica processual. Caso contrário, se verificado que o representante não atuou de forma adequada e satisfatória em prol do interesse transindividual em jogo, há irregularidade apta a contaminar toda a relação jurídica processual e eivar a sentença de nulidade.

A atuação do Ministério Público como representante adequado dessa coletividade, portanto, é crucial para a legitimidade da decisão judicial prolatada. O reconhecimento de que os litígios coletivos de posse são efetivas ações coletivas

---

21   "In the class action context, the client – the class members or at least almost all of them – are not present; indeed, many class members are not even aware of the existence of the class litigation to which they are, in theory, a party. They are represented only virtually, by means of class representatives. And since class representatives are almost always nominal actors, the absent class members are in truth represented only by class counsel, acting, typically, with minimal or no real client input" (David A. Dana, Adequacy of representation after Stephenson: a Rawlsian/Behavioral economics approach to class actions settlements, p. 280)

passivas e devem se beneficiar do sistema de processos coletivos, depende da atuação do MP em favor do interesse em jogo.

6. CONCLUSÃO

Esse artigo se propôs a responder duas perguntas: teria o novo CPC, pela positivação de entendimento jurisprudencial, criado um mecanismo processual que permite que coletividades sejam rés em demandas judiciais (demandas coletivas passivas), ou seja, criado uma espécie de ação coletiva passiva? E em caso afirmativo, as técnicas processuais trazidas pela novo CPC asseguram as mínimas condições de defesa e representatividade adequada, em especial pelo Ministério Público, necessárias à garantia do devido processo legal (*day in court*)?

A primeira pergunta, como visto acima, tem resposta positiva na medida em que o novo CPC permite, em prol do exercício do direito de acesso à justiça do autor, a citação de coletividades cujos réus não sejam passíveis de identificação, por impossibilidade ou excessiva onerosidade. Esses réus compõem uma coletividade titular, em tese, de interesse metaindividual resistente à pretensão do autor. Saliente-se, porém, que a nova legislação, na verdade, incorporou entendimento jurisprudencial criado no regime anterior, que já admitia a propositura de possessórias contra coletividades não identificadas, mediante mera citação por edital réus, sem contudo, refletir de forma mais detida a respeito dos impactos processuais sobre as garantias do contraditório e devido processo legal que essa solução necessariamente traz (STJ, Resp 362365 / SP, Rel. Min. Barros Monteiro, 4ª Turma, julgado em 3/2/2005, publicado em DJ 28.3.2005, p. 259).

Esses impactos se relacionam à resposta à segunda questão proposta. Fica claro que cautelas devem ser tomadas no sentido de garantir a legitimidade dos mecanismos processuais e, assim, dar condições de efetiva defesa à coletividade passiva. Em primeiro lugar, é necessário ter em mente que a aplicação do previsto pelo § 3º, do art. 319 é excepcional e somente pode ocorrer nos casos em que haja real comprovação de seus requisitos normativos autorizadores. A mera alegação de impossibilidade ou excessiva onerosidade na identificação dos réus, desprovida de qualquer arcabouço probatório que lhe dê sustentação, não é suficiente para aplicação da norma. A regra, não é demais enfatizar, é a necessidade de identificação dos réus de forma a permitir a citação pessoal e a comunicação sobre o teor da petição inicial, permitindo o correto e adequado exercício do contraditório e da ampla defesa. Essa regra somente pode ser afastada em casos excepcionais.

Além de cautela na aplicação da norma, é necessário, ainda, diante da constatação de que as novas regras do CPC permitem a introdução de coletividades passivas no processo, aproximar o tratamento processual dessas demandas da sistemática coletiva, de forma a garantir a nomeação de um representante adequado à coletividade, ainda que fictamente citada (art. 554, § 1º). Essa nomeação é o que garante que as novas regras se enquadrem na moldura do devido processo legal, na medida em que o representante será aquele que dará voz aos membros incertos e indeterminados da coletividade ré. A exigência de intimação dos legitimados coletivos, que o novo Código prevê, seja no caso expresso das ações possessórias, seja em futuras tentativas de aplicação da mesma sistemática a casos análogos (ações coletivas passivas), pode ser vista como uma tentativa de trazer para o processo (e para a discussão judicial) a complexidade que as demandas de massa possuem e, também, de equilibrar forças entre os litigantes.

De fato, é possível questionar e existência de contraditório efetivo e igualdade substancial em demandas possessórias em que os ocupantes de terras são citados ficticiamente por edital e não apresentam condições reais de se articularem para promover sua defesa judicial. A intimação dos legitimados coletivos, que são litigantes habituais por essência e possuem maior estruturação interna e expertise na defesa de interesses transindividuais, pode ser uma medida que equilibre as forças em disputas que, na maior parte das vezes, transcendem a mera dimensão civilista da posse e envolvem outros direitos sociais como meio ambiente e moradia.

Para tanto, para além da mera intimação do Ministério Público e, quando o caso, da Defensoria Pública, é necessária a efetiva defesa dos interesses da coletividade passiva. Essa real representatividade, que somente será aferida no caso concreto, é requisito de validade da decisão judicial prolatada. O Ministério Público, portanto, tem papel estratégico na proteção dos interesses transindividuais em jogo. A adequação das novas técnicas processuais trazidas pelo CPC à moldura do devido processo legal constitucional depende menos da previsão de intimação do *Parquet* e mais da sua atuação, real e efetiva, no caso concreto.

7. BIBLIOGRAFIA

COSTA, Susana Henriques da, O Controle Judicial da Representatividade Adequada: Uma Análise dos Sistemas Norte-Americano e Brasileiro, *in* SALLES, Carlos Alberto de (Org.). As Grandes Transformações do Processo Civil Brasileiro: homenagem ao Professor Kazuo Watanabe. 1a ed. São Paulo: Quartier Latin, 2009, p. 953-978.

DANA, David A. Adequacy of representation after Stephenson: a Rawlsian/Behavioral economics approach to class action settlement, Emory Law Journal, nº 55, 279, 2006, p. 279-316.

DIDIER Jr., Fredie, e ZANETI Jr., Hermes, Curso de Direito Processual Civil: Processo Coletivo, v.4, 7a. ed., Salvador, 2012.

DINAMARCO, Pedro, Las acciones colectivas pasivas en el código modelo de procesos colectivos para Iberoamérica. In: GIDI, A. (Coord.). La tutela de los derechos difusos, colectivos e individuales homogéneos: hacia un código modelo para Iberoamérica. México: Porrúa, 2003

FRIEDENTHAL, Jack (em coautoria); KAY KANE, Mary; MILLER, Arthur, Civil procedure, St. Paul, MN (USA): West Group, 3a ed., 1999.

GRINOVER, Ada Pellegrini, Novas questões sobre a legitimação e a coisa julgada nas ações coletivas, in: O Processo: Estudos e Pareceres, 2a ed. rev. e amp., São Paulo: DPJ Editora, 2009, p. 266-278.

LEONEL, Ricardo de Barros, Manual do Processo Coletivo, 2a ed., rev., atua. e amp., Ed. RT, São Paulo, 2011.

LENZA, Pedro, Teoria Geral da Ação Civil Pública, 3a ed., rev., atua., amp., Ed. RT, São Paulo, 2008.

MAIA, Diego Campos Medina, Ação Coletiva Passiva: O Retrospecto Histórico de uma Necessidade Presente, in Direito Processual Coletivo e o Anteprojeto de Código Brasileiro de Processos Coletivos, coord. Ada Pellegrini Grinover, Aluisio Gonçalves de Castro Mendes e Kazuo Watanabe, Ed. RT, São Paulo, 2007, p. 311-344.

MANCUSO, Rodolfo de Camargo, Ação Civil Pública: Em defesa do meio ambiente, do patrimônio cultural e dos consumidores – Lei 7.347/1985 e legislação complementar, 11a ed., rev. e atua., Ed. RT, São Paulo, 2009.

MENDES, Aluisio Gonçalves de Castro. A legitimação, a representatividade adequada e a certificação nos processos coletivos e as ações coletivas passivas. Revista de Processo, v. 209, p. 243-265, 2012.

POSNER, Richard. A., Direito, Pragmatismo e Democracia, Ed. Forense, Rio de Janeiro, 2010.

RODRIGUES NETTO, Nelson. – Subsídios para a ação coletiva passiva brasileira. Revista de Processo. São Paulo. v.32. n.149. p.79-103. jul. 2007. Biblioteca(s): DPC/DPM.

ROSSI, Júlio César. – – A ação coletiva passiva. Revista de Processo. São Paulo. v.36. n.198. p.259-80. ago. 2011. Biblioteca(s): DPC/DPM.

TESHEINER, José Maria Rosa; ROCHA, Raquel Heck Mariano da. – – Partes e legitimidade nas ações coletivas. Revista de Processo. São Paulo. v.35. n.180. p.9-41. fev. 2010.

TOZZI, Thiago Oliveira. – – Ação coletiva passiva: conceito, características e classificação. Revista de Processo. São Paulo. v.37. n.205. p.267-97. mar. 2012.

VIGLIAR, José Marcelo Menezes, *Defendant Class Action* Brasileira: Limites Propostos para o "Código de Processos Coletivos", *in* Direito Processual Coletivo e o Anteprojeto de Código Brasileiro de Processos Coletivos, *coord.* Ada Pellegrini Grinover, Aluisio Gonçalves de Castro Mendes e Kazuo Watanabe, Ed. RT, São Paulo, 2007, p. 309-320.

ZUFELATO, Camilo. Ação coletiva passiva no direito brasileiro: necessidade de regulamentação legal. In: GOZZOLI, Maria Clara et al. (Org.). Em defesa de um novo sistema de processos coletivos: estudos em homenagem a Ada Pellegrini Grinover. São Paulo: Saraiva, 2010.

CAPÍTULO 17

A atuação do Ministério Público no Processo Civil

Pedro Gomes de Queiroz[1]

SUMÁRIO: 1. INTRODUÇÃO: A ATUAÇÃO DO MINISTÉRIO PÚBLICO NO PROCESSO CIVIL SEGUNDO A CONSTITUIÇÃO FEDERAL E NA LEI 7.347/1985. 2. A ATUAÇÃO DO MINISTÉRIO PÚBLICO NA AÇÃO POPULAR. 3. O MINISTÉRIO PÚBLICO NO CPC/2015. 4. CONCLUSÃO. 5. BIBLIOGRAFIA.

1. INTRODUÇÃO: ATUAÇÃO DO MINISTÉRIO PÚBLICO NO PROCESSO CIVIL SEGUNDO A CONSTITUIÇÃO FEDERAL E A LEI 7.347/1985.

O art. 127, caput, CRFB/1988 estabelece que: "O Ministério Público é instituição permanente, essencial à função jurisdicional do Estado, incumbindo-lhe a defesa da ordem jurídica, do regime democrático e dos interesses sociais e individuais indisponíveis".

Embora não possua personalidade jurídica, o Ministério Público é uma *instituição* capaz de postular em juízo e de tomar medidas administrativas visando à consecução de suas funções. Ao qualificar o Ministério Público como instituição *permanente*, o legislador constituinte originário vedou a sua extinção por meio de emenda à Constituição. Assim, a previsão constitucional do *Parquet* é cláusula pétrea[2].

Embora o art. 127, caput, CRFB/1988, tenha qualificado o Ministério Público como "essencial à função jurisdicional do Estado", e atribuído a este a função de defender a ordem jurídica, sua atuação se limita à defesa "do regime democrático e dos interesses sociais e individuais indisponíveis"[3]. A *contrario sensu*, a defesa de direitos individuais disponíveis titularizados por pessoas com capacidade civil plena é vedada ao *Parquet*.

---

1. Doutorando e Mestre em Direito Processual pela UERJ. Especialista em Direito Processual Civil pela PUC-Rio. Bacharel em Direito pela PUC-Rio. Advogado. E-mail: pedrogqueiroz@adv.oabrj.org.br

2. PINHO, Humberto Dalla Bernardina de. **O Ministério Público e o papel de fiscal da ordem jurídica no CPC/2015.** Disponível em: ‹https://www.academia.edu/19868726/O_MINIST%C3%89RIO_P%C3%9ABLICO_E_O_PAPEL_DE_FISCAL_DA_ORDEM_JUR%C3%8DDICA_NO_CPC_2015›. Acesso em: 12 jan. 2015.

3. MAZZILLI, Hugo Nigro. **A atuação do Ministério Público no processo civil.** Disponível em: ‹http://www.mazzilli.com.br/›. Acesso em: 12 jan. 2016.

315

PEDRO GOMES DE QUEIROZ

O Ministério Público tem legitimidade para ajuizar ação visando à tutela de direito individual indisponível (art. 127, caput, *in fine*, CRFB/1988), a exemplo dos direitos à identidade genética[4] e a alimentos titularizados por criança ou adolescente[5] e do direito à saúde[6].

---

4. Cf. art. 2º, §4º, Lei 8.560/1992; STF, RE 248869, Rel.: Min. Maurício Corrêa, Segunda Turma, j. 07/08/2003, DJ 12-03-2004 PP-00038 EMENT VOL-02143-04 PP-00773, cuja ementa dispõe: "RECURSO EXTRAORDINÁRIO. CONSTITU-CIONAL. PROCESSUAL CIVIL. LEGITIMIDADE ATIVA DO MINISTÉRIO PÚBLICO PARA AJUIZAR AÇÃO DE INVESTIGAÇÃO DE PATERNIDADE. FILIAÇÃO. DIREITO INDISPONÍVEL. INEXISTÊNCIA DE DEFENSORIA PÚBLICA NO ESTADO DE SÃO PAULO. 1. A Constituição Federal adota a família como base da sociedade a ela conferindo proteção do Estado. Assegurar à criança o direito à dignidade, ao respeito e à convivência familiar pressupõe reconhecer seu legítimo direito de saber a verdade sobre sua paternidade, decorrência lógica do direito à filiação (CF, artigos 226, §§ 30, 40, 50 e 70; 227, § 60). 2. A Carta Federal outorgou ao Ministério Público a incumbência de promover a defesa dos interesses individuais indisponíveis, podendo, para tanto, exercer outras atri-buições prescritas em lei, desde que compatível com sua finalidade institucional (CF, artigos 127 e 129). 3. O direito ao nome insere-se no conceito de dignidade da pessoa humana e traduz a sua identidade, a origem de sua ancestralidade, o reconhecimento da família, razão pela qual o estado de filiação é di-reito indisponível, em função do bem comum maior a proteger, derivado da própria força impositiva dos preceitos de ordem pública que regulam a matéria (Estatuto da Criança e do Adolescente, artigo 27). 4. A Lei 8560/92 expressamente assegurou ao Parquet, desde que provocado pelo interessado e diante de evidências positivas, a possibilidade de intentar a ação de investigação de paternidade, legitimação essa decorrente da proteção constitucional conferida à família e à criança, bem como da indisponibilidade legalmente atribuída ao reconhecimento do estado de filiação. Dele decorrem direitos da personalidade e de caráter patrimonial que determinam e justificam a necessária atuação do Ministério Público para asse-gurar a sua efetividade, sempre em defesa da criança, na hipótese de não reconhecimento voluntário da paternidade ou recusa do suposto pai. 5. O direito à intimidade não pode consagrar a irresponsabilidade paterna, de forma a inviabilizar a imposição ao pai biológico dos deveres resultantes de uma conduta volitiva e passível de gerar vínculos familiares. Essa garantia encontra limite no direito da criança e do Estado em ver reconhecida, se for o caso, a paternidade. 6. O princípio da necessária intervenção do advogado não é absoluto (CF, artigo 133), dado que a Carta Federal faculta a possibilidade excepcional da lei outorgar o jus postulandi a outras pessoas. Ademais, a substituição processual extraordinária do Minis-tério Público é legítima (CF, artigo 129; CPC, artigo 81; Lei 8560/92, artigo 20, § 40) e socialmente relevante na defesa dos economicamente pobres, especialmente pela precariedade da assistência jurídica prestada pelas defensorias públicas. 7. Caráter personalíssimo do direito assegurado pela iniciativa da mãe em procurar o Ministério Público visando a propositura da ação. Legitimação excepcional que depende de provocação por quem de direito, como ocorreu no caso concreto. Recurso extraordinário conhecido e provido."; e STEFANI, Marcos. Comentário n.º 9 ao art. 177, CPC/2015 In: WAMBIER, Teresa Arruda Alvim et al. (Coord.). **Breves comentários ao Novo Código de Processo Civil**. 1. ed. São Paulo: Revista dos Tribunais, 2015, p. 548.

5. "DIREITO DA CRIANÇA E DO ADOLESCENTE. AÇÃO DE ALIMENTOS. LEGITIMIDADE ATIVA DO MINISTÉRIO PÚBLICO. DIREI-TO INDIVIDUAL INDISPONÍVEL. RECURSO ESPECIAL REPRESENTATIVO DE CONTROVÉRSIA. ART. 543-C DO CPC. 1. Para efeitos do art. 543-C do CPC, aprovam-se as seguintes teses: 1.1. O Ministério Público tem legitimidade ativa para ajuizar ação de alimentos em proveito de criança ou adolescente. 1.2. A legitimidade do Ministério Público independe do exercício do poder familiar dos pais, ou de o menor se encontrar nas situações de risco descritas no art. 98 do Estatuto da Criança e do Adolescente, ou de quaisquer outros questionamen-tos acerca da existência ou eficiência da Defensoria Pública na comarca. 2. Recurso especial não provido". STJ, REsp 1327471/MT, Rel. Min. Luis Felipe Salomão, 2ª Seção, j. 14/05/2014, DJe 04/09/2014.

6. "LEGITIMIDADE - MINISTÉRIO PÚBLICO - AÇÃO CIVIL PÚBLICA - FORNECIMENTO DE REMÉDIO PELO ESTADO. O Ministé-rio Público é parte legítima para ingressar em juízo com ação civil pública visando a compelir o Estado a fornecer medicamento indispensável à saúde de pessoa individualizada". STF, RE 407902, Rel.: Min. Marco Aurélio, 1ª Turma, j. 26/05/2009, DJe-162 DIVULG 27-08-2009 PUBLIC 28-08-2009 EMENT VOL-02371-04 PP-00816

O art. 129, IX, *in fine*, CRFB/1988 veda ao *Parquet* a representação judicial e a consultoria jurídica de entidades públicas. Da mesma forma, a simples presença de entidade estatal no processo não justifica a intervenção do Ministério Público (art. 178, parágrafo único, CPC/2015)[7]. Assim, embora o art. 12, da Lei n.º 12.016/2009 determine que o juiz deve ouvir o representante do Ministério Público antes de proferir a sentença em todo e qualquer processo de mandado de segurança, este somente opinará sobre a existência do direito discutido nos autos quando houver interesse social ou individual indisponível no caso. De qualquer forma, o juízo sobre a existência ou não de interesse social ou individual indisponível compete, tão somente, ao representante do Ministério Público[8]. Entretanto, não se pode afirmar que é vedada ao *Parquet* a defesa do erário em todo e qualquer caso, pois, tal como reconhece a jurisprudência do STF, o art. 129, III,

---

RF v. 105, n. 405, 2009, p. 409-411. O STJ já decidiu que o Ministério tem legitimidade "para atuar em favor de pessoa física maior de idade que necessita de atendimento médico-hospitalar específico para realização de delicada cirurgia", por ser o direito à saúde indisponível. STJ, REsp 716.712/RS, Rel. Ministra Eliana Calmon, Rel. p/ Acórdão Min. Herman Benjamin, 2ª Turma, j. 15/09/2009, DJe 08/02/2010. Também do STJ, cf. "[...] 3. Constitui função institucional e nobre do Ministério Público buscar a entrega da prestação jurisdicional para obrigar o plano de saúde a custear tratamento quimioterápico em qualquer centro urbano, à menor, conveniado do recorrente. Assim, reconhece-se legitimidade ativa do Ministério Público para propor ação civil pública em defesa de direito indisponível, como é o direito à saúde, em benefício do hipossuficiente. 4. A legitimação extraordinária, outorgada pela Constituição Federal (art. 127, caput e art. 129, III e X), pela Lei Orgânica do Ministério Público (art. 25, IV, da Lei 8.625/93) e pelo ECA (arts. 201, V e 208, VII, da Lei 8.069/90), justifica-se pelo relevante interesse social e pela importância do bem jurídico a ser tutelado. [...]". STJ, REsp 976.021/MG, Rel. Min. NANCY ANDRIGHI, 3ª Turma, j. 14/12/2010, DJe 03/02/2011. No mesmo sentido, MEDINA, José Miguel Garcia. **Novo Código de Processo Civil comentado**: com remissões e notas comparativas ao CPC/1973. 3. ed. São Paulo: Revista dos Tribunais, 2015, p. 289.

7. DINAMARCO, Cândido Rangel. **Instituições de Direito Processual Civil**. v. I. 6. ed. São Paulo: Malheiros Editores, 2009, p. 697-698. PINHO, Humberto Dalla Bernardina de. Op. cit., p. 8. Segundo o STF, "Não se pode estabelecer sinonímia entre interesses sociais e interesses de entidades públicas, já que em relação a estes há vedação expressa de patrocínio pelos agentes ministeriais (CF, art. 129, IX)". STF, RE 631.111 do Tribunal Pleno, Rel.: Min. Teori Zavascki, j. 07/08/2014, acórdão eletrônico DJe-213 DIVULG 29/10/2014 PUBLIC 30/10/2014. No mesmo sentido, o art. 5º, XV, da Recomendação nº 16/2010, do CNMP dispõe que: "Art. 5º. Perfeitamente identificado o objeto da causa e respeitado o princípio da independência funcional, é desnecessária a intervenção ministerial nas seguintes demandas e hipóteses: [...] XV - Ação em que for parte a Fazenda ou Poder Público (Estado, Município, Autarquia ou Empresa Pública), com interesse meramente patrimonial, a exemplo da execução fiscal e respectivos embargos, anulatória de débito fiscal, declaratória em matéria fiscal, repetição de indébito, consignação em pagamento, possessória, ordinária de cobrança, indenizatória, anulatória de ato administrativo, embargos de terceiro, despejo, ações cautelares, conflito de competência e impugnação ao valor da causa; [...]". CONSELHO NACIONAL DO MINISTÉRIO PÚBLICO. Recomendação nº 16, de 28 de abril de 2010. Disponível em: <http://www.cnmp.gov.br/portal_2015/images/stories/Normas/Recomendacoes/Recomendao_n_16._alterada_pela_Recomendao_n_19.pdf>. Acesso em: 16 jan. 2016. O enunciado n.º 189 da Súmula do STJ dispõe que: "É desnecessária a intervenção do Ministério Público nas execuções fiscais". Primeira Seção do STJ, j. 11/06/1997, DJ 23/06/1997, p. 29331.

8. Aplica-se, neste caso, o art. 1º, da Recomendação nº 16/2010, do CNMP, que dispõe: "Art. 1º. Em matéria cível, intimado como órgão interveniente, poderá o membro do Ministério Público, ao verificar não se tratar de causa que justifique a intervenção, limitar-se a consignar concisamente a sua conclusão, apresentando, neste caso, os respectivos fundamentos".

CRFB/1988 expressamente autorizou o Ministério Público a "promover o inquérito civil e a ação civil pública, para a proteção do patrimônio público", que constitui interesse difuso. Por esta razão, "o Ministério Público possui legitimidade ativa para ajuizar ação civil pública que tenha por objeto a condenação de agente público" a ressarcir os prejuízos que este causou ao erário[9]. No mesmo sentido se orientou a jurisprudência do STJ[10], que chegou a editar enunciado de sua Súmula dispondo que: "O Ministério Público tem legitimidade para propor ação civil pública em defesa do patrimônio público"[11]. "O conceito de patrimônio público não se confunde com o mero interesse patrimonial da Fazenda Pública. Os bens que compõem o patrimônio público são materiais e imateriais. [...] A prática de ato de improbidade administrativa não ofende apenas interesses patrimoniais. É por isso que há legitimidade do órgão ministerial para ser guardião da legalidade e da moralidade administrativa, bem como para defender, em sentido amplo, o patrimônio público. [...] O ajuizamento da ação de improbidade administrativa pode trazer benefício ao interesse público secundário (ressarcimento do dano), mas

---

9.   STF, RE 629.840-AgR, Rel. Min. Marco Aurélio, 1ª Turma, j. 40/08/2015, DJE 28/08/2015. No mesmo sentido, STF, AI 829.376 AgR, Rel. Min. Marco Aurélio, 1ª Turma, j. 25/02/2014, acórdão eletrônico DJe-054 DIVULG 18-03-2014 PUBLIC 19-03-2014; e STF, RE 225.777 do Tribunal Pleno, Rel. Min. Eros Grau, Rel. p/ Acórdão: Min. Dias Toffoli, j. 24/02/2011, DJe-165 DIVULG 26-08-2011 PUBLIC 29-08-2011 EMENT VOL-02575-01 PP-00097, cuja ementa dispõe: "Recurso Extraordinário. Processo Civil. Ação civil pública ajuizada por membro do Ministério Público estadual julgada extinta por ilegitimidade ativa e por se tratar de meio inadequado ao fim perseguido. 1. O Ministério Público detém legitimidade para o ajuizamento de ação civil pública intentada com o fito de obter condenação de agente público ao ressarcimento de alegados prejuízos que sua atuação teria causado ao erário. 2. Meio processual, ademais, que se mostra adequado a esse fim, ainda que o titular do direito, em tese, lesado pelo ato não tenha proposto, em seu nome próprio, a competente ação de ressarcimento. 3. Ausência de previsão, na Constituição Federal, da figura da advocacia pública municipal, a corroborar tal entendimento. 4. Recurso provido para afastar o decreto de extinção do feito, determinando-se seu regular prosseguimento".

10.   "[...] O Ministério Público possui legitimidade ativa para propor ação civil pública visando o ressarcimento de danos causados ao patrimônio público por prefeito municipal. [...]". STJ, REsp 159.231/MG da 1ª Turma, Rel. Ministro Humberto Gomes De Barros, j. 16/03/1999, DJ 03/05/1999, p. 100.

11.   STJ, Enunciado n.º 329 da Súmula do STJ, Corte Especial, j. 02/08/2006, DJ 10/08/2006, p. 254. Em sentido contrário, Cândido Rangel Dinamarco entende que "o Ministério Público tem o encargo de patrocinar os interesses públicos primários, que remontam à sociedade como tal e a seus valores - e não os secundários, cujo titular é o Estado pro domo sua, ou seja, como pessoa jurídica. [...] O disposto no art. 25, inc. IV, letra b, da lei 8.625, de 12 de fevereiro de 1993 [...] não pode ser interpretado como abrangente de uma suposta legitimidade do Ministério Público a postular em juízo a recomposição do patrimônio dos cofres públicos mediante a condenação de seus responsáveis por danos causados ao Estado. Sua legitimidade constitucional ex art. 129, inc. III, da Constituição Federal diz respeito exclusivamente às iniciativas referentes 'aos valores transcendentais de toda a sociedade e não do Estado, enquanto estrutura político administrativa' (Édis Milaré). As sanções aos atos de improbidade não se confundem com a indenização de prejuízos de pessoa jurídica de direito público - a qual o Parquet não pode postular judicialmente, seja porque o patrocínio de entes públicos lhe é vedado pela própria Constituição Federal, seja porque, para causas dessa natureza, a participação do advogado é indispensável (Cons., arts. 5º, inc. LXXIII, 129, incs. III e IX, e 133 - CPC, art. 6º)". DINAMARCO, Cândido Rangel. **Instituições de Direito Processual Civil**. v. I. 6. ed. São Paulo: Malheiros Editores, 2009, p. 698 e 700.

não se limita a essa questão. O interesse público secundário, no caso, é reflexo da tutela de interesse superior, qual seja, a própria moralidade administrativa. Enfim, presente o interesse público primário, está legitimado o Ministério Público para demandar ou para intervir na demanda proposta, sem prejuízo da possibilidade de assumir a titularidade ativa se houver abandono ou desistência injustificada"[12]. Importa ressaltar, contudo, que STF decidiu, em recurso extraordinário com repercussão geral reconhecida que o Ministério Público, atuante ou não nos tribunais de contas, não tem legitimidade ativa para ajuizar ação de execução das decisões de condenação patrimonial proferidas por estas cortes, não se aplicando, ao caso, o art. 129, III, CRFB/1988. Segundo a referida decisão, somente o ente público beneficiário da condenação imposta pelo Tribunal de Contas tem legitimidade ativa para propor a mencionada ação executiva[13].

O art. 129, III, CRFB/1988, confere legitimidade ativa ao Ministério Público para a defesa de quaisquer interesses difusos ou coletivos, por meio da ação civil pública. "Direitos individuais disponíveis, ainda que homogêneos, estão, em princípio, excluídos do âmbito da tutela pelo Ministério Público (CF, art. 127)". O *Parquet* somente pode ajuizar ação civil pública visando a "obter sentença genérica sobre o núcleo de homogeneidade dos direitos tutelados (*an debeatur, quid debeatur* e *quis debeat*)" quando "a tutela jurisdicional desses direitos se" revestir "de interesse social qualificado", o que somente ocorre quando os interesses individuais "visualizados em seu conjunto, em forma coletiva e impessoal, têm a força de transcender a esfera de interesses puramente particulares, passando a representar, mais que a soma de interesses dos respectivos titulares, verdadeiros interesses da comunidade. Nessa perspectiva, a lesão desses interesses individuais acaba não apenas atingindo a esfera jurídica dos titulares do direito individualmente considerados, mas também comprometendo bens, institutos ou valores jurídicos superiores, cuja preservação é cara a uma comunidade maior de pessoas". Entretanto, o Ministério Público não tem legitimidade para promover "a ação de cumprimento da sentença genérica" de procedência com o objetivo de "complementar a atividade cognitiva mediante juízo específico sobre as situações individuais de cada um dos lesados" que corresponde à "margem de heterogeneidade dos direitos homogêneos, que compreende o *cui debeatur* e o *quantum debeatur*", "bem como [...] a efetivar os correspondentes atos executórios". Contudo, o *Parquet* tem legitimidade para promover a execução coletiva da sentença que reconhece a existência de direitos individuais homogêneos (arts. 98 e 100, CDC). Assim, o STF decidiu, em recurso extraordinário com repercussão

---

12. STEFANI, Marcos. Comentários n.º 21 ao art. 178, CPC/2015 In: WAMBIER, Teresa Arruda Alvim et al. (Coord.). Op. cit., p. 556.

13. STF, ARE 823347 RG, Rel. Min. Gilmar Mendes, Tribunal Pleno, j. 02/10/2014, acórdão eletrônico repercussão geral - mérito DJe-211 DIVULG 24-10-2014 PUBLIC 28-10-2014.

geral reconhecida, que o Ministério Público tem legitimidade para ajuizar ação civil pública visando à tutela do direito individual homogêneo dos titulares do seguro obrigatório DPVAT – Danos Pessoais Causados por Veículos Automotores de Via Terrestre (Lei 6.194/1974) –, alegadamente lesados de forma semelhante pela Seguradora no pagamento das correspondentes indenizações, pois há, no caso, interesse social[14]. A jurisprudência do STJ vem seguindo esta orientação[15]. Tanto o STF, quanto o STJ consideram que existe interesse social apto a justificar o ajuizamento de ação civil pública pelo Ministério Público para a tutela de direitos individuais homogêneos de natureza previdenciária (concessão e revisão de benefícios previdenciários)[16], bem como de direito individual homogêneo de mutuários vinculados ao Sistema Financeiro de Habitação[17].

O Ministério Público não tem legitimidade para ajuizar ação visando à tutela de direito disponível titularizado por pequeno grupo de pessoas identificadas, como os sócios de um clube, ainda que sejam consumidores[18].

O art. 1º, parágrafo único, da Lei n.º 7.347/1985 estabelece que: "não será cabível ação civil pública para veicular pretensões que envolvam tributos, contribuições previdenciárias, o Fundo de Garantia do Tempo de Serviço - FGTS ou outros fundos de natureza institucional cujos beneficiários podem ser individualmente determinados". O STF decidiu, em recurso extraordinário com repercussão geral reconhecida, ratificando a sua jurisprudência anterior sobre a matéria, que "falece ao Ministério Público legitimidade ativa *ad causam* para deduzir em juízo pretensão de natureza tributária em defesa dos contribuintes, visando a questionar

---

14. STF, RE 631.111, com repercussão geral reconhecida, Rel.: Min. Teori Zavascki, Tribunal Pleno, j. 07/08/2014, acórdão eletrônico DJe-213 DIVULG 29/10/2014 PUBLIC 30/10/2014.

15. "[...] 4. A jurisprudência do STF e do STJ assinala que, quando se trata de interesses individuais homogêneos, a legitimidade do Ministério Público para propor Ação Coletiva é reconhecida se evidenciado relevante interesse social do bem jurídico tutelado, atrelado à finalidade da instituição, mesmo em se tratando de interesses individuais homogêneos disponíveis. Nesse sentido: RE 631111, Relator: Min. Teori Zavascki, Tribunal Pleno, j. 7/8/2014, DJe-213; REsp 1209633/RS, Rel. Ministro Luis Felipe Salomão, 4ª Turma, j. 14/4/2015, DJe 4/5/2015. 5. Assim, necessário observar que, no caso concreto, o interesse tutelado referente à liberação do saldo do PIS/PASEP, mesmo se configurando como individual homogêneo, segundo disposto na Lei 8.078/1990, se mostra de relevante interesse à coletividade como um todo, tornando legítima a propositura de Ação Civil Pública pelo Parquet, visto que subsume aos seus fins institucionais". STJ, REsp 1480250/RS da, Rel. Min. Herman Benjamin, 2ª Turma, j. 18/08/2015, DJe 08/09/2015.

16. STF, AgRg no AI 516.419/PR, Rel. Min. Gilmar Mendes, 2ª Turma, DJe de 30/11/2010; STJ, REsp 1.142.630/PR, Rel. Min. Laurita Vaz, 5ª Turma, j. 07/12/2010, DJe 01/02/2011.

17. STF, AI 637853 AgR, Relator(a): Min. Joaquim Barbosa, 2ª Turma, j. 28/08/2012, acórdão eletrônico DJe-182 DIVULG 14-09-2012 PUBLIC 17-09-2012; STJ, REsp 1.126.708/PB, Rel. Min. Eliana Calmon, 2ª Turma, j. 17/09/2009, DJe 25/09/2009; STJ, REsp 1126708/PB da, Rel. Min. Eliana Calmon, da 2ª Turma, j. 17/09/2009, DJe 25/09/2009.

18. STJ, REsp 1041765/MG, Rel. Min. Eliana Calmon, 2ª Turma, j. 22/09/2009, DJe 06/10/2009; STJ, REsp 1109335/SE, Rel. Min. Luis Felipe Salomão, 4ª Turma, j. 21/06/2011, DJe 01/08/2011. MEDINA, José Miguel Garcia. Op. cit., p. 289.

a constitucionalidade/legalidade de tributo" [19]. De fato, não existe, no caso, interesse social que justifique o ajuizamento de ação civil pública pelo *Parquet* para a defesa do direito individual homogêneo dos contribuintes, conforme estabelecido pela própria lei. Não obstante, o STF decidiu, em recurso extraordinário com repercussão geral reconhecida, que "o Ministério Público tem legitimidade para questionar a concessão de benefícios fiscais"[20] por meio de termo de acordo de regime especial (TARE) celebrado entre unidade da Federação e contribuinte, tendo em vista que a promoção de ação civil pública para a defesa do patrimônio público é função institucional do *Parquet*, de acordo com o art. 129, III, CRFB/1988[21].

"O Ministério Público tem legitimidade para promover ação civil pública cujo fundamento seja a ilegalidade de reajuste de mensalidade escolares"[22], pois trata-se "de tema ligado à educação, amparada constitucionalmente como dever do Estado e obrigação de todos (CF, art. 205)"[23]. Assim, podemos constatar que existe, neste caso, interesse social que justifica a legitimidade ativa do Ministério Público.

O art. 129 da CRFB/1988 confere ao Ministério Público as seguintes funções institucionais na área cível: "zelar pelo efetivo respeito dos Poderes Públicos e dos serviços de relevância pública aos direitos assegurados" na Constituição Federal, "promovendo as medidas necessárias a sua garantia"; "promover o inquérito civil e a ação civil pública, para a proteção do patrimônio público e social, do meio ambiente e de outros interesses difusos e coletivos"; "promover a ação de inconstitucionalidade ou representação para fins de intervenção da União e dos Estados, nos casos previstos" na Constituição Federal; "defender judicialmente os direitos e interesses das populações indígenas"; e "expedir notificações nos procedimentos administrativos de sua competência, requisitando informações e documentos para instruí-los, na forma da lei complementar respectiva". O inciso XI do art. 129, CRFB/1988, deixa claro que o rol de funções institucionais trazido por este artigo é exemplificativo ao permitir que o *Parquet* exerça: "outras funções

---

19. STF, ARE 694294 RG do Tribunal Pleno, Rel.: Min. Luiz Fux, j. 25/04/2013, acórdão eletrônico repercussão geral - mérito DJe-093 DIVULG 16/05/2013 PUBLIC 17/05/2013.

20. STF, AI 327013 AgR, Rel.: Min. Joaquim Barbosa, 2ª Turma, j. 06/04/2010, DJe-076 DIVULG 29/04/2010 PUBLIC 30/04/2010 EMENT VOL-02399-07 PP-01430 RT v. 99, n. 898, 2010, p. 133-135.

21. STF, RE 576.155, Rel.: Min. Ricardo Lewandowski, Tribunal Pleno, j. 12/08/2010, repercussão geral - mérito DJe-226 DIVULG 24-11-2010 PUBLIC 25-11-2010 REPUBLICAÇÃO: DJe-020 DIVULG 31-01-2011 PUBLIC 01-02-2011 EMENT VOL-02454-05 PP-01230.

22. STF, Enunciado n.º 643 da Súmula do Supremo Tribunal Federal. Aprovado na sessão plenária de 24/09/2003. DJ de 09/10/2003, p. 2; DJ de 10/10/2003, p. 2; DJ de 13/10/2003, p. 2. Disponível em: ‹www.stf.jus.br›. Acesso em: 13 jan. 2016.

23. STF, RE 163231 do, Rel.: Min. Maurício Corrêa, Tribunal Pleno, j. 26/02/1997, DJ 29-06-2001 PP-00055 EMENT VOL-02037-04 PP-00737.

que lhe forem conferidas, desde que compatíveis com sua finalidade"[24]. Os arts. 81, III, e 82, I, Lei n.º 8.078/1990, por exemplo, conferem legitimidade ativa do Ministério Público para a defesa de direitos individuais homogêneos, ainda que disponíveis, desde que haja interesse social. Somente os membros do *Parquet* podem exercer as funções da instituição arroladas no art. 129, CRFB/1988 ou na legislação infraconstitucional[25].

O Ministério Público pode atuar no processo civil na condição de parte ou de fiscal do ordenamento jurídico. A atuação do Ministério Público como *custus legis* encontra amparo no art. 127, CRFB/1988, que lhe atribui a função de defesa da ordem jurídica[26].

O Ministério Público também defende a ordem jurídica quando atua na ação direta de inconstitucionalidade, na ação declaratória de constitucionalidade (arts. 103, VI, §1º, e 129, IV, CRFB/1988), e na representação de inconstitucionalidade de leis ou atos normativos estaduais ou municipais em face da Constituição Estadual (art. 125, §2º, CRFB/1988 e art. 162, da Constituição do Estado do Rio de Janeiro), seja na condição de autor, seja na condição de *custus legis*, tendo em vista que estas ações têm por escopo a defesa do direito constitucional objetivo.

De acordo com o art. 36, III, CRFB/1988, a intervenção da União nos Estados ou no Distrito Federal para "assegurar a observância dos" princípios constitucionais sensíveis[27], arrolados pelo art. 34, VII, CRFB/1988, ou para "prover a execução de lei federal" depende "de provimento, pelo Supremo Tribunal Federal, de representação do Procurador-Geral da República". Nestes casos, o Ministério Público da União, representado por seu chefe, o Procurador-Geral da República, atua na defesa da ordem jurídica, nos termos do art. 127, *caput*, CRFB/1988.

O art. 68, do Código de Processo Penal, que confere legitimidade ao Ministério Público para promover a ação de reparação dos danos civis provocados por ilícito penal e a execução da sentença penal condenatória no que concerne à reparação destes danos, quando a vítima for economicamente hipossuficiente

---

24. DINAMARCO, Cândido Rangel. Op. cit., p. 699; STEFANI, Marcos. Comentários n.º 3 ao art. 176, CPC/2015 In: WAMBIER, Teresa Arruda Alvim et al. (Coord.). Op. cit., p. 545. O STF já decidiu que: "[...] 1. O rol de atribuições conferidas ao Ministério Público pelo art. 129 da Constituição Federal não constitui *numerus clausus*. O inciso IX do mesmo artigo permite ao Ministério Público "exercer outras funções que lhe forem conferidas, desde que compatíveis com sua finalidade, sendo-lhe vedada a representação judicial e a consultoria jurídica de entidades públicas". [...]". STF, ADI 3463, Rel.: Min. AYRES BRITTO, Tribunal Pleno, j. 27/10/2011, acórdão eletrônico DJe-110 DIVULG 05-06-2012 PUBLIC 06-06-2012.

25. STEFANI, Marcos. Comentário n.º 20 ao art. 178, CPC/2015 In: WAMBIER, Teresa Arruda Alvim et al. (Coord.). Op. cit., p. 555.

26. PINHO, Humberto Dalla Bernardina de. Op. cit., p. 2.

27. MENDES, Gilmar Ferreira; BRANCO, Paulo Gustavo Gonet. **Curso de Direito Constitucional**. 10. ed. São Paulo: Saraiva, 2015, p. 821.

ainda é constitucional, porque, em alguns Estados da Federação a Defensoria Pública, a qual o art. 134, caput, CRFB/1988, atribui "a defesa, em todos os graus, judicial e extrajudicial, dos direitos individuais e coletivos, de forma integral e gratuita, aos necessitados", não está suficientemente estruturada, isto é, não dispõe de meios humanos e materiais suficientes ao adequado desempenho de sua função. Assim, nestes Estados, o art. 68, CPP deve ser aplicado. Contudo, o art. 68, CPP, se tornará inconstitucional quando a Defensoria Pública estiver suficientemente estruturada, pois, neste caso, não mais se justificará a defesa, pelo Ministério Público, do direito individual disponível da vítima economicamente hipossuficiente à reparação dos danos civis decorrentes de ilícito penal[28].

A função de defender o regime democrático, atribuída ao Ministério Público pelo art. 127, CRFB/1988, legitima a atuação deste em todo e qualquer processo eleitoral, seja como autor, seja como *custus legis*[29].

Quando o Ministério Público atua no processo como parte ele também exerce a função de fiscal da ordem jurídica, tendo em vista que as funções de demandante e de *custus legis* são perfeitamente compatíveis[30].

Existem muitas ações em que o Ministério Público figura como réu ou como litisconsorte passivo necessário. "Cite-se, por exemplo, o caso de ação anulatória de termo de ajustamento de conduta celebrado" pelo *Parquet*. "Também a

---

28. "LEGITIMIDADE - AÇÃO "EX DELICTO" - MINISTÉRIO PÚBLICO - DEFENSORIA PÚBLICA - ARTIGO 68 DO CÓDIGO DE PROCESSO PENAL - CARTA DA REPÚBLICA DE 1988. A teor do disposto no artigo 134 da Constituição Federal, cabe à Defensoria Pública, instituição essencial à função jurisdicional do Estado, a orientação e a defesa, em todos os graus, dos necessitados, na forma do artigo 5o, LXXIV, da Carta, estando restrita a atuação do Ministério Público, no campo dos interesses sociais e individuais, àqueles indisponíveis (parte final do artigo 127 da Constituição Federal). INCONSTITUCIONALIDADE PROGRESSIVA - VIABILIZAÇÃO DO EXERCÍCIO DE DIREITO ASSEGURADO CONSTITUCIONALMENTE - ASSISTÊNCIA JURÍDICA E JUDICIÁRIA DOS NECESSITADOS - SUBSISTÊNCIA TEMPORÁRIA DA LEGITIMAÇÃO DO MINISTÉRIO PÚBLICO. Ao Estado, no que assegurado constitucionalmente certo direito, cumpre viabilizar o respectivo exercício. Enquanto não criada por lei, organizada - e, portanto, preenchidos os cargos próprios, na unidade da Federação - a Defensoria Pública, permanece em vigor o artigo 68 do Código de Processo Penal, estando o Ministério Público legitimado para a ação de ressarcimento nele prevista. Irrelevância de a assistência vir sendo prestada por órgão da Procuradoria Geral do Estado, em face de não lhe competir, constitucionalmente, a defesa daqueles que não possam demandar, contratando diretamente profissional da advocacia, sem prejuízo do próprio sustento". STF, RE 135.328, Rel.: Min. Marco Aurélio, Tribunal Pleno, j. 29/06/1994, DJ 20-04-2001 PP-00137 EMENT VOL-02027-06 PP-01164 RTJ VOL-00177-02 PP-00879. Cf., ainda, STF, RE 147776, Rel.: Min. Sepúlveda Pertence, Primeira Turma, j. 19/05/1998, DJ 19-06-1998 PP-00009 EMENT VOL-01915-01 PP-00136; STF, RE 196857 AgR, Rel.: Min. Ellen Gracie, Primeira Turma, j. 06/03/2001, DJ 06-04-2001 PP-00006 EMENT VOL-02026-06 PP-01259; STF, RE 213514, Relator(a): Min. Moreira Alves, Primeira Turma, j. 13/03/2001, DJ 04-05-2001 PP-00036 EMENT VOL-02029-05 PP-01042; STF, RE 341717 AgR, Relator(a): Min. CELSO DE MELLO, Segunda Turma, j. 05/08/2003, DJe-040 DIVULG 04-03-2010 PUBLIC 05-03-2010 EMENT VOL-02392-03 PP-00653 RSJADV mar., 2010, p. 40-41; e STEFANI, Marcos. Comentário n.o 8 ao art. 177, CPC/2015 In: WAMBIER, Teresa Arruda Alvim et al. (Coord.). Op. cit., p. 547 e 548.

29. PINHO, Humberto Dalla Bernardina de. Op. cit., p. 2.

30. Idem, ibidem, p. 3.

PEDRO GOMES DE QUEIROZ

hipótese de ação rescisória promovida em face de decisão de mérito" proferida no bojo de ação coletiva ou individual ajuizada pelo Ministério Público e transitada em julgado[31]. Nestas hipóteses, o *Parquet* é legitimado passivo extraordinário[32].

O Ministério Público também pode ser legitimado passivo ordinário. Assim, por exemplo, se um Ministério Público estadual vier a descaracterizar a arquitetura do prédio, tombado pela União, onde está localizada sua sede poderá vir a ser réu em ação civil pública ajuizada pelo Ministério Público Federal, visando à reconstituição do aspecto original do imóvel[33].

Caso o réu de uma ação civil pública, ajuizada pelo Ministério Público, venha a alegar a incompetência absoluta ou relativa do juízo (art. 64, CPC/2015), o *Parquet* assumirá o polo passivo da relação processual instaurada em razão da alegação de incompetência. A condição de "excepto" corresponde a uma posição processual passiva. "As posições processuais de 'recorrido' e de 'embargado' (nos embargos à execução), comumente assumidas pelo Ministério Público, também são passivas"[34].

O art. 127, §1º, CRFB/1988 estabelece que os princípios institucionais do Ministério Público são a unidade, a indivisibilidade e a independência funcional.

O princípio da unidade significa que "o Ministério Público é uma instituição única, abstratamente considerada, na qual os seus membros oficiam nos processos em nome da instituição a que são ligados, conforme a teoria do órgão desenvolvida no âmbito do direito administrativo". Assim, o ato jurídico praticado pelo membro do Ministério Público é imputado ao próprio *Parquet*[35].

O princípio da indivisibilidade constitui corolário do princípio da unidade e permite que os membros do Ministério Público substituam uns aos outros, desde

---

31. STEFANI, Marcos. Comentário n.º 17 ao art. 177, CPC/2015 In: WAMBIER, Teresa Arruda Alvim et al. (Coord.). Op. cit., p. 550.

32. Nesse sentido, Fredie Didier Jr. e Robson Renault Godinho observam que: "É possível imaginar o Ministério Público como réu de um processo – assumindo o polo passivo da principal relação jurídica processual, portanto. O exemplo mais corriqueiro, embora não seja o único, é o do Ministério Público como réu de uma ação coletiva passiva derivada – uma ação coletiva passiva que nasce de um processo coletivo ativo (ação rescisória de sentença proferida em ação civil pública promovida pelo Ministério Público, v. g.). Outro exemplo: ação que visa a anular termo de ajustamento de conduta celebrado pelo Ministério Público. Nestes casos, o Ministério Público atua no processo como legitimado extraordinário". DIDIER Jr., Fredie. GODINHO, Robson Renault. Questões atuais sobre as posições do Ministério Público no processo civil brasileiro. São Paulo, **Revista de Processo**, v. 237, p. 45-87, nov./2014.

33. Exemplo semelhante nos é fornecido por DIDIER Jr., Fredie. GODINHO, Robson Renault. Op. Cit., p. 45-87.

34. DIDIER Jr., Fredie. GODINHO, Robson Renault. Op. Cit., p. 45-87.

35. Sobre a teoria do órgão e o decorrente princípio da imputação, cf. CARVALHO FILHO, José dos Santos. **Manual de Direito Administrativo**. 27. ed. São Paulo: Atlas, 2014, p. 13.

que integrantes da mesma carreira, "segundo as prescrições legais". Assim, o membro do Ministério Público Federal não pode exercer função que a Constituição Federal e a lei atribuem ao membro do Ministério Público Estadual e vice-versa, mas os membros do Ministério Público Federal podem substituir-se[36].

Segundo o princípio da independência funcional, os membros do Ministério Público, por serem agentes políticos, só estão vinculados à Constituição, à lei e à sua própria consciência[37], ou, em outras palavras, à sua consciência jurídica[38], no exercício da atividade-fim da instituição. Assim, em razão da independência funcional, o promotor de justiça que vier a substituir outro, na primeira instância, não está vinculado às manifestações processuais do substituído. Se este pediu a absolvição de um determinado réu e a sentença acolheu seu pedido, o promotor substituto pode interpor apelação requerendo que o tribunal condene o réu[39]. Da mesma forma, por gozar de independência funcional, o procurador de justiça, que oficia na segunda instância, não está vinculado à opinião manifestada pelo promotor de justiça. Assim, pode pedir ao tribunal a absolvição do réu, mesmo que o promotor tenha apelado pela condenação[40] e pode, ainda, recorrer do acórdão caso este venha a absolver o réu[41]. "A partir do princípio da independência funcional, e tendo em mira resguardá-lo, veio a ser deduzida a doutrina do promotor natural", segundo a qual somente deve atuar no caso o "promotor cuja intervenção se justifique a partir de critérios abstratos e predeterminados, estabelecidos em lei"[42]. Entretanto, os membros do Ministério Público "devem

---

36. MENDES, Gilmar Ferreira; BRANCO, Paulo Gustavo Gonet. Op. cit., p. 1.029; MAZZILI, Hugo Nigro. **Princípios institucionais do Ministério Público brasileiro**, p. 12-13. Disponível em: ‹http://www.mazzilli.com.br/pages/artigos/princinst.pdf›. Acesso em: 14 jan. 2016.

37. PINHO, Humberto Dalla Bernardina de. Op. cit., p. 3.

38. MENDES, Gilmar Ferreira; BRANCO, Paulo Gustavo Gonet. Op. cit., p. 1.029.

39. STF, HC 69957 da, Rel.: Min. Néri da Silveira, 2ª Turma, j. 09/03/1993, DJ 25-03-1994 PP-05996 EMENT VOL-01738-01 PP-00159.

40. MAZZILI, Hugo Nigro. **Princípios institucionais do Ministério Público brasileiro**, p. 13. Disponível em: ‹http://www.mazzilli.com.br/pages/artigos/princinst.pdf›. Acesso em: 14 jan. 2016.

41. "EMENTA: I. Ministério Público: sucumbência no provimento da apelação da defesa, apesar de com ele se ter posto de acordo o Promotor de Justiça. A independência funcional dos agentes do Ministério Público é, de fato, incompatível com a pretensão de que a concordância do Promotor com a apelação vinculasse os órgãos da instituição que oficiam junto ao Tribunal, de modo a inibi-los de interpor recurso especial contra a decisão que, provendo o recurso da defesa, desclassificou a infração. [...]". STF, HC 80315 da 1ª Turma, Rel.: Min. Sepúlveda Pertence, j. 29/08/2000, DJ 13-10-2000 PP-00011 EMENT VOL-02008-03 PP-00534. Disponível em: ‹www.stf.jus.br›. Acesso em: 14 jan. 2016.

42. O STF já decidiu que "O postulado do Promotor Natural, que se revela imanente ao sistema constitucional brasileiro, repele, a partir da vedação de designações casuísticas efetuadas pela Chefia da Instituição, a figura do acusador de exceção. Esse princípio consagra uma garantia de ordem jurídica, destinada tanto a proteger o membro do Ministério Público, na medida em que lhe assegura o exercício pleno e independente do seu ofício, quanto a tutelar a própria coletividade, a quem se reconhece o direito de ver atuando, em quaisquer causas, apenas o Promotor cuja intervenção se justifique a partir de critérios abstratos

PEDRO GOMES DE QUEIROZ

seguir as instruções e regulamentos das autoridades administrativas competentes", "quando se trate da prática dos atos da atividade-meio", "como ao realizar despesas orçamentárias, ao expedir atos de promoções ou remoções, etc." [43].

O Ministério Público tem capacidade postulatória para defender sua autonomia funcional e administrativa (art. 127, §2º, CRFB/1988)[44]. Nesse sentido, decidiu o STF em mandado de segurança impetrado pelo Ministério Público do Estado do Espírito Santo, representado por seu Procurador-Geral de Justiça, contra ato do Conselho Nacional do Ministério Público que anulou ato do Conselho Superior do Ministério Público daquele Estado (CSMP/ES). O ato do CSMP/ES, anulado pelo CNMP, havia deixado de homologar termo de ajustamento de conduta (TAC) celebrado por promotor de justiça sob o fundamento de que não havia provas suficientes para justificá-lo. O STF decidiu que o CNMP havia extrapolado suas funções constitucionalmente estabelecidas ao proferir decisão sobre a atividade-fim do Ministério Público[45].

Qualquer dos Ministérios Públicos estaduais tem legitimidade para atuar como parte perante o Superior Tribunal de Justiça e o Supremo Tribunal Federal. O Procurador-Geral da República não chefia os Ministérios Públicos estaduais e, portanto, não pode representá-los perante o Supremo Tribunal Federal. Da mesma forma, os Ministérios Públicos dos Estados não estão subordinados ao Ministério Público da União. Assim, tendo *Parquet* estadual interposto recurso ou ajuizado ação, inclusive reclamação, perante o Supremo Tribunal Federal[46], a

---

e pré-determinados, estabelecidos em lei. A matriz constitucional desse princípio assenta-se nas clausulas da independência funcional e da inamovibilidade dos membros da Instituição. O postulado do Promotor Natural limita, por isso mesmo, o poder do Procurador-Geral que, embora expressão visível da unidade institucional, não deve exercer a Chefia do Ministério Público de modo hegemônico e incontrastável. [...]". STF, HC 67759, Rel. Min. Celso de Mello, Tribunal Pleno, j. 06/08/1992, DJ 01-07-1993 PP-13142 EMENT VOL-01710-01 PP-00121. O STF entende que esse princípio precisa ser disciplinado por lei, para ter atuação prática (STF, HC 90277, Rel. Min. Ellen Gracie, 2ª Turma, j. 17/06/2008, DJe-142 DIVULG 31-07-2008 PUBLIC 01-08-2008 EMENT VOL-02326-03 PP-00487). "Já decidiu o STF também que o Procurador-Geral da República pode delegar a Subprocurador-Geral a propositura de ação penal originária no STJ" (STF, HC 84488, Relator(a): Min. CEZAR PELUSO, Primeira Turma, julgado em 07/02/2006, DJ 05-05-2006 PP-00017 EMENT VOL-02231-01 PP-00161 RTJ VOL-00199-03 PP-01069). MENDES, Gilmar Ferreira; BRANCO, Paulo Gustavo Gonet. Op. cit., p. 1.029-1.030.

43. MAZZILI, Hugo Nigro. **Princípios institucionais do Ministério Público brasileiro**, p. 16-17. Disponível em: <http://www.mazzilli.com.br/pages/artigos/princinst.pdf>. Acesso em: 14 jan. 2016.

44. DIDIER Jr., Fredie. GODINHO, Robson Renault. Op. cit., p. 45-87.

45. STF, MS 28.028, Rel.: Min. Cármen Lúcia, Segunda Turma, j. 30/10/2012, ACÓRDÃO ELETRÔNICO DJe-107 DIVULG 06-06-2013 PUBLIC 07-06-2013.

46. "RECLAMAÇÃO. ILEGITIMIDADE ATIVA DO MINISTÉRIO PÚBLICO ESTADUAL. INICIAL RATIFICADA PELO PROCURADOR-GERAL DA REPÚBLICA. [...] 1. Inicialmente, entendo que o Ministério Público do Estado de São Paulo não possui legitimidade para propor originariamente Reclamação perante esta Corte, já que "incumbe ao Procurador-Geral da República exercer as funções do Ministério Público junto ao Supremo Tribunal Federal, nos termos do art. 46 da Lei Complementar 75/93" (Rcl 4453 MC-AgR-AgR / SE, de minha relatoria, DJe 059, 26.03.2009). 2. Entretanto, a ilegitimidade ativa foi corrigida pelo Procurador-Geral da República, que

A ATUAÇÃO DO MINISTÉRIO PÚBLICO NO PROCESSO CIVIL

atuação do Procurador-Geral da República nos respectivos processos se restringi-rá à fiscalização da ordem jurídica[47]. Da mesma forma, os Subprocuradores-Gerais da República atuarão simplesmente como *custos legis* nos recursos interpostos e nas ações ajuizadas por Ministério Público estadual perante o Superior Tribunal de Justiça[48].

O promotor de justiça tem a atribuição de interpor a apelação e de ajui-zar ações autônomas de impugnação às decisões judiciais de primeira instância

---

ratificou a petição inicial e assumiu a iniciativa da demanda. 3. Entendimento original da relatora foi supe-rado, por maioria de votos, para reconhecer a legitimidade ativa autônoma do Ministério Púbico Estadual para propor reclamação. STF, Rcl 7358, Rel.: Min. Ellen Gracie, Tribunal Pleno, j. 24/02/2011, DJe-106 DIVULG 02-06-2011 PUBLIC 03-06-2011 EMENT VOL-02536-01 PP-00022 RTJ VOL-00223-01 PP-00261.

47. "Repercussão geral. Recurso extraordinário representativo da controvérsia. Constitucional. Separação dos poderes. Penal e processual penal. Poderes de investigação do Ministério Público. 2. Questão de ordem arguida pelo réu, ora recorrente. Adiamento do julgamento para colheita de parecer do Procurador-Geral da República. Substituição do parecer por sustentação oral, com a concordância do Ministério Público. Indeferimento. Maioria. 3. Questão de ordem levantada pelo Procurador-Geral da República. Possibilidade de o Ministério Público de estado-membro promover sustentação oral no Supremo. O Procurador-Geral da República não dispõe de poder de ingerência na esfera orgânica do Parquet estadual, pois lhe incumbe, unicamente, por expressa definição constitucional (art. 128, § 1º), a Chefia do Ministério Público da União. O Ministério Público de estado-membro não está vinculado, nem subordinado, no plano processual, ad-ministrativo e/ou institucional, à Chefia do Ministério Público da União, o que lhe confere ampla possibi-lidade de postular, autonomamente, perante o Supremo Tribunal Federal, em recursos e processos nos quais o próprio Ministério Público estadual seja um dos sujeitos da relação processual. Questão de ordem resolvida no sentido de assegurar ao Ministério Público estadual a prerrogativa de sustentar suas razões da tribuna. Maioria. [...]". STF, QO no RE 593727, Rel.: Min. Cezar Peluso, Rel. p/ Acórdão: Min. Gilmar Mendes, Tribunal Pleno, j. 14/05/2015, DJ 08/09/2015.

48. "[...] 1. É sabido que esta Corte Superior de Justiça até aqui ampara a tese de que o Ministério Público Es-tadual não é parte legítima para atuar perante os Tribunais Superiores, uma vez que tal atividade estaria restrita ao Ministério Público Federal. 2. O Ministério Público dos Estados não está vinculado nem subor-dinado, no plano processual, administrativo e/ou institucional, à Chefia do Ministério Público da União, o que lhe confere ampla possibilidade de postular, autonomamente, perante esta Corte Superior de Justiça. 3. Não permitir que o Ministério Público Estadual atue perante esta Corte Superior de Justiça significa: (a) vedar ao MP Estadual o acesso ao STF e ao STJ; (b) criar espécie de subordinação hierárquica entre o MP Estadual e o MP Federal, onde ela é absolutamente inexistente; (c) cercear a autonomia do MP Estadual; e (d) violar o princípio federativo. 4. A atuação do Ministério Público Estadual perante o Superior Tribunal de Justiça não afasta a atuação do Ministério Público Federal, um agindo como parte e o outro como custos legis. 5. Recentemente, durante o julgamento da questão de ordem no Recurso Extraordinário nº 593.727/ MG, em que discutia a constitucionalidade da realização de procedimento investigatório criminal pelo Ministério Público, decidiu-se pela legitimidade do Ministério Público Estadual atuar perante a Suprema Corte. 6. Legitimidade do Ministério Público Estadual para atuar perante esta Corte Superior de Justiça, na qualidade de autor da ação, atribuindo efeitos prospectivos à decisão. [...]". STJ, AgRg no AgRg no AREsp 194.892/RJ, Rel. Min. Mauro Campbell Marques, Primeira Seção, j. 24/10/2012, DJe 26/10/2012. Cf., ainda, STJ, EDcl no AgRg no AgRg no AREsp 194.892/RJ, Rel. Min. Mauro Campbell Marques, Primeira Seção, j. 12/06/2013, DJe 01/07/2013, cuja ementa dispõe que: "[...] 4. [...] a) o Ministério Público dos Estados, somente nos casos em que figurar como parte nos processos que tramitam no âmbito do Superior Tribunal de Justiça, poderá exercer todos os meios inerentes à defesa da sua pretensão (v. g. interpor recursos, realizar sustentação oral e apresentar memoriais de julgamento); b) a função de fiscal da lei no âmbito deste Tribunal Superior, será exercida exclusivamente pelo Ministério Público Federal, por meio dos Subprocuradores-Gerais da República designados pelo Procurador-Geral da República. [...]".

327

perante o tribunal[49], cabendo ao Procurador de Justiça atuar como fiscal da ordem jurídica na segunda instância. "A atividade do Promotor de Justiça não se encerra com a interposição da apelação, na medida em que pode haver desdobramentos do ato recursal, como exatamente na hipótese de juntada de documentos. A própria sustentação oral pode, em tese, ser realizada pelo Promotor de Justiça"; "consequentemente, nem toda complementação ao recurso interposto deve ser realizada pelo Procurador de Justiça, já que pode ser apenas expressão do ato postulatório inaugural e, por isso, inserir-se na atribuição do Promotor de Justiça"; "identificado pelo Promotor de Justiça um documento novo ou precedente jurisprudencial relevante para o julgamento do recurso, sua atuação não deve se limitar ao encaminhamento de tais peças ao Procurador de Justiça, cabendo-lhe postular diretamente ao Tribunal". Da mesma forma, o promotor de justiça pode emendar a petição de interposição do recurso e as razões recursais para corrigir erro material cometido por ele[50].

Qualquer dos Ministérios Públicos estaduais tem legitimidade para ajuizar reclamação perante o Supremo Tribunal Federal ou perante o Superior Tribunal de Justiça[51].

A atuação do Ministério Público Federal (MPF) no processo determina a competência da Justiça Federal, em razão da norma do art. 109, I, CRFB/1988, já que o MPF é órgão da União, e, portanto, a integra, no que pese ser dotado de autonomia funcional e administrativa (art. 127, §2º, CRFB/1988) e de ser-lhe vedada a representação judicial e a consultoria jurídica de entidades públicas (art. 129, IX, CRFB/1988)[52].

---

49. "PROCESSUAL PENAL. RECURSO ORDINÁRIO EM MANDADO DE SEGURANÇA. VIA MANDAMENTAL. MINISTÉRIO PÚBLICO LOCAL. LEGITIMIDADE. 1. O membro do Ministério Público Federal que atua na 1ª Instância tem legitimidade para impetrar mandado de segurança perante os Tribunais Regionais Federais, contra ato tido por abusivo e ilegal praticado pelo Juiz Federal. 2. Distinção entre postular ao Tribunal e postular no Tribunal. Precedentes desta Corte. 3. Recurso ordinário em mandado de segurança provido, para que prossiga o Tribunal a quo com o exame do mérito do *mandamus*". STJ, RMS 42.235/GO, Rel. Ministro Nefi Cordeiro, 6ª Turma, j. 03/06/2014, DJe 20/06/2014.

50. DIDIER Jr., Fredie; GODINHO, Robson Renault. Op. cit., p. 45-87.

51. DIDIER Jr., Fredie; GODINHO, Robson Renault. Op. cit., p. 45-87. STF, Rcl 7.358, Relator(a): Min. ELLEN GRACIE, Tribunal Pleno, j. 24/02/2011, DJe-106 DIVULG 02-06-2011 PUBLIC 03-06-2011 EMENT VOL-02536-01 PP-00022 RTJ VOL-00223-01 PP-00261.

52. Nesse sentido, ZAVASCKI, Teori Albino. "Ação civil pública: competência para a causa e repartição de atribuições entre os órgãos do Ministério Público". **Processos coletivos**. Porto Alegre, v. 1, n. 1, out./dez. 2009. Disponível em: ‹www.processoscoletivos.net›. Acesso em: 30 jan. 2016. No mesmo sentido, PEÑA, Eduardo Chemale Selistre; LIMA, Guilherme Corona Rodrigues. Ministério Público Federal e competência da Justiça Federal: um contraponto ao entendimento de Fredie Didier Jr. **Revista de Processo**, São Paulo, v. 208, jun./2012, p. 439-450. Em sentido contrário, entendendo que a presença do Ministério Público Federal no processo não determina a competência da Justiça Federal, DIDIER Jr., Fredie; GODINHO, Robson Renault. Op. cit., p. 45-87.

O Ministério Público tem legitimidade para propor a ação civil pública principal e cautelar (art. 5º, I, Lei 7.347/1985). Além disso, deve intervir como fiscal da ordem jurídica em todos os processos regidos pela Lei 7.347/1985, mesmo naqueles em que não for autor (art. 5º, §1, Lei 7.347/1985).

O *Parquet* deve assumir a titularidade ativa da ação civil pública "em caso de desistência infundada ou abandono da ação por associação legitimada" (art. 5º, §3º, Lei 7.347/1985).

O Ministério Público deve promover a execução da sentença condenatória proferida na ação civil pública, caso a associação autora deixe de fazê-lo no prazo de sessenta dias do trânsito em julgado (art. 15, Lei 7.347/1985).

2. A ATUAÇÃO DO MINISTÉRIO PÚBLICO NA AÇÃO POPULAR

De acordo com o art. 6º, §4º, Lei 4.717/1965, o Ministério Público deve acompanhar a ação popular, na condição de fiscal da ordem jurídica, "cabendo-lhe apressar a produção da prova e promover a responsabilidade, civil ou criminal, dos que nela incidirem, sendo-lhe vedado, em qualquer hipótese, assumir a defesa do ato impugnado ou dos seus autores".

O art. 7º, §1º, Lei 4.717/1965 determina que o membro do *Parquet* que oficia no feito providencie para que as requisições dos documentos necessários ao esclarecimento dos fatos, feitas pelo juízo, ao despachar a inicial (art. 7º, I, "b", Lei 4.717/1965), sejam atendidas dentro dos prazos fixados por este.

O Ministério Público deve dar prosseguimento à ação popular caso o cidadão autor desista desta, sempre que estiver convencido de que o ato impugnado é, de fato, lesivo ao patrimônio público (art. 9º, Lei 4.717/1965). Assim, não existe razão para negar ao *Parquet* a legitimidade para ajuizar, ele próprio, a ação popular visando à tutela de direitos difusos, coletivos ou individuais homogêneos revestidos de interesse social, por meio da anulação ou da declaração de nulidade de ato lesivo ao patrimônio público[53].

---

53. "[...] 4. O novel art. 129, III, da Constituição Federal habilitou o Ministério Público à promoção de qualquer espécie de ação na defesa de direitos difusos e coletivos não se limitando à ação de reparação

de danos. 5. Hodiernamente, após a constatação da importância e dos inconvenientes da legitimação isolada do cidadão, não há mais lugar para o veto da legitimatio ad causam do MP para a Ação Popular, a

Ação Civil Pública ou o Mandado de Segurança coletivo. 6. Em conseqüência, legitima-se o Parquet a toda e qualquer demanda que vise à defesa dos interesses difusos e coletivos, sob o ângulo material ou imaterial. 7. Deveras, o Ministério Público está legitimado a defender os interesses transindividuais, quais sejam os difusos, os coletivos e os individuais homogêneos. [...]". STJ, REsp 700.206/MG, Rel. Min. Luiz Fux, Primeira Turma, j. 09/03/2010, DJe 19/03/2010. Cf., ainda, STEFANI, Marcos. Comentário n.º 16 ao art. 177, CPC/2015 In: WAMBIER, Teresa Arruda Alvim et al. (Coord.). Op. cit., p. 550.

3. O MINISTÉRIO PÚBLICO NO CPC/2015

O art. 3º, §3º, CPC/2015 estabelece que os membros do Ministério Público devem estimular a conciliação, a mediação e outros métodos de solução consensual dos conflitos, inclusive no curso do processo judicial.

O art. 176, CPC/2015 reproduz o teor do art. 127, CRFB/1988. Já o art. 177, CPC/2015 dispõe que: "O Ministério Público exercerá o direito de ação em conformidade com suas atribuições constitucionais".

O art. 178, caput, CPC/2015, estabelece que: "O Ministério Público será intimado para, no prazo de 30 (trinta) dias, intervir como fiscal da ordem jurídica nas hipóteses previstas em lei ou na Constituição Federal e nos processos que envolvam: I - interesse público ou social; II - interesse de incapaz; III - litígios coletivos pela posse de terra rural ou urbana". O dispositivo torna evidente que o rol não é taxativo, mas meramente exemplificativo, ao ressalvar outras hipóteses de intervenção do Ministério Público no processo judicial como *custus legis* previstas na Constituição Federal e em outras leis[54].

A fixação do prazo de trinta dias pelo art. 178, CPC/2015 visa a reduzir a morosidade do processo judicial. Transcorrido o referido prazo sem manifestação do Ministério Público o juízo determinará o prosseguimento do feito. A ausência de cota do *Parquet* não acarreta nulidade, pois a lei presume o entendimento do Ministério Público de que inexiste razão para sua intervenção[55]. Contudo, a perda do prazo não acarreta preclusão para o *Parquet*, pois o art. 26, VIII, Lei 8.625/1993 estabelece que "no exercício de suas funções, o Ministério Público poderá [...] manifestar-se em qualquer fase dos processos, acolhendo solicitação do juiz, da parte ou por sua iniciativa, quando entender existente interesse em causa que justifique a intervenção". No mesmo sentido, dispõe o art. 6º, XV, LC 75/1993, no que concerne ao Ministério Público da União. O art. 234, CPC/2015, estabelece que se intimado o membro do Ministério Público não devolver os autos físicos no prazo de três dias, incorrerá em multa correspondente à metade do salário-mínimo e que o juiz deve comunicar "o fato ao órgão competente responsável pela instauração de procedimento disciplinar contra o membro que atuou no feito"[56].

---

54. PINHO, Humberto Dalla Bernardina de. Op. cit., p. 6.

55. PINHO, Humberto Dalla Bernardina de. Op. cit., p. 9.

56. STEFANI, Marcos. Comentários n.º 3 e 8 ao art. 178, CPC/2015 e n.º 6 ao art. 180, CPC/2015 In: WAMBIER, Teresa Arruda Alvim et al. (Coord.). Op. cit., p. 552, 553 e 559.

Ainda que o juízo deixe, indevidamente, de intimar o *Parquet*, "o membro do Ministério Público pode ingressar em qualquer causa na qual reconheça motivo para sua intervenção"[57].

O art. 721, CPC/2015, determina a intimação do Ministério Público nos procedimentos de jurisdição voluntária, caso se configure alguma das hipóteses de intervenção deste no processo como *custus legis* arroladas no art. 178, CPC/2015. O juízo deve proceder da mesma forma caso esteja presente, no caso, alguma outra hipótese de intervenção do *Parquet* como fiscal da ordem jurídica prevista na Constituição Federal ou em outra lei. De qualquer forma, o simples fato de o procedimento ser de jurisdição voluntária não justifica a intervenção do Ministério Público[58].

Ao contrário do art. 82, II, CPC/1973, o CPC/2015 não determina a intervenção do Ministério Público "nas causas concernentes ao estado da pessoa"[59]. Assim, o *Parquet* somente intervirá neste tipo de ação quando estiver em jogo interesse de incapaz (art. 178, II, CPC/2015) ou quando houver previsão legal específica[60].

O art. 748, CPC/2015 estabelece que o Ministério Público somente deve ajuizar a ação de interdição, que visa a definir os termos da curatela, se o interditando for portador de "doença mental grave" e se não existirem ou deixarem de promover a referida ação o cônjuge, o companheiro, os parentes, o tutor do interditando, ou o representante da entidade em que este se encontra abrigado; ou se o cônjuge, o companheiro e os parentes do interditando forem menores ou incapazes. O Ministério Público defenderá o interditando no processo de interdição sempre que não for o autor da ação, em razão da existência de direito

---

57. Cf. art. 4º, da Recomendação nº 16, de 28 de abril de 2010, do CNMP.

58. Idem, ibidem, p. 6. No mesmo sentido, o art. 5º, da Recomendação nº 16, de 28 de abril de 2010, do CNMP, dispõe que: "Art. 5º. Perfeitamente identificado o objeto da causa e respeitado o princípio da independência funcional, é desnecessária a intervenção ministerial nas seguintes demandas e hipóteses: I - Intervenção do Ministério Público nos procedimentos especiais de jurisdição voluntária; [...]".

59. PINHO, Humberto Dalla Bernardina de. Op. cit., p. 6.

60. MEDINA, José Miguel Garcia. Op. cit., p. 290. Nesse sentido, o art. 5º, da Recomendação nº 16, de 28 de abril de 2010, do CNMP, dispõe que: "Art. 5º. Perfeitamente identificado o objeto da causa e respeitado o princípio da independência funcional, é desnecessária a intervenção ministerial nas seguintes demandas e hipóteses: [...] II - Habilitação de casamento, dispensa de proclamas, registro de casamento *in articulo mortis* – nuncupativo, justificações que devam produzir efeitos nas habilitações de casamento, dúvidas no Registro Civil; III – Ação de divórcio ou separação, onde não houver cumulação de ações que envolvam interesse de menor ou incapaz; IV - Ação declaratória de união estável, onde não houver cumulação de ações que envolva interesse de menor ou incapaz; VI - Ação de alimentos, revisional de alimentos e execução de alimentos fundada no artigo 732 do Código de Processo Civil, entre partes capazes; VII - Ação relativa às disposições de última vontade, sem interesse de incapazes, excetuada a aprovação, cumprimento e registro de testamento, ou que envolver reconhecimento de paternidade ou legado de alimentos; VIII - Procedimento de jurisdição voluntária relativa a registro público em que inexistir interesse de incapazes; [...]".

individual indisponível. Tendo o Ministério Público ajuizado a ação de interdição, o juiz nomeará curador especial ao interditando, que não houver constituído advogado (art. 752, §2º, CPC/2015), de modo a permitir o contraditório, tendo em vista que os interesses deste colidem com os do *Parquet* (art. 72, I, CPC/2015)[61]. "A curatela especial será exercida pela Defensoria Pública, nos termos da lei" (art. 72, parágrafo único, CPC/2015)[62]. O Ministério Público desempenha a função de fiscal da ordem jurídica em todos os processos de interdição, mesmo naqueles em que é autor, tendo em vista a disposição do art. 752, §1º, CPC/2015[63].

O Ministério Público deve intervir, como fiscal da ordem jurídica, no processo judicial em que o autor, maior de vinte anos, pede a alteração de seu nome no registro civil, por motivo excepcional e devidamente justificado (art. 57, caput, Lei 6.015/1973) e naquele em que o demandante requer a substituição de seu prenome "em razão de fundada coação ou ameaça decorrente da colaboração com a apuração de crime" (art. 58, parágrafo único, Lei 6.015/1973).

O art. 698, CPC/2015, estabelece que "nas ações de família, o Ministério Público somente intervirá quando houver interesse de incapaz e deverá ser ouvido previamente à homologação de acordo". Contudo, o *Parquet* somente opinará sobre a juridicidade do acordo quando este disser respeito à interesse de incapaz. Nos demais casos, o membro do *Parquet* se limitará a consignar que não há, no caso, hipótese que justifique sua a intervenção, fundamentando, de forma concisa, o seu entendimento[64].

O processo é nulo "quando o membro do Ministério Público não for intimado a acompanhar o feito em que deva intervir" (art. 279, caput, CPC/2015). O *Parquet*

---

61. Nesse sentido se orientou a jurisprudência do STJ, ainda na vigência do CPC/1973: "PROCEDIMENTO DE INTERDIÇÃO. MINISTÉRIO PÚBLICO. CURADOR ESPECIAL. NOMEAÇÃO. CONFLITO DE INTERESSES. AUSÊNCIA. INTERESSES DO INTERDITANDO. GARANTIA. REPRESENTAÇÃO. FUNÇÃO INSTITUCIONAL DO MINISTÉRIO PÚBLICO. DECISÃO SINGULAR DO RELATOR (CPC, ART. 557) NULIDADE. JULGAMENTO DO COLEGIADO. INEXISTÊNCIA. 1. Eventual ofensa ao art. 557 do CPC fica superada pelo julgamento colegiado do agravo regimental interposto contra a decisão singular do Relator. Precedentes. 2. A designação de curador especial tem por pressuposto a presença do conflito de interesses entre o incapaz e seu representante legal. 3. No procedimento de interdição não requerido pelo Ministério Público, quem age em defesa do suposto incapaz é o órgão ministerial e, portanto, resguardados os interesses interditando, não se justifica a nomeação de curador especial. 4. A atuação do Ministério Público como defensor do interditando, nos casos em que não é o autor da ação, decorre da lei (CPC, art. 1182, § 1º e CC/2002, art. 1770) e se dá em defesa de direitos individuais indisponíveis, função compatível com as suas funções institucionais. 5. Recurso especial não provido". STJ, REsp 1.099.458-PR, Rel. Min. Maria Isabel Gallotti, 4ª Turma, j. 2/12/2014, DJe 10/12/2014. Noticiado no Informativo nº 553 do STJ.

62. O art. 1.072, CPC/2015 revoga os artigos 1.768 a 1.773, do Código Civil, que tratam do processo de interdição e que tiveram a sua redação recentemente alterada pela Lei n.º 13.146/2015 - Estatuto da pessoa com deficiência - razão pela qual deixamos de comentar os referidos artigos do Código Civil.

63. PINHO, Humberto Dalla Bernardina de. Op. cit., p. 6-7.

64. Aplica-se, neste caso, o art. 1º, da Recomendação nº 16/2010, do CNMP, transcrita acima.

deve intervir como *custus legis* na ação civil pública ajuizada pela pessoa jurídica interessada visando à aplicação ao agente público responsável pelo ato de improbidade administrativa das sanções previstas pelo art. 12, da Lei 8.429/1992 e ao ressarcimento ao erário do dano eventualmente provocado pelo referido ato[65]. "Se o processo tiver tramitado sem conhecimento do membro do Ministério Público, o juiz invalidará os atos praticados a partir do momento em que ele deveria ter sido intimado" (art. 279, §1º, CPC/2015). Não há nulidade caso o Ministério Público tenha sido intimado e tenha deixado de intervir no processo por decisão própria[66]. O juízo somente pode invalidar o processo "após a intimação do Ministério Público, que se manifestará sobre a existência ou a inexistência de prejuízo" (art. 279, §2º, CPC/2015). Trata-se, portanto, de nulidade relativa[67].

O Ministério Público somente deve atuar em processo judicial onde se discuta direito individual de idoso se o direito em questão for indisponível ou se o idoso estiver em situação de risco[68]. Importa salientar que os direitos reconhecidos

---

65. Nesse sentido, dispõe o art. 17, §4º, da Lei n.º 8.429/1993, *in verbis*: "O Ministério Público, se não intervir no processo como parte, atuará obrigatoriamente, como fiscal da lei, sob pena de nulidade".

66. MEDINA, José Miguel Garcia. Op. cit., p. 436.

67. Nesse sentido, decidiu o STJ, ainda na vigência do CPC/1973: "PROCESSUAL CIVIL. DESAPROPRIAÇÃO DIRETA. ACORDO FIRMADO ENTRE AS PARTES. PARTE INCAPAZ. INTERVENÇÃO DO MINISTÉRIO PÚBLICO. AUSÊNCIA. NULIDADE. PREJUÍZO. NÃO COMPROVAÇÃO. 1. A discussão trazida à colação cinge-se em saber se o Ministério Público estadual possui legitimidade para interpor recurso de apelação para impugnar sentença homologatória de acordo firmado entre as partes - uma delas, incapaz - em ação expropriatória da qual não participou como *custus legis*. 2. No caso dos autos, não se trata de desapropriação que envolva discussões ambientais, do patrimônio histórico-cultural ou qualquer outro interesse público para o qual o legislador tenha obrigado a intervenção do Ministério Público, sob pena de nulidade. Ao revés, cuidou-se de desapropriação por utilidade pública, em que apenas se discutia os critérios a serem utilizados para fixação do montante indenizatório, valores, ademais, aceitos pelos expropriados. 3. Quanto ao segundo argumento, no tocante à nulidade do acórdão no pertinente à não intervenção do Ministério Público para fins de preservação de interesse de incapaz, a jurisprudência desta Corte já assentou entendimento no sentido de que a ausência de intimação do Ministério Público, por si só, não enseja a decretação de nulidade do julgado, a não ser que se demonstre o efetivo prejuízo para as partes ou para a apuração da verdade substancial da controvérsia jurídica, à luz do princípio *pas de nullités sans grief*. Até mesmo nas hipóteses em que a intervenção do Parquet é obrigatória, como no presente caso em que envolve interesse de incapaz, seria necessária a demonstração de prejuízo deste para que se reconheça a nulidade processual. (Precedentes: REsp 1.010.521/PE, Rel. Min. Sidnei Beneti, 3ª Turma, julgado em 26.10.2010, DJe 9.11.2010; REsp 814.479/RS, Rel. Min. Mauro Campbell Marques, 2ª Turma, julgado em 2.12.2010, DJe 14.12.2010). 4. Na espécie, o Ministério Público não demonstrou ou mesmo aventou a ocorrência de algum prejuízo que legitimasse sua intervenção. Ao revés, simplesmente pretende, por intermédio do recurso especial, delimitar absoluto interesse interveniente sem que indique fato ou dado concreto ou mesmo hipotético que sustente tal legitimidade. O prejuízo aqui tratado não pode ser presumido; precisa ser efetivamente demonstrado, o que não se deu no caso dos autos. 5. Recurso especial não provido. STJ, REsp 818.978/ES, Rel. Min. Mauro Campbell Marques, Segunda Turma, j. 09/08/2011, DJe 18/08/2011. Noticiado no Informativo nº 480 do STJ. Em sentido contrário, entendendo que a nulidade por falta de intimação do Ministério Público é absoluta, cf. STJ, REsp 770.397/DF, Rel. Min. Denise Arruda, 1ª Turma, j. 04/09/2007, DJ 11/10/2007, p. 295.

68. Nesse sentido, a jurisprudência do STJ: "BENEFÍCIO PREVIDENCIÁRIO. IDOSA. INTERVENÇÃO. MP. Discute-se no REsp a obrigatoriedade de intervenção do Ministério Público (MP) em processos em que idosos capazes

pelo Estatuto do Idoso são indisponíveis, pois visam a assegurar a dignidade humana do idoso, mesmo quando possuem conteúdo patrimonial. A situação de risco existe quando estes direitos forem ameaçados ou violados: "por ação ou omissão da sociedade ou do Estado"; "por falta, omissão ou abuso da família, curador ou entidade de atendimento"; ou em razão da condição pessoal do idoso.

O art. 178, III, CPC/2015 estabelece que Ministério Público deve ser intimado para intervir como fiscal da ordem jurídica nos processos que envolvam litígios coletivos pela posse de terra rural ou urbana. No mesmo sentido, o art. 554, §1º, CPC/2015 determina a intimação do *Parquet* nas ações possessórias em que figure no polo passivo grande número de pessoas[69]. Há, nesse caso, evidente interesse social a justificar a intervenção do Ministério Público como *custus legis*.

O Ministério Público deve intervir como *custus legis* nas ações de desapropriação que envolvam terras rurais objeto de litígios possessórios ou que encerrem fins de reforma agrária (art. 18, § 2º, da LC 76/1993), devendo se abster de fazê-lo nas ações demais ações de desapropriação, direta ou indireta, salvo se o desapropriado for incapaz[70] ou idoso em situação de risco.

O Ministério Público não deve intervir como fiscal da ordem jurídica em ação de usucapião de imóvel regularmente registrado, ou de coisa móvel, ressalvadas as hipóteses de usucapião especial urbano, previstas no Estatuto da Cidade (Lei nº 10.257/2001), pois, somente nestes casos, existe interesse social[71].

---

sejam parte e postulem direito individual disponível. Nos autos, a autora, que figura apenas como parte interessada no REsp, contando mais de 65 anos, ajuizou ação contra o Instituto Nacional do Seguro Social (INSS) para ver reconhecido exercício de atividade rural no período de 7/11/1946 a 31/3/1986. A sentença julgou improcedente o pedido e o TJ manteve esse entendimento. Sucede que, antes do julgamento da apelação, o MPF (recorrente), em parecer, requereu preliminar de anulação do processo a partir da sentença por falta de intimação e intervenção do Parquet ao argumento de ela ser, na hipótese, obrigatória, o que foi negado pelo TJ. Daí o REsp do MPF, em que alega ofensa aos arts. 84 do CPC e 75 da Lei n. 10.741/2003 (Estatuto do Idoso). Destacou o Min. Relator que, no caso dos autos, não se discute a legitimidade do MPF para propor ação civil pública em matéria previdenciária; essa legitimidade, inclusive, já foi reconhecida pelo STF e pelo STJ. Explica, na espécie, não ser possível a intervenção do MPF só porque a parte autora é idosa, pois ela é dotada de capacidade civil, não se encontra em situação de risco e está representada por advogado que interpôs os recursos cabíveis. Ressalta ainda que o direito à previdência social envolve direitos disponíveis dos segurados. Dessa forma, não se trata de direito individual indisponível, de grande relevância social ou de comprovada situação de risco a justificar a intervenção do MPF. Diante do exposto, a Turma negou provimento ao recurso". STJ, REsp 1.235.375-PR, Rel. Min. Gilson Dipp, Quinta Turma, j. 12/4/2011, DJe 11/05/2011. Noticiado no Informativo do STJ n.º 469, referente ao período de 11 a 15 de abril de 2011.

69. PINHO, Humberto Dalla Bernardina de. Op. cit., p. 7.

70. Cf. art. 5º, XVI, da Recomendação nº 16, de 28 de abril de 2010, do CNMP.

71. Cf. art. 5º, XI, da Recomendação nº 16, de 28 de abril de 2010, do CNMP. As hipóteses de usucapião especial urbano referidas estão previstas nos arts. 9º e 10º, da Lei Estatuto da Cidade (Lei nº 10.257/2001),

Se o juiz estiver em dúvida quanto à presença de hipótese de intervenção do Ministério Público no feito, deve remeter os autos ao membro do *Parquet* para que este se pronuncie[72].

A decisão do membro do Ministério Público favorável à sua intervenção no feito deve sempre prevalecer sobre o entendimento do juiz de que não se configura hipótese de intervenção do *Parquet*, tendo em vista o disposto no art. 26, VIII, Lei nº 8.625/93, e no art. 6º, XV, LC nº 75/93[73].

Caso o juiz venha a discordar da conclusão do membro do Ministério Público que oficia no feito de que não há hipótese de intervenção do *Parquet*, deverá enviar os autos ou cópia destes ao chefe do Ministério Público para que este decida se sua instituição deve ou não intervir. Tal providência contribui para a homogeneização do entendimento quanto às hipóteses de intervenção. Caso decida pela intervenção, o chefe do *Parquet* deve designar outro membro para oficiar no feito, de modo a respeitar a independência funcional do membro original. O membro designado, contudo, não pode se recusar a oficiar no processo, devendo respeitar a decisão de sua instituição representada por seu chefe. A solução aqui proposta se assemelha àquela do art. 28, do CPP. O Procurador-Geral deve se abster de determinar o conteúdo da intervenção, de modo a respeitar a independência funcional do membro designado[74].

---

in verbis: " Art. 9º Aquele que possuir como sua área ou edificação urbana de até duzentos e cinquenta metros quadrados, por cinco anos, ininterruptamente e sem oposição, utilizando-a para sua moradia ou de sua família, adquirir-lhe-á o domínio, desde que não seja proprietário de outro imóvel urbano ou rural. [...] Art. 10. As áreas urbanas com mais de duzentos e cinquenta metros quadrados, ocupadas por população de baixa renda para sua moradia, por cinco anos, ininterruptamente e sem oposição, onde não for possível identificar os terrenos ocupados por cada possuidor, são susceptíveis de serem usucapidas coletivamente, desde que os possuidores não sejam proprietários de outro imóvel urbano ou rural. [...]".

72. STEFANI, Marcos. Comentário n.º 9 ao art. 178, CPC/2015 In: WAMBIER, Teresa Arruda Alvim et al. (Coord.). Op. cit., p. 553.

73. Nesse sentido, Marcos Stefani defende que: "Cabe ao Ministério Público, como órgão independente, decidir se há ou não motivo que justifique a intervenção". STEFANI, Marcos. Comentário n.º 10 ao art. 178, CPC/2015 In: WAMBIER, Teresa Arruda Alvim et al. (Coord.). Op. cit., p. 553.

74. STEFANI, Marcos. Comentário n.º 12 ao art. 178, CPC/2015 In: WAMBIER, Teresa Arruda Alvim et al. (Coord.). Op. cit., p. 554. Em sentido contrário, Humberto Dalla Bernardina de Pinho entende que: "Melhor seria, a nosso ver, trazer para o CPC a solução que já existe hoje nas Leis Orgânicas dos Ministérios Públicos Estaduais e da União (artigo 26, inciso VIII da Lei nº 8.625/93, e artigo 6º, inciso XV da Lei Complementar nº 75/93), no sentido de que a intervenção deve se dar nos casos em que o Membro do M.P. visualizar o interesse público. Mas ainda que adotada tal solução, cairíamos num segundo problema: a discricionariedade e a independência funcional de cada Membro fariam com que não houvesse um padrão, um parâmetro de intervenção, o que geraria instabilidade e insegurança no exercício das funções do Ministério Público. Com efeito, as expressões "interesse público" e "interesse social" se inserem na tipologia dos conceitos jurídicos indeterminados. Para tentar, de alguma forma, trazer maior objetividade à questão, em abril de 2010, o Conselho Nacional do Ministério Público editou a Recomendação nº 16, e com isso buscou também uniformizar a intervenção do MP no processo civil. Interessante observar os consideranda adotados no introito do ato administrativo normativo, que apesar de estabelecer uma série de critérios objetivos,

Caso o juiz considere que o membro do Ministério Público vem desempenhando sua função de forma negligente no feito, deve oficiar à Corregedoria do *Parquet*, para que esta tome as providências disciplinares cabíveis, mas não ao Procurador-Geral para que determine o conteúdo da intervenção, pois isso afrontaria a independência funcional do membro do Ministério Público que oficia no processo[75].

Não há nulidade caso o juiz deixe de consultar o Ministério Público, em hipótese de intervenção deste, antes de conceder tutela de urgência liminar, por entender que o direito pleiteado pode perecer no transcurso do tempo necessário para a realização da consulta, optando por fazê-lo após a concessão da medida. Entretanto, de acordo com o art. 565, caput, e §2º, CPC/2015, "no litígio coletivo pela posse de imóvel, quando o esbulho ou a turbação afirmado na petição inicial houver ocorrido há mais de ano e dia, o juiz, antes de apreciar o pedido de concessão da medida liminar, deverá designar audiência de mediação, a realizar-se em até 30 (trinta) dias" para a qual o Ministério Público deve ser intimado a comparecer[76].

O art. 179, CPC/2015 dispõe que: "Nos casos de intervenção como fiscal da ordem jurídica, o Ministério Público: I - terá vista dos autos depois das partes, sendo intimado de todos os atos do processo; II - poderá produzir provas, requerer as medidas processuais pertinentes e recorrer".

O art. 180, CPC/2015 confere prazo em dobro ao Ministério Público para se manifestar nos autos, quer este seja parte quer seja, tão somente, fiscal da ordem jurídica, e determina que este tem início a partir da intimação pessoal por carga, remessa ou meio eletrônico do membro do *Parquet* que oficia no feito. A regra, que se aplica seja o Ministério Público parte, seja, tão somente, fiscal da ordem jurídica, não viola a garantia fundamental da duração razoável do processo consagrada pelo art. 5º, LXXVIII, CRFB/1988 e pelo art. 4º, CPC/2015[77].

---

ressalva que deve ser respeitada a independência funcional dos membros da Instituição, razão pela qual o ato é expedido sem efeito vinculativo. Nesse sentido, a Recomendação elenca as hipóteses nas quais, em regra, é desnecessária a intervenção do M.P.". PINHO, Humberto Dalla Bernardina de. Op. cit., p. 9-11.

75. STEFANI, Marcos. Comentário n.º 13 ao art. 178, CPC/2015 In: WAMBIER, Teresa Arruda Alvim et al. (Coord.). Op. cit., p. 554.

76. "[...] 1. Nos litígios coletivos pela posse da terra rural é obrigatória a intervenção do Ministério Público (Art. 82, III, do CPC). 2. Não é nula, contudo, a decisão que defere a medida liminar de reintegração de posse sem que o Ministério Público tenha sido ouvido previamente sobre o pedido. 3. Em tais situações, cabe ao juiz determinar a intimação do MP logo após apreciar o pedido liminar, como ocorreu no caso concreto". STJ, REsp 792.130/AC, Rel. Min. Humberto Gomes de Barros, Terceira Turma, j. 14/02/2008, DJe 05/03/2008. STEFANI, Marcos. Comentários n.º 18 ao art. 178, CPC/2015 In: WAMBIER, Teresa Arruda Alvim et al. (Coord.). Op. cit., p. 555.

77. PINHO, Humberto Dalla Bernardina de. Op. cit., p. 9.

O art. 180, §1º, CPC/2015 estabelece que o juiz deve requisitar os autos e dar andamento ao processo, caso o Ministério Público deixe de oferecer parecer no prazo legal. A regra se assemelha àquela do art. 12, da Lei n.º 12.016/2009[78]. A ausência de cota do *Parquet* não acarreta nulidade, pois a lei presume que o Ministério Público considera seu parecer desnecessário, por não haver razão que justifique sua intervenção naquele momento específico do processo[79]. Contudo, a perda do prazo não acarreta preclusão para o *Parquet* que poderá se manifestar extemporaneamente. Se intimado o membro do Ministério Público não devolver os autos físicos no prazo de três dias aplica-se o art. 234, CPC/2015[80].

De acordo com o art. 180, §2º, CPC/2015, "não se aplica o benefício da contagem em dobro quando a lei estabelecer de forma expressa, prazo próprio para o Ministério Público".

O art. 41, IV, Lei 8.625/1993 confere aos membros do Ministério Público, no exercício de sua função, a prerrogativa de "receber intimação pessoal em qualquer processo e grau de jurisdição, através da entrega dos autos com vista". Por outro lado, o art. 272, §6º, CPC/2015, estabelece que: "A retirada dos autos do cartório ou da secretaria em carga [...] pelo Ministério Público implicará intimação de qualquer decisão contida no processo retirado, ainda que pendente de publicação". Assim, o prazo de que dispõe o *Parquet* para praticar o ato a seu encargo e devolver os autos físicos ao cartório do juízo começa a fluir a partir da entrega do processo a servidor do Ministério Público e não do momento em que o membro do *Parquet* apõe o seu "ciente" aos autos[81].

---

78. PINHO, Humberto Dalla Bernardina de. Op. cit., p. 9.

79. PINHO, Humberto Dalla Bernardina de. Op. cit., p. 9.

80. STEFANI, Marcos. Comentários n.º 3 ao art. 178, CPC/2015, e n.º 6 ao art. 180, CPC/2015 In: WAMBIER, Teresa Arruda Alvim et al. (Coord.). Op. cit., p. 552 e 559.

81. Nesse sentido se orientou a jurisprudência do STJ: "[...] 1. A intimação do Ministério Público dos atos processuais, por meio da entrega dos autos com vista, considera-se realizada no momento do recebimento do processo pelo órgão, quando começa então a fluir o prazo para interposição de recurso, sendo irrelevantes, para esse fim, os trâmites internos aí realizados. Entendimento em sentido diverso, subordinando o início da fluência do prazo à aposição de 'ciente' pelo Procurador, importaria deixar ao arbítrio de uma das partes a determinação do termo *a quo* do prazo". STJ, REsp 868.881/DF, Rel. Min. Teori Albino Zavascki, 1ª Turma, j. 10/10/2006, DJ 30/10/2006, p. 262. "O Ministério Público possui a prerrogativa legal de receber a intimação pessoal em qualquer processo e em qualquer grau de jurisdição.

O prazo recursal do Ministério Público inicia-se com a intimação pessoal de seu representante, consubstanciada com a entrega dos autos com vista (Lei nº 8.625, art. 41, IV), e não com a aposição do seu ciente, o que lhe conferiria posição privilegiada de absoluto controle dos prazos processuais, afrontando os princípios do devido processo legal e da igualdade das partes. [...]". STJ, AgRg no REsp 465.388/SP, Rel. Min. Paulo Medina, 6ª Turma, j. 18/08/2005, DJ 10/10/2005, p. 449. No mesmo sentido se orientou a jurisprudência do STF: "A entrega de processo em setor administrativo do Ministério Público, formalizada a carga pelo servidor, configura intimação direta, pessoal, cabendo tomar a data em que ocorrida como a da ciência da decisão judicial. Imprópria é a prática da colocação do processo em prateleira e a retirada à livre discrição do membro do Ministério Público, oportunidade na qual, de forma juridicamente irrelevante, apõe o

O Estado responde objetivamente pelos danos decorrentes de atos ilícitos praticados por membro do Ministério Público no exercício de suas funções, tendo em vista o disposto no art. 37, §6º, CRFB/1988. Entretanto, o art. 181, CPC/2015, estabelece que: "o membro do Ministério Público será civil e regressivamente responsável quando agir com dolo ou fraude no exercício de suas funções". Assim, o membro do *Parquet* somente responde civilmente por ato ilícito caso o tenha praticado de forma dolosa, sendo isento de responsabilidade civil caso tenha agido com culpa estrito senso. Por outro lado, a pessoa que sofreu o dano não pode ajuizar a ação de indenização diretamente contra o membro do Ministério Público, devendo ajuizá-la contra o Estado. A este compete o ajuizamento de ação regressiva contra o membro do *Parquet* que praticou dolosamente o ato ilícito[82].

O Ministério Público pode alegar tanto a incompetência absoluta (art. 64, §1º, CPC/2015), quanto a relativa (art. 65, parágrafo único, CPC/2015), quer atue

---

"ciente", com a finalidade de, somente então, considerar-se intimado e em curso o prazo recursal. Nova leitura do arcabouço normativo, revisando-se a jurisprudência predominante e observando-se princípios consagradores da paridade de armas". STF, HC 83917, Relator(a): Min. MARCO AURÉLIO, Primeira Turma, julgado em 27/04/2004, DJ 25-06-2004 PP-00029 EMENT VOL-02157-02 PP-00283. STEFANI, Marcos. Comentários n.º 3,4 e 5 ao art. 180, CPC/2015 In: WAMBIER, Teresa Arruda Alvim et al. (Coord.). Op. cit., p. 558 e 559.

82. PINHO, Humberto Dalla Bernardina de. Op. cit., p. 11-12; STEFANI, Marcos. Comentários n.º 1 e 2 ao art. 181, CPC/2015 In: WAMBIER, Teresa Arruda Alvim et al. (Coord.). Op. cit., p. 560. "RECURSO ESPECIAL. DIREITO CIVIL E PROCESSO CIVIL. AÇÃO DE COMPENSAÇÃO POR DANOS MORAIS. OFENSAS DE MEMBRO DO MINISTÉRIO PÚBLICO (PROMOTOR DE JUSTIÇA) DIRIGIDAS À MEMBRO DO PODER JUDICIÁRIO (DESEMBARGADOR). ATO DOLOSO. RESPONSA-BILIDADE PESSOAL DO ÓRGÃO DO MINISTÉRIO PÚBLICO. LEGITIMIDADE PASSIVA. OCORRÊNCIA DE ATO ILÍCITO. DANO MORAL. ARTIGOS ANALISADOS: 20, § 3º, 85 e 398 DO CPC e 186 e 944 DO CC/02. 1. Ação de compensação por danos morais ajuizada em 01/10/2009, da qual foi extraído o presente recurso especial, concluso ao Gabinete em 18/02/2014. 2. Controverte-se acerca da legitimidade do recorrente para responder civilmente por afirmações realizadas no exercício da função de Promotor de Justiça; [...] ocorrência de dano moral na espécie e consequente razoabilidade do valor a ser fixado; [...]. 3. Os membros do Ministério Público, por serem agentes políticos e gozarem de uma regime especial de responsabilidade civil - que se destina à não interferência no livre e independente exercício de seu mister -, não são, quando agirem com culpa, responsáveis diretos pelos danos que causarem a terceiros atuando em suas atividades funcionais. Para haver responsabilidade direta e pessoal do Promotor de Justiça, segundo o art. 85 do CPC, é preciso que o agente tenha agido com dolo ou fraude, excedendo, portanto, sobremaneira os limites de sua atuação funcional. [...] 6. A jurisprudência do STJ reconhece que as ofensas dissociadas do contexto do debate da causa - a exemplo de excessos cometidos contra a honra de quaisquer das pessoas envolvidas no processo - são passíveis de punição na esfera cível. Mesmo eventuais críticas devem observar que o direito à liberdade de expressão não permite a prática de atos irresponsáveis, que podem implicar em mácula de difícil reparação à imagem daquele a quem são dirigidas. STJ, REsp n.º 1.435.582/MG, Rel. Ministra Nancy Andrighi, Terceira Turma, j. 10/06/2014, DJe 11/09/2014. "CONSTITUCIONAL E ADMINISTRATIVO. AGRAVO REGIMENTAL EM AGRAVO DE INSTRUMENTO. RESPONSABILIDADE OBJETIVA DO ESTADO POR ATOS DO MINISTÉRIO PÚBLICO. SUCUMBÊNCIA. LEGITIMIDADE PASSIVA. ART. 37, § 6º, DA CF/88. 1. A legitimidade passiva é da pessoa jurídica de direito público para arcar com a sucumbência de ação promovida pelo Ministério Público na defesa de interesse do ente estatal. 2. É assegurado o direito de regresso na hipótese de se verificar a incidência de dolo ou culpa do preposto, que atua em nome do Estado. 3. Responsabilidade objetiva do Estado caracterizada. Precedentes. 4. Inexistência de argumento capaz de infirmar o entendimento adotado pela decisão agravada. 5. Agravo regimental improvido". STF, AI 552366 AgR, Rel.: Min. Ellen Gracie, Segunda Turma, j. 06/10/2009, DJe-204 DIVULG 28-10-2009 PUBLIC 29-10-2009 EMENT VOL-02380-06 PP-01248.

no processo como parte quer atue simplesmente como fiscal da ordem jurídica. O *Parquet* pode suscitar a incompetência absoluta em qualquer tempo e grau de jurisdição, mas deve arguir a incompetência relativa na primeira oportunidade em que tem para se manifestar no processo, sob pena de prorrogação da competência. Se o Ministério Público for réu, deverá alegar a incompetência relativa em preliminar de sua contestação. Se for simplesmente *custus legis* deverá suscitá-la em cota ou parecer[83].

Se o réu deixar de alegar a incompetência relativa em preliminar de sua contestação, mas o Ministério Público, agindo da condição de *custus legis*, o fizer por cota, na primeira oportunidade que tiver para se manifestar no processo, o juiz deve apreciar a alegação e, se considerá-la procedente, remeter os autos ao juízo competente. A lei cria uma hipótese de legitimação concorrente, onde a omissão de um dos legitimados não impede a ação eficaz do outro[84].

O juízo somente deve nomear curador especial ao "incapaz, se não tiver representante legal ou se os interesses deste colidirem com os daquele, enquanto durar a incapacidade" (art. 72, I, CPC/2015) e ao "réu preso revel, bem como ao réu revel citado por edital ou com hora certa, enquanto não for constituído advogado" (art. 72, II, CPC/2015). A curatela especial, que deve ser exercida pela Defensoria Pública, nos termos da lei (art. 72, parágrafo único, CPC/2015), tem por objetivo garantir a paridade de armas e o contraditório.

A lei não prevê a nomeação de curador especial à criança ou ao adolescente na ação de destituição do poder familiar ajuizada pelo Ministério Público contra os pais do menor, pois, neste caso, o *Parquet* já defende os direitos do incapaz. O exercício da mesma função por outro sujeito processual aumenta desnecessariamente o número de atos processuais o que prolonga desnecessariamente a duração do processo e caba prejudicando o menor. Assim, a curadoria especial não se justifica do ponto de vista constitucional neste caso[85].

---

83. PINHO, Humberto Dalla Bernardina de. Op. cit., p. 12.

84. PINHO, Humberto Dalla Bernardina de. Op. cit., p. 12-13.

85. PINHO, Humberto Dalla Bernardina de. Op. cit., p. 14-16; DIDIER Jr., Fredie; GODINHO, Robson Renault.op. cit., p. 45-87. "DESTITUIÇÃO DO PODER FAMILIAR. AÇÃO AJUIZADA PELO MP. DEFENSORIA PÚBLICA. INTERVENÇÃO. A Turma firmou entendimento de que é desnecessária a intervenção da Defensoria Pública como curadora especial do menor na ação de destituição de poder familiar ajuizada pelo Ministério Público. Na espécie, considerou-se inexistir prejuízo aos menores apto a justificar a nomeação de curador especial. Segundo se observou, a proteção dos direitos da criança e do adolescente é uma das funções institucionais do MP, consoante previsto nos arts. 201 a 205 do ECA. Cabe ao referido órgão promover e acompanhar o procedimento de destituição do poder familiar, atuando o representante do Parquet como autor, na qualidade de substituto processual, sem prejuízo do seu papel como fiscal da lei. Dessa forma, promovida a ação no exclusivo interesse do menor, é despicienda a participação de outro órgão para defender exatamente o mesmo interesse pelo qual zela o autor da ação. Destacou-se, ademais, que não há sequer respaldo legal para a nomeação de curador especial no rito prescrito pelo ECA para ação de destituição. De outra

Suscitado conflito de atribuição entre membros do Ministério Público para o ajuizamento de ação individual ou coletiva, o juiz não deve extinguir o processo, mas suspendê-lo à espera da decisão da autoridade competente para resolver o conflito, aplicando, analogicamente o art. 313, I, CPC/2015. Uma vez proferida a decisão, que poderá substituir o membro autor por outro, o juiz deve, se for o caso, determinar a anotação nos autos da substituição, tendo em vista o disposto no art. 5º, § 3º da Lei n. 7.347/1985 e no art. 9º da Lei n. 4.717/1965, que se aplicam aqui por analogia[86].

Se houver conflito entre membros do Ministério Público no que concerne à atribuição para atuar como fiscal da ordem jurídica em determinado processo, o juiz não deve suspender o feito à espera da decisão da autoridade competente para dirimir o conflito, pois a suspensão afrontaria o princípio da duração razoável do processo (art. 5º, LXXVIII, CRFB/1988). Deve ser admitida, neste caso, a dupla intervenção até que seja proferida a decisão acerca da atribuição[87].

O Ministério Público pode atuar como assistente simples em processos em que um de seus membros é parte e onde são discutidas prerrogativas institucionais, direitos e garantias de membros do Ministério Público, uma vez que estes se confundem com a esfera jurídica do *Parquet*. Assim, "apenas em processos em que se possa vislumbrar prejuízo institucional atual ou potencial dos membros do Ministério Público é que se faria presente o interesse jurídico. Em suma, a esfera jurídica do Ministério Público confunde-se com as prerrogativas, direitos e deveres de seus membros e o interesse institucional é que habilitará a Instituição a ingressar em processo como assistente simples. Tudo aquilo que não disser respeito à esfera pessoal do membro do Ministério Público será interesse institucional, já que o Promotor estará no exercício da função e, portanto, não haverá rigorosamente um agir individual e personalizado que possa ser destacado de seu vínculo funcional. O interesse institucional, portanto, transcende a esfera subjetiva do membro da Instituição, fazendo com que haja interesse do Ministério Público em que a sentença seja favorável a seu membro e, com isso, seja favorável à própria Instituição, que teria sua situação jurídica prejudicada

---

parte, asseverou-se que, nos termos do disposto no art. 9º do CPC, na mesma linha do parágrafo único do art. 142 do ECA, as hipóteses taxativas de nomeação de curador especial ao incapaz só seriam possíveis se ele não tivesse representante legal ou se colidentes seus interesses com os daquele, o que não se verifica no caso dos autos. Sustentou-se, ainda, que a natureza jurídica do curador especial não é a de substituto processual, mas a de legitimado excepcionalmente para atuar na defesa daqueles a quem é chamado a representar. Observou-se, por fim, que a pretendida intervenção causaria o retardamento do feito, prejudicando os menores, justamente aqueles a quem se pretende proteger. Precedente citado: Ag 1.369.745-RJ, DJe 13/12/2011". STJ, REsp 1.176.512-RJ, Rel. Min. Maria Isabel Gallotti, 4ª Turma, j. 01/03/2012, DJe 11/12/2012. (Informativo STJ 492).

86. DIDIER Jr., Fredie; GODINHO, Robson Renault. Op. cit., p. 45-87.

87. Idem, ibidem, p. 45-87.

em caso de vitória do adversário no processo. [...] É exatamente essa noção de 'caráter institucional' que legitima a intervenção do próprio Ministério Público como assistente simples, a fim de tutelar um interesse institucional"[88].

4. CONCLUSÃO

O Ministério Público tem legitimidade para defender judicial e extrajudicialmente todos os direitos difusos, coletivos e individuais indisponíveis. Contudo, somente a existência de interesse social, no caso, legitima o *Parquet* a ajuizar ação civil pública de conhecimento para a defesa de direitos individuais homogêneos disponíveis. O Ministério Público não tem legitimidade para promover a liquidação e o cumprimento da sentença que reconhece a existência destes direitos no que se refere a cada um dos lesados[89], mas pode promover a execução coletiva da referida sentença (arts. 98 e 100, CDC).

O Ministério Público tem a atribuição de defender o interesse público primário. Assim, tem legitimidade para ajuizar ação de reparação de danos provocados ao erário por ato de improbidade administrativa, pois, neste caso, está defendendo o patrimônio público (art. 129, III, CRFB/1988) que compreende tanto bens materiais quanto imateriais, como a moralidade administrativa (art. 37, caput, CRFB/1988) e cuja integridade constitui interesse difuso[90]. Nesta hipótese, a defesa do interesse público secundário (erário) é um mero reflexo da tutela do interesse público primário consubstanciado na moralidade administrativa[91]. Entretanto, o art. 129, IX, CRFB/1988 veda, de forma expressa, ao *Parquet* a representação judicial e a consultoria jurídica de entidades públicas.

O Ministério Público, atuante ou não nos tribunais de contas, não tem legitimidade ativa para ajuizar ação de execução das decisões de condenação patrimonial proferidas por estas cortes, não se aplicando, ao caso, o art. 129, III, CRFB/1988. Somente o ente público beneficiário da condenação imposta pelos

---

88. Idem, ibidem, p. 45-87; DIDIER JR., Fredie. Ministério Público e assistência: o interesse institucional como expressão do interesse jurídico". In: DIDIER JR., Fredie, e WAMBIER, Teresa (Coord.). **Aspectos polêmicos e atuais sobre os terceiros no processo civil e assuntos afins**. 1. ed. São Paulo: RT, 2004, p. 831-833.

89. STF, RE 631.111, com repercussão geral reconhecida, Rel.: Min. Teori Zavascki, Tribunal Pleno, j. 07/08/2014, acórdão eletrônico DJe-213 DIVULG 29/10/2014 PUBLIC 30/10/2014.

90. STF, RE 629.840-AgR, Rel. Min. Marco Aurélio, 1ª Turma, j. 40/08/2015, DJE 28/08/2015; STF, AI 829376 AgR, Rel. Min. Marco Aurélio, 1ª Turma, j. 25/02/2014, acórdão eletrônico DJe-054 DIVULG 18-03-2014 PUBLIC 19-03-2014; e STF, RE 225.777 do Tribunal Pleno, Rel. Min. Eros Grau, Rel. p/ Acórdão: Min. Dias Toffoli, j. 24/02/2011, DJe-165 DIVULG 26-08-2011 PUBLIC 29-08-2011 EMENT VOL-02575-01 PP-00097. STJ, Enunciado n.º 329 da Súmula do STJ, Corte Especial, j. 02/08/2006, DJ 10/08/2006, p. 254.

91. STEFANI, Marcos. Comentários n.º 21 ao art. 178, CPC/2015 In: WAMBIER, Teresa Arruda Alvim et al. (Coord.). Op. cit., p. 556.

Tribunal de Contas tem legitimidade ativa para propor a mencionada ação executiva[92].

O Parquet não tem legitimidade para ajuizar ação visando à tutela de direito disponível titularizado por pequeno grupo de pessoas identificadas, como os sócios de um clube, ainda que sejam consumidores[93].

O Ministério Público não tem "legitimidade ativa *ad causam* para deduzir em juízo pretensão de natureza tributária em defesa dos contribuintes, visando a questionar a constitucionalidade/legalidade de tributo"[94], pois não existe, no caso, interesse social que justifique o ajuizamento de ação civil pública pelo *Parquet* para a defesa do direito individual homogêneo dos contribuintes, conforme estabelecido pelo art. 1º, parágrafo único, da Lei n.º 7.347/1985.

"O Ministério Público tem legitimidade para questionar a concessão de benefícios fiscais"[95] por meio de termo de acordo de regime especial (TARE) celebrado entre unidade da Federação e contribuinte, tendo em vista que a promoção de ação civil pública para a defesa do patrimônio público é função institucional do *Parquet*, de acordo com o art. 129, III, CRFB/1988[96].

"O Ministério Público tem legitimidade para promover ação civil pública cujo fundamento seja a ilegalidade de reajuste de mensalidade escolares"[97], pois trata-se "de tema ligado à educação, amparada constitucionalmente como dever do Estado e obrigação de todos (CF, art. 205)"[98], havendo, portanto, neste caso interesse social.

---

92. STF, ARE 823347 RG, Rel. Min. Gilmar Mendes, Tribunal Pleno, j. 02/10/2014, acórdão eletrônico repercussão geral - mérito DJe-211 DIVULG 24-10-2014 PUBLIC 28-10-2014. STJ, REsp 1480250/RS da, Rel. Min. Herman Benjamin, 2ª Turma, j. 18/08/2015, DJe 08/09/2015.

93. STJ, REsp 1041765/MG, Rel. Min. Eliana Calmon, 2ª Turma, j. 22/09/2009, DJe 06/10/2009; STJ, REsp 1109335/SE, Rel. Min. Luis Felipe Salomão, 4ª Turma, j. 21/06/2011, DJe 01/08/2011. MEDINA, José Miguel Garcia. Op. cit., p. 289.

94. STF, ARE 694294 RG do Tribunal Pleno, Rel.: Min. Luiz Fux, j. 25/04/2013, acórdão eletrônico repercussão geral - mérito DJe-093 DIVULG 16/05/2013 PUBLIC 17/05/2013.

95. STF, AI 327013 AgR, Rel.: Min. Joaquim Barbosa, 2ª Turma, j. 06/04/2010, DJe-076 DIVULG 29/04/2010 PUBLIC 30/04/2010 EMENT VOL-02399-07 PP-01430 RT v. 99, n. 898, 2010, p. 133-135.

96. STF, RE 576.155, Rel.: Min. Ricardo Lewandowski, Tribunal Pleno, j. 12/08/2010, repercussão geral - mérito DJe-226 DIVULG 24-11-2010 PUBLIC 25-11-2010 REPUBLICAÇÃO: DJe-020 DIVULG 31-01-2011 PUBLIC 01-02-2011 EMENT VOL-02454-05 PP-01230.

97. STF, Enunciado n.º 643 da Súmula do Supremo Tribunal Federal. Aprovado na sessão plenária de 24/09/2003. DJ de 09/10/2003, p. 2; DJ de 10/10/2003, p. 2; DJ de 13/10/2003, p. 2. Disponível em: <www.stf.jus.br>. Acesso em: 13 jan. 2016.

98. STF, RE 163231 do, Rel.: Min. Maurício Corrêa, Tribunal Pleno, j. 26/02/1997, DJ 29-06-2001 PP-00055 EMENT VOL-02037-04 PP-00737.

Quando o Ministério Público atua no processo como parte ele também exerce a função de fiscal da ordem jurídica[99].

O Ministério Público figura como réu ou como litisconsorte passivo necessário em algumas ações, a exemplo da anulatória de termo de ajustamento de conduta celebrado pelo *Parquet* e da rescisória promovida em face de decisão de mérito proferida no bojo de ação ajuizada pelo Ministério Público e transitada em julgado[100].

O Ministério Público tem capacidade postulatória para defender sua autonomia funcional e administrativa (art. 127, §2º, CRFB/1988)[101].

O promotor de justiça pode emendar a petição de interposição e as razões da apelação para corrigir erros materiais que cometeu. Pode, ainda, juntar documentos e apresentar precedentes jurisprudenciais em fase posterior a da interposição da apelação. A ele cabe a realização da sustentação oral em apelação[102].

Qualquer dos Ministérios Públicos estaduais tem legitimidade para atuar como parte[103] e para ajuizar reclamação[104] perante o Superior Tribunal de Justiça e o Supremo Tribunal Federal.

A atuação do Ministério Público Federal (MPF) no processo determina a competência da Justiça Federal, em razão da norma do art. 109, I, CRFB/1988[105].

---

99. Idem, ibidem, p. 3.

100. STEFANI, Marcos. Comentário n.º 17 ao art. 177, CPC/2015 In: WAMBIER, Teresa Arruda Alvim et al. (Coord.). Op. cit., p. 550.

101. DIDIER Jr., Fredie. GODINHO, Robson Renault. Op. cit., p. 45-87.

102. DIDIER Jr., Fredie; GODINHO, Robson Renault. Op. cit., p. 45-87.

103. STF, Rcl 7358, Rel.: Min. Ellen Gracie, Tribunal Pleno, j. 24/02/2011, DJe-106 DIVULG 02-06-2011 PUBLIC 03-06-2011 EMENT VOL-02536-01 PP-00022 RTJ VOL-00223-01 PP-00261; STF, QO no RE 593727, Rel.: Min. Cezar Peluso, Rel. p/ Acórdão: Min. Gilmar Mendes, Tribunal Pleno, j. 14/05/2015, DJ 08/09/2015; STJ, AgRg no AgRg no AREsp 194.892/RJ, Rel. Min. Mauro Campbell Marques, Primeira Seção, j. 24/10/2012, DJe 26/10/2012; STJ, EDcl no AgRg no AgRg no AREsp 194.892/RJ, Rel. Min. Mauro Campbell Marques, Primeira Seção, j. 12/06/2013, DJe 01/07/2013.

104. DIDIER Jr., Fredie; GODINHO, Robson Renault. Op. cit., p. 45-87. STF, Rcl 7.358, Relator(a): Min. ELLEN GRACIE, Tribunal Pleno, j. 24/02/2011, DJe-106 DIVULG 02-06-2011 PUBLIC 03-06-2011 EMENT VOL-02536-01 PP-00022 RTJ VOL-00223-01 PP-00261.

105. Nesse sentido, ZAVASCKI, Teori Albino. "Ação civil pública: competência para a causa e repartição de atribuições entre os órgãos do Ministério Público". **Processos coletivos**. Porto Alegre, v. 1, n. 1, out./dez. 2009. Disponível em: ‹www.processoscoletivos.net›. Acesso em: 30 jan. 2016. No mesmo sentido, PEÑA, Eduardo Chemale Selistre; LIMA, Guilherme Corona Rodrigues. Ministério Público Federal e competência da Justiça Federal: um contraponto ao entendimento de Fredie Didier Jr. **Revista de Processo**, São Paulo, v. 208, jun./2012, p. 439-450. Em sentido contrário, entendendo que a presença do Ministério Público Federal no processo não determina a competência da Justiça Federal, DIDIER Jr., Fredie; GODINHO, Robson Renault.op. cit., p. 45-87.

O Ministério Público tem legitimidade para ajuizar ação popular visando à tutela de direitos difusos, coletivos ou individuais homogêneos revestidos de interesse social, por meio da anulação ou da declaração de nulidade de ato lesivo ao patrimônio público[106].

O simples fato de o procedimento ser de jurisdição voluntária não justifica a intervenção do Ministério Público[107].

Ao contrário do art. 82, II, CPC/1973, o CPC/2015 não determina a intervenção do Ministério Público "nas causas concernentes ao estado da pessoa"[108]. Assim, o *Parquet* somente intervirá neste tipo de ação quando estiver em jogo interesse de incapaz (art. 178, II, CPC/2015) ou quando houver previsão legal específica[109].

O Ministério Público somente deve atuar em processo judicial onde se discuta direito individual de idoso se o direito em questão for indisponível ou se o idoso estiver em situação de risco[110]. Importa salientar que os direitos reconhecidos pelo Estatuto do Idoso são indisponíveis, pois visam a assegurar a dignidade humana do idoso, mesmo quando possuem conteúdo patrimonial.

O Ministério Público deve intervir como *custus legis* nas ações de desapropriação que envolvam terras rurais objeto de litígios possessórios ou que encerrem fins de reforma agrária (art. 18, § 2º, da LC 76/1993), devendo se abster de fazê-lo nas ações demais ações de desapropriação, direta ou indireta, salvo se o desapropriado for incapaz[111] ou idoso em situação de risco.

O Ministério Público não deve intervir como fiscal da ordem jurídica em ação de usucapião de imóvel regularmente registrado, ou de coisa móvel, ressalvadas as hipóteses de usucapião especial urbano, previstas no Estatuto da Cidade (Lei nº 10.257/2001), pois, somente nestes casos, existe interesse social[112].

A decisão do membro do Ministério Público favorável à sua intervenção no feito deve sempre prevalecer sobre o entendimento do juiz de que não se

---

106. STJ, REsp 700.206/MG, Rel. Min. Luiz Fux, Primeira Turma, j. 09/03/2010, DJe 19/03/2010. Cf., ainda, STEFANI, Marcos. Comentário n.º 16 ao art. 177, CPC/2015 In: WAMBIER, Teresa Arruda Alvim et al. (Coord.). Op. cit., p. 550.

107. PINHO, Humberto Dalla Bernardina de. Op. cit., p. 6. Cf., ainda, art. 5º, I, da Recomendação nº 16, de 28 de abril de 2010, do CNMP.

108. PINHO, Humberto Dalla Bernardina de. Op. cit., p. 6.

109. MEDINA, José Miguel Garcia. Op. cit., p. 290. Cf., ainda, o art. 5º, II, III, IV, VI, VII e VIII, da Recomendação nº 16, de 28 de abril de 2010, do CNMP.

110. STJ, REsp 1.235.375-PR, Rel. Min. Gilson Dipp, Quinta Turma, j. 12/4/2011, DJe 11/05/2011. Noticiado no Informativo do STJ n.º 469, referente ao período de 11 a 15 de abril de 2011.

111. Cf. art. 5º, XVI, da Recomendação nº 16, de 28 de abril de 2010, do CNMP.

112. Cf. art. 5º, XI, da Recomendação nº 16, de 28 de abril de 2010, do CNMP.

configura hipótese de intervenção do *Parquet*, tendo em vista o disposto no art. 26, VIII, Lei nº 8.625/93, e no art. 6º, XV, LC nº 75/93[113].

Caso o juiz venha a discordar da conclusão do membro do Ministério Público que oficia no feito de que não há hipótese de intervenção do *Parquet*, deverá enviar os autos ou cópia destes ao chefe do Ministério Público para que este decida se sua instituição deve ou não intervir. Caso decida pela intervenção, o chefe do *Parquet* deve designar outro membro para oficiar no feito, de modo a respeitar a independência funcional do membro original. O membro designado, contudo, não pode se recusar a oficiar no processo, devendo respeitar a decisão de sua instituição representada por seu chefe. O Procurador-Geral deve se abster de determinar o conteúdo da intervenção, de modo a respeitar a independência funcional do membro designado[114].

Não há nulidade caso o juiz deixe de consultar o Ministério Público, em hipótese de intervenção deste, antes de conceder tutela de urgência liminar, por entender que o direito pleiteado pode perecer no transcurso do tempo necessário para a realização da consulta, optando por fazê-lo após a concessão da medida. Deve-se ressalvar, contudo, o disposto no art. 565, caput, e §2º, CPC/2015[115].

O juiz não deve nomear curador especial à criança ou ao adolescente na ação de destituição do poder familiar ajuizada pelo Ministério Público contra os pais do menor, pois, neste caso, o *Parquet* já defende os direitos do incapaz e já existe contraditório entre o Ministério Público autor e os pais réus[116].

Suscitado conflito de atribuição entre membros do Ministério Público para o ajuizamento de ação individual ou coletiva, o juiz não deve extinguir o processo, mas suspendê-lo à espera da decisão da autoridade competente para resolver o conflito, aplicando, analogicamente o art. 313, I, CPC/2015[117].

Se houver conflito entre membros do Ministério Público no que concerne à atribuição para atuar como fiscal da ordem jurídica em determinado processo,

---

113. Nesse sentido, Marcos Stefani defende que: "Cabe ao Ministério Público, como órgão independente, decidir se há ou não motivo que justifique a intervenção". STEFANI, Marcos. Comentário n.º 10 ao art. 178, CPC/2015 In: WAMBIER, Teresa Arruda Alvim et al. (Coord.). Op. cit., p. 553.

114. STEFANI, Marcos. Comentário n.º 12 ao art. 178, CPC/2015 In: WAMBIER, Teresa Arruda Alvim et al. (Coord.). Op. cit., p. 554. Em sentido contrário, PINHO, Humberto Dalla Bernardina de. Op. cit., p. 9-11.

115. STJ, REsp 792.130/AC, Rel. Min. Humberto Gomes de Barros, Terceira Turma, j. 14/02/2008, DJe 05/03/2008. STEFANI, Marcos. Comentários n.º 18 ao art. 178, CPC/2015 In: WAMBIER, Teresa Arruda Alvim et al. (Coord.). Op. cit., p. 555.

116. PINHO, Humberto Dalla Bernardina de. Op. cit., p. 14-16; DIDIER Jr., Fredie; GODINHO, Robson Renault. Op. cit., p. 45-87. STJ, REsp 1.176.512-RJ, Rel. Min. Maria Isabel Gallotti, 4ª Turma, j. 01/03/2012, DJe 11/12/2012. (Informativo STJ 492).

117. DIDIER Jr., Fredie; GODINHO, Robson Renault. Op. cit., p. 45-87.

deve ser admitida, neste caso, a dupla intervenção até que a autoridade competente decida acerca da atribuição[118].

O Ministério Público pode atuar como assistente simples em processos em que um de seus membros é parte e onde são discutidas prerrogativas institucionais, direitos e garantias de membros do Ministério Público, uma vez que estes se confundem com a esfera jurídica do *Parquet*[119].

5. BIBLIOGRAFIA

CARVALHO FILHO, José dos Santos. **Manual de Direito Administrativo**. 27. ed. São Paulo: Atlas, 2014.

DIDIER Jr., Fredie. GODINHO, Robson Renault. Questões atuais sobre as posições do Ministério Público no processo civil brasileiro. **Revista de Processo**, São Paulo, v. 237, p. 45-87, nov./2014.

DINAMARCO, Cândido Rangel. **Instituições de Direito Processual Civil**. v. I. 6. ed. São Paulo: Malheiros Editores, 2009.

MAZZILLI, Hugo Nigro. **A atuação do Ministério Público no processo civil.** Disponível em: ‹http://www.mazzilli.com.br/›. Acesso em: 12 jan. 2016.

MEDINA, José Miguel Garcia. **Novo Código de Processo Civil comentado**: com remissões e notas comparativas ao CPC/1973. 3. ed. São Paulo: Revista dos Tribunais, 2015.

MENDES, Gilmar Ferreira; BRANCO, Paulo Gustavo Gonet. **Curso de Direito Constitucional**. 10. ed. São Paulo: Saraiva, 2015.

PINHO, Humberto Dalla Bernardina de. **O Ministério Público e o papel de fiscal da ordem jurídica no CPC/2015**. Disponível em: ‹https://www.academia.edu/19868726/O_MINIST%C3%89RIO_P%C3%9ABLICO_E_O_PAPEL_DE_FISCAL_DA_ORDEM_JUR%C3%8DDICA_NO_CPC_2015›. Acesso em: 12 jan. 2015.

STEFANI, Marcos. Comentário n.º 9 ao art. 177, CPC/2015 In: WAMBIER, Teresa Arruda Alvim et al. (Coord.). **Breves comentários ao Novo Código de Processo Civil**. 1. ed. São Paulo: Revista dos Tribunais, 2015.

---

118. Idem, ibidem, p. 45-87.

119. Idem, ibidem, p. 45-87; DIDIER JR., Fredie. Ministério Público e assistência: o interesse institucional como expressão do interesse jurídico". In: DIDIER JR., Fredie, e WAMBIER, Teresa (Coord.). **Aspectos polêmicos e atuais sobre os terceiros no processo civil e assuntos afins**. 1. ed. São Paulo: RT, 2004, p. 831-833.

CAPÍTULO 18

Ações Possessórias e Ministério Público

Marcelo de Oliveira Milagres[1]

SUMÁRIO: 1 INTRODUÇÃO 2 AÇÕES POSSESSÓRIAS NO CPC DE 1973 E NO CPC DE 2015 3 ATUAÇÃO DO MINISTÉRIO PÚBLICO NAS AÇÕES POSSESSÓRIAS. 4 CONCLUSÃO 5 REFERÊNCIAS BIBLIOGRÁFICAS

1. INTRODUÇÃO

Como destaca Eduardo Espínola,[2] há necessidade de se atribuir à posse uma proteção especial, eficiente e expedita, sem dependência do título. Protege-se a posse não em razão deste ou daquele outro direito, mas da própria situação possessória.

É sob essa dinâmica que se afiguram os mecanismos de autotutela e defesa processual da posse.

Dispõe o art. 1210, *caput*, do Código Civil que o possuidor tem direito a ser mantido na posse em caso de turbação, restituído no de esbulho e segurado de violência iminente se tiver justo receio de ser molestado. Trata-se, pois, das ações possessórias típicas: manutenção, reintegração e interdito proibitório. A manutenção tem por fundamento a turbação; a reintegração, o esbulho; e o interdito, a ameaça de turbação ou de esbulho.

As possessórias típicas têm por causa de pedir a defesa da posse.

Defende-se a posse, não em razão de qualquer outro direito real, mas pela própria posse. No âmbito dessas possessórias, é vedada a exceção de propriedade.

Com efeito, dispõe o § 2º do art. 1210 do Código Civil que não obsta à manutenção ou reintegração na posse a alegação de propriedade, ou de outro direito sobre a coisa.

---

1. Promotor de Justiça/MG. Professor Adjunto de Direito Civil na UFMG.

2. ESPÍNOLA, Eduardo. *Posse, propriedade, compropriedade ou condomínio, direitos autorais.* Atualizado por Ricardo Rodrigues Gama. Campinas: Bookseller, 2002. p. 93.

347

MARCELO DE OLIVEIRA MILAGRES

O art. 923 do CPC (Código de Processo Civil) de 1973 dispunha que, na pendência do processo possessório, é defeso, assim ao autor como ao réu, intentar ação de reconhecimento do domínio. De forma semelhante, dispõe o art. 557 do CPC de 2015 que, na pendência de ação possessória, é vedado, tanto ao autor quanto ao réu, propor ação de reconhecimento do domínio, exceto se a pretensão for deduzida em face de terceira pessoa. Trata-se da vedação da *exceptio proprietatis*.

De outro lado, as ações possessórias atípicas ou ações petitórias têm por fundamento o direito de propriedade. Nelas, o pedido pode até se cingir à posse, mas a causa de pedir é o direito de propriedade, não alcançando a posse.

Até mesmo a ação constitucional do mandado de segurança pode servir para a recuperação de posse de coisas, abusiva e ilegalmente, apreendidas por autoridade. Porém, o mandado de segurança não tem como causa de pedir a proteção da posse.

Assim destaca Serpa Lopes[3] quanto à separação entre as ações petitória e possessória:

> [...] é uma consequência da diferença entre os dois institutos – a posse e a propriedade – a cujo serviço cada uma daquelas ações está subordinada respectivamente. Resulta daí que os dois juízos – o petitório e o possessório – se desenvolvem em campos separados, ocupando-se cada qual da matéria incluída na órbita de sua competência.

2. AÇÕES POSSESSÓRIAS NO CPC DE 1973 E NO CPC DE 2015

Tanto o Código de Processo Civil revogado quanto o atual dispõem sobre o procedimento especial das ações possessórias, destacando-se a tutela da posse nova mediante a possibilidade do mecanismo da tutela provisória da liminar possessória, o que, à evidência, não afasta a tutela da posse velha mediante o procedimento comum. O parágrafo único do art. 558 do CPC de 2015 dispõe que, passado o prazo de ano e dia, será comum o procedimento, não perdendo, contudo, o caráter possessório.

Embora não seja questão de natureza processual, o CPC vigente parece ter reconhecido a natureza pessoal da ação possessória, ao determinar, no § 2º do art. 73, que a participação do cônjuge ou do companheiro do autor ou do réu somente é indispensável nas hipóteses de composse ou de ato por ambos

---

3. SERPA LOPES, Miguel Maria de. *Curso de direito civil*. Rio de Janeiro: Livraria Freitas Bastos, 1960, Vol. VI. p. 186.

praticado, em que pese o § 2º do art. 47 dispor que a ação possessória imobiliária será proposta no foro de situação da coisa, cujo juízo tem competência absoluta.

Nesse ponto, a maior novidade do CPC de 2015 parece ser o reconhecimento da realidade dos conflitos possessórios multitudinários, ou seja, litígios coletivos pela posse da terra rural ou urbana.

Segundo o § 1º do art. 554, no caso de ação possessória em que figure no polo passivo grande número de pessoas, serão feitas a citação pessoal dos ocupantes que forem encontrados no local e a citação por edital dos demais, determinando-se ainda a intimação do Ministério Público e, se envolver pessoas em situação de hipossuficiência econômica, da Defensoria Pública.

O art. 565 dispõe que, no litígio coletivo pela posse de imóvel, quando o esbulho ou a turbação afirmado na petição inicial houver ocorrido há mais de ano e dia, o juiz, antes de apreciar o pedido de concessão da medida liminar, deverá designar audiência de mediação. O § 1º também aponta a audiência de mediação se a liminar não for executada no prazo de um ano.

O conteúdo do art. 565 parece contrariar o pressuposto do procedimento especial da possessória, que é a tutela da posse nova (art. 558).

Trata-se de conflito meramente aparente.

A inicial pode ser proposta dentro do prazo de ano e dia do esbulho e da turbação, mas a situação fática, notadamente em conflitos coletivos, poderá ultrapassar tal prazo, apresentando-se razoável a designação de audiência de mediação, observada a diretriz da autocomposição. Nesse sentido e em homenagem ao disposto no art. 3º, § 3º, do CPC 2015, afigura-se também razoável a designação de audiência de mediação em conflitos coletivos ainda que se trate de situação fática envolvendo posse dentro de ano e dia. A experiência demonstra que a execução de tutela provisória em situações dessa natureza não se realiza sem externalidades, sem maiores conflitos, daí a necessidade de proporcionar o espaço dialógico com a participação, inclusive, de outros sujeitos. Interessante que o § 4º do mesmo art. 565 dispõe que os órgãos responsáveis pela política agrária e pela política urbana da União, de Estado ou do Distrito Federal e de Município onde se situe a área objeto do litígio poderão ser intimados para a audiência, a fim de se manifestarem sobre seu interesse no processo e sobre a existência de possibilidade de solução para o conflito possessório.

A outra inovação é o § 5º do art. 565, segundo o qual toda essa dinâmica envolvendo os conflitos coletivos, com a extensão interpretativa da audiência de mediação, alcança as pretensões petitórias.

No âmbito desses conflitos coletivos, não se pode olvidar do disposto no art. 126 da Constituição da República, segundo o qual, para dirimir tais lides, o

Tribunal de Justiça proporá a criação de varas especializadas, com competência exclusiva para questões agrárias, o que não afasta o reconhecimento da realidade mediante a igual especialização para conflitos urbanos.

E o Ministério Público? Como se verifica sua atuação nesses conflitos?

3. ATUAÇÃO DO MINISTÉRIO PÚBLICO NAS AÇÕES POSSESSÓRIAS

Segundo o disposto no art. 127 da Constituição da República, ao Ministério Público incumbe a defesa da ordem jurídica, do regime democrático e dos interesses sociais e individuais indisponíveis.

Tanto o Superior Tribunal de Justiça (Resp. 1254428/MG) quanto o Supremo Tribunal Federal (RE 470135/MT) reconhecem a legitimidade ministerial para promoção de interesses, ainda que disponíveis, mas de elevada relevância social. Nesse sentido, é a conclusão de Emerson Garcia, para quem "será legítima a defesa de interesses individuais, ainda que não sejam indisponíveis, desde que seja divisado um interesse social em sua tutela".[4]

A Recomendação CNMP n.º 34, de 5 de abril de 2016, enfatiza que o Ministério Público deve priorizar a limitação da sua atuação em casos sem relevância social para direcioná-la na defesa dos interesses da sociedade.

Em conflitos coletivos pela posse da terra, seja rural, seja urbana, parecem presentes a relevância social da demanda e a indisponibilidade do interesse. Não se disputa a posse pela perspectiva meramente patrimonial. A realidade demonstra que disputas dessa natureza envolvem a busca da efetivação de direitos fundamentais sociais, particularmente do direito à moradia. Tal temática tem dimensões difusas, coletivas e individuais, com manifestas repercussões sociais justificadoras da atuação do *Parquet*, seja como fiscal da ordem jurídica, seja como parte.

O art. 19, XI, da Recomendação Geral da Corregedoria-Geral do Ministério Público do Estado de Minas Gerais n.º 01/2017 reconheceu como de interesse social demandas que envolvam litígios coletivos pela posse da terra rural ou urbana.

O Superior Tribunal de Justiça já reconheceu que, em situações de loteamentos clandestinos ou irregulares, a legitimidade do Ministério Público decorre tanto da presença do direito difuso (ordem urbanística e/ou ambiental) quanto

---

4. GARCIA, Emerson. *Ministério Público*: organização, atribuições e regime jurídico. 4. ed. São Paulo: Saraiva, 2014. p. 116.

do direito individual homogêneo dos adquirentes dos imóveis prejudicados pelo negócio ilícito.[5]

Na prática, nem sempre é fácil a definição do direito transindividual em questão, podendo o mesmo fato ensejar a ocorrência de lesões a vários direitos, notadamente aos direitos individuais homogêneos.

De outro lado, as atuações do Ministério Público e da Defensoria não podem se sobrepor. O art. 134 da Constituição da República é expresso ao atribuir à Defensoria as funções de orientação jurídica e defesa dos necessitados. Nessa perspectiva, merece interpretação a Lei Complementar n.º 80/1994.

Não se discute a defesa e a promoção dos interesses dos necessitados, como não se sustenta a tese de obrigatória e automática atuação da Defensoria Pública em qualquer demanda possessória. O § 1º do art. 554 justificou a atuação dessa Instituição em situações envolvendo pessoas hipossuficientes economicamente.

A atuação do Ministério Público em conflitos possessórios afigura-se, preponderantemente, como interveniente. O CPC de 2015, em seu art. 178, dispôs que o Ministério Público intervirá, como fiscal da ordem jurídica, nas hipóteses constitucionais e legais, bem como nos processos que envolvam litígios coletivos pela posse de terra rural ou urbana. Como se vê, o legislador presumiu a relevância social dessas demandas, justificando, pois, a atuação ministerial.

Essa atuação – ainda que se trate de processo judicial – não se limita a perspectiva demandista. Ao contrário, deve ser priorizada a atuação resolutiva. Já se ressaltou a importância da mediação em conflitos dessa natureza, devendo o Ministério Público contribuir para a construção da melhor solução em situações dessa natureza.

Destaque-se o art. 3º da Recomendação Geral da Corregedoria-Geral do Ministério Público do Estado de Minas Gerais n.º 01/2017, segundo o qual os Membros do Ministério Público priorizarão, sempre que possível, a resolução consensual dos conflitos em todas as suas áreas de atuação jurisdicional ou extrajurisdicional.

A perspectiva não parece ser de conteúdo patrimonial, mas de plena efetividade dos direitos fundamentais.

Em síntese, a atuação ministerial em questões possessórias se acentua em conflitos coletivos, o que, por si só, não exclui sua atuação em conflitos individuais desde que, a seu juízo, identificado o interesse público ou social justificador da sua atuação.

---

5. RESP 897141/DF, Rel. Min. Herman Benjamin, j. 28.10.2008.

4. CONCLUSÃO

No âmbito das possessórias, manteve-se o reconhecimento da autonomia da posse e, principalmente, a realidade dos conflitos multitudinários, sejam rurais, sejam urbanos. Diante disso, onde a repercussão social é manifesta, há de se reconhecer a necessária atuação do Ministério Público, destacando-se sua ação resolutiva.

De outro lado, em conflitos possessórios individuais, o próprio Ministério Público poderá identificar interesse público ou social justificador de sua atuação, destacando-se preocupações de ordem ambiental, urbanísticas – enfim, questões que envolvam a própria efetivação de direitos fundamentais.

O que não se pode é afastar ou limitar a ação ministerial em questões dessa natureza ao argumento de se tratar de objeto meramente patrimonial, disponível, sem relevância social.

5. REFERÊNCIAS BIBLIOGRÁFICAS

ESPÍNOLA, Eduardo. *Posse, propriedade, compropriedade ou condomínio, direitos autorais.* Atualizado por Ricardo Rodrigues Gama. Campinas: Bookseller, 2002.

GARCIA, Emerson. *Ministério Público*: organização, atribuições e regime jurídico. 4. ed. São Paulo: Saraiva, 2014.

MARINONI, Luiz Guilherme; ARENHART, Sérgio Cruz. *Curso de processo civil*: procedimentos especiais. São Paulo: Revista dos Tribunais, 2009.

NERY JÚNIOR, Nelson. Interditos possessórios. *Revista de Processo*, São Paulo, n. 52, p. 179, out./dez. 1988.

SERPA LOPES, Miguel Maria de. *Curso de direito civil.* Rio de Janeiro: Livraria Freitas Bastos, 1960, Vol. VI.

CAPÍTULO 19

O Ministério Público como órgão agente e o Novo CPC

Alécio Silveira Nogueira[1]

SUMÁRIO: INTRODUÇÃO; 1. O PERFIL CONSTITUCIONAL DO MINISTÉRIO PÚBLICO E O NOVO CPC: UM DEBATE EM CONSTRUÇÃO; 1.1. A INSTITUIÇÃO DO MINISTÉRIO PÚBLICO; 1.2. DE COMO O NOVO CPC OPTOU POR UM MINISTÉRIO PÚBLICO AGENTE: O VELHO DEBATE DA INTERVENÇÃO NO CÍVEL COMO *CUSTOS IURIS*; 2. PODERES E DEVERES DO MINISTÉRIO PÚBLICO NO NOVO CPC; 2.1 A ATUAÇÃO DO MINISTÉRIO PÚBLICO COMO AUTOR E O POSSÍVEL CONFLITO DE NORMAS (UMA APROXIMAÇÃO); 2.2 PODERES E DEVERES DO MINISTÉRIO PÚBLICO NO NOVO CPC E INTERAÇÕES NORMATIVAS; *2.2.1 INTIMAÇÃO PESSOAL, PRAZO EM DOBRO PARA MANIFESTAÇÕES E A DEMORA NA DEVOLUÇÃO DOS AUTOS; 2.2.2 REGIME GERAL DE CUSTAS E SUCUMBÊNCIA PARA O MINISTÉRIO PÚBLICO; 2.2.3 PRODUÇÃO PROBATÓRIA; 2.2.4 O CASO DO ART. 139, X; 2.2.5 DEMAIS DISPOSIÇÕES DO CPC PERTINENTES À FUNÇÃO DO MINISTÉRIO PÚBLICO COMO ÓRGÃO AGENTE;* 3. O CPC, O CC E A LEI 13.146/15: O MINISTÉRIO PÚBLICO NAS AÇÕES DE CURATELA; CONSIDERAÇÕES FINAIS; REFERÊNCIAS BIBLIOGRÁFICAS.

INTRODUÇÃO

Um professor de Introdução à Ciência do Direito - ou talvez de Direito Romano - da Universidade Federal do Rio Grande do Sul perguntava, nas aulas do início dos anos 90, como poderiam chamar de "ciência" ao Direito quando uma lei qualquer, ou mesmo um mísero decreto, podia mudar o que juridicamente estava sedimentado há décadas. Difícil discordar do professor. Transpondo para o mundo da Física, seria como se o legislador universal, supondo que exista um, resolvesse que a partir do dia 1º de janeiro do ano seguinte as maçãs passariam a subir e não mais a cair na cabeça dos cientistas. Claro, Einstein e Planck, com a teoria de relatividade e a física quântica, fizeram algum estrago na ordem das coisas, senão como legisladores, ao menos como intérpretes das leis naturais; mas, convenhamos, o mundo jurídico é bem menos estável e no mínimo tão emocionante quanto o da natureza.

Prova disso são as novidades legislativas de pelo menos dois anos para cá e suas ondas sísmicas da alta magnitude, que sacudiram posições indolentes geradas por uma legislação defasada – tudo para a felicidade dos doutrinadores e o desespero da jurisprudência. Duas delas interessam diretamente a este trabalho: a Lei nº 13.105, de 16 de março de 2015 (o novo CPC), e a Lei nº 13.146, de 06 de julho de 2015 (o Estatuto da Pessoa com Deficiência), pois mexem diretamente, em muitas de suas disposições, com a atuação do Ministério Público – e, mais

---

1. Promotor de Justiça do MPRS. Mestre em Direito pela PUCRS

ainda, com a atuação do Ministério Público como *órgão agente*. De outro lado, não há como ignorar a repercussão dessas novidades nos diplomas preexistentes, em especial naquelas zonas de intersecção inevitável que o caso concreto acaba criando. Como se vê, há trabalho hermenêutico à frente, e por maior que seja o abalo das novidades legislativas, o intérprete jurídico sempre dá um jeito de integrá-las num sistema coerente.

Os temas aqui escolhidos seguiram a disposição de um rosário, unindo-os o fio da novidade ou a necessidade de atenção redobrada para o detalhe que de outro modo poderia passar despercebido, e não é exagero afirmar que cada um deles comportaria um artigo de igual dimensão ao que este tomou ou até quem sabe uma monografia. No entanto, pode ser cedo para esse tipo de abordagem, e um pouco mais de decantação conceitual é bem vinda nesse processo. Por isso a opção pela forma de visão geral, *à vol d'oiseau*, numa perspectiva quase que cartográfica para conhecer melhor a dimensão da área a ser explorada.

Ante de prosseguir na exposição, uma advertência: este trabalho é escrito por um Promotor de Justiça do Estado do Rio Grande do Sul, e de comarca intermediária, que acredita que pelo menos parte desse trabalho se refira a situações mais ou menos ubíquas. Se o forem de fato, tanto melhor, e as colocações que seguem poderão reverberar a experiência alheia; se não, fica o registro da multiplicidade de entendimentos sobre os assuntos comentados e de como a matéria é fragmentada, o que por sua vez reclama a necessidade de uma visão integrada.

1. O PERFIL CONSTITUCIONAL DO MINISTÉRIO PÚBLICO E O NOVO CPC: UM DEBATE EM CONSTRUÇÃO.

1.1. A Instituição do Ministério Público

Para entendermos as inovações do CPC com relação ao Ministério Público (e, de resto, com relação a qualquer tema), é preciso projetá-las contra um fundo mais amplo e numa perspectiva sistemática. Esse fundo, que constitui o cenário em que se desenrola toda a atividade jurídica de uma nação, é a Constituição; no que concerne ao Ministério Público, como não poderia deixar de ser, a matriz constitucional é o ponto de partida e de chegada de qualquer análise de suas funções institucionais. Sem esse parâmetro, o risco é grande de casuísmos e de interpretações equivocadas da nova ordem processual.

Porém, muitas vezes a tarefa de encontrar uma linha interpretativa única ou pelo menos dominante no estudo das funções ministeriais não é fácil. O Ministério Público brasileiro é uma instituição em reelaboração - ou, se desejarmos imprimir um sentido positivo a esse processo, em evolução. Porém, diferentemente de outros atores do mundo jurídico, como o Poder Judiciário e a Defensoria Pública, a própria identidade e o âmbito de sua atuação são objeto de permanente investigação, especialmente no plano interno. Não é raro que o cidadão – e aqui se incluem não apenas aquelas pessoas mais humildes que buscam uma audiência com o Promotor de Justiça de sua cidade, mas também os estamentos mais esclarecidos da sociedade, notadamente a imprensa e até certos operadores jurídicos – desconheça, afinal, o que *exatamente* faz o Ministério Público. Mas talvez espantasse esse mesmo cidadão saber que às vezes os próprios membros desse universo travam debates intermináveis sobre os limites e as formas de sua atuação; sobre o que enfim faz – e, mais importante, o que deve ou não fazer - um Promotor de Justiça.

Isso se atribui a diversos fatores. Um deles certamente é a própria *natureza* do Ministério Público, que não sendo um *poder*, acaba se situando num limbo conceitual. O art. 127 da Constituição Federal diz tratar-se de uma *"instituição permanente, essencial à função jurisdicional do Estado, incumbindo-lhe a defesa da ordem jurídica, do regime democrático e dos interesses sociais e individuais indisponíveis"*. Nesse sentido, essa entidade misteriosa é tanto um *órgão público* autônomo e independente quanto, como diz a norma constitucional, uma *instituição*, isto é, *"uma estrutura arquitetada juridicamente para o desempenho de função social essencial visando à satisfação de necessidades humanas vitais, consistente na distribuição da justiça"*[2]. Questões conceituais ou terminológicas à parte, o que constitui essa função essencial à função jurisdicional e como se exercem as defesas elencadas no mandamento constitucional é palco de várias linhas interpretativas e de angústias profissionais. Um mundo, sem dúvida.

Outro fator que favorece o esforço na busca da definição do *tamanho* do Ministério Público – aqui entendido não como a quantidade de seus membros, prédios, computadores em uso, inquéritos civis em andamento, ações propostas etc., mas como dimensão do *espectro* de suas funções, das diferentes posições em relação às demandas que lhe são trazidas – é a sua *versatilidade*. O Ministério Público, segundo os vários diplomas legais que o regem, poderá ser *autor* de ações judiciais; poderá intervir como *fiscal da ordem jurídica* naquelas propostas por terceiros; e agirá, conforme o caso, como *agente resolutivo*, evitando, com acordos extrajudiciais, a judicialização da questão. Em outro trabalho, tivemos a oportunidade de abordar essas três posições a partir do novo CPC[3]; nesta exposição, trabalharemos mais a função do Ministério Público como *autor* de demandas

---

2. MARTINS JUNIOR, Wallace Paiva. *Ministério Público: a Constituição e as Leis Orgânicas*. São Paulo: Atlas, 2015. p. 24.

3. NOGUEIRA, Alécio Silveira. *As posições do Ministério Público no novo CPC*. In SILVA, Cláudio Barros; BRASIL, Luciano de Faria (org.). Reflexões sobre o novo Código de Processo Civil. 2ª ed. Porto Alegre: Livraria do Advogado, 2016. pp. 103-147.

à luz da nova ordem processual e de sua interface com outros diplomas legais atinentes a essa forma de atuação.

Seja como for, esses três horizontes funcionais revelam, de um lado, a riqueza institucional do Ministério Público e a quantidade enorme e praticamente inesgotável de demandas que lhe podem ser dirigidas (e exigidas); de outro, geram certa perplexidade quanto a *qual* das formas deve ser privilegiada quando – como costuma ocorrer, em especial nas comarcas do interior – não é possível atender a todas elas por manifesta escassez de recursos humanos e de *tempo*. Nesse contexto se desenvolve o intenso e geralmente azedo debate da intervenção do Ministério Público no cível.

Por fim, mas sem esgotar o elenco de fatores ensejadores de um "olhar para dentro" e de cunho quase psicanalítico por parte do próprio Ministério Público, há o tênue limite entre os interesses *individuais* e *coletivos*. Essa distinção ganha importância na medida em que ela pode definir, conforme o caso, a *legitimidade* do *Parquet* não apenas para a ação, mas igualmente para suas funções de fiscal da ordem jurídica[4] e mesmo resolutiva. Naturalmente, e segundo o próprio art. 127 da Constituição Federal, há situações de direitos individuais *indisponíveis* que o Ministério Público não apenas é colegitimado para a ação como, em determinados casos, *deverá* propor a ação cabível. A ação de curatela, por exemplo, quando aquele que padece de deficiência mental não possui parentes ou estes são omissos (arts. 747, IV, e 748, I e II, do CPC e art. 1.768 do CC); as medidas de proteção à luz tanto do Estatuto da Criança e do Adolescente quanto do Estatuto do Idoso; o inventário na existência de herdeiros incapazes e que não for promovido pelos legitimados originários (art. 616, VII, do CPC) – etc.

Uma explicação para essas dúvidas todas está no atrito inevitável entre normas geradas em momentos distintos para uma instituição que habita nosso ordenamento jurídico desde as Ordenações Afonsinas. Acontece que a Constituição Federal de 1988 indiscutivelmente criou um *novo* Ministério Público, talvez o maior em tamanho no mundo, segundo o critério que acima adotamos; o seu art. 129, nos incisos I a IX, já um universo a ser explorado, não esgota as atribuições ministeriais, e a legislação infraconstitucional se encarrega de ampliá-la regularmente, geralmente na linha da proteção às minorias sociais. Transitando o Ministério Público de sua tradicional função penal às ações coletivas mais avançadas na esfera

---

4.   É o caso, por exemplo, de saber se há intervenção do Ministério Público como *custos iuris* nas ações *individuais* de natureza consumerista; a partir da leitura e interpretação do art. 139, X, do novo CPC, entendemos que não - mas sabemos tratar-se de ponto espinhoso. No que tange ao manejo de ações coletivas nos casos do Código de Defesa do Consumidor, o debate sobre a legitimidade do Ministério Público é interminável quanto aos direitos individuais homogêneos. No âmbito da atuação resolutiva, o mesmo problema ecoa: não há sentido em o Ministério Público buscar mediações e conciliações, por meio de ajustamentos de condutas, em questões em que não teria, de qualquer modo, legitimidade para a ação.

cível, atividades ladeadas pela intervenção fiscalizatória nos processos em que haja interesse público, talvez seja mais fácil optar pelo caminho de explicitar o que a instituição *não faz*.

No plano processual em sentido estrito, afora os ritos constantes das leis especiais, tínhamos um Ministério Público ainda recebendo as luzes de um código antigo, em muitos aspectos inadequado ao perfil constitucional da instituição. A Lei nº 13.105/15 veio, em certo grau, corrigir essa defasagem; seus arts. 176 a 178 são bastante claros em alinhar a função ministerial com sua matriz constitucional. Dizem eles:

> **Art. 176.** O Ministério Público atuará na defesa da ordem jurídica, do regime democrático e dos interesses e direitos sociais e individuais indisponíveis.
>
> **Art. 177.** O Ministério Público exercerá o direito de ação em conformidade com suas atribuições constitucionais.
>
> **Art. 178.** O Ministério Público será intimado para, no prazo de 30 (trinta) dias, intervir como fiscal da ordem jurídica nas hipóteses previstas em lei ou na Constituição Federal e nos processos que envolvam:
>
> I - interesse público ou social;
>
> II - interesse de incapaz;
>
> III - litígios coletivos pela posse de terra rural ou urbana.
>
> **Parágrafo único.** A participação da Fazenda Pública não configura, por si só, hipótese de intervenção do Ministério Público

O art. 176 faz uma "cola" do art. 127 da Constituição, ao passo que o art. 177 orienta a atuação do Ministério Público como órgão agente; o art. 178, por sua vez, traz para o mesmo contexto constitucional o *fiscal da ordem jurídica*. Esses dispositivos não são casuais ou retóricos; eles abrigam verdadeiras linhas principiológicas e apontam uma direção muito clara: a de que, ao privilegiar (como não poderia deixar de ser) a orientação constitucional reservada ao Ministério Público, a nova lei processual reforça a vocação deste como órgão *agente* e *resolutivo*, ainda que mantenha, de forma concentrada, a atuação do órgão como fiscal (agora da *ordem jurídica* e não apenas da *lei*[5]) e, como não poderia deixar de ser, também alinhada com a Constituição Federal. Isso porque o art. 129 já citado, a fonte primária do elenco funcional do Ministério Público, praticamente só trabalha com hipóteses de atuação voltada para a assunção do polo ativo de

---

5. Distinção terminológica que, francamente, não tem maior relevância, pois o que antes se entendia por *lei* certamente é o que hoje se entende por *ordem jurídica*.

ações judiciais (ou, se possível, para a solução mediada de situações ainda na esfera extrajudicial), e é precisamente esse perfil que foi absorvido pela legislação processual adventícia e que permeia quase todos os dispositivos do CPC relacionados com o Ministério Público.

Essa assertiva pode parecer simples ou óbvia, mas há quem pense de forma diversa.

1.2. De como o novo CPC optou por um Ministério Público agente: o velho debate da intervenção no cível como *custos iuris*.

Não é possível falar do Ministério Público na sua posição de *agente* sem retomar a velha e sempre renovada discussão acerca da intervenção do Ministério Público como fiscal da ordem jurídica. Primeiro, é necessário estabelecer esta verdade, que pode não agradar os minimalistas: o novo CPC *não* acabou com essa função; o que ele fez foi redimensioná-la para que o Ministério Público possa atender a contento suas funções constitucionais, incluindo a da própria fiscalização *efetiva* no processo. Portanto, a nova lei processual manteve o que o legislador entendeu constituir um terreno inegociável de atuação do *Parquet* como *custos iuris*: essa ideia se encontra fundamentalmente nos arts. 178 e 698 do novo CPC, embora reapareça aqui e ali em previsões mais específicas.

Por outro lado, parece fora de dúvida que a nova ordem processual *reduziu* os casos dessa forma de atuação – ou, como alguns dizem, a racionalizou (há quem ainda prefira falar em *otimização* da intervenção no processo civil), revisando a orientação contida no CPC de 1973, bem mais intervencionista[6]. A comparação do inciso III, parte final, do art. 82 do CPC anterior com o parágrafo único do art. 178 do novo código dá a dimensão dessa releitura do Ministério Público[7]; ou

---

6. É interessante ver que as razões para a *racionalização da atuação cível* (com esse subtítulo mesmo) como forma de priorizar o perfil constitucional do Ministério Público já eram colocadas de forma muito lúcida por Antônio Augusto Mello de Camargo Ferraz e João Lopes Guimarães Júnior há pelo menos vinte anos atrás. Conforme esses autores, haveria pelo menos *cinco* razões para essa iniciativa de enxugamento da função de *custos legis*, resumidamente: a) pouca abrangência de sua atuação, que se limita ao interesse das partes no processo; b) contato funcional apenas com as camadas mais favorecidas da sociedade (aquelas que acabam buscando o Poder Judiciário); c) zelo por interesses não raro disponíveis, como na usucapião; d) posição de passividade no processo; e e) risco de despersonalização por afastamento de seu contorno ativo constitucional (*in* FERRAZ, Antônio Augusto Mello de Camargo. *Ministério Público: instituição e processo*. São Paulo: Atlas, 1997. p. 27).

7. Essa "qualidade da parte" foi colocada no art. 82 por iniciativa do deputado Amaral de Souza a partir da posição do Promotor de Justiça gaúcho Sérgio da Costa Franco, que professava que o Ministério Público interviesse em todas as ações em que figurasse, em qualquer de seus polos, pessoa jurídica de direito público (*vide* MOREIRA, Jairo Cruz. *O Novo Paradigma Constitucional para Atuação do Ministério Público como Órgão Interveniente*. In ALMEIDA, Gregório Assagra; SOARES JÚNIOR, Jarbas (orgs.) Teoria Geral do Ministério Público. Belo Horizonte: Editora Del Rey, 2013. p. 439)

O MINISTÉRIO PÚBLICO COMO ÓRGÃO AGENTE E O NOVO CPC

então o enxugamento do inciso II do mesmo art. 82, revogado a partir do disposto no art. 698 da nova legislação[8]. Claro, ainda contamos com a janela bastante extensa do inciso I do art. 178, que traz o interesse público ou social como causa de intervenção do Ministério Público no processo; ainda assim, a interpretação dessas expressões abertas não pode destoar do contexto em que se inserem. Outra previsão importante, a explicitar a posição ideológica do novo CPC, é a que vem no seu art. 279, § 2º: cabe ao Ministério Público, e somente a ele, dizer quando há ou não nulidade pela falta de sua intimação no processo em que deva intervir (coteje-se com a nulidade absoluta do art. 84 do CPC revogado).

Longe de nós negar a relevância do Ministério Público como fiscal da ordem jurídica; porém, tratamos de grandezas diversas, e, na necessidade de optar por uma via, devemos buscar aquela para a qual a instituição foi talhada, e essa via é a da titularidade de ações. Servimo-nos da observação, nesse sentido, de Robson Renault Godinho:

> O Ministério Público também pode tutelar direitos judicialmente mesmo quando funciona como órgão interveniente (*custos legis*), mas sua atuação como parte autora inequivocamente é o meio por excelência para a tutela jurisdicional dos direitos, já que de maneira direta, por iniciativa própria, identifica uma lesão ou ameaça de lesão e, autorizado constitucionalmente, vale-se dos instrumentos possíveis para protegê-los de forma adequada[9]

Porém, a nova matriz processual não se contentou com reduzir os casos de atuação do Ministério Público como fiscal da ordem jurídica; ela foi além e privilegiou a atuação do *Parquet* como órgão agente. Neste ponto, retomamos a seguir, de forma sintética, a ideia exposta em trabalho anterior já referido[10].

De fato, a lei, em especial um código, é dotada de uma organicidade que reclama que a interpretação de seus dispositivos se dê de forma sistemática entre eles mesmos e com aqueles que se encontram ao seu redor, notadamente os de hierarquia superior, com reverência absoluta à Constituição Federal. O regime de atuação ministerial estabelecido pelo novo CPC possui, então, essa organicidade orientada para a atuação do Ministério Público no plano coletivo, seja com a

---

8.   Isto é, de que a intervenção do Ministério Público nas ações de família de regra se dará quando houver *interesses de incapazes* (salvo o caso do art. 734, § 1º, que trata da alteração do regime de bens dos cônjuges – exceção que, como se diz, confirma a regra).

9.   GODINHO, Robson Renault. Notas acerca da Capacidade Postulatória do Ministério Público. In Farias, Cristiano Chaves de; Alves, Leonardo Barreto Moreira; Rosenvald, Belson (org.).Temas Atuais do Ministério Público.p. 268, nota de rodapé nº 7.

10. *Vide* NOGUEIRA, Alécio Silveira. *As posições do Ministério Público no novo CPC. In* SILVA, Cláudio Barros; BRASIL, Luciano de Faria (org.). Reflexões sobre o novo Código de Processo Civil. 2ª ed. Porto Alegre: Livraria do Advogado, 2016. pp. 103-147.

propositura de ações quanto na sua atuação como *custos iuris,* quando possível casando ambas as perspectivas. O art. 139, X, constitui o núcleo dessa linha principiológica, ao estabelecer que o juiz deverá, "quando se deparar com diversas demandas individuais repetitivas, oficiar o Ministério Público, a Defensoria Pública e, na medida do possível, outros legitimados a que se referem o art. 5º da Lei nº 7.347, de 24 de julho de 1985, e o art. 82 da Lei nº 8.078, de 11 de setembro de 1990, para, se for o caso, promover a propositura da ação coletiva respectiva".

Esse dispositivo se alinhava perfeitamente com o natimorto art. 333, que trabalhava com a ideia de conversão de ação individual em coletiva desde que ela tivesse "alcance coletivo, em razão da tutela de bem jurídico difuso ou coletivo, assim entendidos aqueles definidos pelo art. 81, parágrafo único, incisos I e II, da Lei no 8.078, de 11 de setembro de 1990 (Código de Defesa do Consumidor), e cuja ofensa afete, a um só tempo, as esferas jurídicas do indivíduo e da coletividade" e também tivesse "por objetivo a solução de conflito de interesse relativo a uma mesma relação jurídica plurilateral, cuja solução, por sua natureza ou por disposição de lei, deva ser necessariamente uniforme, assegurando-se tratamento isonômico para todos os membros do grupo." Esse dispositivo foi vetado, e todos sabemos que o que não entrou no mundo jurídico... bem, não entrou no mundo jurídico. Sua existência no projeto, todavia, constitui mais um argumento no sentido de que essa é a orientação prevalente no novo sistema processual brasileiro no tocante à atuação do Ministério Público, e a extirpação desse dispositivo não altera essa realidade.

Reconhecendo que cabe à própria instituição e a ninguém mais dizer - mas sempre com base na Constituição Federal e na lei - quando e como intervirá no processo civil, o Conselho Nacional do Ministério Público, para harmonizar sua atuação com o novo CPC, editou a Recomendação nº 34, de 05 de abril de 2016 (alterada pontualmente pela Recomendação nº 37, de 13 de junho de 2016). Se existem duas expressões capazes de sintetizar o espírito da Recomendação nº 34, elas são "relevância social" e "efetividade" (art. 1º, III e IV), sendo de relevância social as hipóteses elencadas no art. 5º. Com exceção dos casos em que haja menores, incapazes ou idosos em situação de vulnerabilidade (inciso VIII), *todas* as demais situações relevantes possuem, direta ou indiretamente, repercussão *coletiva*[11]. Trata-se, sem dúvida, de um marco fundamental para o direcionamento da energia institucional – a vetorização de seus recursos humanos e materiais – àquilo que constitui os anseios da sociedade e as expectativas desta em relação ao que o Ministério Público deve fazer para justificar sua própria existência e, além

---

11.   A Recomendação nº 37/16, afinada com essa orientação coletivista, revogou o inciso IX da Recomendação nº 34/16, que previa como de relevância social as "ações relativas ao estado de filiação ainda que as partes envolvidas sejam maiores e capazes".

disso, as prerrogativas e poderes que a Constituição Federal e a lei lhe concede – mormente o tão questionado e, por que não dizer, invejado *poder investigatório*[12].

O efeito prático pretendido pela Recomendação nº 34/2016 do CNMP, portanto, é o de reorganizar as forças institucionais para a sua atuação como órgão *agente*. Isso não está escrito de forma patente na normatização citada, mas exala de todas as suas disposições, em especial da do art. 7º, no sentido de que a modificação da quantidade de trabalho oriunda da aplicação da Recomendação implicará a redefinição de atribuições da Promotoria de Justiça – quando não for o caso de sua extinção. A Resolução não fala em *criação* de cargos.

2. PODERES E DEVERES DO MINISTÉRIO PÚBLICO NO NOVO CPC

2.1. A atuação do Ministério Público como autor e o possível conflito de normas (uma aproximação)

Como dito há pouco, o novo CPC regulou em diversos momentos a atuação do Ministério Público; em muitos deles, fê-lo indistintamente ao órgão na condição de autor de demandas ou de fiscal da ordem jurídica, mas em outros editou normas específicas para um ou outro caso.

Como autor, como *dominus litis* o Ministério Público pode ocupar em diversos tipos de demandas judiciais de natureza cível[13], com escopo *individual* ou *coletivo*. Os fundamentos e mesmo a *forma* de atuar em cada caso são diversos. Na primeira hipótese, é costume dizer-se que o Ministério Público age como *substituto processual* do menor, do incapaz ou do idoso, por exemplo; nessa condição, a atuação do Promotor de Justiça se vincula, em maior ou menor grau, ao interesse do substituído. Há aqui um debate curioso sobre a liberdade do *Parquet* em postular medidas contrárias ao interesse do incapaz no curso da própria ação (isto é, reconhecer situações de fato ou de direito que limitam a pretensão original); mas parece fora de questão que o Ministério Público, ao intentar uma ação de natureza individual, não age da mesma forma que um advogado ou Defensor Público em relação a seu cliente ou constituinte. Acima de estar na ação como protetor dos interesses de uma pessoa em vulnerabilidade, está na condição de, sempre, *fiscal da ordem jurídica*, ainda que como *órgão agente*.

---

12. Em cumprimento ao art. 6º da Recomendação nº 34/2016, por exemplo, o Procurador-Geral de Justiça do Estado do Rio Grande do Sul editou a Recomendação nº 01/2016; nesse caso, entretanto, posto que mantendo o espírito da orientação nacional, a técnica empregada foi casuística: optou-se por explicitar os casos de *não-intervenção*.

13. Evitam-se aqui, portanto, incursões nas áreas penal eleitoral, falimentar e administrativa em sentido estrito, embora o Ministério Público seja *autor* de diversas ações também nesses domínios.

Quando o Ministério Público, por outro lado, propõe uma ação civil pública ambiental ou consumerista ou, ainda, uma ação de improbidade administrativa ele age *pro populo*, pondo-se numa posição processual mais abstrata e geral, sem os compromissos de uma vinculação fática especial. Mas, mesmo nessas ações mais amplas, há um vínculo essencial entre o membro do Ministério Público e o interesse público que o leva a figurar no polo ativo da demanda coletiva (a vedação do art. 17, § 1º, da Lei nº 8.429/92 é um bom exemplo de uma restrição legal aos limites de disposição do autor de uma ação relevante, como o é a de improbidade administrativa).

Quase todas as ações judiciais em que o Ministério Público figura como legitimado ativo (se em legitimidade originária, concorrente ou subsidiária, pouco importa) possuem um estatuto ou lei específica de fundo: Estatuto do Idoso, Estatuto da Criança e do Adolescente, Estatuto da Pessoa com Deficiência, Lei de Improbidade Administrativa, Código de defesa do Consumidor, Lei da Ação Civil Pública. Todavia, a regulação procedimental, em tais casos, nem sempre se dá de forma clara e em algumas situações sequer existe: peguemos as medidas de proteção em favor de idosos, por exemplo, e não encontraremos em lugar algum o seu rito processual; e mesmo naqueles casos em que existe uma previsão procedimental, como se dá com a ação civil pública (e não é por acaso que esta se tornou o modelo procedimental para praticamente todas as ações coletivas e até mesmo individuais[14]), nem sempre é possível encontrar respostas para todas as dúvidas processuais que inevitavelmente surgem, sendo a lei geral, isto é, o Código de Processo Civil, invocado para solucioná-las como fonte subsidiária.

O problema, porém, não se resume a utilizar o CPC como lei supletiva, o que é automático em se cuidando de ações de natureza cível; ele segue adiante, ao indagarmo-nos acerca da conciliação entre suas disposições e as que se encontram nas legislações especiais. Dir-se-á, com suporte na clássica lição de Bobbio[15], que *lex posteriori generali non derogat priori especiali* e que, havendo sucessão de normas no tempo, prevalece o critério da especialidade. Porém, se as coisas no Direito (e na vida) fossem assim tão simples, haveria muito menos textos como este ocupando nossas livrarias e bibliotecas e pouco emprego para muita gente

---

14. Como ocorreu - e ainda ocorre, em certo grau - com as ações de medicamentos intentadas pelo Ministério Público, especialmente em favor de idosos, crianças ou adolescentes: à falta de um modelo adequado, optou-se pela via da *ação civil pública* na defesa de direitos individuais indisponíveis, o que constitui, não podemos negar, um desvio processual: mesmo que os tribunais tenham de modo geral feito vista grossa ao fato, trata-se de uma ação de cunho coletivo e de eficácia ampliada sem relação com objeto específico da demanda. Na verdade, são nada mais nada menos do que ações ordinárias a que se concedeu uma patente superior.

15. *Vide*, sempre luminoso, BOBBIO, Norberto. *O positivismo jurídico: lições de filosofia do direito*. São Paulo: Ícone, 1995. pp. 204-206.

que consome seus neurônios na interpretação de antinomias jurídicas. O fato é que nem sempre temos um *conflito*, propriamente, mas uma lacuna que deve ser preenchida, e esse preenchimento vai dar-se a partir de outras normas, especialmente do Código de processo Civil.

Um exemplo desse atrito em potencial (ou, como alguns gostam de dizer, aparente) se dá entre o novo CPC e a Lei da Ação Civil Pública com relação aos honorários da prova pericial; outro se estabelece entre o CPC, a Lei nº 13.146, de 06 de julho de 2015 (Estatuto da Pessoa com Deficiência) e o Código Civil, tanto no regime geral da *incapacidade* quanto na definição dos casos que autorizam a propositura de ações de curatela subsidiárias pelo Ministério Público. Essas interações constituem um belo exercício de resolução de antinomias normativas, daqueles que levam os candidatos de concursos à insanidade.

2.2 Poderes e deveres do Ministério Público no novo CPC e interações normativas

A lei processual (tanto o CPC quanto diplomas esparsos) prevê prerrogativas funcionais reservadas ao Ministério Público, e o novo CPC manteve essa linha. Essas prerrogativas não são *privilégios* concedidos porque o membro do Ministério Público tenha estudado mais para o concurso, seja mais importante ou precise de tempo para ir ao zoológico com a família dar pipoca aos macacos; são, antes de mais nada, medidas que reconhecem a sua relevância funcional (lembremos o art. 127 da Constituição Federal e seu eco no art. 176 do CPC) e o fato de que seu labor não se dá, ao contrário do que ocorre com advogados particulares, de forma *eletiva*, e sim *necessária*[16].

O objeto desta abordagem são aquelas situações pertinentes ao Ministério Público como órgão *agente*, ainda que muitas delas abranjam também a atuação do *Parquet* como órgão interveniente – o que é lógico, pois essas duas funções possuem muito mais coisas em comum do que diferenças, a começar pelo compromisso funcional de defender, em qualquer caso, o interesse público[17].

2.2.1 Intimação pessoal, prazo em dobro para manifestações e a demora na devolução dos autos.

Esse três assuntos estão relacionados e guardam uma certa ordem lógica, senão cronológica, entre si.

---

16. Não por outra razão que a Fazenda Pública e a Defensoria Pública também são destinatárias, no mesmo código, de prerrogativas idênticas ou no mínimo similares.

17. Sendo o foco deste artigo a atuação do Ministério Público como *autor* de demandas, remetemos, para uma análise mais detida sobre as disposições referentes ao *Parquet* como Fiscal da Ordem Jurídica, ao trabalho de nossa autoria já mencionado aqui.

O Ministério Público é sempre intimado *pessoalmente*; o art. 180 di-lo sem rodeios e remete ao disposto no art. 183, § 1º, de forma que essa intimação ainda se dará mediante *carga, remessa ou meio eletrônico* dos autos. A disposição vale para o *Parquet* como fiscal da ordem jurídica e como autor de demandas.

Não podemos esquecer, entretanto, que o CPC regula duas realidades paralelas, em especial nas Justiças Estaduais, ainda não completamente inseridas no sistema processual eletrônico (e ainda um tanto distante de o serem). Num ambiente de autos físicos, não há mistério: a intimação do Ministério Público é, com sempre foi, pela carga também física dos autos, iniciando-se a contagem do prazo no dia seguinte ao de sua carga ou remessa (arts. 230 e 231, VII), computado em dias úteis (art. 219 e seu parágrafo único).

No outro extremo, sendo o processo completamente eletrônico, a intimação será também, *por supuesto*, eletrônica, segundo o cadastro do art. 246, § 1º, aplicável ao Ministério Público (e às Defensoria e Advocacia Públicas) pelo disposto no art. 270, parágrafo único, e 1.050 do CPC. O prazo conta-se, agora, conforme as previsões dos arts. 230 e 231, V, e o dia do começo será, segundo esse inciso V, "o dia útil seguinte à consulta ao teor da citação ou da intimação ou ao término do prazo para que a consulta se dê, quando a citação ou a intimação for eletrônica". Lembremos que pelo art. 5º, § 6º, da Lei nº 11.419/06, que trata da informatização do processo judicial, essa intimação eletrônica é, para todos os efeitos, considerada *pessoal*[18]; e que, pelo § 3º do mesmo artigo, *"a consulta referida nos §§ 1º e 2º deste artigo deverá ser feita em até 10 (dez) dias corridos contados da data do envio da intimação, sob pena de considerar-se a intimação automaticamente realizada na data do término desse prazo*. É importante observar a dinâmica da intimação eletrônica: ela é tida por realizada no dia em que o intimando efetivar a consulta eletrônica de seu teor (§ 1º do art. 5º da Lei nº 11.419/06) ou no primeiro dia útil se a consulta se deu em dia não útil (e o art. 216 do CPC esclarece que *"além dos declarados em lei, são feriados, para efeito forense, os sábados, os domingos e os dias em que não haja expediente forense"*). A *contagem* do prazo terá início, assim, no dia *útil* seguinte à consulta ao teor da citação ou da intimação (art. 230, V, do CPC), e será em dias úteis.

Agora, se o representante do Ministério Público não efetuar essa consulta em dez dias corridos da data do envio da intimação, ele será considerado fictamente intimado na data do término desse prazo, contando depois o prazo como acima descrito – isto é, a partir do próximo dia útil e em dias também úteis. É lícito indagar se esse prazo corrido do § 3º do art. 5º da lei nº 11.419/06 não fere

---

18. O § 6º estende a pessoalidade dessa intimação, no entanto, apenas à *Fazenda Pública*, mas é difícil, pelo novo CPC, não considerá-la também para o Ministério Público. A questão terá relevância mais adiante, como veremos.

a regra geral do art. 219 do novo CPC, no sentido de que a contagem dos prazos processuais (e este, sem dúvida, é um prazo processual) se dá em dias úteis, e não na forma corrida. Mais uma vez temos uma antinomia normativa que pode ter dois desfechos: se entendermos que a lei posterior – o novo CPC - é geral, e a previsão do art. 11.419/06, ainda em vigor, é especial, esta prevaleceria pelo princípio *lex posteriori generali non derogat priori especiali*; do contrário, se consideramos que a Lei nº 11.419/06, mesmo especial num sentido, está inserida no contexto geral da dinâmica processual e a ela deve aderir à nova ordem, então os dez dias do § 3º do art. 5º também deveriam ser computados em dias úteis. A escolha do termo *dias corridos* pela disposição legal em destaque, num contexto em que ela não seria necessária (afinal, no art. 178 do CPC anterior, os prazos computavam-se de forma *contínua*, com ressalva apenas para o início e o término da contagem), parece orientar-se pela primeira linha argumentativa, e teríamos aqui uma exceção a ser mantida. Na dúvida, siga os dez dias corridos e não durma no ponto.

Uma terceira hipótese é mais problemática: a combinação desses dois mundos possíveis, pois o sistema de intimações eletrônicas do próprio CPC em tese pode conviver com o universo dos processos físicos - é o que dão a entender o art. 193 do CPC, em especial pelo vocábulo *comunicados*, e o art. 270 do mesmo diploma, que orienta no sentido de que as intimações serão, *sempre que possível*, por meio eletrônico[19]. Nesse caso, teríamos um descompasso, na medida em que o Ministério Público poderia ser considerado legalmente intimado, na sistemática do art. 231, V, do CPC, sem ter carga dos autos, em afronta não apenas ao regime de vista do próprio código (arts. 180, 183, § 3º, 231, VII), mas também ao que dispõe o art. 41, IV, da Lei nº 8.625/93 (Lei orgânica Nacional do Ministério Público):

> **Art. 41.** Constituem prerrogativas dos membros do Ministério Público, no exercício de sua função, além de outras previstas na Lei Orgânica:
>
> (...)
>
> **IV** - receber intimação pessoal em qualquer processo e grau de jurisdição, através da entrega dos autos com vista;

Como resolver esse conflito? Aparentemente, o legislador não atentou para o regime próprio de intimações do Ministério Público, da Advocacia Pública e da

---

19.   Posto que o parágrafo único desse dispositivo, ao remeter ao art. 246, § 1º, aluda ao sistema de *autos eletrônicos* no caso de intimações eletrônicas do Ministério Público, excepcionando a regra do *caput*. Para uma análise acurada dessa problemática, *vide* ARAÚJO, Adriano Luís de. *Ponderações sobre a sistemática dos atos processuais no novo Código de Processo Civil e sua influência sobre a atuação do Ministério Público*. In SILVA, Cláudio Barros; BRASIL, Luciano de Faria (org.). Reflexões sobre o novo Código de Processo Civil. 2ª ed. Porto Alegre: Livraria do Advogado, 2016. pp. 233-244.

Defensoria Pública – ou, ao menos, não foi explícito o suficiente -, criando certa perplexidade. Seja como for, não vemos aqui que o CPC, como norma geral, possa ter revogado as disposições específicas, no caso do Ministério Público de sua Lei Orgânica, e a melhor interpretação deve ser a que não permita ao Ministério Público esse sistema híbrido, em que se tenha uma intimação eletrônica para autos físicos sem a carga destes, em afronta direta a prerrogativa institucional explícita – e prejuízo inquestionável à sua atuação em qualquer de suas formas[20].

Uma vez intimado, o Ministério Público tem prazo em dobro para *manifestar-se* nos autos, conforme o do art. 180:

> **Art. 180.** O Ministério Público gozará de prazo em dobro para manifestar-se nos autos, que terá início a partir de sua intimação pessoal, nos termos do art. 183, § 1º.
>
> **§ 1º** Findo o prazo para manifestação do Ministério Público sem o oferecimento de parecer, o juiz requisitará os autos e dará andamento ao processo.
>
> **§ 2º** Não se aplica o benefício da contagem em dobro quando a lei estabelecer, de forma expressa, prazo próprio para o Ministério Público.

Atentemos para algumas filigranas desse artigo. Primeiro, que ele traz uma modificação em relação ao disposto no art. 188 do CPC de 1973; lá, o prazo era em dobro para o Ministério Público apenas para *recorrer* e em quádruplo para *contestar*, ao passo que pelo novo regime esse prazo é em dobro para *qualquer manifestação nos autos*, lembrando, ainda, que sua contagem se dá em *dias úteis* por força do art. 219[21]. Essa disposição vale para o Ministério Público enquanto autor de demandas e fiscal da ordem jurídica; contudo, o § 1º parece dirigir-se exclusivamente ao *Parquet* como *custos iuris*, na medida em que só nessa hipótese podemos falar de *parecer*[22].

---

20. Essas observações, repise-se, valem também para o Ministério Público enquanto fiscal da ordem jurídica.

21. Em dias úteis por tratar-se de *prazo processual,* como explicita o parágrafo único do art. 219; se o prazo for *material,* a contagem é como o regime anterior, em dias corridos. Portanto, cuidado: discute-se muito se os trinta dias do art. 308 (para a propositura da ação principal no caso de tutela cautelar antecedente) constituem um prazo processual ou material. Não temos como negar que a natureza, aqui, é dúplice: processual em relação à ação principal a ser proposta e material em relação à tutela antecipatória de urgência em vigor; mas, por outro lado, a ideia do artigo evidentemente é limitar a vigência da tutela de urgência, com o que sobressai o caráter *material* da norma, e sua contagem não seguirá a sistemática do art. 212 do novo CPC e muito menos a do art. 180 (isto é, também não se computa em dobro para o Ministério Público).

22. Um dúvida que surge, inevitavelmente, é a de que se, além da requisição dos autos quando o Ministério Público atue como fiscal da ordem jurídica e não o devolva em trinta dias, também se lhe aplicam as

O § 2º, de forma muito lógica, excepciona os casos em que o prazo seja *próprio*, isto é, já específico para que o Ministério Público faça determinado ato no processo. Para a atuação como fiscal da ordem jurídica, esse prazo geral existe, e é o de trinta dias do *caput* do art. 178[23]; mas, para a atuação do *Parquet* como *órgão agente* não existiria de regra um prazo *próprio* previsto de forma genérica no CPC, pois aqueles dirigidos ao demandante em geral lhe seriam de regra computados em dobro, inclusive o prazo residual do art. 218, § 3º (quando não houver prazo para o ato e o Juiz não o fixar), que de cinco passaria para dez dias. Contudo, se o Juiz do processo determina ao Ministério Público, como autor, a realização de tal ato em tantos dias (por exemplo, juntar um documento no prazo assinalado ou o endereço de uma testemunha em cinco dias; ou, ainda, o que é mais comum, fixar a entrega dos memoriais em quinze dias[24]), esse prazo passa a ser *próprio*, não se computando em dobro. Por fim, com relação ao prazo para recorrer - talvez nem fosse necessário explicitar, pois já era assim -, ele também é em dobro para o Ministério Público, assim como as respectivas contrarrazões.

Na condição de autor, a demora na devolução dos autos traz outras implicações: as penalidades previstas no art. 234, §§ 4º e 5º, do mesmo CPC[25]:

---

penalidades do art. 234, §§ 4º e 5º a seguir, diante da ausência de qualquer ressalva do art. 234. Levantamos a questão, sem porém resolvê-la, em nosso trabalho anterior, já mencionado (NOGUEIRA, Alécio Silveira. *As posições do Ministério Público no novo CPC. In* SILVA, Cláudio Barros; BRASIL, Luciano de Faria [org.]. Reflexões sobre o novo Código de Processo Civil. 2ª ed. Porto Alegre: Livraria do Advogado, 2016. pp. 103-147). Mas, numa perspectiva reversa, também é pertinente perguntar se, sendo o Ministério Público autor e não restituir os autos no designado prazo para o ato, caberia a sua *requisição* pelo juiz (sem prejuízo das penalidades pecuniárias e funcionais aplicáveis). Parece que sim, pois não se pode permitir que a posse do processo fique indefinidamente com alguma das partes, seja ela qual for. Seja como for, convém lembrar que essa "requisição", no processo eletrônico, é automática, com a retirada dos autos da carga após o decurso do prazo pertinente.

23. Existem outros prazos próprios para o Ministério Público como fiscal da ordem jurídica e que, por conseguinte, não se dobram: os cinco dias do art. 956; os quinze dias dos art. 982, III, e 983; os cinco dias do art. 991; os quinze dias do art. 1.019, III, *ad exemplum*.

24. Põe-se aqui uma situação curiosa: dificilmente o juiz, numa audiência de instrução em que resolva abrir prazo para as razões finais escritas nos termos do § 2º do art. 364, não explicitará que o prazo para as partes, dentre elas o Ministério Público, será de quinze dias – prazo que passará a ser próprio e, portanto, computado de forma simples, não em dobro (embora em dias úteis). Queremos dizer que, na prática, o prazo para razões finais será *sempre* próprio para o Ministério Público enquanto autor; se oficiar como fiscal da ordem jurídica, entendemos que deve prevalecer o prazo do art. 178, *caput*, de trinta dias, e não este (é recomendável que no momento da fixação do prazo na audiência isso seja lembrado ao juiz).

25. Não incide, no entanto, a vedação de carga do § 3º do mesmo artigo, que se destina aos advogados; porém, como sempre, há vozes isoladas que sustentam essa possibilidade - ou necessidade - com base na *isonomia* de tratamento (Nesse sentido, *vide* WAMBIER, Teresa Arruda Alvim... [et al.]. *Primeiros Comentários ao Novo Código de Processo Civil Artigo por Artigo*. São Paulo: Editora revista dos Tribunais, 2015. pp. 234/235), o que desconsidera as diferenças de atuação entre o Ministério Público (e Defensoria Pública) e a da advocais privada.

Art. 234. Os advogados públicos ou privados, o defensor público e o membro do Ministério Público devem restituir os autos no prazo do ato a ser praticado.

(...)

§ 4º Se a situação envolver membro do Ministério Público, da Defensoria Pública ou da Advocacia Pública, a multa, se for o caso, será aplicada ao agente público responsável pelo ato.

§ 5º Verificada a falta, o juiz comunicará o fato ao órgão competente responsável pela instauração de procedimento disciplinar contra o membro que atuou no feito.

Tais medidas, naturalmente, somente poderiam ser aplicadas após a intimação de que trata o § 2º. Agora, especificamente com relação ao disposto neste § 4º, surge outro problema, que é o de o Juiz estabelecer uma multa de meio salário mínimo nacional ao *agente responsável pelo ato*. Essa previsão de multa, bom que se diga, já existia no CPC anterior, no seu art. 197, mas era dirigida genericamente ao Ministério Público (o que decerto não diminui a problemática); agora, ela é *pessoal* do membro da instituição e sem prejuízo do procedimento disciplinar do § 5º. Trata-se de disposição, no entanto, de questionável constitucionalidade, pois não parece admissível no nosso sistema jurídico a aplicação de uma penalidade desse tipo (ou de qualquer outro) ao membro do Ministério Público sem um procedimento disciplinar – procedimento este que o Juiz, por óbvio, não possui competência para instaurar ou presidir. É curioso observar que esse cuidado teve o legislador com relação às penalidades dos §§ 2º a 5º do art. 77, que reprimem a infração pelas partes de seus deveres processuais, ao ressalvar, no § 6º daquele artigo, que não se aplicam aos "advogados públicos ou privados e aos membros da Defensoria Pública e do Ministério Público". Parece haver aqui dois pesos e duas medidas ou, no mínimo, uma desatenção do legislador (sempre presumindo a sua boa-fé na elaboração da leis, apesar dos tempos difíceis por que institucionalmente passamos).

2.2.2 Regime geral de custas e sucumbência para o Ministério Público

Normalmente, o volume de serviço e a relevância das diversas questões levadas ao Ministério Público diariamente tendem a tornar o assunto "sucumbência" algo secundário, de menor monta, uma pequeneza, já que todo mundo sabe, ou deveria saber, que a instituição é dispensada das custas do feito em razão do interesse público que o move e que não pode ser sucumbente. Infelizmente, não é *exatamente* assim, e essa perspectiva mais atrapalha do que ajuda na criação e na consolidação de um sistema coerente de custas para a atuação ministerial que feche de vez a porteira para decisões – felizmente ainda isoladas – de condenações a despesas, dentre elas honorários advocatícios, vultosas. Também nunca é demais lembrar que uma boa prova – dentre elas as perícias bem feitas e por isso mesmo caras – praticamente garante o êxito de uma demanda.

O novo CPC reserva duas dinâmicas em relação às custas e despesas do processo, conforme o Ministério Público esteja na condição de fiscal da ordem jurídica ou na de órgão agente. Para aquele, o § 1º do art. 82 estabelece que *"Incumbe ao autor adiantar as despesas relativas a ato cuja realização o juiz determinar de ofício ou a requerimento do Ministério Público, quando sua intervenção ocorrer como fiscal da ordem jurídica"*. Na verdade, a prova aqui é do *juiz*; ele apenas acolheu eventual pretensão probatória do Ministério Público - e por isso repassa o adiantamento de seu custeio para o autor. Quando o *Parquet* está no polo ativo das demandas, o tom muda.

O Ministério Público age como autor de demandas não porque tenha um especial *pendant* para o litígio ou porque seus membros são irascíveis e mal-humorados, mas porque o interesse público, *lato sensu*, e as disposições constitucionais o impelem para esse caminho, seja como legitimado exclusivo, concorrente ou subsidiário. Essa função ou *múnus publico* justifica a dispensa do ônus da sucumbência no processo como *regra*, entendendo-se o ônus da sucumbência como o gênero que abarca as custas e despesas processuais e, ainda, os honorários advocatícios da parte adversa - em suma, todas aquelas rubricas elencadas no art. 98 do novo CPC.

Um sistema de isenções de custas e honorários ao Ministério Público constitui a base do sistema de atuação da instituição, em qualquer de suas formas: caindo o *Parquet* no contexto geral da sucumbência, certamente seu representante levará em conta, mais do que seria razoável, o risco de a instituição sair vencida em ações com alto valor da causa, como por exemplo, anulatórias de licitações ou contratos públicos - e ainda responder pessoalmente algum procedimento disciplinar por ter dado causa ao prejuízo -, preferindo, num postura prudente, o porto seguro da inércia. Não é por outra razão que encontramos disposições dispersas que garantem ao Ministério Público essa isenção em variadas áreas, mas que reclamam uma sistematização, especialmente depois do novo CPC.

Por exemplo, o art. 88 do Estatuto do Idoso (Lei nº 10.741/03) é claríssimo em relação às ações sob sua regência, sejam elas individuais ou coletivas, com previsão expressa no seu parágrafo único de que "não se imporá sucumbência ao Ministério Público", ao passo que o art. 219 do Estatuto da Criança e do Adolescente (Lei nº 8.069/90) e o art. 87 do Código de Defesa do Consumidor (Lei nº 8.078/90), posto que tragam disposições similares à do art. 88 mencionado, não repetem a isenção especial de seu parágrafo único ao Ministério Público (a menção é feita à *associação autora*). Já a Lei de Improbidade Administrativa (Lei nº 8.429/92) é omissa quanto ao ponto, remetendo ao regime da Lei da Ação Civil Pública (Lei nº 7.347/85), onde o art. 18 contém uma regra de isenção que é estendida ao Ministério Público por um critério jurisprudencial. Por sua vez, o Estatuto da Pessoa com Deficiência é absolutamente alheia ao assunto. Como podemos perceber, existem graus diferentes de regulação da matéria nesses estatutos ou leis especiais, e é justamente nesses "espaços" que se inserem – ou não – as disposições do novo CPC em relação às despesas processuais.

No plano do novo CPC, ao Ministério Público como autor se reserva a seguinte orientação legal, dada pelo art. 91:

> **Art. 91.** As despesas dos atos processuais praticados a requerimento da Fazenda Pública, do Ministério Público ou da Defensoria Pública serão pagas ao final pelo vencido.
>
> **§ 1º** As perícias requeridas pela Fazenda Pública, pelo Ministério Público ou pela Defensoria Pública poderão ser realizadas por entidade pública ou, havendo previsão orçamentária, ter os valores adiantados por aquele que requerer a prova.
>
> **§ 2º** Não havendo previsão orçamentária no exercício financeiro para adiantamento dos honorários periciais, eles serão pagos no exercício seguinte ou ao final, pelo vencido, caso o processo se encerre antes do adiantamento a ser feito pelo ente público.

Além desse artigo, o CPC trata de custas e despesas processuais em outros pontos de seu texto, como quando isenta o Ministério Público de preparo para recorrer (art. 1.007, § 1º) e do depósito de 5% do valor da causa na ação rescisória (art. 968, § 1º). Por outro lado, repetindo o que já existia no art. 27 do CPC anterior, o art. 93 diz que *"As despesas de atos adiados ou cuja repetição for necessária ficarão a cargo da parte, do auxiliar da justiça, do órgão do Ministério Público ou da Defensoria Pública ou do juiz que, sem justo motivo, houver dado causa ao adiamento ou à repetição"*.

Voltemos à disposição do art. 91, *caput*: as despesas processuais, quando a requerimento do Ministério Público (ou da Fazenda ou Defensoria Públicas), serão pagas ao final pelo *vencido*. Não há, de regra, adiantamentos, e se o Ministério Público ganhar a ação, a parte adversa arcará com as custas do feito. E se perder: quem as suportará´? Notemos que a mesma norma já constava do art. 27 da lei processual anterior, de maneira que aqui não temos qualquer novidade.

Naquele contexto, Hugo Nigro Mazzilli defendia que:

> "Em caso de *improcedência* de ação movida pelo Ministério Público, como ele não tem personalidade jurídica, não será condenado a pagar custas, honorários advocatícios ou outras despesas

processuais: eventual responsabilidade pelos encargos da sucumbência será do ente estatal a que pertença."[26]

Esse ente seria a unidade da federação em que o Ministério Público se insere; é o que se denomina *teoria organicista do Estado*. Segundo essa vertente, baseada no art. 37, § 6º, da Constituição Federal, o Estado é responsável pelos encargos gerados por seus agentes, em sentido lato, incluindo as despesas processuais. Como comentaremos adiante, é a posição que o Superior Tribunal de Justiça tem mantido, inclusive em decisão recente, mesmo após o advento do novo CPC, com relação a despesas - mais precisamente adiantamentos de honorários - nas ações civis públicas movidas pelo Ministério Público (AgInt no REsp de nº 1.420.102-RS, da 1ª Turma do STJ, Rel. Min. Regina Helena Costa. j. em 21 de março de 2017).

No âmbito do CPC, para que se possa requisitar do Estado o pagamento da prova no processo quando o Ministério Público estiver no seu polo ativo, é necessária uma interpretação compatível do texto dos §§ 1º e 2º do art. 91, que cuida do custeio da prova pericial quando requerida pelo Ministério Público ou pela Defensoria Pública e que constitui a grande novidade do CPC nesse assunto.[27] Esses dispositivos legais permitem que as perícias sejam realizadas por entidades públicas ou tenham seu custeio *adiantado* pelo requerente, se houver previsão orçamentária. Mas o que parece ser uma faculdade num primeiro momento, após uma leitura atenta do § 2º, se converte numa *obrigação*, e somente se não houver previsão orçamentária *naquele exercício* é que se aplica a regra do *caput*, isto é, a alternativa do pagamento pelo vencido, se o processo se encerrar antes da possibilidade do adiantamento.

A questão é simples, ao menos na sua formulação: saber a que previsão orçamentária os §§ 1º e 2º aludem. Se ao ente público a que a Fazenda, o Ministério Público ou a Defensoria Pública estão vinculados - é a posição defendida com relação a esses dispositivos, por exemplo, por Ricardo de Barros Leonel e Anelise Monteiro Steigleder[28] -, caso em que a teoria organicista prevaleceria também

---

26.   MAZZILLI, Hugo Nigro. *Regime Jurídico do Ministério Público: análise do Ministério Público na Constituição, Lei Orgânica Nacional do Ministério Público, na Lei Orgânica do Ministério Público da União e Lei Orgânica do Ministério Público paulista*. 8ª ed. São Paulo: Saraiva. 2014. p. 285.

27.   O artigo na verdade estendeu ao Ministério Público e à Defensoria Pública o entendimento cristalizado, na vigência do CPC de 1973, pelo enunciado nº 232 da Súmula do STJ, cujo verbete é "A Fazenda Pública, quando parte no processo, fica sujeita à exigência do depósito prévio dos honorários do perito", o que acabava sendo aplicado também ao Ministério Público diante do impasse gerado a cada processo na tentativa de realização da prova pericial sem o adiantamento da verba. O STJ, no precedente já referido e que depois será retomado, utilizou esse mesmo enunciado para uma interpretação inversa.

28.   *Considerações sobre o dever de produção de provas no novo CPC e sua repercussão na atuação do Ministério Público*. In SILVA, Cláudio Barros; BRASIL, Luciano de Faria (org.). Reflexões sobre o novo Código de Processo Civil. 2ª ed. Porto Alegre: Livraria do Advogado, 2016. pp. 245-263. É também o pensamento de Hugo Nigro Mazzilli, adotada porém ainda no regime do CPC anterior (MAZZILLI, Hugo Nigro. *A defesa dos interesses*

em relação a essa despesa. Ou se a seus *próprios* orçamentos, hipótese que fará com que cada ente público não apenas tenha de arcar com o adiantamento da perícia, com o pagamento, ao final, das despesas processuais acaso vencido. Isso porque não faria sentido que um tipo de despesa seja pago de um jeito e as demais, de outro: só um orçamento, em tese, deveria abarcá-las.

De fato, é indispensável certo esforço interpretativo para ler no art. 91 e em seus §§ 1º que a previsão orçamentária de que a lei trata é a do ente estatal a que a Fazenda, o Ministério Público ou a Defensoria Pública estiver atrelada institucionalmente e não deles próprios. Notemos que o dispositivo legal trata de três entes públicos: Fazenda Pública, Ministério Público e Defensoria Pública, e se a ideia fosse imputar *tudo* à Fazenda Pública, é razoável supor que isso teria sido explicitado; e mais: se cada ente público citado no artigo tem ele próprio que adiantar os honorários periciais (e isso de qualquer modo está *muito* claro nos §§ 1º e 2º), podemos concluir, sem maiores dificuldades, que só o responsável pelo pagamento de uma despesa é quem pode adiantar ou não o seu custeio[29]. Essa norma parece ir na direção da tão reclamada isonomia do Ministério Público com as demais partes, a partir da regra geral do art. 82, *caput*, e do art. 95, segundo a qual *"cada parte adiantará a remuneração do assistente técnico que houver indicado, sendo a do perito adiantada pela parte que houver requerido a perícia ou rateada quando a perícia for determinada de ofício ou requerida por ambas as partes"*.

Portanto, os §§ 1º e 2º do art. 91 não tratariam apenas do adiantamento da prova pericial; eles acabam definindo que o vencido do *caput* – dentre eles o Ministério Público – arcarão com a sucumbência com seus próprios orçamentos.

Por outro lado, fere a coerência judicial exigida pelo art. 926 do mesmo CPC que tenhamos um regime de custas imposto ao Ministério Público pelo art. 91 e outro nas ações coletivas (na esteira da decisão do Superior Tribunal de Justiça), e o grande desafio institucional é provocar a ampliação deste precedente a todos os casos em que se falar de qualquer custo processual atribuído ao *Parquet* na sua atuação como órgão agente.

---

difusos em juízo. 8ª ed. São Paulo: Saraiva, 1996. pp. 458-461; e *Regime jurídico do Ministério Público*. 8ª ed. São Paulo: Saraiva, 2014. p. 285).

29. Quando defendemos ou rejeitamos uma tese, a intenção é de apontar, primeiro, aquela interpretação do texto legal mais autorizada do ponto de vista semântico e sistemático; depois, o que por essa mesma razão, o que provavelmente será seguido pela doutrina e pela jurisprudência e enfim adotado na prática judiciária. Não imprimimos nesse método nossa preferência pessoal (não, ao menos, de forma consciente). Como membro do Ministério Público, a torcida é pela linha oposta; mas pode ser difícil negar a possibilidade, senão a probabilidade, de firmar-se entendimento diverso. *Amicus Plato, amicus Aristoteles, magis amica veritas.* Dito de outro modo, a compreensão de que o assunto talvez não esteja resolvido e de que a interpretação literal do art. 91 pode criar problemas futuros é o primeiro passo na tentativa de construir um regime de custas ao mesmo tempo justo e não-oneroso para o Ministério Público.

O Ministério Público como órgão agente e o Novo CPC

Na prática, porém, antes de uma definição sobre o tema, as custas do processo de natureza *individual* movido pelo *Parquet* que recebeu um juízo de improcedência (digamos, uma curatela) acabam dispensadas de uma forma ou de outra pelo juiz em razão do interesse público da demanda, não raro mediante utilização do instituto de assistência judiciária gratuita para justificar a dispensa. Solução nada técnica, convenhamos, pois o Ministério Público não é "pessoa natural ou jurídica, brasileira ou estrangeira, com insuficiência de recursos para pagar as custas, as despesas processuais e os honorários advocatícios" a ponto de fazer jus, pelo art. 98 do novo CPC, à assistência judiciária gratuita; também o regime desse benefício não é de isenção, mas de suspensão da sucumbência e da responsabilidade por seu pagamento, como vemos nos §§ 2º, 3º e 4º do art. 98 - dispositivos preocupantes e que não possuem relação alguma com o Ministério Público enquanto instituição. Todavia, melhor isso que nada, e tudo leva a crer que a prática será a ser mantida no Poder Judiciário, já que, pelo art. 91, caput, do novo CPC, não houve mudança textual nesse ponto em relação ao pretérito art. 27. Mais um ótimo motivo para debater a questão.

Estando o art. 91 no CPC, a norma que ele contém em princípio é de natureza *geral*; mas sabemos que existem várias leis especiais, os "estatutos", que possuem seu próprio sistema processual e que tomam o CPC como fonte completiva e subsidiária, desde que não conflite com suas próprias disposições. Por isso, é importante definir quando o art. 91 é o regime preponderante e quando não é; e, não o sendo, o que acontece. Ora, ele será aplicado sem qualquer dúvida àquelas ações movidas pelo Ministério Público reguladas pelo *próprio código*, como, por exemplo, as ações de inventário (art. 616, IV), de jurisdição voluntária (art. 720, dentre elas a de *interdição* ou *curatela*), incidentes de desconsideração da personalidade jurídica (art. 133) e ações ordinárias naquelas hipóteses para as quais não haja um procedimento especial[30]. Em segundo lugar, àquelas ações *de natureza individual* reguladas por leis especiais cujo procedimento tenha o CPC por fonte primordial e não contenha disposições processuais atinentes ao tema ou as tenha minimamente. É o caso da Lei nº 13.146/15 (Estatuto da Pessoa com Deficiência), em que a ação de curatela, cujo rito, à falta de um procedimento específico previsto nessa lei, segue as

---

30. Remetemos o leitor à nota de rodapé nº 13, no que tange às ações de medicamentos que porventura o Ministério Público tenha de intentar, geralmente no âmbito do ECA ou do estatuto do Idoso, e que, apesar de serem *ações ordinárias*, não raro são denominadas, de forma equivocada, de *ações civis públicas*, forçando a aplicação de um regime procedimental inadequado. O problema não é formal; se o Ministério Público está numa ação ordinária de medicamentos e há necessidade de uma prova pericial que não seja realizável pelos departamentos médicos judiciários, pelos psiquiatras das Secretarias Municipais de Saúde ou, ainda, pelo próprio médico do paciente - o impasse do adiantamento dos honorários periciais pelo disposto no art. 91, §§ º e 2º, inevitavelmente virá à tona.

disposições também específicas do CPC (adiante comentaremos a colisão de normas nesse ponto)[31].

De outro lado, mesmo em tese, temos de discutir o alcance dessas disposições do art. 91 aos procedimentos especiais, porque uma hora ou outra o tema irá surgir. Nosso modelo aqui para cotejo é sempre o da Lei n° 7.347/85; seu art. 18 estabelece que:

> **Art. 18.** Nas ações de que trata esta Lei, não haverá adiantamento de custas, emolumentos, honorários periciais e quaisquer outras despesas, nem condenação da associação autora, salvo comprovada má-fé, em honorários de advogado, custas e despesas processuais.

E o art. 19 complementa:

> **Art. 19.** Aplica-se à ação civil pública, prevista nesta Lei, o Código de Processo Civil, aprovado pela Lei n° 5.869, de 11 de janeiro de 1973, naquilo em que não contrarie suas disposições.

Troquemos aqui, sem problemas, o CPC de 1973 pela Lei 13.105, de 16 de março de 2015, até porque seu art. 1.046, § 2°, é explícito no sentido de que as "disposições especiais dos procedimentos regulados em outras leis" permanecem.

Então, haverá ou não adiantamento da prova pericial para o Ministério Público quando ele figurar como *autor* numa ação civil pública? O solução interpretativa mais segura, na linha do princípio de que lei geral posterior não revoga lei especial anterior, é a de que o art. 91 não tem o que fazer no domínio das ações coletivas movidas pelo Ministério Público. Não há, assim, adiantamento de honorários periciais nem sucumbência ao Ministério Público quando vencido em tais ações (a não ser na comprovada litigância de má-fé, mas torcemos para que isso jamais ocorra nas ações movidas pelo Ministério Público).

É possível – sim, tudo é possível – entender que as disposições dos §§ 1° e 2° do art. 91, embora figurando num contexto *geral*, tratam de forma *específica* da prova pericial a ser produzida pelos entes públicos que o artigo elenca, dentre eles o Ministério Público; e que, nesse caso, lei especial posterior revogaria lei especial anterior, de forma que haverá adiantamento dos honorários periciais, e a cargo dos orçamentos institucionais próprios, também nas ações coletivas

---

31. Insistimos no ponto: se a ação for de natureza *individual* e não tiver regulação na lei especial com relação ao seu sistema de custas, aplica-se, ao Ministério Público, o CPC, art. 91; se a ação for *coletiva*, de regra o veículo processual é a *ação civil pública*, a carregar consigo todo o regime sucumbencial do seu art. 18. É o que se dá nas ações de improbidade administrativa e, na área da proteção à pessoa com deficiência, naquelas demandas do art. 3° da Lei n° 7.853/98 que tenham projeção metaindividual, *ad exemplum*.

regidas pela Lei da Ação Pública, pelo CDC, pelo ECA, pelo Estatuto do Idoso etc. De qualquer modo essa não parece ser, nem de longe, uma posição razoável.

Ficando tudo então como está nas ações coletivas, evitamos um problema novo e mantemos um velho, pois o custeio das perícias nas ações civis públicas constitui a dor de cabeça do Ministério Público – já que os peritos têm enorme resistência em entregar seus laudos à Justiça sem antes receber seus honorários. Por outro lado, se a jurisprudência começar a estender os §§ 1º e 2º do art. 91 do novo CPC aos regimes especiais, revendo o precedente do STJ aqui mencionado, o Ministério Público também precisará traçar estratégias. Sintetizemos algumas possibilidades para contornar o problema, seja qual for o resultado desse embate.

a) O adiantamento da despesa cabe ao ente estatal ao qual as instituições dos §§ 1º e 2º estão vinculadas. Se porventura o adiantamento for determinado na ação coletiva (e o Ministério Público não obtiver sucesso no recurso cabível), podemos invocar a já referida *teoria organicista do Estado*. A tese já vinha sendo adotada antes do novo CPC pelo Superior Tribunal de Justiça[32]. Em março de 2013, o REsp nº 1.253.844-SC, afeito à Primeira Seção e sendo Relator o Min. Mauro Campbell Marques, foi julgado sob o regime do art. 543-C do CPC então vigente (recursos repetitivos, com geração de precedente), definindo a linha de que o Ministério Público não deve adiantar o custeio de perícias nas ações civis públicas em que seja autor, e se alguém deve arcar com essa despesa é a Fazenda Pública à qual estiver vinculado[33]. A questão foi rediscutida no REsp 1.420.102-RS, cujo julgamento se deu já em setembro de 2016, em que a Min. Regina Helena Costa invocou o acórdão em questão, confirmado como precedente no AgInt desse mesmo REsp de nº 1.420.102-RS (da 1ª Turma do STJ, Rel. Min. Regina Helena Costa. j. **em 21 de março de 2017**), dizendo: "*É firme o posicionamento desta Corte no sentido de ser aplicável, por analogia, o enunciado da Súmula nº 232/STJ a fim de determinar que a Fazenda Pública à qual o Ministério Público se ache vinculado arque com o adiantamento dos honorários das perícias pleiteadas pelo Parquet nas ações civis públicas*".

O Ministério Público, portanto, tem em seu favor esse valioso amparo jurisprudencial do STJ – aliás, um precedente cuja atualidade foi reconhecida pelo julgado colacionado e que deve ser observado pelos juízes e tribunais nos termos

---

32. Exemplificativamente, *vide* o REsp de nº 864.314 – SP (da Segunda Turma do STJ, Rel. Min. Mauro Capbell Marques, j. em 10 de agosto de 2010) e o AgRg no REsp de nº 1.280.441 – MG (da Primeira Seção do STJ, Rel. Min. Castro Meira, j. em 11 de junho de 2013).

33. Há contra esse acórdão, segundo se consignou no Agravo Interno no REsp. nº 1.420.102, uma ação rescisória; porém, como a ela não se conferiu nenhum efeito suspensivo, o entendimento continua plenamente aplicável.

do art. 927, III, do CPC. Mas isso não afasta o risco de que os §§ 1º e 2º do art. 91 do CPC gerem ondas hermenêuticas cada vez mais amplas, como aquelas pedrinhas jogadas por distração num lago sereno, que mudem esse entendimento e favoreçam o de que, se o CPC convocou o orçamento do Ministério Público para custear as despesas processuais em algum momento, será lógico que isso ocorra *em qualquer lugar* em que o Ministério Público tenha de arcar com alguma espécie de despesa processual. Um perigo que, ao menos em tese, não pode ser descartado e que deve desde logo ser combatido.

b) Perícias realizadas por entidades públicas. A primeira parte do § 1º do art. 91 contempla a possibilidade de que as perícias sejam realizadas por entidades públicas, e aqui se inserem os órgãos públicos e os convênios que o Ministério Público pode firmar com universidades também públicas nas áreas técnicas. Mesmo que esse dispositivo não tenha aplicação direta nas ações civis públicas, a dica é útil também nesse plano processual. Citamos como exemplo as vigilâncias sanitárias ou ambientais de um município ou do Estado, ou ainda a ajuda de profissionais de formação técnica nas respectivas secretarias de saúde. Nesses casos, obviamente, há uma transferência dos custos a tais entes públicos, mas que podem ser absorvidos sem maiores repercussões orçamentárias. Provavelmente, há um bom caminho a ser trilhado e que resolverá em grande parte o problema em debate, em especial se a perícia puder ser realizada por órgão público; no caso de entidades conveniadas, porém, as limitações orçamentárias também pesarão dependendo do tipo de perícia, de forma que a dificuldade persistirá, como sempre, naquelas perícias de natureza muito técnica *et pour cause* muito caras.

c) Redistribuição do ônus da prova. O Ministério Público pode investir – e de certo modo *deve* fazê-lo sempre que possível – na dinamização do ônus da prova, transferindo à parte demandada o custeio da prova pericial necessária à solução da lide[34]. E isso pode acontecer antes mesmo da ação judicial, ainda no âmbito do inquérito civil, pelo que dispõem os arts. 373, § 3º e 4º (já referidos aqui), e 190 do novo CPC, sem prejuízo das disposições especiais que já prevejam essa possibilidade, como ocorre nas áreas ambiental e consumerista[35].

---

34. No projeto do CPC aprovado pelo Senado, havia uma disposição expressa no sentido de que a redistribuição do ônus da prova pelo art. 373, § 1º, não modificava as regras referentes à distribuição dos encargos financeiros das partes na sua produção - o que foi, por sua falta de lógica, excluído da versão final (*vide* FERREIRA, William Santos. *Das provas. In* WAMBIER, Teresa Arruda Alvim... [et. ali.]. *Primeiros Comentários ao Novo Código de Processo Civil Artigo por Artigo*. São Paulo: Editora revista dos Tribunais, 2015. p. 1.013).

35. O problema da prova pericial surge normalmente *antes* do processo judicial, ainda na fase do inquérito civil; nessa etapa extrajudicial, o Ministério Público constrói a verossimilhança da justa causa para a ação a partir de, conforme o caso, laudos efetuados na esfera administrativa ou policial (pensemos numa constatação de dano ambiental pela fiscalização ambiental), mas essas provas provisórias, geralmente não mais do que meras pontes para a judicialização do pedido, adiante precisarão ser confirmadas pelo

O Ministério Público como órgão agente e o Novo CPC

d) O Ministério Público deve adiantar, com base em seu orçamento, tais despesas periciais. Mesmo protegidos pela decisão do STJ acima referida, não podemos descurar dessa hipótese dolorosa, pois não se descarta a possibilidade de que as decisões judiciais se inclinem a aplicar o art. 91 e seus parágrafos às ações coletivas, resolvendo um problema que não deixa de ser também do juiz da causa, que é o de definir quem deve arcar com o custeio das provas periciais, e os recursos poderão fazer com que logo tenhamos uma orientação jurisprudencial nesse sentido. É que, como tais orientações são novas no sistema processual, elas têm um poder muito forte de sedução sobre intérprete legal, que normalmente se utiliza do brocardo *jura novit curia* de uma maneira quase passional.

A vingar esse horizonte desfavorável, podemos pensar, como alternativa, no aparelhamento dos departamentos ou gabinetes de assessoramento técnico do próprio Ministério Público para fazer frente a essas demandas técnicas sem desembolsos; mas sempre haverá o questionamento pela parte adversa de que o Ministério Público não pode produzir, por seus órgãos internos, uma prova no plano processual e à luz do contraditório que dê suporte a sua própria pretensão. O que, convenhamos, faz sentido. Em último caso, portanto, os orçamentos do Ministério Público e das demais instituições referidas no art. 91 deverão contemplar uma rubrica para esse tipo de despesa, provavelmente a partir de algum fundo de aparelhamento.

e) Soluções casuísticas. Alternativamente, o Ministério Público poderá angariar apoio na esfera privada - se não sem despesas, ao menos com um custeio mais palatável ou até diferido ao final da ação - para determinadas avaliações técnicas mediante projetos de pesquisa que se interessem por esse tipo de auxílio e, claro, pela visibilidade dele resultante. Tudo, enfim, como de costume, depende de articulação institucional não raro desenvolvida de forma bastante localizada, segundo a habilidade de negociação do Promotor de Justiça que intenta a ação. Os peritos contábeis que costumam atuar nos processos falimentares de uma comarca e que são conhecidos do Ministério Público e do Juízo (e que buscam, de maneira legítima, manter boas relações com esses órgãos) podem aceitar de bom grado a realização de perícias em ações movidas pelo *Parquet* dentro da Lei de Recuperação Judicial e Extrajudicial e de Falência, por exemplo,

---

contraditório, quando então o problema do custeio de perícias judiciais se manifesta de forma aguda, em especial quando ficar claro que o ônus da prova, no caso dado, é do Ministério Público. Uma das possibilidades está no art. 373, § 4º, que permite a redistribuição do ônus probatório antes da ação, por *convenção das partes* (mediante, por exemplo, um termo de ajustamento de conduta procedimental firmado no âmbito do inquérito civil, como prevê o art. 190 do novo CPC); mas é difícil esperar que essa solução vingue na maioria dos casos, a não ser que haja uma especial boa vontade da parte investigada em esclarecer os fatos.

ou ainda em casos de improbidade administrativa (que não raro depende de prova pericial contábil), tudo a um custo relativamente baixo ou a ser suportado, a final, pelo vencido. Quem negar essa dinâmica dos relacionamentos profissionais está completamente fora de realidade – pelo menos nas comarcas menores.

Todas essas possibilidades acima articuladas não se excluem mutuamente, conforme o caso, nem impedem soluções inovadoras quando não funcione, por uma razão ou outra, o custeio pelo Estado a que o Ministério Público esteja vinculado (na linha da decisão do STJ antes colacionada). Mesmo que um dia se altere a jurisprudência no sentido de impor ao Ministério Público o custeio de forma adiantada ou a final, mas com seu orçamento, de despesas processuais, soluções pontuais e alternativas podem ser costuradas no caso concreto, evitando o pagamento direto das perícias necessárias ao sucesso de nossas causas.

Agora, aproximemo-nos da questão por outro ângulo: não traria o art. 91 e seus §§ 1º e 2º uma via de libertação ao Ministério Público? Paguemos, enfim, as tais perícias sem mendigá-las, e o problema de sua produção se dissipará; quem sabe assim não alcancemos um refinamento de mentalidade, e mediante a orientação de nossos assessoramentos internos (sempre criteriosa) peçamos nas ações que movemos perícias mais específicas, menos custosas e mais objetivas. A saída poderá dar-se, como dito, pela estruturação de fundos de aparelhamento para custeio dessas despesas. No âmbito do Estado do Rio Grande do Sul, por exemplo, temos a Lei nº 14.791, de 15 de dezembro de 2015, que dispõe sobre o Fundo para Reconstituição de Bens Lesados – FRBL (regulamentando o fundo do art. 13 da Lei da Ação Civil Pública), cujo art. 6º, inciso III, destina recursos também para o "custeio de honorários decorrentes da realização de perícias pelos órgãos de execução do Ministério Público"[36].

De outro lado, mesmo que eventualmente adiantemos o custeio de perícias, elas deverão ser ressarcidas pelo vencido caso ganhemos a ação. Essa lógica traz implicações. Uma delas é evitar, ao máximo, ações temerárias, com escassa base probatória já na fase do inquérito civil, pois perícias que de antemão se mostram fadadas ao insucesso indicam que talvez não tenhamos justa causa para uma demanda; a outra, a de que devemos nos empenhar institucionalmente a buscar, além dos ressarcimentos próprios do tipo de ação proposta, a recuperação dos gastos despendidos na vitória angariada[37].

---

36. Saliente-se, porém, que Hugo Nigro Mazzilli é categórico no sentido da impossibilidade da destinação desse fundo da LAC para tal propósito, pois ele se destinaria à reconstituição de bens lesados (MAZZILLI, Hugo Nigro. *A defesa dos interesses difusos em juízo.* 8ª ed. São Paulo: Saraiva, 1996. pp. 458-461; e *Regime jurídico do Ministério Público.* 8ª ed. São Paulo: Saraiva, 2014. p. 454).

37. Aliás, no âmbito do Ministério Público do Rio Grande do Sul, a conformidade com a condenação do Ministério Público aos ônus sucumbenciais pode caracterizar inclusive falta funcional.

O Ministério Público como órgão agente e o Novo CPC

Por fim, a se consagrarem tais linhas interpretativas, nunca é demais lembrar que, por força do art. 128, § 5º, II, *a*, da Constituição Federal, se o Ministério Público se sagrar vencedor de qualquer ação, não fará jus a "honorários, percentagens ou custas processuais". Talvez, com a ameaça da linha traçada pelos §§ 1º e 2º do art. 91 do CPC, se deva lutar por uma revisão dessa orientação constitucional e pela destinação aos fundos de aparelhamento existentes da sucumbência da parte vencida, especialmente para o custeio de perícias nas ações em que atuamos[38].

2.2.3 Produção probatória

O Ministério Público, quando fiscal da ordem jurídica, poderá *"produzir provas, requerer as medidas processuais pertinentes e recorrer"*, diz o art. 179, II; no caso de atuar como órgão *agente*, no entanto, o novo CPC não reproduz o que o art. 81 do CPC de 1973 previa, isto é, que o Ministério Público exerceria *"o direito de ação nos casos previstos em lei, cabendo-lhe, no processo, os mesmos poderes e ônus que às partes"*, limitando-se a estatuir que o *"Ministério Público exercerá o direito de ação em conformidade com suas atribuições constitucionais."* A explicação parece ser a mais óbvia: o art. 81, mesmo no contexto do código anterior, não dizia a verdade; ainda que os ônus do Ministério Público enquanto autor pudessem ser os mesmos das partes, seus poderes não o eram, a começar pelo prazo em dobro. O novo CPC parece, então, apenas ter extirpado uma disposição não apenas vazia como capaz de induzir a erro, sem pretender subtrair o *Parquet* à dinâmica natural da produção probatória do processo civil.

Naturalmente, o *tipo* de interesse que atrai o Ministério Público para o polo ativo de uma demanda terá repercussão na distribuição do ônus probatório por força, por exemplo, do que dispõe o art. 345, II, do CPC, que afasta os efeitos da revelia dos litígios que versem sobre direitos indisponíveis, de maneira que, de um lado, a ausência de contestação nessas ações não isenta o Ministério Público de provar o que alega, de outro não faz com que eventual ponto não enfrentado na réplica importe em confissão ficta em relação a fatos impeditivos, modificativos ou extintivos do direito invocado pelo autor trazidos pelo réu na contestação.

Feita a ressalva, pode-se dizer que de regra o Ministério Público se submete às disposições do art. 373, I, do CPC (o ônus da prova incumbe ao autor, quanto ao fato constitutivo de seu direito), e para isso pode servir-se de todo o espectro de provas possível nos termos do art. 369 do CPC: *"As partes têm o direito*

---

38. Para o futuro, quiçá devemos tomar por modelo o FADEP, da Defensoria Pública, criado pela Lei Complementar nº 80, de 12 de janeiro de 1994, e a que se destinam as *verbas sucumbenciais decorrentes de sua atuação* (com a restrição da Súmula nº 421 do STJ).

de empregar todos os meios legais, bem como os moralmente legítimos, ainda que não especificados neste Código, para provar a verdade dos fatos em que se funda o pedido ou a defesa e influir eficazmente na convicção do juiz[39]." Mas é nos parágrafos desse mesmo artigo 373 que se descortinam instrumentos valiosos para a atuação do *Parquet* como órgão agente:

> § 1º Nos casos previstos em lei ou diante de peculiaridades da causa relacionadas à impossibilidade ou à excessiva dificuldade de cumprir o encargo nos termos do caput ou à maior facilidade de obtenção da prova do fato contrário, poderá o juiz atribuir o ônus da prova de modo diverso, desde que o faça por decisão fundamentada, caso em que deverá dar à parte a oportunidade de se desincumbir do ônus que lhe foi atribuído.
>
> § 2º A decisão prevista no § 1º deste artigo não pode gerar situação em que a desincumbência do encargo pela parte seja impossível ou excessivamente difícil.
>
> § 3º A distribuição diversa do ônus da prova também pode ocorrer por convenção das partes, salvo quando:
>
> I - recair sobre direito indisponível da parte;
>
> II - tornar excessivamente difícil a uma parte o exercício do direito.
>
> § 4º A convenção de que trata o § 3º pode ser celebrada antes ou durante o processo.

É a *dinamização do ônus da prova*, e que na verdade representa uma inversão da lógica da primeira parte do art. 373 (que abriga a distribuição dita *estática* do ônus da prova[40]). A novidade está na possibilidade, agora explícita, de que essa alteração da regra aconteça em qualquer tipo de processo e por decisão do juiz da causa, isto é, se dê *ope judicis*[41]. Essa ideia tem na sua árvore genealógica um ascendente ilustre: o art. 6º, VIII, do Código de Defesa do Consumidor, aliado aos arts. 13, § 3º, II, e 14, § 3º, I, do mesmo estatuto (hipóteses de redistribuição do ônus probatório *ope legis*) – uma boa ideia que acabou se estendendo, primeiro pela via dos tribunais e agora por meio da lei processual geral, aos casos

---

39. Incluem-se nessas provas as quebras de sigilo fiscal e bancário e ainda os registros telefônicos (tudo mediante ordem judicial, *sempre*); mas a *interceptação telefônica* somente pode ser produzida em uma ação penal, segundo a Lei nº 9.296, de 24 de julho de 1996. Essa prova poderá vir para o processo cível (pensemos numa ação de improbidade administrativa ou mesmo numa ação ressarcitória do erário movida pelo Ministério Público), mas dependerá de seu compartilhamento pelo juízo criminal com o juízo cível e a oportunização do contraditório (art. 372 do CPC) – além dos cuidados relacionados com o *sigilo* desse tipo de informação juntada a o processo (art. 189, III, do CPC).

40. *Vide* WAMBIER, Teresa Arruda Alvim... [et. ali.]. *Primeiros Comentários ao Novo Código de Processo Civil Artigo por Artigo.* São Paulo: Editora revista dos Tribunais, 2015. p. 1.005.

41. *Vide* AMARAL, Guilherme Rizzo. *Comentários às Alterações do Novo CPC.* São Paulo: Editora Revista dos Tribunais, 2015. p. 498.

além do direito consumerista. A adoção da medida dependerá do caso concreto, por óbvio, e convém explicitar a razão de a demandarmos. Por isso desde cedo devemos convencer o juízo de que a peculiariedade *dos fatos* a reclama[42]; de que o Ministério Público tem excessiva dificuldade em produzir a prova naquele processo; e de que é mais fácil à parte demandada realizá-la. Normalmente, a redistribuição do *ônus probabndi* decorre de aspectos relacionados, de um lado, com o tipo de prova pretendida – geralmente de caráter muito técnico e que não raro depende de dados que a parte demandada já deve ter fornecido a autoridades administrativas ou agências reguladoras (o que faz presumir a sua veracidade, mas numa presunção *iuris tantum*) – e, de outro, da *qualidade* da parte demandada, no sentido de ser plenamente capaz de custeá-la ou mesmo produzi-la sem maiores impactos financeiros para si. O § 2º do art. 373, de outro lado, estabelece – o que é natural - a proibição de que da inversão resulte o que normalmente se qualifica de *probatio diabólica* reversa[43].

O momento adequado para a apreciação do pedido é o de *saneamento do processo*, isto é, antes da instrução (art. 357, III); mas, a rigor, a adoção da técnica pode dar-se a qualquer oportunidade, desde que antes da sentença, caso se trate de inversão *ope judicis*[44] - até para que a parte, em atendimento do § 1º do art. 373, *in fine*, tenha a oportunidade de desincumbir-se desse ônus. Não esqueçamos, no entanto, a possibilidade de que a redistribuição do ônus da prova aconteça por convenção das partes e *antes* mesmo do processo (§§ 3º e 4º do art. 373). A importância disso para o Ministério Público – inclusive para fins de custeio da prova –, são aspectos já mencionados nesta exposição.

Não é nosso objetivo aqui esmiuçar o tema da produção probatória do Ministério Público segundo o novo CPC, que é vasto[45], mas pelo menos duas disposições específicas do novo CPC ainda merecem atenção, porque também são novidades e interferem de forma direta e pragmática na atuação do Ministério Público como órgão agente. A primeira disposição a ser destacada é:

---

42. Adverte William Santos Ferreira: "São inadmissíveis decisões genéricas de distribuição dinâmica do ônus da prova. Cada *fato probando* deverá ser especificado e demonstrada a razão para a dinamização, do contrário não haverá a fundamentação exigida pelo § 1º do art. 373." (*In* WAMBIER, Teresa Arruda Alvim... [et. ali.]. *Primeiros Comentários ao Novo Código de Processo Civil Artigo por Artigo*. São Paulo: Editora revista dos Tribunais, 2015. p. 1.010.

43. *Op. cit., p. 501.* O § 3º do art. 373, que trata da possibilidade de que as partes convencionem a redistribuição do *ônus probandi*, também traz essa vedação, a que acresce a de que a inversão não pode recair sobre direito indisponível.

44. *Op. cit.*, p. 499.

45. Para uma visão mais aprofundada do tema, incluindo o tópico aqui tangenciado da dinamização do ônus da prova, *vide* STEIGLEDER, Anelise Monteiro. Considerações sobre o dever de produção de provas no novo CPC e sua repercussão na atuação do Ministério Público *In* SILVA, Cláudio Barros; BRASIL, Luciano de Faria (org.). Reflexões sobre o novo Código de Processo Civil. 2ª ed. Porto Alegre: Livraria do Advogado, 2016. pp. 245 a 263.

Art. 455. Cabe ao advogado da parte informar ou intimar a testemunha por ele arrolada do dia, da hora e do local da audiência designada, dispensando-se a intimação do juízo.

(...)

§ 4º A intimação será feita pela via judicial quando:

(...)

IV - a testemunha houver sido arrolada pelo Ministério Público ou pela Defensoria Pública;

Aqui temos mais um daquelas diferenciações decorrentes do tipo de atuação do Ministério Público e da Defensoria Pública (e que motivaram a supressão da norma contida no art. 81 do CPC anterior): suas testemunhas serão intimados judicialmente para a audiência - ao contrário dos advogados, que devem intimar eles próprios as suas ou convencê-las a comparecer ao ato espontaneamente. A mudança em relação ao CPC de 73 (em que a matéria vinha regulada no art. 412) reside em que o ônus de intimar a testemunha agora é, como regra, da parte, por seu advogado, inclusive mantendo em favor deste, como no regime anterior, a prerrogativa de levar a testemunha à audiência; apenas frustrada a intimação do §1º do CPC é que a intimação será por mandado, ou então mediante justificativa da necessidade dessa forma de cientificação. O § 4º, IV, porém, excepciona essa dinâmica (mantendo o que era a regra pelo art. 412 revogado) quando a testemunha for do Ministério Público ou de Defensoria Pública, independentemente de qualquer razão especial.

A disposição faz sentido, e por duas razões. A primeira é pragmática: pelo volume de serviço necessário que chega às Promotorias de Justiça (e à Defensoria Pública), não há estrutura material para essas intimações paralelas; a segunda é funcional, ao menos para o Ministério Público: afasta o contato direto entre seu membro e a testemunha que irá à audiência e evita questionamentos ociosos acerca da eventual pressão exercida sobre ela e, por conseguinte, sua isenção. Não parece ter sido algo intencional do legislador (afinal essa razão não faz muito sentido para a Defensoria Pública), mas colateralmente traz essa vantagem institucional. Agora, sem dúvida, está na base da alteração o alívio do próprio Poder Judiciário, que assim transfere à iniciativa privada o trabalho de providenciar a presença de suas testemunhas na audiência de instrução.

Se o art. 455 contempla uma prerrogativa para o Ministério Público, o art. 346, mais precisamente seu § 2º, prevê uma penalidade inédita.

Art. 362. A audiência poderá ser adiada:

(...)

> § 2º O juiz poderá dispensar a produção das provas requeridas pela parte cujo advogado ou defensor público não tenha comparecido à audiência, aplicando-se a mesma regra ao Ministério Público.

Dá para perceber facilmente onde está a novidade - e o problema: na perda da prova pela ausência do agente ministerial à audiência de instrução. O Ministério Público pode arrolar testemunhas em qualquer de suas formas de atuação. Como órgão autor, isso decorre da própria dinâmica processual; na condição de fiscal da ordem jurídica, o art. 179, II, é explícito nesse sentido (e nem poderia ser diferente, pela própria função exercida). Como o § 2º não discrimina, a interpretação mais razoável é a de que a disposição se aplica a *qualquer caso* em que o Ministério Público postule a oitiva de testemunhas e não possa comparecer à audiência. Claro, o "poderá" do texto legal permite ao juiz manter, apesar disso, as oitivas, pois o art. 370 do CPC o autoriza a determinar até de ofício as provas necessárias ao julgamento do mérito. De outro lado, não há situação em que o *Parquet* esteja numa ação em que não haja interesse público a ser preservado em algum nível, e a prova requerida dificilmente será desimportante. Na prática, porém, há uma diferença previsível: se as testemunhas forem arroladas pelo Ministério Público como fiscal da ordem jurídica, e o juiz resolver ouvi-las, normalmente não haverá motivo, em geral, de oposição das partes do processo e de seus procuradores; agora, se indicadas pelo Ministério Público *autor* da ação, e seu representante estiver ausente, é mais do que provável a enxurrada de impugnações e posteriores alegações de quebra da isonomia processual.

Disso tudo resulta algo muito claro: a exigência de que o Promotor de Justiça – como já ocorre há tempo nas ações penais - esteja presente nas audiências de instrução para a qual arrolou testemunhas. E, se houver colisão de horários, que consiga um colega substituto para o ato.

2.2.4. O caso do art. 139, X.

Já citamos o art. 139, X, do CPC como forma de demonstrar que a ideia central do novo ordenamento jurídico, ao alinhar o Ministério Público com seu perfil constitucional, é a de reforçar, senão privilegiar, sua atuação como órgão *agente*.

Em suma, ao dirigir o processo, o juiz poderá deparar-se com demandas individuais repetitivas, caso em que deverá oficiar aos legitimados para ações coletivas nos termos da Lei nº 7.347/85 e do Código de Defesa do Consumidor (e de outros diplomas similares; o rol por óbvio não é taxativo). A ideia é excelente, mas perdeu no parto a irmã gêmea contida no art. 333, vetado pela presidente Dilma Rousseff (com apoio da Ordem dos Advogados do Brasil) sob o pretexto de que traria confusão entre as ações individuais e coletivas, com possível prejuízo do interesse das partes. Bem, isso não é verdade; veja-se que beleza o universo coerente e efetivo que este artigo contemplava:

> **Art. 333.** Atendidos os pressupostos da relevância social e da dificuldade de formação do litisconsórcio, o juiz, a requerimento do Ministério Público ou da Defensoria Pública, ouvido o autor, poderá converter em coletiva a ação individual que veicule pedido que:
>
> I - tenha alcance coletivo, em razão da tutela de bem jurídico difuso ou coletivo, assim entendidos aqueles definidos pelo art. 81, parágrafo único, incisos I e II, da Lei no 8.078, de 11 de setembro de 1990 (Código de Defesa do Consumidor), e cuja ofensa afete, a um só tempo, as esferas jurídicas do indivíduo e da coletividade;
>
> II - tenha por objetivo a solução de conflito de interesse relativo a uma mesma relação jurídica plurilateral, cuja solução, por sua natureza ou por disposição de lei, deva ser necessariamente uniforme, assegurando-se tratamento isonômico para todos os membros do grupo.
>
> § 1º Além do Ministério Público e da Defensoria Pública, podem requerer a conversão os legitimados referidos no art. 50 da Lei no 7.347, de 24 de julho de 1985, e no art. 82 da Lei no 8.078, de 11 de setembro de 1990 (Código de Defesa do Consumidor).
>
> § 2º A conversão não pode implicar a formação de processo coletivo para a tutela de direitos individuais homogêneos.
>
> § 3º Não se admite a conversão, ainda, se:
>
> I - já iniciada, no processo individual, a audiência de instrução e julgamento; ou
>
> II - houver processo coletivo pendente com o mesmo objeto; ou
>
> III - o juízo não tiver competência para o processo coletivo que seria formado.
>
> § 4º Determinada a conversão, o juiz intimará o autor do requerimento para que, no prazo fixado, adite ou emende a petição inicial, para adaptá-la à tutela coletiva.
>
> § 5º Havendo aditamento ou emenda da petição inicial, o juiz determinará a intimação do réu para, querendo, manifestar-se no prazo de 15 (quinze) dias.
>
> § 6º O autor originário da ação individual atuará na condição de litisconsorte unitário do legitimado para condução do processo coletivo.
>
> § 7º O autor originário não é responsável por nenhuma despesa processual decorrente da conversão do processo individual em coletivo."

O Ministério Público como órgão agente e o Novo CPC

§ 8º Após a conversão, observar-se-ão as regras do processo coletivo.

§ 9º A conversão poderá ocorrer mesmo que o autor tenha cumulado pedido de natureza estritamente individual, hipótese em que o processamento desse pedido dar-se-á em autos apartados.

§ 10. O Ministério Público deverá ser ouvido sobre o requerimento previsto no caput, salvo quando ele próprio o houver formulado."

Porém, perdemos essa previsão riquíssima e ficamos apenas com o art. 139, X, que transfere ao juiz – porém não de forma exclusiva, na nossa opinião - esse controle das demandas individuais repetitivas e impede o aproveitamento de um veículo processual já em curso para uma dimensão mais ampla (pelo que restou no CPC, o juiz oficiará ao Ministério Público, por exemplo, que instaurará provavelmente um inquérito civil, se não possuir elementos que de plano lhe permitam propor a ação coletiva).

A fiscalização feita pelo judiciário, por óbvio, é preliminar; cabe ao Ministério Público (e demais colegitimados) a análise quanto ao cabimento da ação coletiva, e há terrenos em que a dúvida existirá, como na hipótese de direitos individuais homogêneos ou mesmo nas ações de medicamentos. Aqui, basta imaginar a especialidade de cada caso, de cada paciente, e veremos como uma ação coletiva, em que se enfeixam casos parecidos, porém diversos nas suas peculiaridades, pode tornar-se uma pesadelo para todo mundo, especialmente para o indivíduo necessitado da prestação jurisdicional. Precisamos ser criteriosos[46].

Por outro lado, o art. 139, X, é apenas um indicativo, e nada impede que o Ministério Público, com fiscal da ordem jurídica (quando for caso de sua intervenção no processo), perceba ele mesmo demandas repetitivas capazes de darem suporte a uma ação coletiva; nesse caso, não haveria apenas uma *faculdade*, mas verdadeiro *dever* de o Ministério Público, fazendo jus à orientação do novo CPC para a instituição, assumir a tutela desses direitos pela via da ação coletiva adequada – sempre após a análise do cabimento da ação, como antes comentado.

---

46. No sentido da discricionariedade (conveniência e oportunidade) do Ministério Público para a propositura de demandas coletivas, veja-se FERRARESI, Eurico. *O Ministério Público e o princípio da não--obrigatoriedade da ação Coletiva. In* Farias, Cristiano Chaves de; Alves, Leonardo Barreto Moreira; Rosenvald, Belson (org.).Temas Atuais do Ministério Público, 5ª ed. Salvador: Editora Jus Podium, 2014. pp. 335-343.

2.2.5 Demais disposições do CPC pertinentes à função do Ministério Público como órgão agente

A *latere* das alterações do novo CPC, outras previsões da ordem anterior e que interessam ao Ministério Público na condição de *autor* foram mantidas, como as seguintes.

(i) Deveres processuais. O art. 77 trata dos deveres das *partes*, dirigido, portanto, também ao Ministério Público enquanto autor de ações, em pé de igualdade com seu oponente. São obrigações que remetem à ideia de lealdade processual, e duas condutas em especial – as que infrinjam os incisos IV e VI - são consideradas atos atentatórios à dignidade da justiça, basicamente as que impliquem afronta ao dever de cumprir as decisões judiciais, provisórias ou definitivas, sem criar-lhes embaraços, e ao de não causar inovação ilegal no estado de fato ou no bem sob litígio.

O resultado *geral* da infração a esses dispositivos é a aplicação de multa de até 20% do valor da causa, montante que pode chegar a dez vezes o valor do salário mínimo se a causa tiver sido estimada de forma irrisória. Só que isso não se aplica ao aos advogados públicos e aos membros da Defensoria Pública e do Ministério Público, segundo excepciona o § 6º do mesmo artigo. Como já apontamos antes, aqui o legislador – ao contrário do que previu adiante, no art. 234 – reconheceu a impropriedade da fixação desse tipo de penalidade a órgãos tais como o Ministério Público e a Defensoria Pública, optando pela via mais lógica, que é a de apuração de faltas disciplinares no caso de constatação da infração, pelos membros dessas instituições, aos deveres dos incisos IV e VI do art. 77.

(ii) Impedimentos e suspeições. Os arts. 144 e 145 trazem os casos de impedimentos e suspeições dos juízes, e o art. 148 estende tais hipóteses ao membro do Ministério Público (corrigindo onde antes o art. 138, I, falava em *órgão*), dentre outros atores do processo, no que também ampliou o rol de equiparados sob a rubrica genérica de "demais sujeitos imparciais do processo". As alterações foram pontuais, mas relevantes. Destacam-se a ampliação da relação de parentesco até o terceiro grau, a inclusão do companheiro na lista, a vedação da alegação de impedimento superveniente e a hipótese de existir, no escritório de advocacia da parte, cônjuge, parente ou companheiro do agente a dar-se por impedido.

Arguida a suspeição ou o impedimento, o rito está previsto nos parágrafos do artigo 148, com formação de incidente em separado, com, se for o caso, produção de provas, mais ou menos como já era previsto pelo §§ 1º e 2º do art. 138 do CPC anterior.

(iii) Formação de título executivo. O Ministério Público, como já dissemos de forma incidental antes neste trabalho, pode atuar também com uma função *resolutiva*, solucionando litígios antes mesmo da fase judicial, no que atende a convocação do art. 3º, § 3º, do novo CPC. Essa instigação à mediação e à conciliação abrange todos os momentos da lide, antes ou depois da ação; mas, de regra, essa atuação resolutiva se insere na fase pré-processual, e o desenlace extrajudicial de conflitos pode dar-se no âmbito de um inquérito civil ou num procedimento administrativo em sentido estrito no caso de direitos individuais indisponíveis, incluindo problemas de ordem familiar (alimentos, proteção de idosos etc.). Em ambos os casos, a lei confere ao documento que encarna o acordo obtido com o Ministério Público ou junto a ele a força de título executivo. No plano coletivo, fala-se com mais propriedade de *termos de ajustamento de conduta*, na forma do art. 5º, § 6º, da Lei nº 7.347/85, e que também possuem força executiva extrajudicial; nas demais hipóteses, o art. 784, IV, do novo CPC, mantendo regra anterior (art. 585, II, do CPC de 73), prevê que "*o instrumento de transação referendado pelo Ministério Público, pela Defensoria Pública, pela Advocacia Pública, pelos advogados dos transatores ou por conciliador ou mediador credenciado por tribunal*" têm força de título executivo extrajudicial. Nada de muito novo, mas sempre é bom atentar para essa possibilidade.

Novidade mesmo é a previsão do art. 190:

> **Art. 190.** Versando o processo sobre direitos que admitam autocomposição, é lícito às partes plenamente capazes estipular mudanças no procedimento para ajustá-lo às especificidades da causa e convencionar sobre os seus ônus, poderes, faculdades e deveres processuais, antes ou durante o processo.

Trata-se de um negócio jurídico processual que pode ser utilizado pelo Ministério Público antes ou durante o processo em que figure como parte, não se confundindo *direito que permitem autocomposição* com aqueles meramente *disponíveis*; como diz Pedro Henrique Nogueira[47]:

> "Admite-se, assim, por exemplo, uma ação civil pública negociada, com regras de procedimento estipuladas entre as partes, inclusive entre o Ministério Público, mesmo quando apresente à base de seu objeto litigioso direitos difusos e coletivos. Se há possibilidade de autocomposição, em qualquer nível ou amplitude, mesmo que mínima, sobre o direito litigioso, permite-se a negociação sobre o procedimento e sobre o ônus, poderes e deveres processuais."

---

47. *In* WAMBIER, Teresa Arruda Alvim... [et. ali.]. *Primeiros Comentários ao Novo Código de Processo Civil Artigo por Artigo*. São Paulo: Editora revista dos Tribunais, 2015. p. 593). O Conselho Nacional do Ministério Público, pela Resolução nº 118, de 1º de dezembro de 2014, que dispõe sobre a Política Nacional de Incentivo à Autocomposição no Ministério Público, já incentivava, antes mesmo da Lei nº 13.105/15, a realização de convenções processuais na fase investigatória ou no processo judicial.

Esse dispositivo permite inclusive, como já aventado, a redistribuição do ônus da prova ainda na fase do inquérito civil.

(iv) Responsabilidade civil do membro do Ministério Público. Um tema sempre importante é o da responsabilidade civil do Ministério Público nas causas cíveis em que atua – a constante espada de Dâmocles sobre a cabeça de seus representantes. O art. 181 do novo CPC regula a matéria:

> **Art. 181**. O membro do Ministério Público será civil e regressivamente responsável quando agir com dolo ou fraude no exercício de suas funções.

Essa responsabilidade se aplica tanto ao Ministério Público como órgão agente quanto ao fiscal da ordem jurídica, bom que se diga.

O art. 181 do novo CPC, ao dizer que a responsabilidade será *regressiva*, acolheu a orientação jurisprudencial analógica do Supremo Tribunal Federal (RE 228977, rel. Min. Néri da Silveira, 2ª T., j. 05.03.2002[48]); de outro lado, o texto legal, ao dizer que o membro do Ministério Público "será" civil e regressivamente responsável, não estabelece uma *opção* ao lesado entre acionar o Estado ou diretamente o membro do *Parquet*, e sim condiciona a verificação da responsabilidade deste último no âmbito da ação regressiva eventualmente movida pela Fazenda Pública a que o órgão estiver vinculado. Não fosse assim, a explicitação do art. 181 não serviria para nada - e sabemos, desde as primeiras aulas na faculdade de Direito, que a lei não utiliza expressões ociosas. Há uma razão prática para isso: evitar que a parte descontente com a atuação institucional no processo utilize a ação direta contra o membro do Ministério Público (mesmo que de forma temerária) como meio de pressão ou retaliação pelas posições jurídicas assumidas no processo.

3. O CPC, O CC E A LEI 13.146/15: O MINISTÉRIO PÚBLICO NAS AÇÕES DE CURATELA

Quando falamos do Ministério Público como *autor* de demandas, até pelo horizonte até aqui explorado (e apesar das ressalvas feitas ao longo do texto), geralmente nossa atenção se volta para as ações coletivas. Mas não podemos esquecer o varejo das ações individuais para as quais a instituição é legitimada, normalmente na forma concorrente ou subsidiária, e que constitui parcela significante – tanto em volume quanto em relevância – do trabalho ministerial cotidiano. Uma dessas iniciativas que historicamente pertence ao Ministério Público desde suas origens,

---

48. Julgado trazido por Guilherme Rizzo Amaral (*in* AMARAL, Guilherme Rizzo. *Comentários às Alterações do Novo CPC*. São Paulo: Editora Revista dos Tribunais, 2015. p. 277).

lá no antigo Egito e na Roma clássica, é a promoção da *interdição* daqueles que a lei considera incapazes – demanda hoje renomeada de *ação de curatela*[49] - com o propósito de que essas pessoas tenham alguém que zele por seus interesses, isto é, um *curador*, termo derivado da ideia de *cuidado*, de *cuidador*.

Até 1973, a interdição vinha regulada inteiramente pelo Código Civil de 1916; quando o CPC anterior veio a lume, o tema foi tratado como *jurisdição voluntária* sob a ideia de que não havia nessas ações um litígio entre partes, mas um sentido comum de proteção a quem dela necessitava. A intenção foi mantida pelo novo regime processual, que cuida da ação de interdição nos arts. 747 a 758 e do regime comum à curatela e à tutela nos arts. 759 a 763, e aqui já houve uma alteração significativa das disposições do cunho material e processual do Código Civil de 2002. Nesse entretempo, adveio a Lei nº 13.146, de 06 de julho de 2015, remodelando a matéria - e com isso nosso sistema jurídico foi agraciado com um belo exercício de aplicação prática da teoria das antinomias normativas em relação a esses três últimos diplomas citados: a Lei nº 10.406, de 10 de janeiro de 2002 (novo Código Civil); a Lei nº 13.105, de 16 de março de 2015 (novo Código de Processo Civil, com uma *vacatio legis* de um ano); e a Lei nº 13.146, de 06 de julho de 2015 (Estatuto da Pessoa com Deficiência, com uma *vacatio* de 180 dias). Quem nos resume bem a situação é José Francisco Seabra Mendes Júnior[50]:

> Cumpre ressaltar que em meio à *vacatio legis* do NCPC, foi promulgada a Lei nº 13.146, de 6 de julho de 2015, que entrou em vigor em 03 de janeiro de 2016, também conhecida como Estatuto da Pessoa com Deficiência (EPCD) e/ou Lei Brasileira de Inclusão, que trouxe inovações significativas ao ordenamento jurídico pátrio, inclusive no que atine ao regime civil das incapacidades. Segundo essa lei, que introduziu alterações substanciais no Código Civil, a deficiência ou doença mental deixa de ser sinônimo de automática incapacidade, porquanto nos casos em que a cognição e o discernimento não forem afetados, restará incólume a capacidade legal para o exercício dos atos da vida civil. Ademais, reza o novel diploma legal que a curatela deve se limitar apenas, e quando for o caso, à nomeação de uma pessoa para representar ou assistir (conforme a situação fática) o incapaz na prática dos atos jurídicos que devem ser especificados na sentença. Com isto, a curatela passa a ser medida excepcional, específica para determinados atos, sempre a bem do interesse da pessoa com deficiência, e limitada no tempo."

---

49.   Para uma abordagem aprofundada do tema, veja-se o artigo de José Francisco Seabra Mendes Júnior, *Atuação do Ministério Público na curatela diante do novo CPC e do Estatuto da Pessoa com Deficiência* (*in* SILVA, Cláudio Barros; BRASIL, Luciano de Faria (org.). Reflexões sobre o novo Código de Processo Civil. 2ª ed. Porto Alegre: Livraria do Advogado, 2016. pp. 333-353).

50.   *Op. cit.*, p. 334.

Não é caso aqui abranger o espectro de situações decorrentes do contato entre esses três universos legais; também não pretendemos abordar o regime geral das incapacidades que hoje resultou dessa interface legal, embora não tenhamos resistido à tentação de criticá-lo oportunamente. A ideia é pinçar aquilo que na prática tem gerado questionamentos ao membro do Ministério Público que se depara com a necessidade de ajuizar ações de curatela e acompanhá-las até que alcancem o seu propósito de efetivamente proteger aqueles que apresentam algum tipo de deficiência incapacitante.

A começar pela legislação vigente. O novo CPC, como dito, é de março de 2015, mas entrou em vigor um ano depois, em 18 de março de 2016, nos termos da *vacatio legis* estabelecida pelo seu art. 1.045. O texto do novo código revogou expressamente os arts. 1.768 a 1.773 do Código Civil, que estavam no cerne do instituto da interdição, e regulou a matéria nos arts. 747 a 763; mas manteve as demais disposições do estatuto civil. Durante a *vacatio* do novo CPC, entretanto, surgiu a Lei nº 13.146, de 06 de julho de 2015, que passou a viger em 03 de janeiro de 2016, seis meses após sua publicação e dois meses e pouco *antes* do novo CPC, e que nos seus arts. 114 a 116 também se ocupou de disposições do Código Civil. Enfim, em 18 de março de 2016, o novo CPC entrou definitivamente em cena, finalizando o mosaico.

O questionamento sobre qual diploma vige e onde é relevante porque o novo CPC e o Estatuto da Pessoa com Deficiência vivem em sintonias diferentes em muitos aspectos, e é necessário saber quem prevalece na queda de braço. Por exemplo, é fácil constatar que a Lei 13.105/15 se moldou pelo regime de incapacidades do *antigo* Código Civil de 2002; suas disposições ainda tomam por base a dicotomia entre incapacidade absoluta e relativa, e a interdição, pelo CPC, pode ser total, indo além do que o Estatuto da Pessoa com Deficiência concebeu como sendo um núcleo de autonomia inatacável. Porém, uma das principais alterações trazidas pelo Estatuto da Pessoa com Deficiência é o próprio alcance da incapacidade. Antes, a incapacidade *absoluta* para os atos da vida civil abrangia as hipóteses do art. 3º do Código Civil, dentre elas a situação daqueles que "por enfermidade ou deficiência mental, não tiverem o necessário discernimento para a prática desses atos". Com a Lei nº 13.146/15, a única hipótese que remanesce de incapacidade absoluta é a do menor de 16 anos; todos os demais casos, incluindo o daqueles "que, por causa transitória ou permanente, não puderem exprimir sua vontade", migraram para o regime das *incapacidades relativas*, agora acomodadas na alteração do art. 4º do Código Civil[51].

---

51. Mesmo que não seja intenção deste trabalho – repetimos - a análise em profundidade do regime das incapacidades, é curioso observar a que ponto um compromisso ideológico gera situações paradoxais. Qualquer um que lide com o tema sabe que existem situações de deficiência mental em que a pessoa

O Ministério Público como órgão agente e o Novo CPC

Outro ponto espinhoso é o que fazer com dispositivos mencionados por ambos os diplomas, em especial quando um revoga o que o outro só modifica. É o que ocorre com o art. 1.768 do Código Civil, a que o Estatuto da Pessoa com Deficiência acresceu o inciso IV (possibilidade de autocuratela), enquanto o novo CPC o revogou sem qualquer ressalva; também é o que se passa com os arts. 1.769, 1.771 e 1.772 do CC, também revogados pelo CPC (art. 1.072, II), mas que ganharam nova redação pelo Estatuto da Pessoa com Deficiência.

A solução mais ortodoxa para o impasse é a de que o novo CPC, ao entrar em vigor em março de 2016, simplesmente varreu do mundo jurídico o que com ele não se compatibilize; dessa forma, os dispositivos da lei nº 13.146/15 que não se harmonizem com a nova ordem processual simplesmente não valem. José Francisco Seabra Mendes Júnior, no trabalho já citado, defende posição diversa; para ele, o Estatuto da Pessoa com Deficiência, por ser lei específica, prevalece sobre a lei geral que é o CPC (e mais uma vez voltamos ao princípio *lex posteriori generali non derogat priori especiali*, provavelmente um dos mais valiosos nesse tipo de debate) e, ainda, porque esse último diploma está mais alinhado do que o novo CPC com a Convenção sobre os Direitos da Pessoa com Deficiência (expressamente invocada pelo art. 1º, § 1º, do Estatuto), firmado pelo Brasil em 2009 e que possui valor de emenda Constitucional por força do art. 5º, § 3º, da Constituição Federal.

O argumento da especialidade contra a generalidade tem, no entanto, um problema: é que o novo CPC *também* trata da ação de interdição (ou de curatela[52]), de forma que não seria exato dizer que o embate se dá entre uma lei geral e outra especial quando ambas dispõem de forma específica sobre o mesmo assunto. O CPC, sim, é norma geral, mais ainda quando estabelece as linhas básicas da relação processual; mas também é norma especial com relação aos institutos que regula de forma minuciosa, como nos *procedimentos especiais* dos arts. 539 a 770. Restaria o argumento da reverência à Convenção

---

pode apresentar a idade *mental* de uma criança de três ou quatro anos (sempre segundo a avaliação de um médico) - e, no entanto, ao passo que a criança de três ou quatro anos é absolutamente incapaz, a pessoa biologicamente adulta, mas com a mesma idade intelectual, é apenas *relativamente incapaz*. Aparentemente, o Estatuto da Pessoa com Deficiência, na remodelagem dos arts. 3º e 4º do Código Civil, gerou uma inconsistência, priorizando um critério meramente biológico (e vazio) numa distinção em que deveria prevalecer a preocupação com a efetiva autonomia psíquica do portador da deficiência.

52. Um dos desdobramentos desse conflito normativo se revela na própria *nomenclatura* dos institutos e da própria ação: o novo CPC manteve o termo *interdição* sem maiores pudores; mas o Estatuto da Pessoa com Deficiência preferiu a denominação *curatela* e teve o cuidado de evitar a palavra *interdição*, preferindo paráfrases do tipo "processo que define os termos da curatela" – o que não impediu que o seu art. 114, ao promover as alterações nos arts. 1.771 e 1.772 do Código Civil, de forma incongruente, aludisse à pessoa em situação de curatela como *interditando*. ¿Cochilo legislativo ou um ato falho indicando que por trás de certos eufemismos há uma realidade indisfarçável?

ALÉCIO SILVEIRA NOGUEIRA

sobre os Direitos das Pessoas com Deficiência, a que o Estatuto da Pessoa com Deficiência de fato se mostra *em tese* mais alinhado – dizemos *em tese* porque o regime proposto pelo CPC, por trabalhar com casos de *incapacidade absoluta*, eventualmente nos pareça mais protetivo a quem de fato se encontre desprovido de autonomia[53].

Talvez, a partir da constatação de que há realidades diferentes, a solução esteja na adoção de um sistema dual: para os casos de incapacidade *de fato* relativa, a curatela vai ter todas as nuances, garantias, limites e especificações do Estatuto da Pessoa com Deficiência; porém, para os casos de incapacidade *total* manifesta (pensemos nos infelizes com vida vegetativa ou naquelas pessoas com comprometimento mental severo, incapazes de articular sequer uma frase inteligível), aplica-se o regime mais rigoroso do novo CPC[54]. Seriam, de qualquer modo, ações fungíveis, conversíveis entre si, a diferirem fundamentalmente apenas no alcance da sentença.

Porém, a par desses questionamentos inevitáveis, nosso foco é procedimental, e nesse plano há um tópico especialmente importante para o Ministério Público, onde temos mais um embate entre o Estatuto da Pessoa com Deficiência e o CPC: trata-se da legitimidade para a ação de curatela e as hipóteses em que o Ministério Público entre em cena. Que o *Parquet* é parte legítima para as ações de interdição ou de curatela, não há, seja no CC, no CPC ou no Estatuto da Pessoa

---

53. Indo direto ao ponto: as autonomias que o Estatuto da Pessoa com Deficiência quer preservar podem ser em muitos casos *fictícias* e vir em prejuízo da própria pessoa com deficiência. Por exemplo, quando o § 1º do art. 85 ressalva que a curatela não atinge o direito à sexualidade da pessoa com deficiência, dentre outras autonomias, questionamos o que isso *realmente* significa: ¿teria então deixado de existir a partir de 03 de janeiro de 2016 o estupro de vulnerável? É claro que haverá situações em que essa liberdade ou autonomia fará sentido, como na hipótese de portadores de Síndrome de Down poderem se unir em matrimônio, e para isso a nova lei constitui, de fato, um avanço; mas não há razão para entusiasmo, pois essa situação não é tão comum quanto poderíamos desejar. De outro lado, é interessante apontar que a curatela, no regime da Lei nº 13.146/15, é, digam o que disserem, eminentemente *patrimonialista*, limitando-se, como diz o *caput* do art. 85, aos *direitos de natureza patrimonial e negocial* do curatelado, e sob o pretexto de preservar a individualidade pessoal e a dignidade dos portadores de deficiência (falamos aqui sobretudo de deficiências mentais graves) deixa tais pessoas desamparadas justamente em seus direitos mais fundamentais.

54. Não nos cansamos de advertir: atribuir autonomias etéreas a quem não tem a menor condição de exercê-las é desproteger seus pretensos titulares em favor de retórica sentimentalista e ideológica. Além da questão da autonomia sexualidade, que nos parece simplesmente absurda em alguns casos, o § 1º do art. 85 do Estatuto das Pessoas com Deficiência ainda diz que a curatela não atinge, dentre outros interesses, o direito ao próprio corpo e à saúde. Não entendemos, sinceramente, o que isso quer dizer: se o curatelado, mesmo sem qualquer capacidade de discernimento, se recusar a submeter-se a tratamento que lhe possa salvar a vida ou ao menos minimizar-lhe o sofrimento, ¿o curador não poderá providenciá-lo? Se encaminhar um pedido de medicamentos à justiça em nome do curatelado, o juiz poderá simplesmente negar o pedido, baseado na ausência de interesse processual ou na ilegitimidade de parte, só porque o *caput* do art. 85 do Estatuto expressamente limita a curatela aos "os atos relacionados aos direitos de natureza patrimonial e negocial"?

O Ministério Público como órgão agente e o Novo CPC

com Deficiência, qualquer dúvida; mas existem sutilezas relevantes. O art. 748 do novo CPC estabelece que:

> **Art. 748.** O Ministério Público só promoverá interdição em caso de doença mental grave:
>
> I - se as pessoas designadas nos incisos I, II e III do art. 747 não existirem ou não promoverem a interdição;
>
> II - se, existindo, forem incapazes as pessoas mencionadas nos incisos I e II do art. 747.

O art. 747, por sua vez, elenca:

> **Art. 747.** A interdição pode ser promovida:
>
> I - pelo cônjuge ou companheiro;
>
> II - pelos parentes ou tutores;
>
> III - pelo representante da entidade em que se encontra abrigado o interditando;
>
> IV - pelo Ministério Público.
>
> **Parágrafo único.** A legitimidade deverá ser comprovada por documentação que acompanhe a petição inicial.

Já o art. 1.769 do CC, após as alterações do Estatuto da Pessoa com Deficiência, ficou assim:

> **Art. 1.769.** O Ministério Público somente promoverá o processo que define os termos da curatela:
>
> I - nos casos de deficiência mental ou intelectual;
>
> II - se não existir ou não promover a interdição alguma das pessoas designadas nos incisos I e II do artigo antecedente;
>
> III - se, existindo, forem menores ou incapazes as pessoas mencionadas no inciso II.

E o artigo antecedente, o 1.768, por fim, também depois das alterações da Lei nº 13.146/15, diz:

> **Art. 1.768.** O processo que define os termos da curatela deve ser promovido:
>
> I - pelos pais ou tutores;
>
> II - pelo cônjuge, ou por qualquer parente;
>
> III - pelo Ministério Público.
>
> IV - pela própria pessoa."

Percebem-se claramente os focos de incêndio. Primeiro, pelo regime do novo CPC, o Ministério Público somente teria legitimidade ativa no caso de *doença mental grave*, no que se deu um passo a mais em relação ao termo vago de *anomalia psíquica* do art. 1.178 do CPC anterior (e um passo a menos em face da *loucura furiosa* do CC de 1916), enquanto que pelo Estatuto da Pessoa com Deficiência, por meio das modificações efetuadas nos arts. 1.768 e 1.769 do CC, basta a constatação de *deficiência mental ou intelectual* para que o Ministério Público se candidate a ingressar com a ação de curatela, num rol muito, mas muito mais amplo, capaz de transformar todo Promotor de Justiça num Dr. Simão Bacamarte em potencial.

Em ambos os regimes, essa legitimidade para a ação é subsidiária e só acontece se os legitimados originários não existirem, não agirem ou forem, também eles, incapazes. Tudo bem. Todavia, pelo novo CPC, o *companheiro* pode postular a interdição de seu parceiro (art. 747, I), ao passo que pelo art. 1.768 do CC (segundo a redação que lhe deu o Estatuto da Pessoa com Deficiência) não há essa menção expressa ao convivente, mesmo que o rol aqui seja mais abrangente para incluir como parte legítima ativa a *própria* pessoa a sujeitar-se à curatela.

Como resolver esse embate? Nos casos que legitimam a atuação do Ministério Público com órgão agente, não há muito o que discorrer: a única forma de restringi-la a *doença mental grave* seria sustentar que *apenas* a previsão do art. 748 do novo CPC estaria em vigor; mas, não há futuro nisso; a posição é frágil, dissociada na nova realidade jurídica, e é bastante claro que o Estatuto da Pessoa com Deficiência se empenha em proteger aquelas pessoas que, pelo menos em algum grau, apresentem deficiência mental ou intelectual, não sendo uma posição institucional coerente do Ministério Público fugir desse compromisso – até porque o art. 79, § 3º, da citada lei o convoca, junto com a Defensoria Pública, a tomar "as medidas necessárias à garantia dos direitos previstos nesta Lei"[55].

Porém, devem existir critérios mínimos para que o Ministério Público não saia por aí pedindo a curatela de todo o mundo, como se estivesse n'O Alienista de Machado de Assis. Mesmo com a amplitude do art. 1.768 do CC (de certa forma repristinado pelo Estatuto da Pessoa com Deficiência), nossa posição é a de que a legitimidade do Ministério Público só ocorre diante de algum tipo *relevante*

---

55. Ideia reforçada pelo art. 98 do Estatuto da Pessoa com Deficiência, na nova redação que deu ao art. 3º da lei nº 7.853/98: "Art. 3º As medidas judiciais destinadas à proteção de interesses coletivos, difusos, individuais homogêneos e individuais indisponíveis da pessoa com deficiência poderão ser propostas pelo Ministério Público, pela Defensoria Pública, pela União, pelos Estados, pelos Municípios, pelo Distrito Federal, por associação constituída há mais de 1 (um) ano, nos termos da lei civil, por autarquia, por empresa pública e por fundação ou sociedade de economia mista que inclua, entre suas finalidades institucionais, a proteção dos interesses e a promoção de direitos da pessoa com deficiência."

de deficiência mental[56], que possa aproximar-se do conceito de *doença grave* do art. 748 do novo CPC (por implicar prejuízo considerável na autonomia e no juízo crítico do indivíduo). Da mesma forma, a iniciativa para o ajuizamento da ação de curatela não seria automática: é necessário, senão imprescindível, que se busquem, num procedimento administrativo instaurado para esse propósito, os parentes do futuro curatelando para trazê-los à responsabilidade e incitá-los a propor eles próprios a ação de curatela. A legitimidade subsidiária do Ministério Público não significa que aqueles mais próximos da pessoa necessitada possam lavar as mãos e entregar o caso ao Promotor de Justiça; esse tipo de omissão pode até caracterizar abandonos tipificados, e devemos deixar isso claro a quem não cumpre seus deveres familiares de assistência e amparo, valores que também devem ser incentivados pelo Ministério Público[57].

Por fim, ainda na busca de critérios impeditivos da proliferação indevida de ações de curatela, não vemos como o *Parquet* possa ajuizá-las em situações que não sejam de deficiência mental (isto é, para pessoas com deficiências puramente físicas), salvo se o objeto for de natureza coletiva ou efetivamente indisponível (art. 3º da Lei nº 7.853/98). Tratando-se de direito individual de pessoa plenamente capaz sem o caráter de indisponibilidade, não encontramos fundamento jurídico para que ocorra, em seu favor, uma substituição processual pelo Ministério Público[58]. É que, se esse direito não é *indisponível*, ele submete-se à avaliação de conveniência por parte de seu titular quanto a seu exercício[59].

---

56. É interessante notar que entre a *doença mental grave* e a *deficiência mental ou intelectual* existe um amplo espectro de – recuperemos o termo do art. 1.178 do CPC de 73 – *anomalias psíquicas* que, não sendo *graves*, não atrairiam a atuação do Ministério Público. Depressões, por exemplo, bipolaridades ou transtornos de personalidade dos mais variados graus. Contudo, os drogaditos e alcoolistas podem não escapar da ideia de gravidade, dependendo de seu estado mental – embora não sejam portadores de *doença metal* em sentido estrito. Aliás, é bom lembrar que o Ministério Público também é legitimado subsidiário (de forma implícita, em decorrência do disposto no art. 8º, § 1º, da lei, bom que se diga) para a propositura do pedido de internação psiquiátrica com base na Lei nº 10.216, de 06 de abril de 2001. De outro lado, curiosa é a situação do pródigo: relacionado no art. 4º, IV, do CC como relativamente incapaz, em princípio, por cuidar-se de transtorno de personalidade e não de doença mental grave ou de deficiência mental ou intelectual, não teria o Ministério Público legitimidade para propor a ação de curatela em seu favor – também por sua natureza, ao menos num primeiro momento, estritamente patrimonial.

57. *Evidentemente*, se a situação é de urgência, primeiro se entra com a ação e depois se convocam os parentes do incapaz; mas, na maioria dos casos, é possível essa admoestação prévia dos legitimados omissos. Funciona, acreditem.

58. José Francisco Seabra Mendes Júnior, no entanto, em obra já citada, defende a possibilidade dessa atuação mais ampla, mesmo fora do espectro de doenças ou deficiências mentais.

59. Um exemplo adequado é o do ingresso em concursos públicos pelas quotas de deficientes físicos: o direito é individual; a parte interessada deve ou não buscá-lo, se entender ser este o caso; e o Ministério Público não tem o que fazer em relação a essa demanda, nem mesmo como fiscal da ordem jurídica. A racionalização da atividade ministerial não é uma bandeira apenas da atuação do Ministério Público como *custos iuris*, mas permeia toda a sua funcionalidade, inclusive na escolha das ações pertinentes. Por outro lado, que sempre existem outros lados, se um tetraplégico se encontra em situação de abandono

No que concerne à falta do companheiro como colegitimado no art. 1.768, por sua vez, houve certamente aqui mero esquecimento do legislador, algo que se resolve com a simples consideração de que o rol, tanto do art. 747 do novo CPC quanto o art. 1.768 do CC, não é taxativo[60]. Aliás, o art. 85, § 3º, do Estatuto da Pessoa com Deficiência, ao dizer que *"No caso de pessoa em situação de institucionalização, ao nomear curador, o juiz deve dar preferência à pessoa que tenha vínculo de natureza familiar, afetiva ou comunitária com o curatelado"*, resolve de vez a questão[61].

No plano procedimental estrito, aplica-se o novo CPC em qualquer situação, pois as disposições do Estatuto da Pessoa com Deficiência de natureza processual são precárias, praticamente inexistentes. Neste ponto, destaque – negativo – para a previsão do art. 752, § 2º, segundo a qual *"O interditando poderá constituir advogado, e, caso não o faça, deverá ser nomeado curador especial"*. A referência para essa disposição está em dois artigos do CPC anterior: o 1.179, que dispunha que, se o Ministério Público intentasse a ação de interdição, seria nomeado curador à lide para o interditando, e o art. 1.182, § 1º, que dizia ser o *Parquet* representante deste caso não fosse o autor da demanda – o que não era exatamente de boa técnica. Pelo parágrafo único do art. 72 do novo CPC, o encargo do art. 752, § 2º, agora é da Defensoria Pública.

Na verdade, perdeu-se a oportunidade de nos desfazermos de uma norma burocrática e inútil. O que faz um curador especial, de regra? Em meia página apresenta uma defesa geral, normalmente – até pela desvinculação com a parte – sem relação com o caso concreto, e nisso que se esvaem pelo menos uns quinze dias entre a nomeação, a aceitação do encargo e a manifestação do curador especial. Na ordem anterior, essa previsão existia somente quando o Ministério Público era o *autor* da demanda, o que de certo modo era justificável para um equilíbrio de forças (art. 1.182, § 1º, do CPC de 1973, já referido); agora parece haver um exagero do legislador: se o processo de interdição ou curatela está no ambiente da jurisdição

---

e necessita de medidas urgenciais para a sua sobrevivência (uma internação, por exemplo), não se encontrará quem negue a legitimidade do Ministério Público para uma ação protetiva à luz do Estatuto da Pessoa com Deficiência, sob a óptica da preservação, nesse caso, do direito à vida, que é indisponível.

60. Estando a curatela - ou a interdição, como se queira - dentro da previsão de jurisdição voluntária, há realmente muita pouca margem, e a prática o diz, para debates formalistas, e tanto o Ministério Público quanto o Poder Judiciário dificilmente não se servirão de *todos* os meios mandamentais e executivos para a proteção do direito de alguém em situação de curatela ou incapacidade, mormente quando houver riscos pessoais. Esses meios poderão ser obtidos não apenas do CPC ou do Estatuto da Pessoa com Deficiência, mas ainda, conforme o caso concreto, do Estatuto do Idoso, do Estatuto da Criança e do Adolescente e, se nada ajudar, do art. 1º, III, da Constituição Federal, a chave da abóbada do ordenamento jurídico: o princípio da dignidade de pessoa humana.

61. Não raro, em especial naquelas situações em que o curatelado não tem ninguém por ele, é o próprio administrador da instituição em que ele se encontra que é nomeado curador.

voluntária (Seção IX do Capítulo XV do Título III), não haveria por que encenar essa ficção de contencioso em todos os casos, especialmente quando o *Parquet* já está no processo como fiscal da ordem jurídica por força do § 1º do art. 752.

Um último aspecto neste tópico tem relação com a prova pericial, que vem prevista no art. 753:

> **Art. 753.** Decorrido o prazo previsto no art. 752, o juiz determinará a produção de prova pericial para avaliação da capacidade do interditando para praticar atos da vida civil.
>
> **§ 1º** A perícia pode ser realizada por equipe composta por expertos com formação multidisciplinar.
>
> **§ 2º** O laudo pericial indicará especificadamente, se for o caso, os atos para os quais haverá necessidade de curatela.

Como é fácil perceber, é uma prova circunstanciada, complexa, e que vai além das perguntas que antes norteavam a perícia nas interdições mais antigas, sobretudo quando a situação não for de incapacidade total (nesse caso, a resposta do experto a um ou dois quesitos soluciona qualquer dúvida), pois agora o juiz deve explicitar os atos abrangidos pela curatela. O Gabinete de Assessoramento Técnico (GAT) do Ministério Público do Rio Grande do Sul elaborou, com base no art. 2º, § 1º, do Estatuto, uma série de quesitos – em torno de quinze - que abrangem um amplo espectro de hipóteses, em harmonia com as preocupações do Estatuto da Pessoa com Deficiência, que vão desde o tipo de deficiência, sua etiologia, alcance e duração provável à projeção da incapacidade nos mais variados setores da vida individual, inclusive de natureza afetiva e para fins de exercer o direito de voto[62]. Esse rol de questionamentos serve para qualquer das atuações do Ministério Público, como autor da ação de interdição ou curatela ou como fiscal da ordem jurídica – já que o art. 752, § 1º, é explícito em exigir a presença do Ministério Público no processo mesmo quando ele não for o seu autor (em alinhamento lógico com o art. 178, II, do mesmo CPC).

Essa perícia normalmente é feita pelo Departamento Médico Judiciário do Tribunal de Justiça, ao menos no Rio Grande do Sul; não sendo possível, o juiz deve nomear um perito para efetuá-la. Somente de forma excepcional se admitira a realização do laudo pelo médico de confiança do paciente ou então por médicos das secretarias municipais de saúde[63]. Já a exigência, na avaliação, da "equipe

---

62. Mesmo que pelo art. 85, *caput* e § 1º, do Estatuto da Pessoa com Deficiência esses direitos não possam ser restringidos pela curatela, é importante, no dimensionamento da incapacidade, saber até que ponto esta se estende.

63. O Tribunal de Justiça do Estado do Rio Grande do Sul é vezeiro na decretação da nulidade de processos de curatela quando a perícia é dispensada ou realizada de forma insuficiente; também, no que tange ao

multiprofissional e interdisciplinar" para a avaliação do art. 2ª, § 1º, do Estatuto é, na maior parte dos casos, totalmente utópica em função das limitações humanas e materiais das comarcas pelo país afora.

Na hipótese, enfim, de o Ministério Público como autor da ação necessitar de uma perícia mais especializada, reportamo-nos ao que dissemos lá atrás com relação ao problema do custeio desse tipo de prova técnica. E essa preocupação pode surgir antes mesmo da ação judicial. Pelo art. 749 do CPC, a parte autora deve "especificar os fatos que demonstram a incapacidade do interditando para administrar seus bens e, se for o caso, para praticar atos da vida civil, bem como o momento em que a incapacidade". Na maioria dos casos, o Ministério Público, pelo estado crítico da pessoa a sujeitar-se à curatela, estará escusado de apresentar esses dados de forma pormenorizada, podendo estimá-los de forma aproximativa; mas haverá situações de deficiência mental ou intelectual que dependeremos de uma perícia para atendimento do art. 749, e eis que o fantasma do custeio da prova técnica ressurge, especialmente se o futuro curatelando não possui nenhum parente ou mesmo um vizinho caridoso para levá-lo a uma consulta de um médico pela rede pública.

CONSIDERAÇÕES FINAIS

A novidade assusta. A primeira e natural reação a ela é a resistência, a negação. Isso em qualquer campo: tecnologia, moda, tendências culturais, gastronomia, política – e, claro, no mundo jurídico. É a lei e o decreto alterando a tranquilidade dos conceitos estratificados, tirando-nos da zona de conforto. Mas esse processo de transformação é sempre proveitoso; ele permite reflexões imprevistas, novos conceitos e soluções criativas onde antes parecia não haver caminhos. Para uma instituição como o Ministério Público, que se repensa constantemente, os novos diplomas legais, em especial o novo CPC, são uma oportunidade valiosa de revisão funcional. E é o que estamos presenciando.

A série de alterações legislativas no plano processual civil por que passamos os olhos neste trabalho atingem diretamente, em maior ou menor grau, o Ministério Público na sua atividade, tanto como órgão agente quanto órgão interveniente, embora a ênfase aqui tenha sido direcionada à atuação do *Parquet* como autor de demandas. Essas mudanças, no conjunto, além de favorecer o debate institucional, são positivas. Temos, claro, penalidades descabidas, ou no mínimo questionáveis, a previsão de despesas novas e importantes para o orçamento do Ministério Público e o incremento de certos deveres no processo, em pé de

---

problema anterior, não dispensa em nenhuma hipótese a nomeação do curador especial prevista no art. 752, § 2º, do CPC.

igualdade com a outra parte. Mas, de outro lado, houve a consagração no plano legal do perfil constitucional do Ministério Público, com a consequente racionalização da atividade do fiscal da ordem jurídica, o reforço de prerrogativas processuais fundamentais para o desempenho de suas funções e a explicitação de que a responsabilidade civil de seu membro é regressiva. Na média, portanto, saímos ganhando e fortalecidos.

Daqui para frente, é vencer a resistência às mudanças e trabalhar com o que temos. É saber usar as ferramentas que o novo CPC espalhou por seus 1.072 artigos e fazê-las interagir com outros diplomas legais. Mas para isso é preciso conhecê-las; é preciso aplicá-las a nosso favor; e antes de tudo é necessário fugir das armadilhas procedimentais, que estas são sempre bem conhecidas e manejadas por nossos adversários. Se esta exposição de alguma forma contribuiu para isso ou, pelo menos, serviu para revelar a complexidade do tema e levantar dúvidas onde antes havia certezas frágeis ou mesmo equivocadas, ela cumpriu bem o seu propósito.

REFERÊNCIAS BIBLIOGRÁFICAS

AMARAL, Guilherme Rizzo. *Comentários às Alterações do Novo CPC*. São Paulo: Editora Revista dos Tribunais, 2015.

ARAÚJO, Adriano Luís de. *Ponderações sobre a sistemática dos atos processuais no novo Código de Processo Civil e sua influência sobre a atuação do Ministério Público, In* SILVA, Cláudio Barros; BRASIL, Luciano de Faria (org.). Reflexões sobre o novo Código de Processo Civil. 2ª ed. Porto Alegre: Livraria do Advogado, 2016.

BOBBIO, Norberto. *O positivismo jurídico: lições de filosofia do direito*. São Paulo: Ícone, 1995.

FERRARESI, Eurico. *O Ministério Público e o princípio da não-obrigatoriedade da ação Coletiva*. In Farias, Cristiano Chaves de; Alves, Leonardo Barreto Moreira; Rosenvald, Belson (org.).Temas Atuais do Ministério Público, 5ª ed. Salvador: Editora Jus Podium, 2014.

FERREIRA, William Santos. *Das Provas. In* WAMBIER, Teresa Arruda Alvim... [et. ali.]. Primeiros Comentários ao Novo Código de Processo Civil Artigo por Artigo. São Paulo: Editora revista dos Tribunais, 2015.

FERRAZ, Antônio Augusto Mello de Camargo. *Ministério Público: instituição e processo*. São Paulo: Atlas, 1997.

GODINHO, Robson Renault. *Notas acerca da Capacidade Postulatória do Ministério Público. In* Farias, Cristiano Chaves de; Alves, Leonardo Barreto Moreira; Rosenvald, Belson (org.).Temas Atuais do Ministério Público.

MAZZILLI, Hugo Nigro. *Regime Jurídico do Ministério Público: análise do Ministério Público na Constituição, Lei Orgânica Nacional do Ministério Público, na Lei Orgânica do Ministério Público da União e Lei Orgânica do Ministério Público paulista.* 8ª ed. São Paulo: Saraiva. 2014.

___ *A defesa dos interesses difusos em juízo.* 8ª ed. São Paulo: Saraiva, 1996. pp. 458-461; e Regime jurídico do Ministério Público. 8ª ed. São Paulo: Saraiva, 2014.

MENDES JÚNIOR. José Francisco Seabra. *Atuação do Ministério Público na curatela diante do novo CPC e do Estatuto da Pessoa com Deficiência. In* SILVA, Cláudio Barros; BRASIL, Luciano de Faria (org.). Reflexões sobre o novo Código de Processo Civil. 2ª ed. Porto Alegre: Livraria do Advogado, 2016.

MOREIRA, Jairo Cruz. *O Novo Paradigma Constitucional para Atuação do Ministério Público como órgão Interveniente. In* ALMEIDA, Gregório Assagra; SOARES JÚNIOR, Jarbas (orgs.) Teoria Geral do Ministério Público. Belo Horizonte: Editora Del Rey, 2013

NOGUEIRA, Alécio Silveira. *As posições do Ministério Público no novo CPC. In* SILVA, Cláudio Barros; BRASIL, Luciano de Faria (org.). Reflexões sobre o novo Código de Processo Civil. 2ª ed. Porto Alegre: Livraria do Advogado, 2016.

STEIGLEDER, Anelise Monteiro. *Considerações sobre o dever de produção de provas no novo CPC e sua repercussão na atuação do Ministério Público In* SILVA, Cláudio Barros; BRASIL, Luciano de Faria (org.). Reflexões sobre o novo Código de Processo Civil. 2ª ed. Porto Alegre: Livraria do Advogado, 2016

WAMBIER, Teresa Arruda Alvim... [et al.]. *Primeiros Comentários ao Novo Código de Processo Civil Artigo por Artigo.* São Paulo: Editora revista dos Tribunais, 2015.

CAPÍTULO 20

O Ministério Público e as Normas Fundamentais do Direito Processual Civil Brasileiro

Hermes Zaneti Jr. [1]

SUMÁRIO: 1. *WORK IN COMPOSITION*: JUSTIÇA É UM SERVIÇO PÚBLICO E IMPARCIALIDADE NÃO É PASSI-VIDADE; 2. O MINISTÉRIO PÚBLICO COMO INSTITUIÇÃO DE GARANTIA DOS DIREITOS FUNDAMENTAIS; 2.1 CONSTITUCIONALIZAÇÃO DO DIREITO PROCESSUAL E DO MINISTÉRIO PÚBLICO; 2.2 AINDA HÁ UM PROMO-TOR DE JUSTIÇA EM BERLIM: PRINCÍPIO DA ACIONABILIDADE; 2.3. OS "VALORES DA LEI" E A "NEUTRALIDADE TÉCNICA" DO MINISTÉRIO PÚBLICO NOS ESTADOS DEMOCRÁTICOS CONSTITUCIONAIS; 2.4. INDEPENDÊNCIA E ESPECIALIZAÇÃO: ATIVIDADE TENDENCIALMENTE COGNITIVA (INTERPRETAÇÃO REALISTA, MODERADA E RESPONSÁVEL); 2.5. EFETIVIDADE E ESTÍMULO À PROATIVIDADE POSITIVA; 3. AS NORMAS FUNDAMENTAIS DO CPC E A ATUAÇÃO DO MINISTÉRIO PÚBLICO NA GARANTIA DOS DIREITOS FUNDAMENTAIS; 3.1. CONSTI-TUCIONALIZAÇÃO DO DIREITO PROCESSUAL; 3.2. JUSTIÇA MULTIPORTAS; 3.3. PROCESSO JUSTO; 3.4. PRIMA-ZIA DO JULGAMENTO DE MÉRITO; 3.5. BOA-FÉ, LEALDADE PROCESSUAL E VEDAÇÃO DO ABUSO DE DIREITO PROCESSUAL; 3.6. COOPERAÇÃO; 3.7. CONTRADITÓRIO; 3.8. DURAÇÃO RAZOÁVEL DO PROCESSO; 3.9. AU-TORREGRAMENTO DA VONTADE NO PROCESSO; 3.10. FUNDAMENTAÇÃO HERMENÊUTICA E ANALITICAMENTE ADEQUADA DAS DECISÕES E DOS ATOS POSTULATÓRIOS; 3.11. PRECEDENTES NORMATIVOS FORMALMENTE VINCULANTES; 3.12. CASOS REPETITIVOS; 3.13. ACESSO AOS TRIBUNAIS SUPREMOS (STJ E STF); 4. CONCLU-SÕES PARCIAIS.

1. *WORK IN COMPOSITION*: JUSTIÇA É UM SERVIÇO PÚBLICO E IMPARCIALI-DADE NÃO É PASSIVIDADE

"O Código é essencialmente um trabalho em composição (*work in composition*), nem *adversarial* [dispositivo e privatista, voltado para as partes], nem *inquisitorial* [publicista e estatal, voltado para o interesse geral]; estas qualificações não se encaixam com o que a litigância civil fundamentalmente é. É um trabalho em composição, porque ele deve conciliar os princípios liberais da tradição

---

1. Promotor de Justiça no Estado do Espírito Santo (MPES). Pós-Doutor em Direito pela Università degli Studi di Torino/IT. Doutor em Direito (2014) pela Università degli Studi di Roma Tre/IT, área de concentração Teoria e Filosofia do Direito. Mestre (2000) e Doutor (2005) em Direito Processual pela Universidade Federal do Rio Grande do Sul (UFRGS). Professor Adjunto da Universidade Federal do Espírito Santo (UFES). Contato: hermeszanetijr@gmail.com. Este texto teve versão anterior publicada em ZANETI JR., Hermes. CPC/2015: O Ministério Público como Instituição de Garantia e as Normas Fundamentais Processuais. *Revista Jurídica Corregedoria Nacional: a atuação orientadora das corregedorias do Ministério Público*, vol. 2, Brasília: CNMP, p. 101/166, 2017.

francesa, que fazem das partes as donas do processo judicial, e a afirmação dos poderes do juiz, quem deve – em decorrência do mandato processual - realizar sua missão para atingir a solução mais justa da disputa, no interesse geral. Justiça é um serviço público e imparcialidade não é passividade. De fato, é justificado afirmar que os artigos 1 a 13 do novo Código definem um genuíno princípio da cooperação entre o juiz e as partes na elaboração do julgamento. Isto é, como é sabido, o objetivo do processo civil. Esta doutrina não é fruto de uma geração espontânea, afirmada para satisfazer desejos acadêmicos. Como nós veremos, os Princípio Processuais Guias e a concepção da litigância civil que eles transmitem, têm uma longa história."[2]

Justiça é um serviço público e imparcialidade não é passividade, estas palavras, extraídas da epígrafe de Loïc Cadiet, professor da Sorbonne, Presidente Associação Internacional de Direito Processual (IAPL), definem o marco da atuação do juiz e do Ministério Público no novo processo civil.

O serviço público que o processo civil presta está ligado à efetivação dos direitos fundamentais, no processo, são as normas fundamentais que organizam e disciplinam este serviço. Normas fundamentais são normas que estruturam a aplicação do direito dentro de um determinado ordenamento, para além do texto. A ideia das normas fundamentais é dar unidade de sentido e direção à aplicação do direito. Estas normas fundamentais resultam da experiência histórica, do direito comparado e da melhor doutrina processual civil. Elas representam uma necessidade, ao mesmo tempo, prática, racional e normativa do aperfeiçoamento das nossas instituições de justiça. Atingem, por esta razão, o Ministério Público como parte, como fiscal do ordenamento jurídico e como órgão público que atua no processo judicial e em processos e procedimentos administrativos.

As normas fundamentais do Código de Processo Civil orientam e direcionam a aplicação do direito processual brasileiro. Portanto, elas não se restringem ao novo diploma. As normas fundamentais espalham sua normatividade para todo

---

2. Palavras de Loïc Cadiet, proferidas após trinta anos da vigência do Código de Processo Civil Francês de 1976, que inspirou a parte geral do CPC/2015. No original: "The Code is essentially a work in composition, neither adversarial nor inquisitorial; these qualifications do not suit what civil litigation fundamentally is. It is a work in composition, because it must conciliate the liberal principles of French tradition which make parties the owners of the lawsuit, and the affirmation of the powers of the judge, who must – as a procedural mandate – realize his mission to achieve the fairest solution to the dispute, which is in the general interest. Justice is a public service and impartiality is not passivity. In fact, it is justified to say that Articles 1 to 13 of the new Code define a genuine principle of co-operation between the judge and the parties in the elaboration of the judgment. This is, of course, the aim of civil procedure. This doctrine is not the fruit of a spontaneous generation, issued to satisfy some academic satisfaction. As we see, the Guiding Procedural Principles, and the conception of civil litigation that they convey, have a long history." CADIET, Loïc. Introduction to French Civil Justice System and Civil Procedural Review. Ritsumeikan Law Review, nº 28, 2011, p. 349.

o direito processual, seja ele relacionado aos microssistemas que gravitam em um diálogo de fontes com o CPC e a Constituição, como o caso do microssistema do processo coletivo, seja para os outros ramos do direito processual, como o direito processual penal, o direito processual administrativo, o direito processual do trabalho, o direito processual eleitoral, o direito processual legislativo, os processos negociais das relações obrigacionais entre privados (ex vi, e.g., do art. 15, CPC c/c art. 3º CPP, entre outros).

As normas fundamentais garantem a estabilidade, a coerência e a integridade do direito processual, ao mesmo tempo que garantem a sua dinâmica e a sua racionalidade. A partir de uma pauta flexível de trabalho, orientada por valores comuns, as normas fundamentais articulam-se para garantir a adequação do direito processual brasileiro à Constituição.

Por esta razão, a engenharia do CPC marcou, na sua estrutura, a passagem de um modelo formalista e estático do ponto de vista normativo, em que a única garantia era o texto da lei (*paleojuspositivista*, no qual a existência do texto de lei era igual a sua validade, inquestionável aos olhos do ordenamento jurídico), para um modelo que compatibiliza o texto e as finalidades da norma, em uma contínua reconstrução normativa do ordenamento processual, ancorada na cultura jurídica, na tradição e nos direitos fundamentais (*jusconstitucionalista*, no qual a Constituição funciona como parâmetro normativo de controle formal e substancial das normas), atividade tendencialmente cognitiva, pois limitada e vinculada pelos direitos fundamentais.

Por esta razão, a parte geral do CPC/2015, apresenta, já no primeiro capítulo, uma novidade transformadora do ponto de vista normativo, introduzindo doze artigos referentes às normas fundamentais. As normas fundamentais do CPC, contudo, não se limitam aos doze primeiros artigos. Há normas fundamentais espalhadas por todo o diploma processual, sendo notável, para além dos doze primeiros artigos, os artigos referentes às convenções processuais,[3] à fundamentação adequada, aos precedentes e aos casos repetitivos.

As normas fundamentais tratam da *constitucionalização do direito processual* (art. 1º, CPC), do *acesso à justiça* pela tradicional porta do Poder Judiciário, mas também através da *justiça multiportas* (art. 3º, §§ 1º a 3º, CPC), do *processo justo*

---

3. Não há consenso quanto a terminologia mais adequada para tratar do autorregramento da vontade no novo CPC. Alguns autores preferem acordos, outros negócios e, por fim, convenções. A parte o debate sobre a extensão da terminologia, adotamos aqui, por ora, a terminologia sugerida por CABRAL, Antonio do Passo Cabral. *Convenções Processuais*. Salvador: Juspodivm, 2016. Assim: "Convenção (ou acordo) processual é o negócio plurilateral, pelo qual as partes, antes ou durante o processo e sem necessidade da intermediação de nenhum outro sujeito, determinam a criação, modificação e extinção de situações jurídicas processuais, ou alteram o procedimento" (idem, p. 68).

(art. 2º e 8º, CPC),[4] do princípio da *primazia do julgamento de mérito* (art. 4º, CPC), da *boa-fé e da lealdade processual*, com o controle objetivo do *abuso de direito processual* (art. 5º, CPC), da cooperação ou colaboração (art. 6º, CPC), do *contraditório*, preferencialmente prévio, mas também diferido e eventual, compreendido não apenas como direito de ação e reação (simples bilateralidade da audiência), mas como *direito de influência e dever de debates para as partes e por parte do juiz* (arts. 7º, 9º, 10, CPC), da *duração razoável do processo* (arts. 4º e 12, CPC), do *autorregramento da vontade no processo* (arts. 190 e 200, CPC), da *fundamentação hermenêutica e analiticamente adequada* (art. 11 e 489, § 1º, CPC), dos *precedentes normativos formalmente vinculantes* (arts. 926, 927, 489, § 1, V e VI, CPC) e dos *casos repetitivos* (art. 928, CPC).

O conjunto destas alterações aponta para uma renovada relação entre as partes, o juiz e todos aqueles que de qualquer forma participam do processo, com a formação de uma comunidade de trabalho (*Arbeitsgemeinschaft, cumunione di lavoro*).

Reconhece, ademais, a preponderância do processo como direito fundamental e alberga a garantia constitucional de que o processo é o âmbito para a efetivação das promessas não cumpridas pelo adimplemento espontâneo do direito material.

O Poder Judiciário e o Ministério Público são instituições de garantia de segundo grau, entrando em campo justamente quando as demais garantias dos direitos fundamentais falham em sua função. As garantias e as instituições de garantia que efetivam as garantias são técnicas normativas de tutela dos direitos subjetivos, individuais e coletivos. Há, no processo, uma pretensão de correção do ponto de vista material e processual. O processo é um ambiente de debates regrado e temporalmente limitado apto a resolver questões concretas para a efetivação da tutela dos direitos com respeito às garantias processuais fundamentais das partes. Isto qualifica o processo como uma espécie de discurso prático do caso especial, na expressão consagrada na doutrina,[5] pode-se dizer que

---

4.   Por exemplo, disciplinando o princípio da demanda, os poderes de impulso oficial, os casos em que a legislação autoriza a relativização do princípio da demanda e dos poderes de impulso oficial, para atingir a finalidade do processo, a exemplo do autorregramento da vontade e dos poderes instrutórios e de gerenciamento do processo pelo juiz.

5.   "A amplitude e os tipos de limitações são muito distintos nas diferentes formas [de discurso]. A mais livre é a discussão da ciência jurídica. No processo se dão as maiores limitações. Aqui os papéis estão desigualmente distribuídos, a participação, por exemplo, do acusado não é voluntária, e o dever de veracidade está limitado. O processo de argumentação está limitado temporalmente e está regulamentado por meio das regras processuais. As partes podem orientar-se segundo seus interesses. Com frequência, quiçá como regra, não se trata de que a sentença seja correta ou justa para as partes, mas sim vantajosa [...] Os distintos tipos de processo não parecem por isso que se possam qualificar, sem mais, nem como

isto permite que o debate jurídico no processo seja qualificado pelo contraditório e pelo conteúdo jurídico das afirmações, tornando-se um debate deontologicizado, tendencialmente cognitivo.[6]

Por estas razões podemos dizer que o CPC/2015 é um Código de doutrina,[7] pois depende da doutrina para lhe dar unidade e valoriza os resultados da pesquisa e da evolução do conhecimento em direito processual dos últimos cinquenta anos, período coincidente com a estabilização das contemporâneas democracias constitucionais e da ideologia dos direitos fundamentais como fundamento do modelo de Estado Democrático Constitucional. Neste período fixou-se o aforisma de que não existem direitos fundamentais sem democracia e que sem democracia não existem direitos fundamentais.

Neste sentido, é imperativo reconhecer, para partir do conhecido paradigma da Escola Processual de Carlos Alberto Álvaro de Oliveira, que o *formalismo-valorativo*[8] orienta a compreensão deste novo processo, isto é, orienta as relações entre as normas fundamentais e a prática judiciária.

---

discurso, nem como ação estratégica. Isto leva a supor que a distinção é demasiadamente simples. A mesma não faz justiça a uma série de fenômenos que não podem ser claramente classificados como um ou como outro. Esta especial situação intermediária do processo exclui certamente que se lhe possa designar simplesmente como discurso, porém significa por outro lado que o processo não pode ser compreendido teoricamente sem referência ao conceito de discurso. O último se conecta sobretudo com a pretensão das partes de argumentar racionalmente. Assim, por exemplo no processo civil, as partes não querem em geral convencer-se umas às outras – isto já se demonstrou anteriormente como impossível – mas sim pretendem, por assim dizer, que toda a pessoa racional deva estar de acordo com elas. Pretendem ao menos que seus argumentos são de tal natureza que se encontrariam de acordo sob condições ideais. Portanto, a teoria do discurso não resulta somente adequada, mas sim inclusive necessária, para a compreensão teórica da argumentação." ALEXY, Robert. *Teoría de la Argumentación Jurídica*. 2ª ed. Trad. Manuel Atienza e Isabel Espejo. Madrid: Centro de Estudios Políticos y Constitucionales, 2007, p. 206 e 212.

6. Para o debate sobre estas questões cf. ZANETI JR., Hermes. *O Valor Vinculante dos Precedentes*. 3ª ed. Salvador: Juspodivm, 2017, cap. 3, última parte.

7. Neste mesmo sentido, em estudo sobre o Código de Processo Civil Francês de 1976, cf. CADIET, Loïc. Introduction to French Civil Justice System and Civil Procedural Review. Ritsumeikan Law Review, nº 28, 2011, p. 349.

8. A expressão é de criação de Carlos Alberto Alvaro de Oliveira, professor titular de direito processual civil da UFRGS, em aula do programa de pós-graduação, no ano de 2004. A ideia já vem clara em sua tese de doutoramento, destacando-se do conceito de formalismo *lato sensu* compreendido como: "A totalidade formal do processo, compreendendo *não só a forma, ou as formalidades, mas especialmente a delimitação dos poderes, faculdades e deveres dos sujeitos processuais, coordenação de sua atividade, ordenação do procedimento e organização do processo, com vistas a que sejam atingidas suas finalidades primordiais*"; dessa maneira, cumpre a "tarefa de indicar as fronteiras para o começo e o fim do processo, circunscrever o material a ser formado, estabelecer *dentro de quais limites devem cooperar e agir as pessoas atuantes no processo para o seu desenvolvimento*"; e assim "contém, portanto, *a própria ideia do processo como organização da desordem, emprestando previsibilidade a todo o procedimento*" (ALVARO DE OLIVEIRA, Carlos Alberto, *Do formalismo no processo civil – Proposta de um formalismo-valorativo*, 4. ed. São Paulo: Saraiva, 2010 [1997 – tese defendida no doutoramento do autor na USP em 1993, sob orientação de Cândido Rangel Dinamarco], p. 6-7 ⊠ sem grifo no original). Ver ainda: ALVARO DE OLIVEIRA, Carlos Alberto. O formalismo-valorativo no confronto com o

A totalidade formal do processo compreendida como a delimitação dos poderes, faculdades, ônus e deveres dos sujeitos processuais e de todos aqueles que participam de qualquer forma do processo é animada pelas normas fundamentais, coordenando as atividades, ordenando o procedimento e organizando o processo para o atingimento da sua finalidade. O processo passa a ser compreendido, desta maneira, como organização da desordem, da qual emerge a tutela dos direitos, adequada, tempestiva e efetiva, de forma previsível e constitucionalmente compatível aos direitos fundamentais. O formalismo-valorativo é a fase metodológica do processo que permite compatibilizar, pós-giro linguístico, a filosofia analítica e a hermenêutica filosófica, o Estado de Direito e o Estado Constitucional, o pluralismo de direitos e o princípio democrático.[9]

O que não se pode permitir, e seria evidente retrocesso contrariando várias das orientações normativas previstas nas normas fundamentais, é erigir a forma como limite absoluto, pervertendo a sua função nobre de garantia em uma função de controle pejorativo, ao estilo dos *sacramentos* do período das ações da lei no direito romano[10], um formalismo finalístico (forma em sentido estrito)[11] despreocupado com as garantias dos direitos fundamentais e de duvidosa autoridade nos Estados Democráticos Constitucionais. Como foi afirmado, o único formalismo possível no Estado Democrático Constitucional é o *formalismo-valorativo* (formalismo *lato sensu*), da forma como liberdade e segurança, não como instrumento de arbítrio ou comando.[12]

---

formalismo excessivo, *Revista de Processo*, São Paulo, Revista dos Tribunais, ano 31, v. 137, p. 1-31, jul. 2006. Vários são os trabalhos que se inspiraram no formalismo-valorativo como fase metodológica do processo, entre estes, recentemente cf. MADUREIRA, Claudio. *Fundamentos do Novo Processo Civil Brasileiro: O Processo Civil do Formalismo-Valorativo*. Belo Horizonte: Fórum, 2017.

9.   Preferindo a expressão processo do Estado Constitucional, cf. MITIDIERO, Daniel. *Colaboração no Processo Civil. Pressupostos Sociais, Lógicos e Éticos*. 3ª ed. revista, atualizada e ampliada. São Paulo: RT, 2015. Neste sentido estamos de acordo com Claudio Madureira, segundo o qual não há sentido em alterar a consagrada expressão que define a atual fase metodológica como processo do *formalismo-valorativo*. A expressão traduz uma escola de pensamento, uma ideia bem definida que lhe sustenta e a passagem do instrumentalismo, centrado na jurisdição e nos seus escopos, para o processo como elemento central da compreensão do fenômeno processual em uma sociedade democrática. Cf. MADUREIRA, Claudio, Fundamentos do Novo Processo Civil Brasileiro, p. 64/72. Para nossa defesa do formalismo-valorativo conferir ZANETI JR., Hermes, A Constitucionalização do Processo. 2ª ed. São Paulo: Atlas, 2014; ZANETI JR., Hermes; GOMES, Camila de Magalhães. O Processo Coletivo e o Formalismo-Valorativo como nova Fase Metodológica do Processo Civil. *Revista de Direitos Difusos*, ano XI, v. 53, p. 13/32, mar. 2011.

10. "O formalismo do processo romano das *legis actiones* nos é descrito com abundância de detalhes por Gaio. Bastava que o litigante não reproduzisse com absoluta fidelidade as palavras da lei, ou deixasse de praticar o ato na forma prescrita, para que perdesse a demanda, sem que fizesse qualquer mossa ao espírito do julgador o mérito da lide. Hoje, os romanistas mais eminentes reconhecem no ritual simbólico do sacramentum a mais antiga ação da lei, traços inequívocos da concepção religiosa da época." (LACERDA, Galeno, Processo e cultura. *Revista de Direito Processual Civil*, v. 2, n. 3, p. 74-86, jul./dez. 1961, p. 79).

11. Carlos Alberto Alvaro de Oliveira, *Do formalismo no processo civil*, cit., p. 3-4.

12. Carlos Alberto Alvaro de Oliveira, *Do formalismo no processo civil*, cit., p. 5-7.

Iremos abordar, nos próximos tópicos, a influência desta mudança de perspectiva no âmbito da atuação do Ministério Público, na própria deontologia do Ministério Público, ou seja, nos deveres e direitos ligados ao exercício prático da ética desenhada pelo CPC para os membros do Ministério Público, não só no que diz respeito às normas fundamentais em geral, mas também no que diz respeito aos artigos que disciplinam a atuação do Ministério Público em favor da finalidade constitucional do processo: a tutela dos direitos, adequada, tempestiva e efetiva.

O texto desenvolve-se em duas partes: a) a primeira destinada a justificar a atuação do Ministério Público na perspectiva constitucional dos direitos fundamentais como uma instituição de garantia destes direitos, apresentando a mudança de perspectiva em relação aos modelos *demandista* e *formalista* do CPC/1973; b) a segunda, voltada a descrever as normas fundamentais e apresentar a unidade do Código de Processo Civil de 2015 como um *novo modelo de atuação das funções ministeriais de garantia dos direitos fundamentais*, alinhado à Constituição, apresentando os dispositivos e a interpretação que entendemos confirmar a adequação do CPC/2015 ao *perfil constitucional resolutivo, adequado, tempestivo e efetivo de atuação do Ministério Público na tutela dos direitos.*

2. O MINISTÉRIO PÚBLICO COMO INSTITUIÇÃO DE GARANTIA DOS DIREITOS FUNDAMENTAIS

2.1. Constitucionalização do Direito Processual e do Ministério Público[13]

O Novo Código de Processo Civil representa a evolução constitucional do processo civil do Código Buzaid até os nossos dias, superando o modelo anterior integralmente (art. 1.º, CPC/2015).

Procura, por essa razão, retratar o esforço da doutrina, da jurisprudência e das sucessivas reformas processuais em adequar o modelo processual brasileiro à nossa Constituição de 1988, a Carta Cidadã – documento marco da retomada democrática do Brasil.

O CPC/2015 recepciona a Constituição, constitucionalizando o processo.[14] A doutrina já exigia a constitucionalização do processo como um corolário da

---

13. A primeira parte deste texto está relacionada com ideias já publicadas anteriormente em ZANETI JR., Hermes. Art. 176. In.: STRECK, Lenio Luiz; NUNES, Dierle; CUNHA, Leonardo Carneiro da (orgs.); FREIRE, Alexandre (coord. ex.). *Comentários ao Código de Processo Civil.* São Paulo: Saraiva, 2016.

14. ZANETI JR., Hermes. Art. 176. In.: STRECK, Lenio Luiz; NUNES, Dierle; CUNHA, Leonardo Carneiro da (orgs.); FREIRE, Alexandre (coord. ex.). *Comentários ao Código de Processo Civil.* São Paulo: Saraiva, 2016; ALVARO DE OLIVEIRA, Carlos Alberto. Processo civil brasileiro e codificação. *Revista de Processo.* v. 179, p. 261, jan., 2010.

constitucionalização do ordenamento jurídico.[15] O CPC vai além, o Novo Código de Processo Civil lança as bases para uma atualização geral do processo civil a partir do compromisso de ser interpretado integralmente à luz da Constituição.

Para tanto, de início, estabelece normas fundamentais que darão o norte interpretativo do direito processual, a partir de sua promulgação. Normas-regra e normas-princípio, introduzidas nos doze primeiros artigos (arts. 1o a 12, CPC) e espalhadas por todo o diploma legal, como exemplificam os negócios processuais (arts. 190 e 200, CPC), a fundamentação hermenêutica e analítica adequada (art. 489, § 1o, CPC) e os precedentes normativos formalmente vinculantes (arts. 926 e 927, CPC).

As normas fundamentais se protraem e contaminam todo o modelo processual brasileiro, afetando diretamente as leis processuais extravagantes, o processo eleitoral, o processo administrativo, o processo do trabalho (art. 15, CPC/2015) e o processo penal (art. 3.o, CPP),[16] alterando a divisão de trabalho, a relação de forças no processo, a distribuição de funções entre os sujeitos do processo, ou seja, os poderes, deveres, ônus e faculdades dos sujeitos processuais.

A primazia do julgamento de mérito (art. 4o, CPC), a boa-fé processual (art. 5.o, CPC), o contraditório (art. 7.o, 9o e 10, CPC) e a cooperação (art. 6.o) dão conteúdo e direção a essa mudança de rumos para o processo democrático.[17] Isso vale também para a atuação do Ministério Público, seja como agente, propondo a ação, seja como interveniente, atuando como fiscal da ordem jurídica (*custos iuris*).

Estas novidades estão de acordo com as funções constitucionais do Ministério Público como agente promocional dos direitos fundamentais. A Constituição Federal de 1988 atua, portanto, como o estatuto jurídico-político, dando unidade ao ordenamento jurídico, constrangendo a política e os interesses do mercado aos direitos fundamentais. Isto ocorre porque os poderes tendem a expansão ilimitada, por isto o Estado Democrático Constitucional é, antes de tudo, um Estado que, através da tutela dos direitos, limita o poder.

O Estado Democrático Constitucional é o resultado da fusão entre Estado Liberal e Estado Social, acrescido das dimensões de direitos difusos e coletivos e da participação dos destinatários finais dos atos de poder na formação destes

---

15. ZANETI JR., Hermes. *A Constitucionalização do Processo*. [2005, tese de doutorado] 2. ed., São Paulo: Atlas, 2014.

16. Cf. CABRAL, Antonio do Passo; PACELLI, Eugenio; CRUZ, Rogerio Schietti (coord.). *Repercussões do Novo CPC: Processo Penal*. Salvador: Juspodivm, 2016, (Coleção Repercussões do Novo CPC. Fredie Didier Jr. Vol. 13).

17. CUNHA, Leonardo Carneiro da. O processo civil no estado constitucional e os fundamentos do projeto do Novo Código de Processo Civil brasileiro. *Revista de Processo*. v. 209, p. 349-374, jul. 2012.

atos e na tomada da decisão. O Ministério Público constitucional representa uma instituição de garantia dos direitos fundamentais, garante a tutela destes, quando ocorrem as disfunções políticas por parte do Estado. O processo previsto no CPC, que tem por finalidade a tutela dos direitos, adequada, tempestiva e efetiva, é o instrumento para tutela das expectativas positivas (direitos sociais, direitos prestacionais) e negativas (direitos de liberdade, direitos negativos) em face do exercício arbitrário dos poderes selvagens do mercado e da política, cabendo ao Ministério Público sua defesa, no âmbito das suas funções constitucionais.[18]

Alguns poderiam dizer que a constitucionalização já havia ocorrido em 1988, uma vez não existir direito fora da Constituição Federal. Contudo, é bom compreender o tema em uma perspectiva histórica - o processo de constitucionalização leva tempo. A expressa menção, no novo diploma legal, do dever de interpretação conforme à Constituição (art. 1.º) é um grande passo adiante, pois é sabido o impacto que a Constituição de 1988 teve no direito processual, a começar por ter tal impacto, pela primeira vez na história brasileira, ampliado alguns princípios do processo penal para o processo civil.

Constitucionalizar a lei infraconstitucional é um grande passo para apagar dois grandes problemas: a) expurgar antigas soluções individualistas e privatistas extremadas de processo, decorrentes do abuso dos direitos de liberdade das partes, do formalismo jurídico e do formalismo interpretativo; b) afastar antigas soluções publicistas radicais igualmente extremadas, decorrentes do abuso do papel do Estado-juiz no processo, sem a possibilidade de efetiva influência das partes e do Ministério Público nas decisões judiciais e sem o dever de debates do juiz para com as partes e para com o Ministério Público. As normas fundamentais da fundamentação hermenêutica e analítica adequada, da estabilidade, coerência e integridade dos precedentes normativos formalmente vinculantes e da vedação da decisão surpresa, não por acaso expressamente ligadas entre si por expressa menção normativa (art. 927, § 1º, CPC), tratam de reduzir esta discricionariedade das partes e do juiz, equilibrando funções liberais e sociais do processo.

O Código não é nem liberal, nem social, é democrático constitucional. Com o CPC/2015, dissolve-se o paradoxo metodológico entre *civil law* e *common law* no Brasil e restitui-se ao processo o ambiente democrático que é composto dos direitos e deveres individuais e coletivos, dos direitos de liberdade e dos direitos sociais.

---

18. FERRAJOLI, Luigi. *A democracia através dos direitos. O constitucionalismo garantista como modelo teórico e como projeto político*. Trad. Alexander Araujo de Souza; Alexandre Salim, Alfredo Copetti Neto, André Karam Trindade, Hermes Zaneti Júnior e Leonardo Menin. São Paulo: Revista dos Tribunais, 2015; SOUZA, Alexander Araujo de. Ministério Público: de onde vim, quem sou, para onde vou? *Revista dos Tribunais*, v. 951, p. 227-259, jan. 2015.

A grande preocupação do legislador de constitucionalizar o processo vem secundada pela necessidade de resolver um problema criado pela constitucionalização do acesso à justiça: o *overload* (sobrecarga) da máquina judicial. Os tribunais e juízes já eram, por essência, antes desse fenômeno, burocratizados e lentos. Trata-se, agora, de adequar a justiça à nova era dos conflitos de massa, equilibrando segurança jurídica e efetividade, para garantia da tutela adequada. Foi justamente para atender à efetividade que surgiu, nas últimas décadas do século XX e no início do século atual, uma série de técnicas processuais, tendo, em comum, este traço característico.

O selo da efetividade carrega técnicas processuais do novo Código, tais como o mais rigoroso controle dos prazos processuais (art. 12, CPC), a arbitragem, a conciliação e a mediação (arts. 3º, 165 a 175, 334 e 515, § 2º, CPC, e todos os demais meios heterocompositivos e autocompositivos), os precedentes normativos formalmente vinculantes (arts. 926, 927, 489, § 1º, V e VI, CPC), o julgamento dos casos repetitivos (art. 928, CPC, consistentes nas técnicas do incidente de resolução de demandas repetitivas e dos recursos especial e extraordinário repetitivos), os negócios processuais (arts. 190 e 200, CPC), a primazia do julgamento de mérito (arts. 4º, 139, IX, 488, 932, par. ún, CPC), entre outros.

A bem da verdade, o problema da sobrecarga não deve ser debitado exclusivamente ao Poder Judiciário, ou ao acesso à justiça, mas a problemas estruturais de uma sociedade em democratização, principalmente, ao observarmos que a justiça começa a ser efetivada antes do Judiciário, através da norma legal adequadamente desenhada para os casos concretos – de forma a diminuir a incidência de "crises de inadimplemento" e a resolver as "crises de aplicação" do direito, independentemente de atuação jurisdicional – tarefa essa do Poder Legislativo.

No mesmo sentido, o problema da sobrecarga do Poder Judiciário e do Ministério Público decorre igualmente da não atuação eficiente, efetiva e adequada da Administração Pública na tutela dos direitos – tarefa do Poder Executivo. Isso tudo se verifica no fato constatado de ser a Administração Pública diretamente uma das maiores litigantes no Brasil, bem como, fomentar indiretamente uma série de litígios, em razão da sua ineficiência na função de controle e regulação do mercado, de que são exemplos o caso dos serviços de telefonia, as instituições financeiras e as lesões provocadas aos direitos dos consumidores por estes setores da economia.

A falta de controle e regulação efetivos do mercado pela Administração Pública e seus órgãos torna-se um argumento ainda mais relevante quando se percebe que o Brasil adota o modelo das agências reguladoras, modelo que pode e deve intervir na manutenção dos limites e vínculos dos direitos fundamentais aplicáveis aos poderes selvagens do mercado e da política. As agências reguladoras não são instituições de governo, são instituições de garantia.

Isso tudo significa dizer que o Código de Processo Civil, como de resto todo o ordenamento jurídico, deve refletir as ideologias e as determinações esculpidas nos direitos fundamentais (cláusulas pétreas constitucionais), refletindo a constitucionalização de todo o ordenamento jurídico a partir de 1988. O Código de Processo, como qualquer lei, só é válido no âmbito dos direitos fundamentais desenhados na Constituição que o orientam e o informam. Ao lado da efetividade, deve existir a preocupação com a segurança jurídica. Efetividade não é igual a celeridade. Como bem ponderou a doutrina, nem tudo se amolda ao jargão "quanto mais depressa melhor",[19] sendo que convém resguardar as garantias constitucionais do processo justo (devido processo legal) e do julgamento justo que dele deve advir, valorizando, além da efetividade, outro grande vetor do direito processual: a segurança jurídica.[20]

Neste sentido, é preciso compreender que ocorreram *duas fases distintas de constitucionalização do processo*: a) em uma primeira fase, a constitucionalização do processo representava a *positivação de garantias processuais na Constituição*, especialmente garantias processuais de ação, com a finalidade de garantir o acesso à justiça e evitar o arbítrio processual; b) em uma segunda fase, a constitucionalização representa a passagem de uma *teoria do direito processual focada nas antigas estruturas do direito civil liberal, para uma teoria do direito processual focada na teoria dos direitos fundamentais*, com a finalidade de garantir a tutela dos direitos, adequada, tempestiva e efetiva. Nesta segunda fase todo o ordenamento processual se constitucionaliza.[21]

Em consequência desta segunda fase, é preciso compreender o processo do Estado Democrático Constitucional à luz do *formalismo valorativo*, fase metodológica que permite a adequação da forma ao conteúdo, abrangendo o estudo do processo na "totalidade formal do processo, compreendendo não só a forma, ou as formalidades, mas especialmente a delimitação dos poderes, faculdades

---

19. BARBOSA MOREIRA, José Carlos. O futuro da Justiça: alguns mitos, in: *Temas de direito processual* – 8.ª série. São Paulo: Saraiva, 2004, p. 2-6.

20. ALVARO DE OLIVEIRA, Carlos Alberto. *Do Formalismo no Processo Civil*: Proposta de um Formalismo-Valorativo [1997]. 4. ed., São Paulo: Saraiva, 2010; ALVARO DE OLIVEIRA, Carlos Alberto. *Teoria e Prática da Tutela Jurisdicional*. Rio de Janeiro: Forense, 2009.

21. ALVARO DE OLIVEIRA, Carlos Alberto; MITIDIERO, Daniel. *Curso de Processo Civil. Teoria Geral do Processo Civil e Parte Geral do Direito Processual Civil*. São Paulo: Atlas, 2010, p. 16/18. Cf., ainda, para as relações entre direitos fundamentais e processo, MARINONI, Luiz Guilherme; ARENHART, Sérgio Cruz; MITIDIERO, Daniel. *Novo Curso de Processo Civil*. São Paulo: RT, 2015, vol. 1, 2 e 3, especialmente o Vol. 1, inteiramente dedicado a teoria do direito processual civil no Estado Constitucional. Para maiores referências bibliográficas e ampliação do tema ver adiante o tópico sobre a constitucionalização, na parte dedicada às normas fundamentais.

e deveres dos sujeitos processuais, coordenação de sua atividade, ordenação do procedimento e organização do processo, com vistas a que sejam atingidas suas finalidades primordiais [...] indicar as fronteiras para o começo e o fim do processo, circunscrever o material a ser formado, estabelecer dentro de quais limites devem cooperar e agir as pessoas atuantes no processo para o seu desenvolvimento [...] a própria ideia do processo como organização da desordem, emprestando previsibilidade ao procedimento".[22]

Portanto, o ordenamento constitucional condensa as diretrizes axiológicas densificadas em diretrizes normativas. É justamente essa condensação e essa densificação que devem ser compreendidas como *forma em sentido amplo* ou *formalismo valorativo*. O *formalismo valorativo* deve ser visto como um método de pensamento voltado à organização do formalismo processual em prol das finalidades do processo, servindo ao processo como um postulado normativo para a interpretação das normas processuais (inclusive para denunciar o formalismo excessivo) e para a solução de eventuais conflitos ou colisões normativas.[23]

Essas ideias iluminam nossa preocupação em analisar, de forma mais detida, as orientações propostas pelo CPC para o Ministério Público. Devemos observar que o Ministério Público, em sua função constitucional, demandista e resolutiva, acionando, intervindo ou autocompondo, é sempre órgão de garantia secundária, ligado à efetivação dos direitos fundamentais não adimplidos espontaneamente, promovendo seu aperfeiçoamento.

2.2. Ainda há um Promotor de Justiça em Berlim: Princípio da Acionabilidade

A doutrina estrangeira afirmou que ainda há um Promotor de Justiça (um Ministério Público) em Berlim. Não havendo observância dos direitos eclipsados na Constituição deve existir um órgão capaz de efetivar as garantias secundárias. Isto significa que, para a doutrina, não basta haver um órgão de garantia judicial, se não houver acesso à justiça através de um órgão de garantia que possa *acionar* o juiz. Assim, ao lado dos juízes de Berlim, é preciso haver um Ministério Público em Berlim. Isto quer dizer que, se não houver um órgão público capaz de garantir os direitos fundamentais, de nada adianta o Estado reconhecer direitos fundamentais. O juiz é inerte, precisa ser provocado; a existência do Ministério Público como instituição de garantia dos direitos fundamentais é a garantia de que estes serão respeitados.

---

22. ALVARO DE OLIVEIRA, Carlos Alberto, *Do Formalismo no Processo Civil*, p. 28.

23. ALVARO DE OLIVEIRA, MITIDIERO, *Curso de Processo Civil*, p. 18/21.

Portanto, para completar o modelo garantista de direitos, ao lado do direito de ação do indivíduo, é necessário um órgão público que atue como instituição de garantia para ativar a jurisdição (princípio da acionabilidade).

Luigi Ferrajoli refere-se expressamente ao ordenamento jurídico constitucional brasileiro como exemplo do princípio da acionabilidade:

"Este ulterior princípio foi introduzido na Constituição brasileira, cujo art. 129 alargou enormemente as atribuições do Ministério Público, chegando a incluir, além das tradicionais funções acusatórias, a possibilidade de manejar ações para a tutela dos direitos fundamentais e, em particular, dos direitos sociais, bem como dos interesses públicos e dos bens constitucionais violados pelos poderes públicos".[24]

Por sua específica matriz constitucional, o Ministério Público brasileiro é uma *instituição independente, autônoma e especializada de garantia dos direitos fundamentais*, com a função de controlar os poderes do mercado (privados) e do Estado (públicos), sempre e quando estes ultrapassarem a barreira dos limites (direitos de liberdade, proibição de excesso, margem do *não decidível que*) e vínculos (direitos sociais, proibição de proteção deficiente ou insuficiente, margem do *não decidível que não*). Na doutrina, as margens de discricionariedade para tomada de decisões na democracia formal (o *quem* e o *como*), tanto pela política (discricionariedade de governo e legislativa), quanto pelo mercado (autonomia da vontade), foram bem demarcadas a partir dos limites e vínculos decorrentes das normas substanciais da democracia (*o que coisa*). A democracia formal, discricionariedade política e de mercado, são, desta forma, restringidas e controladas pelos limites e vínculos decorrentes dos direitos fundamentais: "Se as regras sobre a representação política e sobre a autonomia negocial são formais sobre a produção das decisões daquilo que de fato é juridicamente *decidível*, os direitos fundamentais circunscrevem aquilo que podemos chamar a *esfera do não dedidível*: do *não decidível que*, ou seja, das vedações correspondentes aos direitos de liberdade, e do *não decidível que não*, ou seja, dos deveres públicos determinados pelos direitos sociais".[25]

Ao Ministério Público cabe a tutela dos direitos para que os poderes políticos e de mercado respeitem os limites e vínculos determinados pelos direitos

---

24. FERRAJOLI, Luigi. *A democracia através dos direitos. O constitucionalismo garantista como modelo teórico e como projeto político*. Trad. Alexander Araujo de Souza; Alexandre Salim, Alfredo Copetti Neto, André Karam Trindade, Hermes Zaneti Júnior e Leonardo Menin. São Paulo: Revista dos Tribunais, 2015, p. 246-247.

25. FERRAJOLI, Luigi, *Principia Iuris. Teoria del Diritto*. Roma/Bari: Laterza, 2007, p. 822; COPETTI NETO, Alfredo. *A Democracia Constitucional sob o Olhar do Garantismo Jurídico*. Florianópolis: Empório do Direito, 2016, p. 75 e ss.

fundamentais. Esse é o sentido correto a ser dado ao texto do art. 127, *caput*, combinado com o art. 129, II, III, IV e IX, CF/1988, ao definirem os deveres-poderes e as funções promocionais do Ministério Público; este é o sentido que deve ser dado como vetor interpretativo do capítulo do CPC/2015 que trata da atuação do Ministério Público (arts. 175 a 181).

A atuação do Ministério Público, como agente e como interveniente, é balizada por estes deveres-poderes previstos na Constituição, sendo que os direitos que lhe são conferidos são exercidos em razão da função institucional nela prevista. A colocação institucional do Ministério Público, vinculado ora ao Poder Executivo, ora ao Poder Judiciário, não mais pode ser aplicada para a compreensão das suas atribuições e funções. O Ministério Público atua como uma *instituição independente, autônoma e especializada de garantia dos direitos fundamentais, da ordem jurídica e do regime democrático*, quer trate-se de defender direitos de liberdade ou sociais, quer trate-se de defender direitos individuais indisponíveis, direitos individuais disponíveis com relevância social ou direitos coletivos. Justamente por isso, a doutrina defende, em sentido próximo, que o Ministério Público é um "órgão autônomo de tutela do interesse público",[26] o que não "significa que seria um quarto poder. Mas tão somente uma instituição independente e autônoma, reconhecida pelo ordenamento constitucional",[27] uma "instituição de acesso à justiça".[28]

Os desafios contemporâneos, contudo, exigem do Ministério Público a atuação voltada a maximizar a tutela dos direitos fundamentais, planejando sua atuação. O Ministério Público entendido como instituição de garantia deve avançar para a tutela não monopolística, mas prioritária, dos direitos coletivos *lato sensu*, quer no âmbito processual civil, quer no âmbito penal, foco principal de sua atuação constitucional. A dimensão dos direitos de solidariedade e dos direitos comunitários é uma prioridade constitucional do Ministério Público por ser relacionada aos seus principais objetivos constitucionais, a proteção do patrimônio público e da probidade administrativa, a segurança pública, o acesso universal à saúde e a educação e a proteção do meio ambiente.

Por outro lado, os problemas relacionados com a tutela destes direitos de grupos não respeitam as fronteiras estatais, sendo imperativa sua expansão transfronteiriça. Portanto, para fazer frente aos ilícitos que atingem – no âmbito

---

26. LIMA, Fernando Antônio Negreiros. *A intervenção do Ministério Público no processo civil brasileiro como custos legis*. São Paulo: Método, 2007, p. 94-96.

27. LEITE, Carlos Henrique Bezerra. *Ministério Público do Trabalho*. 2. ed., São Paulo: LTr, 2006, p. 41.

28. ALMEIDA, Gregório Assagra de. As corregedorias, a nacional e as internas, no contexto do Ministério Público como instituição de acesso à justiça. Revista da Corregedoria Nacional do Ministério Público, Brasília: CNMP, p. 49/109, 2016.

civil e penal – os direitos fundamentais de caráter não territorial, intergeracionais, direitos que geram necessidades de tutela não mais apenas nos restritos limites do território nacional e ao tempo da vida humana média, tais como: a) a poluição hídrica e atmosférica, b) as práticas comerciais e concorrenciais abusivas, no âmbito do direito consumidor, que ocorrem para além das fronteiras nacionais em razão da existência de mercados comuns e do comércio pela *internet*, c) a criminalidade internacional, especialmente a ligada à corrupção política, às falências transnacionais, às drogas, entre outros problemas da nossa sociedade contemporânea, o Ministério Público deve se estruturar em torno da tutela dos direitos, não das estruturas formais e territoriais.

O que deve orientar a atuação do Ministério Público é a ideia da tutela dos direitos. Qualquer empecilho processual que não se justifique em direitos fundamentais deve ser removido dogmaticamente, por estar em desvio frente a ideologia processual do CPC. O legislador, justamente por essa razão, estabeleceu normas de cooperação interna (arts. 69 e ss) e de cooperação internacional no Novo CPC (arts. 26 e ss.), dando papel de destaque ao Ministério Público (ver, entre outros, o art. 33, parágrafo único, CPC).[29]

2.3. Os "Valores da Lei" e a "Neutralidade Técnica" do Ministério Público nos Estados Democráticos Constitucionais

Um dos grandes problemas do direito contemporâneo é definir qual a extensão da função interpretativa das partes e do juiz no direito. Muito embora não se possa dar certezas quanto aos limites, há uma clareza compartilhada por todos na doutrina: a lei não é avalorativa e a interpretação não é jamais neutra, mesmo que defendamos ser ela tendencialmente cognitiva.

Uma experiência internacional pode nos ajudar a perceber o quanto esta questão é relevante para compreender as diferenças entre o papel do Ministério Público no CPC/1973 e no CPC/2015. A Magistratura Democrática italiana, nascida na década de 1970, era uma associação de juízes e membros do Ministério Público que refutava abertamente duas concepções arraigadas na ideologia de classe: a) a avaloratividade da aplicação da lei; b) a rígida neutralidade interpretativa e a consequente separação entre o Poder Judiciário, o Ministério Público e a sociedade. As ideias discutidas neste tópico são amplamente inspiradas em Luigi Ferrajoli e procuram demonstrar como o CPC/2015 pode colaborar para erradicar a ideologia da avaloratividade da aplicação da lei e da neutralidade da

---

29. SOUZA, Alexander Araujo de. Ministério Público: de onde vim, quem sou, para onde vou? *Revista dos Tribunais*, v. 951, p. 227-259, jan. 2015.

interpretação, contribuindo para a reforma na ideologia de classe do Ministério Público Brasileiro.[30]

Como demonstrou a doutrina, a ideologia de classe da magistratura italiana (é bom lembrar que a magistratura italiana é formada por juízes e membros do Ministério Público) era o reflexo do velho mito da *tecnicidade, avaloratividade, neutralidade* e *autonomia* do direito.

Os pressupostos contra os quais se opuseram os "Magistrados Democráticos" neste combate "ideológico" podem ser individualizados nos seguintes: a) afastar a adoção da teoria formalista da interpretação, que ignorava o caráter inevitavelmente discricionário das escolhas interpretativas, decorrentes da distinção entre texto e norma, e, portanto, ignorava igualmente o caráter ético e político e a responsabilidade dos juízes e membros do Ministério Público pelas decisões adotadas;[31] b) afastar a teoria das fontes ligada ao primado da lei e a equivalência entre existência, vigência e validade, característica do *paleojuspositivismo* legalista, que igualmente ignorava a potencial inconstitucionalidade da lei, com a divergência originada no ordenamento jurídico com o virtual conflito entre a Constituição e o velho sistema legislativo. A lei poderia existir, viger e não ser válida por ser marcada pela inconstitucionalidade, assim, embora lei vigente, poderia ser lei "ilegítima", nas palavras de Ferrajoli.

É de se ressaltar que o movimento Magistratura Democrática surgiu para combater o descompasso entre a lei fascista e a Constituição italiana de 1948. A lei fascista precisava ser adequada e superada pela nova Constituição italiana à época. Apenas para citar um grande jurista italiano que lutou por esta causa, vale lembrar que Calamandrei foi um dos grandes defensores da normatividade da Constituição de 1948 em face das leis anteriores, que, embora tenham continuado a existir, não tinham mais validade por serem contrárias à Constituição.[32]

---

30. FERRAJOLI, Luigi. *A filosofia analítica e a cultura jurídica no séc. XX*. Trad. Alexandre Salim, Alfredo Copetti Neto e Hermes Zaneti Jr. São Paulo: Saraiva, 2016; FERRAJOLI, Luigi. *A democracia através dos direitos. O constitucionalismo garantista como modelo teórico e como projeto político*; FERRAJOLI, Luigi. *Poderes selvagens. A crise da democracia italiana*. Trad. Alexander Araujo de Souza. São Paulo: Saraiva, 2014.

31. Ideias com o tempo desenvolvidas pela escola de Gênova, TARELLO, Giovanni. *L'Interpretazione della Legge*. Milano: Giuffrè, 1980; GUASTINI, Riccardo. *Dalle fonti alle norme*. Torino: Giappichelli, 1990; GUASTINI, Riccardo. *Teoria e dogmatica delle fonti*. Milano: Giuffrè, 1998; GUASTINI, Riccardo. *L'interpretazione dei documenti normativi*. Milano: Giuffrè, 2004; GUASTINI, Riccardo. *Estudios sobre la interpretación jurídica*. Trad. Miguel Carbonell. México: Porruà, 2010; GUASTINI, Riccardo. *Nuovi studi sull'interpretazione*. Roma: Aracne, 2008; GUASTINI, Riccardo. *Interpretare ed argomentare*. Milano: Giuffrè, 2011; CHIASSONI, Pierluigi. *Tecnica dell'interpretazione giuridica*. Bologna: Il Mulino, 2007; PINO, Giorgio. *Diritti e interpretazione. Il ragionamento giuridico nello stato costituzionale*. Bologna: Il Mulino, 2010; BELTRÁN, Jordi Ferrer; RATTI, Giovanni B. *El Realismo Jurídico Genovés*. Marcial Pons: Madrid, 2011.

32. CALAMANDREI, Piero. *La Costituzione e le Leggi per Attuarla* [1955/1959]. Milano: Giuffrè, 2000.

Esses argumentos servem muito bem para criticar a atuação do Ministério Público perante o nosso Código de 1973. O Código de 1973 usava a expressão "fiscal da lei" para traduzir a visão formalista da atuação do Ministério Público.[33] No Brasil, especialmente em face das relações entre o Ministério Público e o Poder Executivo, características do modelo interventivo pró-Estado desenhado no art. 82 do CPC/1973 e da obrigatoriedade da intervenção em alguns processos individuais como curador do Estado ou de interesses privados nos processos individuais – à época considerados de relevância pública (ex.: vínculo conjugal, jurisdição voluntária etc.) –, o Ministério Público atuava obrigatoriamente sempre que a lei determinava a sua intervenção.

A vinculatividade à lei sem o filtro da função constitucional gerava uma desconformidade constitucional que deve ser sanada hermeneuticamente a partir do novo Código. O CPC/2015 atualiza a tradição e impõe uma adequação forte entre a atuação do Ministério Público como instituição de garantia e os direitos fundamentais aos quais está vocacionado a tutelar. O Ministério Público brasileiro necessita aproveitar, portanto, a refundação democrática do CPC para sanar o desequilíbrio que existia no período entre a Constituição de 1988 e a sua edição, quando ainda era possível falar no processo civil do Ministério Público da lei e do Ministério Público da Constituição.

Atualmente, há apenas um Ministério Público. Precisamos de um passo adiante pelos próprios Ministérios Públicos. Os "Magistrados Democráticos" italianos, como informou a doutrina, denunciaram – mais agudamente do que o que ocorria no campo acadêmico – os vícios ideológicos da cultura até então dominante: a) a falsa presunção de coerência e de completude; b) o mito da certeza do direito e da interpretação unívoca da lei; c) a ideia da aplicação da lei como operação técnica e mecânica, meramente subsunção; d) a desconfiança em relação à normatividade da Constituição, entendida apenas como programa "político" ou "ornamento ideológico", sem força normativa e vinculatividade; e) a solidariedade corporativa e a organização hierárquica da classe judiciária fundada sobre

---

33. Na doutrina, identificando o CPC/1973 com o modelo de interpretação formalista anterior à Kelsen, conferir o claro, preciso e convincente trabalho de Claudio Ari Mello que afirma: "O exame das normas do Código de Processo Civil de 1973 que regulavam a decisão judicial sugere que o estatuto agora revogado filiava-se a uma concepção de decisão judicial típica do formalismo jurídico que dominava a cultura jurídica brasileira à época de sua edição [...] Essa concepção formalista normativista de sistema jurídico e decisão judicial já vivia uma crise profunda à época da edição do CPC de 1973, embora essa crise teórica fosse ignorada na literatura especializada e nas decisões do Poder Judiciário brasileiro. Entretanto, o desfecho da crise terminou por levar à ruína o modelo formalista adotado pelo código e o colapso desse modelo atingiu tanto a prática jurisdicional quanto, especialmente, a teoria do direito e a dogmática jurídica brasileiras" MELLO, Cláudio Ari. Interpretação jurídica e dever de fundamentação das decisões judiciais no novo Código de Processo Civil. In.: SILVA, Cláudio Barros; BRASIL, Luciano de Faria (org.). *Reflexões sobre o Novo Código de Processo Civil*. Porto Alegre: Livraria do Advogado, 2016, p. 263/282, esp. p. 263/265.

a unidade e a univocidade das orientações jurisprudenciais custodiadas e promovidas pela Corte de Cassação italiana e as máximas de jurisprudência (muito similares às nossas atuais súmulas e aos atuais problemas que enfrentamos com os precedentes de caráter vinculante); f) a (ir)responsabilidade dos juízes e do Ministério Público pelas suas decisões.

Esses problemas ainda são atuais e estão presentes no direito brasileiro. O CPC atua fortemente como um diploma renovador que permite superar alguns destes vícios ideológicos. Os resultados desta revisão da jurisdição, do processo e da atuação do Ministério Público agente e interveniente – como momento independente e imparcial, mas não avalorativo, a começar pela valoração da constitucionalidade das leis – foram essencialmente dois no movimento da "Magistratura Democrática" italiana: a) o direito alternativo; b) a independência do Ministério Público e do Poder Judiciário em relação aos poderes políticos e de mercado.

Em primeiro lugar, o desenvolvimento de uma jurisprudência que então se denominou "alternativa" ou "uso alternativo do direito", como contestação da cultura jurídica tradicional, mas que apenas quis afirmar o primado da Constituição, a normatividade da Constituição, por muito tempo esquecida sob a legalidade formalista-interpretativa sobre a qual se baseavam as orientações jurisprudenciais dominantes em matéria de direito do trabalho, de delitos de opinião e sindicais, de liberdade das pessoas, de garantia dos interesses difusos, de tutela da segurança e da saúde nos locais de trabalho e de salvaguarda do meio ambiente.

Apesar de ter permitido um avanço quanto a normatividade da Constituição em diversas matérias, o "direito alternativo", que pretendia reverter a ideologia política que negava vigência à Constituição italiana, foi indevidamente confundido com o "direito livre" e a liberdade absoluta para o julgador decidir conforme bem entendesse, caindo em descrença pelos seus críticos. Por esta razão, não é esse o caminho que deve ser seguido pelo Ministério Público brasileiro.

Em segundo lugar, o movimento da "Magistratura Democrática" pretendia implantar um costume de independência, o papel do juiz enquanto garantidor da legalidade constitucional em face dos poderes fortes, os "poderes selvagens", sejam estes poderes públicos ou privados. Essa função de freios e contrapesos, alargada pela Constituição, é herdada pelo Ministério Público brasileiro no exercício da ação, como decorrência de representar o Ministério Público a face ativa das instituições de garantia dos direitos fundamentais (princípio da acionabilidade).

Justamente por isso, a doutrina reconheceu a necessidade de, ao lado dos princípios da legalidade, da completude deôntica e da juridicidade, que compõem o Modelo Garantista (MG), acrescer o princípio da acionabilidade, declinando que "ainda há um Ministério Público em Berlim".[34]

2.4. Independência e Especialização: Atividade Tendencialmente Cognitiva (Interpretação Realista, Moderada e Responsável)

A recepção da Constituição no art. 176 c/c o art. 1.º do CPC/2015 permite que o Ministério Público Brasileiro passe a atuar no processo civil com mais *independência* e *especialização*, visando às funções constitucionalmente determinadas, como instituição de garantia, para além da postura avalorativa e interpretativamente neutra ou formalista – técnicas antiquadas, conceituais e abstratas –, definindo estratégias para atuação concertada em prol dos objetivos da República Brasileira e da tutela dos direitos fundamentais, prestando contas (*accountability*) de sua atuação à sociedade.

A *independência* deverá ser equacionada com a *unidade* na atuação da instituição, solucionando-se positivamente a *tensão independência* versus *unidade*, constatada pela doutrina.[35] Essa *tensão*, que não é a única no direito, basta lembrar da tensão entre efetividade e segurança jurídica que permeia o direito processual contemporâneo e todo o CPC/2015,[36] *ela* ocorre entre a liberdade de atuar de cada membro do Ministério Público, garantida pela *independência funcional*, e a necessidade de adoção de políticas públicas estratégicas por parte de todos os membros, de forma coordenada, pretendida através da *unidade da atuação*, ambos princípios constitucionais.

No fortalecimento da democracia de direitos estabelecida pela Constituição, há sim obrigatoriedade de manifestação, por ação ou intervenção, dos membros do Ministério Público na promoção e proteção dos direitos fundamentais. Isso, contudo, não exime o intérprete de sua tarefa de compreender o direito, aplicando a norma através do modelo de *interpretação realista moderada e responsável* que respeite o conteúdo normativo da lei, da Constituição e da tradição jurídica na qual ele está inserido.

---

34. A frase conhecida de Arnold, o moleiro de *Sans-Sousci*, um camponês, dirigida à Frederico II, que queria retirar da frente de seu castelo o moinho do camponês, para melhorar a vista, foi citada por G. Radbruch, tornando-se uma famosa expressão de resistência do direito ao poder: "ainda há juízes em Berlim". Contudo, como salienta a doutrina, contrariamente ao que se imagina na realidade Frederico II ignorou a sentença e impôs pela força sua vontade, apoderando-se do moinho, FERRAJOLI, Luigi. *Las fuentes de legitimidad de la jurisdicción*. Mexico: Instituto Nacional de Ciencias Penales, 2010, p. 32.

35. COURA, Alexandre de Castro; FONSECA, Bruno Borges da. *Ministério Público brasileiro. Entre unidade e independência*. São Paulo: LTr, 2015.

36. ALVARO DE OLIVEIRA, Carlos Alberto. *Teoria e Prática da Tutela Jurisdicional*. Rio de Janeiro: Forense, 2008, p. 100.

A interpretação será *realista* por partir da premissa de que *texto* e *norma* não se confundem. A decisão se um caso é simples ou complexo, portanto, é já uma escolha interpretativa.

A interpretação será *moderada* por saber necessária a revisão de toda a legislação, a literatura jurídica e os demais precedentes aplicáveis ao caso sob análise, ou seja, uma interpretação tendencialmente cognitiva.

Assim, não cabe aos juízes e promotores substituírem a vontade do legislador e do constituinte, sua função é implementar o programa de direitos fundamentais previsto na Constituição. Ativismo judicial e ministerial é o da lei e da Constituição.

A interpretação será *responsável* por ser comprometida em manter a estabilidade, a integridade e a coerência do ordenamento jurídico, uma vez fixado um precedente pelo órgão constitucionalmente competente, por exemplo, fixado em definitivo pelo STJ ou STF, caberá ao Ministério Público aplicar sua determinação.

Portanto, diante do dilema interpretativo, deverá o Ministério Público tomar uma atitude, ao mesmo tempo, de compromisso institucional com a unidade e de autocontrole em relação à independência.

Portanto, o Ministério Público, mantém a independência, mas não a exerce sem fundamentação constitucionalmente adequada, trata de efetivar uma "seletividade razoável e constitucionalmente adequada" em busca da "equiprimordialidade" e da "conjugação equilibrada" entre os princípios da unidade e da independência, sem receita prévia ou *a priori*, de forma a garantir que "as metas fixadas institucionalmente, a princípio, são obrigatórias. No entanto, a forma de concretização não será, necessariamente, uniforme".[37]

Nesse sentido, a exemplo do que já ocorre hoje nos juízos de inconstitucionalidade difusos, os atos normativos poderão ser afastados após decisão fundamentada do membro do Ministério Público oficiante que deverá "motivar a *inobservância* desses atos normativos com fulcro no sistema jurídico constitucional, o que alinhará o princípio institucional da unidade ao constitucionalismo [...] o membro do Ministério Público não poderá *fazer tudo* o que desejar sob o pretexto de exercitar sua independência funcional".[38]

A Recomendação nº 34 do Conselho Nacional do Ministério Público valorizou, justamente por esta razão, o *poder de agenda* do Ministério Público, ao definir que o planejamento institucional fará parte das matérias consideradas de interesse público para fins de intervenção (arts. 1º, I e 5º, par. único). Mais recentemente,

---

37. COURA; BORGES, *Ministério Público brasileiro. Entre unidade e independência*, p. 144

38. COURA; BORGES, *Ministério Público brasileiro. Entre unidade e independência*, p. 137.

em matéria de proteção do patrimônio público, a Recomendação nº 42 do Conselho Nacional do Ministério Público determina que cabe ao Ministério Público: "estabelecer critérios objetivos e transparentes que permitam a priorização de atuação em casos de maior relevância e com maior potencial de retorno para o erário e para a sociedade, bem como a não atuação justificada em matérias de menor relevância" (art. 7º). Percebe-se, a olhos vistos, uma mudança de direção em prol da efetividade da tutela dos direitos, em consonância com a exigência do CPC/2015, não bastando mais a atuação formal em todos os processos.

Perceba-se que a luz do paradigma do CPC/1973 o Ministério Público na função de curador da lide atuava em nome do Poder Público, que era confundido com o interesse público, e visava a aplicação estrita da lei, que, por se pressupor clara e inequívoca, não necessitava de interpretação.

Natural, naquele paradigma, a afirmação de que não cabia ao próprio Ministério Público, interpretando a lei e a Constituição, definir prioridades de atuação.

Contudo, o novo paradigma constitucional, o CPC/2015 e a revolução teórica decorrente da compreensão do papel do intérprete e dos limites da interpretação impõem ao Ministério Público este poder e a responsabilidade que lhe é correlata: tornar efetivos os direitos fundamentais, planejando claramente suas prioridades e prestando contas públicas de sua atuação.

2.5. Efetividade e Estímulo à Proatividade Positiva

Nesse quadro normativo, o Ministério Público precisa refletir sobre sua verdadeira vocação, servindo-se das análises críticas da ciência política e da sociologia, ao lado de uma análise dogmática.

A doutrina já despertou para a análise sociológica e política do Ministério Público.[39] Temas como a participação ativa do Ministério Público no desenvolvimento da legislação; o aproveitamento pelo Ministério Público do momento de redemocratização e das ondas renovatórias do movimento mundial pelo acesso à justiça para consolidar o seu papel de principal defensor dos direitos fundamentais individuais e coletivos no ordenamento brasileiro; a ligação teórica entre promotores de justiça e a defesa dos direitos difusos e coletivos como principal

---

39. KERCHE, Fábio. *Virtude e limites*: autonomia e atribuições do Ministério Público no Brasil. São Paulo: EDUSP, 2009; ARANTES, Rogério Bastos. *Ministério Público e política no Brasil*. São Paulo: Sumaré/Educ, 2002; ALMEIDA, Frederico Normanha Ribeiro de. *A nobreza togada. As elites jurídicas e a política da justiça no Brasil*. 2010, p. 329. Tese de Doutorado em Ciência Política. Universidade de São Paulo. Orientador: Profa. Dra. Maria Tereza Aina Sadek. São Paulo, 17-9-2010; GOULART, Marcelo Pedroso. *Elementos para uma Teoria Geral do Ministério Público*. Belo Horizonte: Arraes, 2013.

bandeira reformadora do Ministério Público na área cível; o afastamento gradativo do Poder Executivo e a consolidação da independência administrativa; a alegação pelo Ministério Público da indisponibilidade dos direitos difusos e coletivos, ao lado da hipossuficiência organizativa da sociedade para defender esses direitos;[40] foram considerados elementos da formação política do Ministério Público brasileiro pós-Constituição de 1988, identificando sua atividade com o "voluntarismo político" por parte da classe, seu envolvimento direto com as questões mais importantes do processo de redemocratização.

Em outro trabalho foi criticada a "falta de equacionamento definitivo de suas relações com o Poder Executivo e o mundo da política", quer em razão de sua característica de ser instituição nova, quer pelo fato de, historicamente, o Ministério Público assumir uma "posição secundária na composição das elites jurídicas".[41]

Gostaríamos de esclarecer que, na nossa visão, o Ministério Público não é uma instituição "voluntarista" ou "ativista". A vontade desenhada nas suas atribuições e funções é a "vontade de Constituição" - o ativismo é o das leis e da Constituição. Como qualquer intérprete, o Ministério Público deverá ser vinculado pela tradição jurídica, pelos direitos fundamentais e pelas leis, salvo inconstitucionalidade, não podendo emitir "opinião" processual sem fundamento no ordenamento jurídico (interpretação realista moderada e responsável, ver *supra*). São as leis e a Constituição que são ativistas no Brasil, não o Ministério Público e os juízes (REsp 650.728/SC, rel. Min. Herman Benjamin).

A instituição deve aproveitar a oportunidade para se autoconhecer e avançar mais no seu compromisso com o regime democrático constitucionalmente estabelecido. Traçadas as diretrizes constitucionais, o Ministério Público precisa dar uma virada hermenêutica, um giro de Copérnico, superando o dilema da esfinge. "A questão, na verdade, é institucional. Se o Ministério Público é combativo, talvez esse seu caráter fosse intensificado com a utilização de instrumentos para a criação de uma política institucional unificada. Se os promotores defendem os interesses da sociedade, talvez o fizessem com maior amplitude se existissem incentivos que premiassem os mais ativos."[42]

O certo é que, em uma democracia, precisamos de controles e instituições fortes, de uma prática jurídica institucionalizada e consistente.[43] Portanto, "a

---

40. ARANTES, Rogério Bastos. *Ministério Público e política no Brasil*. São Paulo: Sumaré/Educ, 2002.

41. ALMEIDA, Frederico Normanha Ribeiro de. *A nobreza togada. As elites jurídicas e a política da justiça no Brasil*. 2010, p. 329. Tese de Doutorado em Ciência Política. Universidade de São Paulo. Orientador: Profa. Dra. Maria Tereza Aina Sadek. São Paulo, 17-9-2010, p. 292.

42. KERCHE, Virtude e Limites: Autonomia e Atribuições do Ministério Público no Brasil, p. 110/111.

43. MACCORMICK, Neil. *Institutions of Law. An Essay in Legal Theory.* Oxford: Oxford University Press, 2007.

O Ministério Público, como instituição de garantia dos direitos fundamentais e da democracia, mais do que qualquer outra instituição constitucional, deve fazer valer a regra de que a democracia se faz com ação, não nasce pronta, não se encontra na natureza.[45] O Ministério Público deve defender os direitos fundamentais, estruturando-se adequadamente para tanto. "A Constituição definiu o Ministério Público como instituição essencial à implementação do projeto de democracia substantiva, vinculando-o a esse projeto. Em razão dessa vinculação, os princípios e objetivos fundamentais da República orientam a sua atuação. Importa dizer que o Ministério Público apresenta-se como uma das instituições construtoras da *sociedade livre, justa e solidária*. O objetivo institucional confunde--se, portanto, com o objetivo da República".[46]

3. AS NORMAS FUNDAMENTAIS DO CPC E A ATUAÇÃO DO MINISTÉRIO PÚBLICO NA GARANTIA DOS DIREITOS FUNDAMENTAIS

As normas fundamentais estão espalhadas por todo o CPC, mas devem ser lidas à luz da Constituição e do bloco de fundamentalidade. Compõem o *bloco de fundamentalidade* as normas processuais fundamentais admitidas ao nosso ordenamento por tratados internacionais, novas leis processuais esparsas e pela formação de precedentes que densifiquem as normas processuais fundamentais já existentes.

Outra observação importante é a espécie normativa atribuída às normas fundamentais. As normas fundamentais poderão ser regras, princípios ou postulados normativo aplicativos (procedimentos para aplicação de normas processuais). A sua interpretação a partir do texto e a função para a qual serão utilizadas definirá qual das três espécies que irá predominar no caso concreto, no momento da aplicação (dissociação heurística). As normas fundamentais, portanto, funcionam em um modelo combinado e que expressa normas fundamentais dos três tipos, regras, princípios e procedimentos.[47]

---

44. KERCHE, Virtude e Limites: Autonomia e Atribuições do Ministério Público no Brasil, p. 110-111.

45. ZANETI, Hermes. Apresentação. In: ZANETI, Hermes (Org.). *Democracia*: a grande revolução. Brasília: Editora da Universidade de Brasília, 1996. p. 9-10.

46. GOULART, *Elementos para uma Teoria Geral do Ministério Público*, 108.

47. Ao lado da versão passiva das espécies de normas (regras e princípios) existe uma versão ativa (postulados normativo aplicativos ou procedimentos) que formam um modelo combinado. Na conhecida

HERMES ZANETI JR.

A Parte Geral do Código de Processo Civil apresenta a denominação específica e maior concentração por número sequencial de artigos que referem às normas fundamentais. Contudo, assim como, no caso dos direitos fundamentais, que sabidamente não se limitam ao art. 5º da Constituição as normas fundamentais se especificam em diversas passagens do texto do CPC, não se limitando aos doze primeiros artigos.

Por exemplo, há no CPC a norma fundamental da fundamentação das decisões prevista no art. 11 e detalhada no art. 489, § 1º, que aparece já na Parte Especial, quando trata do procedimento comum. Também é o caso do autorregramento da vontade mediante negócios processuais (art. 190, CPC) e dos precedentes normativos formalmente vinculantes (arts. 926 e 927, CPC).

A seguir iremos ilustrar as dezessete normas que consideramos fundamentais para compreender o CPC, alertando para o papel que as Cortes Supremas exercem na densificação destas normas e na garantia da unidade do direito como um todo, a partir do novo texto legal. São os doze primeiros artigos (art. 1º ao 12, CPC), o artigo que trata do autorregramento da vontade no processo, possibilitando negócios processuais atípicos (art. 190, CPC), o artigo sobre a fundamentação adequada (art. 489, § 1º, CPC), os artigos que tratam dos precedentes normativos formalmente vinculante (arts. 926 e 927, CPC) e o artigo que trata dos casos repetitivos (art. 928, CPC).

Uma metáfora pode nos ajudar a compreender ainda melhor a função narrativa que as normas fundamentais do CPC exercem, conferindo unidade ao conjunto. Este conjunto de artigos permite compreender a extensão das mudanças do novo ordenamento processual e permitem olhar a floresta, para além das árvores que insistem em borrar a nossa visão do conjunto. Ao focar em um instituto novo, o leitor deixa de perceber o conjunto das normas processuais fundamentais e a sua necessária articulação de sentido. Não adianta compreender a justiça multiportas,

---

classificação de Humberto Ávila, também referida por R. Alexy como regras, princípios e postulados normativo aplicativos/procedimentos. A identificação da norma como uma ou outra espécie decorre de uma dissociação heurística, resultado da interpretação. Cf. ÁVILA, Humberto. *Teoria dos princípios*: da definição à aplicação dos princípios jurídicos [2003]. 15ª ed. São Paulo: Malheiros, 2015. Nos termos defendidos pela doutrina um modelo combinado de regras, princípios e procedimentos é mais racional e adequado: "Lo que hasta ahora se há descrito, el nivel de la regla y el de los principios, no proporciona un cuadro completo del sistema jurídico. Ni los principios ni las reglas regulan por sí mismos su aplicación. Ellos representan sólo el costado pasivo del sistema jurídico. Si se quiera obtener un modelo completo, hay que agregar al costado pasivo uno activo, referido al procedimiento de la aplicación de las reglas y principios. Por lo tanto, los niveles de las reglas y los principios tienen que ser completados con un tercer nivel. En un sistema orientado por el concepto de la razón práctica, este tercer nivel pude ser sólo el de un procedimiento que asegure la racionalidad. De esta manera, surge un modelo de sistema jurídico de tres niveles que puede ser llamado «modelo reglas/ principios / procedimiento". ALEXY, Robert. *El Concepto y la Validez del Derecho*. Barcelona: Gedisa, 1997, p. 173/174.

os negócios processuais e os precedentes vinculantes sem relacioná-los com a finalidade do processo: a tutela dos direitos, adequada, tempestiva e efetiva.

Os ângulos de visão tradicionais apontam para normas regras, princípios e postulados normativo aplicativos que direcionam nossas condutas no processo, como comandos imediatamente aplicáveis. Contudo, as normas fundamentais possuem também uma função hermenêutica, orientam como os demais dispositivos do Código devem ser compreendidos e quais os comportamentos que se esperam do juiz, das partes e de todos aqueles que de qualquer forma atuem no processo nas múltiplas relações jurídicas que se formam ao longo do arco procedimental. Mesmo dispositivos que não possuíram alteração na sua redação da versão do CPC/1973 para a redação do CPC/2015 devem agora ser interpretados à luz destas normas narrativas. As normas processuais fundamentais têm, portanto, uma eficácia irradiadora.[48]

O CPC/2015 é instituidor de uma comunidade de trabalho em prol de comportamentos objetivamente éticos que favoreçam o julgamento de mérito para garantia da tutela dos direitos adequada, tempestiva e efetiva, nos termos das promessas constitucionais do legislador constituinte de 1988. As normas fundamentais que comentamos a seguir permitem garantir ao CPC sua unidade narrativa e interpretar o Código para atingir estes objetivos.

Cabe ao Ministério Público, como instituição de garantia dos direitos fundamentais, zelar pelo atingimento da finalidade das normas fundamentais. Assim, todas as vezes que nos referirmos ao juiz e aos comportamentos das partes, deve-se ter presente que o Ministério Público, por suas características de parte vinculada à promoção (dever-poder) da tutela dos direitos fundamentais, deve adotar o máximo esforço institucional para garantir tanto como parte, quanto como fiscal do ordenamento jurídico, a plena aplicação deste conjunto normativo.

3.1. Constitucionalização do Direito Processual

As normas fundamentais tratam da constitucionalização do direito processual (art. 1º, CPC). A lógica e a racionalidade dos dispositivos que estabelecem os direitos fundamentais na Constituição é a mesma que orienta os comportamentos de

---

48. A eficácia irradiadora pode ser compreendida a partir da passagem dos direitos fundamentais de uma relação vertical, apenas vinculando as relações entre os titulares dos direitos e o Estado, para uma relação horizontal, com a vinculação também dos particulares entre si (Drittwirkung), CANOTILHO, J. J. Gomes. *Direito constitucional e teoria da Constituição*. 7. ed. Coimbra: Almedina, 2003, p. 1287/1290. Os direitos fundamentais possuem ainda uma dimensão objetiva e subjetiva, negativa e positiva. A teoria das normas fundamentais processuais tem muito a ganhar com as comparações com a teoria dos direitos fundamentais. Para a compreensão da eficácia imediata, da eficácia nas relações privadas, dos aspectos subjetivos, objetivos e a multifuncionalidade dos direitos fundamentais e outros aspectos da teoria dos direitos fundamentais no Brasil cf. SARLET, Ingo W.; MARINONI, Luiz Guilherme; MITIDIERO, Daniel. *Curso de Direito Constitucional*. 5ª ed. São Paulo: Saraiva, 2016, esp. p. 344/354.

boa-fé objetiva, cooperação e contraditório como direito de influência e dever de debates no CPC. Além das observações já realizadas nos itens anteriores, é bom marcar aqui que *a Constituição confere unidade* ao Código e aos microssistemas e demais sistemas processuais que transitam em um espaço comum entre elipses secantes. Poderíamos falar, portanto, de um modelo processual constitucional que orienta a interpretação e aplicação de todas as demais regras e princípios processuais, nos mesmos termos do que ocorre em relação aos direitos fundamentais materiais, desenhados a partir da Constituição, mas completados pelas normas fundamentais previstas na legislação processual infraconstitucional, que passam a fazer parte do bloco de constitucionalidade. Neste sentido, podemos falar que as normas fundamentais processuais formam um *bloco de fundamentalidade* em conjunto com as normas constitucionais.

A evolução da relação entre direito processual e Constituição ocorreu ao longo dos últimos dois séculos. Trata-se do completamento de uma passagem de três estágios, bem marcados pela doutrina: um *primeiro estágio*, no qual o processo civil era visto a partir apenas das *regras infraconstitucionais*; um *segundo estágio*, no qual se concretiza a *constitucionalização de garantias processuais* (*primeira constitucionalização do processo civil*); um *terceiro, e derradeiro, estágio*, no qual o processo civil somente pode ser *compreendido a partir dos direitos fundamentais*. Neste estágio final, a teoria dos direitos fundamentais assume o papel preponderante nos ordenamentos constitucionais positivados e constitucionaliza os ramos do direito infraconstitucional (*segunda constitucionalização do processo civil*).[49]

Assim, nenhuma interpretação da norma processual será válida, se não observar os parâmetros interpretativos constitucionalmente estabelecidos, bem como, se não observar a sua tradução nas normas fundamentais processuais estabelecidas no CPC/2015.

Esta conclusão implica o reconhecimento do princípio ou máxima da supremacia da Constituição. Portanto, para além da interpretação conforme, prevista expressamente no art. 1º, CPC, também as submáximas da força normativa da Constituição e da máxima eficácia e efetividade da Constituição devem orientar a interpretação dos textos dos dispositivos normativos do CPC.[50]

---

49. Defendendo a constitucionalização integral do processo a partir dos direitos fundamentais cf. ZANETI JR., *A Constitucionalização do Processo*, passim; MITIDIERO, Daniel. *Colaboração no Processo Civil*, 3ª ed. São Paulo: RT, 2015, p. 43; ALVARO DE OLIVEIRA, Carlos Alberto; MITIDIERO, Daniel. *Curso de Processo Civil*. Vol. I. São Paulo: Atlas, 2012, p. 17/18; AMARAL, Guilherme Rizzo. *Comentários às Alterações do Novo CPC*. São Paulo: RT, 2015, p. 46; MARINONI, Luiz Guilherme; MITIDIERO, Daniel. *Comentários ao Código de Processo Civil. Artigos 1º ao 69*. Vol. I. São Paulo: RT, 2016, p. 98.

50. SARLET, Ingo W.; MARINONI, Luiz Guilherme; MITIDIERO, Daniel. *Curso de Direito Constitucional*. 5ª ed. São Paulo: Saraiva, 2016, p. 222; MARINONI, Luiz Guilherme; MITIDIERO, Daniel. *Comentários ao Código de Processo Civil. Artigos 1º ao 69*. Vol. I. São Paulo: RT, 2016, p. 102.

3.2. Justiça Multiportas

O acesso à justiça, no CPC, será garantido pela tradicional porta do Poder Judiciário, mas também através da *justiça multiportas* (art. 3º, §§ 1º a 3º, CPC), ou seja, através de *todos os meios adequados à tutela dos direitos.*

A arbitragem como meio heterocompositivo, a conciliação, a mediação e a negociação direta, entre outros meios autocompositivos, são institutos e instrumentos fortemente estimulados pelo CPC a ponto de consistirem em um verdadeiro dever de estímulo à autocomposição por parte dos advogados, defensores públicos, magistrados e membros do Ministério Público (art. 3º, § 3º, CPC).[51] Não há dever de autocomposição, o que seria contrário aos princípios básicos da matéria (art. 166, *caput*, CPC), em especial à autonomia da vontade, o que existe é um dever de *estímulo*, de comportamento favorável às soluções consensuais.

A grande novidade, portanto, reside no fortalecimento das políticas públicas de estímulo à autocomposição - um dos pilares na *nova justiça civil*, ao lado dos precedentes judiciais. O acesso à justiça apenas pelo Poder Judiciário resultou em um país com 100 milhões de ações, conforme os dados do Justiça em Números do CNJ, e mostra claramente que as opções de acesso à justiça devem ser ampliadas para garantir, de forma adequada, a tutela efetiva, mesmo que para além e fora do Poder Judiciário.[52]

Existe uma série de vantagens na autocomposição. Importa aqui salientar as mais importantes: menor tempo de resolução do litígio, custos menores para o Estado, maior probabilidade de uma satisfação imediata sem a necessidade de desdobramentos em atos executivos ou cumprimento de sentença e ausência, de regra, de impugnações mediante recursos.

A autocomposição não se confunde com a transação civil, prevista no art. 841 do CC. A autocomposição poderá abarcar direitos indisponíveis.[53] A autocomposição

---

51. Para um maior detalhamento do ordenamento jurídico atual, com referência aos demais textos normativos, tais como a Lei de Arbitragem, a Lei de Mediação, as Resoluções do CNJ e do CNMP e o panorama comparado cf. os trabalhos publicados na coletânea: ZANETI JR., Hermes; CABRAL, Trícia Navarro Xavier (coord.). *Justiça Multiportas. Mediação, Conciliação, Arbitragem e outros meios de solução adequada de conflitos.* Salvador: Juspodivm, 2016 (Coleção Grandes Temas do Novo CPC. Coordenador Geral: Fredie Didier Jr., vol. 9).

52. ALMEIDA, *As corregedorias, a nacional e as internas, no contexto do Ministério Público como instituição de acesso à justiça*, p. 53 e ss. Destaca-se a afirmação do autor de que o "acesso a todo meio legítimo de proteção e efetivação do Direito", incluindo as instituições como o Ministério Público, a Defensoria Pública, e os institutos como a arbitragem e a negociação, é muito mais amplo do que o acesso à justiça através do Poder Judiciário. Cita, como exemplo, a previsão constitucional das soluções não jurisdicionais (não adjudicatórias) a *solução pacífica das controvérsias*, prevista no preâmbulo da CF/88 e parte do bloco de constitucionalidade, e no âmbito das relações internacionais, a solução pacífica dos conflitos, prevista no art. 4º, VII, CF/88. Marca, assim, a distinção entre acesso à justiça pela via adjudicatória e acesso à justiça pela via da solução pacífica (consensual).

53. Sobre o tema, apenas exemplificativamente, cf. VENTURI, Elton. Transação de direitos indisponíveis? In.: ZANETI JR., Hermes; CABRAL, Trícia Navarro Xavier (coord.). *Justiça Multiportas. Mediação, Conciliação,*

HERMES ZANETI JR.

não exige, portanto, concessões.[54] O guia para saber se há correção procedimental e material na autocomposição, é verificar se o procedimento atinge à tutela adequada dos direitos.[55] Por esta razão, a doutrina não fala mais em meios alterativos de resolução de litígios, mas em meios adequados de solução de litígios.

Os sinais desta mudança de paradigma estão espalhados por todo o CPC. Em especial destacam-se a possibilidade de autocomposição a qualquer tempo como dever dos magistrados e do tribunal (art. 139, VI, CPC), a audiência de conciliação e mediação obrigatória (art. 334, § 4º, CPC), a possibilidade de conciliar a qualquer tempo mesmo com a alteração objetiva ou subjetiva da demanda; sem limitações, portanto, quanto aos sujeitos processuais ou quanto ao pedido e a causa de pedir, como expressamente disciplinado na fase de cumprimento da sentença (art. 515, § 2º).

A disciplina mais extensa quanto ao tema no CPC trata da regulação da atividade dos conciliadores e mediadores (art. 165 a 175, CPC). Define-se a atividade de mediação como aquela que as partes têm uma relação anterior, na qual o mediador apenas favorece o reestabelecimento do diálogo, para que as partes, por si próprias, identificando seus interesses, encontrem a solução adequada. A conciliação, por sua vez, caracteriza-se por ser atividade de cunho mais proativo, com a sugestão de soluções por parte do conciliador, quando as partes, de regra, não têm relação anterior.

Contudo, em litígios concretos, poderá ocorrer intercambialidade das técnicas (art. 166, § 3º, CPC), utilizando-se ora da mediação, ora da conciliação. Existem, ainda, muitas outras técnicas, como a negociação direta, na qual as partes debatem sem a intervenção de um terceiro, a exemplo dos termos de ajustamento de conduta firmados pelo Ministério Público.[56]

Arbitragem e outros meios de solução adequada de conflitos. Salvador: Juspodivm, 2016, p. 405/430 (Coleção Grandes Temas do Novo CPC. Coordenador Geral: Fredie Didier Jr., vol. 9).

54. Há uma grande difusão de nova doutrina sobre o tema, em particular o Projeto de Negociação de Harvard tem impactado a forma como vemos, pensamos e atuamos em negociações de autocomposição. Um bom guia introdutório para os principais pontos desta virada pode ser encontrado em FISCHER, Roger; URY, William; PATTON, Bruce. *Como Chegar ao Sim. A Negociação de Acordos sem Concessões.* 2ª ed. Trad. Vera Ribeiro; Ana Luiza Borges. Rio Janeiro: Imago, 2005. Aplicando estes princípios ao Ministério Público brasileiro cf. ARLÉ, Danielle de Guimarães Germano. *Mediação, Negociação e Práticas Restaurativas no Ministério Público.* Belo Horizonte: D'Placido, 2016.

55. SILVA, Paula Costa e. O acesso ao sistema judicial e os meios alternativos de resolução de controvérsias: alternatividade efectiva e complementariedade. In.: ZANETI JR., Hermes; CABRAL, Trícia Navarro Xavier (coord.). *Justiça Multiportas. Mediação, Conciliação, Arbitragem e outros meios de solução adequada de conflitos.* Salvador: Juspodivm, 2016, p. 769/787, esp. p. 773/774 (Coleção Grandes Temas do Novo CPC. Coordenador Geral: Fredie Didier Jr., vol. 9).

56. Sobre a negociação direta e o Ministério Público, já prevista expressamente na Resolução CNMP nº 118/2014, cf. BADINI, Luciano. Reflexões sobre a negociação e a mediação para o Ministério Público. In.:

Cresce, atualmente, a possibilidade de design de sistemas e processos para gerenciamento de disputas (DSD).[57] Exemplos nacionais bem sucedidos desta atividade, que inclui, não somente a conciliação e a mediação, mas também a construção de procedimentos para sua efetivação, podem ser encontrados nos casos dos acidentes da TAM (Câmara de Indenização 3054) e da AIR FRANCE (Programa de Indenização 447).[58] O CPC reconhece a livre autonomia dos interessados para definição das regras procedimentais (art. 166, § 4ª, CPC), cabendo ao Ministério Público, nos processos em que atua, assegurar que os procedimentos desenhados para a solução da controvérsia mediante autocomposição preservem o interesse público, os bens jurídicos tutelados e os direitos e garantias das partes a quem está vocacionado para tutelar.

A autocomposição é guiada por princípios comuns, tais como, a independência, a imparcialidade, a autonomia da vontade, a confidencialidade, a oralidade, a informalidade e a decisão informada. Nos processos que envolvem o Ministério Público a confidencialidade deve ceder a publicidade, em razão da presença de interesse público, salvo nas hipóteses de decretação de sigilo. Este afastamento da confidencialidade permite também que o juiz conduza o processo conciliatório, sem ofensa ao princípio.[59]

Importante alteração no CPC é a possibilidade de procedimento autônomo de produção antecipada de provas com a finalidade de viabilizar a autocomposição ou outro meio adequado de solução de conflito (art. 381, II, CPC). Este

---

ZANETI JR., Hermes; CABRAL, Trícia Navarro Xavier (coord.). *Justiça Multiportas. Mediação, Conciliação, Arbitragem e outros meios de solução adequada de conflitos.* Salvador: Juspodivm, 2016, p. 225/236; SALTZ, Alexandre Sikinowski. De fiscal da lei à fiscal da ordem jurídica. A solução consensual dos conflitos como novo espaço de atuação institucional. In.: ZANETI JR., Hermes; CABRAL, Trícia Navarro Xavier (coord.). *Justiça Multiportas. Mediação, Conciliação, Arbitragem e outros meios de solução adequada de conflitos.* Salvador: Juspodivm, 2016, p. 237/252; MORAES, Paulo Valério dal Pai. Novo Código de Processo Civil – O Ministério Público e os métodos autocompositivos de conflito – negociação, mediação e conciliação. In.: ZANETI JR., Hermes; CABRAL, Trícia Navarro Xavier (coord.). *Justiça Multiportas. Mediação, Conciliação, Arbitragem e outros meios de solução adequada de conflitos.* Salvador: Juspodivm, 2016, p. 253/274; CABRAL, Antonio do Passo; CUNHA, Leonardo Carneiro da. Negociação direta ou resolução colaborativa de disputas (collaborative law): "mediação sem mediador". In.: ZANETI JR., Hermes; CABRAL, Trícia Navarro Xavier (coord.). *Justiça Multiportas. Mediação, Conciliação, Arbitragem e outros meios de solução adequada de conflitos.* Salvador: Juspodivm, 2016, p. 709/726. Especificamente sobre mediação, cf. TARTUCE, Fernanda. *Mediação nos Conflitos Civis.* 2ª ed. São Paulo: Método, 2015.

57. SANDER, Frank E. A.; BORDONE, Robert C.; MCEWEN, Craig A.; ROGERS, Nancy H. *Designing Systems and Processes for Managing Disputes.* New York: Wolters Kluwer, 2013.

58. FALECK, Diego. Introdução ao design de sistemas de disputas: Câmara de Indenização 3054. *Revista Brasileira de Arbitragem,* nº 23, jul/set, 2009; ARAUJO, Nádia; FÜRST, Olivia. Um exemplo brasileiro de uso da mediação em eventos de grande impacto: o programa de indenização do voo 447. *Revista de Direito do Consumidor,* vol. 91/104, p. 337/349, jan./fev., 2014.

59. Para maior aprofundamento desta questão nos processos coletivos cf. DIDIER JR., Fredie; ZANETI JR., Hermes, *Curso de Direito Processual Civil. Processo Coletivo.* Vol. 4, capítulo sobre justiça multiportas.

procedimento não existia na codificação anterior e permite que a autocomposição preserve o princípio fundamental da decisão informada. A prova será produzida em contraditório prévio ou diferido, nos casos em que se justifique sua realização inaudita altera parte, tendo validade plena para processo futuro entre as mesmas partes, pelo que, esclarecidos os fatos, facilitará em muito a autocomposição.

Cabe, contudo, uma importante anotação crítica em relação aos meios alternativos de solução de litígios (*ADR – Alternative Dispute Resolution*). Há um certo ufanismo ou idealismo por trás desta solução que deve ser desmentido. A solução consensual nem sempre é possível e nem sempre é a melhor. Quando os direitos envolvidos forem indisponíveis (muito embora seja cabível a solução consensual, quanto ao tempo, a forma e ao modo de implementação), a atenção deve ser redobrada. Em alguns casos, não é possível falar em qualquer acordo, por exemplo, antes da produção da prova. Nestes casos, a negociação pré-processual acaba sendo um artifício das partes para alongar ainda mais os prazos processuais. O Estado quer favorecer os meios alternativos também por serem eles mais baratos. O certo é que o processo judicial, muito embora custoso e lento, ainda é o meio mais garantista para a solução dos litígios.[60] Isto implica reconhecer que, muito embora, exista o dever geral de estímulo a solução consensual, justificadamente, poderão as partes requerer o prosseguimento do processo judicial, quando entenderem impossível a conciliação. O acordo, é bom frisar, deve ser adequado à tutela do direito, nos processos coletivos à tutela integral. Por isso, a questão gira em torno de compreender adequado o conflito para negociar acordos sem concessões.

3.3. Processo Justo

Pode-se dizer que a finalidade do CPC/2015 visa a assegurar o direito ao processo justo, com a obtenção e uma decisão justa[61], não na concepção filosófica de justiça, mas entendendo como decisão justa (art. 6º, CPC) aquela capaz de tutelar os direitos de forma adequada ao direito material e às partes aos quais irá versar, tempestiva, que venha num tempo razoável, e efetiva, que deve ser realizada no mundo real[62], bem como, será considerado justa a decisão que

---

60. FISS, Owen. "Contra o Acordo". In.: Owen Fiss. *Um Novo Processo Civil. Estudos Norte-Americanos sobre Jurisdição, Constituição e Sociedade*. Trad. Daniel Porto Godinho da Silva e Melina de Medeiros Rós. Coord. da trad. Carlos Alberto de Salles. São Paulo: RT, 2004, p. 121/145 – p. 121; NIEVA FENOLL, Jordi. *Derecho Procesal I. Introducción*. Madrid: Marcial Pons, 2014, p. 23/24.

61. SARLET, Ingo W.; MARINONI, Luiz Guilherme; MITIDIERO, Daniel. *Curso de Direito Constitucional*. 5ª ed. revista, atualizada e ampliada. São Paulo: RT, 2016, p. 736/744.

62. ZANETI Jr., Hermes. *Comentários ao Código de Processo Civil – Do Processo de Execução –arts. 824 a 925*. São Paulo: RT,2016, vol. 13, no prelo.

observe a unidade do direito (arts. 489, § 1º, V e VI, 926 e 927, CPC, precedentes judiciais normativos formalmente vinculantes)[63].

O CPC trata do processo justo (art. 2º e 8º, CPC), disciplinando o princípio da demanda, os poderes de impulso oficial, os casos e que a legislação autoriza a relativização de um e outro para atingir a finalidade do processo, a exemplo do autorregramento da vontade e dos poderes instrutórios e de gerenciamento do processo pelo juiz, entre outros. As normas fundamentais analisadas neste tópico são, em certa medida, um desdobramento do processo justo.

3.4. Primazia do Julgamento de Mérito

O princípio da primazia do julgamento de mérito (art. 4º, CPC) é ligado ao vetor da efetividade no processo. Podemos dizer que o vetor da efetividade resulta do fundamento do direito de ação - ação esta que teve o foco deslocado do conceito para o resultado propiciado pelo seu exercício.[64] Isso porque a declaração de direitos não é suficiente, mas sim sua realização no mundo real,[65] com a "entrega do bem da vida" perquirido.

Nesse sentido, destaca-se no Código, como decorrência do vetor da efetividade, o princípio da primazia do julgamento de mérito.

A primazia do julgamento de mérito é uma contribuição do direito processual coletivo ao direito processual individual, pois foi o processo coletivo, em razão do interesse público primário que lhe anima, o primeiro a consagrar a primazia do julgamento de mérito.[66]

---

63. SARLET, Ingo W.; MARINONI, Luiz Guilherme; MITIDIERO, Daniel. Op. cit., p. 736/744; MITIDIERO, Daniel. *Cortes Superiores e Cortes Supremas – Do controle à Interpretação da Jurisprudência ao Procedente.* São Paulo: RT, 2015, *passim*.

64. MARINONI, Luiz Guilherme; ARENHART, Sérgio Cruz; MITIDIERO, Daniel. Op. cit. 94.

65. "O direito existe para se realizar. A realização é a vida e a verdade do direito, é o próprio direito. O que não se traduz em realidade, o que está apenas na lei, apenas no papel, é um direito meramente aparente, nada mais do que palavras vazias. Pelo contrário, o que se realiza com direito é direito, mesmo quando não se encontre na lei e ainda que o povo e a ciência dele não tenham tomado consciência". JHERING, Rudolf Von. Geist des römischen Rechts auf den verschiedenen Stufen seiner Entwicklung, Teil 2, Abteilung 2, Unveränderter Neudruck der 5. (lezten veränderten) Auflage Leipzig 1898, Aalen, Scientia Verlag, 1968, n. XXXVIII, p. 32, t. III, n. 43, p. 17, da edição espanhola de 1910, trad. Enrique Príncepe y Satorres, Madrid, Editorial Bailly-Bailliere *apud* OLIVEIRA, Carlos Alberto Alvaro de. Do Formalismo no processo civil. São Paulo: ed. Saraiva, 2003, p. 244.

66. Ademais, a coisa julgada *secundum eventum probationis* existente no microssistema da tutela coletiva demonstra que se pretendeu a garantia do julgamento pela procedência ou improcedência fosse efetivamente de mérito, e não uma decisão que se limite a aplicar o ônus da prova como regra de julgamento. Concepção original do princípio deve ser reconhecida a ALMEIDA, Gregório Assagra de. *Direito Processual Coletivo Brasileiro: um novo ramo do direito processual.* São Paulo: Saraiva, 2003, p. 571/572, posteriormente

O julgador deve priorizar a decisão de mérito, realizando todas as medidas necessárias para que ela ocorra. Isto afeta a demanda principal, conforme à petição inicial, os recursos e as demandas incidentais, sendo dever do julgador trabalhar para sua integral solução de mérito, uma vez que as soluções processuais, como o julgamento sem exame do mérito, acarretam um dispêndio enorme de tempo e esforço dos órgãos jurisdicionais, com gasto de recursos financeiros do Estado, sem que se obtenha a prestação jurisdicional almejada pelos requerentes e se ponha um fim definitivo a questão em julgamento. O Ministério Público deve igualmente zelar pelo julgamento de mérito. Como veremos adiante, esta norma fundamental implica revisitar todas as teorias e concepções que construíram o direito processual civil como um fim em si mesmo, a exemplo das teorias das condições da ação, dos pressupostos processuais e de admissibilidade recursal e das nulidades.

As chamadas "sentenças processuais", que resultam na extinção do processo sem a análise do mérito da causa, muitas vezes quando seria possível superar a irregularidade e julgar o seu mérito, são essencialmente injustas e contraditórias com o fim do processo no Estado Democrático Constitucional que é a tutela dos direitos, pois apenas protelam a análise do problema, sem satisfazer aos interesses das partes de forma definitiva, muitas vezes atendendo a uma lógica perversa de jurisprudência defensiva por parte dos tribunais.[67]

Sentenças extintivas do processo sem julgamento de mérito, quando se poderia analisar o mérito mediante a adoção de diligências corretivas pelo julgador e pelas partes, são o fruto de um superado formalismo excessivo que atribuía o contraditório apenas às partes e reconhecia ao juiz uma função assimétrica dentro do processo judicial, ora como convidado de pedra, ora como algoz estatal. O juiz, sem determinar a correção ou permitir às partes sanar o vício, acabava sancionando com a extinção qualquer "erro" das partes no processo.

Percebe-se aqui uma clara contraposição entre o processo como coisa das partes e o processo como interesse público, fim em si mesmo, independentemente do interesse das partes, ambas as visões superadas do fenômeno processual por serem insuficientes para garantir a sua finalidade: a tutela dos direitos adequada, tempestiva e efetiva. O Estado Democrático Constitucional, ao não se mostrar nem liberal, nem estatal, combina as versões para permitir a intervenção mais ativa do juiz, desde que em diálogo com as partes que limite o exercício arbitrário do poder estatal, conformando a atividade de todos que atuam no

---

acompanhado por DIDIER JR., Fredie; ZANETI JR., Hermes. *Curso de Direito Processual Civil – Processo Coletivo.* 10ª ed. Salvador: Juspodivm, 2016, vol. 4. p. 103/106.

67. CHEIM JORGE, Flávio. Teoria Geral dos Recursos Cíveis. 7ª ed. São Paulo: RT, 2015, p. 229/234.

processo em uma comunidade de trabalho para atingir a finalidade do processo. O processo não é fim em si mesmo, nem instrumento de afirmação dos direitos da parte mais forte.

O paradigma do formalismo-valorativo, ao submeter o juiz ao contraditório, compreendido como direito de influência e dever de debates, impõe ao órgão de decisão o dever de julgamento de mérito sempre que este for possível.[68] Esta postura ativa do juiz, decorrente da determinação legal (arts. 4º, 10, 354, § 3º, 370, 373, § 1º, 400, par. ún., 488, 932, par. ún., entre outros do CPC), seria incompatível com o dogma da neutralidade judicial e da vedação da antecipação do entendimento do juiz como elementos de sua imparcialidade. No Estado Democrático Constitucional, o juiz não é neutro porque trabalha pelo julgamento de mérito, determinando condutas às partes que possam viabilizar esta decisão.

Exemplos deste princípio estão espalhados por todo o Código: a) nas normas fundamentais, a exemplo da menção de que as partes têm o direito de obter em prazo razoável a solução integral do mérito, incluída a atividade satisfativa (art. 4º); b) no regramento das nulidades, pois, quando puder decidir o mérito a favor da parte a quem aproveitaria a decretação da nulidade o juiz não a pronunciará, nem mandará repetir o ato ou suprir-lhe a falta, ultrapassando a nulidade em favor do mérito (art. 282, § 2º, CPC), bem como, não será decretada a nulidade de nenhum ato processual se o vício apontado não causar prejuízo, dependendo a nulidade da efetiva demonstração do prejuízo "aos fins de justiça do processo" e "ao direito fundamental ao processo justo" (art. 282, § 1º, CPC, *pas de nullité sans grief*);[69] c) nas normas sobre requisitos de admissibilidade e pressupostos processuais, incluídos aqui, para alguns que ainda sustentam a categoria, as chamadas condições da ação, tanto como norma geral, que determina que desde que possível o juiz resolverá o mérito sempre que a decisão for favorável à parte a quem aproveitaria eventual pronunciamento sem resolução do mérito (art. 488, CPC, com referência ao art. 485, CPC), quanto como norma específica em relação aos tribunais, pois antes de considerar inadmissível o recurso o relator deverá conceder prazo de 5 (cinco) dias ao recorrente para que seja sanado vício ou complementada a documentação exigível (art. 932, par. ún.,[70] ver ainda, os arts. 1.017, § 3º, 1.029, § 3º, CPC).

---

68. ALVARO DE OLIVEIRA, Carlos Alberto. *Do formalismo no processo civil. Proposta de um formalismo-valorativo.* 4 ed. São Paulo: Saraiva, 2010; ALVARO DE OLIVEIRA, Carlos Alberto. "O Formalismo-valorativo no Confronto com o Formalismo Excessivo". *Revista de Processo*, São Paulo, Revista dos Tribunais, ano 31, v. 137, p. 1-31, jul. 2006.

69. MARINONI, ARENHART, MITIDIERO, *Novo Código de Processo Civil Comentado*, p. 294; BENEDUZI, Renato. *Comentários ao Código de Processo Civil. Artigos 70 ao 187.* Vol. II. São Paulo: RT, 2016, p. 394.

70. Nos tribunais, a não observância deste artigo desafia o agravo interno, nos termos do art. 1.021, CPC.

O Ministério Público tem neste princípio a consolidação de seu poder de agenda.[71] Como já é defendido por boa parte da doutrina nacional, a iniciativa da identificação do interesse público no processo é da própria instituição, matéria cada vez melhor regulada pelo CNMP, a exemplo da Recomendação nº 34 e da Recomendação nº 42. Ora, o CPC reconhece este poder de agenda, ao determinar que, mesmo nos casos de intervenção obrigatória do Ministério Público, caso este não intervenha, não haverá nulidade absoluta de plano, como já fora defendido em tempos passados. A nulidade depende da efetiva comprovação de prejuízo e o membro do Ministério Público poderá se manifestar pela sua não ocorrência. Isto porque determina o CPC que a nulidade só pode ser decretada após a intimação do Ministério Público, que se manifestará sobre a existência ou a inexistência de prejuízo (art. 279, § 2º, CPC).

Como se percebe, claramente, não se trata de uma mera declaração de vontades, mas de princípio com extremada força normativa, que preenche a lógica própria do ordenamento processual, visando a tutela dos direitos, e não o processo como fim em si mesmo.

Há, neste caso, uma verdadeira mudança paradigmática no processo civil brasileiro a ensejar uma revisão integral da função dos tribunais e juízes, assumindo a resolução do mérito e a ideia de que efetivo é o processo que atinge o julgamento final um princípio vetor dos julgamentos no Brasil. Este princípio está intimamente ligado aos princípios do contraditório, da cooperação e da boa-fé processual, servindo de limite e controle para uma visão do processo que pretenda a celeridade a qualquer custo.

3.5. Boa-fé, Lealdade Processual e Vedação do Abuso de Direito Processual

O processo não é um espaço livre de moralidade (moral free ou *moralinfrei*) como queria a doutrina processual do séc. XIX e XX e o CPC/1973. A moral, contudo, não é subjetiva, mas apurada através das escolhas normativas, especialmente, no Estado Democrático Constitucional, as escolhas normativas da Constituição, ao estabelecer os direitos fundamentais.[72] As opções políticas e culturais do ordenamento jurídico, portanto, interferem no processo. "O Direito Processual Civil não é política ou culturalmente neutro".[73]

---

71. Como exemplifica BERALDO, Maria Carolina. O Ministério Público no Novo Código de Processo Civil (Lei n. 13.105/15). Principais inovações e aspectos específicos da atuação ministerial. http://www.mpmg.mp.br/lumis/portal/file/fileDownload.jsp?fileId=8A91CFA953794A4101537BA200B059B5, p. 42, acesso em 20.11.2016.

72. Para aprofundar o debate entre direito e moral cf. ZANETI JR., Hermes, *O Valor Vinculante dos Precedentes*, p. 116 e ss.; FERRAJOLI, Luigi, *Principia Iuris. Teoria della Democrazia*, p. 309.

73. KOCHEN, Ronaldo, *Introdução às raízes históricas do princípio da cooperação (Kooperationmaxime)*, p. 311, a partir das lições de Karl August Betterman e Rudolf Wasserman.

A própria ideia de boa-fé foi constitucionalizada no ordenamento jurídico processual brasileiro ao se exigir de todos o respeito ao devido processo legal e do Estado o dever de fomentar a confiança legítima do jurisdicionado (art. 5º, LV c/c art. 37, *caput*, CF/88). No Estado Democrático Constitucional, há clara opção pela positivação da cláusula geral de boa-fé (*bona fides, buona fede, Treu und Gluabe, good faith, loyauté*) que resulta em duas perspectivas distintas: a) o modelo de processo civil cooperativo desenhado para garantia de um ambiente confiável e seguro no qual o contraditório e a igualdade processual alcançam pleno desenvolvimento; b) conformar o comportamento das partes para garantia da aderência a realidade e da confiança no tráfego processual, inclusive mediante sanções para os comportamentos contrários à boa-fé, à lealdade objetiva e em abuso de direitos processuais.[74]

O art. 5º do CPC/2015 não tem correspondência no CPC/1973. O art. 14, II, CPC/1973 revelava uma extensão muito menor, vinculado à boa-fé subjetiva. Na doutrina, já havia vozes pugnando pela ampliação do princípio para abarcar os novos conteúdos da boa-fé objetiva,[75] compreendida como norma de conduta. A norma é inspirada, como informa a doutrina, no art. 52 do Código de Processo Civil Suíço de 2009.[76] O art. 266-A do CPC português também previa a boa-fé, mas apenas para as partes.[77] No Brasil, a norma é ampliada, na medida em que vincula, além das partes, também o juiz "e aquele que de qualquer forma participa do processo".

"Não existe *princípio da boa-fé subjetiva* [...] A boa-fé *subjetiva* é elemento do suporte fático de alguns fatos jurídicos; é *fato*, portanto"[78]. Ao contrário do CPC/1973, o art. 5º estabelece o princípio da boa-fé objetiva no direito brasileiro como norma, independentemente da vontade da parte, das boas ou más intenções, de dolo ou culpa. Neste sentido, a norma implicará deveres das partes para com o processo e do juiz para com as partes, como já defendia a doutrina

---

74. MARINONI, MITIDIERO, *Comentários ao Código de Processo Civil. Artigos 1º ao 69.*, p. 142.

75. DIDIER JR., Fredie. *Fundamentos do Princípio da Cooperação no Direito Processual Civil Português*. Coimbra: Coimbra Editora, 2010; MITIDIERO, Daniel. *Colaboração no Processo Civil. Pressupostos Sociais, Lógicos e Éticos*. 2ª ed. revista, atualizada e ampliada. São Paulo: RT, 2011; CUNHA, Leonardo Carneiro. *A Atendibilidade dos Fatos Supervenientes no Processo Civil. Uma Análise Comparativa entre o Sistema Português e o Brasileiro*. Coimbra: Almedina, 2012, p. 73.

76. DIDIER JR., FREDIE. *Curso de Direito Processual Civil – Introdução ao Direito Processual Civil, Parte Geral e Processo de Conhecimento*. 17ª ed. Salvador: Juspodivm, 2015, vol. 1. p.104.

77. Há no caso uma difusão mundial, como se constata da expansão do § 242 do BGB (Código Civil Alemão) e sua utilização também no processo civil. MENEZES CORDEIRO, Antonio Manuel da Rocha e. *Da Boa Fé no Direito Civil*. [1983] 3ª reimpressão. Coimbra: Almedina, 2007, p. 375. Para outras referências cf. MITIDIERO, Daniel, *Colaboração no Processo Civil*, 3ª ed., 91-93.

78. DIDIER JR., Fredie. *Fundamentos do Princípio da Cooperação no Direito Processual Civil Português*. Coimbra: Coimbra Editora, 2010.

nacional e internacional sobre a matéria[79]. Trata-se de uma cláusula geral processual, uma norma carente de densificação quanto ao seu conteúdo. A grande utilidade da cláusula geral nesta matéria já era defendida pela doutrina[80]. A cláusula geral do art. 5º revela uma radical mudança de comportamento em relação ao processo tradicional, compreendido como coisa das partes (que deveriam adotar posturas livres e antagônicas) e a postura do juiz (detentor do poder estatal).

As partes têm deveres de lealdade objetiva na construção da decisão justa, pautados que estão por comportamentos objetivamente aferidos como norma de conduta (arts. 77 e 78, CPC). O juiz tem deveres em relação às partes, devendo agir de maneira leal e com proteção à confiança legítima dos jurisdicionados, nos mesmos moldes da confiança legítima que se impõe ao administrador público no trato com o cidadão.[81] O Ministério Público está vinculado à boa-fé objetiva tanto como parte, quanto como fiscal do ordenamento jurídico. Também os órgãos públicos estão submetidos ao princípio.[82]

Isto significa que o processo, visto na perspectiva pública e democrática serve aos interesses das partes, mas também aos interesses da comunidade. Queremos dizer, o Estado, muito embora dirija o processo através do juiz, tem deveres com relação aos litigantes e com o processo, na obtenção da decisão justa e adequada de acordo com a boa-fé. O princípio da boa-fé processual deve ser deduzido a partir do princípio do devido processo legal, como indica a

---

79. TARUFFO, Michele. "General report – abuse of procedural rights: comparative standards of procedural fairness". *Abuse of procedural rights: comparative standards of procedural fairness*. Michele Taruffo (coord). Haia/Londres/Boston: Kluwer Law International, 1999; DIDIER JR., Fredie. *Fundamentos do Princípio da Cooperação no Direito Processual Civil Português*. Coimbra: Coimbra Editora, 2010; MITIDIERO, Daniel. *Colaboração no Processo Civil. Pressupostos Sociais, Lógicos e Éticos*. 2ª ed. revista, atualizada e ampliada. São Paulo: RT, 2011, p. 106.

80. VINCENZI, Brunela Vieira de. *A Boa Fé no Processo Civil*. São Paulo: Atlas, 2003, p. 169; CABRAL, Antônio do Passo. "O Contraditório como Dever e a Boa-Fé Processual Objetiva". *Revista de Processo*. São Paulo: RT, 2005, n. 126, p. 69; DIDIER JR., Fredie. *Fundamentos do Princípio da Cooperação no Direito Processual Civil Português*. Coimbra: Coimbra Editora, 2010, p. 81.

81. MENEZES CORDEIRO, Antonio Manuel da Rocha e. *Da Boa Fé no Direito Civil*. [1983] 3ª reimpressão. Coimbra: Almedina, 2007, p. 1234/1257; DIDIER JR., Fredie. *Fundamentos do Princípio da Cooperação no Direito Processual Civil Português*. Coimbra: Coimbra Editora, 2010, p. 83; CUNHA, Leonardo Carneiro. *A Atendibilidade dos Fatos Supervenientes no Processo Civil. Uma Análise Comparativa entre o Sistema Português e o Brasileiro*. Coimbra: Almedina, 2012, p. 72.

82. Na doutrina, relacionando os autores que restringem o princípio da boa-fé às partes, cf. DIDIER JR., Fredie. Art. 5º. In.: CABRAL, Antonio do Passo; CRAMER, Ronaldo. *Comentários ao Novo Código de Processo Civil*. Rio de Janeiro: Forense, 2015, p. 16. O tema é relevante, em um Estado Democrático Constitucional não parece correto excluir os deveres objetivos dos órgãos do Estado, reconhecendo comportamentos objetivos também para o juiz. O Ministério Público em suas amplas atribuições atua como parte e como órgão de decisão, a exemplo da decisão entre arquivar, ajuizar ação ou formular termo de ajustamento de conduta, é de se esperar, portanto, sua conformação em todas as posições em conformidade com a boa-fé.

jurisprudência do STF (RE 464.963-2/GO, AI 529.733-1/RS).[83] O dever de cooperação decorre do princípio da boa-fé.[84] Há nesta matéria uma correlação entre o direito civil e o direito processual, sendo que o que vale para o direito civil, bem como a doutrina civilista da boa-fé, deve ser transportado e adaptado para o direito processual. Neste sentido, pode-se afirmar que o princípio da boa-fé revela "uma transformação generalizada do ordenamento jurídico",[85] atingindo não somente o direito processual, mas o direito administrativo, trabalhista, do consumidor etc.

O princípio da boa-fé processual desdobra-se em dois subprincípios principais, segundo a doutrina[86]: a) *proteção da confiança*, que tutela a parte que foi levada a acreditar em um determinado estado de coisas, inclusive em relação ao comportamento do juiz e do Ministério Público; b) *prevalência da materialidade subjacente no caso concreto e da unidade do ordenamento jurídico.* Prevalência da materialidade subjacente e da unidade do ordenamento quer significar que uma análise dos objetivos ou princípios por detrás das normas jurídicas, que lhes determinam a direção e a finalidade, e as circunstâncias do caso concreto, que lhes dão os contornos de aplicação, deve ser realizada de forma a evitar uma leitura dos textos normativos desconectada com o ordenamento geral e com o caso concreto que possa resultar em aplicação rígida e formalista do direito processual (interpretação formalista perniciosa, já combatida pelo formalismo-valorativo) que venha atingir finalidade oposta a tutela dos direitos.

Essas considerações nos permitem lembrar das regras de argumentação propostas pela doutrina para o direito como espécie de discurso prático, discurso prático do caso especial, segundo as quais deve-se argumentar com "pretensão de correção" e que todo o falante deve argumentar segundo a "verdade".[87] A norma processual que contém estas premissas da argumentação jurídica pode ser extraída no processo civil da combinação entre os arts. 5º, 6º e 77 do CPC/2015.

O princípio da boa-fé é expresso no art. 5º como uma cláusula geral, carente de densificação. A construção elaborada pelos tribunais a partir do texto normativo permitirá a densificação de novas hipóteses de incidência. A doutrina, contudo, já

---

83. DIDIER JR., Fredie. *Fundamentos do Princípio da Cooperação no Direito Processual Civil Português*. Coimbra: Coimbra Editora, 2010, p. 88/89.

84. DIDIER JR., Fredie. *Fundamentos do Princípio da Cooperação no Direito Processual Civil Português*. Coimbra: Coimbra Editora, 2010, p. 103.

85. MENEZES CORDEIRO, Antonio Manuel da Rocha e. *Da Boa Fé no Direito Civil*. [1983] 3ª reimpressão. Coimbra: Almedina, 2007, p. 383/392; DIDIER JR., Fredie. *Fundamentos do Princípio da Cooperação no Direito Processual Civil Português*. Coimbra: Coimbra Editora, 2010, p. 102.

86. MENEZES CORDEIRO, Antonio Manuel da Rocha e. *Da Boa Fé no Direito Civil*. [1983] 3ª reimpressão. Coimbra: Almedina, 2007, p. 1234/1257; DIDIER JR., Fredie. *Fundamentos do Princípio da Cooperação no Direito Processual Civil Português*. Coimbra: Coimbra Editora, 2010, p. 83.

87. ZANETI JR., Hermes, A *Constitucionalização do Processo*, Cap. 2.

identificou alguns casos de incidência da boa-fé, a saber: "a) proibição de criar dolosamente posições processuais, ou seja, proibição de agir de má fé; b) a proibição de *venire contra factum proprium* [vedação do comportamento contraditório]; c) a proibição de abuso de poderes processuais [ex., abuso do direito de defesa, art. 311 – tutela da evidência - e abuso do direito de recorrer]; d) *Verwirkung* (*supressio*, de acordo com a sugestão consagrada de Menezes Cordeiro): perda de poderes processuais em razão do seu não-exercício por tempo suficiente para incutir no outro sujeito a confiança legítima de que esse poder não mais seria exercido"[88].

Alguns exemplos de aplicação destas regras foram aventados pela doutrina em relação a disciplina do novo CPC:

a) *a proibição de criar dolosamente posições processuais* pode ser aferida no CPC/2015 no requerimento doloso da citação por edital (art. 258), na atuação dolosa do julgador (art. 143, I) e na disciplina dos casos de responsabilidade das partes por dano processual e litigância de má-fé (art. 79 a 81). Cabe salientar que, além dos que podem ser verificados subjetivamente (má-fé subjetiva), existem casos de litigância de má-fé objetiva, independentemente do comportamento da parte, como já defendera José Carlos Barbosa Moreira[89] em relação aos incisos V, VI, VII e VIII do art. 14, CPC/1973, agora transcritos no art. 80 do CPC/2015;

b) a proibição de *venire contra factum proprium* pode ser imputada à parte que recorrer de uma decisão a que já tenha manifestado aceitação tácita ou expressa (i.e. preclusão lógica, art. 1.000, CPC) ou requerer a invalidação, nulidade, de ato defeituoso a que dera causa (art. 276, CPC);

c) a *proibição do abuso de direitos processuais*, como o abuso do direito de defesa, a permitir a tutela da evidência (art. 311, I), o abuso do direito processual na escolha do meio executivo (art. 805), o abuso do direito de recorrer, gerando hipótese de litigância de má-fé objetiva (art. 80, VII);[90]

d) a perda de poderes processuais pelo seu não exercício (*Verwirkung* ou *supressio*), que segundo a doutrina pode ocorrer pela demora excessiva na arguição de nulidade e para o exercício do juiz do poder de controlar a admissibilidade processual, ultrapassado determinado período de tempo, aumenta o compromisso do julgador na análise de mérito, incidindo ainda mais forte o princípio da

---

88. DIDIER JR., Fredie. *Fundamentos do Princípio da Cooperação no Direito Processual Civil Português*. Coimbra: Coimbra Editora, 2010, p. 84.

89. BARBOSA MOREIRA, José Carlos. "A responsabilidade das partes por dano processual no direito brasileiro". In.: BARBOSA MOREIRA, José Carlos. *Temas de direito processual*. São Paulo: Saraiva, 1977, p. 26.

90. TARUFFO, Michele. *Relatório Geral. Abuso de Direitos Processuais. Padrões Comparativos de Lealdade Processual*. In.: Fredie Didier Jr, Dierle Nunes e Alexandre Freire (coord.). *Normas Fundamentais*. Salvador: Juspodivm, 2016, p. 385/410.

primazia do julgamento de mérito e os deveres de cooperação do juiz para com as partes para sanar os eventuais vícios e nulidades,[91] um exemplo de dispositivo processual que pode ser interpretado neste sentido é a previsão de que as partes após o saneamento solicitem esclarecimentos ou ajustes no prazo de cinco dias sob pena de a decisão se tornar estável (art. 357, § 1º, CPC);

e) a imposição do dever de cooperação (art. 6º, CPC);

f) a imposição do princípio de boa-fé aos negócios jurídicos processuais como condição de validade (art. 190, CPC c/c art. 422, CC);

g) O dever de interpretação do pedido (postulações) e das decisões judiciais de acordo com a boa-fé (art. 322, § 2º; 489, § 3º, CPC)[92].

Quanto a este último caso, cabe esclarecer que uma das funções da boa-fé é hermenêutica. Para o CPC, a interpretação do pedido (art. 322, § 2º) e das decisões (art. 489, § 3º) deve ser realizada conforme o *conjunto da postulação* e *da decisão* e de acordo com a boa-fé. Esta previsão pretende fazer com que interpretações excessivamente restritivas, literais, cedam espaço ao que efetivamente se pretendia com o pedido ou com a decisão, que deve ser lida de forma objetiva, mas não descontextualizada do processo e do conjunto dos elementos da petição e da decisão que está sendo interpretada.[93] Este tema tem utilidade prática na compreensão dos pedidos e da causa de pedir em matérias como a tutela do meio ambiente, tutela da saúde e outras. Assim, surgindo informações de que determinada técnica de proteção ambiental ou medicamento solicitada na inicial não é mais adequada, ainda no curso do processo, mesmo após a estabilização objetiva da demanda, e até mesmo na fase de execução (cumprimento) a interpretação do pedido e da decisão deve se curvar à realidade, respeitado o princípio do contraditório e a regra da vedação da decisão surpresa (arts. 7º, 9º e 10, CPC). O juiz poderá, a pedido do Ministério Público, determinar a aplicação de técnica ambiental distinta e o fornecimento de medicamento ou tratamento médico diverso.

3.6. Cooperação

A cooperação tem sido mal compreendida pela doutrina e pela prática, cabe uma breve síntese para assentarmos as premissas sobre as quais iremos definir uma atuação cooperativa no processo.

---

91. DIDIER JR., FREDIE. *Curso de Direito Processual Civil. Introdução ao Direito Processual Civil, Parte Geral e Processo de Conhecimento*. 17ª ed. Salvador: Juspovium, 2015, vol. 1. p.110/113.

92. DIDIER JR., FREDIE. *Curso de Direito Processual Civil. Introdução ao Direito Processual Civil, Parte Geral e Processo de Conhecimento*, p.112/113.

93. DIDIER JR., FREDIE. *Curso de Direito Processual Civil. Introdução ao Direito Processual Civil, Parte Geral e Processo de Conhecimento*, p. 114.

A cooperação no processo é o compromisso de agir conforme a racionalidade objetiva do processo. O processo serve para o julgamento e a facilitação do diálogo, visando a composição e a solução do conflito. A cooperação apresenta, portanto, uma face negativa e uma face positiva. A face negativa significa não agir de forma dolosa ou culposa, no interesse subjetivo exclusivo de causar dano ou mediante agir estratégico, fora das regras do jogo, ou agir contrariamente à boa-fé objetiva. A face positiva significa, agir para atingir a finalidade do processo, interesse que, em um ambiente civilizado e controlado pelo direito, é *compartilhado entre autor e réu* e é, ademais, *um dever funcional* de todos os atores estatais que participem do processo, *juiz, auxiliares do juízo* e *Ministério Público*.

O Processo cooperativo se estrutura em quatro pilares: a) boa-fé objetiva; b) contraditório reforçado; c) primazia da decisão de mérito; d) possibilidade de negociação processual e autocomposição a qualquer tempo.[94]

É incorreto imaginar que o princípio da cooperação represente uma colaboração irrestrita entre as partes e almeje uma realidade não litigiosa ao processo. A cooperação não é para as partes ou para o juiz; ao contrário, é formada por deveres objetivos de todos para com o processo, ao longo de todo o arco processual: "o processo é um feixe de relações jurídicas, que se estabelecem entre os diversos sujeitos processuais, em todas as direções".[95]

A regra do jogo é a civilização do litígio, não a barbárie ou a guerra processual. O processo não serve unicamente aos interesses das partes ou aos do Estado-juiz, sua finalidade é a tutela dos direitos.

Assiste razão a doutrina comparada quando afirma que seria "equivocado relacionar a ideia de cooperação no processo à colaboração harmônica entre as partes ou à imagem do juiz como terapeuta social [...] Para as *partes*, o princípio da cooperação não significa que elas devam resolver seu processo [...] em íntimo companheirismo [...] essa seria uma utopia alienígena [...] a exigência de cooperação significa [...] que as partes – cada uma por si – discutam a adequada condução do processo pelo juiz e dela participem."[96]

---

94. DIDIER JR., Fredie, *Curso de Direito Processual Civil,* vol. 1, p. 147.

95. DIDIER JR, Fredie. Art. 6º. In.: CABRAL, Antonio do Passo; CRAMER, Ronaldo. *Comentários ao Novo Código de Processo Civil.* Rio de Janeiro: Forense, 2015, p. 19.

96. GREGER, Reinhard. Cooperação como Princípio Processual. In.: Fredie Didier Jr, Dierle Nunes e Alexandre Freire (coord.). *Normas Fundamentais.* Salvador: Juspodivm, 2016, p. 301/310, esp. p. 303/304. Conferir, ainda, a seguinte passagem da doutrina nacional: "A cooperação também não se trata nem mesmo de uma visão romântica que induziria a crença de que as pessoas no processo querem, por vínculos de *solidariedade,* chegar ao resultado mais correto para o ordenamento jurídico. Esta utópica solidariedade processual não existe (nem nunca existiu): as partes querem ganhar e o juiz quer dar vazão à sua pesada carga de trabalho. O problema são os custos desta atividade não cooperativa em um sistema sobrecarregado e

O princípio da cooperação destina-se, portanto, a transformar o processo civil em uma "comunidade de trabalho" (*Arbeitsgemeinschaft, cumunione di lavoro*) e a responsabilizar as partes e o tribunal pelos seus resultados.[97] Como se percebe, a cooperação processual trata da divisão de trabalho no processo e impõe um dever de conduta objetivo às partes e ao juiz em desdobramento do dever de boa-fé processual objetiva, sendo prevista como regra geral no art. 6º, CPC. Os comportamentos das partes e do órgão jurisdicional devem ser pautados de forma objetiva para que se obtenha a decisão de mérito justa, adequada, tempestiva e efetiva. Não é uma questão de gostos ou vontades dos juízes, do Ministério Público e das partes, mas de conformação do ordenamento jurídico em um Estado Democrático Constitucional.

Isto não significa que as partes deixarão de ser litigantes e de atuar em polos contrapostos em benefício de seus próprios interesses, mas impõe as partes um comportamento processual pautado por uma cooperação objetiva, com deveres de conduta, sancionáveis em caso de descumprimento e veda a atuação voltada a procrastinar o processo, evitar a justiça da decisão, resultar em decisões não resolutivas do mérito, prejudicar a produção da prova, etc. O processo é um ambiente regrado e disciplinado, ordenado para atingir um fim, não pode ser pensado como uma guerra, no interesse exclusivo das partes ou do Estado. Exemplo de comportamento contraditório à cooperação recíproca é a criação de fato superveniente para caracterizar impedimento do juiz ou do Ministério Público, atualmente expressamente vedada pelo art. 145, § 2º, CPC.

No processo civil, portanto, passa o CPC a reconhecer a exigência de comportamentos objetivos, contra-fáticos, ou seja, contraintuitivos, regrados pela norma e não resultantes da praxe judicial. O direito é contra-fático porque ao estabelecer um *dever ser*, organizando a *divisão de trabalho* entre os participantes do processo, combate normativamente determinadas posturas adotadas na prática processual, controla o agir estratégico dos envolvidos. Adota, portanto, um padrão de comportamento que se traduz em exigências de comportamentos objetivos de todos aqueles que participam do processo e que configura a *cooperação para o processo.*[98]

---

de alta litigiosidade – não apenas numérica, mas de diversidade de litígios", THEODORO JR., Humberto; NUNES, Dierle; BAHIA, Alexandre Melo Franco; PEDRON, Flávio Quinaud. *Novo CPC. Fundamentos e Sistematização.* 3ª ed. Rio de Janeiro: Forense, 2016, p. 89.

97. SOUSA, Miguel Teixeira de. *Estudos sobre o Novo Processo Civil.* 2ª ed. Lisboa: Lex, 1997, p. 62.

98. Neste sentido, THEODORO JR., Humberto; NUNES, Dierle; BAHIA, Alexandre Melo Franco; PEDRON, Flávio Quinaud. *Novo CPC. Fundamentos e Sistematização.* 3ª ed. Rio de Janeiro: Forense, 2016, p. 87; NUNES, Dierle. O princípio do contraditório: uma garantia de influência e não surpresa. In.: DIDIER JR., Fredie; JORDÃO, Eduardo Ferreira (coord.). *Teoria do Processo. Panorama Doutrinário Mundial.* Salvador: Juspodivm, 2008, p. 151/173; NUNES, Dierle. *Processo Jurisdicional Democrático. Uma Análise Crítica das Reformas Processuais.* Curitiba: Juruá, 2008.

A convivência em sociedade civilizada impõe este tipo de dever. Este dever de comportamento objetivo no processo é resultante de um comando normativo e se espelha em uma série de outras áreas do direito, a exemplo do ocorrido, da mesma maneira, no direito civil, no qual se construiu uma doutrina da boa-fé objetiva, livre do subjetivismo comportamental, e, no direito penal, no qual se avançou para as teorias do dolo não-subjetivistas, as chamadas teorias normativas do dolo.[99] No processo civil, assim como no direito civil e no direito penal contemporâneos, serão parâmetros objetivos que irão aferir o descumprimento destes deveres de comportamento. Estes deveres não se restringem às partes, mas se estendem a todos aqueles que de qualquer forma participem no processo.

É justamente em razão da cooperação que o juiz se submete, nos dias atuais, ao princípio do contraditório (art. 10, CPC). Os antigos brocardos latinos *iura novit, curia* (o tribunal conhece o direito) e *da mihi un factum dabo tibi ius* (traga-me os fatos que eu te darei o direito)[100] serão a partir do art. 10 do CPC mitigados em benefício dos deveres (direitos-deveres ou poderes-deveres) de esclarecimento, auxílio, prevenção e consulta, impostos ao juiz.[101]

A cooperação é determinada entre todos os sujeitos do processo, que devem cooperar entre si, e ao *longo de todo o arco procedimental, inclusive na fase de cumprimento e execução*. Não há, portanto, como afirmar uma posição de assimetria do juiz em relação às partes. Todos estão em pé de igualdade em uma democracia.[102] O que diferencia a posição do juiz e das partes é apenas o exercício de funções distintas. As partes atuam no processo em função da satisfação dos próprios interesses. Ao juiz caberá, nos casos em que não ocorrer a

---

99. Uma das questões mais intrincadas do direito penal é justamente a aferição do dolo. AS teorias chamadas volitivas-psicológicas já estão de há muito superadas (TOLEDO, Francisco de Assis. *Princípios Básicos de Direito Penal*. 5ª ed. São Paulo: Saraiva, 2002). Contemporaneamente a doutrina tem se preocupado com a aferição objetiva da vontade, desenvolvendo-se as chamadas teorias normativas do dolo. As teorias funcionalistas do sistema do delito desenvolvidas por Claus Roxin e Gunter Jakobs são fortemente normativas.

100. DOMIT, Otavio Augusto Dal Molin. *Iura Novit Curia e a Causa de Pedir. O Juiz e a Qualificação Jurídica dos Fatos no Processo Civil Brasileiro*. São Paulo: RT, 2016.

101. SOUSA, Miguel Teixeira de. *Estudos sobre o Novo Processo Civil*. 2ª ed. Lisboa: Lex, 1997, p. 65/67.

102. Próximo, defendendo a inexistência de assimetria, porém sem reconhecer que o papel mais ativo do juiz – e, portanto, do Ministério Público - se revela como um desdobramento das suas funções no Estado Democrático Constitucional, cf. THEODORO JR., Humberto; NUNES, Dierle; BAHIA, Alexandre Melo Franco; PEDRON, Flávio Quinaud. *Novo CPC. Fundamentos e Sistematização*. 3ª ed. Rio de Janeiro: Forense, 2016, p. 89. No sentido contrário, defendendo uma assimetria do juiz em relação às partes no momento de decidir, ou seja, que a função do juiz é paritária no diálogo e assimétrica na decisão cf. MITIDIERO, Daniel. *Colaboração no Processo Civil. Pressupostos Sociais, Lógicos e Éticos*. 3ª ed. revista, atualizada e ampliada. São Paulo: RT, 2015. Esta defesa de tese apresenta, no mínimo, dois desdobramentos que nos parecem inadequados para o processo civil brasileiro atual: a) relação processual não seria horizontal, como defendido neste texto, mas angular; b) não seriam existentes, ou seriam muito limitados, os negócios e as convenções processuais.

autocomposição (fortemente estimulada pelo CPC/2015, a exemplo do art. 3º, § 3º), a função de decidir, coarctada pelo dever de fundamentação adequada (489, § 1º), vedadas as decisões surpresa (art. 10). Trata-se de um dever, antes do que um poder, não cabendo ao juiz deixar de decidir por mera vontade, ou mesmo, deixar de decidir alegando lacuna ou obscuridade no ordenamento jurídico (art. 140), o que esclarece tratar-se de função exercida não no interesse próprio, mas em benefício do interesse público primário. A mesma lógica se aplica a conduta do Ministério Público no processo.

A cooperação recíproca para a obtenção da decisão de mérito, justa, tempestiva e efetiva é decorrência dos *deveres anexos de cooperação* resultantes da atividade que cada um exerce na relação jurídica entre eles formada no processo, em cada umas das relações jurídicas formadas ao longo do arco processual, visto ser o processo um feixe de relações jurídicas. Trata-se, mais uma vez, de uma analogia à doutrina desenvolvida no direito civil, da conexão entre direito processual e direito obrigacional, enquanto no "âmbito obrigacional os deveres de cooperação orbitam o cumprimento da prestação (propósito da relação obrigacional), no âmbito processual eles giram em torno da solução do objeto litigioso (propósito do processo)",[103] daí sua relação ser isonômica, e não assimétrica, assim como não há assimetria entre Estado e cidadão em um Estado Democrático Constitucional, visto que todo poder emana do povo que o exerce diretamente ou através de seus representantes eleitos, nos termos da Constituição (art. 1º, par. ún., CF/1988).

Neste sentido, o processo pode ser compreendido a partir da divisão de tarefas entre o juiz e as partes. Cada modelo de processo corresponde a um modelo de Estado,[104] sendo notável a distinção entre os Estados Liberal, Social e Democrático para verificar a correspondência das posturas adotadas quanto a divisão de trabalho entre as partes e o juiz. O modelo de processo dispositivo corresponde ao Estado Liberal; o modelo inquisitivo, ao Estado Social; e o modelo cooperativo, ao Estado Democrático Constitucional. A cooperação representa, por consequência, uma superação da dicotomia dispositivo e inquisitivo.[105]

No modelo *adversarial* ou dispositivo cabia às partes a iniciativa. O juiz servia, permanecia inerte, como árbitro imparcial, convidado de pedra. Este modelo

---

103. DIDIER JR., Fredie. *Fundamentos do Princípio da Cooperação no Direito Processual Civil Português*. Coimbra: Coimbra Editora, 2010, p.102/102.

104. ABELHA, Marcelo. *Manual de Execução Civil*. 5ª ed. Rio de Janeiro: Forense, 2015, p. 8/9.

105. CADIET, Loïc. "Los acuerdos procesales en derecho francés: situación actual de la contractualización del proceso y de la justicia en Francia". *Civil Procedure Review*, v. 3, n. 3, 2012, disponível em http://www.civil-procedurereview.com/images/stories/COMPLETE_TEXT_2012_3.pdf, consultado em 23/011/2016, p. 19; CADIET, Loïc. Introduction to French Civil Justice System and Civil Procedural Review. *Ritsumeikan Law Review*, nº 28, 2011; DIDIER JR., Fredie. *Art. 6º*, p. 19.

corresponde ao Estado Liberal, compreendido o processo como coisa das partes e a liberdade como direito absoluto.

No modelo *inquisitivo*, ao juiz cabia a iniciativa, sendo as partes submetidas à vontade legislada. As normas de ordem pública ditavam a condução do processo, não há vontade das partes. As normas são cogentes e inderrogáveis pelas partes e pelo juiz, sendo este um funcionário estatal que melhor pode ser descrito como Estado-juiz. Este modelo corresponde ao Estado Social, compreendido o processo como apenas o interesse público, superior e principal em relação aos interesses das partes, a ponto de as normas processuais tornarem o processo um fim em si mesmo com regras rígidas de nulidades absolutas, pressupostos processuais e condições da ação.

No modelo *cooperativo* (art. 6º, CPC/2015), transcende-se os tradicionais modelos *adversarial* e inquisitivo combinando as suas virtude.[106] Caberá às partes e ao juiz a divisão de tarefas de maneira dinâmica, respeitada a autonomia da vontade das partes e o interesse público, dimensionados também a partir da situação concreta em litígio e do direito material que lhe é afeto, de forma flexível e adaptável. Cada um dos atores do processo no exercício de sua função, visando a tutela dos direitos tempestiva e efetiva. Este modelo corresponde ao Estado Democrático Constitucional, compreendido o processo como procedimento em contraditório, em cooperação, de forma a atingir a decisão de mérito, justa, adequada, tempestiva e efetiva.

Assim, adotamos a definição de processo como procedimento em contraditório, caracterizado por um feixe de relações jurídicas que se estabelecem entre os diversos sujeitos das relações processuais com a finalidade de obter a decisão de mérito justa, adequada, tempestiva e efetiva (art. 4º, CPC), formando um módulo processual[107]. Este feixe de relações jurídicas gera *deveres de esclarecimento, lealdade, proteção*, na linguagem consolidada do direito civil sobre os *deveres anexos de cooperação*, igualmente aplicável ao direito processual.[108] Estes deveres são o núcleo do princípio da cooperação percebido à luz de seu caráter objetivo.

---

106. CADIET, Loïc. "Los acuerdos procesales en derecho francés: situación actual de la contractualización del proceso y de la justicia en Francia". *Civil Procedure Review*, v. 3, n. 3, 2012, disponível em http://www.civilprocedurereview.com/images/stories/COMPLETE_TEXT_2012_3.pdf, consultado em 23/011/2016, p. 17/18; ZANETI JR., Hermes. *A Constitucionalização do Processo. O Modelo Constitucional da Justiça Brasileira e as Relações entre Processo e Constituição*. 2ª ed. São Paulo: Atlas, 2014, p. 154/155.

107. FAZZALARI, Elio. Procedimento e Processo (Teoria Generale). In.: *ENCICLOPEDIA del Diritto*. Milano: Giuffrè, 1986, v. 35.

108. MENEZES CORDEIRO, Antonio Manuel da Rocha e. *Da Boa Fé no Direito Civil*. [1983] 3ª reimpressão. Coimbra: Almedina, 2007, p. 604/608; DIDIER JR., Fredie. *Fundamentos do Princípio da Cooperação no Direito Processual Civil Português*. Coimbra: Coimbra Editora, 2010, p. 97/103.

O *dever de proteção* inclui os *deveres prevenção e auxílio*, o *dever de esclarecimento* inclui o *dever de consulta*. A utilização da dogmática do direito civil de forma ampla e geral é útil para a construção das posições jurídicas decorrentes destes deveres anexos à obtenção da decisão de mérito justa, adequada, tempestiva e efetiva. Estes deveres aplicam-se para todos os sujeitos processuais que devem cooperar entre si (juiz-réu, autor-réu, juiz-autor, auxiliares-juiz, auxiliares-partes, terceiros interessados etc.) trata-se de uma *comunidade de trabalho* e entre os sujeitos processuais ocorre a identificação de uma "posição comum", o "princípio da cooperação também se manifesta na posição recíproca de qualquer dos sujeitos processuais perante todos os demais".[109]

No CPC/2015 esses deveres podem ser aferidos nos seguintes dispositivos, entre outros, art. 76, *caput* (determinação de prazo pelo juiz para sanação da incapacidade processual ou da irregularidade da representação da parte), art. 258 (multa para o requerimento doloso de citação por edital), art. 302 (responsabilidade objetiva quanto ao requerimento de tutela provisória), art. 321 (dever do juiz de conceder prazo para que o autor emende ou complete a inicial, indicando com precisão o que deve ser corrigido ou completado), art. 334, § 8º (dever de comparecimento à audiência de mediação ou conciliação, sob pena de ser considerado ato atentatório a dignidade da justiça e multa de até dois por cento do proveito econômico da causa, revertida a favor da União ou do Estado),[110] art. 339 (dever de o réu, sempre que tiver conhecimento, indicar o sujeito passivo quando alegar a sua ilegitimidade no processo, sob pena de arcar com as despesas processuais e de indenizar o autor pelos prejuízos decorrentes da falta de indicação), art. 357, § 3º (audiência de saneamento compartilhado ou saneamento cooperado), art. 536, *caput* (determinação de ofício de medidas necessárias ao cumprimento das obrigações de fazer e não-fazer para satisfazer a obrigação), art. 536, § 3º (determinação de litigância de má-fé ao executado que deixar de cumprir injustificadamente a ordem judicial, sem prejuízo da responsabilidade por crime de desobediência), art. 772, II (advertência ao executado de que seu comportamento constitui ato atentatório à dignidade da justiça), art. 774 (atos considerados atentatórios à dignidade da justiça no processo de execução), art. 932, par. ún. (cláusula geral

---

109. SOUSA, Miguel Teixeira de. *Estudos sobre o Novo Processo Civil*. 2ª ed. Lisboa: Lex, 1997, p. 67.

110. Aqui há uma anotação importante, não há um dever de conciliar ou de mediar, mas sim um dever de comparecer a audiência. A conciliação e a mediação somente podem ser compreendidas como autocomposição e é errado afirmar que são um desdobramento do princípio da cooperação. Existe um dever de estímulo à autocomposição (art. 3º, § 3º, CPC), mas não um dever de autocomposição, que é regrada pelo princípio da autonomia da vontade (art. 166, *caput*, CPC). Somente em sentido leigo pode ser afirmado que quem autocompõem coopera processualmente.

de sanabilidade dos recursos), art. 1017, § 3º (cláusula de sanabilidade nos agravos de instrumento), art. 1029, § 3º (cláusula de sanabilidade nos recursos especial e extraordinário), entre outros.

Em particular, o art. 357, § 3º, que trata do saneamento compartilhado, traz o espírito da "comunidade de trabalho", determinando que, se a causa apresentar complexidade em matéria de fato ou de direito, deverá o juiz designar audiência para que o saneamento seja feito em cooperação com as partes, oportunidade em que o juiz, se for o caso, convidará as partes a integrar ou esclarecer suas alegações. Trata-se de espécie de *case management conference*", novidade introduzida pelas *Civil Procedure Rules* inglesas de 1998.[111]

É de se observar que além das hipóteses tipificadas com sanções expressas a não-cooperação poderá ensejar uma série de desvantagens processuais, "seja por meio da sentença de revelia [...] em caso de ausência total, seja por meio de preclusão dos argumentos intempestivos [...], seja ainda por meio de sentença de mérito [...] por insuficiência de provas ou de comprovação."[112] Portanto, revelia, preclusão e regras de ônus são possíveis sanções para a falta de cooperação das partes no processo.

3.7. Contraditório

O Contraditório não é mais visto como bilateralidade ou direito de ação e reação, como era no CPC/1973. Ele surge como "valor-fonte" do processo no Estado Democrático Constitucional[113]. Como foi observado nos comentários ao princípio da cooperação, o juiz também está sujeito ao contraditório (art. 10, CPC/2015). Esta era a lição da melhor doutrina, agora incorporada pelo CPC/2015[114].

---

111. Cf. CPR, Part 1, Rule 29.3 e Rule 1.4, (2) (a). Nos termos da doutrina: "A tarefa do juiz é, agora, *'active case management'* – isso significa, por exemplo, nos processos mais importantes ter uma *case management conference*, na qual são discutidas com as partes [e com o Ministério Público, quando houver] o curso do processo, as questões a serem esclarecidas sobre os fatos, sobre o direito, sobre as despesas e as possibilidades de um ajuste alternativo do conflito. Que o juiz deve trabalhar para a cooperação das partes está em primeiro lugar de suas obrigações". GREGER, Reinhard, *Cooperação como princípio processual*, p. 309/310. Para as diversas teorias da cooperação e sua ascensão no direito alemão cf. KOCHEN, Ronaldo. Introdução às raízes históricas do princípio da cooperação (Kooperationmaxime). In.: Fredie Didier Jr, Dierle Nunes e Alexandre Freire (coord.). *Normas Fundamentais*. Salvador: Juspodivm, 2016, p. 311/344.

112. GREGER, Reinhard, *Cooperação como princípio processual*, p. 305.

113. ZANETI JR., Hermes. *A Constitucionalização do Processo. O Modelo Constitucional da Justiça Brasileira e as Relações entre Processo e Constituição*. 2ª ed. revista, ampliada, alterada. São Paulo: Atlas, 2014, 179. Na doutrina, adotando esta premissa, cf. FRANCO, Marcelo Veiga. *Processo Justo. Entre Efetividade e Legitimidade da Jurisdição*. Belo Horizonte: Del Rey, 2016, p. 67.

114. TROCKER, Nicolò. *Processo Civile e Costituzione. Problemi di Diritto Tedesco e Italiano*. Milano: Giuffrè, 1974; ALVARO DE OLIVEIRA, Carlos Alberto. "O Juiz e o Princípio do Contraditório". *Revista de Processo*, São Paulo,

O texto constitucional de 1988 revela-se sensível a essa interpretação, o art. 5o, LV, determina que "aos litigantes, em processo judicial ou administrativo, e aos acusados em geral são assegurados o *contraditório* e *ampla defesa*, com os meios e recursos a ela inerentes". Com a constitucionalização, inédita no direito brasileiro até 1988, o processo, compreendido como procedimento em contraditório, passa a assumir um local central na teoria do processo. Há uma verdadeira processualização dos procedimentos,[115] implicando que, mesmo nos casos em que existe predominância do inquisitório, as autoridades públicas, inclusive o Ministério Público, sempre que possível, permitam aos destinatários finais participar da formação da decisão que irá sobre eles versar efeitos.

O contraditório é redimencionado para além da mera oportunidade de resposta, direito de contraditar as manifestações da outra parte no processo, transmudando-se no *direito de participação e influência no processo como um limite ao poder do juiz* e, por consequência, na existência de *um dever de debate por parte deste juiz em relação às partes*[116], mesmo nos casos em que seja possível e recomendável a sua atuação de ofício.

Nesse sentido: "O conteúdo mínimo do contraditório não se esgota na ciência bilateral dos atos do processo e na possibilidade de contraditá-los, mas faz também depender a própria formação dos provimentos judiciais da efetiva participação das partes. Por isso, para que seja atendido este mínimo, insta a que cada uma das partes conheça as razões e argumentações expendidas pela outra, assim como os motivos e fundamentos que conduziram o órgão judicial a tomar determinada decisão, possibilitando-se sua manifestação a respeito em tempo adequado (seja mediante requerimentos, recursos, contraditas etc.). Também se revela imprescindível abrir-se a *cada uma das partes a possibilidade de participar do juízo de fato*, tanto na indicação da prova quanto na sua formação, fator este último *importante mesmo naquela determinada de ofício pelo órgão judicial*."[117]

A doutrina apontou a existência de diversas facetas do contraditório. O *contraditório preventivo* a que está sujeito o juiz antes de proferir a decisão, atuando como regra geral (art. 7o e 9o, CPC), que também justifica a quebra dos

---

RT, n. 71, p. 31-38, jul./set., 1993; ABELHA, Marcelo. *Manual de Direito Processual Civil*. 6ª ed. Rio de Janeiro: Forense, 2016, p. 56/58.

115. Na doutrina, defendendo este efeito para o procedimento dos inquéritos civis, cf. DIDIER JR., Fredie; ZANETI JR., Hermes. *Curso de Direito Processual Civil. Processo Coletivo*. 10ª ed. Vol. 4. Salvador: Juspodivm, 2016, p. 239 e ss. C

116. CABRAL, Antonio do Passo. Il principio del contraddittorio come diritto d'influenza e dovere di dibattito. *Rivista di Diritto Processuale*, anno 60, n. 2, p. 449-463, Apr./Giu. 2005.

117. ALVARO DE OLIVEIRA, Carlos Alberto. A garantia do contraditório. *Revista da Faculdade de Direito da Universidade Federal do Rio Grande do Sul*, v. 15, p. 7-20, 1998.

brocardos *da mihi un factum, dabo tibi ius* e *iura novit curia*,[118] cirando o dever de o juiz advertir as partes das mudanças abruptas na argumentação desenvolvida no *iter* procedimental, a exemplo da vedação das decisões-surpresa (art. 10). O *contraditório diferido* ou *postergado*, para um ato futuro no mesmo procedimento. O contraditório eventual, compreendido como aquele que poderá ou não acontecer em um momento futuro, processo futuro, por exemplo, através de um procedimento próprio para seu exercício, a exemplo dos embargos do executado, do julgamento liminar de improcedência (art. 332, §§ 3º, 4º, CPC) e da ação para modificação da tutela antecipada antecedente estabilizada (art. 304, § 2º, CPC). O *contraditório mitigado*, que é exercido em menor profundidade justamente por ser decorrente de um anterior procedimento com amplo contraditório (como no caso dos processos de execução de títulos executivos judiciais)[119].

No CPC/2015, a doutrina apresenta uma conexão da efetividade do contraditório com a noção de igualdade como "equilíbrio processual" (art. 7º, CPC). A igualdade deixa de ser apenas o direito à paridade de armas de forma estática e passa a ser vista como o dever de o juiz "neutralizar as desigualdade" e garantir a "equivalência de oportunidades" às partes no processo.[120] Esta mesma tarefa pode ser desempenhada pelo Ministério Público quando atua como fiscal do ordenamento jurídico. O previsto no art. 190, par. ún., em relação aos negócios processuais, pode servir como exemplo. Neste dispositivo está previsto o dever de o juiz garantir que os negócios processuais não se realizem de forma abusiva nos casos em que se vislumbre nulidades, inserção abusiva em contratos de adesão ou a parte se encontre em manifesta vulnerabilidade, caso o Ministério Público atue nestes processos é igualmente seu dever requerer o controle da validade dos negócios ao juiz. Outro exemplo é a possibilidade de dilação de atos processuais (art. 139, VI, CPC). Nestes casos, o juiz estará zelando pelo efetivo contraditório, dilatando os prazos para que as partes possam se manifestar de maneira mais adequada.

O dever de auxílio do juiz é, portanto, presente em muitos dos casos em que se trata de assegurar o contraditório, especialmente nos processos em que há

---

118. Para a compreensão da extensão destas expressões na história do processo e o impacto no princípio do contraditório à luz do Estado Democrático Constitucional cf. DOMIT, Otavio Augusto Dal Molin. *Iura Novit Curia* e a Causa de Pedir. O Juiz e a Qualificação Jurídica dos Fatos no Processo Civil Brasileiro. São Paulo: RT, 2016.

119. ALVARO DE OLIVEIRA, Carlos Alberto. *Do formalismo no processo civil.* 2. ed. rev. e acrescida de apêndice. São Paulo: Saraiva, 2003; PICARDI, Nicola. "Il Principio del Contradittorio". *Rivista di Diritto Processuale,* anno 53, n. 3, p. 673-681, 1998; CABRAL, Antonio do Passo. Il principio del contraddittorio come diritto d'influenza e dovere di dibattito. *Rivista di Diritto Processuale,* anno 60, n. 2, p. 449-463, Apr./Giu. 2005.

120. ABREU, Rafael Sirangelo Belmonte de. *Igualdade e Processo Civil. Posições Processuais Equilibradas e Unidade do Direito.* São Paulo: RT, 2016; DIDIER JR., Fredie. *Curso de Direito Processual Civil.* 17ª ed. Salvador: Juspodivm, 2015, v. 1, 97/98.

presença de direitos-deveres, caracterizados por um interesse público na defesa de um bem jurídico coletivo ou de uma parte considerados especialmente relevantes pela norma.[121] Por esta razão, o CPC reforça que um dos desdobramentos da igualdade de partes é o dever de o juiz zelar pelo contraditório efetivo. Mas há um senão. Na doutrina portuguesa, o princípio da igualdade é normalmente conjugado com os deveres de auxílio exercidos pelo tribunal em relação às partes[122]. Não há, contudo, um dever geral e irrestrito de auxílio para as partes[123]. É de se observar que o dever de cooperação cria deveres anexos ao módulo processual visando a solução de mérito, justa, adequada, tempestiva e efetiva, e entre estes deveres está o dever de proteção, do qual decorre o dever de auxílio. Evidentemente, no exercício destes deveres, o juiz deverá manter a sua imparcialidade, atuando nos casos excepcionais em que a relevância do bem jurídico tutelado, a vulnerabilidade da parte ou a complexidade do direito assim justificarem. Nestes mesmos casos, apresenta-se claramente a função do Ministério Público como instituição de garantia de segundo grau e sua atuação como órgão agente ou interveniente ancorada no princípio da acionabilidade.[124]

O art. 9º CPC/2015 traz a ideia de contraditório prévio, vedando, *como regra geral*, a decisão *inaudita altera parte*, ou seja, aquela decisão sem a oitiva da

---

121. A classificação que elabora a distinção entre direitos-pretensão, direitos-poder e direitos-dever é de Fernando Noronha, cf. NORONHA, Fernando. Direito das obrigações. São Paulo: Saraiva, 2003, v. 1, p. 54, ver também p. 51-64, também adotada em DIDIER JR., Fredie; ZANETI JR., Hermes. *Curso de Direito Processual Civil.* 10ª ed. Salvador: Juspodivm, 2016, Vol. 4, p. 279. Parcela da doutrina exclui esta categoria do âmbito dos direitos subjetivos, adotam este entendimento excludente Cristiano Chaves de Farias e Nelson Rosenvald: "Já o poder jurídico, também chamado de poder funcional, distingue-se do direito subjetivo, pois naquele há um direito exercido no interesse do sujeito passivo e do grupo social, como, v.g., o poder familiar (CC, art. 1630), diversamente do que ocorre, como se viu, no direito subjetivo, em que o exercício é em benefício do próprio titular. Sintetize-se: no poder funcional há exercício em face de outra pessoa (como na tutela de menores), caracterizando-se como uma categoria autônoma, distinta dos direitos subjetivos clássicos". Cf. FARIAS, Cristiano Chaves de; ROSENVALD, Nelson. Direito civil: teoria geral. 4a ed. Rio de Janeiro: Lumen Juris, 2006. p. 6. Entendemos que não se trata de oposição eficaz, primeiro porque os autores referem, com absoluta certeza, aos direitos subjetivos clássicos ou stricto sensu, categoria aqui alargada; em segundo porque também esses direitos-poder são judicializáveis como "direitos subjetivos" daqueles que são os titulares do benefício de seu cumprimento (pessoa determinada ou coletividade), quer pelos próprios beneficiários, quer por entes especialmente determinados em lei (ex.: art. 5º da Lei n. 7.347/1985). O tema é objeto de aceso debate doutrinário entre as teorias do interesse e as teorias da escolha cf. MACCORMICK, Neil. Children's Rights: A Test-Case for Theories of Right. ARSP: Archiv für Rechts- und Sozialphilosophie/ Archives for Philosophy of Law and Social Philosophy Vol. 62, No. 3 (1976), pp. 305-317; PINO, Giorgio. Neil MacCormick on Interpretation, Defeasibility, and the Rule of Law. Disponível em ‹http://www1.unipa.it/gpino/Pino,%20su%20 MacCormick.pdf› Acesso em 13.05.2015, item 1.

122. SOUSA, Miguel Teixeira de. *Estudos sobre o Novo Processo Civil.* 2ª ed. Lisboa: Lex, 1997, p. 65.

123. DIDIER JR., FREDIE. *Curso de Direito Processual Civil. Introdução ao Direito Processual Civil, Parte Geral e Processo de Conhecimento.* 17ª ed. Salvador: Juspodivm, 2015, vol. 1, p. 131/132.

124. FERRAJOLI, Luigi. A democracia através dos direitos. O constitucionalismo garantista como modelo teórico e como projeto político. Trad. Alexander Araujo de Souza; Alexandre Salim, Alfredo Copetti Neto, André Karam Trindade, Hermes Zaneti Júnior e Leonardo Menin. São Paulo: Revista dos Tribunais, 2015, p. 246-247.

parte contrária (art. 5º, LV, CF). A regra geral é que, sempre que possível e sem prejuízo ao direito tutelado, seja realizado o contraditório prévio. A regra geral traz algumas exceções, conforme analisamos abaixo (art. 9º, par. ún., inc. I, II, III, CPC). O artigo traz, ainda, a ideia de ciência bilateral antes da manifestação do juiz, que favorece o exercício do contraditório como direito de influência e dever de debates. Perceba-se que, quando ocorrer intervenção do Ministério Público, haverá uma ciência trilateral, pois também o Ministério Público irá se manifestar antes da formação da convicção, e geralmente da própria análise, pelo julgador sobre os fatos e sobre o direito debatido. Trata-se, aqui, principalmente da dimensão *audiatur et altera pars*[125] *do contraditório, a própria essência do processo judicial, como afirma a doutrina o meio pelo qual a justiça deve preservar sua imparcialidade, configurando o direito de as partes de se manifestarem nos autos do processo antes da manifestação judicial.*

Para além desta dimensão clássica do contraditório, as normas fundamentais da boa-fé processual (art. 5º) e da cooperação (art. 6º) implicam o dever de o juiz discutir com as partes antes de decidir, mesmo nos casos em que possa decidir de ofício, ou seja, o CPC submete o próprio juiz ao contraditório. O contraditório para o juiz é expresso no art. 10, que veda as decisões-surpresa.

As exceções previstas para a regra geral do contraditório prévio são: a) tutela provisória de urgência, disciplinada nos arts. 300 a 310, incluindo a parte geral da tutela de urgência, tutela antecipada e cautelar incidental, a tutela antecipada requerida em caráter antecedente, a tutela cautelar requerida em caráter antecedente, nestes casos, o contraditório poderá ser diferido para um momento futuro; b) *tutela provisória da evidência, em duas hipóteses, art. 311, II e III,* nas quais, independentemente da demonstração de perigo de dano ou de risco ao resultado útil do processo, b.1) *as alegações de fato puderem ser comprovadas documentalmente e houver tese firmada em julgamento de casos repetitivos ou em súmula vinculante,* b.2) se tratar de *pedido reipersecutório* – ou seja, pedido visando buscar no patrimônio do réu algo que pertence ao autor e que lá se encontra indevidamente - fundado em prova documental adequada do contrato de depósito. Em ambos os casos há previsão para que o juiz decida *in limine litis, inaudita altera parte,* no início do processo e sem a oitiva da parte contrária; c) *ação monitória, art. 701,* uma vez que sendo evidente o direito do autor, o juiz deferirá a expedição de mandado de pagamento, de entrega de coisa ou para execução de obrigação de fazer ou não fazer, constituindo-se o título executivo

---

125. "*Audiatur et altera pars.* Não conheço nenhum outro critério (e este é habitualmente desconsiderado) da verdade de uma conclusão. Não existe operação mais constantemente indispensável do que a 'dialética". VILLEY, Michel. *Filosofia do Direito. Definições e Fins do Direito. Os Meios do Direito.* Trad.: Márcia Valéria Martinez de Aguiar. São Paulo: Martins Fontes, 2003, p. 267.

judicial se o devedor não realizar o pagamento ou apresentar os embargos, no prazo de 15 dias.

3.8. Duração Razoável do Processo

O art. 4º do CPC que prevê que *as partes têm o direito de obtenção em prazo razoável a solução integral do mérito, incluída a atividade satisfativa*. Bem, acrescenta-se aqui o elemento necessário ao princípio da efetividade que é a necessidade de tutela tempestiva (duração razoável do processo), que não implica rapidez a qualquer custo, mas eliminação do tempo patológico, isto é, sem correspondência entre o tempo gasto e a complexidade da causa[126].

A duração razoável do processo é princípio constitucional (art. 5º, LXXVIII, CF, EC nº 45/04), norma adotada pelo Brasil a partir da internalização do Pacto de San José da Costa Rica (art. 8º, 1), agora expressamente referida no art. 4º e no art. 139, II, do CPC/2015. São os critérios básicos firmados pela Corte Europeia dos Direitos do Homem (a partir do art. 6º, 1, da CEDH), para saber se o processo tem ou não duração razoável: a) a complexidade da causa; b) o comportamento das partes e de seus procuradores; c) a atuação do órgão jurisdicional (Caso Neumeister v. Áustria, 1968, CEDH). A corte acrescentou ainda mais um critério: d) relevância do direito reclamado em juízo para a vida do litigante prejudicado pela duração excessiva dos processos (ex.: responsabilidade civil pelo contágio de doenças, Caso Comissão v. Dinamarca, 1996, CEDH; *status* pessoal, Caso Laino v. Itália, CEDH; liberdade pessoal do réu no processo penal, Caso Zarmakoupis e Sakellaropoulos v. Grécia, 2000), CEDH, todos precedentes citados pela doutrina[127].

A EC nº 45/04 acrescentou alínea e) ao inciso II do art. 93 da CF/1988 determinando que não será promovido o juiz que injustificadamente reter os autos além do prazo legal, não podendo devolvê-los ao cartório sem despacho ou decisão. A doutrina defendeu a possibilidade de mandado de segurança contra a omissão judicial com pedido para determinação pelo tribunal para que o responsável

---

126. MARINONI, Luiz Guilherme; ARENHART, Sérgio Cruz; MITIDIERO, Daniel. Op. cit. 98.

127. SARLET, Ingo W.; MARINONI, Luiz Guilherme; MITIDIERO, Daniel. *Curso de Direito Constitucional.* 5ª ed. revista, atualizada e ampliada. São Paulo: RT, 2016, 800/801. Na Itália, após sucessivas condenações por irrazoável duração dos processos pela Corte de Estrasburgo, foi editada uma lei (Lei 89, de 24 de março 2001) para determinar uma equânime compensação financeira como indenização à parte prejudicada. A condenação a uma indenização pelos danos, inclusive extrapatrimoniais, causados pela demora é uma solução reiterada no continente europeu, os prazos considerados razoáveis para a duração normal de um processo civil seriam de três anos para a decisão de mérito e seis anos para a decisão final de todos os recursos, até o tribunal de vértice, cf. DALMOTTO, Eugenio. "Diritto all'equa riparazione per l'eccessiva durata del processo". In.: CHIARLONI, Sergio (a cura di). *Misure Acceleratorie e Riparatorie contro L'irragionevole Durata dei Processi. Commento alla Legge 24 marzo 2001, n. 89.* Torino: Giappichelli, 2002, p. 68/225.

pela demora profira a decisão[128]. No CPC/2015, há previsão da modificação do órgão de decisão em razão da demora, quando, após intimação para que em dez dias pratique o ato, deixar o juiz ou relator de praticá-lo, sendo o processo remetido ao seu substituto legal (arts. 235, § 3º e 940, § 2º CPC). Além destas previsões disciplinares, é evidente que, existindo dano pela demora, ocorre a atração do dever de responsabilização, pelo que caberá ação civil de reparação na Justiça Federal ou na Justiça Estadual, conforme o caso, pelos danos patrimoniais e extrapatrimonais causados pela duração irrazoável do processo[129].

A questão atinge também a atuação do Ministério Público.

Em relação ao Ministério Público há a necessidade de equilíbrio entre os dois vetores de segurança e efetividade. O art. 180, § 1º determina que findo o prazo de manifestação do Ministério Público sem que este se pronuncie, o juiz requisitará os autos e dará andamento ao processo. O art. 234, § 4º, estabelece a possibilidade de aplicação de multa ao membro do Ministério Público que não devolver os autos no prazo de 3 (três) dias a contar da requisição do juiz. Como salientamos, inicialmente, uma das preocupações principais do CPC é dar vazão célere aos procedimentos cíveis, prestando, em tempo adequado, a jurisdição (art. 4.º). Nesse afã, algumas vezes, corre-se o risco de criar problemas para outro vetor essencial do processo: a segurança jurídica. A atuação do Ministério Público como instituição de garantia dos direitos fundamentais visa a assegurar sua efetivação; portanto, não pode a lei prescindir dessa intervenção, quando a Constituição assim determina.

Todas essas noções já estão bem assentadas. Assim, nos parece que o parágrafo primeiro do art. 180 não pode ter aplicação literal, por ser inconstitucional e ilegal.[130] Salvo se, em interpretação conforme, vincularmos sua aplicação à intervenção discricionária vinculada à fundamentação do Ministério Público (disponibilidade motivada).[131] Uma coisa é entender o membro do Ministério Público,

---

128. CABRAL, Antonio do Passo. "A duração razoável do processo e a gestão do tempo no projeto de novo Código de Processo Civil". *Novas Tendências do Processo Civil – estudos sobre o projeto do Novo Código de Processo Civil*. Alexandre Freire; Bruno Dantas; Dierle Nunes; Fredie Didier Jr.; José Miguel Garcia Medina; Luiz Fux; Luiz Henrique Volpe Camargo; Pedro Miranda de Oliveira (org.). Salvador: Editora Juspodivm, 2013.

129. SARLET, Ingo W.; MARINONI, Luiz Guilherme; MITIDIERO, Daniel. Op. cit., p. 800/801.

130. Em sentido contrário, entendendo que o prazo definido tem caráter preclusivo e que a não intervenção não impede a prática de outros atos futuros, cf. BENEDUZI, Renato. *Comentários ao Código de Processo Civil. Artigos 70 ao 187*. Vol. II. São Paulo: RT, 2016, p. 394.

131. Nesse texto, defenderemos a possibilidade de determinar graus de interesse público e de indisponibilidade do direito, ao mesmo tempo que caberia ao Ministério Público a decisão de intervir ou não nos processos, conforme fundamentação adequada, quando a norma que determina a intervenção assentar-se em um conceito jurídico indeterminado (ex.: *interesse social e interesse público*). A Recomendação nº 34 do CNMP determinou, no seu art. 2º, que a identificação do interesse público é juízo exclusivo do membro do Ministério Público, sendo necessária a remessa e indevida a renúncia de vista dos autos. Trata-se de

no âmbito de sua independência funcional, nos casos de intervenção com disponibilidade motivada, vinculada à fundamentação (ex.: rol previsto na Rec. nº. 34, CNMP, ver *supra* comentários ao art. 178), pela não manifestação nos autos, por verificar ausência do interesse público ou social que motive sua intervenção. Outra coisa é, havendo interesse público, o juiz dar andamento ao processo independentemente da manifestação do Ministério Público, o que será passível de nulidade acaso comprovado o prejuízo (art. 279, § 2º, CPC/2015).

A Constituição previu a essencialidade do Ministério Público para a justiça (art. 127, CF/1988); logo, não pode o CPC, norma infraconstitucional, dispensar sua atuação obrigatória. Ademais, o próprio CPC/2015 prevê a nulidade dos atos processuais praticados sem a oitiva do Ministério Público, art. 279 ("[é] nulo o processo quando o membro do Ministério Público não for intimado a acompanhar o feito em que deva intervir"), flagrantemente em contraste com o parágrafo primeiro do art. 180. Portanto, só não haverá nulidade, quando não houver prejuízo ("[a] nulidade só pode ser decretada após a intimação do Ministério Público, que se manifestará sobre a existência ou a inexistência de prejuízo", art. 279, § 2.º).

O CPC não se interpreta em tiras. A única interpretação conforme possível do parágrafo primeiro do art. 180 é aquela que permite concluir que a intervenção do Ministério Público, nestes casos, é regida pela disponibilidade motivada. Queremos dizer, tendo entendido o órgão de execução pela não intervenção, poderá o juiz requisitar os autos. Eventual divergência por parte de órgão ulterior que venha a atuar nos autos somente ensejará nulidade dos atos praticados, caso esteja presente o prejuízo grave, a ponto de afastar a preclusão (art. 277, § 2.º, c/c art. 278, *caput* e parágrafo único).

Ademais, o CPC/2015 disciplina a responsabilidade do membro do Ministério Público que indevidamente reter os autos do processo, nos termos do art. 232, § 4.º, e praticar atos atentatórios à jurisdição, art. 77, § 6.º, remetendo a sanção ao órgão disciplinar competente. A remessa ao órgão competente é a postura

---

estabelecer, como premissa técnica de controle da atuação, o *"princípio da disponibilidade motivada"* (Gregório Assagra de Almeida), demonstrando o membro as razões de sua atuação, toda vez que, no exercício de suas funções constitucionais, ao extrair o conteúdo normativo dos textos legais, resolver pela intervenção ou não intervenção na esfera cível, em concreto. O dever de fundamentação adequada decorre de mandamento constitucional (art. 93, IX) e é um dos pilares nos quais se assenta a estrutura de controle dos deveres-poderes do juiz no novo Código de Processo (art. 489, § 1.º), nada mais natural que ele se estenda igualmente ao Ministério Público. O "princípio da disponibilidade motivada" nasceu no processo coletivo, tendo sido identificado pela melhor doutrina na matéria (ALMEIDA, Gregório Assagra de. *Direito processual coletivo brasileiro*. São Paulo: Saraiva, 2003, p. 573; GODINHO, Robson Renault. As corregedorias e a atuação repressiva do Ministério Público. *Revista Jurídica Corregedoria Nacional: o papel constitucional das corregedorias do Ministério Público*, vol. 1, Brasília: CNMP, p. 49-108, 2016, p. 143); já havíamos aderido a esse entendimento em outro local (DIDIER JR., Fredie; ZANETI JR., Hermes. *Curso de direito processual civil. Processo coletivo*. 10. ed., Salvador: JusPodivm, 2016, Cap. 3).

normativa correta, por se tratar de responsabilidade administrativa. Portanto, casos em que exista interesse público relevante, de obrigatória atuação, e houver omissão do Ministério Público, deverá o juiz remeter a questão ao Conselho Superior do Ministério Público Estadual, ou ao órgão correspondente nos ramos do Ministério Público da União (MPF, MPDFT, MPT e MPM), para que tomem uma de duas decisões possíveis: a) homologuem a não intervenção do membro do Ministério Público nos autos, permitindo o prosseguimento do feito sem a intervenção do Ministério Público; ou b) discordem da decisão de não intervenção, remetendo os autos ao Procurador-Geral para que este designe outro membro para atuar no feito (art. 9.º, §§ 1.º e 4.º, da LACP c/c art. 10, IX, d, LONMP).

Essa fórmula, entendemos, aplica-se igualmente quanto à inação. Assim, preserva-se o núcleo essencial da função desempenhada pelo Ministério Público, ao mesmo tempo em que se garante a independência funcional e a regra de que cabe ao próprio Ministério Público definir quando há ou não presença de motivos adequados para a sua intervenção. O juízo sobre a existência ou não de interesse público motivador de ação ou intervenção do Ministério Público é exclusivo do próprio Ministério Público, art. 2º, Rec. nº 34, CNMP. É o que já ocorre em relação aos arquivamentos de inquéritos policiais em que há atribuição exclusiva do Procurador-Geral. Cabe apenas ao Ministério Público a decisão; não haveria, de regra, nem mesmo necessidade de envio ao Poder Judiciário, uma vez que a este não resta outra alternativa a não ser o arquivamento do inquérito penal.[132]

Note-se, por derradeiro, que seria possível superar o problema da ausência de manifestação do *Parquet* através de um recurso à analogia. Os Ministérios Públicos têm se organizado em regime de substituição automática. Pois bem, os arts. 235, § 3.º, e 940, § 2.º, do CPC/2015 determinam a atuação do juiz ou desembargador substituto legal em caso de demora pelo juiz ou desembargador que deveria decidir ou votar. Não há aqui qualquer aplicação de multa, como prevista para os advogados nos termos do art. 234, § 2º e estendida ao Ministério Público e à Defensoria Pública pelo parágrafo quarto do mesmo artigo.

Por qual razão não seria aqui aplicável regime idêntico à demora do Ministério Público? Observe-se que a regra do substituto legal vale também para os impedimentos ou suspeições, e, neste caso, aplicam-se às normas ao Ministério Público por expressa disposição legal (art. 148, CPC). Não há razão jurídica para negar a extensão aqui. Trata-se, consequentemente, de uma busca constante de aprimorar as instituições e fazer valer o direito fundamental à organização e ao procedimento (*status activus processualis*). Portanto, ao invés de aplicar a multa, cabe ao juiz solicitar à administração superior que designe um substituto para

---

132. Cf. POLASTRI, Marcellus. *Ministério Público e Persecução Criminal.* 5ª ed. Salvador: Juspodivm, 2016.

que atue no feito, sanando a irregularidade. Eventual infração administrativa será apurada nos termos do art. 234, § 5º, CPC e do regramento interno da instituição.[133]

O art. 12 estabelece o dever de os juízes e os tribunais julgarem as causas em ordem cronológica, como meio de promover a duração razoável do processo.

Não se pode deixar também de mencionar, quanto ao previsto no art. 4º, que a atividade satisfativa também dever ser realizada em tempo razoável e com solução integral de mérito, o que revela, portanto, o direito fundamental à tutela executiva.[134]

O art. 139, IV, que prevê a atipicidade dos meios executivos[135], também é outro grande exemplo que o novo CPC traz no sentido de realização da tutela dos direitos. No Código anterior, a determinação das medidas referidas no inciso IV eram possíveis somente para obrigações de fazer, não-fazer, desfazer e entrega de coisa. Agora, como o CPC, também é cabível para as prestações pecuniárias[136]. A adequação de técnicas executivas é imprescindível para a prestação da tutela efetiva, técnicas estas que precisam ser idôneas – todas as técnicas processuais, portanto, estão disponíveis para tutela de toda e qualquer espécie de direito,[137] consubstanciando os princípios da atipicidade e não-taxatividade, sendo que a necessária concreção em textos legais e em precedentes irá oferecer os contornos de aplicabilidade da norma.

3.9. Autorregramento da Vontade

As convenções processuais[138] podem ser celebrados extrajudicialmente ou judicialmente, pelas partes sozinhas ou com a participação do juiz. Neste último caso, o juiz já controlará, de imediato, a validade do negócio.

---

133. Entendendo que a multa é aplicável a todos, advogados públicos e privados, defensores públicos membros do Ministério Público indistintamente, porém que somente pode ser aplicada após o devido processo legal administrativo e pelo órgão administrativo competente, cf. CUNHA, Leonardo Carneiro da. *Comentários ao Código de Processo Civil. Artigos 188 a 293*. Vol. III. São Paulo: RT, 2016, p. 171.

134. GUERRA, Marcelo Lima. *Direitos Fundamentais e a Proteção do Credor na Execução Civil*. São Paulo: RT, 2002, *passim*; DIDIER JR., FREDIE. *Curso de Direito Processual Civil – Introdução ao Direito Processual Civil, Parte Geral e Processo de Conhecimento*. 17ª ed. Salvador: Juspodivm, 2015, vol. 1. p. 93/96.

135. ABELHA, Marcelo. *Manual de Execução Civil*. 5ª ed. Rio de Janeiro: Forense, 2015, p. 61/62.

136. Grande destaque para as medidas realizadas via BACEN-JUD, em virtude de sua efetividade para a tutela dos direitos.

137. MARINONI, Luiz Guilherme; ARENHART, Sérgio Cruz; MITIDIERO, Daniel. *Curso de Processo Civil*. São Paulo: Ed. RT, 2015. vol. I, 252.

138. A terminologia doutrina oscila entre negócios, acordos ou convenções. Optaremos por convenções processuais, como já definido na nota introdutória. Cf. DIDIER JR., Fredie, *Curso de Direito Processual Civil*, cit., p. 376; CABRAL, Antonio do Passo, *Convenções Processuais*, Salvador: Juspodivm, 2016; DIDIER JR., Fredie;

Os negócios poderão versar sobre mudanças de procedimento, inclusive com a derrogação de normas processuais.

A disciplina dos negócios processuais tem seu núcleo nos arts. 190[139] e 200[140], CPC/2015, que funcionam como cláusulas gerais dos negócios processuais atípicos.

O art. 190 do CPC estabelece a possibilidade de autoregramento da vontade nos negócios, acordos e convenções pré-processuais ou processuais tendo por objeto ônus, poderes, faculdades e deveres processuais. Claro que a liberdade trazida com o art. 190 do CPC tem seu critério de validade submetido ao processo justo (art. 5º, LIV, da CF/1988). O negócio jurídico processual não pode, portanto, afastar os deveres inerentes à boa-fé e à cooperação (Enunciado n. 6, FPPC). Na doutrina há quem defenda, por exemplo, que acordos processuais não podem incidir sobre poderes do juiz e do Ministério Público, bem como não podem violar o núcleo essencial dos direitos fundamentais processuais. Defendem, ainda, que são nulos acordos irrevogáveis ou que importem renúncia sem benefício correlato.[141] Cabe interpretar este problema a luz do direito material discutido, quanto mais for disponível o direito e quanto menor for o atingimento dos direitos fundamentais afetados, maior será a liberdade negocial.

Um exemplo pode ser retirado dos enunciados do FPPC (Forúm Permanente de Processualistas Civis). O Ministério Público pode realizar negócios processuais, mas as partes não podem, mediante negócio processual, afastar a intervenção do Ministério Público (Enunciados n. 135 e 254, FPPC).

Um dos negócios processuais que pode ser considerado muito adequado ao Ministério Público e aos direitos fundamentais que tutela é a dispensa do prazo recursal nos casos de adoção internacional. O chamado *pacto de não recorrer*.[142]

NOGUEIRA, Pedro Henrique Pedrosa; CABRAL, Antonio do Passo, *Negócios Processuais*, 2. ed., Salvador: Juspodivm, 2016 (Coleção Grandes Temas do Novo CPC, vol. 1); NOGUEIRA, Pedro Henrique Pedrosa, *Negócios Jurídicos Processuais*, Salvador: Juspodivm, 2016; GODINHO, Robson. *Negócios Processuais sobre o ônus da Prova no Novo Código de Processo Civil*. São Paulo: RT, 2015; FARIA, Guilherme Henrique Lage. *Negócios Processuais no Modelo Constitucional do Processo*. Salvador: Juspodivm, 2016.

139. Nos termos do CPC: Art. 190. Versando o processo sobre direitos que admitam autocomposição, é lícito às partes plenamente capazes estipular mudanças no procedimento para ajustá-lo às especificidades da causa e convencionar sobre os seus ônus, poderes, faculdades e deveres processuais, antes ou durante o processo. Parágrafo único: De ofício ou a requerimento, o juiz controlará a validade das convenções previstas neste artigo, recusando-lhes aplicação somente nos casos de nulidade ou de inserção abusiva em contrato de adesão ou em que alguma parte se encontre em manifesta situação de vulnerabilidade.

140. Assim redigido: Art. 200. Os atos das partes consistentes em declarações unilaterais ou bilaterais de vontade produzem imediatamente a constituição, modificação ou extinção de direitos processuais.

141. MARINONI, Luiz Guilherme; ARENHART, Sérgio Cruz; MITIDIERO, Daniel. *Novo Código de Processo Civil Comentado*. São Paulo: RT, 2015, p. 244.

142. NOGUEIRA, Pedro Henrique. *Negócios Jurídico Processuais*. Salvador: Juspodivm, 2016, p. 246.

O tema é polêmico, mas merece atenção, podendo inclusive ser regulamentado pelas corregedorias do Ministério Público. O processo de adoção internacional é longo, conta com estágio convivência e pressupõe o esgotamento da questão em primeiro grau. Muitos são os casos em que não há qualquer oposição de terceiros interessados ou dos pais biológicos do adotando. Nestes casos, admitida a possibilidade de negócios processuais para afastar os poderes do Ministério Público de recorrer, o que concordamos, quando adequado à tutela dos direitos, pois será uma forma de efetivar os direitos fundamentais que o próprio Ministério Público pretende tutelar no processo. Isto permitirá, na adoção internacional, que os requerentes possam, desde logo, obter a averbação da decisão judicial transitada em julgado em cartório e retornar ao país de origem.

3.10. Fundamentação Hermenêutica e Analiticamente Adequada das Decisões e dos Atos Postulatórios

O CPC trata da fundamentação hermenêutica e analiticamente adequada no art. 11, CPC, repetindo a regra da motivação e publicidade existente no art. 93, IX, da CF/88, e no art. 489, § 1º, CPC, com muito mais detalhe.

As regras e princípios ali previstos valem para a fundamentação das decisões e para os atos postulatórios. No caso do Ministério Público, é irrelevante se ele atua como órgão agente ou interveniente, já que todas as manifestações, especialmente por ser órgão público, instituição de garantia dos direitos fundamentais, devem ser adequadamente fundamentadas e os argumentos jurídicos devem projetar a futura decisão judicial que será tomada.

Aqui também é de se referir que o art. 489, § 1º, CPC, deve afetar as decisões tomadas em instâncias administrativas pelo Ministério Público. Como se trata de um desdobramento do formalismo valorativo, há necessidade de primar pela fundamentação adequada pelo Ministério Público nos procedimentos administrativos em que oficia, por exemplo, ao determinar um arquivamento, formular um termo de ajustamento de conduta ou despachar no procedimento as decisões do Ministério Público devem estar adequadamente fundamentadas e levar em consideração (contraditório como direito de influência e dever de debates) os argumentos trazidos pelos eventuais interessados que tiverem voz nos procedimentos.

Há uma diretriz prática na adequada fundamentação nestes casos: ao fundamentar adequadamente sua manifestação, o Ministério Público permite a prevenção especial e geral de novos atos que venham a ocorrer em desconformidade com o entendimento do *Parquet*. Permite, ademais, o controle interno pelo CSMP e o controle externo pela sociedade. As decisões adquirem, portanto, legitimidade *endoprocessual* e *ex:praprocessual*.

Antes de analisarmos os incisos do art. 489, § 1º, é importante demonstrar como a fundamentação adequada pode afetar o peticionamento por parte do autor e do réu, tanto na peça inicial, quanto em qualquer momento ao longo do processo. O primeiro caso, mais evidente, resulta do dever de o juiz advertir ao autor da necessidade de completar ou esclarecer sua petição, declinando corretamente a causa de pedir e o pedido, modelados à luz do art. 489, § 1º, CPC. Isto ocorre em razão de ser a petição inicial um projeto de decisão. Assim, quando não for possível depreender do peticionado os termos necessários para formação da decisão judicial, o juiz deve determinar à parte autora, sob pena de não recebimento da inicial, que a emende. Para tanto, é dever do juiz indicar precisamente, ao autor, que este deverá esclarecer sua petição nos termos do art. 489, § 1º, sob pena de não receber a inicial (art. 321 e par. ún., CPC), por exemplo, informando qual a relação entre os dispositivos legais citados e o caso, esclarecendo a pretendida concreção dos conceitos jurídicos indeterminados ou cláusulas gerais referidas e indicando a relação entre os precedentes citados e o caso peticionado.

Para melhorar a compreensão, podemos agrupar os incisos do art. 489, § 1º, CPC, em três tipos: a) controle do excesso de linguagem e da abstração na argumentação jurídica (art. 489, § 1º, I a III); b) controle da omissão do julgador na análise dos fundamentos das partes capazes de alterar – infirmar – a decisão (art. 489, § 1º, IV); c) controle da aplicação ou não aplicação dos precedentes (art. 489, § 1º, V e VI).

a) o primeiro grupo tem relação com o *excesso de linguagem e de abstração na argumentação jurídica*. Dessa forma, não se consideram fundamentadas *decisões ou atos postulatórios sem concreção*, ou seja, decisões ou atos postulatórios que se limitarem a indicar, reproduzir ou parafrasear atos normativos sem explicar sua relação com a causa ou a questão debatida (inc. I), empregarem conceitos jurídicos indeterminados, sem explicar o motivo concreto de sua incidência (inc. II), invocarem motivos que se prestariam a justificar quaisquer decisões (inc. III). Assim, por exemplo, a alegação de inexistência de *fumus boni iuris* e *periculum in mora*, a não existência de interesse público na causa e a invocação de doutrina não contextualizada, não fundamentam a decisão e não fundamentam, consequentemente, as postulações das partes e mesmo do Ministério Público;

b) não se consideram fundamentadas, igualmente, *a omissão do juiz na análise de fundamentos das partes*, ou seja, decisões ou postulações em que o órgão responsável pela decisão não enfrentar todos os argumentos deduzidos no processo capazes de, em tese, infirmarem a conclusão adotada (inc. IV). O correto dimensionamento deste inciso é muito relevante, afinal, não são todas as alegações, mas apenas os argumentos relevantes para infirmar a decisão adotada, ou seja, os argumentos que constituem fundamentos para decidir de forma diversa e que por si sós poderiam resultar na decisão em sentido contrário se fossem adotados, que geram a nulidade por falta de fundamentação. O argumento deduzido tem de ser forte o suficiente para – em tese – infirmar, ou seja, alterar, a decisão tomada. Caso incida um precedente normativo formalmente vinculante passa a ser totalmente irrelevante, por exemplo, a afirmação de que existem decisões judiciais de outros tribunais ou decisões judiciais mais antigas que não foram debatidas alegadas pelas partes. O precedente, de regra, vale independentemente das suas razões. Incidindo o precedente, passa a ser irrelevante a jurisprudência no sentido contrário.[143]

c) por fim, *não se consideram fundamentadas decisões que apliquem mal ou não apliquem precedentes normativos formalmente vinculantes, analisando-os do ponto de vista material.* Queremos dizer, para fundamentar adequadamente uma decisão ou uma postulação com base em precedentes, é necessário que c') se encontre a *ratio decindendi*, ou seja, os fundamentos determinantes da decisão anterior, as circunstâncias fáticas e a solução jurídica do caso-precedente, para que estes possam ser comparados com o caso-atual e, consequentemente, utilizados como fundamento da sua decisão. Portanto, não se considera fundamentada a decisão e o ato postulatório que se limitar a invocar o precedente ou enunciado de súmula, sem identificar seus fundamentos determinantes, nem demonstrar que o caso sob julgamento se ajusta àqueles fundamentos (inc. V). Igualmente, c") não seja caso de *distinção ou superação do precedente*, pois a decisão não se considera fundamentada, se deixar de seguir enunciado de súmula ou precedente invocado pela parte sem demonstrar a existência de distinção no caso-atual ou a superação do entendimento firmado no precedente (inc. VI).

Há necessidade de, ainda, no caso de colisão entre normas, para ser mais técnico, colisão entre normas-princípio, o juiz – e também aquele que postula em juízo alegando a colisão - justifique o objeto e os critérios gerais da ponderação a ser efetuada, enunciando as razões que autorizam a interferência na norma afastada e as premissas fáticas que fundamentam a conclusão. No caso, o Ministério Público, analisando o caso como órgão agente ou interveniente, deverá realizar a individualização das normas-princípio colidentes e sugerir na postulação qual a solução melhor preserva os direitos fundamentais tutelados pela instituição. Por exemplo, em um conflito entre o direito fundamental ao meio ambiente equilibrado e o direito à moradia, com a ocupação de áreas de preservação permanente por invasões populares, deverá utilizar um método de justificação – como

---

143. Como veremos este caso é distinto da distinção, forma de não aplicar o precedente que resulta da sua não incidência. Bem como, da superação, forma de não aplicação do precedente que resulta na sua modificação em um momento posterior. Para a teoria dos precedentes cf. ZANETI JR., Hermes. *O Valor Vinculante dos Precedentes*, em especial o Cap. 4.

por exemplo, mas não só, o de Robert Alexy – para demonstrar a necessidade, a adequação e a proporcionalidade em sentido estrito da norma a ser aplicada.

3.11. Precedentes Normativos Formalmente Vinculantes[144]

O modelo dos precedentes normativos formalmente vinculantes no Brasil (arts. 926, 927, 489, § 1, V e VI, CPC) é claramente voltado a conjugação da melhor doutrina em matéria de teoria do direito e teoria dos precedentes para garantia de aspectos formais e materiais ligados à norma-precedente.

Podemos dizer que, ao lado da norma-lei, o CPC/2015 adotou a norma-precedente, sendo os juízes e tribunais obrigados a seguir os próprios precedentes (vinculação horizontal, art. 926, CPC) e os precedentes dos tribunais superiores (art. 927, CPC). É de se perceber que os precedentes exigem interpretação como ocorre com todo e qualquer texto legislativo, mas a existência de um precedente passa a ser aspecto fundamental da fundamentação hermenêutica e analítica adequada da decisão judicial (art. 489, § 1º, V, CPC). A aplicação do precedente deve atentar para as diferenças do caso, não sendo aplicáveis precedentes, quando o problema seja distinto, quando as circunstâncias fáticas levarem a solução jurídica diversa (art. 489, § 1º, VI, CPC). Apesar de os tribunais e juízes inferiores não poderem alterar os precedentes dos tribunais superiores, a sua atividade interpretativa, quando não permitir a distinção, poderá ser utilizada no estilo de ressalva de consciência para permitir a subida mediante recursos até às cortes de vértice com poderes de superação dos precedentes (art. 489, § 1º, VI, segunda parte).

Cabe ao Ministério Público trabalhar na formação dos procedentes favoráveis aos direitos tutelados pela instituição constitucionalmente, sendo também necessário a sua reversão, detalhamento ou superação nos casos em que estes precedentes não atendam à tutela integral dos direitos fundamentais.

A delimitação de estratégias de atuação por parte do Ministério Público com a seleção de prioridades deve partir também da necessidade de implementar precedentes positivos firmados pelas Cortes Supremas. Neste sentido, o Ministério Público deve garantir a unidade do direito, aplicando os precedentes firmados na sua área de atuação.

---

144. A bibliografia sobre precedentes é vastíssima, tanto do ponto de vista do direito comparado, quanto do ponto de vista do direito brasileiro, para uma ampla revisão bibliográfica cf. ZANETI JR, Hermes. *O Valor Vinculante dos Precedentes. Teoria dos Precedentes Normativos Formalmente Vinculantes*. 2ª ed. Salvador: Juspodivm, 2016, p. 289/380; ZANETI JR., Hermes. Arts. 926 a 946. In.: CABRAL, Antonio do Passo; CRAMER, Ronaldo. *Comentários ao Código de Processo Civil*. 2ª ed. Rio de Janeiro: Forense, 2016, p. 1.307/1.3078.

3.12. Demandas ou questões repetitivas: casos repetitivos e gestão de processos

O CPC disciplina os casos repetitivos no art. 928, subdivide-os em incidente de resolução de demandas repetitivas, regulado a partir do art. 976 do CPC, e recursos especial e extraordinário repetitivos, regulados a partir do art. 1036 do CPC. Trata-se de técnica de gestão de processos que apresentem *questões repetitivas*,[145] visando a fixação de uma tese jurídica aplicável a todos os casos em tramitação e, eventualmente, aos casos futuros. Neste último caso, a tese será aplicada como precedente normativo formalmente vinculante (art. 927, III, CPC).

A questão dos litígios repetitivos é um desafio para o Ministério Público especialmente em três pontos: a) relação com as ações coletivas; b) intervenção como fiscal do ordenamento jurídico; c) seleção dos casos que formarão as teses e os eventuais precedentes. Passaremos a análise de tais questões:

a) A relação entre os casos repetitivos e as ações coletivas pode ser conflituosa. O Ministério Público deve atuar para a garantia de que os litígios repetitivos não irão absorver os litígios coletivos, fazendo com que os processos coletivos para tutela dos direitos coletivos *lato sensu* sejam afetados pelas teses julgadas, sem que tenha sido preservado o processo justo. Para garantia do processo justo, deverá ocorrer, na concomitância entre ações individuais e ações coletivas, a afetação da própria ação coletiva como caso-piloto (art. 978, par. ún. e art. 1.036, § 1º, CPC). Para tanto é preciso insistir na tese doutrinária de que a não afetação de um processo coletivo em curso como caso-piloto representa a inadmissibilidade do incidente e que, na ausência de processo coletivo no tribunal, a suspensão necessária para garantia da não-contraditoriedade das decisões pode ser decretada no próprio processo coletivo em face dos processos individuais;[146]

b) A atuação efetiva como fiscal do ordenamento jurídico em todos os incidentes de resolução de demandas repetitivas e recursos especiais e extraordinários repetitivos, em face da relevância social das decisões que afetam processos individuais e coletivos que estejam tramitando (art. 985, I, CPC) e tenham ainda

---

145. Assim, "o IRDR visa a solucionar *questões* repetitivas e não necessariamente *demandas* repetitivas", TEMER, Sofia. *Incidente de Resolução de Demandas Repetitivas*. Salvador: Juspodivm, 2016, p. 60. Como ficou soberanamente demonstrado pela autora o IRDR trata das *questões comuns* de direito material ou processual, mesmo que as demandas sejam heterogêneas. Por questão a autora entende, de maneira ampla, quaisquer "dúvidas" surgidas ao longo do processo e que tenham de ser decididas pelo julgador, adotando o conhecido entendimento de BARBOSA MOREIRA, José Carlos. Questões prejudiciais e questões preliminares. In.: BARBOSA MOREIRA, José Carlos. *Direito Processual Civil. Ensaios e Pareceres*. Rio de Janeiro: Borsoi, 1971, p. 74/75.

146. DIDIER JR, Fredie; ZANETI JR., Hermes. Ações coletivas e o incidente de julgamento de casos repetitivos – espécies de processo coletivo no Direito brasileiro. In.: Fredie Didier Jr; Leonardo Carneiro da Cunha. *Julgamento de Casos Repetitivos*. Salvador: Juspodivm, 2016, p. 181/192.

potencial de formarem precedentes para os casos futuros (art. 985, II, CPC). O Ministério Público deve garantir o processo justo e velar pelos direitos fundamentais envolvidos, assim como pelo interesse social nestes processos. Por esta razão, o CPC previu a intervenção de forma expressa (art. 976, § 2º e art. 1.038, III, CPC);

c) O Ministério Público deve zelar para que o requerimento de formação de incidentes (art. 977, III, CPC) e recursos repetitivos (art. 996, CPC) com a escolha de casos-piloto que possam, na melhor medida possível, resultar na aprovação de teses jurídicas favoráveis aos direitos fundamentais tutelados pelo Ministério Público, no âmbito de sua missão institucional, com a escolha de casos que, pelas circunstâncias fáticas e jurídicas, permitam a correta compreensão do problema e a melhor tutela dos direitos. Trata-se de optar por uma litigância para ganhar a causa, e não o caso. A causa que move a atuação do Ministério Público é mais relevante do que um ou outro caso que, muito embora o Ministério Público tenha sido vencido, possa representar, caso recorrida a decisão, na fixação de uma tese ou de um precedente em sentido contrário.

A litigância serial que propõem as novas técnicas de julgamentos de litígios repetitivos completa o nosso modelo de processo coletivo, composto atualmente de duas espécies, os casos repetitivos e as ações coletivas. A atuação do Ministério Público em ambos é fundamental para a garantia dos direitos fundamentais, da ordem jurídica e dos interesses sociais, aos quais a instituição está vinculada a garantir.

3.13. Acesso aos Tribunais Supremos (STJ e STF)

O acesso aos tribunais supremos, em razão das mudanças no modelo de precedentes e na técnica de casos repetitivos, passará por muitas mudanças.[147] Há necessidade, em um primeiro momento, de redução de acesso, e, em seguida, de qualificação do acesso a estes tribunais. Por esta razão, o STJ, em breve, deverá contar com um filtro equivalente ao da repercussão geral, já existente no STF, reduzindo a admissibilidade dos recursos aos casos que possam ter impacto mais abrangente (EC 209/2012).

O STJ e STF passarão de Cortes Superiores, com a finalidade de garantir a correção e efetuar a revisão do direito, estabelecendo a jurisprudência, à Cortes Supremas, com a finalidade de aplicar o direito, interpretando o ordenamento

---

147. Sobre a teoria das Cortes Supremas, cf. MITIDIERO, Daniel. *Cortes Superiores e Cortes Supremas, passim.*

jurídico e determinando os precedentes obrigatórios que serão seguidos pelos demais juízes e tribunais para garantir a unidade do direito.[148]

A ação de reclamação, com importância tanto para as Cortes Supremas, como para os tribunais de apelação, terá por função principal a garantia da autoridade das decisões (art. 988, CPC).

O Ministério Público intervirá nos recursos repetitivos e nestas ações e deverá trabalhar pela garantia da unidade do direito, pela efetiva distinção, quando houver, entre o caso precedente e o caso que está sendo invocada a reclamação, assim como, pela manutenção dos precedentes, quando ocorrer sua não observância (art. 991, CPC).

É importante referir ainda que, como somente o próprio tribunal poderá rever as suas decisões superando o precedente, a reclamação pode ser um instrumento, tanto para criação de distinções relevantes entre casos, quanto para a própria superação do precedente. Note-se que a reformulação do sistema pela Lei 13.256/2016 criou um possível conflito entre a necessidade de renovação do sistema e a dinâmica dos precedentes no tempo, que permite sua superação, e uma equivocada noção de eficiência, fundada exclusivamente na gestão dos recursos repetitivos. Será preciso reconhecer, para além do texto legal (arts. 1.030, I, a e b e 1.042, CPC) a possibilidade de recursos especiais e/ou extraordinários de revisão/superação, que permitam ao Ministério Público e aos demais legitimados garantir a unidade e a justiça do modelo de precedentes.[149]

A função dos precedentes, portanto, é garantir a estabilidade, integridade e coerência do ordenamento jurídico sem engessamento, sendo atribuição do Ministério Público a garantia da ordem jurídica constitucional e a efetividade dos direitos fundamentais. Por esta razão a atuação do Ministério Público nas Cortes Supremas torna-se extremamente relevante nos três tempos das normas-precedentes: na formação, na aplicação e na superação dos precedentes.

Assumir uma postura ativa em relação à seleção de casos, à orientação para aplicação dos precedentes já formados e à superação daqueles que eventualmente estiverem em contradição com os direitos fundamentais tutelados pelo

---

148. MITIDIERO, Daniel. *Cortes Superiores e Cortes Supremas, passim.*

149. ZANETI JR., Hermes. Litigiosidade Repetitiva? Avanços, Desafios e Perspectivas de Futuro. In.: Fernando Gonzaga Jayme; Renata Christiana Vieira Maia; Ester Camila Gomes Norato Rezende; Helena Lana (org.). *Inovações e Modificações do Código de Processo Civil. Avanços, Desafios e Perspectivas.* Belo Horizonte: Del Rey, 2017, p. 487/506.

Ministério Público é fundamental para o êxito da atividade ministerial no quadro do direito brasileiro atual.[150]

4. CONCLUSÕES PARCIAIS

As normas processuais fundamentais de direito processual civil estão previstas, conforme exposto neste trabalho, na Constituição, no capítulo das normas fundamentais do e esparsamente no Código de Processo Civil de 2015. Nada impede que possam ser igualmente identificadas na legislação extravagante e em atos de cunho normativo, como a norma que estabelece que cabe ao próprio Ministério Público identificar a presença de interesse público que enseja a sua intervenção como fiscal do ordenamento jurídico, e nada impede que o legislador ou a interpretação do direito através dos precedentes judiciais introduza novas normas fundamentais, ampliando o bloco de fundamentalidade inerente a estas normas.

As normas fundamentais, constituindo regras, princípios e postulados normativo aplicativos, tem o condão de auxiliar o operador do direito nas exigências advindas com o novo Código, facilitando o trabalho interpretativo. Como sabemos, texto e norma não se confundem, sendo a norma o resultado da interpretação, e não o seu objeto. Assim, compreendidas as normas fundamentais como vetores interpretativos, ao condensarem ideias e dispositivos fundamentais do ordenamento jurídico e, especificamente, do sistema processual civil, conferem unidade narrativa às normas processuais do CPC/2015, contribuindo na tarefa interpretativa e na operabilidade do novo Código.

O Código depende da prática jurídica para se fazer operativo, são as normas fundamentais que evitam que a aplicação do CPC resulte no contrário daquilo que se espera obter em um Estado Democrático Constitucional. No Estado Democrático Constitucional a finalidade do processo é a tutela dos direitos, justa, adequada, tempestiva e efetiva.

5. REFERÊNCIAS BIBLIOGRÁFICAS

ABREU, Rafael Sirangelo Belmonte de. *Igualdade e Processo Civil. Posições Processuais Equilibradas e Unidade do Direito*. São Paulo: RT, 2016.

ALEXY, Robert. *Teoría de la Argumentación Jurídica*. 2ª ed. Trad. Manuel Atienza e Isabel Espejo. Madrid: Centro de Estudios Políticos y Constitucionales, 2007.

---

150. Para uma compreensão dos problemas relacionados aos julgamentos nas Cortes Supremas cf. MARINONI, Luiz Guilherme. *Julgamento nas Cortes Supremas: Precedente e Decisão do Recurso diante do Novo CPC*. São Paulo: RT, 2016.

ALMEIDA, Frederico Normanha Ribeiro de. *A nobreza togada. As elites jurídicas e a política da justiça no Brasil.* 2010, p. 329. Tese de Doutorado em Ciência Política. Universidade de São Paulo. Orientador: Profa. Dra. Maria Tereza Aina Sadek. São Paulo, 17-9-2010.

ALMEIDA, Gregório Assagra de. As corregedorias, a nacional e as internas, no contexto do Ministério Público como instituição de acesso à justiça. *Revista da Corregedoria Nacional do Ministério Público,* Brasília: CNMP, p. 49/109, 2016.

ALVARO DE OLIVEIRA, Carlos Alberto, *Do formalismo no processo civil – Proposta de um formalismo-valorativo,* 4. ed. São Paulo: Saraiva, 2010.

ALVARO DE OLIVEIRA, Carlos Alberto. O formalismo-valorativo no confronto com o formalismo excessivo. *Revista de Processo,* São Paulo, Revista dos Tribunais, ano 31, v. 137, p. 1-31, jul. 2006.

ALVARO DE OLIVEIRA, Carlos Alberto. Processo civil brasileiro e codificação. *Revista de Processo.* v. 179, p. 261, jan., 2010.

ALVARO DE OLIVEIRA, Carlos Alberto. *Teoria e Prática da Tutela Jurisdicional.* Rio de Janeiro: Forense, 2009.

ALVARO DE OLIVEIRA, Carlos Alberto; MITIDIERO, Daniel. *Curso de Processo Civil. Teoria Geral do Processo Civil e Parte Geral do Direito Processual Civil.* São Paulo: Atlas, 2010.

ARANTES, Rogério Bastos. *Ministério Público e política no Brasil.* São Paulo: Sumaré/ Educ, 2002.

ARAUJO, Nádia; FÜRST, Olivia. Um exemplo brasileiro de uso da mediação em eventos de grande impacto: o programa de indenização do voo 447. *Revista de Direito do Consumidor,* vol. 91/104, p. 337/349, jan./fev., 2014.

ARLÉ, Danielle de Guimarães Germano. *Mediação, Negociação e Práticas Restaurativas no Ministério Público.* Belo Horizonte: D'Placido, 2016.

BADINI, Luciano. Reflexões sobre a negociação e a mediação para o Ministério Público. In.: ZANETI JR., Hermes; CABRAL, Trícia Navarro Xavier (coord.). *Justiça Multiportas. Mediação, Conciliação, Arbitragem e outros meios de solução adequada de conflitos.* Salvador: Juspodivm, 2016, p. 225/236.

BARBOSA MOREIRA, José Carlos. A responsabilidade das partes por dano processual no direito brasileiro. In.: BARBOSA MOREIRA, José Carlos. *Temas de direito processual.* São Paulo: Saraiva, 1977.

BARBOSA MOREIRA, José Carlos. O futuro da Justiça: alguns mitos, in: *Temas de direito processual – 8.ª série.* São Paulo: Saraiva, 2004.

BARBOSA MOREIRA, José Carlos. Questões prejudiciais e questões preliminares. In.: BARBOSA MOREIRA, José Carlos. *Direito Processual Civil. Ensaios e Pareceres*. Rio de Janeiro: Borsoi, 1971, p. 74/75.

BELTRÁN, Jordi Ferrer; RATTI, Giovanni B. *El Realismo Jurídico Genovés*. Marcial Pons: Madrid, 2011.

BENEDUZI, Renato. *Comentários ao Código de Processo Civil. Artigos 70 ao 187*. Vol. II. São Paulo: RT, 2016 (Coord. Geral Luiz Guilherme Marinoni. Sérgio Cruz Arenhart e Daniel Mitidiero org.).

BERALDO, Maria Carolina. O Ministério Público no Novo Código de Processo Civil (Lei n. 13.105/15). Principais inovações e aspectos específicos da atuação ministerial. http://www.mpmg.mp.br/lumis/portal/file/fileDownload.jsp?fileId=8A91CFA953794A4101537BA200B059B5, acesso em 20.11.2016.

CABRAL, Antonio do Passo; CUNHA, Leonardo Carneiro da. Negociação direta ou resolução colaborativa de disputas (collaborative law): "mediação sem mediador". In.: ZANETI JR., Hermes; CABRAL, Trícia Navarro Xavier (coord.). *Justiça Multiportas. Mediação, Conciliação, Arbitragem e outros meios de solução adequada de conflitos*. Salvador: Juspodivm, 2016, p. 709/726.

CABRAL, Antonio do Passo; PACELLI, Eugenio; CRUZ, Rogerio Schietti (coord.). *Repercussões do Novo CPC: Processo Penal*. Salvador: Juspodivm, 2016, (Coleção Repercussões do Novo CPC. Fredie Didier Jr. Vol. 13).

CADIET, Loïc. Los acuerdos procesales en derecho francés: situación actual de la contractualización del proceso y de la justicia en Francia. *Civil Procedure Review*, v. 3, n. 3, 2012, disponível em http://www.civilprocedurereview.com/images/stories/COMPLETE_TEXT_2012_3.pdf, consultado em 23/011/2016, p.

CADIET, Loïc. Introduction to French Civil Justice System and Civil Procedural Review. *Ritsumeikan Law Review*, nº 28, 2011.

CALAMANDREI, Piero. *La Costituzione e le Leggi per Attuarla* [1955/1959]. Milano: Giuffrè, 2000.

CANOTILHO, J. J. Gomes. *Direito constitucional e teoria da Constituição*. 7. ed. Coimbra: Almedina, 2003.

CHIASSONI, Pierluigi. *Tecnica dell'interpretazione giuridica*. Bologna: Il Mulino, 2007.

COPETTI NETO, Alfredo. *A Democracia Constitucional sob o Olhar do Garantismo Jurídico*. Florianópolis: Empório do Direito, 2016.

COURA, Alexandre de Castro; FONSECA, Bruno Borges da. *Ministério Público brasileiro. Entre unidade e independência*. São Paulo: LTr, 2015.

CUNHA, Leonardo Carneiro da. *Comentários ao Código de Processo Civil. Artigos 188 ao 293.* Vol. III. São Paulo: RT, 2016.

CUNHA, Leonardo Carneiro da. O processo civil no estado constitucional e os fundamentos do projeto do Novo Código de Processo Civil brasileiro. *Revista de Processo.* v. 209, p. 349-374, jul. 2012.

CUNHA, Leonardo Carneiro. *A Atendibilidade dos Fatos Supervenientes no Processo Civil. Uma Análise Comparativa entre o Sistema Português e o Brasileiro.* Coimbra: Almedina, 2012.

DIDIER JR, Fredie. *Art. 6º.* In.: CABRAL, Antonio do Passo; CRAMER, Ronaldo. *Comentários ao Novo Código de Processo Civil.* Rio de Janeiro: Forense, 2015.

DIDIER JR, Fredie; ZANETI JR., Hermes. Ações coletivas e o incidente de julgamento de casos repetitivos – espécies de processo coletivo no Direito brasileiro. In.: Fredie Didier Jr; Leonardo Carneiro da Cunha. *Julgamento de Casos Repetitivos.* Salvador: Juspodivm, 2016, p. 181/192 (Coleção Grandes Temas do Novo CPC, vol. 10, coordenador geral: Fredie Didier Jr.).

DIDIER JR., Fredie. *Art. 5º.* In.: CABRAL, Antonio do Passo; CRAMER, Ronaldo. *Comentários ao Novo Código de Processo Civil.* Rio de Janeiro: Forense, 2015.

DIDIER JR., Fredie. *Curso de Direito Processual Civil. Introdução ao Direito Processual Civil, Parte Geral e Processo de Conhecimento.* 17ª ed. Salvador: Juspodivm, 2015, v. 1.

DIDIER JR., Fredie. *Fundamentos do Princípio da Cooperação no Direito Processual Civil Português.* Coimbra: Coimbra Editora, 2010.

DIDIER JR., Fredie; ZANETI JR., Hermes. *Curso de Direito Processual Civil. Processo Coletivo.* 10ª ed. Salvador: Juspodivm, 2016, v. 4.

DOMIT, Otavio Augusto Dal Molin. *Iura Novit Curia e a Causa de Pedir. O Juiz e a Qualificação Jurídica dos Fatos no Processo Civil Brasileiro.* São Paulo: RT, 2016.

FALECK, Diego. Introdução ao design de sistemas de disputas: Câmara de Indenização 3054. *Revista Brasileira de Arbitragem,* nº 23, jul/set, 2009.

FERRAJOLI, Luigi, *Principia Iuris. Teoria del Diritto.* Roma/Bari: Laterza, 2007

FERRAJOLI, Luigi. *A democracia através dos direitos. O constitucionalismo garantista como modelo teórico e como projeto político.* Trad. Alexander Araujo de Souza; Alexandre Salim, Alfredo Copetti Neto, André Karam Trindade, Hermes Zaneti Júnior e Leonardo Menin. São Paulo: Revista dos Tribunais, 2015.

FERRAJOLI, Luigi. *A filosofia analítica e a cultura jurídica no séc. XX*. Trad. Alexandre Salim, Alfredo Copetti Neto e Hermes Zaneti Jr. São Paulo: Saraiva, 2016.

FERRAJOLI, Luigi. *Las fuentes de legitimidad de la jurisdicción*. Mexico: Instituto Nacional de Ciencias Penales, 2010.

FERRAJOLI, Luigi. *Poderes selvagens. A crise da democracia italiana*. Trad. Alexander Araujo de Souza. São Paulo: Saraiva, 2014.

FISCHER, Roger; URY, William; PATTON, Bruce. *Como Chegar ao Sim. A Negociação de Acordos sem Concessões*. 2ª ed. Trad. Vera Ribeiro; Ana Luiza Borges. Rio Janeiro: Imago, 2005.

FISS, Owen. Contra o Acordo. In.: Owen Fiss. *Um Novo Processo Civil. Estudos Norte-Americanos sobre Jurisdição, Constituição e Sociedade*. Trad. Daniel Porto Godinho da Silva e Melina de Medeiros Rós. Coord. da trad. Carlos Alberto de Salles. São Paulo: RT, 2004, p. 121/145.

FRANCO, Marcelo Veiga. *Processo Justo. Entre Efetividade e Legitimidade da Jurisdição*. Belo Horizonte: Del Rey, 2016, p. 67.

GOULART, Marcelo Pedroso. *Elementos para uma Teoria Geral do Ministério Público*. Belo Horizonte: Arraes, 2013.

GREGER, Reinhard. Cooperação como Princípio Processual. In.: Fredie Didier Jr, Dierle Nunes e Alexandre Freire (coord.). *Normas Fundamentais*. Salvador: Juspodivm, 2016, p. 301/310.

GUASTINI, Riccardo. *Interpretare ed argomentare*. Milano: Giuffrè, 2011.

GUASTINI, Riccardo. *Dalle fonti alle norme*. Torino: Giappichelli, 1990.

GUASTINI, Riccardo. *Estudios sobre la interpretación juridica*. Trad. Miguel Carbonell. México: Porruà, 2010.

GUASTINI, Riccardo. *L'interpretazione dei documenti normativi*. Milano: Giuffrè, 2004.

GUASTINI, Riccardo. *Nuovi studi sull'interpretazione*. Roma: Aracne, 2008.

GUASTINI, Riccardo. *Teoria e dogmatica delle fonti*. Milano: Giuffrè, 1998.

KERCHE, Fábio. *Virtude e limites: autonomia e atribuições do Ministério Público no Brasil*. São Paulo: EDUSP, 2009.

KOCHEN, Ronaldo. Introdução às raízes históricas do princípio da cooperação (Kooperationmaxime). In.: Fredie Didier Jr, Dierle Nunes e Alexandre Freire (coord.). *Normas Fundamentais*. Salvador: Juspodivm, 2016, p. 311/344.

LACERDA, Galeno, Processo e cultura. *Revista de Direito Processual Civil*, v. 2, n. 3, p. 74-86, jul./dez. 1961.

LEITE, Carlos Henrique Bezerra. *Ministério Público do Trabalho*. 2. ed., São Paulo: LTr, 2006.

LIMA, Fernando Antônio Negreiros. *A intervenção do Ministério Público no processo civil brasileiro como* custos legis. São Paulo: Método, 2007.

MACCORMICK, Neil. Children's Rights: A Test-Case for Theories of Right. ARSP: Archiv für Rechts- und Sozialphilosophie/ Archives for Philosophy of Law and Social Philosophy Vol. 62, No. 3 (1976), pp. 305-317.

MACCORMICK, Neil. *Institutions of Law. An Essay in Legal Theory.* Oxford: Oxford University Press, 2007.

MADUREIRA, Claudio. *Fundamentos do Novo Processo Civil Brasileiro: O Processo Civil do Formalismo-Valorativo.* Belo Horizonte: Fórum, 2017.

MARINONI, Luiz Guilherme. *Julgamento nas Cortes Supremas: Precedente e Decisão do Recurso diante do Novo CPC.* São Paulo: RT, 2016.

MARINONI, Luiz Guilherme; ARENHART, Sérgio Cruz; MITIDIERO, Daniel. *Novo Curso de Processo Civil.* São Paulo: RT, 2015, vols. 1, 2 e 3.

MARINONI, Luiz Guilherme; MITIDIERO, Daniel. *Comentários ao Código de Processo Civil. Artigos 1º ao 69.* Vol. I. São Paulo: RT, 2016.

MELLO, Cláudio Ari. Interpretação jurídica e dever de fundamentação das decisões judiciais no novo Código de Processo Civil. In.: SILVA, Cláudio Barros; BRASIL, Luciano de Faria (org.). *Reflexões sobre o Novo Código de Processo Civil.* Porto Alegre: Livraria do Advogado, 2016, p. 263/282.

MENEZES CORDEIRO, Antonio Manuel da Rocha e. *Da Boa Fé no Direito Civil.* [1983] 3ª reimpressão. Coimbra: Almedina, 2007.

MITIDIERO, Daniel. *Colaboração no Processo Civil,* 3ª ed. São Paulo: RT, 2015.

MITIDIERO, Daniel. *Cortes Superiores e Cortes Supremas – Do controle à Interpretação da Jurisprudência ao Procedente.* São Paulo: RT, 2015.

MORAES, Paulo Valério dal Pai. Novo Código de Processo Civil – O Ministério Público e os métodos autocompositivos de conflito – negociação, mediação e conciliação. In.: ZANETI JR., Hermes; CABRAL, Trícia Navarro Xavier (coord.). *Justiça Multiportas. Mediação, Conciliação, Arbitragem e outros meios de solução adequada de conflitos.* Salvador: Juspodivm, 2016, p. 253/274.

NIEVA FENOLL, Jordi. *Derecho Procesal I. Introducción.* Madrid: Marcial Pons, 2014.

NUNES, Dierle. O princípio do contraditório: uma garantia de influência e não surpresa. In.: DIDIER JR., Fredie; JORDÃO, Eduardo Ferreira (coord.). *Teoria do Processo. Panorama Doutrinário Mundial.* Salvador: Juspodivm, 2008, p. 151/173.

NUNES, Dierle. *Processo Jurisdicional Democrático. Uma Análise Crítica das Reformas Processuais.* Curitiba: Juruá, 2008.

PINO, Giorgio. *Diritti e interpretazione. Il ragionamento giuridico nello stato costituzionale.* Bologna: Il Mulino, 2010.

PINO, Giorgio. Neil MacCormick on Interpretation, Defeasibility, and the Rule of Law. Disponível em <http://www1.unipa.it/gpino/Pino,%20su%20 MacCormick.pdf> Acesso em 13.05.2015.

POLASTRI, Marcellus. *Ministério Público e Persecução Criminal.* 5ª ed. Salvador: Juspodivm, 2016.

SALTZ, Alexandre Sikinowski. De fiscal da lei à fiscal da ordem jurídica. A solução consensual dos conflitos como novo espaço de atuação institucional. In.: ZANETI JR., Hermes; CABRAL, Trícia Navarro Xavier (coord.). *Justiça Multiportas. Mediação, Conciliação, Arbitragem e outros meios de solução adequada de conflitos.* Salvador: Juspodivm, 2016, p. 237/252.

SANDER, Frank E. A.; BORDONE, Robert C.; MCEWEN, Craig A.; ROGERS, Nancy H. *Designing Systems and Processes for Managing Disputes.* New York: Wolters Kluwer, 2013.

SARLET, Ingo W.; MARINONI, Luiz Guilherme; MITIDIERO, Daniel. *Curso de Direito Constitucional.* 5ª ed. São Paulo: Saraiva, 2016.

SOUSA, Miguel Teixeira de. *Estudos sobre o Novo Processo Civil.* 2ª ed. Lisboa: Lex, 1997.

SOUZA, Alexander Araujo de. Ministério Público: de onde vim, quem sou, para onde vou? *Revista dos Tribunais,* v. 951, p. 227-259, jan. 2015.

TARELLO, Giovanni. *L'Interpretazione della Legge.* Milano: Giuffrè, 1980.

TARTUCE, Fernanda. *Mediação nos Conflitos Civis.* 2ª ed. São Paulo: Método, 2015.

TARUFFO, Michele. "General report – abuse of procedural rights: comparative standards of procedural fairness". *Abuse of procedural rights: comparative standards of procedural fairness.* Michele Taruffo (coord). Haia/Londres/Boston: Kluwer Law International, 1999. (Trad. Para o português em TARUFFO, Michele. *Relatório Geral. Abuso de Direitos Processuais. Padrões Comparativos de Lealdade Processual.* In.: Fredie Didier Jr, Dierle Nunes e Alexandre Freire (coord.). *Normas Fundamentais.* Salvador: Juspodivm, 2016, p. 385/410).

TEMER, Sofia. *Incidente de Resolução de Demandas Repetitivas.* Salvador: Juspodivm, 2016.

THEODORO JR., Humberto; NUNES, Dierle; BAHIA, Alexandre Melo Franco; PEDRON, Flávio Quinaud. *Novo CPC. Fundamentos e Sistematização.* 3ª ed. Rio de Janeiro: Forense, 2016.

O Ministério Público e as Normas Fundamentais do Direito Processual Civil Brasileiro

TOLEDO, Francisco de Assis. *Princípios Básicos de Direito Penal*. 5ª ed. São Paulo: Saraiva, 2002.

VENTURI, Elton. Transação de direitos indisponíveis? In.: ZANETI JR., Hermes; CABRAL, Trícia Navarro Xavier (coord.). *Justiça Multiportas. Mediação, Conciliação, Arbitragem e outros meios de solução adequada de conflitos*. Salvador: Juspodivm, 2016, p. 405/430 (Coleção Grandes Temas do Novo CPC. Coordenador Geral: Fredie Didier Jr., vol. 9).

VINCENZI, Brunela Vieira de. *A Boa Fé no Processo Civil*. São Paulo: Atlas, 2003, p. 169; CABRAL, Antônio do Passo. "O Contraditório como Dever e a Boa-Fé Processual Objetiva". *Revista de Processo*. São Paulo: RT, 2005, n. 126, p. 69; DIDIER JR., Fredie. *Fundamentos do Princípio da Cooperação no Direito Processual Civil Português*. Coimbra: Coimbra Editora, 2010, p. 81.

ZANETI JR., Hermes. *A Constitucionalização do Processo*. 2. ed., São Paulo: Atlas, 2014.

ZANETI JR., Hermes. Art. 176. In.: STRECK, Lenio Luiz; NUNES, Dierle; CUNHA, Leonardo Carneiro da (orgs.); FREIRE, Alexandre (coord. ex.). *Comentários ao Código de Processo Civil*. São Paulo: Saraiva, 2016.

ZANETI JR., Hermes. Arts. 926 a 946. In.: CABRAL, Antonio do Passo; CRAMER, Ronaldo. *Comentários ao Código de Processo Civil*. 2ª ed. Rio de Janeiro: Forense, 2016, p. 1.307/1.3078.

ZANETI JR., Hermes. Litigiosidade Repetitiva? Avanços, Desafios e Perspectivas de Futuro. In.: Fernando Gonzaga Jayme; Renata Christiana Vieira Maia; Ester Camila Gomes Norato Rezende; Helena Lana (org.). *Inovações e Modificações do Código de Processo Civil. Avanços, Desafios e Perspectivas*. Belo Horizonte: Del Rey, 2017, p. 487/506.

ZANETI JR., Hermes. *O Valor Vinculante dos Precedentes. Teoria dos Precedentes Normativos Formalmente Vinculantes*. 2ª ed. Salvador: Juspodivm, 2016.

ZANETI JR., Hermes; CABRAL, Trícia Navarro Xavier (coord.). *Justiça Multiportas. Mediação, Conciliação, Arbitragem e outros meios de solução adequada de conflitos*. Salvador: Juspodivm, 2016 (Coleção Grandes Temas do Novo CPC. Coordenador Geral: Fredie Didier Jr., vol. 9).

ZANETI JR., Hermes; GOMES, Camila de Magalhães. O Processo Coletivo e o Formalismo-Valorativo como nova Fase Metodológica do Processo Civil. *Revista de Direitos Difusos*, ano XI, v. 53, p. 13/32, mar. 2011

ZANETI, Hermes. Apresentação. In: ZANETI, Hermes (Org.). *Democracia*: a grande revolução. Brasília: Editora da Universidade de Brasília, 1996.

Pré-impressão, impressão e acabamento

grafica@editorasantuario.com.br
www.editorasantuario.com.br
Aparecida-SP

www.editorajuspodivm.com.br